大数据应用与技术丛书

现代数据科学

(R 语言·第 2 版)

本杰明·S. 鲍默(Benjamin S. Baumer)

[美]　　丹尼尔·T. 卡普兰(Daniel T. Kaplan)　　著

尼古拉斯·J. 霍顿(Nicholas J. Horton)

张小明　郭华　张骞允　译

清华大学出版社

北　京

北京市版权局著作权合同登记号 图字：01-2020-6255

图书在版编目(CIP)数据

现代数据科学：R 语言：第 2 版 /（美）本杰明·S.鲍默（Benjamin S. Baumer），（美）丹尼尔·T.卡普兰(Daniel T. Kaplan)，（美）尼古拉斯·J. 霍顿(Nicholas J. Horton) 著；张小明，郭华，张骞允译. —北京：清华大学出版社，2022.1
（大数据应用与技术丛书）
书名原文: Modern Data Science with R, Second Edition
ISBN 978-7-302-59879-4

I. ①现… II. ①本… ②丹… ③尼… ④张… ⑤郭… ⑥张… III. ①统计分析－统计程序 IV. ①C819

中国版本图书馆 CIP 数据核字(2022)第 011522 号

责任编辑：王 军
封面设计：孔祥峰
版式设计：思创景点
责任校对：成凤进
责任印制：刘海龙

出版发行：清华大学出版社
      网　　址：http://www.tup.com.cn，http://www.wqbook.com
      地　　址：北京清华大学学研大厦 A 座　　　　邮　　编：100084
      社 总 机：010-83470000　　　　　　　　　 邮　　购：010-62786544
      投稿与读者服务：010-62776969，c-service@tup.tsinghua.edu.cn
      质 量 反 馈：010-62772015，zhiliang@tup.tsinghua.edu.cn
印 装 者：北京同文印刷有限责任公司
经　　销：全国新华书店
开　　本：170mm×240mm　　　　印　　张：34.5　　　　字　　数：815 千字
版　　次：2022 年 3 月第 1 版　　　　印　　次：2022 年 3 月第 1 次印刷
定　　价：128.00 元

产品编号：086617-01

关于作者

Benjamin S. Baumer 是 Smith 学院统计与数据科学专业的副教授。自 2004 年成为纽约大都会队第一位全职统计分析师以来，他一直是一名应用数据科学家。Benjamin 是 *The Sabermetric Revolution* 和 *Analyzing Baseball Data with R* 的合著者，获得过美国棒球研究学会颁发的 2019 年 Waller 教育奖和 2016 年突出贡献者奖。

Daniel T. Kaplan 是 Macalester 学院 DeWitt Wallace 数学和计算机科学系的名誉教授，是多本统计建模和统计计算教科书的作者。Daniel 获得过 2006 年 Macalester 学院卓越教学奖和 2017 年 CAUSE 终身成就奖。

Nicholas J. Horton 是 Amherst 学院的技术和社会(统计和数据科学)系的教授，是美国统计学会(ASA)和美国科学促进协会(AAAS)的高级会员，美国国家科学院应用与理论统计委员会的联合主席，多项国家教学奖的获得者，一系列统计计算书籍的作者。Nicholas 积极参与数据科学课程，帮助学生"用数据思考"。

前　　言

背景和动机

不断增长的数据量和复杂性给分析人员提出了新挑战，他们需要能够对复杂的数据集进行转换来回答重要的统计问题。一份关于本科生数据科学的调查报告[National Academies of Science, Engineering, and Medicine, 2018]指出，数据科学正在彻底改变科学和工作场所。他们将数据科学家定义为"主要从事复杂和海量数据资源分析的知识工作者"。

Michael I. Jordan 将数据科学描述为计算思想和推理(统计)思想的结合。如果没有能够整理(wrangle)或维护(marshal)我们周围日益丰富和复杂的数据的技能，分析师将无法使用这些数据做出更好的决策。

对具备这些技能的毕业生的需求非常迫切。根据公司评级网站 Glassdoor 的报告，2016—2019 年间，每年"数据科学家"都是美国薪酬最高的工作[Columbus, 2019]。

新的数据技术使从比以往更多的来源提取数据成为可能。流线型的数据处理库使数据科学家能够表达如何将这些数据重组为适合分析的形式。数据库系统能使存储和检索越来越多的数据成为可能。最先进的工作流工具有助于形成良好的文档和可再现的分析。现代统计和机器学习方法允许分析者拟合和评估模型，并进行有监督或无监督的学习以提取现实中内在的信息。现代数据科学需要将统计、计算、数据以及通信技能进行紧密结合。

目标受众

本书是为那些想要学习适当技能来处理复杂数据科学项目和"用数据思考"(由谷歌的Diane Lambert 创造)的读者而写的。使用数据解决问题的愿望是本书介绍的方法的核心。

我们承认，不可能在一本书中涵盖所有这些主题的细节层次：许多章节可以有效地构成一门课程或一系列课程的基础。相反，我们的目标是为现实世界数据的分析打下基础，并确保分析师看到统计和数据分析的作用。阅读本书后，读者将极大地扩展他们处理这些数据的技能，并对他们不断地学习新技术的能力树立新的信心。

本书最初是为了支持一个学期(13 周)的数据科学高年级课程。我们还认为，本书对于相关学科的更高年级的学生也非常有用，而且对于那些想要提高数据科学技能的分析师也很有用。

同时，没有编程或统计经验的普通读者可以阅读本书的第 I 部分。

本书的主要特点

关注案例研究和扩展示例

我们以一系列复杂的、现实世界的扩展案例研究和示例为特色，这些案例研究和示例来自广泛的应用领域，包括政治、交通、体育、环境科学、公共卫生、社交媒体和娱乐。这些丰富的数据集需要使用复杂的数据抽取技术、现代数据可视化方法和精确的计算方法。

背景是这些问题的核心，我们撰写这本书的目的是促进统计思维、数据相关技能和沟通能力的平行发展。每章侧重的应用扩展示例各不相同，而章节练习题可让读者巩固和完善该章中所学的知识。

结构

这本书有三个主要部分和补充附录。第 I 部分介绍数据科学，包括数据可视化的介绍、数据管理(或"整理")的基础和职业道德伦理。第 II 部分扩展了基础统计的关键建模概念，包括回归建模、分类、预测、统计基础和仿真。第III部分介绍更高级的主题，包括交互式数据可视化、SQL、关系数据库、地理空间数据、文本挖掘和网络科学。

最后，我们在附录中介绍本书的 R 包、R 语言、RStudio、算法思想的一些关键方面、可再现性分析、回归方法，以及如何安装一个本地 SQL 数据库。

相关材料

除了许多例子和扩展的案例研究外，本书第 2～20 章的每章末尾都包含了练习题以及在线提供的补充练习。许多练习都是开放式的，旨在让学生探索在解决数据科学问题时的创造力(可从出版商处获得教师参考答案手册)。

本书的网站是 https://mdsr-book.github.io/mdsr2e，网站内容包括本书目录、各章全文、参考文献、主题和 R 索引。教师网站是 https://mdsr-book.github.io/，网站内容包含代码示例、补充练习、附加练习和勘误表。

第 2 版的变化

数据科学发展迅速，而且自从我们写了第 1 版以来，已发生了很多变化。我们已经更新了所有章节的内容，以详细解释其中的许多变化，并采用了最先进的 R 程序包。

首先，对使用地理空间数据的内容进行了扩展，并分为两章(第 17 章和第 18 章)。第 17 章的重点是处理地理空间数据，第 18 章的重点是地理空间计算。现在，这两章都使用 sf 包和

ggplot2 中的新函数 geom_sf()。这些变化使学生能够更深入地了解地理空间数据分析。

其次，关于规整数据的一章(第 6 章)经历了重大修订。增加了新的关于 list-column 的一节，而关于迭代的部分已经扩展为完整的一章(第 7 章)。第 7 章全部使用了 purrr 包提供的函数式编程风格。这些变化有助于学生养成一种弹性思维习惯：如果复制和粘贴代码超过两次，那么可能有一种更有效的方法。

另外，关于监督学习的内容被分为两章(第 10 章和第 11 章)，并更新为使用 tidymodels 系列包。第 10 章概括介绍模型评估，第 11 章介绍几种模型。tidymodels 生态系统以与 tidyverse 一致的方式为拟合、解释和评估各种机器学习模型提供了相应的语法。这些更改显著减少了本章代码的认知开销。

其他几章的内容做了较小但具有实质性的一些修订。本书中的所有代码都经过了修改，以更加符合 tidyverse 语法和风格。我们还修订了第 1 版的练习题和解答，并添加了新的练习题。每章的代码现在都可从配书网站上找到。这本书已被移植到 bookdown，因此可以在以下网站上找到完整版本：https://mdsr-book.github.io/mdsr2e。

技术的关键角色

虽然许多工具可有效地用于开展数据科学研究，分析技术也在迅速变化，但 R 和 Python 已经成为两个非常强大且可扩展的环境。虽然对于一个数据科学家来说，能够使用多种技术进行分析是很重要的，但我们在本书选择使用 R 和 RStudio 来避免认知过载。我们描述一个强大的和有机联系的工具集，可以在一个学期的范围内学完，这为数据整理和探索提供了基础。

我们充分利用 RStudio 环境。这个强大且易于使用的前端为 R 添加了许多特性，包括对包的支持、代码补全、集成帮助、调试器和其他编码工具。根据我们的经验，RStudio 的使用能极大地提高 R 用户的生产率，并且通过紧密集成可再现的分析工具，有助于避免容易出错的"剪切粘贴"工作流。我们的学生和同事发现 RStudio 有一个非常舒适的界面。使用该界面不需要具备 R 或 RStudio 方面的知识或经验，附录对此提供了简单介绍。

如前所述，我们全面整合了 tidyverse 的许多实质性改进。tidyverse 是一套基础的程序包，提供了与 R 更一致的接口[Wickham, 2019h]。tidyverse 软件包中嵌入的许多设计决策解决了传统上使 R 难以用于数据分析的问题。这些决策允许新手用户更快地取得进展并养成良好习惯。

我们使用了一个可再现的分析系统(knitr)来生成本书中的示例代码和输出。该书的网站上提供了从这些文件中提取的代码。我们详细讨论了这些系统的原理和用法。特别是，我们认为与 RStudio 紧密集成的 knitr 和 markdown 包应该成为每个 R 用户的工具箱的一部分。无法想象，在没有它们的情况下如何从事一个项目。

现代数据科学是一项团队工作。为能充分参与，分析师必须能够提出问题，找出解决问题的数据，将其融入计算环境，建立模型，进行探索，然后交流结果。这是一个迭代过程，需要统计和计算技能的混合。

如何使用本书

本书的材料迄今为止已经支撑了 Amherst 学院、Smith 学院和 Macalester 学院，以及世界上其他学校的多门课程。据我们所知，这些课程包括数据科学的一门中级课程(Smith 学院，2013年和 2014 年；Amherst 学院，自 2017 年以来的学年)、数据科学的一门入门课程(Smith 学院，2016 年)和高级数据分析的一门顶级课程(Amherst 学院，多个学年)。

Smith 学院数据科学入门课程没有任何先决条件，它主要包括以下材料子集。

- 数据可视化：三周，包括第 1～3 章。
- 数据整理：五周，包括第 4～7 章。
- 职业伦理道德：一周，包括第 8 章。
- 数据库查询：两周，包括第 15 章。
- 地理空间数据：两周，包括第 17 章和第 18 章的部分内容。

Amherst 学院的中级课程采用了[Baumer, 2015b]的方法，该方法要求先修一些统计学和计算机科学课程，还有一个期末综合项目。本课程一般包括以下章节：

- 数据可视化：两周，包括第 1～3 章以及第 14 章。
- 数据整理：四周，包括第 4～7 章。
- 职业伦理道德：一周，包括第 8 章。
- 无监督学习：一周，包括第 12 章。
- 数据库查询：一周，包括第 15 章。
- 地理空间数据：一周，包括第 17 章和第 18 章的部分内容。
- 文本挖掘：一周，包括第 19 章。
- 网络科学：一周，包括第 20 章。

Amherst 学院的"顶级"课程更深入地回顾了其中大部分内容：

- 数据可视化：三周，包括第 1～3 章以及第 14 章。
- 数据整理：两周，包括第 4～7 章。
- 职业伦理道德：一周，包括第 8 章。
- 仿真：一周，包括第 13 章。
- 统计学习：两周，包括第 10～12 章。
- 数据库：一周，包括第 15 章和附录 F。
- 文本挖掘：一周，包括第 19 章。
- 空间数据：一周，包括第 17 章。
- 大数据：一周，包括第 21 章。

我们期望本书可作为其他各类课程的主要资料，无论是否有额外的补充材料。

　　第Ⅰ部分的内容,特别是第 3 章介绍的 ggplot2 可视化概念和第 4 章介绍的 dplyr 数据整理操作是基本内容,是第Ⅱ部分和第Ⅲ部分内容的前提。第Ⅲ部分内容中的每一个主题都彼此独立,与第Ⅱ部分内容中的材料无关。因此,尽管大多数教师希望在所有课程中涵盖第Ⅰ部分的大部分或全部内容,但第Ⅱ部分和第Ⅲ部分的内容几乎可以完全自由地添加。

　　第Ⅱ部分内容中的材料旨在让初学者了解统计学(即基本的推理和线性回归)知识,让学生走进更丰富多彩的统计建模和统计推理世界。

彩图

　　本书是黑白印刷,无法显示彩图效果。读者可扫描封底二维码,下载彩色图片。

参考资料

　　正文所涉及参考资料的形式是[*],即方括号中加编号。读者可扫描封底二维码,下载"参考资料"文档,从中找到编号对应的资料。

致谢

　　感谢 Informa CRC/Chapman 和 Hall 的 John Kimmel 对我们的支持和指导。感谢 Jim Albert、Nancy Boynton、Jon Caris、Mine Çetinkaya-Rundel、Jonathan Che、Patrick Frenett、Scott Gilman、Maria-Cristiana Gîrjău、Johanna Hardin、Alana Horton、John Horton、Kinari Horton、Azka Javaid、Andrew Kim、Eunice Kim、Caroline Kusiak、Ken Kleinman、Priscilla (Wencong) Li、Amelia McNamara、Melody Owen、Randall Pruim、Tanya Riseman、Gabriel Sosa、Katie St. Clair、Amy Wagaman、Susan (Xiaofei) Wang、Hadley Wickham、J. J. Allaire,感谢 RStudio 的开发者们、匿名评论员、Smith 和 Amherst 学院的多个班级,感谢其他许多对 R 环境、RStudio 环境、手稿提出有用建议的人士。Rose Porta 对于校对和简化从 Sweave 到 R Markdown 的过渡过程发挥了重要作用。Jessica Yu 将第 1 版的大部分练习转换为基于 etude 的新格式,并添加了标签。

　　尤其需要提出的是,我们非常感谢 Cory、Maya 以及 Julia 的耐心和支持。

目　录

第Ⅱ部分　统计与建模

第IV部分　附录

第 I 部分

数据科学简介

第 1 章

序言：为什么有数据科学?

通常来说，信息是我们想要的，但数据是我们拥有的。将数据转换为信息的技术可以追溯到数百年前。一个重要的里程碑是 1592 年，约翰·格伦特(John Graunt)在伦敦发表了每周“死亡清单”，见图 1.1。这些“清单”是列表形式，它是由各个单独的事件数据汇总而成的，以一种人类更容易理解的形式向读者进行展示，然而这些列表是手工构造的。

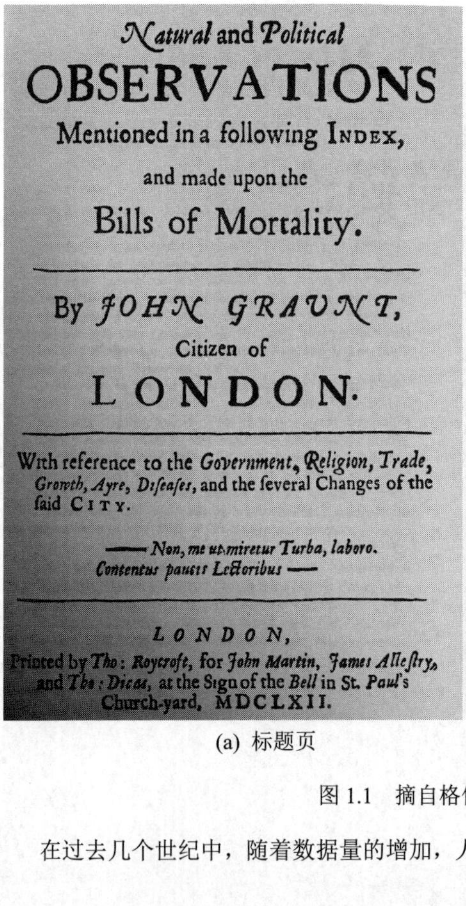

Natural and *Political*
OBSERVATIONS
Mentioned in a following INDEX,
and made upon the
Bills of Mortality.

By *JOHN GRAUNT*,
Citizen of
LONDON.

With reference to the *Government*, *Religion*, *Trade*, *Growth*, *Ayre*, *Diseases*, and the several Changes of the said CITY.

——*Non, me ut miretur Turba, laboro. Contentus paucis Lectoribus* ——

LONDON,
Printed by *Tho: Roycroft*, for *John Martin*, *James Allestry*, and *Tho: Dicas*, at the Sign of the *Bell* in St. *Paul's* Church-yard, MDCLXII.

(a) 标题页

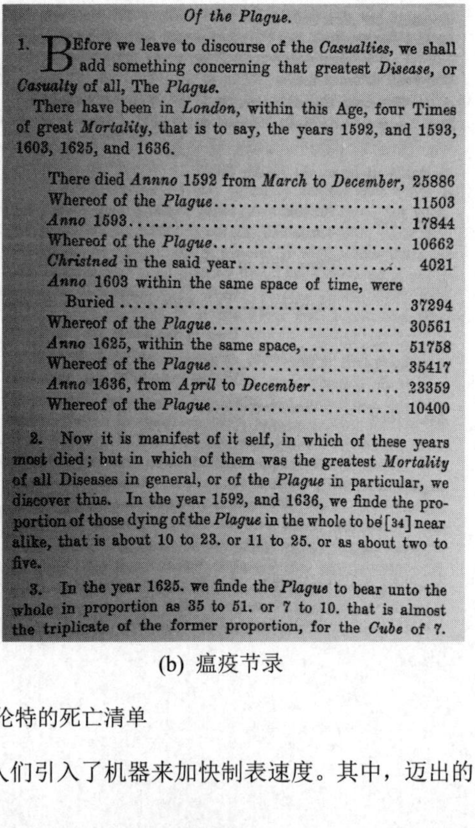

Of the Plague.

1. BEfore we leave to discourse of the *Casualties*, we shall add something concerning that greatest *Disease*, or *Casualty* of all, The *Plague*.

There have been in *London*, within this Age, four Times of great *Mortality*, that is to say, the years 1592, and 1593, 1603, 1625, and 1636.

There died *Annno* 1592 from *March* to *December*,	25886
Whereof of the *Plague*	11503
Anno 1593	17844
Whereof of the *Plague*	10662
Christned in the said year	4021
Anno 1603 within the same space of time, were Buried	37294
Whereof of the *Plague*	30561
Anno 1625, within the same space,	51758
Whereof of the *Plague*	35417
Anno 1636, from *April* to *December*	23359
Whereof of the *Plague*	10400

2. Now it is manifest of it self, in which of these years most died; but in which of them was the greatest *Mortality* of all Diseases in general, or of the *Plague* in particular, we discover thus. In the year 1592, and 1636, we finde the proportion of those dying of the *Plague* in the whole to be [34] near alike, that is about 10 to 23. or 11 to 25. or as about two to five.

3. In the year 1625. we finde the *Plague* to bear unto the whole in proportion as 35 to 51. or 7 to 10. that is almost the triplicate of the former proportion, for the *Cube* of 7.

(b) 瘟疫节录

图 1.1　摘自格伦特的死亡清单

在过去几个世纪中，随着数据量的增加，人们引入了机器来加快制表速度。其中，迈出的重要一步是赫尔曼·霍勒里斯(Herman Hollerith)为 1890 年美国人口普查开发的打孔卡和电子制表系统。这一成功如此之大，以至于霍勒里斯创立了 IBM 公司，该公司在当今电子计算机的发展中产生了至关重要的作用。

另一方面，在 19 世纪末，统计方法开始迅速发展。这些方法在解释数据方面非常重要，但它们本质上与机器处理数据无关。当时，经过几代的发展，学生已经学会了手工处理少量数据并进行统计操作。

如今，我们经常会面临规模非常庞大的数据集，它们只能由机器处理。在这个"大数据时代"，数据被特定设备和计算机网络汇集，生成这些数据的环境多种多样，如基因组数据、卫星对地球的观测数据、网络用户的录入数据、销售交易数据等。这些大数据为使用数据挖掘、机器学习、数据可视化等技术来发现和表征数据模式带来了新机遇。这些技术都需要计算机来处理，这些处理需要执行的操作包括：数据清理、组合来自多个数据源的数据，以及将数据整理为特定形式以适合作为可视化和建模等数据整合处理的输入。

在写作本书时，我们希望能帮助人们理解数据整理(为可视化和其他现代统计解释技术准备数据的过程)，并掌握使用这些数据通过建模和可视化方法回答统计问题的技巧。这样做不可避免地涉及进行统计推理以及熟练运用各种计算方法和算法的能力。

美国国家科学院"本科生数据科学"共识报告指出：数据科学这一重要的新领域涵盖了一系列被称为"数据敏锐性"的能力。数据敏锐性的关键组成部分包括数学、计算学和统计学基础、数据管理和存储、数据描述和可视化、数据建模和评估、工作流程和可再现性、沟通和团队合作、特定领域的处理，以及道德问题的解决。他们建议所有学生都应能从数据科学的"意识和能力"中受益。

为执行复杂的计算，是否需要对计算机程序进行深入研究？我们认为事实并非如此。

首先，在过去的半个世纪中，已经开发出了一系列便于使用的数据操作，这些操作可被当成复杂的数据整理过程的基础。诀窍不是精通编程，而是学会根据这些操作进行思考。本书的大部分内容旨在帮助你领会这种思想。

其次，可以利用软件的最新发展来大大减少使用这些数据操作所需的编程量。我们已经可以使用这类软件，尤其是 R 语言以及 dplyr 和 ggplot2 程序包，并且只需要重点关注一小部分能以简洁明了的方式完成数据整理任务的功能。编程语法严格一致，只需要通过少量实践，你就能调整本书中的代码来解决自己的问题。经验丰富的 R 程序员将能注意到本书中 R 语句的独特风格，包括始终如一地专注于少量函数集以及对 pipe(管道)运算符的广泛使用。本书的第 I 部分着重于数据整理和数据可视化，该部分是数据科学的关键组成部分。

1.1　数据科学是什么

数据科学具有广阔的应用前景，它被认为是从数据中提取有意义信息的科学。这个简单定义包含了几个关键思想。首先，数据科学是一门科学，是一门源于数学的严谨学科，它结合了统计学和计算机科学中的关键元素。加州大学伯克利分校的迈克尔·乔丹(Michael Jordan)将数据科学描述为统计学和计算机科学中经典知识的无缝融合：

计算机科学不仅是编程，它为表达可计算的结构创造了有效的抽象表示方法，并且在这些抽象的表示形式上提出了一系列算法。同样，统计学不仅是估计和检验的集合，它是抽样、模型、分布和决策等常用概念相互作用的科学。[数据科学]基于这样的思想，即这些思维方式相互支持[Pierson，2016]。

其次，在有原始数据领域专业知识的背景下，数据科学的应用效果非常好。这些领域可能涉及从天文学到动物学的各种学科，在这些领域中，商业和医疗保健是特别重要的两个。

第三，数据和信息之间的区别是数据科学存在的依据，因此，数据科学家总是努力地将现有的丰富数据转换为看似稀疏的可操作信息。

许多统计学家都会说："我们在这方面已经有了一个学科：这就是统计学！"数据科学家和统计学家的目标是相同的：都希望从数据中提取有意义的信息。许多统计技术最初都在数据稀缺、收集困难或昂贵的环境中产生，统计学家专注于发明在数据量稀少的情况下能够最大限度地提高推理能力的方法。这些技术通常都很巧妙，涉及复杂的数学理论知识，并且在一个世纪以来已被经验科学证明具有不可估量的价值。尽管几位最具影响力的早期统计学家将计算理论视为统计学的组成部分，但确实，统计学理论的发展主要是为我们尚无法计算的问题找到数学近似解[Cobb，2007]。

如今，我们从数据中提取有价值的信息的方式在两方面存在差异，这两方面都主要归因于计算理论的进步：

(1) 我们能够比以前计算更多的东西。

(2) 拥有比以前更多的数据。

第一个变化意味着 20 世纪统计学教学中普遍讲授的某些技术(例如 t 检验、方差分析)已被概念上更简单的计算技术所取代，直到微机革命(例如自举方法、枚举测试)，这种现象才有所改变。第二个变化意味着我们现在收集的许多数据都是可观察的，它们不是来自于设计好的实验，并且它们并不是真正地随机抽样的。这使为这些数据开发可行的概率模型具有非常大的挑战性，而反过来又使形式化的统计推断成为更具挑战性的问题(也许不太相关)。某些情况下(例如临床试验和 A / B 测试)，模型参数的有效估计仍然是一个目标，推论统计仍然是解决问题的主要工具。但在一系列学术、政府和工业环境中，最终目标可能是一个可用于预测的模型、数据的交互式可视化或允许用户对数据进行切片和切块以进行简单比较的 Web 应用程序。在本书的第 II 部分，我们将更深入地探讨与统计推断和建模有关的问题。

现代数据日益复杂和异构，这意味着每个数据分析项目都需要定制。简而言之，现代数据分析人员需要能够读写计算机指令，即从中构建数据分析项目的所谓"代码"。本书的第 I 部分介绍数据可视化和数据整理的基本能力，这是现代数据科学家必须掌握的两种基本技术。这些章节着重于传统的数据二维表示：数据表中的行和列，数据图形中的水平线和垂直线。在第 III 部分，我们将探索各种非传统数据类型(例如空间、文本、网络、大数据)和交互式数据图形。

通过学习本书，你将获得被称为大数据的"先驱者"的计算技能[Horton et al.，2015]。在第

21 章，我们介绍了一些用于处理真正的大数据的工具。人在走路之前必须先学会爬行，我们认为对于大多数人而言，此处学习的技能与你可能会遇到的各种问题更紧密相关。

1.2　案例学习：棒球资料统计分析的演变

棒球分析的发展(通常称为棒球资料统计分析)在许多方面概括了其他领域分析的发展。尽管领域知识在数据科学中非常重要，但本节不需要许多的棒球知识[1]。

在棒球运动中使用统计知识已有很长的历史，一部分原因是比赛数据本身是自然离散的，另一部分原因是亨利·查德威克(Henry Chadwick)在 20 世纪初期就开始发布比赛得分[Schwarz, 2005]。由于这些原因，人们开始积累了丰富的棒球运动数据。

但是，尽管堆积了越来越多的棒球数据，但对数据的分析并不普遍。也就是说，现存的数据提供了一种保存记录的途径，其结果是比赛历史上的一些数字元素占据了运动员的整个职业生涯(例如，Babe Ruth 的 714 个本垒打)。但是目前尚不清楚人们从数据中学到了多少有关棒球比赛的知识。知道 Babe Ruth 比 Mel Ott 击出更多的本垒打可以告诉我们一些有关两名运动员的信息，但不能提供有关比赛本身的任何见解。

1947 年的杰基·罗宾逊(Jackie Robinson)的新秀赛季中，布鲁克林道奇队(Brooklyn Dodgers)总经理布兰奇·里奇(Branch Rickey)做出了另一项重大创新：他聘请艾伦·罗斯(Allan Roth)作为棒球界的第一位统计分析师。罗斯通过对棒球数据的分析得出了布鲁克林道奇队可赢得更多比赛的见解。尤其是，罗斯说服里奇，击球手以任意方式(例如击打、步行)到达第一垒的频率比击球手通过命中(过去，可能仍然是最常引用的击球统计数据)到达第一垒的频率能更好地表明击球手的价值。支持这一观点的逻辑既来源于罗斯对棒球比赛的理解(我们称之为领域知识)，又基于他对棒球数据的统计分析。

在接下来的 50 年中，各种各样的人为棒球分析做出了许多重要贡献，最著名的是"棒球资料统计分析之父"比尔·詹姆斯(Bill James) [James, 1986]；这些人中的大多数没有接受过统计学方面的正规培训。他们依赖的有力工具就是电子表格，重要的是他们能够利用自己的创造力、领域知识以及对特定问题的敏锐观察力来进行有趣的发现。

2003 年出版的 *Moneyball*[Lewis, 2003]展示了比利·比恩(Billy Beane)和保罗·迪波德斯塔(Paul DePodesta)如何使用统计分析来分析奥克兰运动家队(Oakland A's)，该分析引发了棒球 front office 管理方式的革命[Baumer and Zimbalist, 2014]。在接下来的十年中，数据的规模迅速扩大，以至电子表格不再适合存储所有可用的数据，更不用说数据分析了。如今，许多专业运动团队都拥有由统计学或计算机科学博士领导的研发小组[Baumer, 2015a]。考虑到美国职业棒球大联盟每年的收入估计超过 80 亿美元，这一点不足为奇。

---

1 棒球的主要规则如下：由九名球员组成的两支球队交替在包含四垒(一垒、二垒、三垒或主场)的区域冲刺以得分。防守队投球，而进攻队中的一名成员则站在本垒旁击球。进攻球员在按顺序冲过其他垒后越过本垒板，即可得分。

下一代棒球分析家要有所贡献的话，将需要编码能力。推动艾伦·罗斯和比尔·詹姆斯工作的创造力和领域知识仍然是成功的必要特征，但仅仅靠这两点已经不足以保证成功。在这方面，棒球没有什么特别的，现在类似的大量数据还可以在许多其他领域获得，包括天文学、卫生服务研究、基因组学和气候学等。对于所有应用领域的数据科学家来说，创造力、领域知识和技术能力绝对至关重要。

1.3　数据集

本书使用了许多数据集。较小的数据集可通过 R 语言的 mdsr(见附录 A)或 mosaic 程序包获得。本书使用的其他一些数据可以直接从 Internet 提取，这些数据的 URL 包含在正文中。这里有一些更大的、更复杂的数据集，我们可以重复使用，并在这里给出一些说明。

航空公司延误数据集(Airline Delays)

自 1987 年 10 月以来，美国运输统计局已收集了超过 1.69 亿次国内航班的数据。我们开发了 airlines 程序包，以允许 R 语言用户以最小的代价下载和处理这些数据。有关如何安装数据库的说明，请参见附录 F。这些数据最初用于 2009 ASA 数据博览会[Wickham, 2011]。nycflights13 程序包包含了这个数据的子集(仅包含 2013 年离开纽约三个最著名机场的航班)。

棒球数据集(Baseball)

Lahman 数据集由自述数据库日志记录员肖恩·拉曼(Sean Lahman)维护。数据集由一组志愿者编辑而成，包含了可追溯至 1871 年的完整的季节赛记录；数据通常每年更新一次。它既可作为预打包的 SQL 文件，又可作为 R 包下载[Friendly et al., 2020]。

婴儿名字数据集(Baby Names)

R 的 babynames 程序包提供了来自美国社会保障局[Wickham, 2019c]的有关单个婴儿姓名流行程度的数据，这些数据可用于跟踪某些姓名随时间而变化的流行情况。

联邦选举委员会数据集(Federal Election Commission)

Fec 程序包[Baumer and Gjekmarkaj, 2017]可访问联邦选举委员会维护的近期联邦选举的竞选支出数据。这些数据包括个人对委员会的贡献、委员会代表的支出，还包括作为总统、参议院和众议院的候选人的支出，以及有关这些委员会委员和候选人的信息。fec12 和 fec16 包以简化的形式提供单个选举周期的信息[Tapal et al., 2020b]。

麦克里什数据集(MacLeish)

Ada 和 Archibald MacLeish 野外研究站是史密斯学院(Smith College)拥有并运营的 260 英亩土地。教师、学生和当地社区的成员使用它进行环境研究、户外活动和娱乐。R 中的 Macleish 程序包允许你使用 etl 框架从 Macleish 野外研究站下载和处理天气数据(时间序列形式)[Baumer et al., 2020]。它还包含表示空间点邻近区域信息的 shapefile。

电影数据集(Movies)

互联网电影数据集(IMDb)存储了关于各种电影的大量信息[IMDB.com，2013]。将 IMDb 数据导入 SQL 的最简单方法是使用开源的 Python 程序包 IMDbPY [Alberani, 2014]。

餐厅违规信息数据集(Restaurant Violations)

mdsr 程序包包含了纽约市卫生局生成的餐厅健康检查数据。

1.4 扩展资源

每章都有一个扩展资源列表，这些资源可作为给定主题的权威参考，可提供更多详细信息或建议要探索的其他材料。数据科学和数据分析的定义比比皆是。更多例子请参见 Donoho (2017)、De Veaux et al. (2017)、Cobb (2015)、Horton and Hardin (2015)、Hardin et al. (2015)、Finzer (2013)、Provost and Fawcett (2013)以及 Cleveland (2001)。有关数据敏锐度组成部分的更多信息，请参见 National Academies of Science, Engineering, and Medicine (2018)。

第 2 章

数据可视化

    数据图形提供了一种最易于访问、引人注目的和最具表现力的模式来研究和描绘数据中的模式。本章将让读者理解一个设计精美的数据图形的重要性，并介绍一种方便读者理解其组成部分的分类法。如果你是第一次看到这种材料，你将永远不会再用以前的方式看数据图形了，你的眼睛将很快成为一个更加敏锐的镜头。

2.1　2012 年联邦大选周期

    美国每四年一次的总统选举引起了民众的广泛兴趣。最杰出的候选人在正式选举前两年就宣布自己的候选人资格，并开始筹集数亿美元来组织一场全国性竞选活动。从许多方面来说，成功进行总统大选的经验本身就证明了担任总统所需的领导能力和组织能力。

    各方面的政治声音都对金钱在政治活动中的重大影响持批评态度。虽然公民个体对个人候选人的捐款受到各种限制，但美国最高法院在《公民联合会诉联邦选举委员会案》中的判决允许公司(非营利性组织或其他组织)进行无限的政治支出。这样，委员会体系(最著名的是 PAC)可以接受无限制的捐款，并代表(或反对)特定候选人或多个候选人使用这些捐款。因此，解开复杂的竞选支出网络是一个能引起人们极大兴趣的课题。

    进行拆解是数据科学中的一项重要工作。联邦选举委员会(FEC)维护着一个网站，不仅记录了个人对候选人和委员会的所有捐款(200 美元或更多)，而且包括委员会代表(和反对)候选人进行开支的日志。当然，FEC 还保留有关哪些候选人赢得选举，以及获得多少选票的数据。这些数据源是独立的，需要一定的技巧才能将它们组合在一起。我们将在第 4 章和第 5 章介绍这些技能，但是在本章，我们将主要关注从这些数据中可收集到的信息的图形化展示。在此阶段，我们的重点是如何更好地展示某些数据以传递更加清晰(正确)的信息，从而帮助用户做出明智决定。

    最基本的问题之一就是：每个候选人筹集了多少钱？但是，混乱的竞选财务网络使这个简单问题甚至也难以回答，而且更重要的是，它提供的信息也许比我们想象的更糟。一个更好的问题是：哪个候选人身上花费的钱最多？在图 2.1 中，我们展示了一张条形图，该图显示了在2012 年联邦选举周期中的大选阶段，委员会花在特定候选人身上的金额(百万美元)，人物对象包括总统、参议院和众议院的候选人。图 2.1 仅包括竞选花费至少为 400 万美元的候选人。

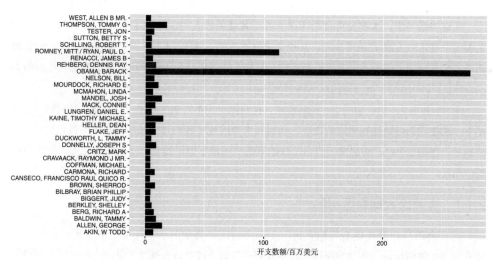

图 2.1　2012 年联邦选举周期大选阶段单个候选人身上的开支。图中只统计了开支
超过 400 万美元的候选人

从图 2.1 可以清楚地看出，巴拉克·奥巴马(Barack Obama)总统的竞选活动花费的资金远远超过其他所有候选人，尤其是比他的共和党挑战者罗姆尼(Mitt Romney)花费的资金增加了一倍以上。但是，委员会不仅限于花钱支持候选人，还可以花钱攻击特定候选人(即花在攻击性广告上)。在图 2.2 中，我们根据资金是花费在攻击某个候选人身上还是花费在支持某个候选人身上，将图 2.1 所示的包含相同支出的数据分开。

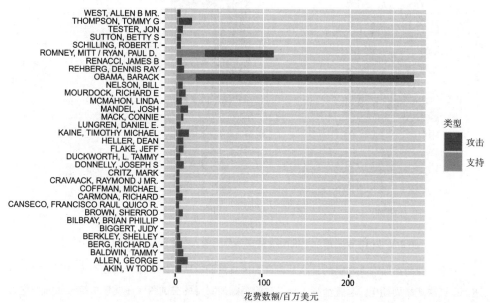

图 2.2　2012 年联邦选举周期大选阶段花在单个候选人身上的钱，按支出类型进行细分，
只统计了开支超过 400 万美元的候选人

在这些选举中，大部分资金都花在了攻击其他候选人上，特别是奥巴马总统竞选的 2.74
亿美元中有 2.51 亿美元是用来攻击其他竞选候选人的。同样，米特·罗姆尼(Mitt Romney)竞选
活动的大部分资金都不是用来支持自己的，但是罗姆尼在竞选活动中用于攻击其他候选人的支
出百分比(70%)远低于奥巴马的这一比例(92%)。

图 2.1 和图 2.2 的区别在于，在后者中，我们使用了不同灰度将第三个变量(支出类型)引入
图中，这使我们可以进行清晰的比较，从而极大地改变了我们可能从前一张图中得出的结论。
特别是，在图 2.1 中，看起来奥巴马总统的竞选支出使罗姆尼的竞选支出相形见绌，然而事实
恰恰相反。

2.1.1　这两组数据有区别吗？

由于奥巴马花费在攻击其他竞选人上的资金比罗姆尼的这笔花费要多得多，因此你可
能从图 2.2 得出结论，共和党在这次选举周期中筹款更成功。在图 2.3 中，我们可以看出确实
是这种情况，因为用于支持共和党(REP)候选人的资金要比支持民主党(DEM)候选人的资金多，
用于攻击民主党候选人的资金也比攻击共和党人的多。从图 2.3 可看到，几乎所有的资金都花
费在了民主党或共和党身上。

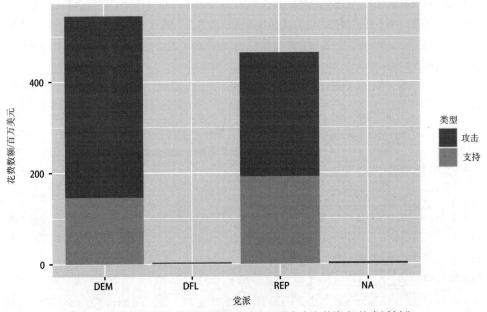

图 2.3　2012 年联邦选举期间花费在单个候选人身上的资金(按党派划分)

但是，花费在候选人身上的资金是否真的因党派而有所不同？这个问题有点棘手。如上所
述，在这次选举周期中，总统选举主导了政治捐赠。罗姆尼在试图就任现任总统时面临严重的
劣势。这种情况下，所要竞选的职位是一个容易迷惑人的变量。通过按竞选的职位进一步细分
图 2.3 中的捐款，可以在图 2.4 看到，虽然花费了更多的资金来支持政府的三个参议院的所有

共和党候选人，但只有在总统选举中，才花费了更多的资金来攻击民主党候选人。实际上，用于攻击共和党众议院和参议院候选人的资金稍多。

请注意，图 2.3 和图 2.4 显示了相同的数据。在图 2.4 中，我们有一个附加变量，它为分析竞选财务的奥秘提供了重要线索。即使两张图都是"正确的"，但通过在图 2.4 中引入一个变量可使它能够比图 2.3 揭示更多信息。在本章中，我们逐步开发一个框架用于创建规范的数据图形。

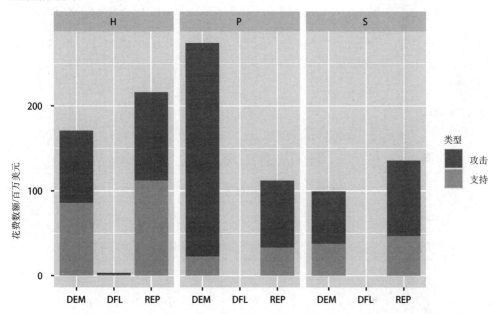

图 2.4 在 2012 年联邦选举周期的大选阶段，各政党单个候选人身上花费的资金，
按竞选职位(众议院、总统或参议院)进行细分

2.1.2 图形变化

总统大选期间出现了一个问题，有人指出罗姆尼的竞选得到了一些富人的支持，而奥巴马的支持则来自整个经济领域的人群。如果这是真的，那么我们希望能看到两位候选人之间捐赠金额的分布有所不同。特别是，我们希望能在图 2.5 所示的直方图中看到这一点。该直方图总结了 2012 年超过 100 万笔捐款，他们捐给了支持每个候选人(支持奥巴马的是美国奥巴马和 2012 奥巴马胜利基金；支持罗姆尼的是 2012 罗姆尼胜利和罗姆尼担任总统基金)的两个主要委员会。我们确实在图 2.5 中看到了有关此结论的一些证据，奥巴马的确收到了一些较小的捐款，但该证据远不足以定论。首先，两个候选人都收到了很多小笔捐款，且只收到了几笔大额捐款。水平轴上的比例尺很难观察到实际发生的事情。第二，直方图很难并排放置进行比较。最后，我们将总统选举的两个阶段(即初选与大选)的所有捐赠集中在一起。

在图 2.6 中，我们通过以下方法纠正这些问题：①使用密度曲线代替直方图，以便可以直接比较捐赠金额的分布；②在水平刻度线上绘制捐赠金额的对数以使用户关注重要的数据；③按选举阶段划分捐赠数据。图 2.6 可以使我们得出一些更加细微的结论。右面板支持以下主张：在初选阶段奥巴马的捐赠来自广大民众。在选举的这一阶段，奥巴马的捐款似乎大部分是小额捐款。但在大选阶段，对这些竞选活动的捐款的分布实际上没有差异。

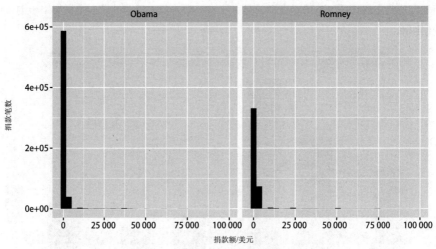

图 2.5　个人向 PAC 的捐款，PAC 用来支持 2012 年大选的两位主要总统候选人

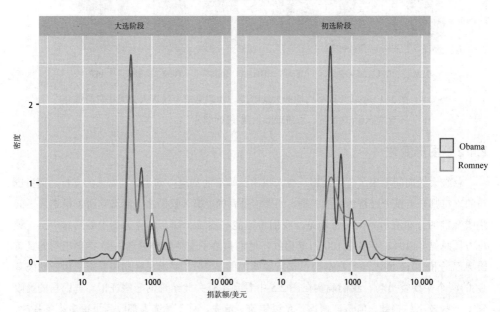

图 2.6　按选举阶段划分的个人向 PAC 的捐款，PAC 用来支持 2012 年大选的两位主要总统候选人

2.1.3　检查变量之间的关系

很自然，公民联合会决策提出的最大问题是关于资金在选举中的影响。如果竞选支出是无

限的, 这是否意味着竞选支出最多的候选人将获得最多的选票? 解决这个问题的一种方法是将每次选举中每个候选人所花费的资金与候选人获得的票数进行比较。统计人员想知道这两个数量之间的相关性, 即当一个数量很高时, 另一个数量也可能很高吗?

由于美国众议院的所有 435 名成员都是每两年选举一次, 而各区的选民人数大致相同, 因此众议院选举提供了一个很好的数据集进行这种比较。在图 2.7 中, 我们给出了一个简单的散点图, 将民主党候选人花费的美元数与该候选人在每次众议院选举中获得的票数相关联。

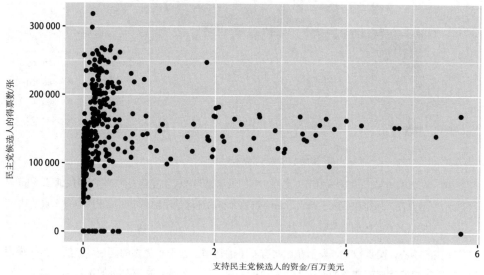

图 2.7   在 2012 年众议院选举中, 民主党的花费与获得的选票数量之间关系的散点图

图 2.7 中描述的两个数据量之间的关系非常弱。从竞选支出中受益更多的候选人似乎没有获得更多选票。但是, 图 2.7 中的比较具有误导性。在两个轴上, 重要的不是数量, 而是百分比。尽管国会每个选区的人口都相似, 但并不相同, 并且投票人数会因多种因素而有所不同。通过比较投票百分比, 我们可以控制每个地区的投票人数规模。同样, 关注花费的总金额而不是花费的百分比是没有意义的。在图 2.8 中, 我们进行了相同的比较, 但两个坐标轴均按百分比进行了缩放。

图 2.8 捕获了许多细微差别, 这些细微差别在图 2.7 中看不到。首先, 支持候选人花费的资金的百分比与他们获得的选票的百分比之间似乎存在正相关。但是, 这种关系对实际发生选举的散列点的中心最为重要。在该区域之外, 一位候选人赢得了 55%以上的选票。这种情况下, 通常只花很少的钱。这些情况被认为是"安全的"众议院选举, 你可以在图中看到这些点, 因为它们中的大多数都接近 x = 0 或 x = 1 两条线, 并且这些点非常小, 例如, 右下角是俄亥俄州第 8 区, 当时的众议院议长约翰•博纳(John Boehner)竞选连任成功, 花钱最多(超过 1100 万美元)的选举也发生在俄亥俄州。在第 16 区, 共和党现任议员吉姆•雷纳奇(Jim Renacci)差点击败了本来是第十三区议员的民主党挑战者贝蒂•萨顿(Betty Sutton), 这场竞争是通过十年一次

的重新分区而实现的(请参见第 17 章),在这次选举中,有 51.2%的资金用于支持萨顿,但她只赢得了 48.0%的选票。

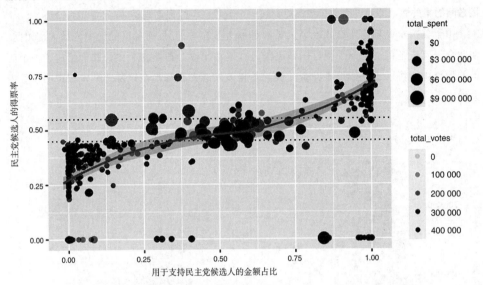

图 2.8   在 2012 年众议院选举中用于支持选举的美元比例与民主党获得的选票比例之间关系的散点图。每个点代表一个区。每个点的大小与该区选举的总支出成正比,每个点的透明度与该选区的总票数成正比

在图的中心,圆点较大,表示在这些有竞争的选举上花费了更多的资金。当然这是有道理的,因为为政治生涯而竞争的候选人更有可能积极筹款。然而,在有竞争的选举中,更多的财政支持与赢得更多选票两方面的相关性的证据显得很薄弱。

2.1.4   网络

并非所有变量之间的关系都可以通过散点图合理地表达。变量关联的另一种方式是网络形式(我们将在第 20 章详细讨论)。这种情况下,竞选资金具有网络结构,在这个网络中个人向委员会捐赠资金,然后委员会代表候选人花钱。尽管国家竞选资金网络过于复杂,无法在此处详细显示,但在图 2.9 中,我们显示了马萨诸塞州候选人的资金网络。

在图 2.9 中,我们看到从委员会支出中受益最大的两个竞选活动是共和党人米特·罗姆尼(Mitt Romney)和斯科特·布朗(Scott Brown)的竞选。这并不奇怪,因为罗姆尼竞选总统,并获得了共和党全国委员会的大量捐款,而布朗则在参议院中拥有自己的席位,以反对强大的挑战者伊丽莎白·沃伦(Elizabeth Warren)。两人都在选举中失败了,蓝色圆点表示马萨诸塞州的国会代表团,他们都是民主党人(请注意,本书为黑白印刷,后同)。

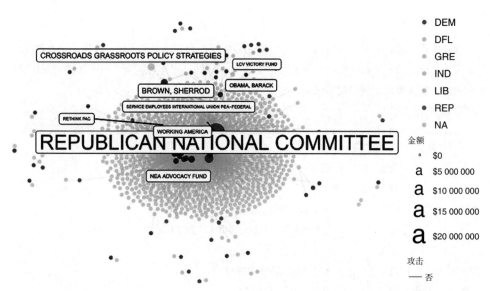

图 2.9　2012 年联邦选举中，马萨诸塞州候选人竞选资金网络。每条边代表 PAC 对候选人的贡献

2.2　组成数据图形

前《纽约时报》实习生和 FlowingData.com 的创建者邱南森(Nathan Yau)作了一个类比，即创建数据图形就像做饭一样：任何人都可以学习键入图形命令并在计算机上生成图形。同样，任何人都可以用微波炉加热食物。将高质量的可视化与简单的可视化区分开和将优秀厨师与新手区分开需要相同的要素：精通工具、关于其组成成分的知识，具有洞察力和创造力[Yau, 2003]。在本节中，我们介绍一个源于科学研究的用于理解数据图形的框架。我们希望，通过吸收这些思想，可使你的数据图形更完美。

2.2.1　数据图形分类

文献 Yau(2013)中提出的分类体系提供了一种系统方式来思考数据图形如何传达特定信息，以及如何对其进行改进。图形的补充语法[Wilkinson et al., 2005]由哈德利·威克姆(Hadley Wickham)在 ggplot2 图形包[Wickham, 2016]中实现，该包使用的术语略有不同。为叙述清晰，我们将对 ggplot2 的讨论推迟到第 3 章。进一步用烹饪进行类比，就是你必须先学会品尝，然后才能学会烹饪。

在此框架中，可根据四个基本元素来理解数据图形：视觉线索、坐标系、刻度和背景。在接下来的内容中，我们阐述了这一愿景，并附加了一些其他内容(多面板图形、图层和动画)。本节可以使细心的读者具有系统地分解数据图形的能力，从而可以对其中的内容进行更严格的分析。

1. 视觉线索

视觉线索是可以吸引观众的图形元素。它们是数据图形的基本构建块，选择使用哪种视觉线索来表示哪些数量是数据图形编辑者要考虑的核心问题。表 2.1 标识了九种不同的视觉线索，表中列出了线索是用于编码数字值还是分类值。

表 2.1　视觉线索及其含义

视觉线索	变量类型	问题
位置	数字	在哪里与其他事物相关？
长度	数字	多大(在一个维度中)？
角度	数字	有多宽？与别的东西平行吗？
方向	数字	在什么斜率上？在一个时间序列中，是上升还是下降？
形状	分类	属于哪个组？
面积	数字	有多大(在二维空间中)？
体积	数字	有多大(在三维空间中)？
阴影	任一种	到什么程度？有多严重？
颜色	任一种	到什么程度？有多严重？

对图形感知的研究(可追溯到 20 世纪 80 年代中期)表明，人类对程度差异的感知能力按特定顺序下降[Cleveland and McGill, 1984]。也就是说，人类非常擅长准确地感知位置的差异(例如，一根杆比另一根杆高多少)，但不擅长感知角度的差异。这就是许多人喜欢条形图而不是饼图的原因之一。我们对颜色差异的感知能力较差，这是许多数据科学家从热图(heat map)获取的信息较少的主要原因。

2. 坐标系

数据点如何组织？虽然我们可以使用任意个数的坐标系，但最常见的是三种：

直角坐标系　这是熟悉的(x, y)矩形坐标系，它具有两个相互垂直的坐标轴。

极坐标系　直角坐标系的径向模拟，该坐标系中的点由其半径ρ和角度θ标识。

地理坐标系　这是一个越来越重要的坐标系，在该坐标系中，我们可在地球的曲面上标记位置，但是我们将在平坦的二维平面中表示这些位置，第17章将讨论这种空间分析。

选择一个合理的坐标系对于准确地表示一个人的数据至关重要。例如，在直角坐标平面上显示诸如航空公司航线的空间数据可能导致真实情况的严重失真(请参见第 17.3.2 节)。

3. 刻度

刻度将值转换为视觉线索。刻度的选择通常至关重要，它的核心问题就是数据图形中的距离如何转化为数量上有意义的差值。每个坐标轴都可以有自己的刻度,通常我们有三种不同的选择。

数字　数字值通常以线性、对数或百分比刻度进行设置。注意，对数刻度不具有这样的性质，即坐标轴上任何位置上1cm的距离表示的数值相等。

分类　分类变量可能没有顺序(例如民主党、共和党或独立党派)，也可能是顺序变量(例如从不、以前或现在吸烟的人)。

时间　具有某些特殊性质的数字值。首先，由于存在日历的原因，它可以用一系列不同的单位进行划分(例如年、月、日等)。第二，它可以是周期性的，例如作为一个"环绕几圈"的刻度。时间的使用也是非常广泛的，我们必须仔细考虑它。

刻度容易引起误解，因为它有可能完全扭曲任何图形中数据点的相对位置。

4. 背景

数据图形的目的是帮助用户进行有意义的比较，但是一个不好的数据图形却可能适得其反：它可能将用户的注意力集中到毫无意义的人为组件上，或者忽略重要的具有外部知识的相关组件。背景可以以标题、字幕、轴标签、参考点或线的形式添加到数据图形中；这些标题或字幕解释要显示的内容，轴标签可以清楚地说明如何描述单位和比例，参考点或线能提供相关的外部信息。虽然我们应该避免在数据图形中添加过多注释，但必须提供适当的背景信息。

5. 多面板图形、图层和动画

创建数据图形的主要挑战之一就是如何将多变量信息浓缩成二维图像。虽然三维图像偶尔有用，但它们往往比其他图形都更令人困惑。相反，以下是将更多变量合并到二维数据图形中的三种常见方法。

多面板图形(small multiples)：面板图形也称为 facet，单个数据图形可由具有相同的基本图的几个多面板图形组成，每个小子图像中都有一个(离散)变量的变化。

图层：有时在现有数据图形上绘制一个新图层是合理的方法。这个新层可提供上下文或比较，但用户可以有效地解析多少层是有限制的。

动画：如果时间是附加变量，那么一幅动画有时可以有效地表达该变量蕴含的变化信息。当然，这在打印的页面上不起作用，用户不可能一次看到所有数据。

2.2.2　颜色

颜色是最不生动但最容易被误解和误用的视觉线索之一。在选择颜色时，有一些关键思想对数据科学家来说是非常重要的。

首先，如上所述，一种颜色及其单色相近色调是最难察觉的两个视觉线索。因此，尽管颜色和阴影对于包含级别较少的分类变量很有用，但并不是特别合适的表示数字变量的方式，特别是这些变量值的微小差异对区分事实很重要的情况。这意味着，虽然颜色可以在视觉上吸引人类，但通常不如我们认为的那样丰富。对于两个数值变量，很难想到颜色和阴影比位置更有用的例子。颜色最有效的地方就是，一旦用尽了两个位置信息，可以用颜色表示散点图上的第三个或第四个数字。

其次，大约有 8% 的人(大多数是男性)患有某种形式的色盲。通常他们无法准确地看到颜色，尤其是不能区分红色和绿色。使问题更加复杂的是，这些人中的许多人都不知道自己是色盲。

因此，对于专业图形，需要仔细考虑使用哪种颜色。在 2015 年的一场比赛中，美国国家橄榄球联盟(NFL)就出现过这一问题：布法罗比尔(Buffalo Bills)穿着全红球衣，纽约喷气机队(New York Jets)穿着全绿球衣，这使色盲球迷无法区分一个球队与另一个球队！

专业提示 1：为防止遇到色盲的问题，请避免在数据图形中对比红色和绿色。你的绘图不需要看起来有圣诞节氛围！

值得庆幸的是，有了 ColorBrewer 网站(和 R 包)的创建者辛西娅·布鲁尔(Cynthia Brewer)的研究，我们摆脱了需要创建此类智能调色板的困境。布鲁尔为单个变量中的三种不同类型的数字数据创建了各种颜色的色盲安全调色板。

序列数据　数据的顺序只有一个方向。正整数是序列型的，因为它们只能向上增加，即它们不能越过 0(因此，如果将 0 编码为白色，则任何较深的灰色阴影都表示更大的数字)。

发散型数据　数据的顺序有两个方向。在选举预测中，我们通常会根据各州对总统的投票方式看到各州的颜色。由于红色与共和党人相关联，蓝色与民主党人相关联，因此以红色或蓝色为涂色的州在比例轴的两端。但是其中以任何一种方式出现的"摇摆状态"可能会显示为紫色、白色，或者是介于红色和蓝色之间的其他中性色(请参见图 2.10)。

RdBu (divergent)

图 2.10　发散的红蓝色调色板(可扫描封底二维码下载彩图，后同)

定性数据　数据没有顺序，我们只需要颜色即可区分不同的分类。

RColorBrewer 程序包提供了直接在 R 中使用这些调色板的功能。图 2.11 说明了内置在 RColorBrewer 中的不同调色板，包括序列、定性和发散等类型的调色板。

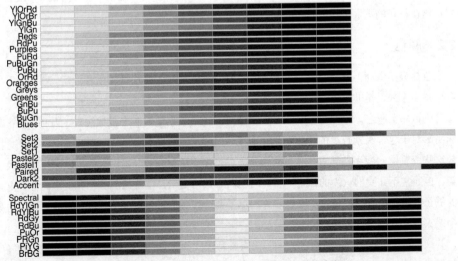

图 2.11　内置在 RColorBrewer 中的不同调色板

专业提示 2：花一些额外的时间使用精心设计的调色板。那些以色彩为主要工作的人可能会比自己的色彩选择更好。

viridis 程序包还提供了其他出色的具有不同感知的调色板。这些模板模仿 Python 的 matplotlib 绘图库中使用的模板。在 ggplot2 中还可以通过 scale_color_viridis() 函数访问 viridis 的调色板。

2.2.3　剖析数据图形

稍加练习，你就可以学会根据上述分类法来剖析数据图形。例如，你的基本散点图可以使用具有线性刻度的笛卡儿平面中的位置来显示两个变量之间的关系。接下来，我们在一系列简单的数据图形中识别视觉线索、坐标系和刻度。

(1) 图 2.12 中的条形图显示了 1994—1995 年 SAT 考试的数学部分的平均分数(分数范围为 200～800)，图中的这些州至少有 2/3 的学生参加了 SAT 考试。

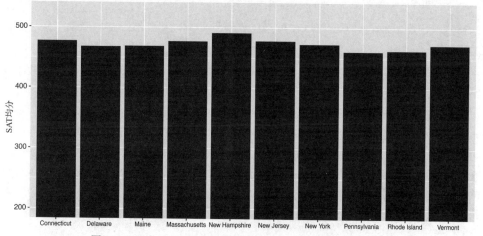

图 2.12　至少 2/3 的学生参加考试的州中平均 SAT 分数条形图

该图基于线性刻度，利用位置信息的视觉线索在纵轴上表示 SAT 数学分数。分类变量 state 分布在水平轴上。尽管 state 是按字母顺序排序的，但将变量 state 视为序列数据显然是不合适的，因为在 SAT 数学分数的所在环境中，排序没有意义。尽管如前所述，水平坐标没有意义，但这里还是采用笛卡儿坐标系。分数所在环境由轴标签和标题提供。还要注意，由于在每个部分的 SAT 上可能的最低分是 200，所以纵轴已被约束为从 200 开始。

(2) 接下来，我们考虑一个时间序列数据，该序列数据显示了 100 米男女自由泳比赛中世界纪录保持时间的情况。图 2.13 显示的时间是创造新纪录的年份的一个函数。

在某种程度上，这只是一个散点图，它在笛卡儿平面内使用纵轴和横轴上的位置分别表示游泳比赛时间和编年序列时间。纵轴上的数字刻度是线性的，以秒为单位，且横轴上的数字刻度也是线性的，以年为单位。但是，这里还有更多事情要做。颜色被用作区分分类变量 sex 的视觉线索。此外，由于这些点是通过线条连接的，因此使用变量 direction 表示比赛世界纪录发生时间的情况(自由泳世界纪录只会变得更快,因此方向总是朝下)。甚至有人可能会争辩说可以使用角度变量 angle 来比较世界纪录在时间和/或性别方面的下降情况。实际上,这种情况下,形状变量 shape 也被用来区分 sex。

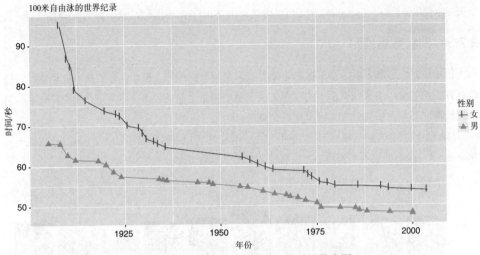

图 2.13   100 米自由泳的世界纪录时间散点图

(3) 接下来,我们在图 2.14 中显示了两个饼图,展示了在 HELP(健康评估与初级保健的联系)临床试验中受试者滥用的不同麻醉毒品[Samet et al., 2003]。它表明每个受试者都与一种主要麻醉毒品(酒精、可卡因或海洛因)有关。在右侧,我们看到有住所的参与者(没有在庇护所或街道过夜)的麻醉毒品分布相当均匀,而在左侧,我们看到了在外留宿一晚或多晚的无家可归者的麻醉毒品分布(更可能是以酒精为主要滥用麻醉毒品)。

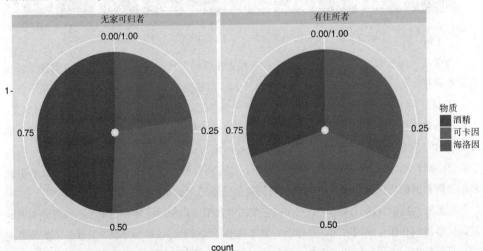

图 2.14   饼图显示了 HELP 研究中的参与者的滥用麻醉毒品的细目分类,即根据无家可归者的情况进行分类,和图 3.13 进行比较

该图形使用径向坐标系和 color 视觉线索来区分分类变量 substance 的三个级别。视觉线索 angle 用于量化使用每种麻醉毒品的患者比例的差异。你能否从图中准确地确定这些百分比?

专业提示 3: 除非在多面板图形中, 否则请勿使用饼图。

```
# A tibble: 3 x 3
  substance Homeless          Housed
  <fct>     <chr>             <chr>
1 alcohol   n = 103 (49.3%)   n = 74 (30.3%)
2 cocaine   n = 59 (28.2%)    n = 93 (38.1%)
3 heroin    n = 47 (22.5%)    n = 77 (31.6%)
```

在这个示例中, 显示比例的简单表格比此类图形能更有效地传达真正的差异。请注意, 该示例仅显示了六个数据点, 因此任何图形都可能是没有必要的。

(4) 最后, 在图 2.15 中, 我们显示了一个 choropleth 图, 该图显示了 2010 年马萨诸塞州人口普查区域的人口数据。

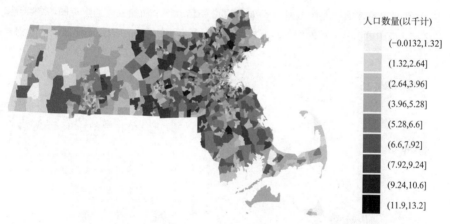

图 2.15　基于 2018 年美国社区调查的马萨诸塞州人口普查区的人口分布 choropleth 图

显然, 这里使用的是地理坐标系, 在纵轴和横轴上分别表示经度和纬度(该图不是投影图: 有关投影系统的更多信息, 请参见第 17 章)。利用阴影表示人口数量, 但这里的规模更复杂。十个蓝色阴影被映射到人口普查区域人口数的十分位, 并且由于这些区域中的人口分布是右偏的, 因此每个阴影并不对应于相同宽度的人口数量范围, 而是对应于在该人口数量范围内的相同数量的区域。这里的标题、字幕和图例提供了有用的背景信息。

2.3　数据图形的重要性: 挑战者号

1986 年 1 月 27 日, 曾为 NASA 航天飞机提供固体火箭发动机(SRM)的 Morton Thiokol 公司的工程师们建议 NASA 推迟挑战者号航天飞机的发射, 因为他们担心第二天发射时的寒冷天气会危害将火箭固定在一起的橡胶 O 型环的稳定性。工程师们提供了 13 张图表，这些图表在两小时的电话会议中进行了审查，会议参与者包括工程师、经理和 NASA 官员。由于缺乏有说服力的证据，工程师们的建议被否决了，发射工作如期进行。结果，O 型环完全按照工程师们担心的方式失败，发射 73 秒后挑战者爆炸，机上 7 名宇航员全部死亡[Tufte, 1997]。

除了悲惨的人员生命损失外，这一事件还给美国宇航局和美国太空计划造成了毁灭性打击。随之而来的麻烦包括：NASA 停滞了两年半，并成立了 Rogers 委员会以专门研究该灾难。显而易见的是，Morton Thiokol 公司的工程师非常正确地确定了温度与 O 型环损坏之间的关键因果关系。他们使用统计数据分析和科学的物理知识得出结论：橡胶 O 型环在低温下会变脆(这个因果关系由著名的物理学家和 Rogers 委员会成员 Richard Feynman 在听证会上使用一杯水和一些冰块进行了著名的演示[Tufte, 1997])。因此，工程师们可以使用他们的领域知识来识别关键的薄弱环节；这种情况下，领域知识就是火箭科学及其数据分析。

发射的失败及其可怕的后果就是一种说服力，他们只是没有以令人信服的方式将证据提供给最终决定继续发射的 NASA 官员。30 多年后，这一悲剧仍然警醒着世人。在这次发射之前，讨论是否启动发射的证据是以手写数据表(或"图表")的形式展现的，这些数据都没有图形化的形式。在对该事件的深入评论中，Edward Tufte 创建了一个功能强大的散点图，类似于图 2.16 和图 2.17，该图可以从工程师们当时所拥有的数据中直接获得，但这张图比原始的数据要有效得多[Tufte, 1997]。

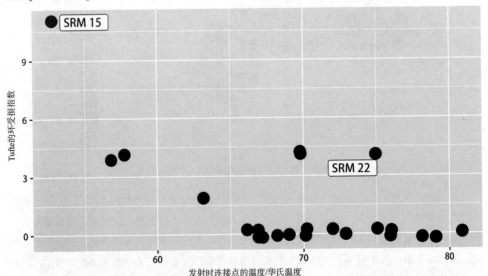

图 2.16　更平滑的散点图，显示了固体火箭发动机上温度和 O 型环损坏之间的关系。
这些点是半透明的，因此较暗的点表示具有相同值的多个观测值

图 2.16 显示了环境温度与固体火箭发动机上的 O 型环损坏之间的明确关系。为了演示对1986 年 1 月 27 日的预测温度进行的戏剧性外推，Tufte 在散点图中扩展了水平轴(图 2.17)以包括预测温度，巨大的间隙使这个外推问题显而易见。图 2.18 和图 2.19 显示了两个 Morton Thiokol

数据图形的重绘版[Tufte, 1997]。

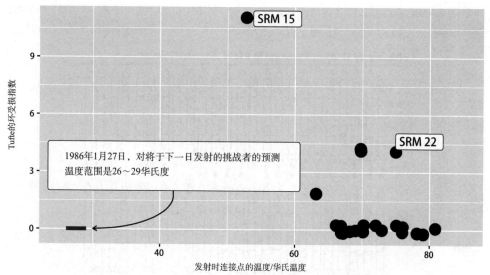

图 2.17　重新绘制的 Tufte 散点图，展示了温度与固体火箭发动机 O 型环损坏之间的关系

HISTORY OF O-RING TEMPERATURES (DEGREES-F)				
MOTOR	MBT	AMB	O-RING	WIND
OM-4	68	36	47	10 MPH
OM-2	76	45	52	10 MPH
QM-3	72.5	40	48	10 MPH
QM-4	76	48	51	10 MPH
SRM-15	52	64	53	10 MPH
SRM-22	77	78	75	10 MPH
SRM-25	55	26	29 27	10 MPH 25 MPH

图 2.18　Morton Thiokol 的工程师们在挑战者号发射前一晚的电话会议上向 NASA 提交的 13
张原始图表之一，这是一张数据密集型图表

Tufte 对工程师们的失败进行了全面批判[Tufte, 1997]，包括了许多对数据科学家具有指导
意义的意见。

缺乏作者资格　任何图表上都没有标注姓名，这导致缺乏责任感。没有人愿意对任意一张
图表中的数据承担责任。驳斥一群无名人士的论点要比驳斥一个或一群有名望的人士更容易。

单变量分析　工程师们提供了几张数据表，但实际上这些表基本上都是单变量的。也就是说，
它们只提供了有关单个变量的数据，但没有说明两个变量之间的关系。请注意，尽管图 2.18 确实
显示了两个不同变量的数据，但很难以表格形式看到两者之间的联系。由于此处的关键联系为温度
高低和 O 型环是否会损坏，因此缺乏双变量分析可能是工程师演讲中最致命的漏洞。

轶事证据　由于样本量如此之小，因此轶事证据反驳起来尤其具有挑战性。这种情况下，
基于两个观察结果进行了虚拟比较。虽然工程师们认为 SRM-15 在最冷的发射日期受到的损害

最大(请参见图 2.17)，但美国宇航局官员反驳说，SRM-22 在一个较温暖的发射日期受到的损害是第二大的。当在图 2.17 中考虑所有数据时，这些轶事证据就会支离破碎。很明显，SRM-22 是一个偏离一般模式的离群值，但工程师们从未在上下文中展示所有数据。

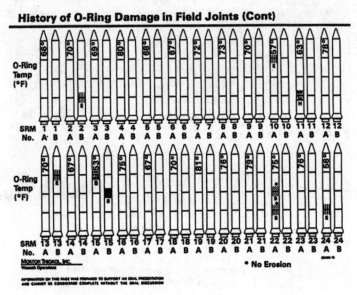

图 2.19   挑战者爆炸后在国会听证会上提供的证据

省略的数据   出于某些原因，工程师们选择不提供其他 22 次飞行的数据，这些数据占发射总量的 92%。这可能是由于时间限制，然而积累的证据的急剧减少在促成上述轶事证据方面发挥了重要作用。

混乱   毫无疑问，他们是在争分夺秒地工作，很可能是协同工作，工程师们并不总是清楚两种不同类型的损坏：腐蚀和窜气。如果不能明确界定这些术语，可能会影响美国宇航局官员的理解。

外推   最具说服力的是，未能包括完整数据的简单散点图，掩盖了"惊人的推断"[Tufte, 1997]，该推断是证明发射合理性所需的。底线是，预测的发射温度(26~29 华氏度)比以前任何时候都要低得多，因此，任何关于 O 型环损伤与温度的关系的模型都是没有测试过的。

专业提示 4：当观察结果较多时，数据图形往往比表格更具启示性，时刻注意考虑其他表达方式以改善沟通。

Tufte 指出了工程师们的首要问题是未能将数据与什么联系起来。某些数据可以被理解为与某事物相关的概念，这也许是统计推理的基础和决定性特征。我们将沿着这条线索贯穿全书。

专业提示 5：始终确保图形显示利用适当的轴标签、附加文本说明和标题进行清晰的描述。

在本章中，我们将这个悲剧事件作为对数据可视化进行深入研究的动机。这为应用数据科学家说明了一个重要的真理：只是正确是不够的，你必须要有足够的说服力。请注意，图 2.19

包含的数据与图 2.17 中的数据相同，但格式表现信息更明显。对大多数人来说，图形化的解释是非常有说服力的。因此，要成为一名成功的数据分析师，必须掌握数据可视化的基础知识。

2.4　创建有效的演示

对数据科学家来说，进行有效的演示是一项重要技能。无论这些演示是在学术会议上、教室里、会议室里，还是在舞台上，与听众交流的能力都有不可估量的价值。虽然有些人在聚光灯下会表现得很自然、很舒畅，但每个人都可以提高演示的质量。

下面列出一些一般性的建议[Ludwig, 2012]。

规划时间　通常你只有很少的时间来演讲，并且只有额外的几分钟来回答问题。如果你的发言时间太短或太长，会让你显得毫无准备。排练几次，以便更好地把握时机。还要注意，你在实际演讲时可能比在排练时说话更快。加快语速并不是一个非常差的策略，最好提前删减材料。你可能很难在 x 分钟内看完 x 张幻灯片。

专业提示 6：通过加快语速来加快进度并不是一个好策略，你最好提前删减材料，或者转到关键的幻灯片或结论。

每张幻灯片上不要写太多内容　你不能指望别人去阅读你的幻灯片，因为如果观众在阅读你的幻灯片，那么他们就不会听你的。你希望幻灯片能为所说的内容提供视觉上的提示，而不是替代你所说的话。把注意力集中在图形显示和思想要点列表上。

把问题放在上下文中　记住，在大多数情况下听众对你的主题知之甚少或一无所知。失去听众最简单的方法就是直接深入到需要具备一定领域知识的技术细节中。在演讲开始前花几分钟时间向听众介绍主题的背景知识，并对你正在学习的内容介绍一些动机。

大声说清楚　记住，在大多数情况下你对话题比房间里的任何人都了解得多，所以要自信地说话和表达！

讲一个故事，但不一定是整个故事　你期望能在 x 分钟内把你所知道的关于话题的一切都告诉听众是不现实的。你应该努力以清晰的方式传达主要思想，但不要停留在细节上。如果听众能够理解你研究的问题是什么，你是如何解决的，以及你的发现有什么样的含义，你的演讲就会成功。

2.5　更广阔的数据可视化世界

到目前为止，我们对数据可视化的讨论仅限于静态的二维数据图形。然而，还有其他许多方法可以可视化数据。虽然第 3 章侧重于静态数据图形，但第 14 章介绍了几种用于交互式数据可视化的高级工具。更广泛地说，视觉分析领域关注的是交互式视觉界面构建所隐含的科学，目的是增强人们的数据推理能力。最后，我们还形成了数据艺术。

总之，我们拥有数据艺术(data art)。你可以用数据做很多事情。一方面，你可能会专注于预测特定响应变量的结果。这种情况下，你的目标是非常明确的，你的成功是可以量化的。在另一方面，是被称为数据艺术的项目，在这些项目中，对数据所能做的事情的意义是难以理解的，但能以一种新方式洞察数据，这种体验本身就是有意义的。

考虑一下 Memo Akten 和 Quayola 的表单(Forms)，它们的灵感来自英联邦运动会运动员的身体移动。通过视频分析，这些移动被转换成三维数字对象，如图 2.20 所示。请注意左上角的图像是如何在一个游泳运动员跳水后浮出水面时荡起的。如果把这些看成电影，那么表单就是数据艺术中引人注目的一幕。

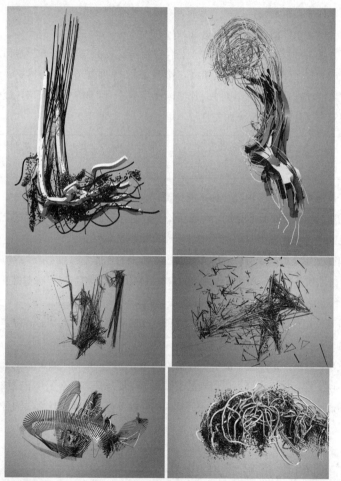

图 2.20   来自表单的静态图像，由 Memo Akten 和 Quayola 提供。每张图片都代表一个运动员在
英联邦运动会上所做的移动，但都被重新想象成一组移动的三维数字对象

专业提示 7：查看 Vimeo 上备忘录的表单(流程)。

成功的数据艺术项目需要艺术天赋和技术能力。"我们面前是推销员的房子"是一个现场版的、不断更新的对在线市场 eBay 的探索。这套装置是由统计学家 Mark Hansen 和数码艺术家 Jer Thorpe 创作的，当你进入 eBay 园区时，它被投射到一个大屏幕上。

专业提示 8：在我们面前的是推销员的房子——Vimeo 上 blprnt 的三个场景。

屏幕首先显示 Arthur Miller 的经典戏剧《推销员之死》，然后"阅读"第 1 章的文本内容。在此过程中，会有多个名词(例如冰箱、椅子、床、奖杯等)是从文本中提取出来的。对于连续场景中的每一个场景，屏幕显示然后转移到一个地理位置，eBay 在该位置正出售文本描述中与这个名词相关的东西，其中详细列举了价格和拍卖信息(请注意，这些描述并不总是完美的)。在视频中，搜索"冰箱"会发现前芝加哥熊队防守端成员 William "Refrigerator" Perry 的 T 恤)。

接下来，选择一个出售此类物品的城市，收集附近出售的美国文学经典书籍。一个商品被选中，通过"阅读"那本书的第一页可以循环回到开始处。这个过程无限期地继续下去。在描述展览时，Hansen 谈到了"一个数据集读取另一个数据集"，正是数据和文学的相互作用使得这些数据艺术项目非常强大。

最后，我们考虑 Mark Hansen 的另一个合作，这次是 Ben Rubin 和 Michele Gorman。在《莎士比亚机器》中，37 个数字液晶显示刀片排列成一个圆圈，每个刀片对应莎士比亚的一个戏剧。每个刀刃上都显示从这些剧本的文本中挑选出来的字符模式。首先显示连字号对，然后找出布尔对，再找出修饰名词的冠词和形容词(如"the holy father")。以这种方式，莎士比亚的艺术杰作被粉碎成公式化模块。在第 19 章中，我们将学习如何使用正则表达式查找《莎士比亚机器》的数据。

专业提示 9：观看 Vimeo 上 Ben Rubin、Mark Hansen、Michele Gorman 演出的《莎士比亚机器》。

2.6　扩展资源

与数据可视化相关的问题贯穿全文，它们将是第 3 章、第 14 章和第 17 章的重点。

没有阅读 Tufte 的《定量信息的视觉展示》[Tufte, 2001]，数据图形教育是不完整的，该著作也包含了 John Snow 的霍乱地图的描述(请参见第 17 章)。关于挑战者号事件的完整描述，请参见[Tufte, 1997]。Tufte 还出版了另外两本具有里程碑意义的著作[Tufte, 1990, 2006]，并对 PowerPoint 的缺点进行了理性评论[Tufte, 2003]。Cleveland 和 McGill 的工作为 Yau 的分类学提供了基础[Yau, 2013]。Yau 的文章[Yau, 2011]列举了许多发人深省的数据可视化例子，尤其是数据艺术。图形语法首先由 Wilkinson 描述[Wilkinson et al. 2005]，Wickham 基于这个语法实现了 ggplot2[Wickham 2016]。

许多重要的数据图形是由 Tukey[Tukey, 1990]开发的。Andrew Gelman[Gelman et al. 2002]也在统计期刊上写过关于数据图形的具有说服力的文章。Gelman 讨论了一组典型的数据图形，Tufte 也对这些数据图形建议修改。Nolan 和 Perrett 讨论了数据可视化任务和评分的标准[Nolan and Perrett, 2016]。Steven J. Murdoch 创建了一些 R 函数来绘制 Tufte 在[Tufte, 2001]中描述的修改后的图表，这些也出现在 ggthemes 包[Arnold, 2019a]中。

　　Cynthia Brewer 的调色板可在 http://colorbrewer2.org 下载，并可通过 R 的 RColorBrewer 包调用；她的工作在[Brewer (1994), Brewer (1999)]中有更详细的描述。viridis[Garnier，2018a]和viridisLite[Garnier，2018b]程序包为 R 提供了类似 matplotlib 的调色板。Ram 和 Wickham 创造了异想天开的调色板[Ram and Wickham, 2018]，令人想起 Wes Anderson 与众不同的电影。Technically Speaking 是国家自然科学基金会资助的一个项目，提供了一些演讲建议，并为学生提供了一些教学视频[Ludwig, 2012]。

2.7　练习题

　　问题 1(易): 考虑以下数据图形。

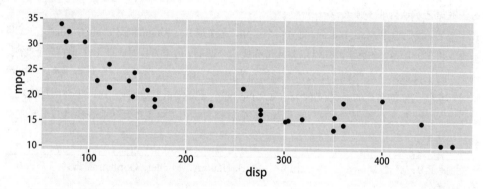

　　如果汽车有自动变速器，am 变量的值为 0；如果汽车有手动变速器，am 变量的值为 1。如何根据变速箱类型区分图中的车辆？

　　问题 2(中): 从 https://www.edwardtufte.com/tufte 选择一个科学笔记本条目(如 Making better inferences from statistical graphics)。写一篇关于这个条目所说明的图形原理的简短个人思考。

　　问题 3(中): 找出最近两年在报纸或互联网上发表的两张图表。

　　a. 确定一个你觉得有吸引力的图形显示。该显示的哪些方面表现得很好，这些好的方面与本章中确立的原则有何关系？包括显示内容的屏幕截图以及你的解决方案。

　　b. 确定一个你觉得不那么引人注目的图形显示。该显示的哪些方面表现不好？有没有改进显示效果的方法？给出解决方案以及显示内容的屏幕截图。

　　问题 4(中): 在同行评议的期刊上找到过去两年发表的两篇科学论文(Nature 和 Science 是不错的选择)。

　　a. 确定一个你觉得有吸引力的图形显示。该显示的哪些方面表现得很好，以及这些方面与本章中确立的原则有何关系？包括你的解决方案以及显示内容的屏幕截图。

　　b. 确定一个你觉得不那么引人注目的图形显示。该显示的哪些方面不好？有没有改进显示的方法？包括你的解决方案及显示内容的屏幕截图。

　　问题 5(中): 考虑一下《纽约时报》在 http://www.nytimes.com/2012/04/15/sunday-review/

coming-soon-taxmageddon.html 上的一篇文章,分析与 Taxmageddon 相关的两个图形。第一个是"谁的税率涨或跌",第二个是"谁从减税中获益最多"。

a. 仔细查看这两个图形。讨论一下它们传达了什么。图形说明了什么故事?

b. 根据本章描述的分类法评估两个图形。比例合适吗?是否一致?清楚地贴上了标签?变量维度是否超过数据维度?

c. 这些图形是否有误导性?

问题 6(中): 考虑关于节育方法的数据图形(http://tinyurl.com/nytimes-unplanned)。

a. 在每个图形的 y 轴上显示的数量是多少?

b. 列出数据图形中显示的变量,以及每个变量的单位和一些典型值。

c. 列出数据图形中使用的视觉线索,并解释每个视觉线索如何链接到每个变量。

d. 仔细检查图形。用文字描述一下你认为数据图形传达了什么信息。不要只是汇总数据,在问题的背景下解释数据的含义(注意,信息对人类来说是有意义的,它与数据不是一回事)。

2.8　附加练习

可从 https://mdsr-book.github.io/mdsr2e/ch-vizI.html#datavizI-online-exercises 获得。

第 3 章

图形语法

在第 2 章，我们介绍了一种用于理解数据图形的分类方法。在本章，我们将介绍如何使用 ggplot2 包创建数据图形。在 R 中用于创建静态二维数据图形的其他程序包包括基础图形和 Lattice(晶格)系统。我们使用 ggplot2 系统是因为它提供了用于描述和定义图形的统一框架，即一种语法。这个用于定义图形的语法将允许创建自定义数据图形，这些图形以目标为导向支持视觉显示。大家可以注意到，尽管 ggplot2 中使用的术语与我们在第 2 章概述的分类法不同，但仍有许多相似之处，这些都会在章节具体内容中予以明确。

3.1 数据图形语法

ggplot2 程序包是多产的 R 程序员 Hadley Wickham 的众多创作之一。它已经成为使用最广泛的 R 程序包之一，这在很大程度上要归功于它可以从一小段代码逐步构建数据图形的方式。

在 ggplot2 的语法中，一种画面就是变量与表示其值的视觉线索之间的显式映射。标志符号是代表一种情况的基本图形元素(使用的其他术语包括"标记"和"符号")。在散点图中，图形上标志符号的位置(水平和垂直方向)都是视觉线索，可帮助图形观察者了解相应数量的大小。这里的画面是定义这些对应关系的映射。当存在两个以上变量时，其他画面元素可能会影响另外的视觉线索。还要注意，某些视觉线索(如时间序列中的方向)是隐式的，没有相应的画面。

对于本书的许多章节，遵循这些示例的第一步是加载 R 的 mdsr 程序包，其中包含本书引用的所有数据集。特别是，加载 mdsr 还会加载 mosaic 程序包，从而加载 dplyr 和 ggplot2。有关 mdsr 程序包的更多信息，请参见附录 A。如果你是第一次使用 R，请参见附录 B 的介绍。

```
library(mdsr)
library(tidyverse)
```

专业提示 10：如果你想学习如何使用特定命令，强烈建议你自己运行示例代码。

我们从一个数据集开始，该数据集包含与经济生产率问题相关的测量数据。CIACountries 数据表包含了为全球各个国家/地区收集的七个变量：人口(pop)，面积(area)，国内生产总值(gdp)，用于教育的 GDP 百分比(educ)，单位面积的道路长度(roadways)，使用互联网的人口部分大小(net_ users)，以及每天生产的石油桶数(oil_prod)。表 3.1 显示了前六个国家/地区的一部分变量。

表 3.1　CIAcountries 数据表前六行中的部分变量

country	oil_prod	gdp	educ	roadways	net_users
Afghanistan	0	1900	NA	0.065	>5%
Albania	20510	11900	3.3	0.626	>35%
Algeria	1420000	14500	4.3	0.048	>15%
American Samoa	0	13000	NA	1.211	NA
Andorra	NA	37200	NA	0.684	>60%
Angola	1742000	7300	3.5	0.041	>15%

3.1.1　画面

在图 3.1 所示的简单散点图中，我们采用图形语法来构建多元数据图形。在 ggplot2 中，可使用 ggplot()命令创建一个绘图，并且该函数的任何参数都将一直应用到所有后续绘图指令中。这种情况下，如果我们已经在 data 参数中指定了变量，就意味着图中任何地方提到的任何变量都应理解为作用在 CIACountries 数据框中。ggplot2 中的图形利用基本元素进行增量式构建。这种情况下，唯一的元素是点，这些点是使用 geom_point()函数绘制的。geom_point()的参数定义了点的绘制位置和方式。这里，两种画面元素(aes())将纵坐标(y)映射到 gdp 变量，将横坐标(x)映射到 educ 变量。geom_point()的 size 参数更改所有标志符号的大小。请注意，此处每个点的大小相同。尺寸不是画面元素，因为它不会将变量映射到视觉线索。由于每个案例(即数据框中的行)都是一个国家/地区，因此每个点代表一个国家/地区。

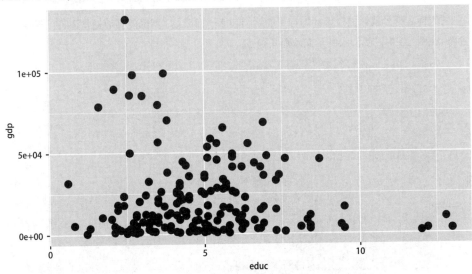

图 3.1　仅使用位置信息标志符号的散点图

```
g <- ggplot(data = CIACountries, aes(y = gdp, x = educ))
g + geom_point(size = 3)
```

在图 3.1 中，标志符号(glyphs)很简单。只有框架中的位置才能将一个标志符号与另一个标志符号区分开。所有标志符号的形状、大小等都是相同的，标志符号本身并不能识别国家/地区。

但是，可使用具有多个属性的标志符号。我们可以定义其他画面元素来创建新的视觉线索。在图 3.2 中，我们通过将每个点的颜色映射到分类变量 net_users 来扩展前面的示例。

```
g + geom_point(aes(color = net_users), size = 3)
```

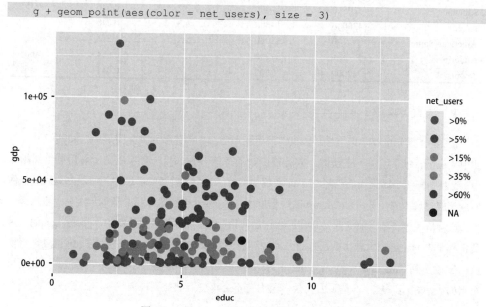

图 3.2   net_users 变量映射到颜色的散点图

更改标志符号就像更改该标志符号的绘制功能一样简单，图形的画面通常还可以保持完全相同。在图 3.3 中，我们绘制了文本而不是点。

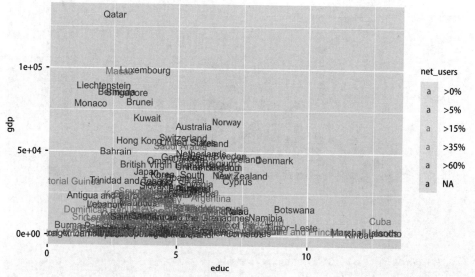

图 3.3   使用位置和标签作为画面元素的散点图

```
g + geom_text(aes(label = country, color = net_users), size = 3)
```

当然，我们可以采用多元画面元素。图 3.4 有四种画面元素。四种元素中的每一种都对应于一个变量，即我们说相应变量已映射到图形的画面中。educ 映射到水平位置，gdp 映射到垂直位置，net_users 映射到颜色，roadways 映射到符号大小。因此，我们分别使用垂直位置、水平位置、颜色和大小对四个变量(gdp、educ、net_users 和 roadways)进行编码。

```
g + geom_point(aes(color = net_users, size = roadways))
```

数据表为绘制数据图形提供了基础。数据表和图形之间的关系很简单：数据表中的每个案例都将成为图形中的一个标记(我们将在第 6 章以 glyph-ready data 概念来表示)。作为图形的设计者，你可以选择图形要显示的变量以及以何种方式图形化表示每个变量：位置、大小、颜色等。

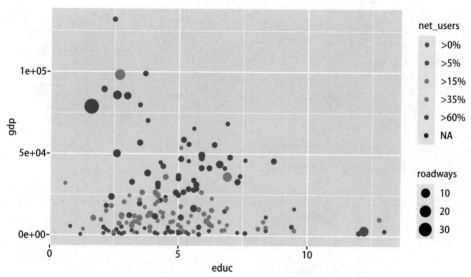

图 3.4　将 net_users 变量映射为颜色，将 educ 变量映射到尺寸大小的散点图。该图与
图 3.7 不同，图 3.7 使用了方面(facet)显示相同的数据

3.1.2　刻度

比较图 3.4 和图 3.5。在图 3.4 中，由于 gdp 的右偏分布和线性刻度的选择，很难分辨 gdp 的差异。在图 3.5 中，纵轴上的对数刻度使散点图更具可读性。当然，这会使图的解释更复杂，因此我们必须非常小心。注意，代码中的唯一区别是添加了 coord_trans()指令。

```
g +
  geom_point(aes(color = net_users, size = roadways)) +
  coord_trans(y = "log10")
```

也可使用 ggplot2 中的任一 scale()函数对刻度进行设置。例如，不像上面那样使用 coord_trans()函数，可通过使用 scale_y_continuous()函数来实现类似的绘图(后面将展示)。无论哪种情况，都将在相同的位置绘制点，两幅图的区别在于绘制主要刻度线和轴标签的方式和位置。我们更喜欢在图 3.5 中使用 coord_trans()，因为在对数 log 刻度中它更能吸引注意力(与图 3.6 比较)。具有类似名称的函数(例如 scale_x_continuous()、scale_x_discrete()、scale_color() 等)对不同画面执行类似的操作。

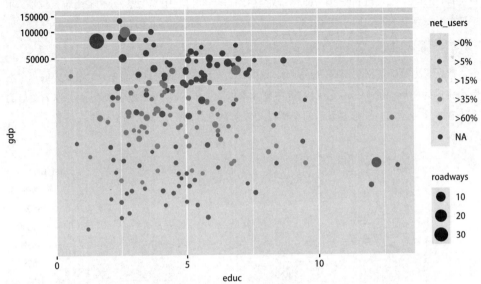

图 3.5   对 GDP 值进行对数转换的散点图，这样有助于减轻因国家之间 gdp 的右偏
分布而造成的视觉集群

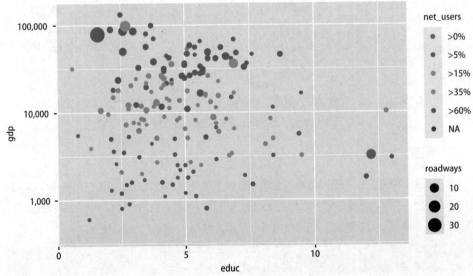

图 3.6   GDP 对数变换散点图。与图 3.5 相比，在 y 轴上对数比例尺使用得到的
显示效果不太明显，因为水平网格线间距均匀

```
g +
  geom_point(aes(color = net_users, size = roadways)) +
  scale_y_continuous(
    name = "Gross Domestic Product",
    trans = "log10",
    labels = scales::comma
  )
```

并非所有的刻度都与位置有关。例如，在图 3.4 中，net_users 被转换为颜色。同样，roadways 被转换为大小，最大的点对应于单位面积有 30 条道路的值。

3.1.3　指南

背景信息由指南(通常称为图例)提供。指南通过提供背景信息帮助读者理解视觉线索的含义。

对于位置视觉线索，最常见的指南是我们熟知的带有刻度线和标签的轴线。但还存在其他类型的指南。在图 3.4 和图 3.5 中，图例说明了点的颜色如何与 Internet 连接相对应，以及点的大小如何与道路长度相对应(请注意这里使用了对数刻度)。geom_text()和 geom_label()函数还可用于在图中提供特定的文本注释。3.3 节将提供有关如何使用这些功能进行注释的示例。

3.1.4　方面

使用形状、颜色和大小之类的多种画面元素来显示多个变量可能产生令人难以理解的混乱图形。方面(facet)表示显示分类变量的不同层级信息的多个并排图，提供了一种简单有效的替代方法。图 3.7 使用方面显示了 Internet 连接的不同级别，提供了比图 3.4 更好的视图。有两个创建方面的函数：facet_wrap()和 facet_grid()。前者为单个分类变量的每个级别创建一个方面，而后者为两个分类变量的每个组合创建一个方面，并将它们排列在网格中。

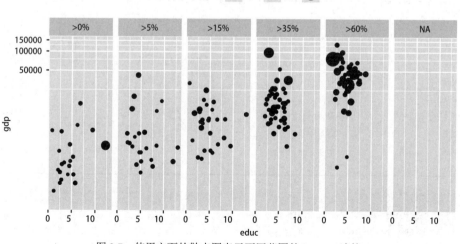

图 3.7　使用方面的散点图表示不同范围的 Internet 连接

```
g +
  geom_point(alpha = 0.9, aes(size = roadways)) +
  coord_trans(y = "log10") +
  facet_wrap(~net_users, nrow = 1) +
  theme(legend.position = "top")
```

3.1.5　层次

有时，来自多个数据表的数据会被绘制在一起。例如，MedicareCharges 和 MedicareProviders 数据表提供了有关每个州每个医疗疗程平均费用的信息。如果你居住在新泽西州，你可能想知道你所在州的医疗服务提供者对不同的医疗程序如何收费。但是，你当然也希望从所有州的平均值这种上下文信息了解所在州中这些疗程的平均值。在 MedicareCharges 表中，每一行代表一个不同的疗程(drg)，并且每个州具有对应的平均费用。我们还创建了第二个数据表，称为 ChargesNJ，它仅包含与新泽西州提供者对应的那些行。如果对这些命令不熟悉，也不必担心，我们将在第 4 章学习这些命令。

```
ChargesNJ <- MedicareCharges %>%
  filter(stateProvider == "NJ")
```

表 3.2 显示了新泽西州数据表中的前几行。这个标志符号表(glyph-ready，见第 6 章)可以转换为图表(图 3.8)，其中的条形图表示新泽西州不同医疗疗程的平均费用。geom_col()函数为 100 种不同的医疗疗程分别创建一个单独的条形图。

```
p <- ggplot(
  data = ChargesNJ,
  aes(x = reorder(drg, mean_charge), y = mean_charge)
```

表 3.2　barplot 层的标志符号数据

drg	stateProvider	num_charges	mean_charge
039	NJ	31	35104
057	NJ	55	45692
064	NJ	55	87042
065	NJ	59	59576
066	NJ	56	45819
069	NJ	61	41917
074	NJ	41	42993
101	NJ	58	42314
149	NJ	50	34916
176	NJ	36	58941

```
) +
  geom_col(fill = "gray") +
  ylab("Statewide Average Charges ($)") +
  xlab("Medical Procedure (DRG)") +
```

```
theme(axis.text.x = element_text(angle = 90, hjust = 1, size = rel(0.5)))
p
```

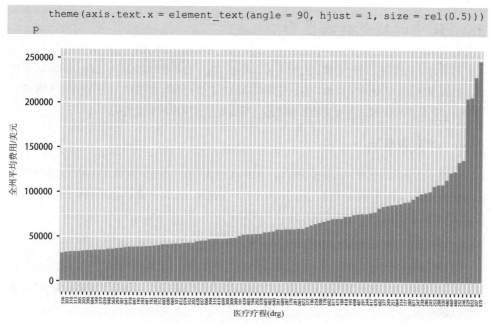

图 3.8　新泽西州医疗疗程平均费用的条形图

新泽西州的收费与其他州相比如何？可使用不同的标志符号类型来绘制两个数据表，一个表示新泽西州的条形图，一个用于整个国家所有州的散点图，如图 3.9 所示。

```
p + geom_point(data = MedicareCharges, size = 1, alpha = 0.3)
```

根据各州提供的背景信息，不难发现，新泽西州的每个医疗疗程收费是所有州中最高的。

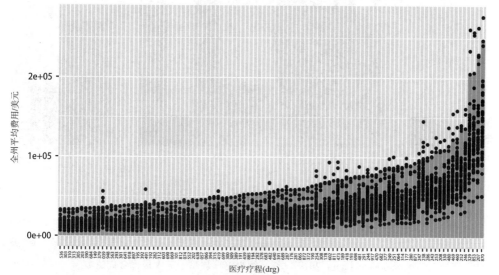

图 3.9　添加第二层以比较新泽西州和其他州的条形图。每个点代表一个州，
而条形符号代表新泽西州

3.2　R 中的规范数据图形

随着时间的推移，统计学家已经针对特定用例开发了标准的数据图形[Tukey, 1990]。尽管这些数据图形并不总是令人满意，但它们因简洁和有效性而难以被忽视。每个数据科学家都应该知道如何制作和解释这些规范的数据图形，否则要自行承担被忽视的风险。

3.2.1　单变量显示

了解单个变量的分布方式通常很有用。如果该变量是数字变量，则通常使用直方图或密度图以图形方式汇总其分布。使用 ggplot2 程序包，通过将 math 变量绑定到画面元素 x，可为 SAT_2010 数据框中 math 变量显示任意一个图。

```
g <- ggplot(data = SAT_2010, aes(x = math))
```

然后，我们只需要选择 geom_histogram()或 geom_density()。图 3.10 和图 3.11 都传达了相同的信息，但是直方图使用预定义的箱子图形(bin)来创建离散分布，而密度图使用核平滑器来绘制连续曲线。

```
g + geom_histogram(binwidth = 10) + labs(x = "Average math SAT score")
```

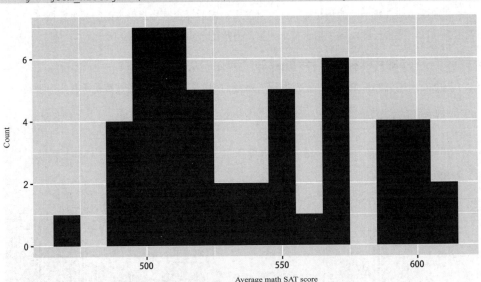

图 3.10　直方图显示了各州 SAT 数学分数的分布

请注意，binwidth 参数用于指定直方图中箱子的宽度。这里，每个箱子包含一个 10 分的 SAT 分数范围。通常，直方图的外观可能会由于箱子的选择而出现很大差异，并且没有一个"最佳"选择[Lunzer and McNamara, 2017]，你必须决定哪种箱子宽度最适合你的数据。

```
g + geom_density(adjust = 0.3)
```

类似地，在图 3.11 所示的密度图中，我们使用 adjust 参数修改内核平滑器使用的带宽。在上面定义的分类法中，密度图使用笛卡儿平面中的位置和方向，水平轴的刻度由数据中的单位定义。

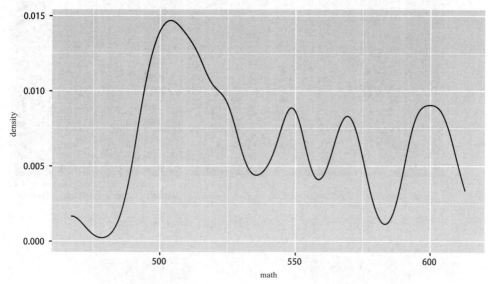

图 3.11 密度图显示了各州 SAT 数学分数的分布

如果变量是分类变量，则认为这些值具有连续密度是没有意义的。相反，我们可使用条形图来显示分类变量的分布。

为制作简单的数学条形图，可通过代表州的标签(state)来标识每个条形符，这里使用 geom_col()命令，如图 3.12 所示。请注意，我们在该图中添加了一些纹理。首先，我们使用 head() 函数仅显示前 10 个州(按字母顺序)。其次，我们使用 reorder()函数对州的名称按照 SAT 数学平均分数顺序进行排序。

```
ggplot(
  data = head(SAT_2010, 10),
  aes(x = reorder(state, math), y = math)
) +
  geom_col() +
  labs(x = "State", y = "Average math SAT score")
```

如前所述，我们建议不要使用饼图来显示分类变量的分布，因为在大多数情况下，频率表的信息量更大。使用堆积条形图可实现信息丰富的图形显示，如图 3.13 所示。请注意，我们已经使用 coord_flip()函数对条形图在水平方向进行显示，而不是垂直显示。

```
ggplot(data = mosaicData::HELPrct, aes(x = homeless)) +
  geom_bar(aes(fill = substance), position = "fill") +
  scale_fill_brewer(palette = "Spectral") +
  coord_flip()
```

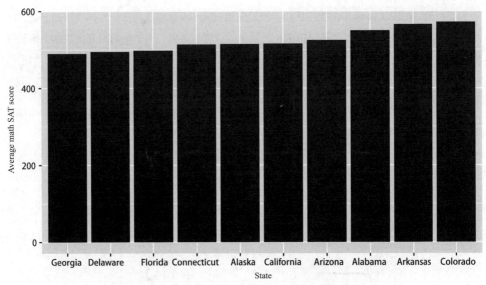

图 3.12　一个显示部分州 SAT 数学分数分布的条形图

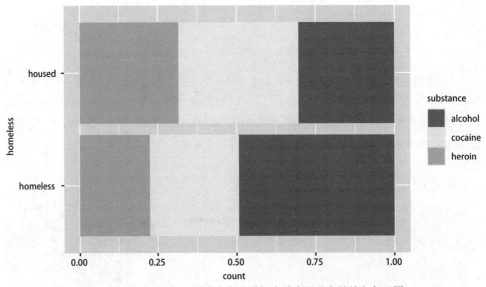

图 3.13　显示了 HELP 研究参与者滥用麻醉毒品分布的堆积条形图

　　与使用两个饼图相比，这种图形显示方法可以更直接地比较比例信息。这种情况下，很明显，酒精更有可能是无家可归的参与者的主要滥用麻醉品。但像饼图一样，有时也会批评条形图的数据墨水比低。也就是说，使用相对大量的墨水来描绘较少的数据点。

3.2.2　多元显示

　　多元显示是表达多个变量之间关系的最有效方法。古老的散点图仍然是显示两个定量(或数字)变量观察结果的绝佳方法。ggplot2 中的 geom_point()命令提供了散点图。散点图的主要

目的是显示多个案例中两个变量之间的关系。大多数情况下，我们使用笛卡儿坐标系，其中 x
轴表示一个变量，y 轴表示第二个变量的值。

```
g <- ggplot(
  data = SAT_2010,
  aes(x = expenditure, y = math)
) +
  geom_point()
```

还将添加一条平滑的趋势线和一些特定的轴标签。使用 geom_smooth()函数绘制通过点的
简单线性回归线(method="lm")(请参见第 9.6 节和附录 E)。

```
g <- g +
  geom_smooth(method = "lm", se = FALSE) +
  xlab("Average expenditure per student ($1000)") +
  ylab("Average score on math SAT")
```

在图 3.14 和图 3.15 中，我们绘制了 2010 年各州 SAT 平均数学成绩与每名学生的支出(单
位为千美元)之间的关系。可通过分面和/或分层添加第三个(分类)变量。这种情况下，我们使用
mutate()函数(请参见第 4 章)创建一个名为 SAT_rate 的新变量，该变量根据参加 SAT 的学生所
占的百分比将各州放入箱子图形中(例如高、中、低)。此外，为在绘图中包含该新变量，我们
使用%+%运算符来更新绑定到图中的数据框。

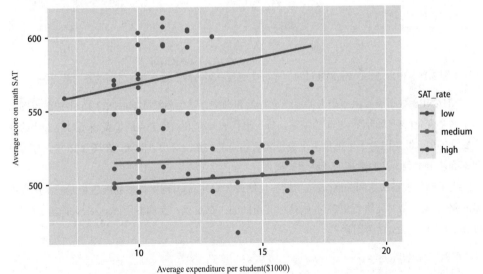

图 3.14　使用美学元素颜色的散点图通过第三个分类变量将两个数字变量之间的关系分开

```
SAT_2010 <- SAT_2010 %>%
  mutate(
    SAT_rate = cut(
      sat_pct,
      breaks = c(0, 30, 60, 100),
      labels = c("low", "medium", "high")
```

```
      )
    )
  g <- g %+% SAT_2010
```

在图 3.14 中，我们使用彩色画面在单个图上(即分层)基于 SAT_rate 将数据分开。将其与图 3.15 进行比较，在图 3.15 中，我们添加了一个映射到 SAT_rate 的函数 facet_wrap()，从而可以按方面分隔数据。

```
g + aes(color = SAT_rate)
```

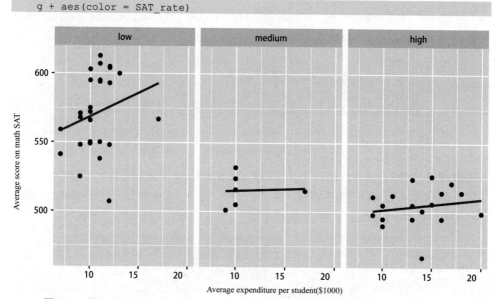

图 3.15   使用 facet_wrap()通过第三个分类变量分隔开两个数字变量之间关系的散点图

NHANES 数据表提供了个人的医学、行为和形态计量学测量数据。图 3.16 中的散点图显示了两个变量(身高和年龄)之间的关系。每个点代表一个人，每个点的位置表示对应人物的两个变量的值。散点图对于可视化两个变量之间的简单关系很有用。例如，在图 3.16 中，你可以观察到从出生到十几岁后期的身高增长模式。

为了确保线条的空间关系(成年男性往往比成年女性高)与图例标签的顺序相匹配，进行更多的整理(稍后将对此进行更多讨论)是很有帮助的。在这里，我们使用 fct_relevel()函数(来自 forcats 包)重置层次这个因素。

```
library(NHANES)
ggplot(
  data = slice_sample(NHANES, n = 1000),
  aes(x = Age, y = Height, color = fct_relevel(Gender, "male"))
) +
  geom_point() +
  geom_smooth() +
  xlab("Age (years)") +
  ylab("Height (cm)") +
  labs(color = "Gender")
```

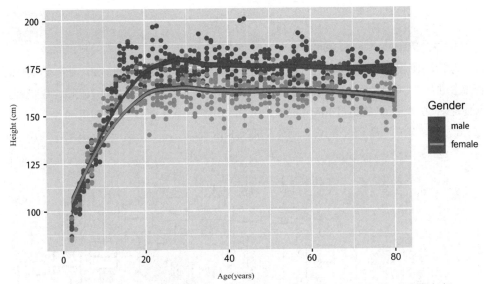

图 3.16　来自 NHANES 研究数据的 1000 个随机个体的散点图。请注意，这里是如何
通过将性别映射到颜色而凸显了男性和女性之间的身高差异

一些散点图具有特殊含义。时间序列(例如图 3.17 所示的时间序列)是一个散点图，该图中
时间表示在水平轴上，点之间用线连接以表示时间的连续性。图 3.17 绘制了马萨诸塞州西部气
象站记录的一年的温度。基于季节的这种熟知的波动在图中是显而易见的。在这些数据点中尤
其要注意可疑的因果关系：时间真的是一个很好的解释变量吗？

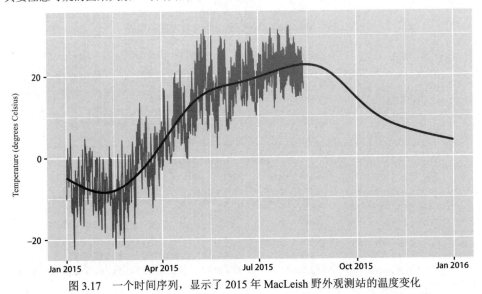

图 3.17　一个时间序列，显示了 2015 年 MacLeish 野外观测站的温度变化

```
library(macleish)
ggplot(data = whately_2015, aes(x = when, y = temperature)) +
  geom_line(color = "darkgray") +
```

```
geom_smooth() +
xlab(NULL) +
ylab("Temperature (degrees Celsius)")
```

　　为了显示数字响应变量以对比分类解释变量，通常的选择是箱线图(或箱形图)，如图 3.18 所示
(有关创建分类变量月份所需的数据整理工作的详细信息将在后续章节中提供)。人们最容易想到的
可能是最简单的五位数摘要(最小值[第 0 个百分位]、Q1[第 25 个百分位]、中位数[第 50 个百分位]、
Q3[第 75 个百分位]和最大值[第 100 个百分位])图形描述。

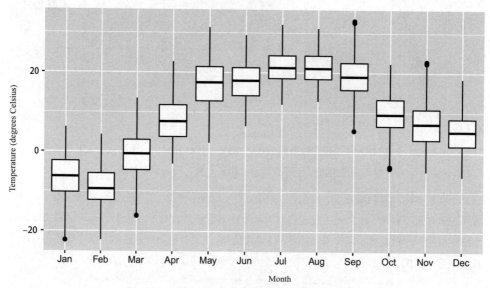

图 3.18　MacLeish 野外观测站每月温度的箱线图

```
whately_2015 %>%
  mutate(month = as.factor(lubridate::month(when, label = TRUE))) %>%
  group_by(month) %>%
  skim(temperature) %>%
  select(-na)
```

```
-- Variable type: numeric ---------------------------------------------
   var          month    n    mean     sd     p0     p25     p50     p75    p100
   <chr>        <ord> <int>  <dbl>  <dbl>  <dbl>   <dbl>   <dbl>   <dbl>   <dbl>
 1 temperature  Jan    4464  -6.37   5.14  -22.3  -10.3   -6.25   -2.35    6.16
 2 temperature  Feb    4032  -9.26   5.11  -22.2  -12.3   -9.43   -5.50    4.27
 3 temperature  Mar    4464  -0.873  5.06  -16.2   -4.61  -0.550   2.99   13.5
 4 temperature  Apr    4320   8.04   5.51   -3.04   3.77   7.61   11.8    22.7
 5 temperature  May    4464  17.4    5.94    2.29  12.8   17.5    21.4    31.4
 6 temperature  Jun    4320  17.7    5.11    6.53  14.2   18.0    21.2    29.4
 7 temperature  Jul    4464  21.6    3.90   12.0   18.6   21.2    24.3    32.1
 8 temperature  Aug    4464  21.4    3.79   12.9   18.4   21.1    24.3    31.2
 9 temperature  Sep    4320  19.3    5.07    5.43  15.8   19      22.5    33.1
10 temperature  Oct    4464   9.79   5.00   -3.97   6.58   9.49   13.3    22.3
```

```
11 temperature Nov    4320   7.28   5.65   -4.84   3.14   7.11   10.8   22.8
12 temperature Dec    4464   4.95   4.59   -6.16   1.61   5.15    8.38  18.4
```

```
ggplot(
  data = whately_2015,
  aes(
    x = lubridate::month(when, label = TRUE),
    y = temperature
  )
) +
  geom_boxplot() +
  xlab("Month") +
  ylab("Temperature (degrees Celsius)")
```

当解释变量和响应变量都是分类变量(或归类变量)时，点和线也不起作用。例如，根据年龄和 BMI(体重指数)，一个人患糖尿病的可能性有多大？在图 3.19 所示的马赛克图(或心电图)中，每个单元中的观察次数与该盒子的面积成正比。因此，你可以看到糖尿病对于老年人以及肥胖者来说更常见，因为蓝色阴影区域大于独立变量模型下的预期值，而粉红色区域则小于预期值。这些信息提供了 Venn 图[Olford and Cherry, 2003]中关于概率的直观概念的更准确描述。

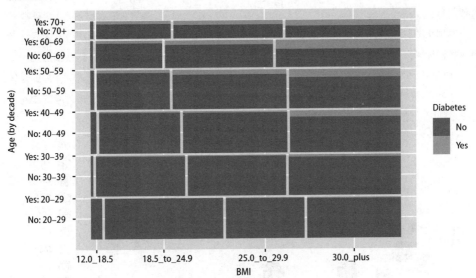

图 3.19　按年龄和体重状况(BMI)分析糖尿病的马赛克图(心电图)

在表 3.3 中，我们总结了 ggplot2 绘图命令的使用方法，以及它们与规范数据图形的关系。请注意，geom_mosaic()函数不是 ggplot2 的一部分，而通过内置的 ggmosaic 程序包使用。

表 3.3   规范数据图形表及其相应的 ggplot2 命令(注意，mosaic plot 函数不是 ggplot2 程序包的一部分)

response (y)	explanatory (x)	plot type	geom_*()
	Numeric	histogram, density	geom_histogram(), geom_density()
	categorical	stacked bar	geom_bar()
numeric	numeric	scatter	geom_point()
numeric	categorical	box	geom_boxplot()
categorical	categorical	mosaic	geom_mosaic()

3.2.3　地图

使用地图在地理位置上显示数据有助于识别特定情况，还可以显示空间模式和差异。这种地图(每个区域的填充颜色反映了变量的值)有时被称为分级统计图(choropleth map)。我们将在第 17 章了解有关地图以及如何处理空间数据的更多信息。

3.2.4　网络

网络是称为顶点的节点之间的一组连接(称为边)。顶点表示实体，边表示这些实体之间的成对关系。

NCI60 数据集与癌症的遗传学有关。该数据集包含 60 多种癌症中每种癌症的基因表达的 40 000 多种探针。在图 3.20 所示的网络中，顶点表示给定的细胞株，每个顶点都被描述为一个点。点的颜色和标签给出了所涉及的癌症类型，包括卵巢癌(OV)、结肠癌(CO)、中枢神经系统(CN)、黑素瘤(ME)、肾癌(RE)、乳腺癌(BR)和肺癌(LC)等。顶点之间的边表示相对应的成对细胞株在基因表达中具有很强的相关性。

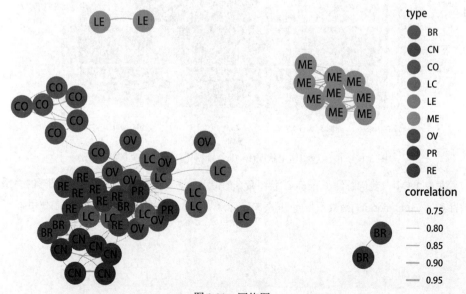

图 3.20   网络图

该网络显示，黑素瘤(ME)细胞株彼此密切相关，但与其他细胞株关系不大。结肠癌(CO)细胞株和中枢神经系统(CN)细胞株也是如此。另一方面，肺癌倾向于与其他多种类型的癌症相关。我们将在第 20 章更深入地探讨网络科学内容。

3.3 扩展示例：历史婴儿名字

对于我们许多人来说，没有什么比你的名字更个性化的了。不可能有人会把自己的名字忘记，随时都会记在心里。听到名字时，本能地会做出反应。但是，你的名字不是你自己选择的，而是由你的父母选择的(除非你已经合法地更改了名字)。

父母如何选择名字？显然，婴儿的取名似乎受短期和长期趋势的影响。在《暮光之城》中的主角成为一种文化现象后，Bella 这个名字的受欢迎程度飙升。其他曾经广受欢迎的名字似乎已经从大众眼中消失了，FiveThirtyEight(538)博客的作家曾问道："所有 Elmer 名字都去了哪里？"

如果我们使用 babynames 程序包中的数据，该数据包了来自社会保障局(SSA)的公共数据，就可以重新创建 FiveThirtyEight 博客文章中介绍的许多图表，并在此过程中学习如何使用 ggplot2 来提高数据图形的生成质量。

FiveThirtyEight 博客提供了一个内容丰富的带注释的数据图形[1]，该图形显示了名为 Joseph 的美国男性的相对年龄。根据你在第 2 章学到的知识，花一点时间记下视觉线索、坐标系、刻度和图中的上下文信息，这些观察有助于我们使用 ggplot2 对其进行重构。

FiveThirtyEight 工作的一个主要内容是估计每个名字对应的人数。babynames 程序包中的 lifetables 表包含了每 100 000 人中年纪为 x 岁的仍在世人数的精确估计，其中 $0 \leqslant x \leqslant 114$。mdsr 包中的 make_babynames_dist()函数添加了一些更方便的变量和过滤器，它仅用于 2014 年仍在世的人们的相关数据[2]。

```
library(babynames)
BabynamesDist <- make_babynames_dist()
BabynamesDist
```

```
# A tibble: 1,639,722 x 9
```

	year	sex	name	n	prop	alive_prob	count_thousands	age_today
	<dbl>	<chr>	<chr>	<int>	<dbl>	<dbl>	<dbl>	<dbl>
1	1900	F	Mary	16706	0.0526	0	16.7	114
2	1900	F	Helen	6343	0.0200	0	6.34	114
3	1900	F	Anna	6114	0.0192	0	6.11	114
4	1900	F	Marg~	5304	0.0167	0	5.30	114
5	1900	F	Ruth	4765	0.0150	0	4.76	114
6	1900	F	Eliz~	4096	0.0129	0	4.10	114
7	1900	F	Flor~	3920	0.0123	0	3.92	114
8	1900	F	Ethel	3896	0.0123	0	3.90	114

---

1 https://fivethirtyeight.com/wp-content/uploads/2014/05/silver-feature-joseph2.png.

2 有关更多信息，请参见 SSA 文档。

```
9  1900 F      Marie  3856 0.0121        0        3.86        114
10 1900 F      Lill~  3414 0.0107        0        3.41        114
# ... with 1,639,712 more rows, and 1 more variable: est_alive_today <dbl>
```

要查找特定名称的有关信息，我们可以只使用 filter()函数。

```
BabynamesDist %>%
  filter(name == "Benjamin")
```

3.3.1　至今仍活着的人口的百分比

从图 3.21 能观察到什么？该图中有两个主要数据元素：粗黑线表示每年出生的名叫 Joseph 的人数，细蓝线表示现在每年仍然活着的名叫 Joseph 的人数(可扫描封底二维码下载彩图，后同)。这两种情况下，纵轴均对应于人数(以千计)，横轴对应于出生年份。

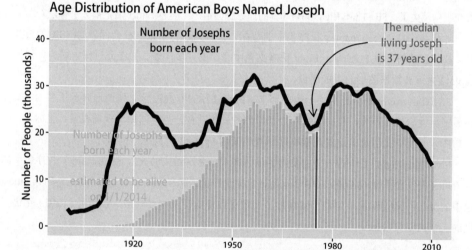

图 3.21　Joseph 名字的年龄分布图的重建

我们可在 ggplot2 程序包中编写一个类似的图。首先获取数据的相关子集并设置初始 ggplot2 对象。数据框 joseph 已绑定到该图，因为它包含了该图需要的所有数据，但是我们将其与多个 geoms 一起使用。此外，年份 year 变量作为画面元素映射到 x 轴，这将确保所有内容都能进行正确排列。

```
joseph <- BabynamesDist %>%
  filter(name == "Joseph" & sex == "M")
name_plot <- ggplot(data = joseph, aes(x = year))
```

接下来，我们将增加条形图框。

```
name_plot <- name_plot +
  geom_col(
    aes(y = count_thousands * alive_prob),
    fill = "#b2d7e9",
```

```
    color = "white",
    size = 0.1
  )
```

可利用 geom_col()函数添加条形图框，这些条形图用浅蓝色和白色边框填充。条形框的高度是一种被映射到每年出生的至今还活着的人数的画面元素。

使用 geom_line()函数可以很容易地添加黑线。

```
name_plot <- name_plot +
  geom_line(aes(y = count_thousands), size = 2)
```

在纵轴上添加有用信息的标签，且在横轴上删除无用信息的标签将提高数据图的可读性。

```
name_plot <- name_plot +
  ylab("Number of People (thousands)") +
  xlab(NULL)
```

此时检查图的 summary()可帮助我们保持正确方向。这是否与你先前记录的内容相符？

```
summary(name_plot)
```

```
data: year, sex, name, n, prop, alive_prob, count_thousands,
  age_today, est_alive_today [111x9]
mapping: x = ~year
faceting: <ggproto object: Class FacetNull, Facet, gg>
    compute_layout: function
    draw_back: function
    draw_front: function
    draw_labels: function
    draw_panels: function
    finish_data: function
    init_scales: function
    map_data: function
    params: list
    setup_data: function
    setup_params: function
    shrink: TRUE
    train_scales: function
    vars: function
    super: <ggproto object: Class FacetNull, Facet, gg>
-----------------------------------
mapping: y = ~count_thousands * alive_prob
geom_col: width = NULL, na.rm = FALSE
stat_identity: na.rm = FALSE
position_stack

mapping: y = ~count_thousands
geom_line: na.rm = FALSE, orientation = NA
stat_identity: na.rm = FALSE
position_identity
```

FiveThirtyEight 图形最终的数据驱动元素是一个深蓝色条形图框,它表示出生年份中位数。可以使用 Hmisc 包中的 wtd.quantile()函数进行计算。将 probs 参数设置为 0.5 可得到出生年份的中位数,该值以估计的至今还存活的人数(est_alive_today)进行加权。pull()函数的作用是:从 summarize()返回的数据框中提取 year 变量。

```
wtd_quantile <- Hmisc::wtd.quantile
median_yob <- joseph %>%
  summarize(
    year = wtd_quantile(year, est_alive_today, probs = 0.5)
  ) %>%
  pull(year)
median_yob
```

```
 50%
1975
```

然后,可以用深蓝色阴影绘制单个条形图框。在这里,巧妙地使用了 ifelse()函数。如果当前年份等于出生年份中位数,则框的高度就是今天活着的名叫 Joseph 的人数的估计值。否则,条形框的高度为零(因此你根本看不到)。通过这种方式,我们仅绘制了要突出显示的一个深蓝色条形框。

```
name_plot <- name_plot +
  geom_col(
    color = "white", fill = "#008fd5",
    aes(y = ifelse(year == median_yob, est_alive_today / 1000, 0))
)
```

最后,FiveThirtyEight 图形包含了特定于 Joseph 名字的许多背景元素。我们可以添加标题、注释文本和将焦点集中到图中特定元素上的箭头。可使用 ggplot2 的主题框架对其进行更改,但这里不探讨这些细微之处(请参见第 14.5 节)[1]。在这里,我们创建一个 tribble()(一个基于每行的简单数据框)来添加注释。

```
context <- tribble(
  ~year, ~num_people, ~label,
  1935, 40, "Number of Josephs\nborn each year",
  1915, 13, "Number of Josephs\nborn each year
  \nestimated to be alive\non 1/1/2014",
  2003, 40, "The median\nliving Joseph\nis 37 years old",
)

name_plot +
  ggtitle("Age Distribution of American Boys Named Joseph") +
  geom_text(
```

---

1 你可能会注意到,从 1940 年开始我们每年的出生人数低于 FiveThirtyEight 的每年出生人数。出于隐私原因,某些 SSA 记录不完整,因此根据 20 世纪初的美国人口普查对数据按比例进行了分配计算。我们已经省略了此步骤,但 babynames 包中的 births 表将允许你执行此步骤。

```
  data = context,
  aes(y = num_people, label = label, color = label)
) +
geom_curve(
  x = 1990, xend = 1974, y = 40, yend = 24,
  arrow = arrow(length = unit(0.3, "cm")), curvature = 0.5
) +
scale_color_manual(
  guide = FALSE,
  values = c("black", "#b2d7e9", "darkgray")
) +
ylim(0, 42)
```

注意，我们没有使用此背景信息更新 name_plot 中的对象。这是有原因的，因为可以更新 name_plot 的参数 data 并获得另一个人名的类似数据图。使用特定的%+%运算符就可实现该功能。如图 3.22 所示，Josephine 这个名字在 1920 年左右很受欢迎，但之后逐渐消失。

```
name_plot %+% filter(
  BabynamesDist,
  name == "Josephine" & sex == "F"
)
```

虽然一些人名几乎总与特定性别相关联，但许多人名却没有这种关联。更有趣的是，具有同一个名字的男性和女性人数的比例经常随时间而变化。在 FlowingData 中，邱南森(Nathan Yau)进行了很好的解释。

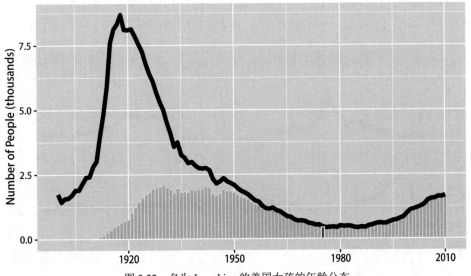

图 3.22　名为 Josephine 的美国女孩的年龄分布

我们可以使用一个 facet 来比较给定名称的名称图在性别上的差异。为此，我们只需要添加一个对 facet_wrap()函数的调用，该函数将基于单个分类变量创建较小的倍数，然后将新的数据框提供给包含两个性别数据的图。在图 3.23 中，我们显示了名字 Jessie 分别对应两个性别的流行程度。

```
names_plot <- name_plot +
  facet_wrap(~sex)
names_plot %+% filter(BabynamesDist, name == "Jessie")
```

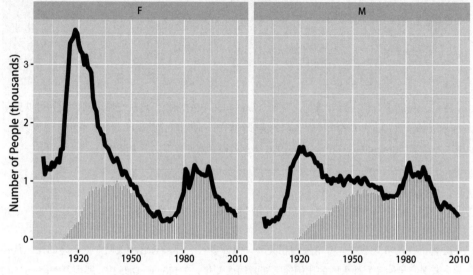

图 3.23　使用 Jessie 这个名字的两个性别的人数对比

FlowingData 上的图表显示了 35 个最常见的"中性"名字，也就是历史上在男女之间最平衡的名称。我们可使用 facet_grid()函数比较一些最常见的性别差异，如图 3.24 和图 3.25 所示。

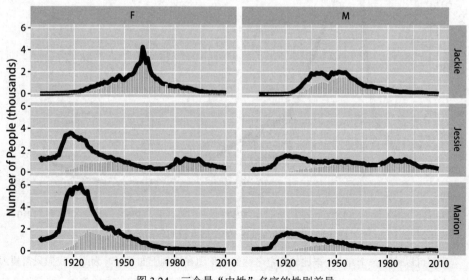

图 3.24　三个最"中性"名字的性别差异

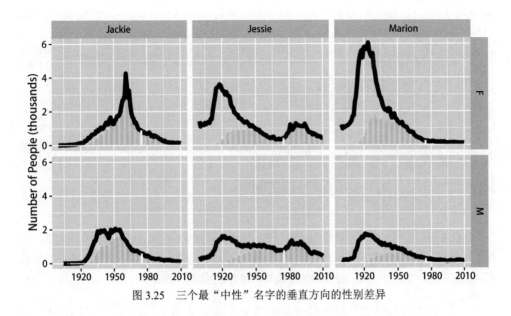

图 3.25　三个最 "中性" 名字的垂直方向的性别差异

```
many_names_plot <- name_plot +
  facet_grid(name ~ sex)
mnp <- many_names_plot %+% filter(
  BabynamesDist,
  name %in% c("Jessie", "Marion", "Jackie")
)
mnp
```

在对 facet_grid() 的调用中反转变量的顺序将翻转 facets 的方向。

```
mnp + facet_grid(sex ~ name)
```

3.3.2　最普通的女性名字

图 3.26 显示了来自同一篇 FiveThirtyEight 文章的第二个有趣的数据图形。我们花一点时间来分析该数据图形。什么是视觉线索？有哪些变量？变量如何映射到视觉线索？存在哪些 geoms？

要重新创建该数据图形，我们需要收集正确的数据。我们需要找出目前估计还活着的人群中的 25 个最普通女性名字是什么。为此，可通过计算每个名字预计还活着的人数，过滤掉女性，然后按估计的活着的人数进行排序，最后提取前 25 名结果。此外，我们需要知道年龄的中位数，以及每个名字的人群的第一个和第三个四分位部分的年纪。

```
com_fem <- BabynamesDist %>%
  filter(n > 100, sex == "F") %>%
  group_by(name) %>%
  mutate(wgt = est_alive_today / sum(est_alive_today)) %>%
```

```
    summarize(
      N = n(),
      est_num_alive = sum(est_alive_today),
      quantiles = list(
        wtd_quantile(
          age_today, est_alive_today, probs = 1:3/4, na.rm = TRUE
        )
      )
    ) %>%
mutate(measures = list(c("q1_age", "median_age", "q3_age"))) %>%
unnest(cols = c(quantiles, measures)) %>%
pivot_wider(names_from = measures, values_from = quantiles) %>%
arrange(desc(est_num_alive)) %>%
head(25)
```

该数据图形比前一个图形更棘手。我们将从绑定数据开始，并定义 x 和 y 轴画面元素。与图 3.25 相反，我们将名称放在 x 轴上，将年龄的中位数放在 y 轴上，这样做的原因将在稍后阐明。我们还将定义图的标题，并删除 x 轴标签，因为这是自证明的。

```
w_plot <- ggplot(
  data = com_fem,
  aes(x = reorder(name, -median_age), y = median_age)
) +
  xlab(NULL) +
  ylab("Age (in years)") +
  ggtitle("Median ages for females with the 25 most common names")
```

下一个要添加的元素是金色矩形。为此，我们使用 geom_linerange()函数。这里如果将它们视为粗线条而不是矩形，可能会有所帮助。因为我们已经将名称映射到 x 轴，所以只需要指定 ymin 和 ymax 的映射即可。这些值分别映射到第一和第三个四分位数。我们还需要加粗这些线条，并对其进行适当的着色。geom_linerange()函数仅能理解 ymin 和 ymax，不能处理 xmin 和 xmax 的函数。这就是我们的绘制图被转置到图 3.25 的原因。稍后将解决此问题，这里还添加了一个不起眼的参数 alpha，它可使网格线在金色矩形下方可见。

```
w_plot <- w_plot +
  geom_linerange(
    aes(ymin = q1_age, ymax = q3_age),
    color = "#f3d478",
    size = 4.5,
    alpha = 0.8
)
```

图中有一个红点指示了每个名字的年龄中位数。如果仔细看，你会在每个红点周围看到一个白色边框。geom_point()的默认标志符号是一个实心点，即 shape 19。通过将其改为 shape 21，可同时使用 fill 和 color 两个参数。

```
w_plot <- w_plot +
  geom_point(
    fill = "#ed3324",
    color = "white",
    size = 2,
    shape = 21
  )
```

剩下的只是添加上下文并翻转图，以便使其方向与图 3.24 的方向匹配，coord_flip()函数正是这样做的。

```
context <- tribble(
  ~median_age, ~x, ~label,
  65, 24, "median",
  29, 16, "25th",
  48, 16, "75th percentile",
)

age_breaks <- 1:7 * 10 + 5

w_plot +
  geom_point(
    aes(y = 60, x = 24),
    fill = "#ed3324",
    color = "white",
    size = 2,
    shape = 21
  ) +
  geom_text(data = context, aes(x = x, label = label)) +
  geom_point(aes(y = 24, x = 16), shape = 17) +
  geom_point(aes(y = 56, x = 16), shape = 17) +
  geom_hline(
    data = tibble(x = age_breaks),
    aes(yintercept = x),
  linetype = 3
  ) +
  scale_y_continuous(breaks = age_breaks) +
  coord_flip()
```

在图 3.26 中，你会发现名字 Anna 在原始的 FiveThirtyEight 博客中排名第五。这可能是由于该名字的使用范围非常大，并且 FiveThirtyEight 对数据进行了按比例分配。"年龄较大者"的名字(包括 Anna)受此更改的影响更大。根据我们的计算，Anna 位列最受欢迎的名字第 47 名。

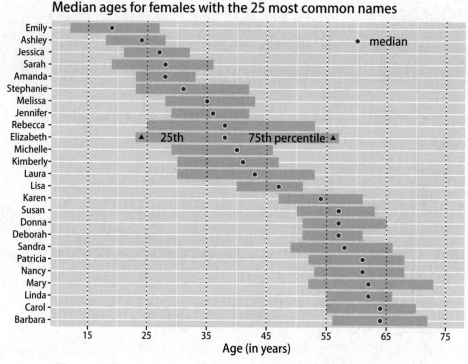

图 3.26　重绘 FiveThirtyEight 博客中的 25 个最常见女性名字的年龄分布图

3.4　扩展资源

图形语法由威尔金森(Wilkinson)[Wilkinson et al. 2005]创建，并在 ggplot2 中实现[Wickham, 2016]，现在已经是第 2 版。RStudio 制作的 ggplot2 备忘单是了解 ggplot2 各项功能的绝佳参考。

3.5　练习题

问题 1(易)：Angelica Schuyler Church(1756—1814)是纽约州长 Philip Schuyler 的女儿，还是 Elizabeth Schuyler Hamilton 的妹妹。纽约州的 Angelica 就是以她的名字命名的。使用 babynames 程序包生成一个曲线图，显示一段时间内以 Angelica 名字命名的婴儿所占出生婴儿的比例，并解释这个图。

问题 2(易)：使用 nasaweather 程序包中的数据，创建一个风和气压之间关系的散点图，用颜色来区分风暴的类型。

问题 3(中)：以下问题使用了 mosaicData 程序包中的 Marriage 数据集。

```
library(mosaicData)
```

(1) 创建内容丰富且有意义的数据图形。

(2) 识别正在使用的每个视觉线索，并描述它们与每个变量的关系。

(3) 创建一个至少包含五个变量(定量或分类变量)的数据图形。为达到本练习的目的，不必担心怎么使你的可视化变得有意义，只需要尝试如何将五个变量转换为一个图即可。

问题 4(中): macleish 程序包中包含了 2015 年从马萨诸塞州 Whately 的两个气象站每 10 分钟收集一次的气象数据。

```
library(tidyverse)
library(macleish)
glimpse(whately_2015)
```

```
Rows: 52,560
Columns: 8
$ when            <dttm> 2015-01-01 00:00:00, 2015-01-01 00:10:00, 2015...
$ temperature     <dbl> -9.32, -9.46, -9.44, -9.30, -9.32, -9.34, -9.30...
$ wind_speed      <dbl> 1.40, 1.51, 1.62, 1.14, 1.22, 1.09, 1.17, 1.31,...
$ wind_dir        <dbl> 225, 248, 258, 244, 238, 242, 242, 244, 226, 22...
$ rel_humidity    <dbl> 54.5, 55.4, 56.2, 56.4, 56.9, 57.2, 57.7, 58.2,...
$ pressure        <int> 985, 985, 985, 985, 984, 984, 984, 984, 98...
$ solar_radiation <dbl> 0, 0, 0, 0, 0, 0, 0, 0, 0, 0, 0, 0, 0, 0, 0,...
$ rainfall        <int> 0, 0, 0, 0, 0, 0, 0, 0, 0, 0, 0, 0, 0, 0, 0,...
```

使用 ggplot2 创建一个数据图形，该图形把随时间变化的每 10 分钟时间段的平均温度 (temperature)作为一个时间函数(when)进行显示。

问题 5(中): 使用 mdsr 程序包中的 MLB_teams 数据集创建一个包含有用信息的数据图形，该图形说明特定背景下获胜百分比与工资单之间的关系。

问题 6(中): mdsr 程序包中的 MLB_teams 数据集包含 2008—2014 年美国职棒大联盟球队的信息。这里面存在一些定量变量和一些分类变量。请思考一下你可在 R 中单个图上解释多少个变量。当前记录是 7(注意，这不是一个良好的图形实践案例，只是一个练习，可以帮助你了解如何使用视觉线索和画面)。

问题 7(中): mosaicData 包中的 RailTrail 数据集描述了马萨诸塞州西部的一条铁路的使用情况。利用这些数据回答以下问题。

(1) 创建一个散点图，该散点图是每天在高温情况下的交易量(volume)。

(2) 按工作日(weekday)将散点图分成多个方面。

(3) 给这两个方面添加回归线。

问题 8(中): 基于 nasaweather 程序包中的数据，使用 geom_path 函数在 storms 数据表中绘制每个热带风暴的路径。使用不同颜色来区分不同的风暴，并使用方面在自己的面板中绘制每个 year。

问题 9(中): 使用 palmerpenguins 包中的 penguins 数据集。

a. 创建 bill_length_mm 与 bill_depth_mm 的散点图，其中每个物种都被着色，并向每个物种都添加一条回归线。向所有方面都添加回归线。你对 bill 深度和 bill 长度的关系有什

　　么看法？

　　b. 重复同样的散点图，但现在按 species 将图分成方面。你如何总结 bill 深度和 bill 长度
　　　之间的关系。

问题 10(难)： 使用 mdsr 程序包中的 make_babynames_dist()函数从 FiveThirtyEight 博客中
重新创建 Deadest Names 图形(https://fivethirtyeight.com/features/how-to-tell-someones-age-when
-all-you-know-is-her-name)。

```
library(tidyverse)
library(mdsr)
babynames_dist <- make_babynames_dist()
```

3.6　附加练习

可从 https://mdsr-book.github.io/mdsr2e/ch-vizII.html#datavizII-online-exercises 获得。

第4章

在一张表中整理数据

本章介绍了关于如何在 R 中整理数据的基础知识。整理能力可以为处理现代数据提供知识和实践基础。

4.1 数据整理语法

与 ggplot2 展示数据图形语法的方式几乎相同，dplyr 程序包展示了数据整理的语法 [Wickham and Francois, 2020]。运行库(tidyverse)时可以加载此包。dplyr 的作者之一哈德利·威克汉姆(Hadley Wickham)已识别出五个用于处理数据框中数据的动词(verb)：

- select()——获取列的子集(即特征、变量)
- filter()——获取行的子集(即观察值)
- mutate()——添加或修改现有列
- range()——对行进行排序
- summary()——跨行汇总数据(例如，根据某些条件将其聚类)

这些函数中的每一个都将数据框作为其第一个参数，并返回一个数据框。因此，这五个动词可以相互结合使用，进而提供一种更强大的方法对单个数据表进行切片和切块。与任何语法一样，这些动词本身的意义是一方面，但能将这些动词与名词(即数据框)结合使用会为数据整理创造无限空间。精通这五个动词可使大多数描述性统计的计算变得轻而易举，并有助于进一步分析。威克汉姆的方法受到他渴望拉近 R 和无处不在的关系数据库查询语法 SQL 之间关系的思想的启发。在第 15 章回顾 SQL 时，我们将看到这两个计算范式之间的紧密联系。在业务环境中更流行的一个相关概念是 OLAP(Online Analytical Processing，在线分析处理)超立方体，它是指多维数据被"切片和切块"的过程。

4.1.1 select()和 filter()

五个动词中最简单的两个是 filter()和 select()，它们分别允许你仅返回数据框的行或列的子集。通常，如果我们有一个由 n 行和 p 列组成的数据框，图 4.1 和图 4.2 分别说明了根据列的一个条件过滤该数据框，以及选择列的一个子集的效果。

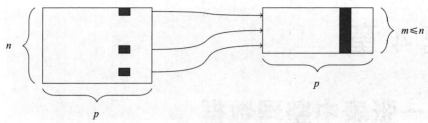

图 4.1   filter()函数。左侧是一个数据框，该数据框在相应列中包含行子集的匹配条目；
　　　　右侧是过滤后的数据框

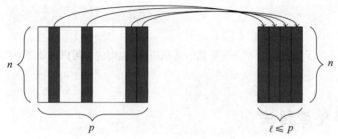

图 4.2   select()函数。左侧是一个数据框，我们仅从中检索几列；
　　　　右侧是选择了这些列后的数据框结果

　　具体来说，我们将在 presidential 数据框(来自 ggplot2 程序包)上演示这些功能的用法，该
数据框包含了 $n = 11$ 位近期美国总统的数据项的 $p = 4$ 个变量。

```
library(tidyverse)
library(mdsr)
presidential
```

```
# A tibble: 11 x 4
   name        start        end          party
   <chr>       <date>       <date>       <chr>
 1 Eisenhower  1953-01-20   1961-01-20   Republican
 2 Kennedy     1961-01-20   1963-11-22   Democratic
 3 Johnson     1963-11-22   1969-01-20   Democratic
 4 Nixon       1969-01-20   1974-08-09   Republican
 5 Ford        1974-08-09   1977-01-20   Republican
 6 Carter      1977-01-20   1981-01-20   Democratic
 7 Reagan      1981-01-20   1989-01-20   Republican
 8 Bush        1989-01-20   1993-01-20   Republican
 9 Clinton     1993-01-20   2001-01-20   Democratic
10 Bush        2001-01-20   2009-01-20   Republican
11 Obama       2009-01-20   2017-01-20   Democratic
```

　　如果只要检索这些总统的姓名和党派隶属关系，可以使用 select()。select()函数的第一个参
数是数据框，其后是任意长的列名列表，中间用逗号分隔。请注意，这里不需要将列名用引号
引起来。

```
select(presidential, name, party)
```

```
# A tibble: 11 x 2
   name       party
   <chr>      <chr>
 1 Eisenhower Republican
 2 Kennedy    Democratic
 3 Johnson    Democratic
 4 Nixon      Republican
 5 Ford       Republican
 6 Carter     Democratic
 7 Reagan     Republican
 8 Bush       Republican
 9 Clinton    Democratic
10 Bush       Republican
11 Obama      Democratic
```

　　同样，filter()的第一个参数是一个数据框，后续参数是在这些需要执行操作的列上求值的逻辑条件。因此，如果我们只想检索与共和党总统有关的行，则需要指定 party 变量的值等于Republican(共和党)。

```
filter(presidential, party == "Republican")
```

```
# A tibble: 6 x 4
   name       start      end        party
   <chr>      <date>     <date>     <chr>
 1 Eisenhower 1953-01-20 1961-01-20 Republican
 2 Nixon      1969-01-20 1974-08-09 Republican
 3 Ford       1974-08-09 1977-01-20 Republican
 4 Reagan     1981-01-20 1989-01-20 Republican
 5 Bush       1989-01-20 1993-01-20 Republican
 6 Bush       2001-01-20 2009-01-20 Republican
```

　　请注意，==符号是一个表示相等关系的检验。如果这里仅使用单个等号，则可确定 party 变量的值是 Republican。这将导致错误。此处要在 Republican 前后加上引号，因为 Republican 是字面值，而不是变量名。

　　我们结合使用 filter()和 select()命令可以向下钻取非常具体的信息。例如，可以找到自水门事件(Watergate)以来民主党籍的总统。

```
select(
  filter(presidential, lubridate::year(start) > 1973 & party == "Democratic"),
  name
)
```

```
# A tibble: 3 x 1
  Name
  <chr>
1 Carter
2 Clinton
3 Obama
```

　　在上面演示的语法中，filter()操作嵌套在 select()操作内部。如上所述，五个动词中的每一个都输入并返回一个数据框，这就使这种嵌套成为可能。接下来，我们将看到如何将这些动词链接在一起以形成更长的表达，这些表达可能变得很难阅读，于是我们建议使用%>%(管道)运算符。管道转发是嵌套的一种替代方法，它生成的代码可以轻松地自上而下进行读取。使用管道，我们可以使用更具可读性的语法编写与上述相同的表达式。

```
presidential %>%
  filter(lubridate::year(start) > 1973 & party == "Democratic") %>%
  select(name)

# A tibble: 3 x 1
  Name
  <chr>
1 Carter
2 Clinton
3 Obama
```

下面的表达式称为管道。

```
dataframe %>% filter(condition)
```

注意该表达式如何等效于 filter(dataframe, condition)。在后面的示例中，我们将看到该运算符如何使代码更具可读性且更有效率，尤其是对于大型数据集的复杂操作。

4.1.2　mutate()和 rename()

通常，在进行分析的过程中，我们需要创建、重新定义和重命名一些变量。函数 mutate() 和 rename()提供了这些功能。mutate()操作的图形说明如图 4.3 所示。

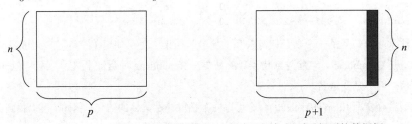

图 4.3　mutate()函数。左侧是数据框，右侧表示添加新列后得到的数据框

尽管我们掌握了每位总统任职和辞职时间的原始数据，但实际上没有一个数字变量来说明每位总统任期的长短。当然，我们可以从给定的日期中推导出此信息，并将结果作为新列添加到数据框中。通过使用 lubridate 程序包，可以更轻松地进行日期计算；该程序包用于计算从每位总统任期的开始(start)到结束(end)的时间段 interval()包含的确切年数，即 dyears()。

这种情况下，通常认为创建一个新对象而不是破坏来自外部的对象是较好的方法。为了保留现有的 presidential 数据框，我们将 mutate()的结果保存为名为 my_presidents 的新对象。

```
library(lubridate)
my_presidents <- presidential %>%
  mutate(term.length = interval(start, end) / dyears(1))
my_presidents
```

```
# A tibble: 11 x 5
   name        start       end         party       term.length
   <chr>       <date>      <date>      <chr>            <dbl>
 1 Eisenhower  1953-01-20  1961-01-20  Republican           8
 2 Kennedy     1961-01-20  1963-11-22  Democratic        2.84
 3 Johnson     1963-11-22  1969-01-20  Democratic        5.16
 4 Nixon       1969-01-20  1974-08-09  Republican        5.55
 5 Ford        1974-08-09  1977-01-20  Republican        2.45
 6 Carter      1977-01-20  1981-01-20  Democratic           4
 7 Reagan      1981-01-20  1989-01-20  Republican           8
 8 Bush        1989-01-20  1993-01-20  Republican           4
 9 Clinton     1993-01-20  2001-01-20  Democratic           8
10 Bush        2001-01-20  2009-01-20  Republican           8
11 Obama       2009-01-20  2017-01-20  Democratic   8
```

mutate()函数还可用于修改现有列中的数据。假设我们想在数据框中添加一个变量，该变量包含每个总统当选的年份。我们的第一次直观的尝试是假设每位总统都在上任前一年当选。请注意，mutate()返回一个数据框，因此，如果要修改现有数据框，则需要用结果覆盖它。

```
my_presidents <- my_presidents %>%
  mutate(elected = year(start) - 1)
my_presidents
```

```
# A tibble: 11 x 6
   name        start       end         party       term.length  elected
   <chr>       <date>      <date>      <chr>            <dbl>      <dbl>
 1 Eisenhower  1953-01-20  1961-01-20  Republican           8       1952
 2 Kennedy     1961-01-20  1963-11-22  Democratic        2.84       1960
 3 Johnson     1963-11-22  1969-01-20  Democratic        5.16       1962
 4 Nixon       1969-01-20  1974-08-09  Republican        5.55       1968
 5 Ford        1974-08-09  1977-01-20  Republican        2.45       1973
 6 Carter      1977-01-20  1981-01-20  Democratic           4       1976
 7 Reagan      1981-01-20  1989-01-20  Republican           8       1980
 8 Bush        1989-01-20  1993-01-20  Republican           4       1988
 9 Clinton     1993-01-20  2001-01-20  Democratic           8       1992
10 Bush        2001-01-20  2009-01-20  Republican           8       2000
11 Obama       2009-01-20  2017-01-20  Democratic           8       2008
```

该数据集的某些条目是错误的，因为总统选举每四年举行一次。林顿·约翰逊(Lyndon Johnson)在 1963 年肯尼迪总统被暗杀后就职，杰拉尔德·福特(Gerald Ford)在尼克松总统于 1974 年辞职后接任。因此，根据我们的数据框，在 1962 年或 1973 年应该没有总统选举。我们应该用 NA 覆盖这些值，这就是 R 表示缺失值的方式。我们可以使用 ifelse()函数执行此操作。在这里，如果变量 elected 的值是 1962 或 1973，则用 NA 覆盖该值，否则，我们用当前值覆盖它。在这种情况下，为简便起见，我们可使用%in%运算符来检查变量 elected 的值是否属于由 1962 和 1973 组成的向量，而不是检查 elected 的值是否等于 1962 或 1973。

```
my_presidents <- my_presidents %>%
  mutate(elected = ifelse(elected %in% c(1962, 1973), NA, elected))
my_presidents
```

```
# A tibble: 11 x 6
   name        start       end         party       term.length elected
   <chr>       <date>      <date>      <chr>             <dbl>   <dbl>
 1 Eisenhower  1953-01-20  1961-01-20  Republican            8    1952
 2 Kennedy     1961-01-20  1963-11-22  Democratic         2.84    1960
 3 Johnson     1963-11-22  1969-01-20  Democratic         5.16      NA
 4 Nixon       1969-01-20  1974-08-09  Republican         5.55    1968
 5 Ford        1974-08-09  1977-01-20  Republican         2.45      NA
 6 Carter      1977-01-20  1981-01-20  Democratic            4    1976
 7 Reagan      1981-01-20  1989-01-20  Republican            8    1980
 8 Bush        1989-01-20  1993-01-20  Republican            4    1988
 9 Clinton     1993-01-20  2001-01-20  Democratic            8    1992
10 Bush        2001-01-20  2009-01-20  Republican            8    2000
11 Obama       2009-01-20  2017-01-20  Democratic            8    2008
```

最后，在 R 的函数、数据框和变量的名称中使用句点是不正确的做法。使用不好的句点可能与 R 使用的泛型函数(即 R 的方法重载机制)相冲突。因此，我们应该更改之前创建的 term.length 列的名称。在本书中，我们将使用 snake_case 来表示函数和变量名称，可以使用 rename()函数来实现这一点。

专业提示 11：请勿在函数、数据框或变量的名称中使用句点，因为这可能与 R 的面向对象的编程模型冲突。

```
my_presidents <- my_presidents %>%
  rename(term_length = term.length)
my_presidents
```

```
# A tibble: 11 x 6
   name        start       end         party       term_length elected
   <chr>       <date>      <date>      <chr>             <dbl>   <dbl>
 1 Eisenhower  1953-01-20  1961-01-20  Republican            8    1952
 2 Kennedy     1961-01-20  1963-11-22  Democratic         2.84    1960
 3 Johnson     1963-11-22  1969-01-20  Democratic         5.16      NA
 4 Nixon       1969-01-20  1974-08-09  Republican         5.55    1968
 5 Ford        1974-08-09  1977-01-20  Republican         2.45      NA
 6 Carter      1977-01-20  1981-01-20  Democratic            4    1976
 7 Reagan      1981-01-20  1989-01-20  Republican            8    1980
 8 Bush        1989-01-20  1993-01-20  Republican            4    1988
 9 Clinton     1993-01-20  2001-01-20  Democratic            8    1992
10 Bush        2001-01-20  2009-01-20  Republican            8    2000
11 Obama       2009-01-20  2017-01-20  Democratic            8    2008
```

4.1.3   arrange()

sort()函数用来对向量进行排序，而不会对数据框进行排序。将对数据框进行排序的函数称为 arrange()，其排序行为如图 4.4 所示。

为在数据框上使用 arrange()，必须指定数据框以及要对其进行排序的列，还必须指定希望数据框排序的方向。指定多个排序条件将导致任何联系都被打破。因此，要按每位总统任期的长度对 presidential 数据框进行排序，我们指定希望 term_length 列按降序排列。

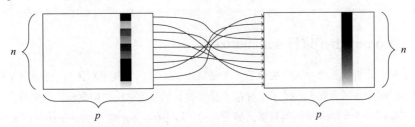

图 4.4　arrange()函数。左侧是带有顺序变量的数据框，右侧是按该变量
对行进行降序排列后的数据框结果

```
my_presidents %>%
  arrange(desc(term_length))
```

```
# A tibble: 11 x 6
   name        start       end         party       term_length elected
   <chr>       <date>      <date>      <chr>             <dbl>   <dbl>
 1 Eisenhower  1953-01-20  1961-01-20  Republican            8    1952
 2 Reagan      1981-01-20  1989-01-20  Republican            8    1980
 3 Clinton     1993-01-20  2001-01-20  Democratic            8    1992
 4 Bush        2001-01-20  2009-01-20  Republican            8    2000
 5 Obama       2009-01-20  2017-01-20  Democratic            8    2008
 6 Nixon       1969-01-20  1974-08-09  Republican         5.55    1968
 7 Johnson     1963-11-22  1969-01-20  Democratic         5.16      NA
 8 Carter      1977-01-20  1981-01-20  Democratic            4    1976
 9 Bush        1989-01-20  1993-01-20  Republican            4    1988
10 Kennedy     1961-01-20  1963-11-22  Democratic         2.84    1960
11 Ford        1974-08-09  1977-01-20  Republican         2.45      NA
```

许多总统完成了一个或两个完整任期，因此他们的任期完全相同(分别为 4 年或 8 年)。为了打破这些联系，我们可以进一步按 party 和 elected 变量进行排序。

```
my_presidents %>%
  arrange(desc(term_length), party, elected)
```

```
# A tibble: 11 x 6
   name        start       end         party       term_length elected
   <chr>       <date>      <date>      <chr>             <dbl>   <dbl>
 1 Clinton     1993-01-20  2001-01-20  Democratic            8    1992
 2 Obama       2009-01-20  2017-01-20  Democratic            8    2008
 3 Eisenhower  1953-01-20  1961-01-20  Republican            8    1952
 4 Reagan      1981-01-20  1989-01-20  Republican            8    1980
 5 Bush        2001-01-20  2009-01-20  Republican            8    2000
 6 Nixon       1969-01-20  1974-08-09  Republican         5.55    1968
 7 Johnson     1963-11-22  1969-01-20  Democratic         5.16      NA
 8 Carter      1977-01-20  1981-01-20  Democratic            4    1976
 9 Bush        1989-01-20  1993-01-20  Republican            4    1988
10 Kennedy     1961-01-20  1963-11-22  Democratic         2.84    1960
```

```
11 Ford        1974-08-09   1977-01-20   Republican              2.45          NA
```

请注意，默认的排序顺序是升序(ascending order)，因此，如果要升序排列，不需要特意指定顺序。

4.1.4　用 group_by()进行 summarize()

用于单表分析的五个动词中的最后一个是 summarize()，它几乎总是与 group_by()结合使用。前面的四个动词为我们提供了一种强大且可操作的手段来操作数据框。但是我们仅用这四个动词就可以进行的分析范围有限。另一方面，用 group_by()进行 summarize()可使我们进行比较。

单独使用时，summarize()将数据框折叠为单行[1]，如图 4.5 所示。至关重要的是，我们必须指定如何将整个数据列简化为单个值。我们指定的聚合方法会控制输出中显示的内容。

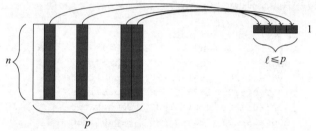

图 4.5　summarize()函数。左侧是一个数据框，右侧是汇总四列后的数据框结果

```
my_presidents %>%
  summarize(
    N = n(),
    first_year = min(year(start)),
    last_year = max(year(end)),
    num_dems = sum(party == "Democratic"),
    years = sum(term_length),
    avg_term_length = mean(term_length)
  )
```

```
# A tibble: 1 x 6
      N first_year last_year num_dems years avg_term_length
  <int>      <dbl>     <dbl>    <int> <dbl>           <dbl>
1    11       1953      2017        5    64            5.82
```

summarize()的第一个参数是数据框，后面跟着出现在输出中的变量列表。请注意，输出中的每个变量都由对向量(而非单个值)执行的操作定义。这至关重要，因为如果输出变量的定义不是对向量的运算，则 R 无法知道如何折叠每一列。

在此示例中，函数 $n()$ 仅计算行数，这个值是一个非常有用的信息。

专业提示 12：为了确保能正确地进行数据聚合，可在每次使用 summarize()时也使用 $n()$。

---

[1] 这在技术上不正确，但仍然是一个有用的概念结构，对于初学者而言尤其如此。

接下来的两个变量确定其中一位总统上任的第一年。这是 start 列中的最小年份。同样，最近的年份是 end 列中最大的年份。变量 num_dems 只是计算 party 变量的值为 Democratic 的行数。然后，最后两个变量计算 term_length 变量的总和及平均值。因此，我们可以迅速看到从 1953 年到 2017 年任职的 11 位总统中有 5 位是民主党人，这 64 年的总统平均任期约为 5.8 年。

这就引出一个问题，即在此期间，民主党总统还是共和党总统的平均任期更长？为了弄清楚这一点，我们可再次执行 summarize()，但这一次，我们将指定 my_presidents 数据框的行应按照 party 变量的值进行分组，而不是指定第一个参数为数据框 my_presidents。通过这种方式，我们能分别为每个政党执行以上相同的计算。

```
my_presidents %>%
  group_by(party) %>%
  summarize(
    N = n(),
    first_year = min(year(start)),
    last_year = max(year(end)),
    num_dems = sum(party == "Democratic"),
    years = sum(term_length),
    avg_term_length = mean(term_length)
  )
```

```
# A tibble: 2 x 7
  party          N first_year last_year num_dems years avg_term_length
  <chr>      <int>      <dbl>     <dbl>    <int> <dbl>           <dbl>
1 Democratic     5       1961      2017        5    28             5.6
2 Republican     6       1953      2009        0    36             6
```

这为我们提供了宝贵的信息，六位共和党总统每一次平均任职 6 年，而五位民主党总统平均任期为 5.6 年。与所有 dplyr 动词一样，最终输出是一个数据框。

专业提示 13：在本章中，我们使用 dplyr 程序包。从数据表中提取数据的最常见方法是使用 SQL(结构化查询语言)。我们将在第 12 章介绍 SQL。dplyr 程序包提供了一个新接口，该接口以更平滑的方式适用于整个数据分析工作流，并且我们认为它更容易学习。一旦你知道了如何使用 dplyr 进行数据整理，就可根据需要直接学习 SQL。dplyr 可当成许多在内部使用 SQL 的系统的接口。

4.2　扩展示例：Ben 在大都会队(Mets)的时间

在这个扩展的例子中，我们将继续探索肖恩·拉曼(Sean Lahman)的棒球历史数据库，该数据库包含可追溯到 1871 年的全部 MLB 球队所有球员的完整季节赛记录。这些数据可通过 Lahman 程序包在 R 中获得[Friendly et al., 2020]。同样，尽管领域知识可能会有所帮助，但没必要遵循该例子的做法。为加强理解，可抽时间阅读美国职业棒球大联盟的 Wikipedia 条目。

```
library(Lahman)
dim(Teams)
```

```
[1] 2925 48
```

Teams 数据表包含自 1871 年以来每个大联盟每个赛季的比赛结果。此表有 2805 行和 48 列；这里不完整显示这些数据，以免电子表格过于庞大笨拙。当然，我们可以通过使用 head() 命令将表的前几行打印到屏幕上来观察该表的概貌，但是我们不会在本书的页面上打印该表。

Ben Baumer 在 2004 年至 2012 年期间效力于纽约大都会队。在那几年中，球队表现如何？我们可使用 filter() 和 select() 快速识别需要关注的信息。

```
mets <- Teams %>%
  filter(teamID == "NYN")
my_mets <- mets %>%
  filter(yearID %in% 2004:2012)
my_mets %>%
  select(yearID, teamID, W, L)
```

```
  yearID teamID    W    L
1 2004      NYN   71   91
2 2005      NYN   83   79
3 2006      NYN   97   65
4 2007      NYN   88   74
5 2008      NYN   89   73
6 2009      NYN   70   92
7 2010      NYN   79   83
8 2011      NYN   77   85
9 2012      NYN   74   88
```

注意，我们将其分为三个步骤。首先，将球队数据框的行过滤为仅包含与纽约大都会队对应的球队[1]。自从大都会队于 1962 年加入国家联盟以来，共有 58 个球队。

```
nrow(mets)
```

```
[1] 58
```

接下来，我们过滤这些数据，剩下的数据仅包括 Ben 在该球队效力的赛季，即 yearID 为 2004—2012 年的季节赛。最后，我们仅在界面显示与问题相关的一些列：年份、球队的 ID，以及球队获胜和失败的次数。

尽管此过程是合乎逻辑的，但由于在该过程中创建了两个辅助数据框(mets 和 my_Mets)，因此代码可能变得不规则。这里，我们可能希望在稍后的分析中使用数据框。但是，如果不是这样，它们只会使我们的工作空间变得混乱，并消耗内存。获得相同结果的更简便方法是将这些命令嵌套在一起。

```
select(filter(Teams, teamID == "NYN" & yearID %in% 2004:2012),
```

---

1 NYN 的 teamID 值代表纽约国家联盟俱乐部。

```
yearID, teamID, W, L)

  yearID teamID   W    L
1 2004   NYN     71   91
2 2005   NYN     83   79
3 2006   NYN     97   65
4 2007   NYN     88   74
5 2008   NYN     89   73
6 2009   NYN     70   92
7 2010   NYN     79   83
8 2011   NYN     77   85
9 2012   NYN     74   88
```

在该方法中，不会创建其他数据框。但是，很容易看出，随着将越来越多的此类操作嵌套在一起，代码可能变得难以阅读。为保持可读性，可将这些操作链接在一起，而不是嵌套它们(可获得相同的准确结果)。

```
Teams %>%
  filter(teamID == "NYN" & yearID %in% 2004:2012) %>%
  select(yearID, teamID, W, L)
```

这个管道(piping)语法由 dplyr 程序包提供。它保留了原始代码的分步逻辑，不仅易于阅读，还能节省内存，并在临时数据框的创建方面非常有效。实际上，通过使用此类计算的最有效方法，最终性能也得到提高。由于这些原因，我们将在整本书中尽可能使用此语法。注意，我们只需要键入一次 Teams，管道运算符(%>%)暗示后续命令将前一个数据框作为其第一个参数。因此，df%>%f(y)等同于 f(df, y)。

我们已经回答了一个简单问题，即 Ben 在球队时大都会队的表现如何，但由于我们是数据科学家，因此对更深层次的问题感兴趣。例如，其中一些赛季表现不佳，即大都会队的失败多于胜利。在那些赛季，球队只是运气不佳吗？还是他们的实际水平就如记录所显示的那样糟糕？

为回答这个问题，我们需要一个预期获胜百分比的模型。事实证明，对棒球分析领域最广泛使用的贡献之一(由比尔·詹姆斯创造)就是这样的模型。该模型将球队在整个赛季中的得分和被允许的奔跑[1]次数转换为他们本应赢得多少场比赛的期望值。此模型的最简单版本是：

$$\widehat{WPct} = \cfrac{1}{1 + \left(\cfrac{RA}{RS}\right)^2}$$

其中 RA 是球队允许的奔跑次数，RS 是团队得分的奔跑次数，$\widehat{WPct}$ 是球队预期的获胜百分比。幸运的是，得分和允许的跑步都出现在 Teams 表中，因此抓取它们并保存在新的数据框中。

---

1 在棒球比赛中，当队员穿越垒位并返回本垒板时，球队的奔跑得分。每局比赛中奔跑最多的球队获胜，并且不允许任何平局。

```
mets_ben <- Teams %>%
  select(yearID, teamID, W, L, R, RA) %>%
  filter(teamID == "NYN" & yearID %in% 2004:2012)
mets_ben
```

```
  yearID teamID   W   L    R   RA
1   2004    NYN  71  91  684  731
2   2005    NYN  83  79  722  648
3   2006    NYN  97  65  834  731
4   2007    NYN  88  74  804  750
5   2008    NYN  89  73  799  715
6   2009    NYN  70  92  671  757
7   2010    NYN  79  83  656  652
8   2011    NYN  77  85  718  742
9   2012    NYN  74  88  650  709
```

首先请注意，在 Teams 表中将奔跑得分的变量称为 R，但为了与表示法一致，想将其重命名为 RS。

```
mets_ben <- mets_ben %>%
  rename(RS = R) # new name = old name
mets_ben
```

```
  yearID teamID   W   L   RS   RA
1   2004    NYN  71  91  684  731
2   2005    NYN  83  79  722  648
3   2006    NYN  97  65  834  731
4   2007    NYN  88  74  804  750
5   2008    NYN  89  73  799  715
6   2009    NYN  70  92  671  757
7   2010    NYN  79  83  656  652
8   2011    NYN  77  85  718  742
9   2012    NYN  74  88  650  709
```

接下来，我们需要计算每个赛季中球队的实际获胜百分比。因此，需要在数据框中添加一个新列，并使用 mutate() 命令完成此操作。

```
mets_ben <- mets_ben %>%
  mutate(WPct = W / (W + L))
mets_ben
```

```
  yearID teamID   W   L   RS   RA   WPct
1   2004    NYN  71  91  684  731  0.438
2   2005    NYN  83  79  722  648  0.512
3   2006    NYN  97  65  834  731  0.599
4   2007    NYN  88  74  804  750  0.543
5   2008    NYN  89  73  799  715  0.549
6   2009    NYN  70  92  671  757  0.432
7   2010    NYN  79  83  656  652  0.488
8   2011    NYN  77  85  718  742  0.475
9   2012    NYN  74  88  650  709  0.457
```

我们还需要计算获胜百分比的模型估计值。

```
mets_ben <- mets_ben %>%
  mutate(WPct_hat = 1 / (1 + (RA/RS)^2))
mets_ben
```

	yearID	teamID	W	L	RS	RA	WPct	WPct_hat
1	2004	NYN	71	91	684	731	0.438	0.467
2	2005	NYN	83	79	722	648	0.512	0.554
3	2006	NYN	97	65	834	731	0.599	0.566
4	2007	NYN	88	74	804	750	0.543	0.535
5	2008	NYN	89	73	799	715	0.549	0.555
6	2009	NYN	70	92	671	757	0.432	0.440
7	2010	NYN	79	83	656	652	0.488	0.503
8	2011	NYN	77	85	718	742	0.475	0.484
9	2012	NYN	74	88	650	709	0.457	0.457

然后，预期获胜次数等于预期获胜百分比与比赛次数的乘积。

```
mets_ben <- mets_ben %>%
  mutate(W_hat = WPct_hat * (W + L))
mets_ben
```

	yearID	teamID	W	L	RS	RA	WPct	WPct_hat	W_hat
1	2004	NYN	71	91	684	731	0.438	0.467	75.6
2	2005	NYN	83	79	722	648	0.512	0.554	89.7
3	2006	NYN	97	65	834	731	0.599	0.566	91.6
4	2007	NYN	88	74	804	750	0.543	0.535	86.6
5	2008	NYN	89	73	799	715	0.549	0.555	90.0
6	2009	NYN	70	92	671	757	0.432	0.440	71.3
7	2010	NYN	79	83	656	652	0.488	0.503	81.5
8	2011	NYN	77	85	718	742	0.475	0.484	78.3
9	2012	NYN	74	88	650	709	0.457	0.457	74.0

这种情况下，大都会队的运势在其中三个赛季中都好于预期，而在其他六个赛季中则逊于预期。

```
filter(mets_ben, W >= W_hat)
```

	yearID	teamID	W	L	RS	RA	WPct	WPct_hat	W_hat
1	2006	NYN	97	65	834	731	0.599	0.566	91.6
2	2007	NYN	88	74	804	750	0.543	0.535	86.6
3	2012	NYN	74	88	650	709	0.457	0.457	74.0

```
filter(mets_ben, W < W_hat)
```

	yearID	teamID	W	L	RS	RA	WPct	WPct_hat	W_hat
1	2004	NYN	71	91	684	731	0.438	0.467	75.6
2	2005	NYN	83	79	722	648	0.512	0.554	89.7
3	2008	NYN	89	73	799	715	0.549	0.555	90.0
4	2009	NYN	70	92	671	757	0.432	0.440	71.3
5	2010	NYN	79	83	656	652	0.488	0.503	81.5
6	2011	NYN	77	85	718	742	0.475	0.484	78.3

自然地，大都会队在 Ben 效力期间经历了跌宕起伏。哪个赛季最好？为弄清楚这一点，我们可以简单地对数据框的行进行排序。

```
arrange(mets_ben, desc(WPct))
```

```
   yearID teamID   W   L   RS   RA   WPct  WPct_hat   W_hat
1    2006    NYN   97  65  834  731  0.599    0.566    91.6
2    2008    NYN   89  73  799  715  0.549    0.555    90.0
3    2007    NYN   88  74  804  750  0.543    0.535    86.6
4    2005    NYN   83  79  722  648  0.512    0.554    89.7
5    2010    NYN   79  83  656  652  0.488    0.503    81.5
6    2011    NYN   77  85  718  742  0.475    0.484    78.3
7    2012    NYN   74  88  650  709  0.457    0.457    74.0
8    2004    NYN   71  91  684  731  0.438    0.467    75.6
9    2009    NYN   70  92  671  757  0.432    0.440    71.3
```

在 2006 年，大都会队在常规赛季中取得了最佳的棒球战绩，并且几乎闯入世界大赛。但基于我们的模型，如何在这些赛季衡量球队的表现呢？

```
mets_ben %>%
  mutate(Diff = W - W_hat) %>%
  arrange(desc(Diff))
```

```
   yearID teamID   W   L   RS   RA   WPct  WPct_hat   W_hat     Diff
1    2006    NYN   97  65  834  731  0.599    0.566    91.6   5.3840
2    2007    NYN   88  74  804  750  0.543    0.535    86.6   1.3774
3    2012    NYN   74  88  650  709  0.457    0.457    74.0   0.0199
4    2008    NYN   89  73  799  715  0.549    0.555    90.0  -0.9605
5    2009    NYN   70  92  671  757  0.432    0.440    71.3  -1.2790
6    2011    NYN   77  85  718  742  0.475    0.484    78.3  -1.3377
7    2010    NYN   79  83  656  652  0.488    0.503    81.5  -2.4954
8    2004    NYN   71  91  684  731  0.438    0.467    75.6  -4.6250
9    2005    NYN   83  79  722  648  0.512    0.554    89.7  -6.7249
```

因此，2006 年是大都会队最幸运的一年，比我们模型的预测数多赢了五场比赛；但是 2005 年却是最遗憾的一年，他们的获胜次数比我们模型预测的数值少了近七场。这类分析有助于我们了解大都会队在各个赛季中的表现，但是我们知道，各个年份中发生的任何随机性都可能随着时间的推移而逐渐被平均。因此，尽管很显然大都会队在某些赛季中表现出色，而在另一些赛季中表现较差，但我们能说明他们的整体表现如何吗？

我们可以使用 mdsr 包中的 skim() 命令很容易地汇总单个变量。

```
mets_ben %>%
  skim(W)
```

```
-- Variable type: numeric -----------------------------------------------
   var  n  na  mean    sd  p0  p25  p50  p75  p100
1    W  9   0  80.9  9.10  70   74   79   88    97
```

这告诉我们，大都会队在 Ben 的任期内平均赢得近 81 场比赛，这几乎恰好相当于 0.500 的胜率，因为常规赛中有 162 场比赛。但是我们可能需要一次汇总多个变量。为此，我们使用

summarize()。

```
mets_ben %>%
  summarize(
    num_years = n(),
    total_W = sum(W),
    total_L = sum(L),
    total_WPct = sum(W) / sum(W + L),
    sum_resid = sum(W - W_hat)
  )
```

```
  num_years total_W total_L total_WPct sum_resid
1         9     728     730      0.499     -10.6
```

在这 9 年中,大都会队共取得 728 胜 730 负的战绩,总胜率为 0.499。仅需要再赢得一场胜利,他们就可以达到 0.500 的胜率!如果我们可以选择一场比赛,我们肯定会选择 2007 赛季的最后一场比赛,在这里获胜将带来季后赛席位。但是,我们还了解到,在这 9 个赛季中,基于我们的模型,该球队共有 10.6 场比赛的表现不佳。

通常,当像上面所做的那样汇总数据框时,考虑不同的组会很有意义。这种情况下,我们可将这些年份离散化为三个部分:Ben 为其工作的三位总经理的每一位。2004 年大都会队总经理由吉姆・杜奎特(Jim Duquette)担任,2005 年至 2010 年由奥马尔・米纳亚(Omar Minaya)担任,2011 年至 2012 年由桑迪・奥尔德森(Sandy Alderson)担任。可以使用两个嵌套的 ifelse()函数来定义这些时间段。

```
mets_ben <- mets_ben %>%
  mutate(
    gm = ifelse(
      yearID == 2004,
      "Duquette",
      ifelse(
        yearID >= 2011,
        "Alderson",
        "Minaya")
    )
  )
```

完成同样任务的另一种更具伸缩性的方法是使用 case_when()表达式。

```
mets_ben <- mets_ben %>%
  mutate(
    gm = case_when(
      yearID == 2004 ~ "Duquette",
      yearID >= 2011 ~ "Alderson",
      TRUE ~ "Minaya"
    )
  )
```

专业提示 14:不要使用嵌套的 ifelse()语句,因为 case_when()要简单得多。

接下来，使用 gm 变量通过 group_by()运算符定义这些组。对按组进行汇总的数据进行组合可能非常有效。注意，虽然大都会队在米纳亚(Minaya)执掌期间取得了更大的成功(即胜利多于损失)，但这三个时期中的任何一个时期都没有达到预期。

```
mets_ben %>%
  group_by(gm) %>%
  summarize(
   num_years = n(),
   total_W = sum(W),
   total_L = sum(L),
   total_WPct = sum(W) / sum(W + L),
   sum_resid = sum(W - W_hat)
  ) %>%
  arrange(desc(sum_resid))
```

```
# A tibble: 3 x 6
  gm       num_years  total_W  total_L  total_WPct  sum_resid
  <chr>        <int>    <int>    <int>       <dbl>      <dbl>
1 Alderson         2      151      173       0.466      -1.32
2 Duquette         1       71       91       0.438      -4.63
3 Minaya           6      506      466       0.521      -4.70
```

下面显示了链接运算符的全部功能，在这里可以一次执行所有分析，但要坚持使用分步逻辑。

```
Teams %>%
  select(yearID, teamID, W, L, R, RA) %>%
  filter(teamID == "NYN" & yearID %in% 2004:2012) %>%
  rename(RS = R) %>%
  mutate(
   WPct = W / (W + L),
   WPct_hat = 1 / (1 + (RA/RS)^2),
   W_hat = WPct_hat * (W + L),
   gm = case_when(
     yearID == 2004 ~ "Duquette",
     yearID >= 2011 ~ "Alderson",
     TRUE = "Minaya"
   )
  ) %>%
  group_by(gm) %>%
  summarize(
   num_years = n(),
   total_W = sum(W),
   total_L = sum(L),
   total_WPct = sum(W) / sum(W + L),
   sum_resid = sum(W - W_hat)
  ) %>%
  arrange(desc(sum_resid))
# A tibble: 3 x 6
  gm    num_years  total_W  total_L  total_WPct  sum_resid
```

	<chr>	<int>	<int>	<int>	<dbl>	<dbl>
1	Alderson	2	151	173	0.466	-1.32
2	Duquette	1	71	91	0.438	-4.63
3	Minaya	6	506	466	0.521	-4.70

更笼统地说，在这 9 年的所有赛队中，我们可能对大都会队的表现更感兴趣。需要删除 teamID 过滤器，然后按 franchID 分组。

```
Teams %>%
  select(yearID, teamID, franchID, W, L, R, RA) %>%
  filter(yearID %in% 2004:2012) %>%
  rename(RS = R) %>%
  mutate(
    WPct = W / (W + L),
    WPct_hat = 1 / (1 + (RA/RS)^2),
    W_hat = WPct_hat * (W + L)
  ) %>%
  group_by(franchID) %>%
  summarize(
    num_years = n(),
    total_W = sum(W),
    total_L = sum(L),
    total_WPct = sum(W) / sum(W + L),
    sum_resid = sum(W - W_hat)
  ) %>%
  arrange(sum_resid) %>%
  head(6)
```

```
# A tibble: 6 x 6
  franchID num_years total_W total_L total_WPct sum_resid
  <fct>       <int>    <int>   <int>      <dbl>     <dbl>
1 TOR             9      717     740      0.492     -29.2
2 ATL             9      781     677      0.536     -24.0
3 COL             9      687     772      0.471     -22.7
4 CHC             9      706     750      0.485     -14.5
5 CLE             9      710     748      0.487     -13.9
6 NYM             9      728     730      0.499     -10.6
```

现在可以看到，基于我们的模型，在这段时间内只有五支球队的表现不及大都会队[1]。也许他们被诅咒了！

4.3 扩展资源

Hadley Wickham 是统计计算领域一位非常有影响力的创新者。他与 RStudio 及其他组织的同事一起，为改进 R 中的数据整理做出了重大贡献。这些程序包称为 tidyverse，现在可以通过单个 tidyverse[Wickham, 2019h]程序包进行管理。他的论文和短文描述了一些广泛使用的程序

---

1 请注意，尽管大都会队的 teamID 为 NYN，但 franchID 变量的值也为 NYM。

包，如 dplyr[Wickham and Francois, 2020]和 tidyr[Wickham, 2020f]是强烈推荐阅读的。文献
[Finzer, 2013]写道，需要在数据科学家中灌输一种"数据思维习惯"。RStudio 数据整理备忘单
是一个非常有用的参考。

4.4 练习题

问题 1(易)： 以下是 babynames 包中 babynames 数据帧的随机子集：

```
Random_subset

# A tibble: 10 x 5
    year  sex       name     n      prop
   <dbl> <chr>     <chr>  <int>     <dbl>
1   2003   M        Bilal   146  0.0000695
2   1999   F       Terria    23  0.0000118
3   2010   F      Naziyah    45  0.0000230
4   1989   F      Shawana    41  0.0000206
5   1989   F        Jessi   210   0.000105
6   1928   M      Tillman    43  0.0000377
7   1981   F       Leslee    83  0.0000464
8   1981   F      Sherise    27  0.0000151
9   1920   F    Marquerite   26  0.0000209
10  1941   M      Lorraine   24  0.0000191
```

对于下列从 Random_subset 整理出的表中的每一个，找出 dplyr 的数据整理语句将生成什
么结果。

a. 提示：原始的行和变量都缺失。

```
# A tibble: 4 x 4
    year  sex    name       n
   <dbl> <chr>  <chr>    <int>
1   2010   F    Naziyah     45
2   1989   F    Shawana     41
3   1928   M    Tillman     43
4   1981   F    Leslee      83
```

b. 提示：在语句中使用了 nchar()函数。

```
# A tibble: 2 x 5
    year  sex    name      n       prop
   <dbl> <chr>  <chr>   <int>      <dbl>
1   1999   F    Terria     23  0.0000118
2   1981   F    Leslee     83  0.0000464
```

c. 提示：注意新列，它由 n 和 prop 构成。

```
# A tibble: 2 x 6
    year  sex    name      n       prop       total
   <dbl> <chr>  <chr>   <int>      <dbl>      <dbl>
1   1989   F    Shawana    41  0.0000206   1992225.
```

```
2   1989    F        Jessi     210    0.000105     1991843.
```

d. 提示：所有年份仍然存在，但只有 8 行，而不是原来的 10 行。

```
# A tibble: 8 x 2
   year   total
  <dbl>   <int>
1  1920      26
2  1928      43
3  1941      24
4  1981     110
5  1989     251
6  1999      23
7  2003     146
8  2010      45
```

问题 2(易)：我们将使用 babynames 包中的 babynames 数据框。为了提示 babynames 是什么样的，这里有几行。

```
# A tibble: 3 x 5
   year   sex    name      n        prop
  <dbl>  <chr>  <chr>   <int>       <dbl>
1  2004    M    Arjun    250    0.000118
2  1894    F    Fedora     5    0.0000212
3  1952    F    Donalda   10    0.00000526
```

说出以下每一个整理命令的错误(如果有)。

```
a. babynames %>% select(n > 100)
b. babynames %>% select(- year)
c. babynames %>% mutate(name_length == nchar(name))
d. babynames %>% sex == M %>% select(-prop)
e. babynames %>% select(year, year, sex)
f. babynames %>% group_by(n) %>% summarize(ave = mean(n))
g. babynames %>% group_by(n > 100) %>% summarize(total = sum(n))
```

问题 3(简单)：考虑以下管道：

```
library(tidyverse)
mtcars %>%
  group_by(cyl) %>%
  summarize(avg_mpg = mean(mpg)) %>%
  filter(am == 1)
```

这个管道有什么问题？

问题 4(易)：在 Lahman 包的 Teams 数据框中定义两个新变量。

a. 安打率(BA)。安打率是命中率(H)与打数(AB)之比。

b. 长打率(SLG)。长打率是总垒数除以打数。要计算总垒数，可设置单打得 1，双打得 2，三打得 3，本垒打得 4。

c. 画出 SLG 与 yearID 的对比图，展示个人团队和平滑曲线。

d. 与(c)相同，但画出 BA 与年份的对比图。

问题 5(易)：考虑以下管道。

```
mtcars %>%
  group_by(cyl) %>%
  summarize(
    N = n(),
    avg_mpg = mean(mpg)
  )
```

```
# A tibble: 3 x 3
    cyl      N   avg_mpg
  <dbl>  <int>     <dbl>
1     4     11      26.7
2     6      7      19.7
3     8     14      15.1
```

结果集合中变量 N 的真实含义是什么？

问题 6(易)：下列这些任务中的每一个都可以使用单个数据动词完成。对于每个任务，请说出它利用了哪个动词。

a. 查找其中一个变量的平均值。

b. 添加一个新列，该列是两个变量之间的比率。

c. 按变量对案例进行降序排列。

d. 创建一个新的数据表，其中仅包含符合条件的案例。

e. 从具有三个分类变量 A、B 和 C 以及定量变量 X 的数据表中，生成一个具有相同案例但只有变量 A 和 X 的数据框。

问题 7(中)：使用 Lahman 包中的 Teams 数据框，显示在美国职业棒球大联盟的历史上按长打率(SLG)排名前 5 的团队。用 1969 年以来的队伍重复这个步骤。长打率是总垒数除以打数。要计算总垒数，可设置单打得 1，双打得 2，三打得 3，本垒打得 4。

问题 8(中)：使用 Lahman 包中的 Teams 数据框。

a. 基于联盟数据(American vs. National，参见 lgID)，画出自 1954 年以来，SLG 与 yearID 的对比图。长打率是总垒数除以打数。要计算总垒数，可设置单打得 1，双打得 2，三打得 3，本垒打得 4。

b. 在美国联赛(AL)或全国联赛(NL)中长打率会比较高吗？你能想到为什么会这样吗？

问题 9(中)：使用 nycflights13 程序包和 flights 数据框，确定哪个月取消的航班比例最高？哪个月最低？解释这些季节模式。

问题 10(中)：使用 Lahman 包中的 Teams 数据框。

a. 创建一个名为 election 的因子，将 yearID 划分为以 4 年为单位的块，与美国总统任期相对应。第一届总统任期始于 1788 年，每届任期 4 年，一直按 1788 年制定的时间表进行设定。

b. 哪个任期的本垒打最多？

问题 11(中)：mdsr 包中的违规数据集包含纽约市餐馆健康检查结果的有关信息。使用这些数据计算曼哈顿检查 50 次或以上的邮政编码的违规得分中位数。你认为检查次数和中位数之间有什么关系？

问题 12(中)： nycflights13 程序包包括一个描述 2013 年天气的表(weather)。使用该表回答以下问题。

a. 2013 年 7 月气温分布如何？请识别出 wind_speed 变量方面的重要异常值。

b. dewp 和 humid 之间是什么关系？

c. precip 和 visib 之间是什么关系？

问题 13(中)： 美国职业棒球大联盟的天使队有时被称为加州天使队(California Angels，简称 CAL)、阿纳海姆天使队(Anaheim Angels，简称 ANA)和洛杉矶天使队(Los Angeles Anaheim Angels，简称 LAA)。使用 Lahman 包中的 Teams 数据框。

a. 找出天使队历史上最成功的 10 个赛季，将"成功"定义为一年中常规赛获胜的分数。
在你创建的表中，包括 yearID、teamID、lgID、W、L 和 WSWin。有关这些变量的定义，请参阅 Teams 文档。

b. 天使队赢得过世界大赛冠军吗？

问题 14(中)： 使用 nycflights13 程序包和 flights 数据框，分析在 2013 年，哪种飞机(由 tailnum 变量指定)从纽约机场起飞的次数最多？绘制一年中每周的出行次数。

4.5　附加练习

可从 https://mdsr-book.github.io/mdsr2e/ch-dataI.html#dataI-online-exercises 获得。

第 5 章

多张表的数据整理

在上一章中，我们说明了如何链接五个数据整理动词以在单个表上执行操作。一张表使人联想到一个组织良好的电子表格。但是，就像工作簿可以包含多个电子表格一样，我们经常使用多个表。第 12 章将描述如何将被称为键(key)的唯一标识符关联的多个表组织到关系数据库管理系统中。

对于计算机而言，存储和搜索那些存储相关内容的表格更有效。因此，由美国运输统计局维护的有关美国商业航班到达时间的数据库由多个表组成，每个表包含不同事物的数据，例如，nycflights13 程序包包含一个关于 flights 的表，该表中的每一行都是一个航班。由于有许多航班，你可以想象该表每年将增加数十万行。

但是，我们还希望了解这些航班的其他相关信息，即我们可能还会对每个航班所属的特定航空公司感兴趣。航班表中的每一行都存储航班所属航空公司的完整名称(如 American Airlines Inc)会造成磁盘空间的浪费。简单代码(例如 AA)将占用更少的磁盘空间。对于小型表，把 25 个字符换成两个字符省不下多少磁盘空间，但对于大型表，无论是磁盘中的数据量还是搜索数据的速度方面，都可以带来大量好处。但如有必要，我们仍然希望提供航空公司的全名。解决方案是将航空公司相关的数据存储在称为 airlines 的单独的一张表中，并提供将两个表中的数据链接在一起的键(key)。

5.1　inner_ join()

如果检查 flights 表的前几行，就会发现 carrier 列包含一个字符串，该字符串包含与航空公司对应的由两个字符组成的字符串。

```
library(tidyverse)
library(mdsr)
library(nycflights13)
glimpse(flights)
```

```
Rows: 336,776
Columns: 19
$ year          <int> 2013, 2013, 2013, 2013, 2013, 2013, 2013, 2013, ...
```

```
$ month         <int> 1, 1, 1, 1, 1, 1, 1, 1, 1, 1, 1, 1, 1, 1, 1, 1, ...
$ day           <int> 1, 1, 1, 1, 1, 1, 1, 1, 1, 1, 1, 1, 1, 1, 1, 1, ...
$ dep_time      <int> 517, 533, 542, 544, 554, 554, 555, 557, 557, 558...
$ sched_dep_time <int> 515, 529, 540, 545, 600, 558, 600, 600, 600, 600...
$ dep_delay     <dbl> 2, 4, 2, -1, -6, -4, -5, -3, -3, -2, -2, -2, -2,...
$ arr_time      <int> 830, 850, 923, 1004, 812, 740, 913, 709, 838, 75...
$ sched_arr_time <int> 819, 830, 850, 1022, 837, 728, 854, 723, 846, 74...
$ arr_delay     <dbl> 11, 20, 33, -18, -25, 12, 19, -14, -8, 8, -2, -3...
$ carrier       <chr> "UA", "UA", "AA", "B6", "DL", "UA", "B6", "EV", ...
$ flight        <int> 1545, 1714, 1141, 725, 461, 1696, 507, 5708, 79,...
$ tailnum       <chr> "N14228", "N24211", "N619AA", "N804JB", "N668DN"...
$ origin        <chr> "EWR", "LGA", "JFK", "JFK", "LGA", "EWR", "EWR",...
$ dest          <chr> "IAH", "IAH", "MIA", "BQN", "ATL", "ORD", "FLL",...
$ air_time      <dbl> 227, 227, 160, 183, 116, 150, 158, 53, 140, 138,...
$ distance      <dbl> 1400, 1416, 1089, 1576, 762, 719, 1065, 229, 944...
$ hour          <dbl> 5, 5, 5, 5, 6, 5, 6, 6, 6, 6, 6, 6, 6, 6, 6, 5, ...
$ minute        <dbl> 15, 29, 40, 45, 0, 58, 0, 0, 0, 0, 0, 0, 0, 0, 0...
$ time_hour     <dttm> 2013-01-01 05:00:00, 2013-01-01 05:00:00, 2013-...
```

在 airlines 表中，我们同样包含两个字符的字符串，还包含航空公司的全名。

```
head(airlines, 3)
```

```
# A tibble: 3 x 2
  carrier   name
  <chr>     <chr>
1 9E        Endeavor Air Inc.
2 AA        American Airlines Inc.
3 AS        Alaska Airlines Inc.
```

为了检索航班列表以及管理每个航班的航空公司的全名，我们需要将 flights 表中的行与
airlines 表中的行进行匹配，这些行在两个表中都具有对应于 carrier 列的值。这是通过函数
inner_join()实现的。

```
flights_joined <- flights %>%
  inner_join(airlines, by = c("carrier" = "carrier"))
glimpse(flights_joined)
```

```
Rows: 336,776
Columns: 20
$ year          <int> 2013, 2013, 2013, 2013, 2013, 2013, 2013, 2013, ...
$ month         <int> 1, 1, 1, 1, 1, 1, 1, 1, 1, 1, 1, 1, 1, 1, 1, ...
$ day           <int> 1, 1, 1, 1, 1, 1, 1, 1, 1, 1, 1, 1, 1, 1, 1, ...
$ dep_time      <int> 517, 533, 542, 544, 554, 554, 555, 557, 557, 558...
$ sched_dep_time <int> 515, 529, 540, 545, 600, 558, 600, 600, 600, 600...
$ dep_delay     <dbl> 2, 4, 2, -1, -6, -4, -5, -3, -3, -2, -2, -2, -2,...
$ arr_time      <int> 830, 850, 923, 1004, 812, 740, 913, 709, 838, 75...
$ sched_arr_time <int> 819, 830, 850, 1022, 837, 728, 854, 723, 846, 74...
$ arr_delay     <dbl> 11, 20, 33, -18, -25, 12, 19, -14, -8, 8, -2, -3...
$ carrier       <chr> "UA", "UA", "AA", "B6", "DL", "UA", "B6", "EV", ...
$ flight        <int> 1545, 1714, 1141, 725, 461, 1696, 507, 5708, 79,...
```

```
$ tailnum        <chr> "N14228", "N24211", "N619AA", "N804JB", "N668DN"...
$ origin         <chr> "EWR", "LGA", "JFK", "JFK", "LGA", "EWR", "EWR",...
$ dest           <chr> "IAH", "IAH", "MIA", "BQN", "ATL", "ORD", "FLL",...
$ air_time       <dbl> 227, 227, 160, 183, 116, 150, 158, 53, 140, 138,...
$ distance       <dbl> 1400, 1416, 1089, 1576, 762, 719, 1065, 229, 944...
$ hour           <dbl> 5, 5, 5, 5, 6, 5, 6, 6, 6, 6, 6, 6, 6, 6, 6, 5, ...
$ minute         <dbl> 15, 29, 40, 45, 0, 58, 0, 0, 0, 0, 0, 0, 0, 0, 0...
$ time_hour      <dttm> 2013-01-01 05:00:00, 2013-01-01 05:00:00, 2013-...
$ name           <chr> "United Air Lines Inc.", "United Air Lines Inc."...
```

请注意，flights_joined 数据框现在包含一个名为 name 的附加变量。它是来自 airlines 表的一列，现在已附加到我们的组合数据框中。现在，我们可查看航空公司的全名，而不是神秘的两个字符的代码。

```
flights_joined %>%
  select(carrier, name, flight, origin, dest) %>%
  head(3)
```

```
# A tibble: 3 x 5
  carrier name                    flight origin   dest
  <chr>   <chr>                    <int>  <chr>   <chr>
1 UA      United Air Lines Inc.     1545   EWR      IAH
2 UA      United Air Lines Inc.     1714   LGA      IAH
3 AA      American Airlines Inc.    1141   JFK      MIA
```

在 inner_join()中，结果集仅包含两个表中都具有匹配项的行。在这种情况下，flights 表中的所有行在 airlines 表中都有对应的条目，因此，flights_joined 表中的行数与 flights 表中的行数相同(但并非总是如此)。

```
nrow(flights)
```

```
[1] 336776
```
```
nrow(flights_joined)
```

```
[1] 336776
```

专业提示 15：仔细检查联接操作返回的行数是否总是你期望的，这是一个好习惯。特别是，你通常要检查一个表中的行是否与另一表中的多个行匹配。

5.2   left_join()

另一种常用的联接类型是 left_join()。在这里，无论第二张表中是否有匹配项，总是返回第一张表的行。

假设我们只对从 NYC 机场到西海岸的航班感兴趣。具体来说，我们只对太平洋时区(UTC-8)的机场感兴趣。因此，将 airports 数据框过滤为仅包括这 152 个机场。

```
airports_pt <- airports %>%
  filter(tz == -8)
nrow(airports_pt)
```

```
[1] 178
```

现在，如果我们在 flights 表和 airports_pt 表上执行一个 inner_join()操作，将 flights 表中的目的地与 airports 中的 FAA 代码进行匹配，我们将检索出飞往太平洋时区机场的航班。

```
nyc_dests_pt <- flights %>%
  inner_join(airports_pt, by = c("dest" = "faa"))
nrow(nyc_dests_pt)
```

```
[1] 46324
```

但是，如果我们在相同条件下使用 left_join()，则会检索出 flights 表中的所有行，而 NA 会被插入没有匹配数据的列中。

```
nyc_dests <- flights %>%
  left_join(airports_pt, by = c("dest" = "faa"))

nyc_dests %>%
  summarize(
    num_flights = n(),
    num_flights_pt = sum(!is.na(name)),
    num_flights_not_pt = sum(is.na(name))
  )
```

```
# A tibble: 1 x 3
  num_flights   num_flights_pt   num_flights_not_pt
        <int>            <int>                <int>
1      336776            46324               290452
```

左联接在引用完整性受到破坏(并非所有的键都存在，请参见第 15 章)的数据库中特别有用。

5.3 扩展示例：Manny Ramirez

在棒球和 Lahman 程序包的环境中，我们使用多个表存储信息。玩家的击球统计信息存储在 Batting 表中，而有关人员(其中大多数是玩家)的信息存储在 Master 表中。

Batting 表中的每一行都包含单个球员在一个球队效力期间每年累积的统计信息。因此，像 Manny Ramirez 这样的球员在 Batting 表中有很多行(实际上是 21 行)。

```
library(Lahman)
manny <- Batting %>%
  filter(playerID == "ramirma02")
nrow(manny)
```

```
[1] 21
```

使用我们所学的知识，可快速列出 Ramirez 最常见的职业进攻统计数据。对于那些刚接触棒球的人，一些其他背景信息可能会有所帮助。当击球手安全到达垒位时会发生安打(H)。当球被踢出公园或奔跑者在比赛中通过所有垒位时，就会发生本垒打(HR)。巴里·邦兹(Barry Bonds)创造了职业生涯中本垒打最多的纪录(762)。球员的平均安打率(BA)是命中次数与合格击球次数之比。泰·科布(Ty Cobb)取得的职业平均击球率最高纪录是 0.366，这个高于 0.300 的成绩令人印象深刻。最后，打者打点(RBI)是球员靠打击攻进(包括本垒打的击球)的分数。汉克·亚伦(Hank Aaron)获得了最多的职业 RBI 记录 2297。

```
manny %>%
  summarize(
    span = paste(min(yearID), max(yearID), sep = "-"),
    num_years = n_distinct(yearID),
    num_teams = n_distinct(teamID),
    BA = sum(H)/sum(AB),
    tH = sum(H),
    tHR = sum(HR),
    tRBI = sum(RBI)
  )
```

	span	num_years	num_teams	BA	tH	tHR	tRBI
1	1993-2011	19	5	0.312	2574	555	1831

请注意，我们可以使用 paste()函数将多个变量的结果组合成一个新变量，还可以使用 n_distinct()函数来计算不同行的数量。在他的 19 年职业生涯中，Ramirez 赢得了 555 次本垒打，使他跻身美国职业棒球大联盟前 20 名。

但是，我们也看到 Ramirez 在他的职业生涯中为五支球队效力。他对每个队的表现是否都一样好？按球队或按联盟细分统计信息，就像添加适当的 group_by()命令一样容易。

```
manny %>%
  group_by(teamID) %>%
  summarize(
    span = paste(min(yearID), max(yearID), sep = "-"),
    num_years = n_distinct(yearID),
    num_teams = n_distinct(teamID),
    BA = sum(H)/sum(AB),
    tH = sum(H),
    tHR = sum(HR),
  tRBI = sum(RBI)
  ) %>%
  arrange(span)
```

```
# A tibble: 5 x 8
```

	teamID	span	num_years	num_teams	BA	tH	tHR	tRBI
	<fct>	<chr>	<int>	<int>	<dbl>	<int>	<int>	<int>
1	CLE	1993-2000	8	1	0.313	1086	236	804
2	BOS	2001-2008	8	1	0.312	1232	274	868
3	LAN	2008-2010	3	1	0.322	237	44	156

```
4  CHA  2010-2010       1       1 0.261      18      1      2
5  TBA  2011-2011       1       1 0.0588      1      0      1
```

尽管 Ramirez 在洛杉矶道奇队中的表现非常出色，但他在芝加哥白袜队和坦帕湾光芒队的短暂生涯却不出色。在下面的管道中，我们可以看到 Ramirez 在美国联盟中度过了大部分职业时光。

```
manny %>%
  group_by(lgID) %>%
  summarize(
    span = paste(min(yearID), max(yearID), sep = "-"),
    num_years = n_distinct(yearID),
    num_teams = n_distinct(teamID),
    BA = sum(H)/sum(AB),
    tH = sum(H),
    tHR = sum(HR),
    tRBI = sum(RBI)
  ) %>%
  arrange(span)
```

```
# A tibble: 2 x 8
   lgID      span num_years num_teams      BA     tH    tHR   tRBI
  <fct>     <chr>     <int>     <int>   <dbl>  <int>  <int>  <int>
1    AL 1993-2011        18         4   0.311   2337    511   1675
2    NL 2008-2010         3         1   0.322    237     44    156
```

Ramirez 仅在 19 个不同的赛季中出战，为什么与他相关的数据有 21 行？请注意，在 2008 年，他从波士顿红袜队交换到洛杉矶道奇队，因此他为两支球队效力。同样，在 2010 年，他为道奇队和芝加哥白袜队效力。

专业提示 16：在汇总数据时，准确地理解数据框中的行是如何组织的是非常重要的。

为了查清这里可能出问题的地方，假设我们对列出 Ramirez 至少击中 30 次本垒打的赛季数感兴趣，最简单的解决方案是：

```
manny %>%
  filter(HR >= 30) %>%
  nrow()
```

```
[1] 11
```

但这个答案是错误的，因为在 2008 年，Ramirez 是在被交换之前为波士顿击中了 20 次本垒打，之后又为道奇队击中了 17 次。这些行都没有被计数，因为它们都被过滤掉了。因此，2008 年并不出现在我们之前管道计算的 11 年中。回顾一下，manny 数据框中的每一行对应一个球员在一支球队中一年的赛事表现。另一方面，这个问题要求我们考虑每年，而不必关注球队本身。为获得正确答案，我们必须按球队对数据行进行汇总。因此，正确的解决方案是：

```
manny %>%
  group_by(yearID) %>%
```

```
  summarize(tHR = sum(HR)) %>%
  filter(tHR >= 30) %>%
  nrow()
```

[1] 12

　　请注意，filter()操作应用于 tHR(即一个赛季的本垒打总数)，而不是 HR，它表示单个球队在一个赛季的一次赛事中的本垒打次数(过滤原始数据的行与汇总结果的行之间的区别将在第 15 章再次介绍)。

　　我们通过在 Batting 表中过滤 playerID 为 ramirma02 的球员来开始本练习。我们如何知道使用此标识符？该球员的 ID 被称为一个键，实际上，playerID 是在 Master 表中定义的主键。也就是说，Master 表中的每一行都由 playerID 的值唯一标识。因此，该表中仅存在一个 playerID 等于 ramirma02 的行。

　　但我们怎么知道这个 ID 对应于 Manny Ramirez？可搜索 Master 表，该表中的数据包括关于 Manny Ramirez 的许多特征，这些特征在多个赛季中都不会发生变化(体重可能除外)。

```
Master %>%
  filter(nameLast == "Ramirez" & nameFirst == "Manny")

    playerID birthYear birthMonth birthDay birthCountry          birthState
1 ramirma02      1972          5       30       D.R. Distrito Nacional
      birthCity deathYear deathMonth deathDay deathCountry deathState
1 Santo Domingo        NA         NA       NA         <NA>       <NA>
    deathCity nameFirst nameLast        nameGiven weight height bats throws
1        <NA>     Manny  Ramirez Manuel Aristides    225     72    R      R
      debut  finalGame  retroID   bbrefID deathDate   birthDate
1 1993-09-02 2011-04-06 ramim002 ramirma02      <NA>  1972-05-30
```

　　playerID 列在 Master 表中充当主键，但在 Batting 表中不是主键，因为如我们之前所见，具有该 playerID 值的行有 21 行。在 Batting 表中，playerID 列称为外键，因为它引用了另一个表中的主键。为此，在两个表中都存在此列可以使我们将它们链接在一起。这样，可将 Batting 表中的数据与 Master 表中的数据合并。通过指定要联接的两个表以及指定每个表中提供链接的列，利用 inner_join()执行此操作。因此，如果我们想在以前的结果中显示 Ramirez 的名字以及年龄，必须将 Batting 表和 Master 表连接在一起。

```
Batting %>%
  filter(playerID == "ramirma02") %>%
  inner_join(Master, by = c("playerID" = "playerID")) %>%
  group_by(yearID) %>%
  summarize(
    Age = max(yearID - birthYear),
    num_teams = n_distinct(teamID),
    BA = sum(H)/sum(AB),
    tH = sum(H),
    tHR = sum(HR),
```

```
      tRBI = sum(RBI)
   ) %>%
   arrange(yearID)
```

```
# A tibble: 19 x 7
   yearID    Age num_teams       BA      tH     tHR    tRBI
    <int>  <int>     <int>    <dbl>   <int>   <int>   <int>
 1   1993     21         1    0.170       9       2       5
 2   1994     22         1    0.269      78      17      60
 3   1995     23         1    0.308     149      31     107
 4   1996     24         1    0.309     170      33     112
 5   1997     25         1    0.328     184      26      88
 6   1998     26         1    0.294     168      45     145
 7   1999     27         1    0.333     174      44     165
 8   2000     28         1    0.351     154      38     122
 9   2001     29         1    0.306     162      41     125
10   2002     30         1    0.349     152      33     107
11   2003     31         1    0.325     185      37     104
12   2004     32         1    0.308     175      43     130
13   2005     33         1    0.292     162      45     144
14   2006     34         1    0.321     144      35     102
15   2007     35         1    0.296     143      20      88
16   2008     36         2    0.332     183      37     121
17   2009     37         1    0.290     102      19      63
18   2010     38         2    0.298      79       9      42
19   2011     39         1   0.0588       1       0       1
```

专业提示 17：确保定义了连接条件 by 参数，不要依赖默认值。

请注意，即使每个赛季 Ramirez 的年龄都是常数，我们也必须使用向量运算(即 max()或 first())，该运算可将任何可能的向量缩减为一个数。

Ramirez 在哪个赛季作为一个击球手表现最好？击球能力的一种相对简单的度量是 OPS，或者说进攻指数，这是其他两个统计数据的简单总和：上垒率(OBP)和长打率(SLG)。前者基本上测量击球手安全到达垒的时间的百分比，无论他是通过安打(H)、四坏球(BB)还是被击球击中(HBP)到达。后者衡量的是每个打数(AB)通过的平均垒数，其中单打数值 1 个垒，双打(X2B)值 2 个垒，三打(X3B)值 3 个垒，以及本垒打(HR)值 4 个垒(请注意，每次命中都恰好是单打、双打、三打或本垒打之一)。让我们将这些统计信息添加到结果中，并使用它对赛季进行排名。

```
manny_by_season <- Batting %>%
  filter(playerID == "ramirma02") %>%
  inner_join(Master, by = c("playerID" = "playerID")) %>%
  group_by(yearID) %>%
  summarize(
    Age = max(yearID - birthYear),
    num_teams = n_distinct(teamID),
    BA = sum(H)/sum(AB),
```

```
    tH = sum(H),
    tHR = sum(HR),
    tRBI = sum(RBI),
    OBP = sum(H + BB + HBP) / sum(AB + BB + SF + HBP),
    SLG = sum(H + X2B + 2 * X3B + 3 * HR) / sum(AB)
  ) %>%
  mutate(OPS = OBP + SLG) %>%
  arrange(desc(OPS))
manny_by_season
```

```
# A tibble: 19 x 10
   yearID Agenum_teams    BA    tH   tHR  tRBI    OBP    SLG    OPS
    <int> <int>  <int> <dbl> <int> <int> <int>  <dbl>  <dbl>  <dbl>
 1   2000    28      1 0.351   154    38   122  0.457  0.697   1.15
 2   1999    27      1 0.333   174    44   165  0.442  0.663   1.11
 3   2002    30      1 0.349   152    33   107  0.450  0.647   1.10
 4   2006    34      1 0.321   144    35   102  0.439  0.619   1.06
 5   2008    36      2 0.332   183    37   121  0.430  0.601   1.03
 6   2003    31      1 0.325   185    37   104  0.427  0.587   1.01
 7   2001    29      1 0.306   162    41   125  0.405  0.609   1.01
 8   2004    32      1 0.308   175    43   130  0.397  0.613   1.01
 9   2005    33      1 0.292   162    45   144  0.388  0.594  0.982
10   1996    24      1 0.309   170    33   112  0.399  0.582  0.981
11   1998    26      1 0.294   168    45   145  0.377  0.599  0.976
12   1995    23      1 0.308   149    31   107  0.402  0.558  0.960
13   1997    25      1 0.328   184    26    88  0.415  0.538  0.953
14   2009    37      1 0.290   102    19    63  0.418  0.531  0.949
15   2007    35      1 0.296   143    20    88  0.388  0.493  0.881
16   1994    22      1 0.269    78    17    60  0.357  0.521  0.878
17   2010    38      2 0.298    79     9    42  0.409  0.460  0.870
18   1993    21      1 0.170     9     2     5    0.2  0.302  0.502
19   2011    39      1 0.0588    1     0     1 0.0588 0.0588  0.118
```

我们看到 Ramirez 的 OPS 在 2000 年是最高的。但 2000 年是崇尚进攻的巅峰时期，当时许多强击手都在发动大量进攻。作为数据科学家，我们知道将 Ramirez 的 OPS 与每个赛季的联盟平均 OPS 进行比较会更有启发性，得到的比率结果通常称为 OPS +。为此，我们将需要计算这些平均值。由于在某些年份中的某些列中缺少数据，因此我们需要调用 na.rm 参数以忽略这些数据。

```
mlb <- Batting %>%
  filter(yearID %in% 1993:2011) %>%
  group_by(yearID) %>%
  summarize(
    lg_OBP = sum(H + BB + HBP, na.rm = TRUE) /
      sum(AB + BB + SF + HBP, na.rm = TRUE),
    lg_SLG = sum(H + X2B + 2*X3B + 3*HR, na.rm = TRUE) /
      sum(AB, na.rm = TRUE)
  ) %>%
  mutate(lg_OPS = lg_OBP + lg_SLG)
```

接下来，我们需要将这些联盟的平均 OPS 值与 Ramirez 的相应条目进行匹配。为此，我们可将这些表连接在一起，然后计算 Ramirez 的 OPS 与联盟平均值的比率。

```
manny_ratio <- manny_by_season %>%
  inner_join(mlb, by = c("yearID" = "yearID")) %>%
  mutate(OPS_plus = OPS / lg_OPS) %>%
  select(yearID, Age, OPS, lg_OPS, OPS_plus) %>%
  arrange(desc(OPS_plus))
manny_ratio
```

```
# A tibble: 19 x 5
     yearID    Age     OPS   lg_OPS  OPS_plus
      <int>  <int>   <dbl>    <dbl>     <dbl>
 1     2000     28    1.15    0.782      1.48
 2     2002     30    1.10    0.748      1.47
 3     1999     27    1.11    0.778      1.42
 4     2006     34    1.06    0.768      1.38
 5     2008     36    1.03    0.749      1.38
 6     2003     31    1.01    0.755      1.34
 7     2001     29    1.01    0.759      1.34
 8     2004     32    1.01    0.763      1.32
 9     2005     33   0.982    0.749      1.31
10     1998     26   0.976    0.755      1.29
11     1996     24   0.981    0.767      1.28
12     1995     23   0.960    0.755      1.27
13     2009     37   0.949    0.751      1.26
14     1997     25   0.953    0.756      1.26
15     2010     38   0.870    0.728      1.19
16     2007     35   0.881    0.758      1.16
17     1994     22   0.878    0.763      1.15
18     1993     21   0.502    0.736     0.682
19     2011     39   0.118    0.720     0.163
```

这种情况下，相对于同龄人，2000 年仍然是 Ramirez 最好的赛季，但请注意，他在 1999 年的赛季的表现已经从第 2 下降到第 3。根据定义，联盟击球手的 OPS +为 1，Ramirez 连续 17 个赛季的 OPS 比各大联盟的平均水平至少高出 15%，这确实是一个壮举。

最后，并非所有连接操作都是相同的。inner_join()需要在两个表中有相应的条目。相反，left_join()返回至少与第一个表一样多的行，而不管第二个表中是否存在匹配项。因此，inner_join()是双向的，而在 left_join()中，指定表的顺序很重要。

考虑一下 Cal Ripken 的职业生涯，从 1981 年到 2001 年，他参加了 21 个赛季。在 1993 年到 2001 年的 9 个赛季中，他的职业生涯与 Ramirez 的职业生涯重叠，因此对于这些人，我们之前计算的联盟平均值非常有用。

```
ripken <- Batting %>%
  filter(playerID == "ripkeca01")
ripken %>%
  inner_join(mlb, by = c("yearID" = "yearID")) %>%
  nrow()
```

```
[1] 9
# same
mlb %>%
    inner_join(ripken, by = c("yearID" = "yearID")) %>%
    nrow()
```

```
[1] 9
```

对于 Ramirez 未参加的赛季，将返回 NA 值。

```
ripken %>%
    left_join(mlb, by = c("yearID" = "yearID")) %>%
    select(yearID, playerID, lg_OPS) %>%
    head(3)
```

```
    yearID  playerID  lg_OPS
1    1981  ripkeca01      NA
2    1982  ripkeca01      NA
3    1983  ripkeca01      NA
```

相反，通过反转连接操作中表的顺序，我们将返回已经计算出联盟平均值的 19 个赛季，而不管是否存在匹配 Ripken 的项(这些结果不会显示)。

```
mlb %>%
    left_join(ripken, by = c("yearID" = "yearID")) %>%
    select(yearID, playerID, lg_OPS)
```

5.4　扩展资源

Sean Lahman 长期以来一直在整理自己的棒球数据集，该数据集支持了一个非常流行的网站 baseball-reference.com。Michael Friendly 一直维护着 Lahman R 程序包[Friendly et al.,2020]。对于棒球运动爱好者来说，克里夫兰的印第安人分析师 Max Marchi 和 Jim Albert 写了一本非常出色的书，该书主要是关于如何用 R 语言分析棒球数据[Marchi and Albert, 2013]。Albert 还写了一本书，描述如何将棒球用作统计学教学的激励范例[Albert, 2003]。

5.5　练习题

问题 1(易)：考虑以下 1977 年以来美国国家信息的数据框。

```
statenames <- tibble(names = state.name, twoletter = state.abb)
glimpse(statenames)
```

```
Rows: 50
Columns: 2
$ names      <chr> "Alabama", "Alaska", "Arizona", "Arkansas", "Californ...
$ twoletter  <chr> "AL", "AK", "AZ", "AR", "CA", "CO", "CT", "DE", "FL",...
```

```
statedata <- tibble(
  names = state.name,
  income = state.x77[, 2],
  illiteracy = state.x77[, 3]
  )
glimpse(statedata)
```

```
Rows: 50
Columns: 3
$ names      <chr> "Alabama", "Alaska", "Arizona", "Arkansas", "Califor...
$ income     <dbl> 3624, 6315, 4530, 3378, 5114, 4884, 5348, 4809, 4815...
$ illiteracy <dbl> 2.1, 1.5, 1.8, 1.9, 1.1, 0.7, 1.1, 0.9, 1.3, 2.0, 1....
```

创建一个文盲率(人口百分比)和人均收入(单位为美元)的散点图,数据点上标记两个字母的州名缩写。添加更平滑的显示,使用 ggrepel 包来偏移重叠的名称。你能观察到什么样的模式? 有什么异常的观察吗?

问题 2(中): 使用 Lahman 程序包中的 Batting、Pitching 和 Master 表回答以下问题。

a. 举出棒球史上每一个累积了至少 300 个本垒打(HR)和至少 300 个偷垒打(SB)的球员的名字。你可以在 Master 数据框中找到球员的名字和姓氏。把这个和你的结果结合起来,再加上每个精英球员的总本垒打和总失垒数。

b. 同样,请说出棒球史上每一个累积了至少 300 次胜(W)和至少 3000 次三振(SO)的投手的名字。

c. 找出在一个赛季中至少打出 50 个本垒打的每个球员的姓名和对应年份。哪个球员在那个赛季的平均击球率最低?

问题 3(中): 使用 nycflights13 程序包以及 flights 和 planes 表来回答下列问题。

a. 有多少架飞机缺少制造日期?

b. 最常见的五个制造商是什么?

c. 2013 年从纽约市飞来的飞机反映的制造商的分布是否随时间变化了? 注意,你可能需要用 case_when()重新编码制造商的名称,并将罕见厂商压缩到一个名为 Other 的分类。

问题 4(中): 使用 nycflights13 程序包以及 flights 和 planes 表来回答以下问题。

a. 2013 年从纽约机场起飞的最古老飞机(由 tailnum 变量指定)是什么?

b. planes 表中包括多少架从纽约市起飞的飞机?

问题 5(中): 相对年龄效应被尝试用来解释运动员出生月份分布的异常情况。简而言之,该想法是,刚好在参加比赛的年龄截止日期之后出生的孩子比同龄运动员大 11 个月之久,这一点足以使他们获得优势。多年来,这种优势将不断加强,从而可以在这几个月中培养出更专业的运动员。

a. 显示在 20 世纪前十年中击球的棒球运动员的出生月份分布。

b. 它们在日历年中是如何分配的? 这一点是否支持相对年龄效应的思想? 这里使用 mosaicData 程序包中的 Births78 数据集作为参考。

问题 6(难)：使用 fec12 程序包下载联邦选举委员会 2012 年的数据。使用 ggplot2 从数据文本中重新创建图 2.1 和图 2.2。

5.6 附加练习

可从 https://mdsr-book.github.io/mdsr2e/ch-join.html#join-online-exercises 获得。

第6章

数据规整

在本章中，我们将继续学习数据整理技术。特别是，我们将讨论规整的数据、常见的文件格式以及用于抓取和清洗数据(尤其是日期)的技术。与第 4 章和第 5 章中的内容一起，这些技术为数据科学的基础(即数据整理)提供实施的途径。

6.1 规整数据

6.1.1 动机

一个著名的数据来源是 Gapminder[Rosling et al., 2005]，这是瑞典医师和公共卫生研究员 Hans Rosling 的创意。Gapminder 包含各个国家随时间变化的各种不同变量数据，如 15～49 岁成年人中的 HIV 患病率以及其他健康和经济指标。这些数据存储在 Google Sheets 中，我们也可将其下载为 Microsoft Excel 工作簿。下面显示了此类数据的一小部分典型表示，这里使用 googlesheets4 程序包将这些数据直接提取到 R 中(有关 unnest()函数的说明，请参见第 6.2.4 节)。

```
library(tidyverse)
library(mdsr)
library(googlesheets4)
hiv_key <- "1kWH_xdJDM4SMfT_Kzpkk-1yuxWChfurZuWYjfmv51EA"
hiv <- read_sheet(hiv_key) %>%
  rename(Country = 1) %>%
  filter(
    Country %in% c("United States", "France", "South Africa")
  ) %>%
  select(Country, `1979`, `1989`, `1999`, `2009`) %>%
  unnest(cols = c(`2009`)) %>%
  mutate(across(matches("[0-9]"), as.double))
hiv
```

```
# A tibble: 3 x 5
  Country        `1979` `1989` `1999` `2009`
  <chr>           <dbl>  <dbl>  <dbl>  <dbl>
```

```
1 France              NA              NA      0.3     0.4
2 South Africa        NA              NA     14.8    17.2
3 United States    0.0318             NA      0.5     0.6
```

这个数据集具有二维数组的形式，其中 n = 3 表示的 3 行中的每一行代表一个国家，而 p = 4 表示的 4 列中的每一列都是一年。每个条目代表第 j 年第 i 个国家中 15～49 岁的 HIV 病毒感染者的百分比。这种数据的表示具有一些优势。首先，可使用足够大的监视器来查看所有数据。一个人可快速跟踪特定国家/地区随着时间的推移而呈现的趋势，并可很容易地估计缺失数据(如 NA)的百分比。因此，如果目测观察是主要的分析技术，则利用该电子表格样式的演示文稿可能会很方便。

或者，我们还可以考虑这些相同数据的另一个呈现方式。

```
hiv %>%
pivot_longer(-Country, names_to = "Year", values_to = "hiv_rate")
```

```
# A tibble: 12 x 3
   Country          Year    hiv_rate
   <chr>            <chr>      <dbl>
 1 France           1979      NA
 2 France           1989      NA
 3 France           1999       0.3
 4 France           2009       0.4
 5 South Africa     1979      NA
 6 South Africa     1989      NA
 7 South Africa     1999      14.8
 8 South Africa     2009      17.2
 9 United States    1979       0.0318
10 United States    1989      NA
11 United States    1999       0.5
12 United States    2009       0.6
```

虽然我们的数据仍然可以用二维数组表示，但现在它有 np=12 行，并且只有 3 列。目测观察数据现在变得更困难，因为我们的数据又长又窄，纵横比与屏幕不一样。

事实证明，我们有充分的理由偏爱这些数据的窄版本。可使用多个表(请参见第 15 章)，它是计算机存储和检索数据的一种更有效方法。对于数据分析任务来说它更加方便。而且具有更好的可扩展性，因为添加第二个变量仅会影响另一列，而向电子表格演示文稿中添加另一个变量会引入令人迷惑的三维视图、电子表格中的多个选项卡甚至是合并的单元格。

这些获益是有代价的，我们放弃了只需要一次就可查看所有数据的能力。当数据集较小时，能够一次看到所有数据会很有用，甚至令人感到舒服。但是，在这个大数据时代，寻求在电子表格布局中一次查看所有数据的想法是不合时宜的。学习通过编程来管理数据使我们摆脱了电子表格应用程序流行的单击和拖动方式，使我们可处理任意大小的数据，还可减少出错的机会。用代码记录数据管理操作还可使它们具有可重现性(请参见附录 D)，这是当今协作时代越来越重要的特征，使我们能将原始数据与分析完全分开，而使用电子表格很难做到这一点。

专业提示 18：谨记将原始数据和分析保存在单独的文件中。直接存储未纠错的数据文件(包含错误和问题)，并使用脚本文件(请参见附录 D)进行纠错，该脚本文件将原始数据转换为实际要分析的数据。此过程将保存数据原状，并允许使用新数据来更新分析结果，而不必从头开始数据整理工作。

上面介绍的 Gapminder 数据的长而窄的格式称为规整[Wickham, 2014]。接下来，我们将进一步扩展这个概念，并介绍更复杂的数据整理技术。

6.1.2　规整的数据是什么

数据可以像电子表格文件中的一列数字一样简单，也可以像医院收集的电子病历一样复杂。刚开始使用数据的新手可能希望以一种独特方式组织每个数据源，从而希望有这些独特的技术。但是，数据专家已经学会了使用少量标准工具进行操作。如你所见，每种标准工具都执行相对简单的任务。以适当的方式组合这些简单任务是处理复杂数据的关键。

各个工具之所以简单的一个原因是，每个工具都应用于以一种简单但精确定义的模式(称为规整数据)组织的数据。规整的数据存在于系统定义的数据表中(例如，前面看到的数据的矩阵组织形式)，但并非所有数据表都是规整的。

为解释说明，表 6.1 列出了美国社会保障署婴儿名字列表中的一些条目。尤其是该表显示了每年每个名字在两种性别的婴儿中的流行程度，即取该名字的婴儿个数。

表 6.1　显示在美国每年每个名字被取给多少婴儿的数据表，仅列出几个名字

year	sex	name	n
1999	M	Kavon	104
1984	F	Somaly	6
2017	F	Dnylah	8
1918	F	Eron	6
1992	F	Arleene	5
1977	F	Alissia	5
1919	F	Bular	10

表 6.1 显示，1999 年在美国出生的名叫 Kavon 的男孩为 104 个，1984 年出生的名叫 Somaly 的女孩为 6 个。总体而言，babynames 数据表的时间跨度为 1880 年至 2014 年，包括 337 135 426 个人，略大于美国目前的人口。

表 6.1 中的数据是规整的，因为它们是根据两个简单规则组织的。

(1) 这些行称为案例(cases)或观察值，每行都涉及一种特定的、独特的且类似的事物，例如，1984 年名为 Somaly 的女孩。

(2) 表中的列称为变量，每一列都记录每一行相同种类的值。例如，n 表示每种情况下的婴儿数；sex(性别)告诉你出生时婴儿是男是女。

　　当数据具有规整的形式时，将数据转换为对回答特定问题更有用的组织形式相对更简单。例如，你可能想知道历年来最受欢迎的婴儿名字是哪个。即使表 6.1 隐含了流行度信息，我们也需要通过在流行度变得显而易见之前，在所有年份中对一个姓名的计数进行累加来重新排列这些数据，如表 6.2 所示。

```
popular_names <- babynames %>%
  group_by(sex, name) %>%
  summarize(total_births = sum(n)) %>%
  arrange(desc(total_births))
```

表 6.2　所有年份中最流行的婴儿名字

sex	name	total_births
M	James	5150472
M	John	5115466
M	Robert	4814815
M	Michael	4350824
F	Mary	4123200
M	William	4102604
M	David	3611329
M	Joseph	2603445
M	Richard	2563082
M	Charles	2386048

　　将数据表中隐含的信息转换为另一种能显式给出信息的数据表的过程称为数据整理。整理本身是通过使用数据动词来完成的，这些数据动词采用规整的数据表，并将其转换为其他形式的规整的数据表。在第 4 章和第 5 章中，已经介绍了几个数据动词。

　　图 6.1 显示了明尼阿波利斯(Minneapolis)市长选举的结果。与 babynames 数据表不同，它虽然显示精美、整洁，但具有不规整的形式。这里存在有用的标签和汇总，可以使一个人轻松地阅读和得出结论(例如，第 1 区的选民投票率高于第 2 区的选民投票率，而且两个区的选民总数都低于城市人口总数)。

　　但整洁并不是使数据规整的原因。图 6.1 违反了规整数据的第一条规则。

　　(1) 规则 1：称为案例的行，每个行必须表示相同的基础属性，即相同的事物。在图 6.1 中并不是这样。对于该表的大多数行，它们都表示一个单独的辖区。但其他行给出了选区或城市级别行政区域的总数。前两行是描述数据的标题，而不是案例。

　　(2) 规则 2：每列都是一个变量，包含每个案例中相同类型的值。在图 6.1 中，大多数情况下都是如此，但是规整的模式会被不是变量的标签破坏。例如，第 15 行中的前两个单元格是标签 Ward 1 Subtotal，与作为第一列大部分值的 Ward/Precinct 标识符不同。

	A	B	E	F	G	H	I	J
1			**City of Minneapolis Statistics**					
2			**General Election November 5, 2013**					
3	**Ward**	**Precinct**	**Voters Registering by Absentee**	**Total Registrations**	**Voters at Polls**	**Absentee Voters**	**Total Ballots Cast**	**Total Turnout**
4	**City-Wide Total**		708	6,634	75,145	4,954	80,099	33.38%
5								
6	1	1	3	28	492	27	519	27.23%
7	1	2	1	44	836	56	892	31.71%
8	1	3	0	40	905	19	924	38.87%
9	1	4	5	29	768	26	794	36.62%
10	1	5	0	31	683	31	714	37.46%
11	1	6	0	69	739	20	759	32.62%
12	1	7	0	47	291	8	299	15.79%
13	1	8	0	43	415	5	420	30.55%
14	1	9	0	42	596	25	621	25.42%
15	**Ward 1 Subtotal**		9	373	5,725	217	5,942	30.93%
16								
17	2	1	1	63	1,011	39	1,050	36.42%
18	2	2	5	44	679	37	716	50.39%
19	2	3	4	48	324	18	342	18.88%
20	2	4	0	53	117	3	120	7.34%
21	2	5	2	50	495	26	521	25.49%
22	2	6	1	36	433	19	452	39.10%
23	2	7	0	39	138	7	145	13.78%
24	2	8	1	50	1,206	36	1,242	47.90%
25	2	9	2	39	351	16	367	30.56%
26	2	10	0	87	196	5	201	6.91%
27	**Ward 2 Subtotal**		16	509	4,950	206	5,156	27.56%
28								
29	3	1	0	52	165	1	166	7.04%

图 6.1　2013 年明尼阿波利斯市长选举中的选区和辖区投票

　　遵守规整数据的规则可简化数据汇总和分析。例如，在规整的 babynames 表中，对于计算机而言，很容易找到婴儿总数：只需要将 n 这个变量中的所有数字相加即可。同样，找到案例数也很容易：只计算行数就可以。而且，如果你想知道这些年来 Ahmeds 或 Sherinas 的总数，利用一个非常简单的方法可以做到。

　　相比之下，在明尼阿波利斯大选数据中，要找到总投票数这类数据将更困难。如果你采取看似显而易见的方法，即把图 6.1 的第 I 列(标记为 Total Ballots Cast)中的数字相加，则结果将是真实投票数的三倍，因为某些行包含汇总数据而不是案例。

　　确实，如果你想根据明尼阿波利斯大选数据进行计算，最好将其整理为规整的数据形式。

　　诚然，表 6.3 中的规整表格不如明尼阿波利斯政府发布的表格那么吸引人。但是，它更容易用来生成汇总和分析。

　　数据整理规整后，你可以用比格式化电子表格更有效的方式显示数据。例如，图 6.2 中的数据图形以一种有效的方式显示了每个选区的投票人数，通过该方式可以很容易地看到辖区内部和辖区之间有多少变化。

　　规整的格式还可以更轻松地将来自不同来源的数据汇总在一起。例如，为解释选民投票率的差异，你可能需要考虑党派、年龄、收入等变量。这些数据可能会从其他记录(例如公共选民登记日志和人口普查记录)逐项获得。可将规整的数据整理成可以相互连接的形式(即使用第 5 章中的 inner_join()函数)。如果你必须为每种不同的数据源处理一种特殊格式，那么这个任务是非常困难的。

表 6.3　明尼阿波利斯选举部分数据的规整形式

ward	precinct	registered	voters	absentee	total_turnout
1	1	28	492	27	0.272
1	4	29	768	26	0.366
1	7	47	291	8	0.158
2	1	63	1011	39	0.364
2	4	53	117	3	0.073
2	7	39	138	7	0.138
2	10	87	196	5	0.069
3	3	71	893	101	0.374
3	6	102	927	71	0.353

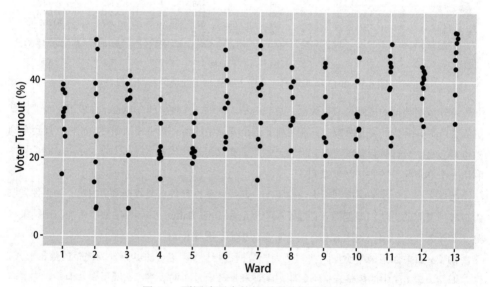

图 6.2　不同选区中的投票率的图形描述

1. 变量

在数据科学中，变量一词的含义与数学中的含义不同。在代数中，变量是未知量。在数据中，变量是已知的，即已对其进行了测量。进一步来说，"变量"一词是指随情况而变化的特定数量或质量。变量有两种主要类型。

- 分类变量(Categorical variables)：记录类型或分类，并且它通常采用词语进行表示。
- 定量变量(Quantitative variables)：记录数字属性。定量变量的确切含义是"数字"。

分类变量告诉案例属于哪个分类或组。例如，在婴儿名字数据表中，sex 是具有 F 和 M 两个级别的分类变量，分别代表女性和男性。同样，name 变量也是分类变量。这里碰巧有 93 889 个不同级别的 name，范围从 Aaron、Ab 和 Abbie 到 Zyhaire、Zylis 和 Zymya。

2. 案例及其所表示的

如前所述，规整的数据表的一行指一个案例。这种情况下，你可能没有理由更倾向于使用 "案例" 一词而不是 "行"。在处理数据表时，请务必记住案例在现实世界中代表什么。有时含义很明显。例如，表 6.4 是一个规整的数据表，它显示了 2013 年明尼阿波利斯市长选举中的选票。每个案例都是单个选民的选票(要求选民在选票中标记他们的第一选择、第二选择和第三选择。这是一个称为 rank choice voting 的程序的一部分)。

表 6.4 明尼阿波利斯选举中的个人选票。每个选民在一个辖区的一个选区中投票。投票代表了选民对市长的前三个选择

Precinct	First	Second	Third	Ward
P-04	undervote	undervote	undervote	W-6
P-06	BOB FINE	MARK ANDREW	undervote	W-10
P-02D	NEAL BAXTER	BETSY HODGES	DON SAMUELS	W-7
P-01	DON SAMUELS	undervote	undervote	W-5
P-03	CAM WINTON	DON SAMUELS	OLE SAVIOR	W-1

表 6.4 中的案例与表 6.3 中的案例不同。在表 6.3 中，案例是辖区内的选区。但在表 6.4 中，案例是单个投票。同样，在婴儿名字数据中(表 6.1)，案例是姓名和性别以及年份，而在表 6.2 中，案例是姓名和性别。

考虑案例时，请提出以下问题：什么样的描述将使每个案例都独一无二？在投票汇总数据中，辖区不能唯一地标识案例。每个辖区都出现在几行中。但是每个辖区和选区的组合只出现一次。同样，在表 6.1 中，name 和 sex 也不能唯一指定一个案例，相反，你需要使用 name-sex-year 来唯一地标识一行。

3. 赛跑者和比赛

表 6.5 显示了每年在华盛顿特区举行的 10 英里跑步比赛的一些结果。

案例在这里是什么意思？人们很容易以为案例就是一个人。毕竟，参加公路竞赛的是人群。但请注意，一些个人出现的次数不止一次：Jane Poole 从 2003 年到 2007 年每年都参加比赛。随着年龄的增长，她参赛的次数不断增加！Jane Schultz 从 1999 年到 2006 年都参加比赛，仅错过了 2000 年比赛。这表明这里的案例是某一年比赛中的赛跑者。

4. 编码本

数据表不一定会显示出使每一行唯一需要的所有变量。对于此类信息，有时你需要查看有关数据如何收集以及变量含义的文档。

编码本(codebook)是与数据表分开的文档，它描述了如何收集数据、变量的含义以及分类变量指向哪个级别的各个方面。"编码本"一词来自于为计算机编码数据的时代，人类难以阅读这种编码方式。编码本应包括有关如何收集数据以及案例如何构成的信息。图 6.3 显示了 mosaicData 包中 HELPrct 数据的编码本。在 R 中，可以通过 help()函数获得数据表的编码本。

```
help(HELPrct)
```

对于表 6.5 中的跑步者数据，一本编码本应告诉你，gun 变量的含义是从发令枪响到跑步者越过终点的时间，其度量单位是分钟(minutes)。它还应说明那些显而易见的事实：age 是人的年龄(以岁为单位)，而 sex 有两个级别，即男性和女性，分别以 M 和 F 表示。

表 6.5　跑步者不同时间的 10 英里比赛成绩的节选

name.yob	sex	age	year	gun
jane polanek 1974	F	32	2006	114.5
jane poole 1948	F	55	2003	92.7
jane poole 1948	F	56	2004	87.3
jane poole 1948	F	57	2005	85.0
jane poole 1948	F	58	2006	80.8
jane poole 1948	F	59	2007	78.5
jane schultz 1964	F	35	1999	91.4
jane schultz 1964	F	37	2001	79.1
jane schultz 1964	F	38	2002	76.8
jane schultz 1964	F	39	2003	82.7
jane schultz 1964	F	40	2004	87.9
jane schultz 1964	F	41	2005	91.5
jane schultz 1964	F	42	2006	88.4
jane smith 1952	F	47	1999	90.6
jane smith 1952	F	49	2001	97.9

5. 多个表

通常，创建有意义的数据显示需要合并来自不同数据源和不同种类事物的数据。例如，你可能希望表 6.5 中的跑步者表现数据的分析结果包括每年比赛的温度和降水数据。此类天气数据可能包含在每日天气测量表中。

许多情况下，会有多个规整的表，每个表都包含与你的分析有关的信息，但它们包括不同的案例。我们在第 5 章中了解如何使用 inner_join()和 left_join()函数来组合多个表，在第 15 章中，我们将进一步学习处理关系数据库的技能。现在请记住，保持规整并不是要把所有东西都塞进一张表中。

Percentile

Health Evaluation And Linkage To Primary Care

The HELP study was a clinical trial for adult inpatients recruited from a detoxification unit. Patients with no primary care physician were randomized to receive a multidisciplinary assessment and a brief motivational intervention or usual care, with the goal of linking them to primary medical care.

Keywords　datasets

Usage

```
data(HELPrct)
```

Details

Eligible subjects were adults, who spoke Spanish or English, reported alcohol, heroin or cocaine as their first or second drug of choice, resided in proximity to the primary care clinic to which they would be referred or were homeless. Patients with established primary care relationships they planned to continue, significant dementia, specific plans to leave the Boston area that would prevent research participation, failure to provide contact information for tracking purposes, or pregnancy were excluded.

Subjects were interviewed at baseline during their detoxification stay and follow-up interviews were undertaken every 6 months for 2 years. A variety of continuous, count, discrete, and survival time predictors and outcomes were collected at each of these five occasions.

This data set is a subset of the `HELPmiss` data set restricted to the 453 subjects who were fully observed on the `age`, `cesd`, `d1`, `female`, `sex`, `g1b`, `homeless`, `i1`, `i2`, `indtot`, `mcs`, `pcs`, `pss_fr`, `racegrp`, `satreat`, `substance`, `treat`, and `sexrisk` variables. (There is some missingness in the other variables.) `HELPmiss` contains 17 additional subjects with partially observed data on some of these baseline variables. This is also a subset of the `HELPfull` data which includes 5 timepoints and many additional variables.

Note

```
The \code{HELPrct} data set was originally named \code{HELP} but has
been renamed to avoid confusion with the \code{help} function.
```

Format

Data frame with 453 observations on the following variables.

* `age`　subject age at baseline (in years)

* `anysub`　use of any substance post-detox: a factor with levels `no`　`yes`

* `cesd`　Center for Epidemiologic Studies Depression measure at baseline (high scores indicate more depressive symptoms)

* `d1`　lifetime number of hospitalizations for medical problems (measured at baseline)

* `daysanysub`　time (in days) to first use of any substance post-detox

* `dayslink`　time (in days) to linkage to primary care

* `drugrisk`　Risk Assessment Battery drug risk scale at baseline

* `e2b`　number of times in past 6 months entered a detox program (measured at baseline)

图 6.3　mosaicData 包中 HELPrct 数据表的部分编码本

6.2　重塑数据

　　规整的数据表的每一行都是一个案例。对相同的数据进行重新组织通常很有意义，因为这种组织可使该案例具有不同含义。这种处理可使执行一些整理任务更加容易，例如比较、连接和加入新数据。

　　考虑表 6.6 中所示的 BP_wide 格式，其中每个案例都是一个研究对象，有单独的变量来衡量暴露于压力环境之前和之后的收缩压(SBP)。完全相同的数据可以用 BP_narrow 数据表(表 6.7)的格式表示，这里的案例是指一次单独的血压测量场合。

表 6.6　宽格式的血压数据表

subject	before	after
BHO	160	115
GWB	120	135
WJC	105	145

表 6.7　窄格式的规整的血压数据表

subject	when	sbp
BHO	before	160
GWB	before	120
WJC	before	105
BHO	after	115
GWB	after	135
WJC	after	145

BP_wide 和 BP_narrow 这两种格式各有利弊。例如，使用 BP_wide 很容易发现血压变化前后的一些信息。

```
BP_wide %>%
  mutate(change = after - before)

# A tibble: 3 x 4
  subject before  after  change
  <chr>    <dbl>  <dbl>   <dbl>
1 BHO        160    115     -45
2 GWB        120    135      15
3 WJC        105    145      40
```

另一方面，窄格式对于引入额外变量更为灵活，例如表 6.8 中的测量日期或舒张压。窄格式也使得增加额外的测量场合成为可能。例如，表 6.8 显示了受试者 WJC 的几个"后"测量(这种重复测量是科学研究的一个共同特点)。一个简单的策略让你可以从任意一种格式中获得好处：根据你的目的从宽到窄或从窄到宽。

表 6.8　扩展表 6.6 和表 6.7 中信息的数据表，包括附加变量和重复测量。

窄格式便于包含新的案例或变量

subject	when	sbp	dbp	date
BHO	before	160	69	2007-06-19
GWB	before	120	54	1998-04-21
BHO	before	155	65	2005-11-08
WJC	after	145	75	2002-11-15
WJC	after	NA	65	2010-03-26

（续表）

subject	when	sbp	dbp	date
WJC	after	130	60	2013-09-15
GWB	after	135	NA	2009-05-08
WJC	before	105	60	1990-08-17
BHO	after	115	78	2017-06-04

6.2.1　用于从宽到窄以及从窄到宽转换的数据动词

将数据表从宽数据表转换为窄数据表是数据动词 pivot_longer() 的操作：宽数据表是输入，窄数据表是输出。从窄到宽的反向任务利用数据动词 pivot_wider()。这两个函数都在 tidyr 包中实现。

6.2.2　pivot_wider() 函数

pivot_wider() 函数的作用是将数据表从窄格式转换为宽格式。执行此操作需要在函数的参数中指定一些信息。values_from 参数是窄格式变量的名称，在产生的宽格式中，它将被划分为多个变量。names_from 参数是窄格式变量的名称，它分别针对每个案例标识宽格式中哪个列将接收值。

例如，在 BP_narrow(表 6.7) 的窄格式中，values_from 变量是 sbp。在相应的宽格式 BP_wide(表 6.6) 中，sbp 中的信息将在两个变量 before 和 after 之间传播。BP_narrow 的 names_from 变量是 when。请注意，when 中的不同分类级别指定了 BP_wide 中的哪个变量将是一个案例的 sbp 值的目标。在从窄格式到宽格式的转换中只涉及 names_from 和 values_from 这两个变量。窄表中的其他变量，例如 BP_narrow 中的 subject，用于定义案例。因此，要从 BP_narrow 转换到 BP_wide，我们需要编写以下代码：

```
BP_narrow %>%
  pivot_wider(names_from = when, values_from = sbp)

# A tibble: 3 x 3
  subject  before   after
  <chr>     <dbl>   <dbl>
1 BHO         160     115
2 GWB         120     135
3 WJC         105     145
```

6.2.3　pivot_longer() 函数

现在考虑如何将 BP_wide 转换为 BP_narrow。将要集成在一起的变量的名称 before 和 after，将成为窄形式的分类级别。也就是说，它们将组成窄形式的 names_to 变量。数据分析员必须为这个变量定义一个名称。有各种各样合理的可能性，例如 before_or_after。将 BP_wide 集成为 BP_narrow 时，可以选择简洁的变量名 when。

类似地，必须为变量指定一个名称，该变量将保存正在集成的变量的值。同样，这里也存在许多合理的可能性。在收缩压这个案例中，明智的做法是选择一个能反映这些数值所代表的事情的名称。所以，sbp 是不错的选择。

最后，我们需要指定要集成哪些变量。例如，将 subject 与其他变量集成在一起几乎没有意义；在窄格式的结果中，它仍然是一个独立变量。subject 中的值将根据需要进行重复，以便在窄格式中为每个案例提供正确的 subject 值。总之，要将 BP_wide 转换为 BP_narrow，我们对 pivot_longer()进行以下调用。

```
BP_wide %>%
  pivot_longer(-subject, names_to = "when", values_to = "sbp")
```

```
# A tibble: 6 x 3
  subject    when      sbp
  <chr>      <chr>    <dbl>
1 BHO        before     160
2 BHO        after      115
3 GWB        before     120
4 GWB        after      135
5 WJC        before     105
6 WJC        after      145
```

键和值参数的名称作为参数给出。这些名称是数据分析员定义的；这些名称不是 gather() 的宽格式输入的一部分。键和值后面的参数是要集成的变量的名称。

6.2.4　list-column

考虑下面的血压数据的简单汇总。使用第 4.1.4 节中学习的技术，可以计算每个受试者测试前后的平均收缩压(systolic blood pressure)。

```
BP_full %>%
  group_by(subject, when) %>%
  summarize(mean_sbp = mean(sbp, na.rm = TRUE))
```

```
# A tibble: 6 x 3
# Groups: subject [3]
  subject    when  mean_sbp
  <chr>      <chr>    <dbl>
1 BHO        after      115
2 BHO        before     158.
3 GWB        after      135
4 GWB        before     120
5 WJC        after      138.
6 WJC        before     105
```

但是如果我们想对血压数据做进一步分析呢？个别观察结果在汇总输出中没有保留。我们可以创建一个仍然包含所有观察结果的数据汇总吗？

一种简单方法是使用带有 collapse 参数的 paste()将许多单个操作压缩为一个向量。

```
BP_summary <- BP_full %>%
  group_by(subject, when) %>%
  summarize(
    sbps = paste(sbp, collapse = ", "),
    dbps = paste(dbp, collapse = ", ")
  )
```

这对于观察数据很有用，但你不能对其进行太多计算，因为变量 sbps 和 dbps 是字符向量。因此，试图计算收缩压的平均值并不能像你希望的那样工作。请注意，下面计算的平均值是错误的。

```
BP_summary %>%
  mutate(mean_sbp = mean(parse_number(sbps)))

# A tibble: 6 x 5
# Groups: subject [3]
  Subject  when   sbps          dbps         mean_sbp
  <chr>    <chr>  <chr>         <chr>          <dbl>
1 BHO      after  115 78        138.
2 BHO      before 160, 155      69, 65         138.
3 GWB      after  135           NA             128.
4 GWB      before 120           54             128.
5 WJC      after  145, NA, 130  75, 65, 60     125
6 WJC      before 105           60             125
```

此外，你还必须编写代码来对数据集中的每个变量进行汇总，这可能会很麻烦。

相反，nest()函数将把数据框中所有未分组的变量折叠成一个 tibble(简单的数据框)。这将创建一个 list 类型的新变量，默认情况下该变量的名称为 data。该列表的每个元素都是 tibble 类型。虽然你不能在这里打印的输出中看到所有数据，但它们确实都在那里。数据框中具有类型 list 的变量称为 list-column。

```
BP_nested <- BP_full %>%
  group_by(subject, when) %>%
  nest()
BP_nested

# A tibble: 6 x 3
# Groups:  subject, when [6]
  subject  when    data
  <chr>    <chr>   <list>
1 BHO      before  <tibble [2 x 3]>
2 GWB      before  <tibble [1 x 3]>
3 WJC      after   <tibble [3 x 3]>
4 GWB      after   <tibble [1 x 3]>
5 WJC      before  <tibble [1 x 3]>
6 BHO      after   <tibble [1 x 3]>
```

这种构造之所以有效，是因为数据框就是具有相同长度的向量的一个列表，而这些向量的类型是任意的。因此，变量 data 是由 tibble 组成的 list 类型的向量。还要注意，每个 tibble(data

列表中的项)的维度可能不同。

将长数据框折叠成嵌套形式的能力在模型拟合的场合中特别有用,我们将在第 11 章中对此进行说明。

虽然每个 list-column 都有类型 list,但该列表中可包含任何类型的数据。因此,虽然 data变量包含一个 tibble 列表,但我们只能提取收缩压,并放入各自的 list-column 中。有必要对 sbp变量执行 pull()操作,如下所示:

```
BP_nested %>%
  mutate(sbp_list = pull(data, sbp))
```

```
Error: Problem with `mutate()` input `sbp_list`.
x no applicable method for 'pull' applied to an object of class "list"
i Input `sbp_list` is `pull(data, sbp)`.
i The error occurred in group 1: subject = "BHO", when = "after".
```

问题是 data 不是一个 tibble。相反,它是一个列 tibble。为解决这个问题,我们需要使用map()函数,这在第 7 章中有描述。现在,我们需要将 pull()函数应用于 data 列表中的每个项,这就足够理解了。map()函数允许我们这样做,而且它总是返回一个 list,从而创建一个新的list-column。

```
BP_nested <- BP_nested %>%
  mutate(sbp_list = map(data, pull, sbp))
BP_nested
```

```
# A tibble: 6 x 4
# Groups:   subject, when [6]
  subject when    data              sbp_list
  <chr>   <chr>   <list>            <list>
1 BHO     before  <tibble [2 x 3]>  <dbl [2]>
2 GWB     before  <tibble [1 x 3]>  <dbl [1]>
3 WJC     after   <tibble [3 x 3]>  <dbl [3]>
4 GWB     after   <tibble [1 x 3]>  <dbl [1]>
5 WJC     before  <tibble [1 x 3]>  <dbl [1]>
6 BHO     after   <tibble [1 x 3]>  <dbl [1]>
```

特别需要注意的是,sbp_ list 是一个 list,列表中的每一项都是一个 double 类型的向量。这些向量不必具有相同的长度!我们可以通过使用 pluck()函数分离 sbp_list 变量来验证这一点。

```
BP_nested %>%
  pluck("sbp_list")
```

```
[[1]]
[1] 160 155

[[2]]
[1] 120

[[3]]
```

```
[1] 145 NA 130

[[4]]
[1] 135

[[5]]
[1] 105

[[6]]
[1] 115
```

因为所有的收缩压读数都包含在这个 list 中，map()的进一步应用让我们可以计算平均值。

```
BP_nested <- BP_nested %>%
  mutate(sbp_mean = map(sbp_list, mean, na.rm = TRUE))
BP_nested
```

```
# A tibble: 6 x 5
# Groups:  subject, when [6]
  subject when    data            sbp_list    sbp_mean
  <chr>   <chr>   <list>          <list>      <list>
1 BHO     before  <tibble [2 x 3]>  <dbl [2]>   <dbl [1]>
2 GWB     before  <tibble [1 x 3]>  <dbl [1]>   <dbl [1]>
3 WJC     after   <tibble [3 x 3]>  <dbl [3]>   <dbl [1]>
4 GWB     after   <tibble [1 x 3]>  <dbl [1]>   <dbl [1]>
5 WJC     before  <tibble [1 x 3]>  <dbl [1]>   <dbl [1]>
6 BHO     after   <tibble [1 x 3]>  <dbl [1]>   <dbl [1]>
```

BP_nested 仍然具有嵌套结构。然而，sbp_mean 列是一个 double 向量的列表，每个 double 向量都有一个元素。我们可以使用 unnest()撤销该列的嵌套结构。在本例中，我们保留相同的 6 行，每行对应于干预前后的一个受试者。

```
BP_nested %>%
  unnest(cols = c(sbp_mean))
```

```
# A tibble: 6 x 5
# Groups: subject, when [6]
  subject when    data            sbp_list    sbp_mean
  <chr>   <chr>   <list>          <list>      <dbl>
1 BHO     before  <tibble [2 x 3]>  <dbl [2]>   158.
2 GWB     before  <tibble [1 x 3]>  <dbl [1]>   120
3 WJC     after   <tibble [3 x 3]>  <dbl [3]>   138.
4 GWB     after   <tibble [1 x 3]>  <dbl [1]>   135
5 WJC     before  <tibble [1 x 3]>  <dbl [1]>   105
6 BHO     after   <tibble [1 x 3]>  <dbl [1]>   115
```

此计算给出每个受试者在每个时间点的正确平均血压。另一方面，将 unnest()应用于 sbp_list 变量(每行有多个观测值)会生成一个数据框，其中每一行都表示特定日期的一个观测对象。这样会将数据转换回与 BP_full 相同的观察数据单位。

```
BP_nested %>%
```

```
  unnest(cols = c(sbp_list))
```

```
# A tibble: 9 x 5
# Groups: subject, when [6]
  subject  when     data            sbp_list  sbp_mean
  <chr>    <chr>    <list>             <dbl>   <list>
1 BHO      before   <tibble [2 x 3]>     160   <dbl [1]>
2 BHO      before   <tibble [2 x 3]>     155   <dbl [1]>
3 GWB      before   <tibble [1 x 3]>     120   <dbl [1]>
4 WJC      after    <tibble [3 x 3]>     145   <dbl [1]>
5 WJC      after    <tibble [3 x 3]>      NA   <dbl [1]>
6 WJC      after    <tibble [3 x 3]>     130   <dbl [1]>
7 GWB      after    <tibble [1 x 3]>     135   <dbl [1]>
8 WJC      before   <tibble [1 x 3]>     105   <dbl [1]>
9 BHO      after    <tibble [1 x 3]>     115   <dbl [1]>
```

我们将在第 11、14 和 20 章中使用 nest()或 unnest()。

6.2.5　示例：中性姓名

在 *A Boy Named Sue* 中，乡村歌手 Johnny Cash 讲了一个著名的故事：一个在生活中变得坚强的男孩最终通过取一个女孩名字来表达感激之情。这种想法的巧妙之处在于 Sue 作为一个男孩名字的稀有性，事实上，名叫 Sue 的女孩数量是男孩的 300 倍(至少是这样记录的；其中有一些名字可能认为是数据条目错误)。

```
babynames %>%
  filter(name == "Sue") %>%
  group_by(name, sex) %>%
  summarize(total = sum(n))
```

```
# A tibble: 2 x 3
# Groups: name [1]
  name   sex    total
  <chr>  <chr>  <int>
1 Sue    F      144465
2 Sue    M         519
```

另一方面，一些主要是给女孩起的名字也通常取给了男孩。虽然只有 15%叫 Robin 的人是男性，但我们很容易想到几个有这个名字的名人：演员 Robin Williams、歌手 Robin Gibb 和篮球运动员 Robin Lopez(更不用说蝙蝠侠的助手)了。

```
babynames %>%
  filter(name == "Robin") %>%
  group_by(name, sex) %>%
  summarize(total = sum(n))
```

```
# A tibble: 2 x 3
# Groups: name [1]
  name   sex    total
  <chr>  <chr>  <int>
```

```
1 Robin    F       289395
2 Robin    M        44616
```

如果你一次只想查看一个名字的性别平衡性，这种计算范式(例如过滤)很有效。但是如果你想从 babynames 中的所有 97 310 个名字中找出最中性的名字，该怎么做？这时，一种有用的方法是将结果以宽格式显示，如下所示。

```
babynames %>%
  filter(name %in% c("Sue", "Robin", "Leslie")) %>%
  group_by(name, sex) %>%
  summarize(total = sum(n)) %>%
  pivot_wider(
    names_from = sex,
    values_from = total
  )
```

```
# A tibble: 3 x 3
# Groups: name [3]
  name     F        M
  <chr>    <int>    <int>
1 Leslie   266474   112689
2 Robin    289395   44616
3 Sue      144465   519
```

这个 pivot_wider()函数可以帮助我们生成宽格式。请注意，sex 变量是转换中使用的键。合适的做法是在这里填充 0：对于像 Aaban 或 Aadam 这样没有女性使用的名字，F 对应的条目应该是 0。

```
baby_wide <- babynames %>%
  group_by(sex, name) %>%
  summarize(total = sum(n)) %>%
  pivot_wider(
    names_from = sex,
    values_from = total,
    values_fill = 0
  )
head(baby_wide, 3)
```

```
# A tibble: 3 x 3
  name        F       M
  <chr>       <int>   <int>
1 Aabha       35      0
2 Aabriella   32      0
3 Aada        5       0
```

一种定义"大致相同"的方法是取比率 M/F 和 F/M 中较小的一个。如果女性的数量大大超过男性，那么 F/M 将很大，而 M/F 将很小。如果男女比例大致相等，那么这两个比例的值将接近 1。较小的一个永远不会大于 1，因此最平衡的名称是那些比率接近 1 的较小的名称。

在每种性别中超过 5 万个婴儿取名的名字中，识别性别最平衡的中性名字的代码如下所示。

记住，比率 1 意味着完全平衡；比率 0.5 意味着比例是 2:1，它是有利于一个性别的；0.33 意味着比例是 3:1 (pmin()转换函数为每个案例返回两个参数中较小的一个)。

```
baby_wide %>%
    filter(M > 50000, F > 50000) %>%
    mutate(ratio = pmin(M / F, F / M) ) %>%
    arrange(desc(ratio)) %>%
    head(3)
```

```
# A tibble: 3 x 4
  name            F        M   ratio
  <chr>       <int>    <int>   <dbl>
1 Riley      100881    92789   0.920
2 Jackie      90604    78405   0.865
3 Casey       76020   110165   0.690
```

Riley 是性别最均衡的名字，其次是 Jackie。你的名字在名单上的哪一个？

6.3   命名约定

像任何语言一样，R 有一些你不能打破的规则，但也有许多你虽然可以打破但不应该打破的惯例。为对象创建名称时，有几个简单的适用规则：

- 名称不能以数字开头。因此，你不能将名称 100NCHS 赋给一个数据框，但 NCHS100 可以。这个规则是为了便于 R 区分对象名和数字。它还可以帮助你避免错误，比如说你想定义 2*pi 时可以写 2pi。
- 名称不能包含除 "." 和 "_" 之外的任何标点符号。所以?NCHS 或 N*Hanes 不是合法名称。但是，你可以在一个名称中使用 "." 和 "_"。由于某些原因，稍后将作解释，在函数名中使用 "." 具有特定含义，我们应优先使用符号 "_"。
- 名字中字母的大小写很重要。所以 NCHS、nchs、Nchs 以及 nChs 等都是不同的名字，只是对人类读者来说看起来都很像，对 R 来说不是这样。

专业提示 19：在函数名中尽量不要使用 "."，避免与内部函数冲突。

R 的一个优点是它的模块化，即很多人贡献了很多包来做很多不同的事情。然而，这种分散的范式导致了很多情况下不同的人使用不同的约定来编写代码。结果，由于缺乏一致性，代码很难阅读。我们建议采用一个风格指南，并把它坚持下去，我们已经在本书中做了尝试。然而，一些情况下会不可避免地使用其他人的代码，将会导致不可避免地偏离这种风格。

在这本书和我们的教学中，我们遵循的是 tidyverse 风格的指南，它是一个公开的、广泛采用的指南，而且很有影响力。它提供了如何以及为什么采用特定风格的指导。其他团体(如谷歌)也采用了本指南的变体。这意味着：

- 我们在变量名和函数名中使用下画线 "_"。函数名称中句点(.)的使用仅限于 S3 方法。
- 我们可以自由地使用空格，并且更喜欢多行、窄代码块而不是单行宽代码(尽管我们在许多示例中为了节省空间而放宽了这一点)。

- 我们用 snake_case 命名法来表示事物的名称。这意味着每个"单词"都是小写的，没有空格，只有下画线。janitor 包提供了一个名为 clean_names()的函数，该函数默认情况下将变量名转换为 snake case(也支持其他样式)。

styler 包可用于将代码重新格式化为能实现 tidyverse 样式指南的格式。

___

专业提示 20：忠实地采用一致的代码样式有助于提高代码可读性并减少错误。

___

6.4　数据获取

每个简单的数据格式都是相似的。每种复杂的数据格式都有其自身的复杂性。

——来自 Leo Tolstoy 和 Hadley Wickham

我们在本书中开发的工具允许人们使用 R 中的数据。然而，大多数数据集在 R 中并不可用，它们通常以不同的文件格式存储。虽然 R 具有读取各种格式的数据的强大能力，但它并非无所不能。对于不在文件中的数据，一种常见的数据获取形式是 Web scraping，即将来自 Internet 的数据作为结构化文本处理并转换为数据。这类数据通常存在错误，这些错误源于数据输入错误、数据存储和编码方式的缺陷。纠正这些错误称为数据清洗。

R 的本机文件格式通常带有后缀.rda(有时是.RData)。可使用 saveRDS()命令将 R 环境中的任何对象写入此文件格式。还可以使用 compress 参数使这些文件变小。

```
saveRDS(mtcars, file = "mtcars.rda", compress = TRUE)
```

这种文件格式通常是存储数据的一种很有效的方法，但它的可移植性不是最好的。要将存储的对象加载到 R 环境中，请使用 readRDS ()命令。

```
mtcars <- readRDS("mtcars.rda")
```

专业提示 21：在分析的整个过程中从始到终维护数据的来源是可复制的工作流的一个重要部分。这可以通过创建一个 R 语言 Markdown 文件或笔记本来实现，它们实现数据整理并生成一个分析数据集(使用 saveRDS())，使用 readRDS()可将该数据集读取到另一个 Markdown 文件中。

6.4.1　数据表友好的格式

许多数据格式本质上等同于数据表。当你遇到无法识别的格式的数据时，有必要检查它是不是数据表友好的格式之一。有时文件扩展名提供了一个提示，下面列举几种扩展名，每个都有一个简短的描述。

- **CSV**：一种非专有的逗号分隔文本格式，广泛用于不同程序包之间的数据交换。CSV 文件易于理解，但是由于没有被压缩，因此比其他格式占用更多的磁盘空间。
- **软件包特定格式**：一些常见示例如下。

— Octave(通过 MATLAB)：广泛应用于工程和物理。

— Stata：常用于经济研究。

— SPSS：常用于社会科学研究。

— Minitab：常用于行业应用程序。

— SAS：常用于大数据集。

— Epi：由疾病控制中心(Centers for Disease Control，简称 CDC)用于健康和流行病学数据。

- **关系数据库**：许多机构经常需要更新的数据存储的一种形式。这些数据包括业务事务记录、政府记录、Web 日志等。有关关系数据库管理系统的讨论，请参见第 15 章。

- **Excel:** 在商业中大量使用的一组专有电子表格格式。不过，你要小心，某个东西以 Excel 格式存储，并不意味着它是一个数据表。Excel 有时用作一种桌布，用来记录没有特定计划的数据。

- **Web 相关的**：一些示例如下。

  — HTML(超文本标记语言)采用\<table\>格式。

  — XML(可扩展标记语言)格式是一种基于树的文档结构。

  — JSON(JavaScript 对象表示法)是一种越来越常见的数据格式，打破了"rows-and-columns"范式(请参见 21.2.4 节)。

  — Google 电子表格以 HTML 格式发布。

  — 应用程序编程接口(API)。

以这些格式之一读取数据的过程因格式而异。对于 Excel 或 Google 电子表格数据，有时使用应用程序软件将数据导出为 CSV 文件是最简单的。还有一些 R 包可以直接从两个格式(分别是 readxl 和 googlesheets4)中的任意一个进行数据读取，如果电子表格经常更新，这些包很有用。对于技术程序包格式，haven 包提供了有用的读写功能。对于关系数据库，即使它们位于远程服务器上，也有几个有用的 R 包允许你直接连接到这些数据库，最著名的是 dplyr 和 DBI。CSV 和 HTML\<table\>格式是数据爬取经常遇到的。接下来将详细介绍如何将它们读入 R。

1. CSV(逗号分隔值)文件

这种文本格式可以用各种软件读取。它有一个数据表格式，每个案例中的变量的值用逗号隔开。以下是 CSV 文件前几行的示例：

```
"year","sex","name","n","prop"
1880,"F","Mary",7065,0.07238359
1880,"F","Anna",2604,0.02667896
1880,"F","Emma",2003,0.02052149
1880,"F","Elizabeth",1939,0.01986579
1880,"F","Minnie",1746,0.01788843
1880,"F","Margaret",1578,0.0161672
```

顶行通常包含变量名。引号通常用在字符串的开头和结尾，这些引号不是字符串内容的一部分，但如果要在字段的文本中包含逗号，则引号很有用。CSV 文件通常以.csv 后缀命名；通常也会用.txt、.dat 或其他名称命名。你还将看到除逗号以外的字符用于分隔字段：制表符和竖线尤其常见。

专业提示 22：对于 CSV 格式的日期和时间变量要小心。这些变量有时会以不一致的方式进行格式化，这会使得它们更难处理。

由于从 CSV 文件读取数据非常常见，所以有几种实现方式可用。base 包中的 read.csv()函数可能是使用最广泛的，但是 readr 包中最新的 read_csv()函数对于大型 CSV 文件来说明显更快。CSV 文件不需要存在于本地硬盘上，例如，这里有一种使用 URL(通用资源定位器)在 Internet 上访问.csv 文件的方法。

```
mdsr_url <- "https://raw.githubusercontent.com/mdsr-book/mdsr/master/data-raw/"
houses <- mdsr_url %>%
  paste0("houses-for-sale.csv") %>%
  read_csv()
head(houses, 3)
```

```
# A tibble: 3 x 16
  price lot_size waterfront  age land_value construction air_cond  fuel
  <dbl>    <dbl>      <dbl> <dbl>      <dbl>        <dbl>    <dbl> <dbl>
1 132500     0.09          0    42      50000            0        0     3
2 181115     0.92          0     0      22300            0        0     2
3 109000     0.19          0   133       7300            0        0     2
# ... with 8 more variables: heat <dbl>, sewer <dbl>, living_area <dbl>,
#   pct_college <dbl>, bedrooms <dbl>, fireplaces <dbl>, bathrooms <dbl>,
#   rooms <dbl>
```

就像从 Internet 上读取数据文件使用 URL 一样，在计算机上读取文件需要使用一个完整名称，即文件的路径(path)。尽管许多人习惯于使用基于鼠标的选择器来访问文件，但明确文件的完整路径对于确保代码的可重复性非常重要(请参见附录 D)。

2. HTML 表格

Web 页面是 HTML 文档，由浏览器将其转换为用户能看到的格式化内容。HTML 包括用于显示表格内容的工具。HTML<table>标记通常是人类可读数据的排列方式。

当你拥有包含一个或多个表的页面的 URL 时，有时很容易将它们作为数据表读入 R。因为它们不是 CSV，所以我们不能使用 read_csv()。相反，我们使用 rvest 包中的功能将 HTML 作为 R 中的数据结构读取。一旦获得 Web 页面的内容，就可将页面中的任何表从 HTML 转换为数据表格式。

在这个简单示例中，我们将研究 1 英里长度赛跑的世界纪录随时间的变化情况，详情请参考维基百科。图 6.4 包含多个表格，每一个表格都列出了不同级别运动员(例如，男子、女子、业余运动员、职业运动员等)新的世界纪录。

```
library(rvest)
```

```
url <- "http://en.wikipedia.org/wiki/Mile_run_world_record_progression"
tables <- url %>%
  read_html() %>%
  html_nodes("table")
```

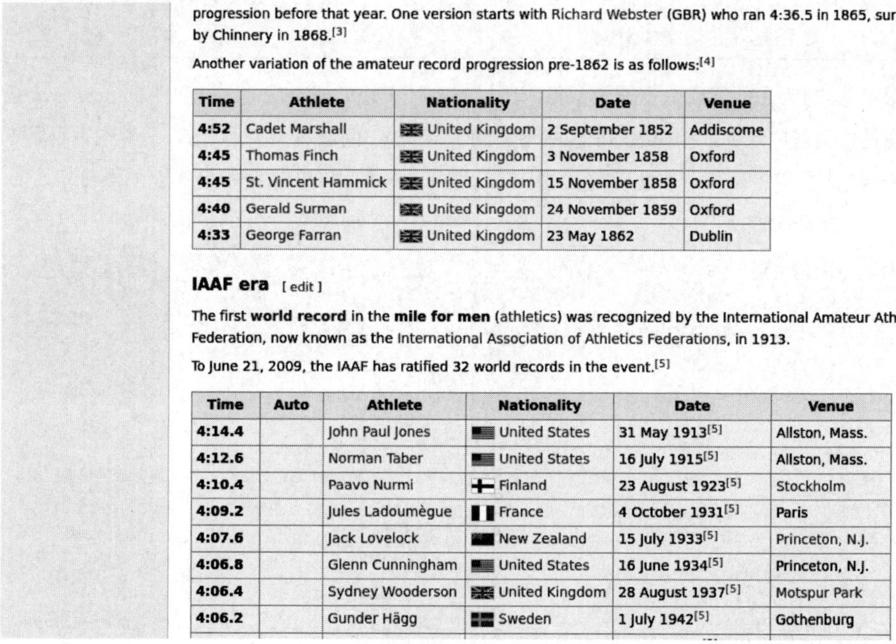

progression before that year. One version starts with Richard Webster (GBR) who ran 4:36.5 in 1865, surpassed
by Chinnery in 1868.[3]

Another variation of the amateur record progression pre-1862 is as follows:[4]

Time	Athlete	Nationality	Date	Venue
4:52	Cadet Marshall	🏴 United Kingdom	2 September 1852	Addiscome
4:45	Thomas Finch	🏴 United Kingdom	3 November 1858	Oxford
4:45	St. Vincent Hammick	🏴 United Kingdom	15 November 1858	Oxford
4:40	Gerald Surman	🏴 United Kingdom	24 November 1859	Oxford
4:33	George Farran	🏴 United Kingdom	23 May 1862	Dublin

IAAF era [edit]

The first **world record** in the **mile for men** (athletics) was recognized by the International Amateur Athletics
Federation, now known as the International Association of Athletics Federations, in 1913.

To June 21, 2009, the IAAF has ratified 32 world records in the event.[5]

Time	Auto	Athlete	Nationality	Date	Venue
4:14.4		John Paul Jones	🇺🇸 United States	31 May 1913[5]	Allston, Mass.
4:12.6		Norman Taber	🇺🇸 United States	16 July 1915[5]	Allston, Mass.
4:10.4		Paavo Nurmi	🇫🇮 Finland	23 August 1923[5]	Stockholm
4:09.2		Jules Ladoumègue	🇫🇷 France	4 October 1931[5]	Paris
4:07.6		Jack Lovelock	🇳🇿 New Zealand	15 July 1933[5]	Princeton, N.J.
4:06.8		Glenn Cunningham	🇺🇸 United States	16 June 1934[5]	Princeton, N.J.
4:06.4		Sydney Wooderson	🏴 United Kingdom	28 August 1937[5]	Motspur Park
4:06.2		Gunder Hägg	🇸🇪 Sweden	1 July 1942[5]	Gothenburg

图 6.4　Wikipedia 上一个关于 1 英里赛跑世界纪录的页面的一部分。这里可以看到两个
　　　　独立的数据表。从这一小部分你得不出什么信息，但这一页共有七张表。这两张
　　　　表是这一页的第三个和第四个表

　　结果没有生成数据表，而是在 Web 页中找到的表格的列表(请参见附录 B)。使用 length()
可查找表的列表中有多少项。

```
length(tables)
```

```
[1] 12
```

　　可以使用 purrr 包中的 pluck()函数访问这些表中的任何一个，该函数从列表中提取项目。
但在撰写本书时，rvest::pluck()函数屏蔽了更有用的 purrr::pluck()函数，因此我们将使用双冒号
运算符进行详细说明。第一个表是 pluck(tables, 1)，第二个表是 pluck(tables, 2)，以此类推。表
6.9 显示了 1862 年以前业余男子赛的第三张表。

```
amateur <- tables %>%
  purrr::pluck(3) %>%
  html_table()
```

表 6.9　　Wikipedia 页面中嵌入的关于赛跑纪录的第三个表

Time	Athlete	Nationality	Date	Venue
4:52	Cadet Marshall	United Kingdom	2 September 1852	Addiscome
4:45	Thomas Finch	United Kingdom	3 November 1858	Oxford
4:45	St. Vincent Hammick	United Kingdom	15 November 1858	Oxford
4:40	Gerald Surman	United Kingdom	24 November 1859	Oxford
4:33	George Farran	United Kingdom	23 May 1862	Dublin

　　更令人感兴趣的可能是第四个表中的信息，它对应于当前国际业余田径联合会的世界纪录。该表的前几行如表 6.10 所示，该表的最后一行(此处的表中未显示)包含了当前的世界纪录 3:43.13，它是摩洛哥的 Hicham El Guerrouj 于 1999 年 7 月 7 日在罗马创造的。

```
records <- tables %>%
  purrr::pluck(4) %>%
  html_table() %>%
  select(-Auto) # remove unwanted column
```

表 6.10　　Wikipedia 页面中嵌入的关于赛跑纪录的第四个表

Time	Athlete	Nationality	Date	Venue
4:14.4	John Paul Jones	United States	31 May 1913[6]	Allston, Mass.
4:12.6	Norman Taber	United States	16 July 1915[6]	Allston, Mass.
4:10.4	Paavo Nurmi	Finland	23 August 1923[6]	Stockholm
4:09.2	Jules Ladoumègue	France	4 October 1931[6]	Paris
4:07.6	Jack Lovelock	New Zealand	15 July 1933[6]	Princeton, N.J.
4:06.8	Glenn Cunningham	United States	16 June 1934[6]	Princeton, N.J.

6.4.2　API

　　应用程序编程接口(Application Programming Interface，API)是一种与你无法控制的计算机程序进行交互的协议。这是一套约定好的使用"黑匣子"的说明，与电视机遥控器的说明书没什么不同。API 提供了许多不同系统访问 Web 上大量公共数据的能力。并非所有 API 都是一样的，但是通过学习如何使用它们，可显著提高将数据拉入 R 中的能力，而不必"爬取"数据。

　　如果你想从公共源获取数据，最好检查一下：①公司是否有公共 API；②是否有人已为该接口编写了 R 包。这些包不提供实际数据，只是提供一系列 R 函数，允许你访问实际数据。每个包的文档都解释如何使用它从原始源收集数据。

6.4.3　清洗数据

　　一个对赛跑有一定了解的人在正确解释表 6.10 和表 6.11 时不会有什么困难。时间(Time)以分钟和秒为单位，日期(Date)给出了创造世界纪录的日期。当数据表读入 R 时，时间和日期都存储为字符串。在使用之前，必须将它们转换成计算机可以处理的格式，例如日期和时间。你还需要处理日期信息末尾的脚注。

数据清洗是指获取变量中包含的信息，并将其转换为可以使用该信息的形式。

1. 重编码

表 6.11 显示了我们之前下载的 houses 数据表中的一些变量。它描述了纽约州[1]萨拉托加市的 1728 套待售房屋。完整的表格还包括额外的变量，如 living_area、price、bedrooms 和 bathrooms。有关住房系统的数据，如 sewer_type 和 heat_type 类型，都是以数字形式存储的，尽管它们确实是分类型变量。

用整数来编码诸如 fuel 类型的数据并没有什么本质上的错误，尽管解释结果可能令人困惑。更糟的是，有些数字意味着一个有意义的顺序，而不是分类。

表 6.11　表中给出的四个变量表示 Saratoga 房屋的特征，房子被存储为整数编码。
每个案例都是不同的房子

fuel	heat	sewer	construction
3	4	2	0
2	3	2	0
2	3	3	0
2	2	2	0
2	2	3	1

将整数转换为信息更丰富的编码，首先必须找出各种编码的含义。通常，这些信息来自编码本，但有时你需要联系收集数据的人。一旦知道了如何转换，就可以使用电子表格软件(或者 tribble()函数)将它们输入数据表中。例如，下面对房屋数据执行操作：

```
translations <- mdsr_url %>%
  paste0("house_codes.csv") %>%
  read_csv()
translations %>% head(5)
```

```
# A tibble: 5 x 3
  code   system_type  meaning
  <dbl>  <chr>        <chr>
1    0   new_const    no
2    1   new_const    yes
3    1   sewer_type   none
4    2   sewer_type   private
5    3   sewer_type   public
```

Translations 以一种便于在需要时添加新编码值的格式描述编码。同样的信息也可以采用表 6.12

1　这个示例的提供者是威廉姆斯学院的 Richard De Veaux。

中的宽格式表示。

```
codes <- translations %>%
  pivot_wider(
    names_from = system_type,
    values_from = meaning,
    values_fill = "invalid"
  )
```

表 6.12 以宽格式呈现的 Translations 数据表

code	new_const	sewer_type	central_air	fuel_type	fuel_type
0	no	invalid	no	invalid	invalid
1	yes	none	yes	invalid	invalid
2	invalid	private	invalid	gas	hot air
3	invalid	public	invalid	electric	hot water
4	invalid	invalid	invalid	oil	electric

在 codes 中，每个系统类型都有一个列，用于将整数代码转换为有意义的项。如果整数没有对应的项，则输入 invalid。这种表示提供了一种快速区分错误条目和缺失条目的方法。为执行转换，我们将每个变量逐个连接到感兴趣的数据表中。请注意每个变量的 by 值是如何变化的。

```
houses <- houses %>%
  left_join(
    codes %>% select(code, fuel_type),
    by = c(fuel = "code")
  ) %>%
  left_join(
    codes %>% select(code, heat_type),
    by = c(heat = "code")
  ) %>%
  left_join(
    codes %>% select(code, sewer_type),
    by = c(sewer = "code")
  )
```

表 6.13 显示了重新编码的数据。我们可将其与表 6.12 中的显示进行比较。

表 6.13 分类变量重新编码的 Saratoga 房屋数据

fuel_type	heat_type	sewer_type
electric	electric	private
gas	hot water	private
gas	hot water	public
gas	hot air	private
gas	hot air	public
gas	hot air	private

2. 从字符串到数字

你已经看到了两种主要的变量：定量变量和分类变量。你习惯于使用带引号的字符串作为分类变量的级别，而将数字用作定量变量。

通常，你会遇到这样的数据表，它们包含的变量的含义是数字，而变量的表示形式却是字符串。当一个或多个案例被赋予非数字值(如 not available)时，可能发生这种情况。

parse_number()函数将包含数字内容的字符串转换为数字，而 parse_character()则相反。例如，在 ordway_birds 数据中，变量 Month、Day 和 Year 都被存储为字符向量，即使它们的含义明显是数字。

```
ordway_birds %>%
  select(Timestamp, Year, Month, Day) %>%
  glimpse()
```

```
Rows: 15,829
Columns: 4
$ Timestamp  <chr> "4/14/2010 13:20:56", "", "5/13/2010 16:00:30", "5/13...
$ Year       <chr> "1972", "", "1972", "1972", "1972", "1972", "1972", "...
$ Month      <chr> "7", "", "7", "7", "7", "7", "7", "7", "7", "7", "7",...
$ Day        <chr> "16", "", "16", "16", "16", "16", "16", "16", "16", "...
```

我们可使用 mutate()和 parse_number()将字符串转换为数字。注意这些字段中的空字符串(即"")是如何自动转换为 NA 的，因为它们无法转换为有效数字。

```
library(readr)
  ordway_birds <- ordway_birds %>%
    mutate(
    Month = parse_number(Month),
    Year = parse_number(Year),
    Day = parse_number(Day)
  )
  ordway_birds %>%
    select(Timestamp, Year, Month, Day) %>%
    glimpse()
```

```
Rows: 15,829
Columns: 4
$ Timestamp  <chr> "4/14/2010 13:20:56", "", "5/13/2010 16:00:30", "5/13...
$ Year       <dbl> 1972, NA, 1972, 1972, 1972, 1972, 1972, 1972, 1972, 1...
$ Month      <dbl> 7, NA, 7, 7, 7, 7, 7, 7, 7, 7, 7, 7, 7, 7, 7, 7, 7, 7...
$ Day        <dbl> 16, NA, 16, 16, 16, 16, 16, 16, 16, 16, 17, 18, 18, 1...
```

3. 日期

遗憾的是，日期(date)通常被记录为字符串(如 29 October 2014)。在这些重要的属性中，日期有一个自然的顺序。当绘制某些值时，例如 16 December 2015 和 29 October 2016，你一般都认为日期 12 月在日期 10 月之后，即使这不是字符串本身的字母顺序。

当绘制数值时，你会希望轴上有几个整数。从 0 到 100 的绘图的刻度可能为 0、20、40、

60、100。日期也是如此，当你绘制一个月内的日期时，会希望该月的某一天显示在轴上。如果绘制的是几年的范围，合适的做法是在轴上只显示年份。

当给定的日期存储为字符向量时，通常需要将它们转换为专门为日期设计的数据类型。例如，在 ordway_birds 数据中，Timestamp 变量指的是数据从原始实验室笔记本转录到计算机文件的时间。此变量当前存储为字符串，但我们可使用 lubridate 包中的函数将其转换为真正的日期。

这些日期以一种特定格式编写以显示 month/day/year hour:minute:second。lubridate 包中的 mdy_hms()函数将此格式的字符串转换为日期。注意 When 变量的数据类型现在是 dttm。

```
library(lubridate)
birds <- ordway_birds %>%
  mutate(When = mdy_hms(Timestamp)) %>%
  select(Timestamp, Year, Month, Day, When, DataEntryPerson)
birds %>%
  glimpse()
```

```
Rows: 15,829
Columns: 6
$ Timestamp       <chr> "4/14/2010 13:20:56", "", "5/13/2010 16:00:30",...
$ Year            <dbl> 1972, NA, 1972, 1972, 1972, 1972, 1972, 1972, 1...
$ Month           <dbl> 7, NA, 7, 7, 7, 7, 7, 7, 7, 7, 7, 7, 7, 7, 7, 7...
$ Day             <dbl> 16, NA, 16, 16, 16, 16, 16, 16, 16, 16, 17, 18,...
$ When            <dttm> 2010-04-14 13:20:56, NA, 2010-05-13 16:00:30, ...
$ DataEntryPerson <chr> "Jerald Dosch", "Caitlin Baker", "Caitlin Baker...
```

随着 When 变量现在被记录为时间戳，我们可创建一个合理的图来显示每个转录员何时完成了他们的工作，如图 6.5 所示。

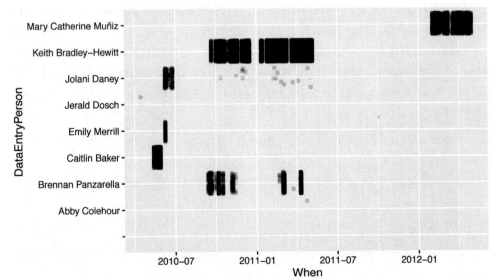

图 6.5　来自实验室笔记本的 Ordway Birds 转录员在不同时间段的工作

```
birds %>%
  ggplot(aes(x = When, y = DataEntryPerson)) +
  geom_point(alpha = 0.1, position = "jitter")
```

许多应用于数字的相同操作也可用于日期。例如，每个转换器工作的日期范围可以计算为时间差(即 interval()函数)，如表 6.14 所示。这清楚地表明，Jolani 在这个项目上工作了将近一年(329 天)，而 Abby 的第一次转录工作也是最后一次。

表 6.14　参与 Ordway Birds 项目的每个转录员的开始和结束日期

DataEntryPerson	start	finish	duration
Abby Colehour	2011-04-23 15:50:24	2011-04-23 15:50:24	0.000
Brennan Panzarella	2010-09-13 10:48:12	2011-04-10 21:58:56	209.466
Emily Merrill	2010-06-08 09:10:01	2010-06-08 14:47:21	0.234
Jerald Dosch	2010-04-14 13:20:56	2010-04-14 13:20:56	0.000
Jolani Daney	2010-06-08 09:03:00	2011-05-03 10:12:59	329.049
Keith Bradley-Hewitt	2010-09-21 11:31:02	2011-05-06 17:36:38	227.254
Mary Catherine Muñiz	2012-02-02 08:57:37	2012-04-30 14:06:27	88.214

```
bird_summary <- birds %>%
  group_by(DataEntryPerson) %>%
  summarize(
    start = first(When),
    finish = last(When)
  ) %>%
  mutate(duration
```

有许多类似的 lubridate 函数可将不同格式的字符串转换为日期，如 ymd()、dmy()等。还有 hour()、yday()等函数，用于提取编码为日期的某些变量。

在内部，R 使用几个不同的类来表示日期和时间。对于时间戳(也称为 datetime)，这些类是 POSIXct 和 POSIXlt。大多数情况下，你可将它们视为相同的，但在内部，它们的存储方式不同。POSIXct 对象存储为自 UNIX 纪元(1970-01-01)以来的秒数，而 POSIXlt 对象存储为年、月、日等字符串的列。

```
now()

[1] "2021-01-09 16:26:24 EST"
class(now())

[1] "POSIXct" "POSIXt"
class(as.POSIXlt(now()))

[1] "POSIXlt" "POSIXt"
```

对于不包括时间的日期，最常用的是 Date 类。

```
as.Date(now())
```

```
[1] "2021-01-09"
```

4. factor 还是 string？

R 设计了一种特殊的数据类型来保存分类数据：factor(因子)。因子有效地存储了分类数据，并提供了一种将分类级别按所需顺序排列的方法。遗憾的是，这些因子也使清洗数据更混乱。问题在于，很容易将一个因子误认为字符串，但在转换数字或日期格式的数据时，它们具有不同的属性。当使用第 15 章中的字符处理技术时，这一点尤其有问题。

默认情况下，readr::read_csv()将字符串解释为串(string)而不是因子。其他函数，如 R 4.0 版之前的 read.csv()默认情况下将字符串转换为因子。清洗这些数据通常需要使用 parse_character()函数将它们转换回字符格式。如果在需要时不这样做，可能导致完全错误的结果，并且没有任何警告。编写 forcats 包是为了改进对整理因子变量的支持。

因此，本书中使用的数据表以字符格式存储分类或文本数据。请注意，其他程序包提供的数据不一定遵循本协议。如果在处理这些数据时得到神秘的结果，需要考虑的可能性是你使用了因子而不是字符向量。回顾一下，summary()、glimpse()和 str()都将显示数据框中每个变量的数据类型。

专业提示 23：仔细检查所有变量和数据整理操作永远都是一个好主意，这样可以确保生成合理的值。数据审计和数据一致性自动检查的使用可以降低发生数据完整性错误的可能性。

6.4.4　示例：日本核反应堆

日期和时间是许多分析的一个重要方面。在下面的示例中，向量 example 包含 R 中以字符形式存储的可读日期时间。lubridate 中的 ymd_hms()函数将把它转换为 POSIXct 日期时间格式，使得 R 可以执行日期运算。

```
library(lubridate)
example <- c("2021-04-29 06:00:00", "2021-12-31 12:00:00")
str(example)

 chr [1:2] "2021-04-29 06:00:00" "2021-12-31 12:00:00"
converted <- ymd_hms(example)
str(converted)

 POSIXct[1:2], format: "2021-04-29 06:00:00" "2021-12-31 12:00:00"
converted

[1] "2021-04-29 06:00:00 UTC" "2021-12-31 12:00:00 UTC"
converted[2] - converted[1]

Time difference of 246 days
```

我们将使用这个功能来分析日本核反应堆的数据。图 6.6 显示了截至 2016 年夏季时该表的第一部分数据。

Japan [edit]

See also: Nuclear power in Japan

Power station reactors [edit]

Name	Reactor No.	Reactor		Status	Capacity in MW		Construction Start Date	Commercial Operation Date	Closure
		Type	Model		Net	Gross			
Fukushima Daiichi	1	BWR	BWR-3	Inoperable	439	460	25 July 1967	26 March 1971	19 May 2011
Fukushima Daiichi	2	BWR	BWR-4	Inoperable	760	784	9 June 1969	18 July 1974	19 May 2011
Fukushima Daiichi	3	BWR	BWR-4	Inoperable	760	784	28 December 1970	27 March 1976	19 May 2011
Fukushima Daiichi	4	BWR	BWR-4	Shut down/Inoperable	760	784	12 February 1973	12 October 1978	19 May 2011
Fukushima Daiichi	5	BWR	BWR-4	Shut down	760	784	22 May 1972	18 April 1978	17 December 2013
Fukushima Daiichi	6	BWR	BWR-5	Shut down	1067	1100	26 October 1973	24 October 1979	17 December 2013
Fukushima Daini	1	BWR	BWR-5	Operation suspended	1067	1100	16 March 1976	20 April 1982	

图 6.6　日本核反应堆维基百科列表截图

```
tables <- "http://en.wikipedia.org/wiki/List_of_nuclear_reactors" %>%
  read_html() %>%
  html_nodes(css = "table")

idx <- tables %>%
  html_text() %>%
  str_detect("Fukushima Daiichi") %>%
  which()

reactors <- tables %>%
  purrr::pluck(idx) %>%
  html_table(fill = TRUE) %>%
  janitor::clean_names() %>%
  rename(
    reactor_type = reactor,
    reactor_model = reactor_2,
    capacity_net = capacity_in_mw,
    capacity_gross = capacity_in_mw_2
  ) %>%
  tail(-1)

glimpse(reactors)
```

```
Rows: 64
Columns: 10
$ name                  <chr> "Fugen", "Fukushima Daiichi", "Fukushima D...
$ unit_no               <chr> "1", "1", "2", "3", "4", "5", "6", "1", "2...
$ reactor_type          <chr> "HWLWR", "BWR", "BWR", "BWR", "BWR", "BWR"...
$ reactor_model         <chr> "ATR", "BWR-3", "BWR-4", "BWR-4", "BWR-4",...
$ status                <chr> "Shut down", "Inoperable", "Inoperable", "...
$ capacity_net          <chr> "148", "439", "760", "760", "760", "760",...
$ capacity_gross        <chr> "165", "460", "784", "784", "784", "784", ...
$ construction_start    <chr> "10 May 1972", "25 July 1967", "9 June 196...
$ commercial_operation  <chr> "20 March 1979", "26 March 1971", "18 July...
$ closure               <chr> "29 March 2003", "19 May 2011", "19 May 20...
```

我们可以看到，第一个数据的是命运多舛的福岛第一核电站反应堆。mutate()函数可与 lubridate 包中的 dmy()函数结合使用，进而将这些数据整理成更合理的形式。

```
reactors <- reactors %>%
  mutate(
    plant_status = ifelse(
      str_detect(status, "Shut down"),
      "Shut down", "Not formally shut down"
    ),
    capacity_net = parse_number(capacity_net),
    construct_date = dmy(construction_start),
    operation_date = dmy(commercial_operation),
    closure_date = dmy(closure)
  )
glimpse(reactors)
```

```
Rows: 64
Columns: 14
$ name                <chr> "Fugen", "Fukushima Daiichi", "Fukushima D...
$ unit_no             <chr> "1", "1", "2", "3", "4", "5", "6", "1", "2...
$ reactor_type        <chr> "HWLWR", "BWR", "BWR", "BWR", "BWR", "BWR"...
$ reactor_model       <chr> "ATR", "BWR-3", "BWR-4", "BWR-4", "BWR-4",...
$ status              <chr> "Shut down", "Inoperable", "Inoperable", "...
$ capacity_net        <dbl> 148, 439, 760, 760, 760, 760, 1067, NA, 10...
$ capacity_gross      <chr> "165", "460", "784", "784", "784", "784", ...
$ construction_start  <chr> "10 May 1972", "25 July 1967", "9 June 196...
$ commercial_operation <chr> "20 March 1979", "26 March 1971", "18 July...
$ closure             <chr> "29 March 2003", "19 May 2011", "19 May 20...
$ plant_status        <chr> "Shut down", "Not formally shut down", "No...
$ construct_date      <date> 1972-05-10, 1967-07-25, 1969-06-09, 1970-...
$ operation_date      <date> 1979-03-20, 1971-03-26, 1974-07-18, 1976-...
$ closure_date        <date> 2003-03-29, 2011-05-19, 2011-05-19, 2011-...
```

这些工厂是如何随着时间进化的？似乎随着核技术的进步，核电站的产能应该会增加。近年来，许多这样的反应堆已经关闭。产能是否与厂龄有关？图 6.7 显示了这些数据。

```
ggplot(
  data = reactors,
  aes(x = construct_date, y = capacity_net, color = plant_status
  )
) +
  geom_point() +
  geom_smooth() +
  xlab("Date of Plant Construction") +
  ylab("Net Plant Capacity (MW)")
```

事实上，随着时间的推移，反应堆的容量有增加的趋势，而较老的反应堆更可能被正式关闭。虽然手工编写这些数据很简单，但是对更大、更复杂的表进行数据自动采集能更高效，并更不容易出错。

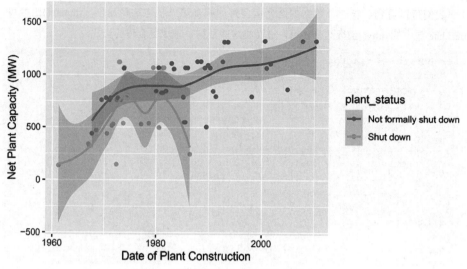

图 6.7   不同时间日本核电站容量的分布

6.5   扩展资源

  tidyverse 风格指南(https://style.tidyverse.org)值得所有 R 用户仔细阅读。Broman 和 Woo[Broman and Woo(2018)]描述了有关电子表格中数据组织的有用提示。tidyr 程序包,尤其是[Wickham(2020f)]论文提供了规整数据的原则。关于规整数据的相应论文[Wickham,2014]建立在计算机科学数据库设计师常见的范式概念基础上,它们描述了对数据应如何存储和格式化的思考过程。

  有许多 R 包只提供从 R 内部访问公共 API 的功能。API 包太多了,以至于不能都在这里列出,但其中有相当一部分是由 rOpenSci 组维护的。事实上,本书中提到的几个包,包括第 19 章中的 twitteR 和 aRxiv 包,以及第 14 章中的 plotly 包,都是 API。Web 技术上的 CRAN 任务视图还列出了数百个程序包,包括 Rfacebook、instaR、RflickrAPI、tumblR 和 Rlinkedin。RSocrata 包有助于使用 Socrata,它本身就是一个 API,用于查询纽约市开放数据平台。

6.6   练习题

  问题 1(易): 在包含在 mosaicData 中的 Marriage 数据集中,appdate、ceremonydate 和 dob 变量被编码为因子,即使它们是日期。使用 lubridate 将这三列转换为日期格式。

```
library(mosaic)
Marriage %>%
  select(appdate, ceremonydate, dob) %>%
  glimpse(width = 50)
```

```
Rows: 98
Columns: 3
$ appdate        <date> 1996-10-29, 1996-11-12,...
$ ceremonydate  <date> 1996-11-09, 1996-11-12,...
$ dob           <date> 2064-04-11, 2064-08-06,...
```

问题 2(易)：考虑下列管道。

```
library(tidyverse)
mtcars %>%
  filter(cyl == 4) %>%
  select(mpg, cyl)
```

```
                 mpg  cyl
Datsun 710      22.8    4
Merc 240D       24.4    4
Merc 230        22.8    4
Fiat 128        32.4    4
Honda Civic     30.4    4
Toyota Corolla  33.9    4
Toyota Corona   21.5    4
Fiat X1-9       27.3    4
Porsche 914-2   26.0    4
Lotus Europa    30.4    4
Volvo 142E      21.4    4
```

用一行代码以嵌套形式重写这个。你喜欢哪一组命令？为什么？

问题 3(易)：请考虑 as.numeric() 和 parse_number() 函数应用于以下向量时返回的值，并描述结果及其含义。

```
x1 <- c("1900.45", "$1900.45", "1,900.45", "nearly $2000")
x2 <- as.factor(x1)
```

问题 4(中)：找到一个有趣的包含一个表格的维基百科页面，爬取其中的数据，生成一个能讲述有趣故事的图形，并借助图形进行解释。

问题 5(中)：生成将以下数据框转换为宽格式的代码。

grp	sex	meanL	sdL	meanR	sdR
A	F	0.225	0.106	0.340	0.085
A	M	0.470	0.325	0.570	0.325
B	F	0.325	0.106	0.400	0.071
B	M	0.547	0.308	0.647	0.274

结果应如下所示。

	grp	F.meanL	F.meanR	F.sdL	F.sdR	M.meanL	M.meanR	M.sdL	M.sdR
1	A	0.22	0.34	0.11	0.08	0.47	0.57	0.33	0.33
2	B	0.33	0.40	0.11	0.07	0.55	0.65	0.31	0.27

提示：将 gather() 与 spread() 函数结合使用。

问题 6(中)： mosaicData 包中的 HELPfull 数据包含关于健康评估以及初级保健(HELP)随机试验链接的信息，这些数据为 tall 格式。

a. 生成受试者(ID)1、2 和 3 的数据表，其中包括 ID、TIME、DRUGRISK 以及 SEXRISK v 变量(分别测量药物和性风险行为)。

b. HELP 试验旨在每隔 0、6、12、18 和 24 个月收集信息。受试者 3 的*RISK 变量在哪些时间点可以测量？

c. 让我们把注意力限制在基线数据(TIME=0)和 6 个月数据上。使用 dplyr 包中的 pivot_wider()函数创建如下所示的表：

```
# A tibble: 3 x 5
    ID DRUGRISK_0  DRUGRISK_6  SEXRISK_0  SEXRISK_6
  <int>     <int>       <int>      <int>      <int>
1     1         0           0          4          1
2     2         0           0          7          0
3     3        20          13          2          4
```

d. 对所有受试者重复此过程。基线(时间=0)和 6 个月的 DRUGRISK 分数之间的皮尔逊相关性是什么？对 SEXRISK 分数重复这个步骤(提示：使用 cor()函数中的 use = "complete.obs"选项)。

问题 7(中)： 分析员希望在一个交叉试验(所有受试者都接受了两种治疗)中，计算少量数据集的治疗值和对照值之间的成对差异，该数据集包括以下观察结果。

```
ds1
```

```
# A tibble: 6 x 3
     id group  vals
  <int> <chr> <dbl>
1     1     T     4
2     2     T     6
3     3     T     8
4     1     C     5
5     2     C     6
6     3     C    10
```

它们使用以下代码创建新的 diff 变量。

```
Treat <- filter(ds1, group == "T")
Control <- filter(ds1, group == "C")
all <- mutate(Treat, diff = Treat$vals - Control$vals)
all
```

验证此代码是否适用于此示例，并生成正确的-1、0 和-2 值。描述两个可能出现的问题：如果数据集未按特定的顺序排序，或其中一个受试者缺少一个观察值。提供另一种方法来生成更鲁棒的变量(提示：使用 pivot_wider)。

问题 8(中)： 编写一个名为 count_seasons()的函数。当给定一个 teamID 时，该函数将从

Lahman 包中计算球队在 Teams 数据框中参加的赛季数。

问题 9(中)：复现 mdsr 包中 make_babynames_dist()的功能，对 babynames 包中的原始表进行整理。

问题 10(中)：考虑芝加哥小熊(CHN)棒球队的本垒打数(HR)和允许的本垒打数(HRA)。将 Lahman 程序包中的 Teams 数据重塑为长格式，并根据涉及小熊队的 HR 是被击中还是被允许，来绘制时间序列图形。

问题 11(中)：使用本文第 5.5.4 节中描述的方法，在维基百科中找到另一个可以被爬取和可视化的表。一定要解释图形显示。

6.7　附加练习

可从 https://mdsr-book.github.io/mdsr2e/ch-dataII.html#dataII-online-exercises 获得。

第 7 章

迭 代

计算器使人类从手工的算术计算中得到解放。类似地,编程语言使人类不必执行迭代计算,因为它能对代码块进行重新运行,或者更糟的情况是,多次复制和粘贴一个代码块,而每个块中只更改一个或两个小地方。

例如,美国职业棒球大联盟有 30 支球队,这项运动已经进行了 100 多年。对于每支球队,我们可能会想问一些很自然的问题(例如,哪个球员的命中率最高?)或者关于每个赛季的问题(例如,哪个赛季具有最高水平的得分?)。如果我们可以为一支球队或一个赛季编写一段代码来回答这些问题,那么我们应该能够将这段代码推广到所有球队或赛季。更进一步讲,我们应该能够做到这一点,而不必重新键入代码块。在本节中,我们将介绍各种用于自动完成这类迭代操作的技术。

7.1 向量化操作

在我们能想到的每一种编程语言中,都有一种编写循环的方法。例如,可以用与大多数编程语言相同的方式在 R 中编写 for()循环。回顾一下,在每个大联盟赛季中,每个队在 Teams 数据框中都包含一行。

```
library(tidyverse)
library(mdsr)
library(Lahman)
names(Teams)
```

```
 [1] "yearID"    "lgID"      "teamID"    "franchID"
 [5] "divID"     "Rank"      "G"         "Ghome"
 [9] "W"         "L"         "DivWin"    "WCWin"
[13] "LgWin"     "WSWin"     "R"         "AB"
[17] "H"         "X2B"       "X3B"       "HR"
[21] "BB"        "SO"        "SB"        "CS"
[25] "HBP"       "SF"        "RA"        "ER"
[29] "ERA"       "CG"        "SHO"       "SV"
[33] "IPouts"    "HA"        "HRA"       "BBA"
[37] "SOA"       "E"         "DP"        "FP"
```

```
[41] "name"        "park"         "attendance"       "BPF"
[45] "PPF"         "teamIDBR"     "teamIDlahman45"   "teamIDretro"
```

可能不太明显的是，这个数据框的第 15 到 40 列包含了关于每个球队在那个赛季表现的数字数据。要看清这一点，可以执行 str()命令来查看数据框的结构，但这里不显示该输出。对于数据框，一个类似的、稍微干净一点的替代方法是 glimpse()。

```
str(Teams)
glimpse(Teams)
```

不管你之前对棒球的了解如何，你可能会对计算这 26 个数字列的平均值感兴趣。但是，你不希望键入每个列的名称，也不想重复键入 mean()命令 26 次。因此，大多数程序员会立即将这种情况识别为循环(loop)，它是一种自然而有效的解决方案。一个 for()循环将迭代选定的列索引。

```
averages <- NULL
for (i in 15:40) {
  averages[i - 14] <- mean(Teams[, i], na.rm = TRUE)
}
names(averages) <- names(Teams)[15:40]
averages
```

R	AB	H	X2B	X3B	HR	BB	SO
684.623	5158.655	1348.461	229.707	46.298	105.218	475.790	758.008
SB	CS	HBP	SF	RA	ER	ERA	CG
110.647	47.405	45.717	44.902	684.622	575.663	3.830	48.494
SHO	SV	IPouts	HA	HRA	BBA	SOA	E
9.678	24.371	4035.986	1348.236	105.218	475.983	757.466	183.241
DP	FP						
133.541	0.966						

这种做法当然管用。但是，这段代码有许多问题(例如，使用了多个魔幻数字，如 14、15和 40)。for()循环的使用可能并不理想。对于这种类型的问题，在不显式定义循环的情况下进行迭代几乎总是很奏效(而且通常更可取)。R 程序员更喜欢采用对向量中的每个元素进行运算这种思想。这种方法通常只需要一行代码，但是对索引数据没有吸引力。

R 的基本结构是基于向量的，理解这一点非常重要。也就是说，C++或 Python 之类的通用编程语言区分字符串和整数等形式的单个项与这些项组成的数组，而 R 与这类编程语言不同，在 R 中，"字符串"只是长度为 1 的字符向量。R 中没有特殊种类的原子对象。因此，如果给一个对象指定一个"字符串(string)"，R 仍然将它存储为一个向量。

```
a <- "a string"
class(a)

[1] "character"
is.vector(a)

[1] TRUE
length(a)
```

```
[1] 1
```

作为这种结构的结果，R 对于向量化操作进行了高度优化(有关 R 内部结构的更多详细信息，请参见附录 B)。循环本身并没有利用这种优化。因此，R 提供了一些工具来执行类似循环的操作，而不需要实际编写循环。对于那些习惯于更通用的编程语言的人来说，这可能是一个具有挑战性的概念障碍。

专业提示 24：尽量避免在 R 中编写 for()循环，即使它看起来是最简单的解决方案。

R 中的许多函数都是向量化的。这意味着默认情况下，它们将对向量的每个元素执行一个操作。例如，许多数学函数(例如 exp())都是这样工作的。

```
exp(1:3)
```

```
[1] 2.72 7.39 20.09
```

请注意，像 exp()这样的向量化函数将向量作为输入，并返回与输出长度相同的向量。

这与所谓的 summary 函数具有显著差异，summary 函数将向量作为输入并返回单个值。summary 函数(例如，mean())通常在对 summarize()的调用中很有用。请注意，当我们对向量调用 mean()时，无论输入向量中有多少个元素，它都只返回一个值。

```
mean(1:3)
```

```
[1] 2
```

R 中的其他函数没有向量化。他们可能假设一个输入是一个长度为 1 的向量，如果输入一个更长的向量，就会失败或表现出奇怪的行为。例如，如果给定一个长度超过 1 的向量，if()将抛出警告。

```
if (c(TRUE, FALSE)) {
  cat("This is a great book!")
}
```

```
Warning in if (c(TRUE, FALSE)) {: the condition has length > 1 and only the
first element will be used
```

```
This is a great book!
```

当你对 R 非常熟悉的时候，你会对哪些函数是向量化的产生直觉。如果一个函数是向量化的，你应该利用这个事实，而不是迭代它。下面的代码显示，通过将 exp()作为向量化函数调用来计算前 10000 个整数的指数，比使用 map_dbl()在同一个向量上进行迭代要快得多。结果是一致的。

```
x <- 1:1e5
bench::mark(
  exp(x),
  map_dbl(x, exp)
)
```

```
# A tibble: 2 x 6
  expression          min    median `itr/sec`   mem_alloc `gc/sec`
  <bch:expr>     <bch:tm>  <bch:tm>     <dbl>   <bch:byt>    <dbl>
1 exp(x)          264.1us   336.9us     2508.      1.53MB     83.2
2 map_dbl(x, exp)  48.6ms    48.6ms       20.6   788.62KB    185.
```

专业提示 25：*在迭代一个操作之前，尽量使用向量化函数。*

7.2 利用 dplyr 实现 across()

第 4 章中描述的 mutate() 和 summary() 动词可以利用副词 across() 的优势，该动词以编程方式执行操作。在上面的示例中，我们必须注意到 Teams 数据框的第 15 列到第 40 列是数字，并将这些观察硬编码为魔幻数字。我们可以使用 across() 函数来确定哪些变量是数值的，这些变量可用来计算平均值，而不需要依赖这些观察值完成工作。下面的代码块将只计算 Teams 中那些数值变量的平均值。

```
Teams %>%
  summarize(across(where(is.numeric), mean, na.rm = TRUE))

  yearID Rank   G Ghome    W  L   R   AB    H  X2B  X3B   HR  BB  SO  SB   CS
1   1958 4.06 151  78.6   75 75 685 5159 1348  230 46.3  105 476 758 111 47.4
    HBP   SF  RA  ER  ERA   CG  SHO    SV IPouts   HA  HRA BBA SOA   E  DP
1  45.7 44.9 685 576 3.83 48.5 9.68 24.4   4036 1348  105 476 757 183 134
     FP attendance BPF PPF
1 0.966     1390692 100 100
```

请注意，这个结果包括几个变量(例如 yearID 和 attendance)，这些变量超出了我们之前定义的范围。

副词 across() 允许我们定义 summary() 以不同方式包含的变量集。在上面的示例中，我们使用谓词函数 is.numeric() 来标识要计算平均值的变量。在下例中，我们计算 yearID 的平均值，从 R(得分)到 SF(牺牲高飞)的一系列变量，这些变量只适用于进攻型球员，以及球场校正值 (BPF)。因为指定这些列时不使用谓词函数，所以不需要使用 where()。

```
Teams %>%
  summarize(across(c(yearID, R:SF, BPF), mean, na.rm = TRUE))

  yearID   R   AB    H X2B  X3B   HR  BB  SO  SB   CS  HBP   SF BPF
1   1958 685 5159 1348 230 46.3  105 476 758 111 47.4 45.7 44.9 100
```

across() 函数的行为与 mutate() 类似。它提供了一种对一组变量执行操作的简单方法，该方法不要求键入或复制并粘贴每个变量的名称。

7.3　map()函数族

　　更一般地说，要将函数应用于列表或向量中的每个项或数据框[1]的列，请使用 map()或其特定于类型的变体之一。这是 purrr 包的主要功能。在本例中，我们在一次运算中计算上面定义的每个统计数据的平均值。将其与上面编写的 for()循环进行比较。哪个语法更简单？哪一个更简洁地表达了代码背后的思想？

```
Teams %>%
  select(15:40) %>%
  map_dbl(mean, na.rm = TRUE)
```

R	AB	H	X2B	X3B	HR	BB	SO
684.623	5158.655	1348.461	229.707	46.298	105.218	475.790	758.008
SB	CS	HBP	SF	RA	ER	ERA	CG
110.647	47.405	45.717	44.902	684.622	575.663	3.830	48.494
SHO	SV	IPouts	HA	HRA	BBA	SOA	E
9.678	24.371	4035.986	1348.236	105.218	475.983	757.466	183.241
DP	FP						
133.541	0.966						

　　map_dbl()的第一个参数是你要执行操作的对象(在本例中是一个数据框)。第二个参数定义一个函数名(参数命名为.f)。其他的任何参数都将作为选项传递给.f。因此，此命令将 mean()函数应用于 Teams 数据框的第 15 列到第 40 列，同时删除这些列中可能存在的所有 NA。使用不同的 map_dbl()只是强制输出为 double 类型的向量[2]。

　　当然，我们首先获取所有数值列的子集。如果你尝试获取非数字向量的 mean()，则会得到警告(以及 NA 值)。

```
Teams %>%
  select(teamID) %>%
  map_dbl(mean, na.rm = TRUE)
```

```
Warning in mean.default(.x[[i]], ...): argument is not numeric or logical:
returning NA
```

```
teamID
NA
```

　　如果你可以使用第 7.2 节中描述的 across()和/或 where()解决问题，那么这可能是最直观的解决方案。但是，map()函数家族提供了一组更通用的功能。

---

　　1 它能够奏效，是因为数据框存储为相同长度的向量列表。当你提供一个数据帧作为 map()的第一个参数时，实际上是给 map()提供一个向量列表，它在该列表上迭代执行一个函数。

　　2 函数 map()将始终返回一个列表。

7.4　在一维向量上迭代

7.4.1　迭代已知函数

通常，你需要将函数应用于向量或列表的每个元素。例如，阿纳海姆洛杉矶天使队已经在历史上经历了几个名字。

```
angels <- Teams %>%
  filter(franchID == "ANA") %>%
  group_by(teamID, name) %>%
  summarize(began = first(yearID), ended = last(yearID)) %>%
  arrange(began)
angels
```

```
# A tibble: 4 x 4
# Groups: teamID [3]
  teamID  name                           began  ended
  <fct>   <chr>                          <int>  <int>
1 LAA     Los Angeles Angels              1961   1964
2 CAL     California Angels               1965   1996
3 ANA     Anaheim Angels                  1997   2004
4 LAA     Los Angeles Angels of Anaheim   2005   2019
```

特许经营权始于 1961 年的洛杉矶天使队(LAA)，然后在 1965 年成为加利福尼亚天使队(CAL)，在 1997 年成为阿纳海姆天使队(ANA)，然后在 2005 年再次使用他们现在的名字(LAA)。由于 teamID LAA 被重新使用，这种情况变得更复杂。遗憾的是，这种混乱行为在许多数据集中都很常见。

现在，假设我们想找出每个团队名称的以字符数为单位的长度。我们可以使用函数 nchar()来手动检查每一个：

```
angels_names <- angels %>%
  pull(name)
nchar(angels_names[1])
```

```
[1] 18
nchar(angels_names[2])
```

```
[1] 17
nchar(angels_names[3])
```

```
[1] 14
nchar(angels_names[4])
```

```
[1] 29
```

但是如果有很多名字，这会变得很烦人。将函数 nchar()应用于向量 angel_names 的每个元素将更简单、更高效、更优雅和可伸缩。我们可以使用 map_int()来实现这一点。map_int()类似于 map()或 map_ dbl()，但它总是返回整数向量。

```
map_int(angels_names, nchar)
```

```
[1] 18 17 14 29
```

map_int()和 map()的关键区别在于前者总是返回一个整数向量，而后者总是返回一个列表。回顾一下，list 和 data.frame 之间的主要区别是 data.frame 的元素(列)必须具有相同的长度，而 list 的元素是任意长度的。因此，虽然 map()更通用，但我们发现 map_int()或其他变体在有些时候更方便。

专业提示 26：使用 map()找出返回类型，然后切换到相应的特定于类型的 map()变种，通常是很有帮助的。

本节旨在说明如何使用 map()在值向量上迭代函数。但是，选择 nchar()函数有点愚蠢，因为 nchar()已经矢量化了。因此，我们可以直接使用它！

```
nchar(angels_names)
```

```
[1] 18 17 14 29
```

7.4.2 迭代任意函数

迭代最强大的用途之一是它可以应用于任何函数，包括已定义的函数(有关如何编写用户定义函数的讨论，请参见附录 C)。例如，假设我们想要显示每个天使队的前 5 个赛季的获胜情况。

```
top5 <- function(data, team_name) {
  data %>%
    filter(name == team_name) %>%
    select(teamID, yearID, W, L, name) %>%
    arrange(desc(W)) %>%
    head(n = 5)
}
```

我们现在可以通过调用 map()来为向量的每个元素执行此操作。注意我们如何命名 data 参数，以确保 team_name 是接收我们迭代的值的参数。

```
angels_names %>%
  map(top5, data = Teams)
```

```
[[1]]
  teamID  yearID    W   L                   name
1    LAA    1962   86  76   Los Angeles Angels
2    LAA    1964   82  80   Los Angeles Angels
3    LAA    1961   70  91   Los Angeles Angels
4    LAA    1963   70  91   Los Angeles Angels

[[2]]
  teamID  yearID    W   L                   name
1    CAL    1982   93  69      California Angels
```

```
2    CAL    1986   92  70   California Angels
3    CAL    1989   91  71   California Angels
4    CAL    1985   90  72   California Angels
5    CAL    1979   88  74   California Angels


[[3]]
  teamID  yearID   W   L              name
1    ANA    2002   99  63   Anaheim Angels
2    ANA    2004   92  70   Anaheim Angels
3    ANA    1998   85  77   Anaheim Angels
4    ANA    1997   84  78   Anaheim Angels
5    ANA    2000   82  80   Anaheim Angels


[[4]]
  teamID  yearID    W   L                            name
1    LAA    2008  100  62Los Angeles Angels of Anaheim
2    LAA    2014   98  64Los Angeles Angels of Anaheim
3    LAA    2009   97  65Los Angeles Angels of Anaheim
4    LAA    2005   95  67Los Angeles Angels of Anaheim
5    LAA    2007   94  68Los Angeles Angels of Anaheim
```

或者，我们可以使用 map_dfr() 函数将结果收集到单个数据框中，该函数按行组合数据框。下面，我们将执行该操作，然后为每个天使队名称计算前 5 个赛季的平均获胜次数。根据这些数据，以最好的五个赛季的平均表现来判断，阿纳海姆洛杉矶天使队一直是最成功实施专营权的球队。

```
angels_names %>%
  map_dfr(top5, data = Teams) %>%
  group_by(teamID, name) %>%
  summarize(N = n(), mean_wins = mean(W)) %>%
  arrange(desc(mean_wins))
```

```
# A tibble: 4 x 4
# Groups: teamID [3]
  teamID  name                              N   mean_wins
  <fct>   <chr>                         <int>       <dbl>
1    LAA   Los Angeles Angels of Anaheim     5        96.8
2    CAL   California Angels                 5        90.8
3    ANA   Anaheim Angels                    5        88.4
4    LAA   Los Angeles Angels                4        77
```

当你阅读了第 15 章之后，请思考如何在 SQL 中执行此操作。你会发现没那么容易！

7.5　在子组上迭代

在第 4 章中，我们介绍了可以通过链接形成非常强大的数据整理操作的数据动词。这些来自 dplyr 包的函数对数据框执行操作并返回数据框。purrr 中的 group_modify() 函数允许你使用将数据框返回给数据框组的任意函数。也就是说，首先使用 group_by() 函数定义一个分组，然后将一个函数应用于所有的这些组。请注意，这类似于 map_dfr()，因为你要将返回数据框的函数映射到一组值上，然后返回一个数据框。但是，map_dfr()中使用的值是向量的单个元素，而 group_modify()中使用的值是在数据框上定义的组。

7.5.1　示例：期望获胜率

在 4.2 节中，一个更持久的模型是 Bill James 用来估计一个队的预期获胜百分比的公式，只需要给定该队的得分和迄今为止允许的得分数(回顾一下，得分最多的球队赢得一场比赛)。这个统计数字被称为 Pythagorean 获胜百分比。这个公式很简单，但它是非线性的：

$$\widehat{WPct} = \frac{RS^2}{RS^2 + RA^2} = \frac{1}{1 + (RA/RS)^2},$$

其中 RS 和 RA 分别是球队得分和允许的得分数。如果将 $x = RS/RA$ 定义为球队的得分比，这个公式就成为一个变量的函数，其形式为 $f(x) = \dfrac{1}{1 + (1/x)^2}$。

这个模型似乎非常适合进行视觉观察，在图 7.1 中我们显示了自 1954 年以来的数据，里面有一条表示模型的线。事实上，这种模型在其他体育运动中也取得成功，尽管指数完全不同。

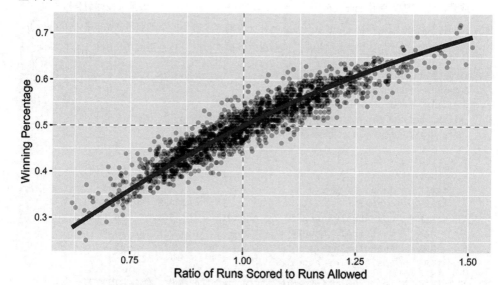

图 7.1　适用于 1954 年以来所有球队的 Pythagorean 获胜百分比模型

```r
exp_wpct <- function(x) {
  return(1/(1 + (1/x)^2))
}

TeamRuns <- Teams %>%
  filter(yearID >= 1954) %>%
  rename(RS = R) %>%
  mutate(WPct = W / (W + L), run_ratio = RS/RA) %>%
  select(yearID, teamID, lgID, WPct, run_ratio)
```

```
ggplot(data = TeamRuns, aes(x = run_ratio, y = WPct)) +
  geom_vline(xintercept = 1, color = "darkgray", linetype = 2) +
  geom_hline(yintercept = 0.5, color = "darkgray", linetype = 2) +
  geom_point(alpha = 0.2) +
  stat_function(fun = exp_wpct, size = 2, color = "blue") +
  xlab("Ratio of Runs Scored to Runs Allowed") +
  ylab("Winning Percentage")
```

然而，2 作为指数值是由 James 假设的。我们可以想象把指数变成参数 k，并尝试找到最佳拟合。事实上，研究人员发现在棒球比赛中，k 的最佳值并不是 2，而是接近 1.85 的值[Wang, 2006]。使用 nls()函数找到最佳值非常容易。我们指定非线性模型的公式、用于拟合模型的数据以及搜索的起始值。

```
TeamRuns %>%
  nls(
    formula = WPct ~ 1/(1 + (1/run_ratio)^k),
    start = list(k = 2)
  ) %>%
  coef()
```

```
   k
1.84
```

此外，研究该模型的研究人员发现，指数的最佳值因模型所要适应的时代而异。我们可以使用 group_modify()函数在棒球历史上的几十年所有时间中做到这一点。首先，我们必须编写一个简短函数(请参见附录 C)，返回一个包含最优指数的数据框，以及对于一个衡量标准，这几十年相应的观察值数量。

```
fit_k <- function(x) {
  mod <- nls(
    formula = WPct ~ 1/(1 + (1/run_ratio)^k),
    data = x,
    start = list(k = 2)
  )
  return(tibble(k = coef(mod), n = nrow(x)))
}
```

请注意，此函数将在任何时间段内返回指数的最佳值。

```
fit_k(TeamRuns)
```

```
# A tibble: 1 x 2
      k     n
  <dbl> <int>
1  1.84  1678
```

最后，我们使用 mutate()计算每年的十年期值，使用 group_by()定义组，并对这些十年期应用 fit_k()。使用~可以告诉 R 将括号中的表达式解释为公式，而不是函数名。符号 ".x" 是特定十年期的数据框的占位符。

```
TeamRuns %>%
  mutate(decade = yearID %/% 10 * 10) %>%
  group_by(decade) %>%
  group_modify(~fit_k(.x))


# A tibble: 7 x 3
# Groups:   decade [7]
  decade      k      n
   <dbl>  <dbl>  <int>
1   1950   1.69     96
2   1960   1.90    198
3   1970   1.74    246
4   1980   1.93    260
5   1990   1.88    278
6   2000   1.94    300
7   2010   1.77    300
```

注意 k 的最佳值的变化。即使指数在每十年都不相同，但它都是在 1.69 到 1.94 之间的一个相当窄的范围内变化。

7.5.2 示例：年度领导者

作为第二个示例，考虑一下如何确定每个赛季在全垒打方面领先的球队。我们可以很容易地编写一个函数；对于特定的年份和联赛，该函数将返回一个数据框，其中有一行包含拥有最多本垒打的球队。

```
hr_leader <- function(x) {
# x is a subset of Teams for a single year and league
  x %>%
    select(teamID, HR) %>%
    arrange(desc(HR)) %>%
    head(1)
}
```

我们可以验证，在 1961 年纽约洋基队(New York Yankees)的全垒打在美国棒球联盟中处于领先地位。

```
Teams %>%
  filter(yearID == 1961 & lgID == "AL") %>%
  hr_leader()


  teamID    HR
1    NYA   240
```

我们可使用 group_modify()快速找到在联盟中全垒打处于领先地位的所有球队。这里，我们使用.keep 参数，以便分组变量出现在计算中。

```
hr_leaders <- Teams %>%
  group_by(yearID, lgID) %>%
  group_modify(~hr_leader(.x), .keep = TRUE)
```

```
tail(hr_leaders, 4)
```

```
# A tibble: 4 x 4
# Groups:   yearID, lgID [4]
  yearID  lgID teamID    HR
   <int> <fct>  <fct> <int>
1   2018    AL    NYA   267
2   2018    NL    LAN   235
3   2019    AL    MIN   307
4   2019    NL    LAN   279
```

通过这种方式,可计算出一个赛季中命中率最高的球队的平均本垒打次数。

```
hr_leaders %>%
  group_by(lgID) %>%
  summarize(mean_hr = mean(HR))
```

```
# A tibble: 7 x 2
   lgID mean_hr
  <fct>   <dbl>
1    AA    40.5
2    AL    157.
3    FL    51
4    NA    13.8
5    NL    129.
6    PL    66
7    UA    32
```

我们将注意力限制在 1916 年以来的几年,在这几年中,只有 AL 和 NL 联盟存在。

```
hr_leaders %>%
  filter(yearID >= 1916) %>%
  group_by(lgID) %>%
  summarize(mean_hr = mean(HR))
```

```
# A tibble: 2 x 2
   lgID mean_hr
  <fct>   <dbl>
1    AL    175.
2    NL    161.
```

在图 7.2 中,我们展示了这个数字是如何随时间变化的。我们注意到,虽然直到 20 世纪 70 年代中期,两个联盟中最顶尖的本垒打球队是可比的,但自从 1973 年联盟采用指定击球手规则以来,AL 球队一直占据主导地位。

```
hr_leaders %>%
  filter(yearID >= 1916) %>%
  ggplot(aes(x = yearID, y = HR, color = lgID)) +
  geom_line() +
  geom_point() +
  geom_smooth(se = FALSE) +
  geom_vline(xintercept = 1973) +
```

```
annotate(
  "text", x = 1974, y = 25,
  label = "AL adopts DH", hjust = "left"
) +
labs(x = "Year", y = "Home runs", color = "League")
```

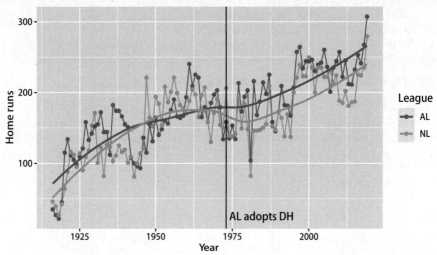

图 7.2　1916—2014 年，全垒打最多的球队获得的全垒打次数。注意，自从 1973 年引入
　　　　指定击球手(DH)以来，AL 一直优于 NL

7.6　仿真

在上一节中，我们学习了如何在遍历向量元素时进行重复操作。有时候简单地重复一个操作多次并收集结果也很有用。但是，如果操作的结果是确定的(即每次都得到相同的答案)，很显然这种方法是没有意义的。另一方面，如果这个操作具有一定的随机性，那么你不会每次都得到相同的答案，这时对随机操作生成的值的分布进行了解是很有用的。我们将在第 13 章进一步解释这些思想。

例如，在我们对棒球比赛预期获胜率的研究中(请参见 7.5.1 节)，我们确定了 1954—2019 年 66 个赛季数据的最佳拟合指数为 1.84。然而，我们也发现，如果我们以每十年为单位拟合相同的模型，那么最佳指数在 1.69 到 1.94 之间变化。这让我们对这个指数的可变性有了粗略的了解，我们观察到 1.6 到 2 之间的值，这种情况可能对确定指数的合理值提供一些有意义的线索。

然而，我们选择按十年为单位来分层多少有些武断。一个更自然的问题可能是：在一个赛季的数据中，最优指数的分布是什么？我们对 1.84 的估计值有多高的可信度？

可使用 group_modify()和前面编写的函数来计算这 66 个实际值，结果分布如图 7.3 所示。

```
k_actual <- TeamRuns %>%
  group_by(yearID) %>%
  group_modify(~fit_k(.x))
```

```
k_actual %>%
  ungroup() %>%
  skim(k)

-- Variable type: numeric ------------------------------------------------
   var    n   na   mean    sd    p0    p25   p50   p75   p100
1  k     66    0   1.84   0.188  1.31  1.68  1.89  1.96  2.33
ggplot(data = k_actual, aes(x = k)) +
  geom_density() +
  xlab("Best fit exponent for a single season")
```

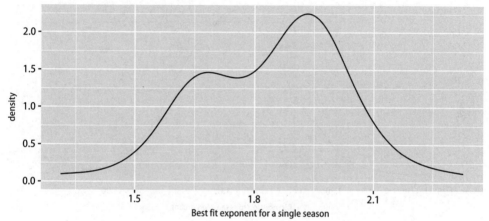

图 7.3　1954—2019 年中单个赛季的最佳拟合指数分布

　　由于只有 66 个样本，所以我们可以通过从这 66 个值中重采样，即通过采样替换原来的值，来更好地理解 k 的平均值的抽样分布(这是一种称为 bootstrap 的统计技术，我们将在第 9 章进一步描述)。一种简单的方法是将采样表达式映射到值的索引上。也就是说，我们将 n 定义为要执行的迭代次数，编写一个表达式来计算单个重采样的平均值，然后使用 map_dbl() 执行迭代。

```
n <- 10000

bstrap <- 1:n %>%

  map_dbl(
  ~k_actual %>%
    pull(k) %>%
    sample(replace = TRUE) %>%
  mean()
  )

civals <- bstrap %>%
  quantile(probs = c(0.025, .975))
civals

2.5% 97.5%
1.80  1.89
```

在重复 10000 次重采样后，我们发现 95%的重采样指数在 1.8 和 1.89 之间，而我们最初估计的 1.84 位于该分布中心附近的某个地方。图 7.4 描述了这种沿中间 95%的边缘位置的分布。

```
ggplot(data = enframe(bstrap, value = "k"), aes(x = k)) +
  geom_density() +
  xlab("Distribution of resampled means") +
  geom_vline(
    data = enframe(civals), aes(xintercept = value),
    color = "red", linetype = 3
  )
```

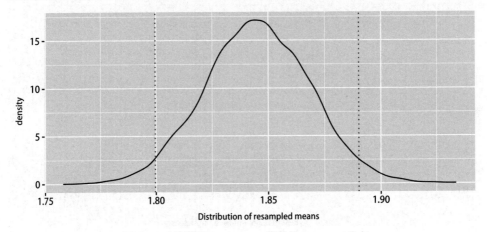

图 7.4　平均最优 Pythagorean 指数的 bootstrap 分布

7.7　扩展示例：与 BMI 相关的因子

体重指数(BMI)是衡量一个人身材的一种常用指标，它是指身体质量与身高平方的比值。什么因子与较高的 BMI 值有关?

为了找到答案，我们求助于国家健康统计中心(NCHS)收集的调查数据，并将其打包为国家健康与营养检查调查(NHANES)。这些数据可通过 NHANES 程序包在 R 中获得。

```
library(NHANES)
```

体重指数和其他一些变量之间的关系是非常复杂的，因为任何体重指数模型都有 75 个潜在的解释变量。在第 11 章中，我们开发了几种可能对这一目的有用的建模技术，但在这里，我们重点研究 BMI 和其他解释变量之间的双变量关系。例如，我们可以从简单地生成 BMI 和年龄之间的双变量散点图开始，然后添加一条局部回归线来显示总体趋势。图 7.5 显示了该结果。

```
ggplot(NHANES, aes(x = Age, y = BMI)) +
  geom_point() +
  geom_smooth()
```

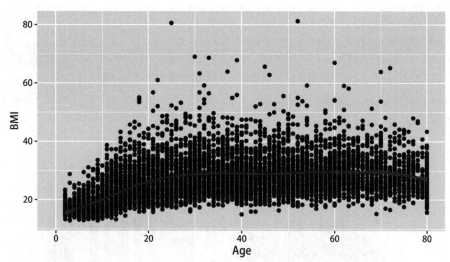

图 7.5　NHANES 研究中参与者的体重指数(BMI)和年龄之间的关系

我们如何通过编程为 NHANES 中的所有变量生成一个类似的图形？首先，我们需要编写一个函数，将变量名作为输入，并返回一个绘图。其次，我们需要定义一组变量，并使用 map() 在该列表上迭代执行函数。

下面的函数将获取一个数据集和一个名为 x_var 的参数，该参数是一个变量的名称。它生成了图 7.5 的一个更加生动的版本，图中包含了特定于变量的标题以及一些关于数据源的信息。

```
bmi_plot <- function(.data, x_var) {
  ggplot(.data, aes(y = BMI)) +
    aes_string(x = x_var) +
    geom_jitter(alpha = 0.3) +
    geom_smooth() +
    labs(
      title = paste("BMI by", x_var),
      subtitle = "NHANES",
      caption = "US National Center for Health Statistics (NCHS)"
    )
}
```

使用 aes_string()函数对于 ggplot2 来说是很有必要的，它可以理解我们的意图，即将画面元素 x 绑定到名称存储在 x_var 对象中的变量，而不是一个名为 x_var 的变量！

然后可以对一个特定的变量调用函数。

```
bmi_plot(NHANES, "Age")
```

或者，可以指定一组变量，然后在该组上执行 map()。由于 map()总是返回一个列表，而绘图列表并不是很有用，因此使用 patchwork 包中的 wrap_plots()函数将生成的绘图列表合并到一个图片中。

```
c("Age", "HHIncomeMid", "PhysActiveDays",
  "TVHrsDay", "AlcoholDay", "Pulse") %>%
  map(bmi_plot, .data = NHANES) %>%
  patchwork::wrap_plots(ncol = 2)
```

图 7.6 显示了六个变量的结果。在这里我们不会显示最终目标的结果，即生成 75 个图，但你可以通过使用 names()函数检索变量名的完整列表来自行尝试。或者，你可以使用 across()只检索满足特定条件的变量。

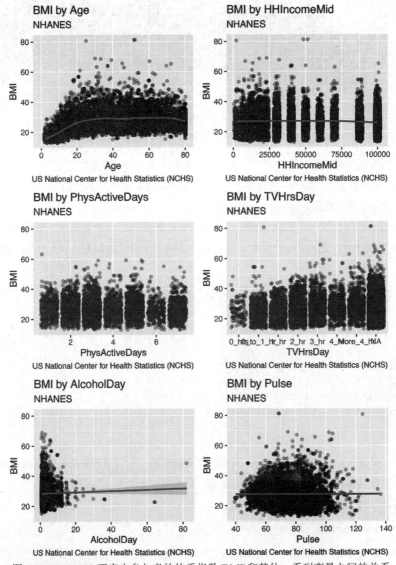

图 7.6　NHANES 研究中参与者的体重指数(BMI)和其他一系列变量之间的关系

7.8 扩展资源

Wickham[Wickham，2019a]中关于 functionals 的章节是理解 purrr 非常重要的基础。functionals 这个名称反映了一种称为函数式编程(functional programming)的编程范式的使用。

对于那些已经熟悉初级 R 中流行的*apply()函数族的人，Jenny Bryan 编写了一个有用的教程，将这些函数映射到它们的 purrr 等价函数。

rlang 包为规整性评价(tidy evaluation)打下了基础，允许你以编程方式处理不带引号的变量名。使用 dplyr vignette 编程是开始学习规整性评价的最佳方式。第 C.4 节简要介绍了这些原则。

7.9 练习题

问题 1(易)： 使用 mosaicData 中的 HELPrct 数据来计算所有数字变量的平均值(确保排除缺失值)。

问题 2(易)： 假设你想访问波士顿机场(BOS)、纽约机场(JFK、LGA)、旧金山机场(SFO)、芝加哥机场(ORD、MDW)和洛杉矶机场(LAX)。你在一个叫 flights 的 tibble 中有航班延误的数据。你已经编写了一个管道，该管道对于任何给定的机场代码(例如，LGA)，都返回一个包含两列的 tibble，即机场代码和平均到达延误时间。

建议使用一个最有效的工作流程来计算 7 个机场的平均到达延误时间。

问题 3(中)： 使用 mosaicData 包中的 purrr::map()函数和 HELPrct 数据框来拟合回归模型，分别为麻醉毒品变量每个级别建立一个年龄函数来预测 cesd。为分组变量的每个级别的斜率参数生成结果表(估计值和置信区间)。

问题 4(中)： 下面列出 Lahman 包的 Teams 数据框中对应于 Brooklyn 棒球队的球队 ID。通过对每个球队调用一个名为 count_seasons 的函数，使用 map_int()来查找这些球队的赛季数。

```
library(Lahman)
bk_teams <- c("BR1", "BR2", "BR3", "BR4", "BRO", "BRP", "BRF")
```

问题 5(中)： 使用 NHANES 软件包中的数据创建一组散点图，把 Pulse 作为 Age、BMI、TVHrsDay 和 BPSysAve 的函数，创建一个与图 7.6 类似的图形。注意创建适当的注释(源、测量名称、显示的变量)。你的结论是什么？

问题 6(难)： 使用 group_modify()函数和 Lahman 数据复现《纽约时报》(http://tinyurl.com/nytimes-records)的一个棒球记录图。

7.10 附加练习

可从 https://mdsr-book.github.io/mdsr2e/ch-iteration.html#iteration-online-exercises 获得。

第8章

数据科学伦理学

8.1 引言

数据分析工作涉及专家知识、理解力和技能。在你的大部分工作中，你将依赖于客户对你的信任和信心。"职业道德"这个术语描述了不利用这种信任的特殊责任。这不仅包括认真思考和常识的运用；还有一些具体的专业标准可指导你的行动。此外，由于他们的工作可能被大规模部署，数据科学家必须预测他们的工作如何被其他人使用，并与任何道德问题作斗争。

最著名的专业标准是医师的誓言《希波克拉底誓言》(Hippocratic Oath)，该誓言最早写于公元前 5 世纪。由于与数据分析标准的相似性，这里介绍现代版誓言[Wikipedia, 2016]八项原则中的三项。

- 我不会羞于说"我不知道"，当病人康复需要其他人的技能时，我也会拜访我的同事。
- 我会尊重病人的隐私。
- 我会记住，我仍然是社会的一员，对所有的人类同胞，那些身心健全的人和体弱的人负有特殊义务。

根据管辖权的不同，这些原则由法律加以扩展和限定。例如，尽管有必要"尊重病人的隐私"，但法律要求美国的医疗保健服务人员向政府当局报告虐待儿童或肉毒杆菌、水痘和霍乱等传染病的证据。

本章介绍数据分析的职业道德原则，并举例解释法律义务以及专业协会发布的指南。在这个领域没有数据分析师的宣誓指南，尽管有人试图伪造一个[National Academies of Science, Engineering, and Medicine, 2018]。理性的人可能会对什么样的行为是最好的持有不同意见，但现有的指导方针描述了对数据分析行业的道德期望，客户可合理地依赖这些道德期望。作为职业道德的共识声明，这些方针还确立了问责标准。

8.2 真实的谎言

书名中有 Statistics 的一本畅销书是 Darrell Hu 的 *How to Lie with Statistics* [Huff, 1954]。该

书写于 20 世纪 50 年代,展示了即使有精确数据也能愚弄人的图形策略。一般方法是违反读者在解释图表时所依赖的惯例和默认期望。要了解怎么去撒谎的一种方法是,向公众展示这些隐性期望是什么,并给出一些提示,让他们知道什么时候被欺骗了。该书的书名虽然很吸引人,却错误地玷污了统计领域。这里的误导性图形技术是政治家、记者和商人(而不是统计学家)惯用的。更准确的标题应该是 *How to Lie with Numbers* 或 *Don'T Be Misled By Graphic*。

How to Lie 中的一些图形技巧仍在使用。考虑一下最近的三个示例。

8.2.1　坚持你的立场

2005 年,佛罗里达州议会通过了一项颇具争议的"坚持你的立场"法律,扩大了公民可以使用致命武力保护自己免受威胁的情况。拥护者认为新法律最终会减少犯罪;反对者担心使用致命武器的人数会增加。实际结果如何呢?

图 8.1 中的图表是路透社新闻社 2014 年 2 月 16 日发布的图表的重塑,它显示了佛罗里达州多年来的枪械谋杀案数量。乍一看,这张图片给人的视觉印象是,在 2005 年法律通过后,谋杀案数量大幅减少。然而,这些数字说明了另一种情况。

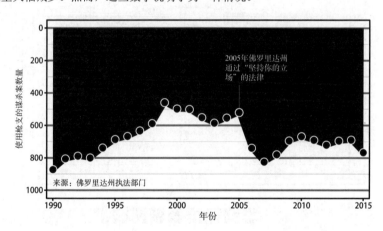

图 8.1　记录佛罗里达州枪支死亡人数的数据图表的重塑

数据图形中的常识是向上对应于递增的值。这不是一个晦涩的常识,而是中学课程的一个标准部分。仔细观察可以发现,图 8.1 中的 y 轴颠倒过来了,即 2005 年之后,枪械死亡人数急剧增加。

8.2.1　全球温度

图 8.2 显示了另一个误导图形的示例:新闻杂志《国家评论》(National Review)关于气候变化主题的推文。图中主要的视觉印象是全球温度几乎没有变化。

有一个默认的图形常识,即绘制数据的坐标刻度与对数据的解释方式相关。在考虑人类工业活动与气候之间的关系时,x 轴遵循了一个常识,即时间跨度为 1880—2015 年是一个合理的选择。然而,y 轴完全是误导的,它的刻度从-10 到 110 华氏度。虽然这是一个能显示季节间气温变化的相关刻度，但并不能揭示气候变化方面的突出问题。对气候变化的担忧是海平面上升、风暴加剧、生态和农业破坏等。这些都是全球平均 5 华氏度气温变化的预期结果。《国家评论》的图表将数据显示在一个不是很相关的刻度上，而实际的温度变化在这上面是看不见的。通过将 y 轴上的数字变灰，《国家评论》使人们更难看清其中的把戏。该推文不久后被删除。

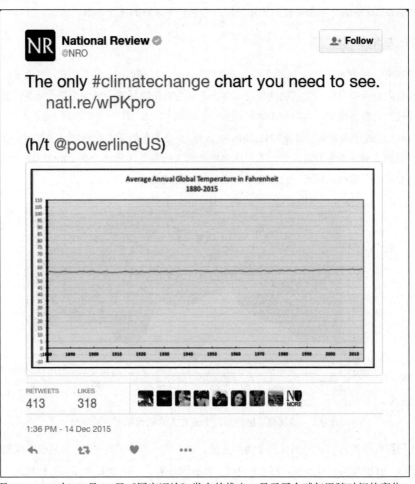

图 8.2　2015 年 12 月 14 日《国家评论》发布的推文，显示了全球气温随时间的变化，该推文随后被删除

8.2.3　COVID-19 报道

2020 年 5 月，乔治亚州公布了一份具有高度误导性的 COVID-19 病例图展示(见图 8.3)。请注意，4 月 17 日的结果显示在 4 月 19 日的右侧，并且各县的排列顺序是，每个报道时间段的所有结果都是单调递减的。这张图的主要结果是证明确诊的 COVID 病例正在减少，但它是以一种误导的方式这样做的。公众的强烈抗议导致州长办公室发表声明说：向前看，基于时间

增长的顺序将用来显示时间。

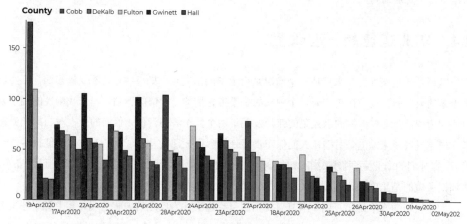

Top 5 Counties with the Greatest Number of Confirmed COVID-19 *(Reproduction of Figure)*
The chart below represents the most impacted counties over the past 15 days and the number of cases over time. The table below also represents the number of deaths and hospitalizations in each of those impacted counties.

图 8.3 佐治亚州 COVID-19 确诊病例的误导性显示的重塑图

8.3 数据科学在社会中的作用

图 8.1、图 8.2 和图 8.3 中的示例并不是关于统计数据的谎言,它们并没有涉及统计方法学。这是新闻业的职业道德,这个图形违背了统计方法、助长了对统计方法的不负责任的无知。就这两幅图所涉及的政治争议而言,它们都可以被视为政治的狂飙和膨胀的一部分。虽然政治可能是一种职业,但它是一种没有任何职业道德综合标准的职业。

作为数据科学家,我们在塑造公众话语中扮演什么角色?我们有什么责任?风险很高,背景很重要。

关于"坚持你的立场"法则的误导性数据图表是在 George Zimmerman 因杀害 Trayvon Martin 而被无罪释放的大约六个月后公布的。在这场悲剧发生后,数据图表是否影响了公众的看法?

《国家评论》的推特是在 2016 年大选前总统初选的活动频繁期发表的,这篇文章是保守派政治思想的主要声音。Pew Research 报告称,尽管自 2013 年以来,倾向于民主党的人对气候变化的担忧稳步增加(88%的人认为气候变化是 2020 年"对美国的一大威胁",高于 2013 年的 58%),但 2010 年到 2019 年中期,倾向于共和党的人对气候变化的担忧根本没有增加,稳定在 25%。《国家评论》是否说服了读者对气候变化的科学共识置之不理?

有关佐治亚州 COVID-19 案例的误导性数据图表是在州长 Brian Kemp 的重新开放计划面临亚特兰大市长 Keisha Lance Bottoms 的严厉批评之际公布的,他在州长竞选中的前对手包括 Stacey Abrams,甚至还包括唐纳德·特朗普。5 月 10 日,记者们注意到了这张数据图。乔治亚州卫生部自己报告说，在 5 月 10 日之后的两周内，COVID-19 病例的 7 天移动平均值每天增加 125 例以上。佐治亚州州长办公室是否说服人们忽视 COVID-19 的风险？

这些未回答的(有意挑衅的)问题旨在鼓励你看到数据科学工作与社会的广泛联系，这种联系深刻但不是显而易见的。

8.4　职业道德的一些设置

常识是一个很好的用来评估一个情况是否道德的出发点，如说实话，不要偷东西，不要伤害无辜的人。但职业道德也需要一个中立的、不带感情的、知情的评估。一个戏剧性的例子来自法律道德：一个被指控的杀人犯的律师发现了两个受害者的尸体，他们的死亡对当局和受害者家属来说都是未知的。对委托人的保密责任使律师们无法听从他们的心声，也不能报告这一发现。律师们的职业生涯被随之而来的公众和政治指责所毁，然而法院和法律学者们已经证实，律师们所做的是正确的，甚至因为他们的道德行为而把他们奉为英雄。

如此极端的剧本是罕见的。本节简要介绍引起道德行为问题的各种情况。其中有一些是来自作者的个人经历，另一些来自于法庭案件和其他报告。这些简短的案例报告旨在提出问题，而解决这些问题的原则是下一节的主题。

8.4.1　CEO

我们曾经为一个客户做过统计顾问，该客户希望有一个专有的模型来预测商业产出。在查阅相关文献后，我们发现现有的多元线性回归模型能很好地完成该任务，而且可以利用现有的公共数据对模型参数进行设置。客户的员工对这个结果很满意，但首席执行官想要一个能带来竞争优势的模式。毕竟，他们的竞争对手很容易按照相同的流程生成同一个模型，那么客户的公司会有什么优势呢？这位首席执行官问统计顾问，模型中的系数是否可以进行"调整"以反映公司的具体价值。这位顾问表示，这样做不合适，配置好的系数与给定的数据最匹配，随意改变它们就是"扮演上帝"。作为回应，首席执行官从椅子上站起来，坚称："我想扮演上帝。"

顾问应该如何回应？

8.4.2　就业歧视

我们也曾负责处理由美国联邦合同合规计划办公室(OFCCP)进行的雇主审计引起的法律案件。在一个典型案例中，OFCCP 要求与美国政府签订合同的公司提供招聘和薪资数据。该公司通常都很遵守规则，但是有时不知道 OFCCP 应用了一种方法来识别"歧视"，这个方法基于 UGESP 中概述的两次标准差检验。结果，没有歧视的公司有被 OFCCP 的方法贴上歧视标签的风险[Bridgeford, 2014]。通过使用一种可疑的统计方法，OFCCP 的行为是否不道德？

8.4.3　"Gaydar"

Wang 和 Kosinski[Wang and Kosinski (2018)]利用深度神经网络(请参见第 11.1.5 节)和逻辑回归构建了基于人脸图片的性取向分类器(请参见第 10 章)。作者声称,如果给一个人的五张脸部图片,他们的模型可以分别以 91%的正确率和 83%的准确率预测男性和女性的性取向。作者在摘要中强调了他们的工作可能造成的潜在危害:

"此外,鉴于公司和政府越来越多地使用计算机视觉算法来检测人们的亲密特征,我们的研究结果暴露了对同性恋男女隐私和安全的威胁。"

The New Yorker 随后的一篇文章也指出:

"这项研究完全由黑白色人脸组成,这仅仅是因为交友网站提供的彩色人脸太少,从而无法提供有意义的分析。"

这项研究合乎道德吗?作者是否有理由创建和发布此模型?

8.4.4　种族预测

Imai 和 Khanna[Imai and Khanna(2016)]使用 Bayes 分类器(请参见第 11.1.4 节)构建了一个种族预测算法,该分类器根据佛罗里达州选民登记记录和美国人口普查局的名单进行训练。除了发表论文并详细介绍了方法论之外,作者还根据开源许可证在 GitHub 上发布了 classifier 软件。wru 程序包可从 CRAN 上获得,它将根据一个人的姓氏或姓氏加上地址返回其种族的预测概率。

```
library(tidyverse)
library(wru)
predict_race(voter.file = voters, surname.only = TRUE) %>%
  select(surname, pred.whi, pred.bla, pred.his, pred.asi, pred.oth)
```

```
[1] "Proceeding with surname-only predictions..."
```

	surname	pred.whi	pred.bla	pred.his	pred.asi	pred.oth
4	Khanna	0.0676	0.0043	0.00820	0.8668	0.05310
2	Imai	0.0812	0.0024	0.06890	0.7375	0.11000
8	Velasco	0.0594	0.0026	0.82270	0.1051	0.01020
1	Fifield	0.9356	0.0022	0.02850	0.0078	0.02590
10	Zhou	0.0098	0.0018	0.00065	0.9820	0.00575
7	Ratkovic	0.9187	0.0108	0.01083	0.0108	0.04880
3	Johnson	0.5897	0.3463	0.02360	0.0054	0.03500
5	Lopez	0.0486	0.0057	0.92920	0.0102	0.00630
11	Wantchekon	0.6665	0.0853	0.13670	0.0797	0.03180
6	Morse	0.9054	0.0431	0.02060	0.0072	0.02370

鉴于美国长期以来的系统性种族歧视,很容易发现这个软件是如何被用来歧视有色人种的。我们中的一个人曾经与一个进步的投票权组织合作,该组织希望利用种族预测方法来识别某个种族群体的成员,帮助他们登记投票。

这个模型的出版是合乎道德吗？代码的开源特性是否会影响你的答案？使用这个软件合乎道德吗？你的答案是否会因预期用途而改变？

8.4.5   数据爬取

2016 年 5 月，在线论坛 OpenPsych 发表了一篇题为"OkCupid 数据集：一个大型的关于约会网站用户的公共数据集"的论文。该数据集包含 2620 个变量，包括用户名、性别和约会偏好，这些变量来自于从 OkCupid 约会网站上爬取的 68 371 人。数据转储的本来目的是为其他研究人员提供一个有趣的公开数据集。这些数据可用来回答论文摘要中提出的问题：每个用户的星座符号是否与其他变量相关(剧透一下：不相关)。

这里的数据采集不涉及任何非法技术，如密码破解等。尽管如此，作者在 OpenPsych 论坛上收到了许多评论，人们认为这项工作发布的个人数据在一定程度上违反了道德规范。这项工作是否引发了实际的道德问题？

8.4.6   可重复的电子表格分析

2010 年，哈佛大学经济学家 Carmen Reinhart 和 Kenneth Rogoff 发表了一份题为《债务时代的增长》[Rogoff and Reinhart, 2010]的报告，认为采取紧缩措施的国家不一定会遭受经济增长缓慢的影响。这些想法在欧债危机期间影响了一些决策者(尤其是美国国会议员 Paul Ryan 的思维)。

Massachusetts 大学研究生 Thomas Herndon 要求查阅论文中的数据和分析。在收到 Reinhart 的原始电子表格后，Herndon 发现了几个错误。

> "我点击 L51 单元格时，看到他们的平均行数只有 30～44，而不是 30～49。"
>
> ——Thomas Herndon [Roose, 2013]

在对这篇论文的评论中，Herndon 等人[Herndon et al. 2014]指出了编码错误、选择性地包含数据以及汇总统计数据的奇怪权重，而这些都形成了 Reinhart/Rogoff 论文的结论。

发表有缺陷的分析会引发道德问题吗？

8.4.7   药物危害

2004 年 9 月，制药公司 Merck 将一种受欢迎的产品万络(Vioxx)从市场上撤出，因为有证据表明该药增加了心肌梗死亡(一种主要的心脏病)的风险。到目前为止，大约有 2000 万美国人接受了万络。著名的医学杂志《柳叶刀》后来报道了一项估计，万络的使用导致了大约 88 000 名美国人心脏病发作，其中有 38 000 人死亡。

万络是 1999 年 5 月由美国食品和药物管理局根据 5400 名受试者的测试结果批准的。在 FDA 批准一年多后，另一家主要医学杂志《新英格兰医学杂志》发表了一项针对 8076 名患者的研究[Bombardier et al., 2000]，该研究证实，与标准治疗萘普生(naproxen)相比，万络大大降低了恶性胃肠道事件的发生率。这对万络来说是一个好消息。此外，该研究的摘要还报道了这些关于心脏病发作的一些发现：

"萘普生组心肌梗死亡的发生率低于[万络]组(0.1%对 0.4%；相对危险度为 0.2；95%可信度的区间为 0.1～0.7)；两组的总死亡率和心血管导致的死亡率相似。"

再读一遍摘要。万络组心肌梗死亡发生率明显高于标准治疗组。这篇有影响力的报告在药物被批准使用后不久就发现了这种高风险。然而，万络在接下来的三年里并没有退出。显然这里出了点问题。这是否涉及道德缺失？

8.4.8　法律谈判

律师有时会聘请统计专家来帮助制定谈判计划。通常情况下，辩护律师会与原告律师协商案件中的损害赔偿金额。原告会要求统计员估算损害赔偿金额，而且会既明确地指示赔偿金额估算应反映原告的利益。同样，辩方将要求他们自己的专家构建一个框架，从而生成一个较低的估算。

这是统计学家应该玩的游戏吗？

8.5　道德行为的一些指导性原则

在第 8.1 节中，我们列出了 Hippocratic 誓言中的三条原则，这些原则在医生身上应用了几百年。下面，我们将列出在美国国家科学院(National Academy of Sciences，Engineering，and Medicine，2018)发布的数据科学誓言中概述的三个相应原则。

(1) 我不会羞于说"我不知道"，也不会在需要别人的技能来解决问题时，不求助于同事。

(2) 我将尊重我的数据主体的隐私，因为他们的数据没有向我透露全世界都可能知道，因此我将谨慎处理隐私和安全问题。

(3) 我将记住，我的数据不仅是没有意义或背景的数字，而且代表了真实的人和情况，我的工作可能会导致意想不到的社会后果，例如不平等、贫穷和算法偏差造成的不平等。

到目前为止，数据科学誓言还没有得到广泛采纳或正式接受。我们希望这种情况在未来几年会有所改变。

数据科学的另一套伦理道德准则是 DataPractices.org 发布的数据价值观和原则宣言。这个文章支持四个价值观(包容、实验、责任和影响)和 12 个原则，为数据科学的道德实践提供了一些指导：

(1) 使用数据改善用户、客户、组织和社区的生活。

(2) 创建可重复和可扩展的工作。

(3) 建立具有不同想法、背景和优势的团队。

(4) 优先考虑论述和元数据的持续收集和可用性。

(5) 明确定义推动每个项目的问题和目标，并用于指导规划和细化。

(6) 乐于根据新知识来改变方法和结论。

(7) 认识并减轻我们自己和我们使用的数据中的偏见。

(8) 展示我们的工作，使他人能够做出更明智的决定。

(9) 仔细考虑使用数据时所做出的选择的伦理道德含义，以及我们的工作对个人和社会的影响。

(10) 尊重并邀请公正的批评，同时促进对我们工作中的错误、风险和意外后果的识别和公开讨论。

(11) 保护数据中个人的隐私和安全。

(12) 帮助他人理解最有用和最恰当的数据应用，以解决现实问题。

2020 年 10 月，这篇文章有 2000 多个人签字(包括本书的两位作者)。

接下来，我们将探讨如何应用这些原则来指导上一节概述的几个场景中的伦理思考。

8.5.1   CEO

一位公司的首席执行官(CEO)要求你根据正确的值修改模型系数，也就是说，这些值是根据一种普遍接受的方法找到的。这种情况下，利益相关者是公司。如果你的工作涉及一种不被专业人士普遍接受的方法，你必须向公司指出这一点。

原则 8 和原则 12 是密切相关的。你是否以一种能让他人做出更明智决定的方式来展示你的工作(原则 8)？客户对他们的业务运作方式也进行了深入了解。重要的是要认识到客户的需求可能无法很好地映射到特定的统计方法上。这时，技术顾问应真诚地了解客户的全部利益(原则 12)。从专家的统计角度看，客户发现的问题通常并不是真正需要解决的问题。

8.5.2   就业歧视

OFCCP 所采用的程序是使用诸如"标准差"的统计术语来表述的，这些术语本身表明它们是合法的统计方法的一部分。然而，这些方法提出了重大问题，因为通过构建，它们有时会将一家公平的公司贴上歧视者的标签。OFCCP 和其他人可能会争辩说，他们不是一个统计组织，他们只是在执法，不参与研究。OFCCP 对法院负有责任；而法院本身，包括美国最高法院，尚未制定或甚至要求对统计数据的使用采取连贯一致的办法(尽管在 1977 年，最高法院将大于两到三个标准差的差异称为太大，不能完全归因于偶然性)。

8.5.3   "Gaydar"

原则 1、3、7、9 和 11 与此相关。基于面部识别的性取向预测是否改善了社区生活(原则 1)？正如在摘要中提到的，研究者确实考虑了他们工作的伦理道德问题(原则 9)，但是他们保护了数据中所呈现的个人的隐私和安全(原则 11)吗？将非黑白人脸图片排除在研究之外，使人怀疑是否符合原则 7 中概述的标准。

8.5.4   种族预测

显然，使用这个软件来歧视历史上被边缘化的人会违反原则 3、7 和 9 的某些组合。另一

方面,如果没有违反这些原则,使用这个软件来帮助代表性不足的群体是否合乎伦理道德? wru
程序包的作者很好地满足了原则 2,但他们可能没有完全遵守原则 9。

8.5.5　数据爬取

OkCupid 提供对数据的公共访问。研究人员使用合法手段获取这些数据。会出现什么
问题呢?

这是利益相关者的问题。收集数据是为了支持心理学研究。涉及人类的研究的道德要求人
类不能暴露于任何未经明确同意的风险中。OkCupid 成员没有同意这样的做法。由于这些数据
中包含的信息可以识别个人身份,因此有一种现实的风险,即有可能发布令人尴尬的信息,或
者更糟的是,危害某些用户的人身安全的信息。作者显然违反了原则 1 和 11。最终,丹麦数据
保护局决定不对作者提出任何指控。

另一个利益相关者是 OkCupid 本身。许多信息提供者(如 OkCupid),都有对如何合法使用
数据进行限制的条款。此类使用条款(请参见第 8.7.3 节)在服务和服务的用户之间形成了明确的
协议。从道德上讲,他们不能被忽视。

8.5.6　可重复的电子表格分析

科学界作为一个整体是公共研究的利益相关者。就研究被用来为公共政策提供信息而
言,公众作为一个整体是一个利益相关者。研究人员在给出研究报告时有义务做到真实。这
不仅是一个诚信的问题,而且是参与科学工作面临挑战或获得认可的过程。Reinhart 和 Rogoff
履行了这一专业义务,提供了对他们的软件和数据的合理访问。在这方面,他们遵守了原
则 10。

从数据科学的角度看,Reinhart 和 Rogoff 使用的工具 Microsoft Excel 是一个遗憾的选择。
它将数据与分析相结合,并在较低的抽象级别上工作,因此很难以简洁易读的方式编写程序。
它的命令是根据特定的数据大小和组织方式定制的,因此很难应用于新的或修改过的数据
集。调试中的一个主要策略是在已经知道答案的数据集上进行调试;这在 Excel 中是不切实
际的。Excel 中的编程和修改通常涉及大量的点击和拖动复制,这本身就是一个容易出错的
操作。

数据科学专业人员有义务使用可靠、可验证且有利于数据重复分析的工具(请参见附录 D)。
Reinhart 和 Rogoff 不符合原则 2 所隐含的标准。

8.5.7　药物危害

当事情出现大规模的问题时,人们很容易寻找违反道德规范的行为。这也许可以确定一个
违法者,但我们也必须谨防制造替罪羊。对于万络,有许多索赔、反索赔和诉讼。然而,研究
人员未能将一些可用的数据合并起来,从而提供了一个误导性的结果摘要。杂志编辑也没有强
调万络会增加心梗死亡率这个实质性问题。

可以肯定的是,不包含破坏论文结论的数据是不道德的。万络的研究人员只是按照他们最

初的研究方案行事,虽然这是一项扎实的专业工作。

万络似乎发生了什么,研究人员有一个理论,即较高的心梗死亡率不是由于万络本身,而是由于研究方案的某一个方面,即排除了正在接受阿司匹林治疗以降低心脏病发作风险的受试者。研究人员有理由相信,与万络比较的药物萘普生是阿司匹林的替代品。后来的研究表明,他们错了。他们的失败在于没有遵守原则 6,并且以一种误导性方式公布了他们的结果。

职业道德要求在工作中应用职业标准。像万络这样的事件给我敲响了警钟,我们应以适当的谦逊态度工作,并警惕我们自己的解释会产生误导。

8.5.8 法律谈判

在本章前面描述的法律案例中,数据科学家对客户负有道德义务。然而,根据具体情况,他们也可能对法院负有义务。

像往常一样,你应该与你的客户直接沟通。通常你会使用自认为合适的方法,但有时你会被要求使用你认为不合适的方法。例如,我们会遇到有些客户要求以某种方式限制分析中包含的数据的时间段,以产生"更好"的结果。为改变 p 值,还有一些客户要求我们细分数据(例如,按职位划分就业歧视案例)。尽管这种细分可能完全合法,但从纯粹的统计角度看,关于细分的决定应该基于实际情况,而不是基于期望的结果(请参见第 9.7 节的讨论)。

你的客户有权提出这样的要求。不管你是否认为所要求的方法是正确的,这都不包括在内。你的专业义务是告知客户建议的方法中的缺陷是什么,以及你认为其他方法更好的原因和体现在哪里(原则 8)。

美国等国的法律制度是对抗体制,该体制允许律师提出可能被驳回的法律论点:他们有权将某些事实作为证据。当然,对立的法律团队也有权提出自己的法律论点,并对证据进行交叉审查,以证明证据是不完整的和误导性的。当你作为数据科学家与法律团队合作时,你就是团队的一员。团队中的律师的工作是决定使用何种谈判策略和法律理论、如何界定案件范围(如损害赔偿)、如何陈述自己的案件或与对方专家进行谈判。

当你出庭时,这是另一回事。这时你可能向法院提交专家报告、作为专家证人作证或被罢免。供词是指你在法庭外接受质询、宣誓作证,你必须诚实地回答所有问题(但是,你的律师可能指示你不要回答有关法律上可拒绝公开交流的问题)。

如果你是专家证人或要提交专家报告,这时"专家"一词意义重大。法庭会证明你是案件的专家,允许你发表意见。现在你有职业道德义务来诚实和公开地运用你的专业知识来形成一些观点。

当处理一个法律案件时,你应该从一个法律权威者那里得到建议,该权威人物也可能是你的客户。请记住,如果你做的是劣质的工作,或者不诚实地回应对方对你工作的批评,你作为专家的信誉将受损。

8.6　算法偏差

算法是许多数据科学模型的核心(请参见第 11 章的全面介绍)。这些模型正被用于在各种环境下自动决策，如自动驾驶汽车导航和刑事司法系统中累犯风险识别(再次犯罪的行为)。当这些模型被实施时，偏差被加强的可能性是非常大的。

有偏差的数据可能导致算法偏差。例如，有些群体的代表性可能不足或被系统地排除在数据收集工作之外。D'Ignazio 和 Klein(D'Ignazio and Klein, 2020)强调了与无证移民相关的数据收集问题。O'Neil(O'Neil, 2016)详述了算法偏差产生有害结果的几种设置，无论这种偏差是否有意。

有一个应用于多个州的犯罪累犯算法，"机器偏见"(Angwin et al., 2016)的 ProPublica 部分详细地解释了该算法。该算法基于对 137 个问题的调查，返回关于罪犯再次犯罪的可能性的预测。ProPublica 声称算法有偏差：

"黑人被告仍有 77%的可能性被认为在未来犯下暴力罪行的风险更高，预测未来犯下其他任何类型的罪行的可能性有 45%。"

如果模型中不包括被告的种族，那么这些预测怎么会有偏差呢？考虑到其中一个调查问题是"你的父母曾经被送进看守所或监狱吗？"因为在美国，种族和犯罪之间的关系由来已久，黑人更可能有一个被送进监狱的父母。这样，关于被告父母的问题就成为种族问题的代理。因此，即使累犯算法没有直接考虑到种族问题，它还是从反映刑事司法系统数百年来不公平现象的数据中学习到种族问题。

再举一个例子，假设这个累犯模型将与警察的互动作为一个重要特征。假设与警方有过更多互动的人将来更可能犯罪，这似乎是合乎逻辑的。然而，包括这一变量也可能会导致变差，因为黑人更可能与警察互动，即使是那些潜在的发生犯罪行为概率相同的人(Gelman et al., 2007)。

数据科学家需要确保模型评估、测试、责任和透明度被整合到他们的分析中，以识别和消除偏差，最大限度地提高公平性。

8.7　数据与泄露

8.7.1　重新识别和泄露避免

连接多个数据集和使用公共信息识别个体的能力是一个日益严重的问题。一个明显的例子发生在 1996 年，当时的马萨诸塞州州长 William Weld 在宾利学院参加毕业典礼时晕倒。麻省理工学院的一名研究生利用马萨诸塞州团体保险委员会发布的公共数据中的信息确定了 Weld 之后的住院记录。

这一信息的泄露得到了高度关注，并导致数据的发布产生了许多变化。这种情况下，信息泄露(有助于改善医疗保健和控制成本)和不公开(帮助确保私人信息不被公开)之间没有取得适当的平衡。确保信息避免泄露还存在许多挑战[Zaslavsky and Horton, 1998; Ohm, 2010]：它仍然是一个活跃而重要的研究领域。

美国国会于 1996 年通过了《健康保险流通与责任法案》(HIPAA)，该通过时间与 Weld 患病在同一年。该法案加强并澄清了研究人员和医疗保健提供者在维护受保护的健康信息(PHI)方面的作用。此后制定的 HIPAA 法规规定了具体程序，用于确保在传输、接收、处理、分析或共享个体可识别的 PHI 的过程中，这些可识别的 PHI 是受到保护的。例如，除非有压倒一切的迫切需要，否则绝不允许共享详细的地理信息(如家庭或办公室位置)。出于研究目的，地理信息可能仅限于州或地区这种位置信息，但对于某些罕见的疾病或病状，即使这种粒度的地理位置也可能导致信息泄露。那些不受保护的公民可以向公民权利办公室投诉。

HIPAA 框架虽然仅限于医疗信息，但为避免信息泄露提供了一个非常有用的模型，因此与其他数据科学家也有很大关系。访问 PHI 的各方需要制定隐私政策和程序。他们必须确定一名隐私保护人员，并对员工进行培训。如果有泄露，必须尽可能减轻影响。必须有合理的数据保护措施来防止有意或无意的利用。受保护实体不得因协助调查泄露而对其他人进行报复。必须在最后一次使用数据后将记录和文件保存六年。类似的法规也保护美国统计机构收集的信息。

8.7.2　安全的数据存储

无意中泄露数据可能比有计划地泄露更具破坏性。在互联网上提供受保护的数据的案例比比皆是，这些案例对那些信息被泄露的人造成了严重的伤害。造成这些信息的发布可能是错误配置的数据库、恶意软件、盗窃或在公共论坛上上传等方式。每个个人和组织都需要践行安全计算，定期审核他们的系统，并制定计划来解决计算机和数据的安全问题。这些政策需要确保即使在设备的转移或处置的过程中也能保护数据。

8.7.3　数据爬取和使用条款

另一个不同的问题与网上资料的合法地位有关。考虑 Zillow.com 网站，它是一家在线房地产数据库公司，该公司将多个来自公共和私人的数据结合起来，生成全美 1 亿多套住房的房价和租金信息。Zillow 允许用户在一定的限制下通过 API 访问他们的数据库，并在一份法律文件中提供了数据使用条款。他们要求 API 的使用者以"原样"为基础使用数据，不得复制 Zillow 网站或移动应用程序的功能，不得保留 Zillow 数据的任何副本，不得单独提取数据元素以增强其他数据文件，并且不得将数据用于直接营销。

使用条款的另一种常见形式是对访问量或访问频率进行限制。Zillow 对 API 的限制为每天最多 1000 次访问房屋估价或房产详情信息。另一个例子：Weather Underground 维护一个专注于天气信息的 API；将免费访问限制为每天 500 个电话和每分钟 10 个电话，并且不允许访问历史信息；还有一个付费系统，该系统有多个层次以允许访问更广泛的数据。

数据点不仅仅是表格形式的内容，文本也是数据。许多网站对文本挖掘也进行了限制。例如，Slate.com 网站声明，用户不能执行以下操作：

"从事未经授权的爬虫、爬取或收集内容和信息的行为，或使用任何其他未经授权的自动化手段汇编信息。"

这些操作违反了 Slate.com 网站的使用条款，即只有经过授权才能编撰评论文章(即使是个人使用)。

要获得授权，你需要进行申请。例如，米德尔伯里学院的 Albert Kim 在得到 OkCupid 董事长许可的情况下，发布了 OkCupid(一个免费的在线约会网站)中 59 946 名旧金山用户的信息。为了帮助减少可能造成的损害，他还删除了某些变量(例如用户名)，因为这些变量可能有助于重新组织个人档案。这里对隐私的关注与上面提到对 OkCupid 用户的粗心处理形成了鲜明对比。

8.8 再现性

令人失望的是，即使是最初的研究人员也无法再现他们自己的结果。当研究人员使用菜单驱动的软件时，这种失败自然就会出现，因为这些软件并没有对过程中的每个步骤进行审计跟踪。例如，在 Excel 中，数据的排序过程并没有被记录。你无法查看电子表格并确定排序的数据范围，因此如果在选择排序的事例或变量时出现了错误，那么它们会在随后的分析中产生不可追踪的传播。

研究人员通常使用诸如文字处理器的工具，这些工具不要求在出版物中呈现的结果和产生结果的分析之间有明确的联系。这些看似无害的做法导致了再现性的丧失：数字可能被手工复制到文档中，而图形则被剪切并粘贴到报告中。假设你以这种方式在报告中插入一个图形。你或其他任何人如何能够轻松地证明选择了正确的图形？

再现性分析是指把数据分析中的每一步都记录下来，不管它看起来多么微不足道。正如 TIER 项目所述，可再现的分析的要素如下。

数据：所有原始数据文件的原始格式。

元数据：编码本和其他理解数据所需的信息。

命令：提取、转换和加载数据所需的计算机代码，然后执行分析、拟合模型、生成图形显示。

映射：在输出和报告中的结果之间进行映射的文件。

美国统计协会(ASA)在其课程指南中指出了可再现性分析的重要性。R 语言的 Markdown 和 knitr 等新工具的开发极大地提高了这些方法在实践中的可用性。有关这些工具的介绍，请参见附录 D。

个人和组织一直在努力开发协议，以促进数据分析过程更加透明，并将其纳入从业人员和学生的工作流程中。我们团队中的一员曾是哈佛大学钱宁实验室研究项目组的一员。作为所有手稿审查过程的一部分，需要分析员审查用于生成结果的所有程序。此外，还有一个人负责检查论文中的每一个数字，以确保它是从结果中正确地转录出来的。北卡罗来纳大学的奥多姆社会科学研究所也在进行类似的实践，该组织为数个政治科学期刊执行第三方代码和数据验证。

示例：错误的数据合并

在第 5 章中，我们讨论了如何使用 join 操作将两个数据表合并在一起。然而，不正确的合并很难解开，除非合并过程的确切细节都已经被记录下来。dplyr 的 inner_join()函数可简化此过程。

2013 年发表在《大脑、行为和免疫》杂志上的一篇论文中，Kern 等人报道了免疫反应和抑郁之间的联系。值得称赞的是，作者后来注意到他们得到的结果，其实就是实验室结果和其他调查数据之间进行错误的数据合并后产生的结果。还有一篇被撤稿的论文[Kern et al., 2013]，以及一篇报告负面结果的、变更正了的论文[Kern et al., 2014]发表在同一期刊上。

在某些方面，这表明科学做得很好，最终正确的负面结果被发表了，作者采取了合乎道德的行动，向期刊编辑提醒了他们的错误。然而，如果作者一开始就遵守更严格的再现性标准(请参见附录 D)，这个错误很可能早就被发现了。

8.9　集体的道德准则

虽然科学是由个人或团队进行的，但作为一个整体，科学界是利益相关者。数据科学家面临的一些道德责任是由团体的集体性质造成的。

哥伦比亚大学的一个科学家团队发现，该组的一名前博士后在其他人不知情的情况下，捏造了《细胞》和《自然》杂志文章中的研究报告。不用说，博士后违背了他对同事和整个科学事业的道德义务。当不当行为被发现时，团队的其他成员对科学界负有道德义务。为了履行这一义务，他们通知了期刊，并撤回了那些被高度引用的论文。可以肯定的是，这样的事件甚至会玷污无辜团队成员的声誉，但是道德义务要比保护自己声誉的愿望更重要。

也许令人惊讶的是，有些情况下不发表自己的作品是不道德的。"发表偏倚"(或"文件抽屉问题")是指包含统计显著性(即 $p<0.05$)结果的报告比结果不具有统计意义的报告更容易被发表。许多情况下，这种偏倚是有益的；许多科学研究都是在追求那些最终证明是错误的假设，或是那些最终不可行的想法。

但是，随着许多研究小组研究类似的想法，甚至是同一个研究小组沿着许多并行的路径前进，"统计意义重大"的含义变得模糊甚至有缺陷。想象一下，100 个并行的研究努力去研究一种实际上根本没有效果的药物的效果。这些努力中大约有五项预计将达到一个误导性的"统计显著性"($p<0.05$)的结果。结合这一点和发表偏倚，科学文献可能只包括对碰巧有意义的五个项目的报告。孤立地说，五份这样的报告将被视为关于药物(非零假设)效果的实质性证据。对同一种药物进行 100 次并行研究似乎不太可能，但在任何给定的时间都有数以万计的研究工作在进行，其中任何一项即使没有真正的效果，也有 5%的机会产生显著的结果。

美国统计协会的道德指南指出，"从多重平行测试中选出一个'显著'结果会带来得出错误结论的重大风险。这种情况下，如果不公布全部的测试以及结果，就很容易产生误导。"因此，如果你在研究五种不同食物对五种不同健康指标的影响，你发现食用花椰菜与发生结肠癌有统计学上的显著关系，那么你不仅应该要持怀疑态度，你还应该在报告中包括其他 24 个测试的零假设结果，或者进行适当的统计校正来解释这些测试。通常情况下，可能有几种不同的结果衡量标准、几种不同的食物类型，以及几个潜在的协变量(年龄、性别、是否在婴儿时期接受母乳喂养、吸烟、居住或抚养的地理区域等)，因此很容易在没有意识到的情况下执行几十个或数百个不同的测试。

对于临床健康试验，有人努力通过试验注册来解决这个问题。在此类登记处(例如，https://clinicaltrials.gov)，研究人员会在事前或事后提供了他们的设计和分析方案。

8.10　职业道德行为准则

本章概述了职业道德的基本原则。有益的是，一些组织就专业精神、数据和方法的完整性、对利益相关者的责任、利益冲突以及对不当行为指控的回应等专题制定了详细的声明。美国统计协会(ASA)认可的职业道德框架提供了一个很好的基础原则。

美国国家科学院、国家工程院和医学院的科学、工程和公共政策委员会出版了第三版《作为一个科学家：负责任的研究行为指南》。该指南分为多个章节，其中有许多章节都与数据科学家高度相关(包括"数据处理""错误和疏忽""结果共享""利益竞争、承诺和价值观"和"社科研究人员")。

美国计算机协会(Association for Computing Machinery，简称 ACM)是全球最大的计算机协会，拥有超过 10 万名的会员，1992 年通过了一项道德规范(请参见 https://www.acm.org/about/code-of-ethics)。其他相关声明和行为准则也被一些组织和机构颁布，包括数据科学协会，国际统计研究所，以及联合国统计司。Belmont 报告概述了保护人类研究主体的道德准则和指导方针。

8.11　扩展资源

关于统计学中的道德问题的介绍，请参见[Hubert and Wainer (2012)]。美国国家科学院关于本科生数据科学的报告将数据伦理作为数据敏锐性的关键组成部分。该报告还包括一份数据科学家宣誓稿。

历史上有关美国统计局统计实践道德指南的观点请见[Ellenberg, 1983]。密歇根大学开设了一门关于"数据科学道德"的 EdX 课程。Carl Bergstrom 和 Jevin West 开发了一门课程"胡说八道：数字世界中的数据推理"。课程材料和相关资源可在 https://callingbullshit.org 获得.

Gelman 在过去几年里在 *CHANCE* 杂志上写了一篇关于统计学道德的专栏文章(请参见 Gelman (2011); Gelman and Loken (2012); Gelman (2012); Gelman (2020)等)。《数学毁灭武器：大数据如何增加不平等和民主威胁》描述了大数据和算法的一些可怕用途[O'Neil, 2016]。

教学数据科学博客有一系列关于数据伦理的文章(https://teachdatascience.com)。D'Ignazio 和 Klein(D'Ignazio and Klein, 2020)全面介绍了数据女权主义(与数据伦理道德形成对比)。ACM 公平、责任和透明度会议(FAccT)提供了数据伦理问题的跨学科关注点(https://facctconference.

org/2020)。

旨在发展开放科学框架(OSF)的开放科学中心是一个促进科学研究的开放性、完整性和可再现性的组织。OSF 为研究人员提供了一个在线平台来发布他们的科学项目。Emil Kirkegaard 使用 OSF 发布了他的 OkCupid 数据集。

哈佛大学定量社会科学研究所和伯克利社会科学透明度倡议是另外两个致力于促进社会科学可再现性研究的组织。美国政治协会已将数据访问和研究透明度(DA-RT)原则纳入其道德指南。http://www.consort-statement.org 上的试验报告综合标准(CONSORT)声明提供了有关临床试验分析和报告的详细指导。

由于不可再现从而导致科学错误的更多示例，请访问 http://retractionwatch.com/。例如，由于编码错误，关于重病和离婚率的联系的研究被撤回。

8.12   练习题

问题 1(易)：一位研究人员对 Twitter 上天气与情绪的关系很感兴趣。他们想从 www.wunderground.com 网站上爬取数据并在特定时间加入那个地理区域的 Tweets 上。一个复杂的问题是 Weather Underground 网站限制了可以使用 API(应用程序接口)免费下载的数据点的数量。研究人员设立了六个免费账户，让他们在较短时间内收集所需的数据。这种数据爬取方法违反了什么样的道德指南？

问题 2(中)：一位数据科学家对来自几个公共来源(选民登记、政治献金、税收记录)数据进行编辑，这些数据被用来预测社区中个人的性取向。哪些道德因素应该用来指导这些数据集的使用？

问题 3(中)：一位统计分析员对一所大学的性别与教学评价的关系进行了研究。他们对数据进行了探索性分析，并进行了一些双变量比较。在这些探索性分析的基础上，将教学评价的多个元素合并为单一的衡量指标。他们利用这些信息构建了一个多元回归模型，找到了偏差的证据。基于这种方法的分析可能会产生什么问题？

问题 4(中)：2006 年，美国在线发布了一个数据库，它存储了用户上个月使用过的搜索词(见 http://www.nytimes.com/2006/08/09/technology/09aol.html)。研究这一披露和随后的反应。涉及哪些道德问题？这一披露有什么潜在影响？

问题 5(中)：一位记者对巧克力进行了一项临床试验，在这项试验中，少数体重超标的受试者被随机分为吃黑巧克力或不吃黑巧克力。他们被跟踪了一段时间，从基准检查到研究结束，他们的体重变化被记录下来。记录了十几个结果，可以证明治疗组与结果相比有显著差异。这项研究已经被许多杂志和电视节目所报道。概述在这种情况下要考虑什么道德因素。

问题 6(中)：一篇批评文章(http://tinyurl.com/slate-ethics)讨论了是否应将种族/种族渊源纳入一个预测模型，该模型用来预测无家可归家庭将在无家可归者服务站中停留多久。讨论是否应将种族/种族渊源作为预测因子纳入该模型所涉及的道德思考。

　　问题 7(中)：在美国，《机密信息保护和统计效率法》(CIPSEA)规定了劳动统计局和人口普查局等机构收集的数据的保密性。对故意向未经授权的人披露受保护信息的处罚是什么？

　　问题 8(中)：一名数据分析员获准发布从社交媒体网站上爬取的数据集。完整的数据集包括姓名、屏幕标题、电子邮件地址、地理位置、IP(Internet 协议)地址、人口统计配置文件和关系偏好。为什么在删除姓名和电子邮件地址的情况下发布此数据集的未识别表单会有问题？

　　问题 9(中)：一家公司使用机器学习算法来决定为搜索技术职位的用户显示哪个招聘广告。根据过去的结果，该算法倾向于显示女性的薪酬低于男性(在控制了性别以外的其他特征之后)。在审查该算法时，可能会考虑哪些道德因素？

　　问题 10(难)：一个研究小组希望筛选出一组变量，将其包含在最终的多元回归模型中。他们有 100 个变量，基于 $n = 250$ 个观察测量了一个结果。他们使用了以下步骤：

　　1. 将 100 个双变量模型中的每一个都作为一个预测因子的函数进行拟合。

　　2. 在整体模型中包括所有重要的预测因子。

　　假设任何预测因子和结果之间都没有关联(假设所有预测值都是多元正态且独立的)，整个测试的 p 值分布是什么样子的。运行一个仿真来核实你的答案。

8.13　附加练习

　　可从 https://mdsr-book.github.io/mdsr2e/ch-ethics.html#ethics-online-exercises 获得。

第 II 部分

统计与建模

第 9 章

统计基础

数据科学的最终目标是从数据中提取有意义的信息。数据整理和可视化是达到这一目的的工具。整理操作重新组织案例和变量，使数据更易于解释。可视化是将我们的思想与数据联系起来的主要工具，使我们能搜索到有意义的信息。

可视化之所以强大，是因为人类的视觉认知能力很强。我们非常擅长观察图案，即使部分被随机噪音数据所遮蔽。另一方面，我们也很擅长观察模式，即使它们不存在。人们很容易被随机噪声中出现的偶然的、转瞬即逝的模式所误导。因此，重要的是能够辨别出我们所看到的强大和鲁棒的模式，以至于我们可以确信它们不仅仅是意外。

统计方法用来量化模式及其强度，是解释数据的基本工具。如本书后面所见，这些方法对于寻找过于复杂或具有多面性而无法直观看到的模式也是至关重要的。

有些人认为大数据已经使统计过时了。理由是，有了大量数据，这些数据可以清楚地说明问题。然而，我们将看到这是错误的。有效利用数据的原则是统计方法学的核心，这一原则导致人们对如何利用数据进行了更深入的思考，这种思考同样适用于大型数据集。

在本章中，我们将介绍贯穿于数据科学的统计学的关键思想，这些内容在本书的后面也会得到加强。同时，本章中使用的扩展示例将展示循环使用整理、探索、可视化和建模等操作的数据科学工作流。

9.1 样本和总体

在前面的章节中，我们认为数据是固定的。事实上，"Data(数据)"一词源于拉丁语中的"given(给定)"一词，任何一组数据都被视为给定的。

统计方法学是由一个更广泛的视角来主导的。通常来说，我们手头的数据是固定的，但是方法学假设现有案例是从更大规模的潜在案例中提取的。给定的数据是更大规模的潜在案例(即总体)的一个样本。在统计方法学中，我们以这一总体为背景来看待案例样本。我们可以想象可能从总体中提取其他样本。

同时，我们认为可能还有其他变量可以从总体中测量出来。我们允许自己构造具有特殊特征的新变量：任何涉及新变量的模式都保证是随机的和偶然的。我们将使用的工具包括概率数学或集合中的随机选择方法，这些工具从总体中获得假设案例和人为的无模式变量。

在下一节中，将阐明我们所获得的样本和总体之间的一些联系。为此，我们将使用一种技巧：建造一个容纳整个总体的场地。然后，我们可以使用从这个总体中随机选取的小规模案例集组成的数据。这样可在一个我们知道"正确"答案的环境中演示和证明统计方法的合理性。通过这种方式，就可以想象出统计方法能给我们多大的信心来支持所看到的模式。

示例：从总体中抽样制定旅游计划

假设你被要求为纽约市的商务旅行者制定一项旅行计划。假设旅客要在指定时间 t 在旧金山(机场代码 SFO)开会。要制定的计划将说明可接受航班应比 t 早多少时间到达，这样可以避免因航班延误而迟到。

为解释这个示例的目的，回顾一下上一节，我们假设手头已经有了航班完整的总体数据。为此，我们将使用 nycflights13 包中 2013 年的 336 776 个航班，这些数据包括 2013 年纽约市机场的航班延误信息。我们制定的计划是 2013 年的，当然，这在实践中是不现实的。如果我们有完整的总体数据，可简单地查找最好的航班，及时参加会议！

更现实地说，问题就在于根据已经收集到的数据样本制定今年的计划。我们将从进入 SFO 的航班总体数据中抽取一个样本来模拟这种情况。在这里的场景里，SF 扮演着总体的角色，包含了这些航班的全部集合。

```
library(tidyverse)
library(mdsr)
library(nycflights13)
SF <- flights %>%
  filter(dest == "SFO", !is.na(arr_delay))
```

我们只需要从这个总体中抽取一个样本。现在，我们将样本大小设置为 n=25 个案例。

```
set.seed(101)
sf_25 <- SF %>%
  slice_sample(n = 25)
```

制定策略的一个简单(但朴素)的方法是寻找最长的航班延误，并注意安排相应的旅行来处理这种延误。

```
sf_25 %>%
  skim(arr_delay)
```

```
-- Variable type: numeric -----------------------------------------------
  var         n   na   mean    sd   p0   p25   p50   p75   p100
1 arr_delay  25    0   0.12   29.8  -38   -23    -5    14    103
```

最大延迟为 103 分钟，约 2 小时。那么，旅行计划是不是应该让旅客至少提前两小时到达旧金山？在我们的示例环境中，可以查看全部航班，看看 2013 年最严重的延误是什么。

```
SF %>%
skim(arr_delay)
```

```
-- Variable type: numeric ---------------------------------------
  var       n   na  mean    sd  p0  p25  p50  p75  p100
1 arr_delay 13173  0  2.67  47.7 -86  -23   -8   12  1007
```

请注意，样本的结果与总体的结果是不同的。在总体中，最长的延迟是 1007 分钟，约为 17 小时。这里表明，为了避免错过一个会议，你应该在会议前一天出差，才能足够安全，但是：

- 额外的一天旅行在住宿、膳食和旅行者的时间方面的代价都是非常昂贵的；
- 即便如此，也不能保证延误不会超过 1007 分钟。

明智的旅行计划将以迟到的小概率与节省的成本和旅行者的时间进行权衡。例如，你可能认为只有 2% 的概率迟到是可以接受的，即 98% 的准点率。

这是我们的数据样本中延迟到达的第 98 个百分位：

```
sf_25 %>%
  summarize(q98 = quantile(arr_delay, p = 0.98))
```

```
# A tibble: 1 x 1
   q98
  <dbl>
1 67.5
```

延误 68 分钟是一个多小时。计算很容易，但这个答案有多好？这不是一个关于第 98 个百分位计算是否正确的问题，任何称职的数据科学家都会这样。问题是：假设我们真的用了 90 分钟的旅行计划。这在实现我们只以 2% 的概率发生会议迟到的意图方面有多大作用？

有了总体数据，要回答这个问题就很容易了。

```
SF %>%
  group_by(arr_delay < 90) %>%
  count() %>%
  mutate(pct = n / nrow(SF))
```

```
# A tibble: 2 x 3
# Groups:  arr_delay < 90 [2]
  `arr_delay < 90`   n     pct
  <lgl>            <int>   <dbl>
1 FALSE             640   0.0486
2 TRUE            12533   0.951
```

90 分钟的计划将有 5% 的概率达不到目标，比我们预期的要糟糕得多。为了正确命中 2% 的时间标记，我们需要将计划从 90 分钟增加到一个什么值？

有了总体数据，很容易计算到达延迟的第 98 个百分位：

```
SF %>%
  summarize(q98 = quantile(arr_delay, p = 0.98))
```

```
# A tibble: 1 x 1
   q98
  <dbl>
```

```
1    153
```

应该是 150 分钟，不是 90 分钟。

但在现实世界许多重要的情况中，我们无法访问总体数据。我们只有样本，如何使用样本来判断从样本中得到的结果是否足以达到 98%的目标？如果它不够好，一个样本应该需要多大才能给出一个可能足够好的结果？这就是统计学中的概念和方法的来源。

我们将在本章中继续探讨这个示例。除了回答最初的问题，我们还将研究旅行计划在多大程度上依赖于航空公司、一年中的哪段时间、一天中的哪一小时和一星期中的哪一天。

我们将建立的基本概念是样本统计，例如平均值和标准差。这些主题在统计学入门书籍中都有介绍。尚未遇到这些问题的读者应阅读介绍性的统计书籍，例如书籍 *OpenIntro Statistics* (http://openintro.org)、附录 E 或第 9.8 节(扩展资源)中的资料。

9.2　样本统计

统计学(statistics，复数形式)是一个与数据科学重叠并对其作出贡献的领域。统计(statistic，单数形式)是一个表示数据汇总的数字。理想情况下，一个统计数据可以从多个独立的观察中获取所有有用的信息。

当我们计算一个样本的第 98 个百分位数时，我们是在计算许多可能的样本统计数据中的一个。有许多的样本统计数据，例如一个变量的平均值、标准差、中位数、最大值和最小值。结果发现，诸如最大值和最小值这样的样本统计数据并不是很有用。原因是没有一个可靠的方法来计算样本统计数据在多大程度上反映了总体中正在发生的事情。同样，对于小样本(例如我们 25 次飞往旧金山的航班)而言，第 98 个百分位数也不是一个可靠的样本统计数据，因为它在不同的小样本中会有很大的变化。

另一方面，中位数是一个更可靠的样本统计。在一定条件下，平均值和标准差也是可靠的。换言之，有现成的技术可从样本本身计算出样本统计数据对总体的反映程度。

抽样分布

最终，我们需要从样本本身计算出样本统计的可靠性。不过，目前将利用总体来发展一些关于如何定义可靠性的想法。所以我们仍然会处于场地上，那里有我们的总体。

如果要从总体中收集一个新样本,这个新样本上的样本统计数据与在原始样本上计算的相同统计数据有多相似？或者，它们有点不同，如果我们从总体中抽取许多不同的样本，每个样本的大小都是 n，然后计算出每个样本的样本统计量，那么所有样本的样本统计数据会有多相似？

有了总体，就很容易弄清楚这个问题；多次使用 sample_n()并计算每个试验的样本统计数据。例如，这里有两个试验，我们在每个试验中取样并计算平均的到达延迟时间(下一节将解释 replace=FALSE。简而言之，这意味着类似于从一组牌中抽取样本：没有一张牌可在一只手上出现两次)。

```
n <- 25
SF %>%
  slice_sample(n = n) %>%
  summarize(mean_arr_delay = mean(arr_delay))
```

```
# A tibble: 1 x 1
  mean_arr_delay
          <dbl>
1          8.32
```

```
SF %>%
  slice_sample(n = n) %>%
  summarize(mean_arr_delay = mean(arr_delay))
```

```
# A tibble: 1 x 1
  mean_arr_delay
          <dbl>
1          19.8
```

也许进行多次试验会更好(尽管每一次都需要在现实世界中付出相当大的努力)。purrr 包(请参见第 7 章)中的 map()函数使我们能自动执行这个过程。下面是 500 次试验的结果。

```
num_trials <- 500
sf_25_means <- 1:num_trials %>%
  map_dfr(
    ~ SF %>%
      slice_sample(n = n) %>%
      summarize(mean_arr_delay = mean(arr_delay))
  ) %>%
  mutate(n = n)

head(sf_25_means)
```

```
# A tibble: 6 x 2
  mean_arr_delay       n
          <dbl>   <dbl>
1         -3.64      25
2          1.08      25
3          16.2      25
4         -2.64      25
5          0.4       25
6          8.04      25
```

我们现在有 500 次试验,每一次都计算了平均的到达延迟时间。让我们来看看最终的分布情况。

```
sf_25_means %>%
  skim(mean_arr_delay)
```

```
-- Variable type: numeric --------------------------------------
  var                n  na  mean    sd    p0   p25   p50   p75  p100
1 mean_arr_delay   500   0  1.78  9.22  -17.2  -4.37  0.76  7.36  57.3
```

为了讨论可靠性,我们需要定义一些标准化的词汇,这对讨论很有帮助。

- 样本量(sample size)是样本中的案例数，通常用 n 表示。在上面，样本量为 n=25。
- 抽样分布(sampling distribution)是所有试验的样本统计数据的集合。这里进行了 500 次试验，但只要试验的数量很大，确切的试验数量并不重要。
- 抽样分布的形状(shape)值得注意。这里有点偏右。我们可以说，因为在这种情况下，平均值是中位数的两倍以上。
- 标准误差(standard error)是抽样分布的标准差。它描述了抽样分布的宽度。对于计算 n=25 样本中样本平均值的试验，标准误差为 9.22 分钟。你可以在上面 skim() 的输出中看到这个值，因为样本的标准偏差意味着我们生成的值。
- 95%置信区间(confidence interval)是总结抽样分布的另一种方法。从图 9.1(左面板)可以看出，它的区间约为-16 至+20 分钟。区间可用于确定真实平均到达延迟时间的合理值。区间通常是根据抽样分布的平均值和标准误差来计算的：

```
sf_25_means %>%
  summarize(
    x_bar = mean(mean_arr_delay),
    se = sd(mean_arr_delay)
  ) %>%
  mutate(
    ci_lower = x_bar - 2 * se, # approximately 95% of observations
    ci_upper = x_bar + 2 * se # are within two standard errors
  )
```

```
# A tibble: 1 x 4
  x_bar    se ci_lower ci_upper
  <dbl> <dbl>    <dbl>    <dbl>
1  1.78  9.22    -16.7     20.2
```

或者，可以使用 t 检验直接计算。

```
sf_25_means %>%
  pull(mean_arr_delay) %>%
  t.test()
  One Sample t-test

data: .
t = 4, df = 499, p-value = 2e-05
alternative hypothesis: true mean is not equal to 0
95 percent confidence interval:
  0.969 2.590
sample estimates:
mean of x
     1.78
```

专业提示 27： 这个词汇一开始可能会很混乱。请记住，"标准误差"和"置信区间"总是描述抽样分布，而不是用来描述总体和单个样本。标准误差和置信区间是两种不同但密切相关的形式，用于描述计算样本统计的可靠性。

统计方法允许你解决的一个重要问题是，要获得具有可接受的可靠性的结果，需要多大的样本量 n。什么是"可接受"取决于你要达到的目标。但测量可靠性是一个简单的问题，即找到标准误差和/或置信区间。

注意，样本统计数据变化很大。对于数量 $n=25$ 的样品，其范围为-17 至 57 分钟。这是一个重要信息。它说明了样本平均值对于 $n=25$ 的样本的到达延迟时间的可靠性。图 9.1(左)用直方图形式显示了试验的分布。

在这个示例中，我们使用了一个 $n=25$ 的样本量，发现了 9.2 分钟的标准误差。如果我们使用更大的样本，比如 $n=100$，会发生什么？计算方法与之前相同，但 n 不同。

```
n <- 100
sf_100_means <- 1:500 %>%
  map_dfr(
    ~ SF %>%
      slice_sample(n = n) %>%
      summarize(mean_arr_delay = mean(arr_delay))
  ) %>%
  mutate(n = n)
```

```
sf_25_means %>%
  bind_rows(sf_100_means) %>%
  ggplot(aes(x = mean_arr_delay)) +
  geom_histogram(bins = 30) +
  facet_grid( ~ n) +
  xlab("Sample mean")
```

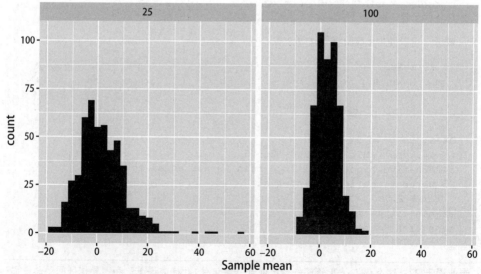

图 9.1　样本量为 $n=25$(左)以及更大的样本量 $n=100$(右)的平均到达延迟的抽样分布。
　　　注意，对于较大的样本量，抽样分布的变化较小

图 9.1(右面板)还显示了 $n = 25$ 和 $n = 100$ 样本量的抽样分布形状。比较两种抽样分布，一种是 $n = 25$，另一种是 $n = 100$，显示了对统计数据来说通常是正确的一些模式(如平均值)：

- 两个采样分布的中心值相同。
- 样本量越大，标准误差越小。也就是说，较大的样本量比较小的样本量更可靠。你可以看到 $n = 100$ 的标准偏差是 $n = 25$ 的一半。通常情况下，抽样分布的标准误差与样本量的关系大致表现为 $1/\sqrt{n}$。
- 对于大的样本量，样本分布的形状趋于钟形。在一些古老的术语中，这种形状通常被称为正态分布。事实上，这种分布在统计学中经常出现，但其他任何分布形式都不是特别常见。

9.3　自举

在前面的示例中，我们可以访问总体数据，因此我们可以通过从总体中重复抽样来找到抽样分布。然而，实际上，我们只有一个样本，而不是整个总体。自举(bootstrap)是一种统计方法，使我们能在不接触总体的情况下近似估计抽样分布。

自举过程中涉及的逻辑飞跃是将样本本身视为总体。在前面的示例中，我们从总体中提取了许多样本，现在将从原始样本中提取许多新样本。此过程称为重采样：从现有样本中提取新样本。

当从总体中抽样时，我们当然会确保不重复任何一个案例，就像同一只手永远不会处理同一张扑克牌两次一样。然而，在重采样时，我们确实允许这种重复(事实上，这就是让我们能够估计样本的多变性的原因)。也就是说，我们可以通过替换进行抽样。

为说明这一点，考虑 three_flights，它是从航班数据中提取的非常小的样本(n=3)。请注意，three_flights 中的每个案例都是唯一的，即没有重复项。

```
three_flights <- SF %>%
  slice_sample(n = 3, replace = FALSE) %>%
  select(year, month, day, dep_time)
three_flights
```

```
# A tibble: 3 x 4
   year month   day dep_time
  <int> <int> <int>    <int>
1  2013    11     4      726
2  2013     3    12      734
3  2013     3    25     1702
```

从 three_flights 中重采样是通过将 replace 参数设置为 TRUE 来完成的，这允许样本包含重复项。

```
three_flights %>% slice_sample(n = 3, replace = TRUE)
```

```
# A tibble: 3 x 4
   year month    day dep_time
```

```
   <int> <int> <int>    <int>
1  2013     3    25     1702
2  2013    11     4      726
3  2013     3    12      734
```

在这个特定的重采样中，每一个案例出现 1 次(但是顺序不一样)。这是一个运气的问题。
我们再试一次。

```
three_flights %>% slice_sample(n = 3, replace = TRUE)
```

```
# A tibble: 3 x 4
   year month   day dep_time
  <int> <int> <int>    <int>
1  2013     3    12      734
2  2013     3    12      734
3  2013     3    25     1702
```

此重采样有一个案例的拥有 2 个实例，另一个案例的只有 1 个实例。

自举不会产生新的案例：它不是一种收集数据的方法。实际上，构建一个样本涉及一些真实的数据采集工作，例如，实地工作，或实验室工作，或使用信息技术系统来整合数据。在这个示例中，我们省去了所有的努力，只需要从总体中随机选择 SF。我们唯一一次使用总体的方法是提取原始样本，与以往一样，我们不用替换样本。

让我们使用自举方法来计算 200 个样本的平均到达时间的可靠性。通常，这就是我们所能观察到的关于总体的所有信息。

```
n <- 200
orig_sample <- SF %>%
  slice_sample(n = n, replace = FALSE)
```

现在，有了手中的原始样本，我们可以提取一个重采样并计算平均到达延迟。

```
orig_sample %>%
  slice_sample(n = n, replace = TRUE) %>%
  summarize(mean_arr_delay = mean(arr_delay))
```

```
# A tibble: 1 x 1
  mean_arr_delay
           <dbl>
1           6.80
```

通过多次重复此过程，我们将能看到每个样本之间的差异有多大：

```
sf_200_bs <- 1:num_trials %>%
  map_dfr(
    ~orig_sample %>%
      slice_sample(n = n, replace = TRUE) %>%
      summarize(mean_arr_delay = mean(arr_delay))
  ) %>%
  mutate(n = n)

sf_200_bs %>%
```

```
skim(mean_arr_delay)
```

```
-- Variable type: numeric ------------------------------------------
  var                n   na  mean   sd     p0     p25   p50   p75   p100
1 mean_arr_delay    500   0  3.05  3.09  -5.03   1.01    3   5.14  13.1
```

我们可以估计到达延迟的标准差约为 3.1 分钟。

通常，我们无法检查这个结果。但因为我们可以访问本例中的总体数据，所以在这里可以。将自举估计与 *n*=200 的一组样本(假设)进行比较，这些样本来自于 SF 航班(总体)。

```
sf_200_pop <- 1:num_trials %>%
  map_dfr(
    ~SF %>%
      slice_sample(n = n, replace = TRUE) %>%
      summarize(mean_arr_delay = mean(arr_delay))
  ) %>%
  mutate(n = n)

sf_200_pop %>%
  skim(mean_arr_delay)
```

```
-- Variable type: numeric ------------------------------------------
  var                n   na  mean   sd     p0     p25    p50   p75   p100
1 mean_arr_delay    500   0  2.59  3.34  -5.90   0.235  2.51  4.80  14.2
```

注意，自举(sf_200_bs)中没有使用总体，只使用了原始样本。值得注意的是，用这种方法计算的标准误差为 3.1 分钟，是抽样分布标准误差(3.3 分钟)的合理近似值，是通过从总体中抽取重复样本计算得出。

自举试验中的值的分布称为自举分布。它与抽样分布并不完全相同，但对于中等规模到大规模样本量，它已经被证明近似于我们最关心的抽样分布的这些方面，例如标准误差和分位数 [Efron and Tibshirani, 1993]。

示例：设置旅行计划

让我们回到最初的示例：为选择从纽约到旧金山的航班制定旅行计划。回顾一下，我们决定设定一个目标，98%的概率准时到达会议现场。我们可从 n=200 个航班的样本中计算出第 98 个百分位，并使用自举方法来查看样本统计的可靠性。

这个样本本身就暗示了一个计划，即安排航班提前 141 分钟到达。

```
orig_sample %>%
  summarize(q98 = quantile(arr_delay, p = 0.98))

# A tibble: 1 x 1
    q98
  <dbl>
1  141.
```

我们可以用自举法来检验这个估计的可靠性。

```
n <- nrow(orig_sample)
sf_200_bs <- 1:num_trials %>%
  map_dfr(
    ~orig_sample %>%
      slice_sample(n = n, replace = TRUE) %>%
      summarize(q98 = quantile(arr_delay, p = 0.98))
  )

sf_200_bs %>%
  skim(q98)
```

```
-- Variable type: numeric -------------------------------------------
  var         n    na   mean     sd    p0   p25   p50   p75   p100
1 q98       500     0   140.   29.2  53.0  123.  141   154.  196.
```

自举的标准误差大约为 29 分钟。相应的 95%置信区间为 140±58 分钟。基于这一点的计划实际上是一次冒险:不太可能达到目标。

一个解决问题的方法可能是收集更多数据,希望得到更可靠的第 98 个百分位的估计值。让我们生成一个 $n = 10\ 000$ 个案例的样本。

```
set.seed(1001)
n_large <- 10000
sf_10000_bs <- SF %>%
  slice_sample(n = n_large, replace = FALSE)

sf_200_bs <- 1:num_trials %>%
  map_dfr(~sf_10000_bs %>%
      slice_sample(n = n_large, replace = TRUE) %>%
      summarize(q98 = quantile(arr_delay, p = 0.98))
  )

sf_200_bs %>%
  skim(q98)
```

```
-- Variable type: numeric -------------------------------------------
  var         n    na   mean     sd    p0   p25   p50   p75   p100
1 q98       500     0   154.   4.14  139.  151.  153.  156.   169
```

标准差变窄很得多了,即 154±8 分钟。有了更多数据,就更容易完善估计,尤其是估计值的尾部。

9.4　异常值

更多数据有助于识别异常或极端事件:异常值。假设我们将任何延误 7 小时(420 分钟)或更长时间的航班视为极端事件(请参见 15.5 节)。尽管这是一个随意的选择,420 分钟对于标识严重延误的航班来说可能是很有价值的。

```
SF %>%
  filter(arr_delay >= 420) %>%
```

```
    select(month, day, dep_delay, arr_delay, carrier)

# A tibble: 7 x 5
    month    day dep_delay arr_delay  carrier
    <int> <int>     <dbl>     <dbl>   <chr>
1     12     7       374       422    UA
2      7     6       589       561    DL
3      7     7       629       676    VX
4      7     7       653       632    VX
5      7    10       453       445    B6
6      7    10       432       433    VX
7      9    20      1014      1007    AA
```

大多数很长时间的延误(七分之五)发生在 7 月份，维珍美国公司(Virgin America，VX)是最常见的违规者。显然，这为我们提出了一条改善商务旅行计划结果的可能途径。我们可以告诉人们 7 月份需要提前到达，并避免使用 VX。

但我们不要着急。异常值本身可能具有误导性，这些异常值只占 2013 年飞往旧金山航班的一小部分。这只是目标的一小部分(目标是按时开会的失败率为 2%)。2013 年 7 月，SFO 发生了一起更罕见的事件：韩亚航空 214 航班的坠机。我们可以去掉这些点，以便更好地了解这个分布的主要部分。

专业提示28：*异常值通常可以告诉我们一些有趣的事情。如何处理取决于它们形成的原因。应该修复由于数据不规则或错误而导致的异常值。其他异常值可能会产生重要的现象。除非有明确的理由，否则不应删除异常值。如果异常值被删除，则我们应清楚地报告。*

图 9.2 显示了没有这些异常值的直方图。

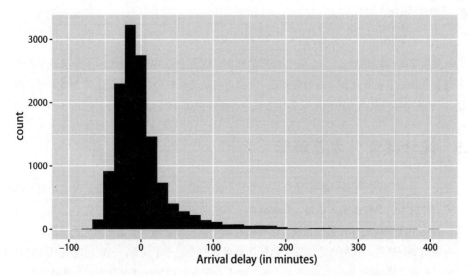

图 9.2　2013 年纽约机场至旧金山延误时间少于 7 小时的航班的延误时间分布。分布的特点是有一个很长的右尾(即使在修剪了异常值之后)

```
SF %>%
  filter(arr_delay < 420) %>%
  ggplot(aes(arr_delay)) +
  geom_histogram(binwidth = 15) +
  labs(x = "Arrival delay (in minutes)")
```

请注意，大多数航班到达时没有任何延误或延误不超过 60 分钟。我们是否能够识别出可能发生更长延误时间的模式？14 个异常值表明，航班发生的月份或承运人可能与长时间延误有关。让我们看看在大多数数据中这是如何展现的。

```
SF %>%
  mutate(long_delay = arr_delay > 60) %>%
  group_by(month, long_delay) %>%
  count() %>%
  pivot_wider(names_from = month, values_from = n) %>%
  data.frame()
```

	long_delay	X1	X2	X3	X4	X5	X6	X7	X8	X9	X10	X11	X12
1	FALSE	856	741	812	993	1128	980	966	1159	1124	1177	1107	1093
2	TRUE	29	21	61	112	65	209	226	96	65	36	51	66

我们看到 6 月和 7 月是产生问题的月份。

```
SF %>%
  mutate(long_delay = arr_delay > 60) %>%
  group_by(carrier, long_delay) %>%
  count() %>%
  pivot_wider(names_from = carrier, values_from = n) %>%
  data.frame()
```

	long_delay	AA	B6	DL	UA	VX
1	FALSE	1250	934	1757	6236	1959
2	TRUE	148	86	91	492	220

达美航空(Delta Airlines, DL)具有合理的表现。这两个简单的分析暗示了一项计划，该计划可能会建议旅客在 6 月和 7 月提前到达，并考虑将达美航空公司作为前往旧金山国际机场的航空公司(有关哪些航空公司的延误总体上较少，请参见第 15.5 节)。

9.5　统计模型：方差解释

在上一节中，我们使用一年中的月份和航空公司来减少不可接受的航班延误风险很大的情况。另一种思考这个问题的方法是，我们解释了不同航班的延误时间的部分方差。统计建模提供了一种将不同变量进行关联的方法，这样做有助于我们更好地了解正在研究的系统。

为说明如何建模，我们考虑航空公司延误数据集中的另一个问题：预定的起飞时间对预期航班延误有什么影响(如果有)？许多人认为，由于航班延误往往会在一天中产生连锁反应，所以早班飞机延误的可能性较小。这一理论是否得到了数据的支持？

我们首先从考虑一天中的时间开始。在 nycflights13 包中，flights 数据框有一个变量(hour)，用于定义被安排的起飞时间，具体到小时。

```
SF %>%
  group_by(hour) %>%
  count() %>%
  pivot_wider(names_from = hour, values_from = n) %>%
  data.frame()
```

```
  X5 X6  X7   X8  X9  X10  X11 X12 X13 X14 X15 X16 X17  X18  X19 X20 X21
1 55 663 1696 987 429 1744 413 504 476 528 946 897 1491 1091 731 465  57
```

我们看到许多航班都安排在清晨到上午，以及下午晚些时候到傍晚这些时间段。凌晨 5 点之前或晚上 10 点之后都没有安排。

让我们来看看航班到达延迟是如何与小时表示的时间相关的。我们将用两种方法来执行这个分析：首先使用标准的箱形图来显示到达延迟时间的分布；其次使用一种称为线性模型的统计模型来跟踪一天中的平均到达延迟。

```
SF %>%
  ggplot(aes(x = hour, y = arr_delay)) +
  geom_boxplot(alpha = 0.1, aes(group = hour)) +
  geom_smooth(method = "lm") +
  xlab("Scheduled hour of departure") +
  ylab("Arrival delay (minutes)") +
  coord_cartesian(ylim = c(-30, 120))
```

图 9.3 显示了到达延迟与安排起飞时间的关系。平均到达延误时间在一天中呈现增长趋势，该趋势线本身是通过回归模型创建的(参见附录 E)。

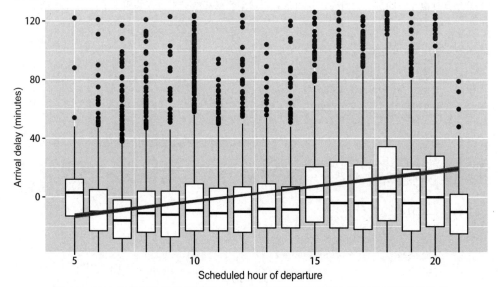

图 9.3　2013 年从纽约机场飞往旧金山的航班到达延迟时间与计划起飞时间的关联

```
mod1 <- lm(arr_delay ~ hour, data = SF)
broom::tidy(mod1)
```

```
# A tibble: 2 x 5
  term          estimate  std.error  statistic    p.value
  <chr>            <dbl>      <dbl>      <dbl>      <dbl>
1 (Intercept)     -22.9       1.23      -18.6   2.88e- 76
2 hour             2.01     0.0915       22.0   1.78e-105
```

小时的"估计值"下的数字表明到达延迟时间每小时增加约 2 分钟。在 15 个小时的航班中，这个现象导致航班在一天结束时的到达延误时间增加了 30 分钟。broom 包中的 tidy()函数也能计算标准误差：每小时 0.09 分钟。或者，以 95%的置信区间定义，该模型表明到达延迟时间每小时增加 2:0±0:18 分钟。

最右边的一列给出了 p 值，这是一种将估计值和标准误差转换为 0~1 区间的方法。按照惯例，低于 0.05 的 p 值提供了一种证明，即随机的、偶然的模式不可能产生像观察到的那样大的估计值。报告中给出的微小 p 值(2e-16 是 0.0000000000000002)是另一种说法，即这个置信区间排除了到达延迟每小时增加两分钟只是一种偶然模式的可能性。

尽管给出 p 值几乎是一种普遍做法，但它们经常被误解，甚至被科学家和其他专业人士误解。p 值传递的信息比通常想象的要少得多："证明"可能不值得出现在上面的纸张上(请参见第 9.7 节)。

我们能做得更好吗？还有哪些因素可以帮助解释航班延误？让我们看出发机场、航空公司、一年中的月份和星期几。一些数据整理方法能让我们从一年、一个月和一个月的第几天中提取出星期几(dow)。我们还将创建一个变量 season，总结我们已经知道的该月份的信息：六月和七月是具有很长时间延迟的月份。这些信息将被用作解释变量来解释响应变量：到达延迟时间。

```
library(lubridate)
SF <- SF %>%
  mutate(
    day = as.Date(time_hour),
    dow = as.character(wday(day, label = TRUE)),
    season = ifelse(month %in% 6:7, "summer", "other month")
  )
```

现在可建立一个模型，该模型包括我们想用来解释到达延迟时间的变量。

```
mod2 <- lm(arr_delay ~ hour + origin + carrier + season + dow, data = SF)
broom::tidy(mod2)
```

```
# A tibble: 14 x 5
   term          estimate  std.error  statistic    p.value
   <chr>            <dbl>      <dbl>      <dbl>      <dbl>
 1 (Intercept)     -24.6       2.17      -11.3   1.27e- 29
 2 hour             2.08     0.0898       23.2   1.44e-116
 3 originJFK        4.12       1.00       4.10   4.17e-  5
 4 carrierB6      -10.3        1.88      -5.49   4.07e-  8
 5 carrierDL      -18.4        1.62      -11.4   5.88e- 30
```

6	carrierUA	-4.76	1.48	-3.21	1.31e- 3
7	carrierVX	-5.06	1.60	-3.17	1.54e- 3
8	seasonsummer	25.3	1.03	24.5	5.20e-130
9	dowMon	1.74	1.45	1.20	2.28e- 1
10	dowSat	-5.60	1.55	-3.62	2.98e- 4
11	dowSun	5.12	1.48	3.46	5.32e- 4
12	dowThu	3.16	1.45	2.18	2.90e- 2
13	dowTue	-1.65	1.45	-1.14	2.53e- 1
14	dowWed	-0.884	1.45	-0.610	5.42e- 1

estimate 列中的数字告诉我们，如果离开的是肯尼迪(JFK)机场(而不是 EWR，即纽瓦克机场，它是一个参考组)，我们应该增加 4.1 分钟的平均延误。Delta 的平均时延比其他航空公司好。6 月和 7 月(25 分钟)和周日(5 分钟)的平均延误更长。

该模型还表明，星期天大约额外延迟 5 分钟；星期六平均少延迟 6 分钟(一周中的每一天都与星期五进行比较)。标准误差告诉我们这些估计的精确度；p 值描述了单个模式是否与意外发生的情况一致，即使变量之间没有系统关联。

在本例中，我们使用 lm() 来构造所谓的线性模型。线性模型描述了响应变量的平均值如何随解释变量而变化。它们是应用最广泛的统计建模技术，但也有其他方法。特别是，由于我们最初的动机是制定关于商务旅行的计划，可能需要一种建模技术，让我们看看另一个问题，如航班晚点超过 100 分钟的概率有多大? 在不需要详细说明的情况下，我们认为一种称为 logistic 回归的技术是适合这种二分结果的情况(更多示例请参见第 11 章和 E.5 节)。

9.6　混淆和解释其他因素

每当讨论统计学时，我们都会对学生灌输"相关性并不意味着因果关系"这个思想。虽然这一说法肯定是正确的，但它不一定对我们很有帮助。

有时相关性确实意味着因果关系(不仅是在仔细进行的随机试验中)。观测数据的一个主要问题是，其他因素是否可能是两个因素之间观察到的关系的决定性因素。其他这些因素可能会混淆正在研究的关系。

科学实验中的随机试验被认为是实证研究的黄金标准。这种试验有时称为 A/B 测试，通常用于比较治疗效果(例如，两个不同的网页)。通过控制谁接受新的干预和谁接受控制(或标准治疗)，研究者确保，从平均意义上讲，其他所有因素在两组之间是平衡的。这使他们可以得出结论，如果在试验结束时测量的结果存在差异，可将其归因于该治疗的应用。值得注意的是，如果受试者不遵守治疗或在随访中失败，随机试验也可能产生混淆。

虽然它们是理想的，但随机试验在许多情况下并不实用。为了确定香烟是否会导致肺癌，我们随机让一些儿童吸烟而另一些儿童不吸烟是不道德的。将成年人随机分为喝咖啡或不喝咖啡来确定它是否对健康有长期影响是不实际的。观察或"发现"数据可能是回答重要问题的唯一可行方法。

让我们考虑一个混淆的例子，该例子利用了 50 个州的每一个州的教师平均薪资(2010)和平均 SAT 得分的观察数据。学术能力倾向测验(SAT)是一种高难度的大学入学考试。教师工资越高，州一级考试的成绩越好吗? 如果是这样，我们是否应该调整工资以提高考试成绩? 图 9.4 显示了这些数据的散点图。我们还拟合了一个线性回归模型。

```
SAT_2010 <- SAT_2010 %>%
  mutate(Salary = salary/1000)
SAT_plot <- ggplot(data = SAT_2010, aes(x = Salary, y = total)) +
  geom_point() +
  geom_smooth(method = "lm") +
  ylab("Average total score on the SAT") +
  xlab("Average teacher salary (thousands of USD)")
SAT_plot
```

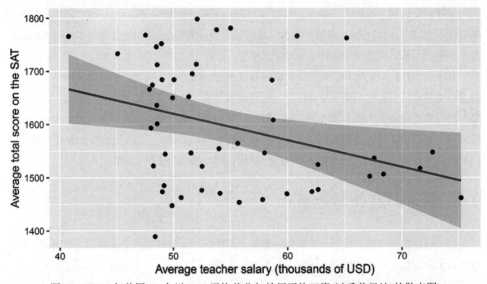

图 9.4　2010 年美国 50 个州 SAT 平均总分与教师平均工资(以千美元计)的散点图

```
SAT_mod1 <- lm(total ~ Salary, data = SAT_2010)
broom::tidy(SAT_mod1)
```

```
# A tibble: 2 x 5
  term          estimate  std.error  statistic   p.value
  <chr>           <dbl>      <dbl>      <dbl>       <dbl>
1 (Intercept)     1871.      113.       16.5    1.86e-21
2 Salary          -5.02      2.05       -2.45   1.79e- 2
```

然而，潜伏在幕后是另一个重要因素。各州参加 SAT 考试的学生比例差异很大(2010 年为 3%~93%)。我们可以创建一个名为 **SAT_grp** 的变量，它将这些州分为两组。

```
SAT_2010 %>%
  skim(sat_pct)
```

```
-- Variable type: numeric ------------------------------------
  var      n   na   mean    sd    p0   p25   p50   p75   p100
```

```
1 sat_pct  50    0   38.5  32.0    3    6   27   68   93
```

```
SAT_2010 <- SAT_2010 %>%
  mutate(SAT_grp = ifelse(sat_pct <= 27, "Low", "High"))
SAT_2010 %>%
  group_by(SAT_grp) %>%
  count()
```

```
# A tibble: 2 x 2
# Groups: SAT_grp [2]
SAT_grp n
  <chr> <int>
1 High     25
2 Low      25
```

图 9.5 显示了这些数据的散点图，这些数据按参加 SAT 的百分比的分组进行分层显示。

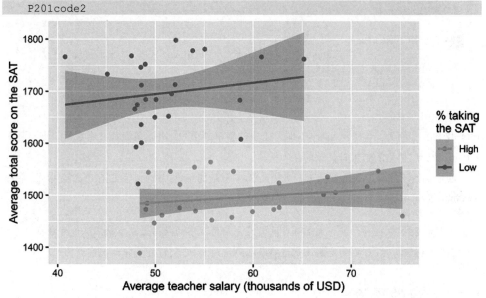

图 9.5　2010 年美国 50 个州 SAT 平均总分与教师平均工资(以千美元计)的散点图，
　　　　按每个州参加 SAT 的学生百分比进行分层

使用第 7.5 节中学习的技术，我们可以得出拟合这两个独立组的线性模型的系数。

```
SAT_2010 %>%
  group_by(SAT_grp) %>%
  group_modify(~broom::tidy(lm(total ~ Salary, data = .x)))
```

```
# A tibble: 4 x 6
# Groups: SAT_grp [2]
```

SAT_grp	term	estimate	std.error	statistic	p.value
<chr>	<chr>	<dbl>	<dbl>	<dbl>	<dbl>
1 High	(Intercept)	1428.	62.4	22.9	2.51e-17

```
2  High        Salary      1.16      1.06      1.09      2.85e- 1
3  Low         (Intercept) 1583.     141.      11.2      8.52e-11
4  Low         Salary      2.22      2.75      0.809     4.27e- 1
```

在每一组中，教师平均工资与 SAT 平均分呈正相关。但当教师平均工资这个变量崩溃时，教师的平均工资与 SAT 的平均总分呈负相关。这种形式的混淆是辛普森悖论(Simpson's paradox)的定量版本，在许多情况下都会出现。概括起来有以下几种：

(1) 在参加 SAT 的比例较低的州，教师工资和 SAT 分数呈正相关。

(2) 在参加 SAT 考试比例较高的州，教师工资和 SAT 分数呈正相关。

(3) 在所有州中，工资和 SAT 分数呈负相关。

如果测量了混淆变量，那么解决混淆问题是很简单的。分层就是一种方法(如上所述)。多元回归是另一种技术，让我们将 sat_pct 变量添加到模型中。

```
SAT_mod2 <- lm(total ~ Salary + sat_pct, data = SAT_2010)
broom::tidy(SAT_mod2)
```

```
# A tibble: 3 x 5
  term          estimate   std.error   statistic   p.value
  <chr>            <dbl>       <dbl>       <dbl>       <dbl>
1 (Intercept)     1589.        58.5        27.2     2.16e-30
2 Salary          2.64         1.15         2.30    2.62e- 2
3 sat_pct        -3.55         0.278      -12.8     7.11e-17
```

我们现在看到，当控制 sat_pct 时，工资的斜率是正的，并且具有统计学意义，这与基于 sat_grp 的分层模型的结果是一致的。

我们仍然不能真正得出教师工资会提高 SAT 分数的结论；然而，我们在考虑混淆因素后观察到的关联可能比不考虑这些因素的关联更可靠。

专业提示 29：数据科学家将大部分时间都花在应用观察的数据上。当试图从这些数据中寻找有意义的信息时，重要的是要注意这些潜在混淆因素，它们可能会扭曲观察到的关联关系。

9.7   p 值的风险

最后，我们提醒大家零假设统计检验的危险。回顾一下，p 值的定义是：如果数据中的模式确实是随机的结果，那么将样本统计视为极端(或更极端)的概率为 p 值。这种只有随机性在起作用的假设被称为零假设。

对于前面的涉及航空公司数据的模型，零假设是指预测因子与航班延误之间没有关联。对于 SAT 分数和工资的示例，零假设是真实(总体)回归系数(斜率)为零。

通常，当使用假设检验时，分析员会宣布 p 值为 α=0.05 或更小的结果具有统计学意义，而大于 0.05 的值则被宣布为无显著性。这个临界值叫做测试的 α 水平。如果零假设为真，假设测试人员会以 100·α%的概率错误地拒绝零假设。

这种形式的"全有或全无思维"存在许多严重的问题。请记住，p 值是通过模拟一个零假设为真的世界来计算的(请参见第 13 章)。p 值表示数据和模拟结果之间的一致性的质量。较大的 p 值表明数据与模拟一致。一个非常小的 p 值意味着另一种情况:模拟与描述观察到的模式背后的机制无关。遗憾的是,这本身并没有告诉我们什么样的假设是相关的。具有讽刺意味的是,"显著结果"意味着我们可以拒绝零假设,但不能告诉我们接受什么样的假设。

专业提示 30:我们应报告实际的 p 值(或声明它小于一些小值,如 p<0.0001),而不仅仅是决策(拒绝零假设对比拒绝零假设失败)。此外,置信区间通常更易于解释,也应予以报告。

零假设检验和 p 值是一个困扰许多分析师的话题。为了帮助澄清这些问题,美国统计协会批准了一份关于 p 值的声明(Wasserstein and Lazar, 2016),其中列出了六条有用的原则:

- p 值可以表示数据与指定统计模型的不兼容程度。
- p 值并不衡量所研究的假设为真的概率,也不衡量数据仅由随机方式产生的概率。
- 科学的结论和事务或策略决策不应仅基于 p 值是否超过特定阈值。
- 合理的推断需要充分的报告和透明度。
- p 值或统计显著性并不衡量影响的大小或结果的重要性。
- p 值本身并不能对模型或假设的证据提供很好的衡量依据。

最近的指南(Wasserstein et al., 2019)给出了 ATOM 主张:"接受不确定性,需要深思熟虑、开放和谦虚。"在大多数实际研究中,p 值的问题更令人烦恼。分析可能不只是包含一个假设检验,而是还有几十个或更多其他方面。这种情况下,即使是很小的 p 值也不会显示出数据与原假设之间的不一致,因此统计分析可能根本无法告诉我们任何信息。

为了恢复 p 值的意义,研究人员开始清楚地描述和预先指定随机试验的主要和次要结果。想象一下,这样的试验有五个结果被定义为最重要的结果。在通常的程序中,其中的测试在 p 值小于 0.05 的情况下具有统计学意义,零假设为真,并且测试是独立的,我们预计会在超过 22%的情况下(相当于想要的 5%以上的概率)拒绝一个或多个零假设。

```
1 - (1 - 0.05)^5
```

```
[1] 0.226
```

通过使用更严格的统计显著性测定,临床试验人员已经适应了这个问题。一种简单但保守的方法是使用 Bonferroni 校正。考虑用测试次数除以 α 水平,只有当 p 值小于这个调整值时才拒绝零假设。在此处的示例中,新阈值将为 0.01(总体实验误差率保持在 0.05)。

```
1 - (1 - 0.01)^5
```

```
[1] 0.049
```

对于没有预先指定协议的观测分析,很难确定什么样的 Bonferroni 校正是合适的。

专业提示 31:对于涉及许多假设检验的分析来说,适当做法是包括一些可能的限制,即由于多次比较,有些结果可能是虚假的。

哥伦比亚大学的 Andrew Gelman 将一个相关的问题称为分叉路径花园(garden of forking paths)。大多数分析都涉及在最终分析确定之前编码数据、确定重要因素、制定并修改模型的许多决策。这个过程包括观察数据来构造一个简洁的表示。例如,一个连续的预测可以被分成一些任意的组来评估预测和结果之间的关系。或者,在探索过程中,某些变量可能会被包括在回归模型中或从回归模型中排除。

这一过程往往导致假设检验对零结果有偏见,因为产生更多信号(或更小 p 值)的决策可能会被选择,而不是其他选择。在临床试验中,分叉路径花园问题可能不太常见,因为分析计划需要预先指定和公布。然而,对于大多数数据科学问题来说,这是一个令人烦恼的问题,会导致对可重复结果的质疑。

9.8 扩展资源

虽然本章提出了许多重要问题,这些问题是关于如何在数据科学中适当使用统计学的,但只能触及问题的表面。许多常见的书籍都提供了基础统计学[Diez et al., 2019]和统计实践[van Belle, 2008; Good and Hardin, 2012]的背景知识。Rice 的著作[Rice (2006)]提供了统计学基础的现代介绍,以及均值抽样分布的详细推导。与理论统计相关的其他资源可参考[Nolan and Speed (1999); Horton et al. (2004); Horton (2013); Green and Blankenship (2015)]。Shalizi 即将发表的 *Advanced Data Analysis from an Elementary Point of View* 对统计学的许多重要主题提供了技术性介绍,其中包括因果推理。

Hesterberg[Hesterberg et al. (2005) and Hesterberg (2015)]讨论了基于重采样的推理的潜在风险。Hastie 和 Efron[Efron and Hastie (2016)]对现代推理技术进行了概述。

缺失数据可以说是为数据科学家提供了工作保障,因为它几乎出现在所有现实世界的研究中。目前,已经制定了一些原则性方法来解释缺失值,最显著的是多重插补。关于不完整数据的可查阅参考文献也有很多[Little and Rubin (2002); Raghunathan (2004); Horton and Kleinman (2007)]。

虽然临床试验通常被认为是实证决策的黄金标准,但值得注意的是,试验几乎总是不完美的。受试者可能不符合他们接受的随机干预措施。他们打破了盲目性,并知道他们被分配了什么治疗。有些受试者可能会退出研究。所有这些问题使分析和解释复杂化,并且随着因果推理模型的发展,推动了试验设计和分析的改进。CONSORT(Consolidated Standards of Reporting Trials)声明(http://www.consort-statement.org)是为了缓解试验报告的问题而提出的。

重复性和多重比较的危险性是近年来讨论的一个重要主题。Nuzzo[Nuzzo (2014)]总结了为什么 p 值不像通常假设的那样可靠。STROBE(Strengthening the Reporting of Observational Studies in Epidemiology)声明讨论了应用推理方法的一些改进方式(另见附录 D)。

伦理和偏差的各个方面在第 8 章中都有详细介绍。

9.9 练习题

问题 1(易)：我们看到平均值的 95%置信区间是通过估计值加上和减去两个标准差来构造的。如果需要 99%的置信区间，应该使用多少标准差？

问题 2(易)：从 mosaicData 包中的经典 Gestation 数据集计算并解释关于母亲平均年龄的 95%置信区间。

问题 3(中)：使用自举方法生成并解释来自 mosaicData 包中的经典 Gestation 数据集的母亲年龄中位数的 95%置信区间。

问题 4(中)：NHANES 数据包中的 NHANES 数据集包括美国国家卫生统计中心(NCHS)收集的调查数据，该中心自 20 世纪 60 年代初以来进行了一系列健康和营养调查。

    a. 研究人员想要拟合一个模型来预测女性受试者诊断为糖尿病的概率。该模型的预测因子包括年龄和 BMI。假设只有 1/10 的数据是可用的，但是这些数据是从全套观测数据中随机抽取的(这种机制称为"完全随机缺失"或 MCAR)。这个抽样对结果有什么影响？

    b. 假设只有 1/10 的数据是可用的，但是这些数据是从全套观测数据中抽样的，这里数据的缺失取决于年龄，老年受试者被观察到的可能性比年轻受试者更低(这种机制被称为"协变量相关缺失"，或 CDM)。这次抽样对结果有什么影响？

    c. 假设只有 1/10 的数据是可用的，但是这些数据是从全套观测数据中抽样的，这里数据的缺失取决于糖尿病的状态(这种机制被称为"不可忽视的无应答"或 NINR)。这次抽样对结果有什么影响？

问题 5(中)：使用自举方法为模型中的回归参数生成一个 95%的置信区间，该模型将体重作为 mosaicData 包里的 Gestation 数据框中年龄的函数。

问题 6(中)：为一家提供新购房抵押贷款的公司工作的数据科学家可能有兴趣确定哪些因素可以预测贷款违约。数据集中一些抵押权人没有收入。分析师从他们的分析数据集中删除这些贷款是否合理？请解释一下。

问题 7(中)：mosaicData 包中的 Whickham 数据集包括年龄、吸烟和死亡率的数据，这些数据来自英国泰恩河畔纽卡斯尔附近的城乡结合部 Whickham 的六分之一选民调查。这项调查于 1972 年至 1974 年进行，旨在研究心脏病和甲状腺疾病。二十年后对调查中的人进行了跟踪调查。这项研究旨在发现吸烟状况与死亡率之间的关系。一定要把年龄作为一个可能的混淆因子来考虑。

9.10 附加练习

可从 https://mdsr-book.github.io/mdsr2e/ch-foundations.html#datavizI-online-exercises 获得。

第 10 章

预测建模

到目前为止，我们已经讨论了研究数据中变量之间关系的两种主要方法：图形表示和回归模型。图形通常只需要通过直观的观察就可以理解，它们可用来识别数据中的模式和关系，这就是所谓的探索性数据分析。回归模型可以帮助我们量化变量之间关系的大小和方向。因此，两者都有助于我们了解世界，然后可以为我们讲述一个连贯的故事。

然而，图形表示并不总是探索或呈现数据的最佳方式。当涉及两个、三个甚至四个变量时，图形表示效果很好。如第 2 章中所述，两个变量可通过散点图在纸上或屏幕上表示。最终，这些信息是由眼睛的视网膜来处理的。为表示第三个变量，可以另外使用颜色或大小。原则上，更多变量可用其他图形美学元素来表示：形状、角度、颜色饱和度、不透明度等，但这样做会给人类认知带来问题，人们很难将这么多图形模式整合成一个有机的整体。

虽然回归可以很好地扩展到更高的维度，但它是一个有限的建模框架。进一步来说，它只是一种模型，然而包含所有可能模型的空间确实是无限的。在接下来的两章中，我们将通过考虑回归框架之外的各种模型来探索这一领域。一个模型的通用规范可自动调整到特定的数据集，这一想法导致了机器学习领域的出现。

"机器学习"这个术语在 20 世纪 50 年代末被创造出来，它用来表示一组相关的算法技术，这些算法技术可在不需要人工干预的情况下从数据中提取信息。

在计算机被发明之前，主要的建模框架是回归，它主要是基于数学学科的线性代数和微积分。机器学习中的许多重要概念都是从回归的发展中产生的，但是与机器学习相关的模型往往更受重视，因为它们能准确地预测和扩展到大数据集，而回归是因为它们在数学上简单易懂、参数易解、具有坚实的推理环境才会如此普遍[Breiman, 2001, Efron (2020)]。然而，第 9 章的回归和相关统计技术为理解机器学习提供了重要基础。附录 E 提供了回归建模的简要概述。

机器学习有两个主要分支：监督学习(将特定的响应变量建模为解释变量的函数)和无监督学习(从没有明确响应变量的数据中找到模式或分组的方法)。

在无监督的学习中，结果是无法评价的，因此，这项任务常被设定为寻找案例中其他不能测量的特征。例如，将一个 DNA 数据组分配到一棵进化树中是一个无监督学习问题。无论有多少 DNA 数据，你都不能直接测量每个生物体在"真正"的进化树上的位置。相反，这个问题是创建一个自行组织 DNA 数据的表示形式。

相比之下，在包括线性和逻辑回归的监督学习方法中，所研究的数据已经包括了结果变量的测量。例如，在 NHANES 的数据中，已经有一个变量表明一个人是否患有糖尿病。这些结果变量通常被称为标签(label)。建立一个模型来探索或描述其他变量(通常称为特征或预测因子)与糖尿病(体重？年龄？吸烟？)的关系是一个监督学习的问题。

我们将在本章讨论几种类型的监督学习模型，并将无监督学习的讨论推迟到下一章。读者要明白的重要一点是，我们不能在本书中对每一种技术都进行深入分析。相反，我们的目标是向你提供可能遇到的机器学习技术的概述。通过阅读这些章节，你将了解机器学习的一般目标、通常采用的评价方法以及最常用的基本模型。为更深入地理解这些技术，我们强烈推荐你阅读[James et al. (2013)]或[Hastie et al. (2009)]。

10.1　预测建模

预测建模的基本目标是找到一个函数，该函数能准确描述如何将不同的可测量的解释变量组合起来，进而对响应变量进行预测。

函数表示输入和输出之间的关系(见附录 C)。例如，室外温度是季节的函数；季节是输入，温度是输出。一天的长度，即白天的小时数，是纬度和一年中的第几天的函数；纬度和一年中的第几天(如 3 月 22 日)是输入，这一天的长度是输出。对于一个人患上糖尿病的风险，我们可能会认为年龄和肥胖这两个因素可能是有用的，但是它们应该如何结合起来呢？

一些 R 语法将有助于定义函数：即波浪号。波浪号用于定义输出变量(或左侧的结果)和输入变量(或右侧的预测因子)是什么。你将看到这样的表达式：

```
diabetic ~ age + sex + weight + height
```

这里，变量 diabetic 被标记为输出，因为它位于波浪号(~)的左侧。变量 age、sex、weight 和 height 作为函数的输入。在某些位置也可以看到 "diabetic ~ ."。波浪号右边的点是一个快捷方式，意思是 "使用所有可用的变量(除了输出)"。上面的对象存在于 R 中一个类 formula。

有几个不同的目标可以促使我们构造一个函数。

- 根据输入预测输出。现在是二月，气温是多少？或者在美国马萨诸塞州的北安普敦(北纬 42.3 度)，6 月 15 日的白天会有多少小时？
- 确定哪些变量是有用的输入。经验表明，温度是季节的函数。但在不太熟悉的情况下，例如预测糖尿病，相关的输入是不确定或未知的。
- 产生假设。对于一个试图找出糖尿病病因的科学家来说，构建一个预测模型是很有用的，然后需要看看哪些变量与患糖尿病的风险有关。例如，你可能会发现饮食、年龄和血压是危险因素。社会经济状况并不是糖尿病的直接原因，但它可能是其他情况(如医疗保健的获取)的相关因素。"可能"是一个假设，在发现糖尿病风险与这些输入有关之前，你可能不会想到这个假设。
- 了解系统的工作原理。例如，一个合理的函数将白天的日照时间与一年中第几天和纬度联系起来，这表明北半球和南半球的模式相反：南半球的白天长时，北半球的白天就会短。

根据你的动机的变化，模型的类型和输入变量可能会有所不同。在理解一个系统是如何工作的过程中，你所使用的变量应该与实际的因果关系相关，比如糖尿病涉及的遗传学。对于预测一个输出，因果关系是什么几乎不重要。相反，所需要的只是在做出预测之前，在某个时刻输入是已知的。

10.2　简单的分类模型

在机器学习和预测建模领域，分类器是回归模型的重要补充。回归模型有一个定量的响应变量(因此可以可视化为一个几何曲面)，而分类模型有一个分类响应(通常被视为一个离散的曲面，即树)。

为了减少认知代价，我们将本章的注意力限制在基于 logistic 回归的分类模型上。在下一章中，我们将讨论其他类型的分类器。

logistic 回归模型(见附录 E)输入一组解释变量并将其转换为概率输出。在这样的模型中，分析员指定关系的形式以及包含哪些变量。如果 X 是解释变量 p 的矩阵，我们可以把它看作函数 $f: \mathbf{R}p \rightarrow (0, 1)$，它返回一个值 $\pi \in (0, 1)$。然而，由于响应变量 y 的实际值是二进制的(即在 $\{0, 1\}$ 中取值)，我们可以实现规则 $g: (0, 1) \rightarrow \{0, 1\}$，将 p 的值舍入为 0 或 1。因此，我们的四舍五入 logistic 回归模型本质上是函数 $h: \mathbf{R}k \rightarrow \{0, 1\}$，使得 $h(X) = g(f(X))$ 是 0 或 1。这种模型被称为分类器。一般来说，定量形式的响应变量的回归模型返回实数值，而分类响应变量的模型称为分类器。

示例：1994 年美国人口普查中的高收入者

市场分析人员可能会对可用来预测潜在客户是不是高收入者的因素感兴趣。1994 年的美国人口普查数据可以为这种模式提供信息，来自 32 561 名成年人的记录包括一个二元变量，它表明每个人的收入是否高于或低于 50 000 美元(扣除通货膨胀后，今天需要超过 80 000 美元)。我们将高收入的标志作为响应变量。

```
library(tidyverse)
library(mdsr)
url <-
"http://archive.ics.uci.edu/ml/machine-learning-databases/adult/adult.data"
census <- read_csv(
  url,
  col_names = c(
    "age", "workclass", "fnlwgt", "education",
    "education_1", "marital_status", "occupation", "relationship",
    "race", "sex", "capital_gain", "capital_loss", "hours_per_week",
    "native_country", "income"
  )
```

```
) %>%
  mutate(income = factor(income))
glimpse(census)
```

```
Rows: 32,561
Columns: 15
$ age            <dbl> 39, 50, 38, 53, 28, 37, 49, 52, 31, 42, 37, 30, ...
$ workclass      <chr> "State-gov", "Self-emp-not-inc", "Private", "Pri...
$ fnlwgt         <dbl> 77516, 83311, 215646, 234721, 338409, 284582, 16...
$ education      <chr> "Bachelors", "Bachelors", "HS-grad", "11th", "Ba...
$ education_1    <dbl> 13, 13, 9, 7, 13, 14, 5, 9, 14, 13, 10, 13, 13, ...
$ marital_status <chr> "Never-married", "Married-civ-spouse", "Divorced...
$ occupation     <chr> "Adm-clerical", "Exec-managerial", "Handlers-cle...
$ relationship   <chr> "Not-in-family", "Husband", "Not-in-family", "Hu...
$ race           <chr> "White", "White", "White", "Black", "Black", "Wh...
$ sex            <chr> "Male", "Male", "Male", "Male", "Female", "Femal...
$ capital_gain   <dbl> 2174, 0, 0, 0, 0, 0, 0, 0, 14084, 5178, 0, 0, 0,...
$ capital_loss   <dbl> 0, 0, 0, 0, 0, 0, 0, 0, 0, 0, 0, 0, 0, 0, 0,...
$ hours_per_week <dbl> 40, 13, 40, 40, 40, 16, 45, 50, 40, 80, 40, ...
$ native_country <chr> "United-States", "United-States", "United-States...
$ income         <fct> <=50K, <=50K, <=50K, <=50K, <=50K, <=50K, <=50K,...
```

在本章中，我们将使用 tidymodels 包来简化计算。tidymodels 包实际上是一个包的集合，类似于 tidyverse。用于模型拟合的主力包称为 parsnip，而模型评估指标由 yardstick 包提供。

由于 10.3.2 节中讨论的原因，我们首先随机性地利用分隔行将数据集分成两部分。80% 的行组成的样本将成为训练数据集，剩下的 20% 作为测试(或"留出来的")数据集。initial_split() 函数的作用是：分割数据，而函数 training() 和 testing() 则恢复两个较小的数据集。

```
library(tidymodels)
set.seed(364)
n <- nrow(census)
census_parts <- census %>%
  initial_split(prop = 0.8)

train <- census_parts %>%
  training()

test <- census_parts %>%
  testing()

list(train, test) %>%
  map_int(nrow)
```

```
[1] 26049 6512
```

我们首先计算在训练集中观察到的高收入者的百分比，记为 $\bar{\pi}$。

```
pi_bar <- train %>%
  count(income) %>%
  mutate(pct = n / sum(n)) %>%
  filter(income == ">50K") %>%
```

```
    pull(pct)
pi_bar
```

```
[1] 0.238
```

注意，样本中只有 24%的人的收入超过了 5 万美元。

1. 空模型

因为我们知道 $\bar{\pi}$，因此，空模型的精度为 $1-\bar{\pi}$，这大约是 76%，我们只要预测每个人的收入都不到 5 万美元，就可以得出这个水平的精度。

```
train %>%
  count(income) %>%
  mutate(pct = n / sum(n))

# A tibble: 2 x 3
  income      n    pct
  <fct>   <int>  <dbl>
1 <=50K   19843  0.762
2 >50K     6206  0.238
```

虽然可以用简单的算法计算空模型的精度，但在我们以后的模型比较中，将空模型存储为模型对象将非常有用。我们可以使用 tidymodels 通过指定一个没有解释变量的 logistic 回归模型来创建这样一个对象。计算引擎是 glm，因为 glm()是实际符合 vocab("广义线性模型")的 R 函数的名称(logistic 回归是其中的特例)。

```
mod_null <- logistic_reg(mode = "classification") %>%
  set_engine("glm") %>%
  fit(income ~ 1, data = train)
```

使用 predict()函数计算预测值后，yardstick 包将帮助我们计算精度。

```
library(yardstick)
pred <- train %>%
  select(income, capital_gain) %>%
  bind_cols(
    predict(mod_null, new_data = train, type = "class")
  ) %>%
  rename(income_null = .pred_class)
accuracy(pred, income, income_null)
```

```
# A tibble: 1 x 3
  .metric  .estimator  .estimate
  <chr>       <chr>        <dbl>
1 accuracy    binary       0.762
```

专业提示 32：注意将预测模型与合理的零假设模型进行比较。

一个重要的验证模型准确性的工具叫做混淆矩阵。简单地说，这是一个双向表，用于计算模型做出正确预测的频率。注意，模型可能会犯两种不同类型的错误：在实际收入很低时预测为高收入(I 类错误)，在实际收入较高时预测为低收入(II 类错误)。

```
confusion_null <- pred %>%
  conf_mat(truth = income, estimate = income_null)
confusion_null
```

```
            Truth
Prediction  <=50K   >50K
     <=50K  19843   6206
      >50K      0      0
```

再次注意，空模型预测每个人都是低收入者，因此它会产生许多 II 型错误(假阴性)，但不会产生 I 型错误(假阳性)。

2. 逻辑回归

击败空模型应该不难。我们的第一个尝试是使用一个简单的逻辑回归模型。首先，我们只使用一个解释变量来拟合模型：capital_gain。这个变量衡量每个人缴纳资本利得税的金额。由于资本利得是在资产(如股票、房屋)上累积的，因此支付更多资本利得的人很可能拥有更多的财富，同样，也可能拥有高收入。此外，资本利得是直接相关的，因为它是总收入的一个组成部分。

```
mod_log_1 <- logistic_reg(mode = "classification") %>%
  set_engine("glm") %>%
  fit(income ~ capital_gain, data = train)
```

图 10.1 说明了在我们的简单逻辑回归模型中,作为高收入者的预测概率如何随资本利得税的缴纳量而变化。

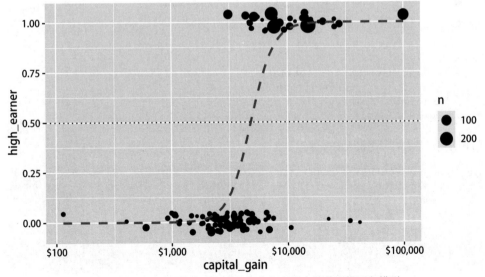

图 10.1　基于已缴资本利得税的高收入者状态简单逻辑回归模型

```
train_plus <- train %>%
  mutate(high_earner = as.integer(income == ">50K"))

ggplot(train_plus, aes(x = capital_gain, y = high_earner)) +
  geom_count(
  position = position_jitter(width = 0, height = 0.05),
  alpha = 0.5
) +
geom_smooth(
  method = "glm", method.args = list(family = "binomial"),
  color = "dodgerblue", lty = 2, se = FALSE
) +
geom_hline(aes(yintercept = 0.5), linetype = 3) +
scale_x_log10(labels = scales::dollar)
```

这个模型的准确率如何？

```
pred <- pred %>%
  bind_cols(
    predict(mod_log_1, new_data = train, type = "class")
  ) %>%
  rename(income_log_1 = .pred_class)

confusion_log_1 <- pred %>%
  conf_mat(truth = income, estimate = income_log_1)

confusion_log_1
```

```
          Truth
Prediction  <=50K  >50K
    <=50K   19640  4966
     >50K     203  1240
```
```
accuracy(pred, income, income_log_1)
```

```
# A tibble: 1 x 3
  .metric  .estimator  .estimate
  <chr>        <chr>        <dbl>
1 accuracy    binary        0.802
```

在图 10.2 中，我们以图形方式比较了空模型和简单逻辑回归模型的混淆矩阵。后一种模式的真正优点是它有一个很大的改进。

```
autoplot(confusion_null) +
  geom_label(
    aes(
      x = (xmax + xmin) / 2,
      y = (ymax + ymin) / 2,
      label = c("TN", "FP", "FN", "TP")
    )
  )
autoplot(confusion_log_1) +
  geom_label(
```

```
    aes(
      x = (xmax + xmin) / 2,
      y = (ymax + ymin) / 2,
      label = c("TN", "FP", "FN", "TP")
    )
)
```

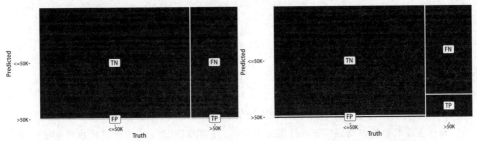

图 10.2　空模型(左)与带有一个解释变量的逻辑回归模型(右)预测准确性的直观总结

以 capital_gains 作为单一解释变量,模型对训练数据的准确率提高到 80.2%,显著高于空模型的 76.2%。

我们可以很容易地解释逻辑回归模型产生的规则,因为只有一个预测因子。

```
broom::tidy(mod_log_1)

# A tibble: 2 x 5
  term         estimate    std.error   statistic    p.value
  <chr>           <dbl>        <dbl>        <dbl>       <dbl>
1 (Intercept)     -1.39       0.0160        -86.7          0.
2 capital_gain 0.000332   0.00000963         34.5   6.54e-261
```

回顾一下,逻辑回归使用 logit 函数将预测概率映射到整条实线上。我们可以反转这个函数,找到资本利得的值,它的预测值为 0.5。

$$\text{logit}(\hat{\pi}) = \log\left(\frac{\hat{\pi}}{1-\hat{\pi}}\right) = \beta_0 + \beta_1 \cdot \text{capital\_gain}$$

我们可以反转这个函数,通过插入 $\hat{\pi} = 0.5$, $\beta_0 = -1.389$, $\beta_1 = 0.000332$ 来找到资本利得的值,该值将生成 0.5 的预测值,并求解 captial_gain。在这种情况下,答案是 $-\beta_0/\beta_1$ 美元,或 4178 美元。

我们可以确定,当我们检验预测的概率时,随着资本利得值从 4101 美元跃升到 4386 美元,分类结果从 ≤50K 跃升到 >50K。对于这些观测值,预测概率从 0.494 跃升到 0.517。

```
income_probs <- pred %>%
  select(income, income_log_1, capital_gain) %>%
  bind_cols(
    predict(mod_log_1, new_data = train, type = "prob")
  )

income_probs %>%
  rename(rich_prob = `.pred_>50K`) %>%
```

```
distinct() %>%
filter(abs(rich_prob - 0.5) < 0.02) %>%
arrange(desc(rich_prob))
```

```
# A tibble: 6 x 5
  income income_log_1 capital_gain `.pred_<=50K` rich_prob
  <fct>      <fct>         <dbl>        <dbl>       <dbl>
1 <=50K       >50K          4416        0.480       0.520
2  >50K       >50K          4386        0.483       0.517
3 <=50K       >50K          4386        0.483       0.517
4 <=50K      <=50K          4101        0.506       0.494
5 <=50K      <=50K          4064        0.509       0.491
6 <=50K      <=50K          3942        0.520       0.480
```

因此，从这个模型可以得出，如果纳税人的资本利得超过 4178 美元，就称其为高收入。但是，为什么我们要把模型局限于一个解释变量呢？让我们拟合一个包含其他解释变量的更复杂模型。

```
mod_log_all <- logistic_reg(mode = "classification") %>%
  set_engine("glm") %>%
  fit(
    income ~ age + workclass + education + marital_status +
      occupation + relationship + race + sex +
      capital_gain + capital_loss + hours_per_week,
    data = train
  )

pred <- pred %>%
  bind_cols(
    predict(mod_log_all, new_data = train, type = "class")
  ) %>%
  rename(income_log_all = .pred_class)

pred %>%
  conf_mat(truth = income, estimate = income_log_all)
```

```
            Truth
Prediction  <=50K  >50K
    <=50K   18497  2496
     >50K    1346  3710
accuracy(pred, income, income_log_all)
```

```
# A tibble: 1 x 3
  .metric  .estimator  .estimate
  <chr>       <chr>       <dbl>
1 accuracy    binary      0.853
```

毫不奇怪，通过加入更多解释变量，我们提高了训练集的预测精度。不幸的是，预测建模并不是那么容易的。在下一节中，将看到我们的简单方法可能会失败。

10.3　评价方法

你怎么知道模型是不是一个好模型呢？在本节中，我们将简单介绍一下模型评估中的一些关键概念，这也是预测分析的关键步骤。

10.3.1　权衡偏差与方差

我们希望模型能够最小化偏差和方差，但在某种程度上，它们是相互排斥的两个目标。一个复杂的模型会有较少的偏差，但通常会有较高的方差。一个简单模型可以减少方差，但代价是增加偏差。偏差和方差之间的最佳平衡取决于构建模型的目的(例如，预测还是因果关系描述)和建模的系统。有一类有用的技术叫做正则化，它提供了一种模型架构，可以以渐进方式平衡偏差和方差。正则化技术的例子有岭回归(ridge regression)和 LASSO(请参见第 11.5 节)。

10.3.2　交叉验证

建模者容易陷入的最诱人陷阱之一就是过拟合。本章中讨论的每个模型都适用于一组数据。也就是说，给定一组训练数据和模型类型的规范，每种算法都将确定该模型和适合这些数据的最佳参数集。然而，如果模型在这些训练数据上运行得很好，但在一组从未见过的测试数据上却表现得不太好，那么这个模型就被称为过拟合。也许预测分析中最基本的错误就是将模型过度拟合到训练数据中，结果却发现它在测试集上的表现很糟糕。

在预测分析中，我们通常把数据集分为以下两个部分。

- **训练数据集**　即用来构建模型的数据集。
- **测试数据集**　即一旦建立模型，你可通过评估在之前未看到的数据集上的表现来测试它。

例如，在本章中，我们留出 80% 的观察数据作为训练数据集，另外保留了 20% 的数据用于测试。本章中使用的 80/20 方案是最简单的方案之一，但还有许多其他更复杂的方案。或许 90/10 或 75/25 的分割会是一个更好的选择。我们的目标是在训练集中有尽可能多的数据，使模型能够很好地执行，同时在测试集中有足够的数据来正确地评估它。

解决这个问题的另一种方法是交叉验证。例如，如果执行 2-fold 交叉验证，需要执行以下操作：

- 随机地将数据(按行)分成两个具有相同数量的观测数据的数据集。我们称它们为 X_1 和 X_2。
- 在 X_1 中的数据上构建模型，然后在模型上运行 X_2 中的数据。它的表现如何？模型在 X_1 上表现良好(这个处理称为样本内测试)，并不意味着它在 X_2(样本外测试)中的数据也能表现得很好。
- 现在颠倒 X_1 和 X_2 的角色，这样 X_2 中的数据用于训练，X_1 中的数据用于测试。
- 如果你的模型过拟合，那么它在第二个数据集上的性能可能不太好。

还存在更复杂的交叉验证方案。*k*-fold 交叉验证是 2-fold 交叉验证的推广，它将数据分成 *k* 个大小相等的子集，*k* 个子集中的每一个都用作一次测试集，而其他 *k*−1 个子集用于训练。

10.3.3 混淆矩阵和 ROC 曲线

对于分类器，前面已经介绍了混淆矩阵，它也是一个用于评估模型有效性的常用方法。

回顾一下，本章中讨论的每一个分类器不仅能生成一个二进制分类标签，还能生成属于其中任何一个类的预测概率。常用的概率取整方式(使用 0.5 作为阈值)不是一个好主意，因为平均概率可能不在 0.5 附近，因此对于一个类，我们可能有太多的预测。

例如，在 census 数据中，训练数据集中只有约 24% 的人收入超过 50 000 美元。因此，一个合理的预测模型应该预测大约 24% 的人的收入超过 50 000 美元。考虑一下简单的逻辑回归模型返回的原始概率值。

```
head(income_probs)
```

```
# A tibble: 6 x 5
  income income_log_1  capital_gain  `.pred_<=50K`  `.pred_>50K`
  <fct>       <fct>         <dbl>         <dbl>         <dbl>
1 <=50K       <=50K          2174         0.661         0.339
2 <=50K       <=50K             0         0.800         0.200
3 <=50K       <=50K             0         0.800         0.200
4 <=50K       <=50K             0         0.800         0.200
5 <=50K       <=50K             0         0.800         0.200
6 <=50K       <=50K             0         0.800         0.200
```

如果使用 0.5 的阈值进行四舍五入，那么只有 NA% 的人预测会有高收入。注意，这里可处理变量名中不小心加入的前导空格，方法是用反撇号将它们包装起来。请注意，这里可以用反勾号包装变量名中的不合适字符。当然，也可以重命名它们。

```
income_probs %>%
  group_by(rich = `.pred_>50K` > 0.5) %>%
  count() %>%
  mutate(pct = n / nrow(income_probs))
```

```
# A tibble: 2 x 3
# Groups: rich [2]
  rich       n    pct
  <lgl>   <int>  <dbl>
1 FALSE   24606  0.945
2 TRUE     1443  0.0554
```

一个更好的选择是使用观测数据的总体百分比(即 24%)作为阈值：

```
income_probs %>%
  group_by(rich = `.pred_>50K` > pi_bar) %>%
  count() %>%
  mutate(pct = n / nrow(income_probs))
```

```
# A tibble: 2 x 3
# Groups: rich [2]
  rich        n    pct
  <lgl>   <int>  <dbl>
1 FALSE   23937  0.919
2 TRUE     2112  0.0811
```

这是一个改进,但评估分类器质量的更合理方法是 ROC (Receiver Operating Characteristic) 曲线。它考虑所有可能的用于取整的阈值,并以图形方式显示敏感性(真阳性率)和特异性(真阴性率)之间的权衡。实际绘制的是作为假阳性率函数的真阳性率。

ROC 曲线在机器学习、运筹学研究、测试特性评估和医学影像学中很常见。在 R 语言中可以使用 yardstick 包构造它们。注意,ROC 曲线作用在(0, 1)中的拟合概率上。

```
roc <- pred %>%
  mutate(estimate = pull(income_probs, `.pred_>50K`)) %>%
  roc_curve(truth = income, estimate, event_level = "second") %>%
  autoplot()
```

请注意,roc_curve()函数执行绘制 roc 曲线所需的计算,而 autoplot()函数实际上是返回 ggplot2 对象的函数。

在图 10.3 中,左上角代表了一个完美的分类器,它的真阳性率为 1,假阳性率为 0。另一方面,一个随机的分类器将沿着对角线分布,因为它犯任何一种错误的可能性都一样。

我们使用的简单逻辑回归模型有以下真阳性率和假阳性率,如图 10.3 中的黑点所示。还有其他许多指标可用。

```
metrics <- pred %>%
  conf_mat(income, income_log_1) %>%
  summary(event_level = "second")
metrics
```

```
# A tibble: 13 x 3
   .metric               .estimator  .estimate
   <chr>                 <chr>           <dbl>
 1 accuracy              binary          0.802
 2 kap                   binary          0.257
 3 sens                  binary          0.200
 4 spec                  binary          0.990
 5 ppv                   binary          0.859
 6 npv                   binary          0.798
 7 mcc                   binary          0.353
 8 j_index               binary          0.190
 9 bal_accuracy          binary          0.595
10 detection_prevalence  binary          0.0554
11 precision             binary          0.859
12 recall                binary          0.200
13 f_meas                binary          0.324
```

```
roc_mod <- metrics %>%
  filter(.metric %in% c("sens", "spec")) %>%
```

```
    pivot_wider(-.estimator, names_from = .metric, values_from = .estimate)
roc +
  geom_point(
    data = roc_mod, size = 3,
    aes(x = 1 - spec, y = sens)
  )
```

根据对假阳性和假阴性的容忍度，我们可以修改逻辑回归模型对概率值进行舍入的方式，这种方法将产生沿着图 10.3 中曲线移动黑点的效果。

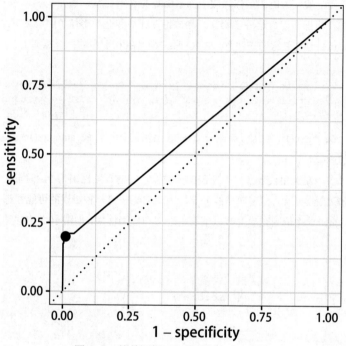

图 10.3   简单逻辑回归模型的 ROC 曲线

10.3.4   定量响应的预测误差测量

对于评估具有定量响应变量的模型，有多种常用的标准。这里介绍三种最简单和最常见的方法。下面，我们假设实际的观测数据用向量 y 表示，而相应的预测数据用向量 $\hat{y}$ 表示：

RMSE： 均方根误差可能是最常见的。

$$\text{RMSE}(y, \hat{y}) = \sqrt{\frac{1}{n}\sum_{i=1}^{n}(y - \hat{y})^2}$$

RMSE 有几个很理想的特性。也就是说，它和响应变量 y 在同一单元，它能一致地评价高估和低估，并对重大错误进行严重的惩罚。

MAE： 平均绝对误差与 RMSE 相似，但因为平方项被一个绝对值代替了，因此不会对重大错误进行严重的处罚。

$$\text{MAE}(y, \hat{y}) = \frac{1}{n} \sum_{i=1}^{n} |y - \hat{y}|$$

相关性：前两种方法要求预测值 $\hat{y}$ 的单位和取值范围与响应变量 y 相同。虽然这是准确预测的必要条件，但有些预测模型只想跟踪响应的趋势。这种情况下，y 和 $\hat{y}$ 之间具有相关性就足够了。除了常用的皮尔逊积矩相关系数(衡量线性相关性)，秩相关的度量偶尔也有用。也就是说，与其试图最小化 $y - \hat{y}$，不如确保 $\hat{y}_i$ 的相对顺序与 y_i 的相对顺序是相同的。常用的秩相关度量包括 Spearman's ρ 和 Kendal's τ。

决定系数：(R^2)决定系数描述了模型所解释的结果中变异性的比例。它在[0,1]的刻度范围内进行测量，1 表示 y 和 $\hat{y}$ 之间存在完美的匹配。

10.3.5　示例：收益模型评估

回顾一下，我们将 census 数据集中的 32 561 个观测数据分成一个包含 80%观测数据的训练集和包含剩余 20%观测数据的测试集。由于这个划分是通过对数据行进行随机均匀选择来完成的，所以当观察数据的数量相当大时，训练集和测试集几乎包含相同的信息。例如 capital.gain 在测试集和训练集中都是相似的。不管怎样，这个处理可用来测试模型在这两个数据集上的性能。

```
train %>%
  skim(capital_gain)

-- Variable type: numeric -------------------------------------
  var            n    na    mean      sd   p0   p25   p50   p75   p100
1 capital_gain 26049    0   1079.   7451.    0     0     0     0  99999
test %>%
skim(capital_gain)

-- Variable type: numeric -------------------------------------
  var           n    na    mean      sd   p0   p25   p50   p75   p100
1 capital_gain 6512    0   1071.   7115.    0     0     0     0  99999
```

为此，我们构建了一个数据框，它包含三个模型中每个模型的标识符，以及一个包含模型对象的 list-column。

```
mods <- tibble(
  type = c("null", "log_1", "log_all"),
  mod = list(mod_null, mod_log_1, mod_log_all)
)
```

因此，可迭代处理模型列表，对每个模型对象应用 predict()方法，并使用测试集和训练集。

```
mods <- mods %>%
  mutate(
    y_train = list(pull(train, income)),
    y_test = list(pull(test, income)),
    y_hat_train = map(
```

```
    mod,
    ~pull(predict(.x, new_data = train, type = "class"), .pred_class)
  ),
  y_hat_test = map(
    mod,
    ~pull(predict(.x, new_data = test, type = "class"), .pred_class)
  )
)
mods
```

```
# A tibble: 3 x 6
  type   mod        y_train         y_test          y_hat_train       y_hat_test
  <chr>  <list>     <list>          <list>          <list>            <list>
1 null   <fit[+]>   <fct [26,049]>  <fct [6,512]>   <fct [26,049]>    <fct [6,512]>
2 log_1  <fit[+]>   <fct [26,049]>  <fct [6,512]>   <fct [26,049]>    <fct [6,512]>
3 log_all <fit[+]>  <fct [26,049]>  <fct [6,512]>   <fct [26,049]>    <fct [6,512]>
```

表 10.1　收入模型的模型精度度量

type	accuracy_train	accuracy_test	sens_test	spec_test
log_all	0.853	0.846	0.586	0.933
log_1	0.802	0.795	0.212	0.991
null	0.762	0.749	0.000	1.000

现在已经有了每个模型的预测，我们只需要将它们与真实值(y)进行比较，并对结果进行统计。可使用 purrr 包中的 map2_dbl()函数来实现这一点。

```
mods <- mods %>%
  mutate(
    accuracy_train = map2_dbl(y_train, y_hat_train, accuracy_vec),
    accuracy_test = map2_dbl(y_test, y_hat_test, accuracy_vec),
    sens_test =
     map2_dbl(y_test, y_hat_test, sens_vec, event_level = "second"),
    spec_test =
    map2_dbl(y_test, y_hat_test, spec_vec, event_level = "second")
  )
```

表 10.1 显示了一些模型精度度量。请注意，每个模型在测试集上的性能都比在训练集上稍差。正如预期的那样，空模型的灵敏度为 0，特异性为 1，因为它总是做出相同的预测。虽然包含所有变量的模型比单一解释变量模型的特异性稍差，但它更敏感。这种情况下，我们可能会得出结论，log-all 模型有用的可能性最大。

在图 10.4 中，我们比较了测试数据集上所有人口普查模型的 ROC 曲线。在我们收集信息制作这些曲线前，需要进行一些数据的整理操作。

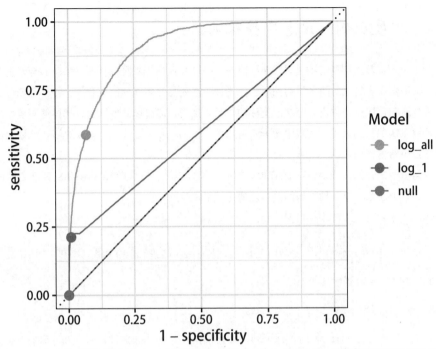

图 10.4　人口普查测试数据集上三个逻辑回归模型的 ROC 曲线比较。空模型的真阳性率为零，
　　　　并且沿着对角线分布。全模型(full model)的整体性能最好，因为它的曲线距离对角线
　　　　最远

```
mods <- mods %>%
  mutate(
    y_hat_prob_test = map(
      mod,
      ~pull(predict(.x, new_data = test, type = "prob"), `.pred_>50K`)
    ),
    type = fct_reorder(type, sens_test, .desc = TRUE)
  )
```

```
mods %>%
  select(type, y_test, y_hat_prob_test) %>%
  unnest(cols = c(y_test, y_hat_prob_test)) %>%
  group_by(type) %>%
  roc_curve(truth = y_test, y_hat_prob_test, event_level = "second") %>%
  autoplot() +
  geom_point(
    data = mods,
    aes(x = 1 - spec_test, y = sens_test, color = type),
    size = 3
  ) +
  scale_color_brewer("Model", palette = "Set2")
```

10.4　扩展示例: 谁患有糖尿病?

考虑一下年龄与糖尿病的关系, 糖尿病是一组以高血糖为特征的代谢性疾病。与许多疾病一样, 感染糖尿病的风险随着年龄的增长而增加, 它还与许多其他因素有关。并不意味着靠年龄就可以避免糖尿病: 你没有办法改变你的年龄。然而, 你可以改变饮食、身体健康等, 知道什么是糖尿病的预测因素在实践中是非常有用的, 例如, 可以设计一个有效的筛查计划来测试人们是否患有糖尿病。

从简单情况开始, NHANES 调查数据中的成年人年龄、体重指数(BMI)和糖尿病之间的关系是什么? 请注意一点: 糖尿病的总体发病率较低。

```
library(NHANES)
people <- NHANES %>%
  select(Age, Gender, Diabetes, BMI, HHIncome, PhysActive) %>%
  drop_na()
glimpse(people)
```

```
Rows: 7,555
Columns: 6
$ Age        <int> 34, 34, 34, 49, 45, 45, 45, 66, 58, 54, 58, 50, 33, ...
$ Gender     <fct> male, male, male, female, female, female, female, ma...
$ Diabetes   <fct> No, No, No, No, No, No, No, No, No, No, No, No, No, ...
$ BMI        <dbl> 32.2, 32.2, 32.2, 30.6, 27.2, 27.2, 27.2, 23.7, 23.7...
$ HHIncome   <fct> 25000-34999, 25000-34999, 25000-34999, 35000-44999, ...
$ PhysActive <fct> No, No, No, No, Yes, Yes, Yes, Yes, Yes, Yes, Yes, Y...
```

```
people %>%
  group_by(Diabetes) %>%
  count() %>%
  mutate(pct = n / nrow(people))
```

```
# A tibble: 2 x 3
# Groups: Diabetes [2]
   Diabetes    n      pct
   <fct>    <int>    <dbl>
1  No        6871   0.909
2  Yes        684   0.0905
```

我们可以想象任何模型。在这种情况下, 我们将平铺有 10 000 个点的精细网格的(Age, BMI)-平面。

```
library(modelr)
num_points <- 100
fake_grid <- data_grid(
  people,
  Age = seq_range(Age, num_points),
  BMI = seq_range(BMI, num_points)
)
```

接下来，我们将在每个网格点上评估四个模型中的每一个，注意检索的不是分类本身，而是患糖尿病的概率。空模型不考虑变量。接下来的两个模型只考虑年龄或 BMI，而最后一个模型考虑两者。

```
dmod_null <- logistic_reg(mode = "classification") %>%
  set_engine("glm") %>%
  fit(Diabetes ~ 1, data = people)
dmod_log_1 <- logistic_reg(mode = "classification") %>%
  set_engine("glm") %>%
  fit(Diabetes ~ Age, data = people)
dmod_log_2 <- logistic_reg(mode = "classification") %>%
  set_engine("glm") %>%
  fit(Diabetes ~ BMI, data = people)
dmod_log_12 <- logistic_reg(mode = "classification") %>%
  set_engine("glm") %>%
  fit(Diabetes ~ Age + BMI, data = people)
bmi_mods <- tibble(
  type = factor(
    c("Null", "Logistic (Age)", "Logistic (BMI)", "Logistic (Age, BMI)")
  ),
  mod = list(dmod_null, dmod_log_1, dmod_log_2, dmod_log_12),
  y_hat = map(mod, predict, new_data = fake_grid, type = "prob")
)
```

接下来，我们添加网格数据(X)，然后使用 map2()将预测(y_hat)与网格数据结合起来。

```
bmi_mods <- bmi_mods %>%
  mutate(
    X = list(fake_grid),
    yX = map2(y_hat, X, bind_cols)
  )
```

最后，我们使用 unnest()来扩展数据框。我们现在对四个模型的 10 000 个网格点都有一个预测。

```
res <- bmi_mods %>%
  select(type, yX) %>%
  unnest(cols = yX)
res
```

```
# A tibble: 40,000 x 5
    type  .pred_No .pred_Yes   Age   BMI
    <fct>    <dbl>     <dbl> <dbl> <dbl>
  1 Null     0.909    0.0905    12  13.3
  2 Null     0.909    0.0905    12  14.0
  3 Null     0.909    0.0905    12  14.7
  4 Null     0.909    0.0905    12  15.4
  5 Null     0.909    0.0905    12  16.0
  6 Null     0.909    0.0905    12  16.7
  7 Null     0.909    0.0905    12  17.4
  8 Null     0.909    0.0905    12  18.1
```

```
 9 Null      0.909      0.0905        12   18.8
10 Null      0.909      0.0905        12   19.5
# ... with 39,990 more rows
```

图 10.5 说明了数据空间中的每个模型。然而，空模型预测糖尿病的概率是恒定的，与年龄和体重指数无关，同时年龄(体重指数)作为解释变量允许预测概率在水平(垂直)方向变化。年龄较大的患者和体重较大的患者患糖尿病的概率较高。将这两个变量作为协变量可以使概率随年龄和 BMI 而变化。

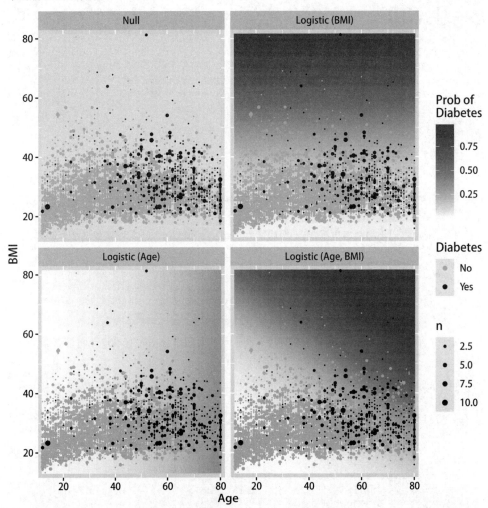

图 10.5   数据空间中逻辑回归模型的比较。请注意，随着更多变量的引入，灵活性会更大

```
ggplot(data = res, aes(x = Age, y = BMI)) +
  geom_tile(aes(fill = .pred_Yes), color = NA) +
  geom_count(
    data = people,
    aes(color = Diabetes), alpha = 0.4
  ) +
```

```
scale_fill_gradient("Prob of\nDiabetes", low = "white", high = "red") +
scale_color_manual(values = c("gold", "black")) +
scale_size(range = c(0, 2)) +
scale_x_continuous(expand = c(0.02, 0)) +
scale_y_continuous(expand = c(0.02, 0)) +
facet_wrap(~fct_rev(type))
```

10.5　扩展资源

tidymodels 包和文档包含了许多小案例[1]，这些小案例进一步详细介绍了如何使用该包。

10.6　练习题

问题 1(易)：在本章的第一个示例中，创建了包含人口普查数据 80% 行的训练数据集。使用 90%/10% 的分割会有什么平衡？

问题 2(易)：不使用行业术语，描述 ROC 曲线是什么，以及为什么它在预测分析和机器学习中很重要。

问题 3(中)：HELP(健康评估和与初级保健的联系)研究中的调查人员有兴趣将无家可归(过去六个月在街上或庇护所度过的一个或多个晚上，而不是在家里)的可能性建模为年龄的函数。

　　a. 为空模型生成混淆矩阵并解释结果。

　　b. 拟合并解释作为年龄函数的无家可归概率的 logistic 回归模型。

　　c. 对于一个 20 岁的人来说，预计无家可归的概率是多少？为了一个 40 岁的人？

　　d. 生成第二个模型的混淆矩阵并解释结果。

问题 4(中)：HELP 研究中的研究人员对人口统计学因子和抑郁症状 cesd 基线测量之间的关系建模感兴趣。他们使用以下预测因子来拟合一个线性回归模型：年龄、性别、无家可归者和来自 mosaicData 包的 HELPrct 数据。

　　a. 对于此模型和空模型计算并解释决定系数(R^2)。

　　b. 计算并解释此模型和空模型的均方根误差。

　　c. 计算并解释此模型和空模型的平均绝对误差(MAE)。

问题 5(中)：随机数种子对我们的结果有什么影响？

　　a. 重做人口普查逻辑回归模型，仅由资本得利控制，但使用不同的随机数种子(365 而不是 364)和 80%/20% 的分割。你会期望在使用训练数据的准确性上有很大差异吗？测试数据呢？

　　b. 用随机数种子 366 重复这个过程。你得出什么结论？

问题 6(难)：吸烟是一个重要的公共卫生问题。使用 NHANES 包中的 NHANES 数据建立逻辑回归模型，识别 20 岁或以上人群当前吸烟的预测因子。提示，对于那些从未吸烟的人，

---

1 https://www.tidymodels.org/learn/statistics/tidy-analysis。

SmokeNow 变量是缺失的：你需要重新编码该变量以构造结果变量。

```
library(tidyverse)
library(NHANES)
mosaic::tally(~ SmokeNow + Smoke100, data = filter(NHANES, Age >= 20))
```

```
          Smoke100
SmokeNow    No   Yes
     No      0  1745
    Yes      0  1466
   <NA>   4024     0
```

10.7 附加练习

可从 https://mdsr-book.github.io/mdsr2e/ch-modeling.html#modeling-online-exercises 获得。

第 11 章

监督学习

在本章中，我们将扩展对预测建模的讨论；本章包括许多其他不基于回归的模型。我们在第 10 章中介绍的模型评估框架仍然有用。

继续以 1994 年美国人口普查中的高收入者为例。

```
library(tidyverse)
library(mdsr)
url <-
"http://archive.ics.uci.edu/ml/machine-learning-databases/adult/adult.data"
census <- read_csv(
  url,
  col_names = c(
    "age", "workclass", "fnlwgt", "education",
    "education_1", "marital_status", "occupation", "relationship",
    "race", "sex", "capital_gain", "capital_loss", "hours_per_week",
    "native_country", "income"
  )
) %>%
  mutate(income = factor(income))

library(tidymodels)
set.seed(364)
n <- nrow(census)
census_parts <- census %>%
  initial_split(prop = 0.8)
train <- census_parts %>% training()
test <- census_parts %>% testing()
pi_bar <- train %>%
  count(income) %>%
  mutate(pct = n / sum(n)) %>%
  filter(income == ">50K") %>%
  pull(pct)
```

11.1 非回归分类器

我们在第 10 章中构建的分类器使用 logistic 回归进行拟合。这些模型是光滑的，因为它们基于连续的参数函数。本章中探讨的模型不一定是连续的，也不一定表示为参数函数。

11.1.1   决策树

决策树(也称为分类和回归树[1]或 CART)是一个类似树的流程图，它为单个观察值指定类标签。树的每个分支将数据集中的记录分离为越来越"纯"(即同质)的子集，因为它们更可能共享同一个类标签。

我们如何建造这些树？首先请注意，可能的决策树的数量随着变量 p 的数量呈现指数级增长。事实上，已经证明了几乎不存在确定最优决策树的有效算法[Hyafil and Rivest, 1976][2]。缺乏全局最优算法意味着在建立决策树时有几个各具优缺点的启发式算法，它们采用贪婪(即局部最优)的策略。虽然这些算法之间的差异可能意味着它们将返回不同结果(即使在同一个数据集上)，我们将通过将讨论限制在递归分区决策树上来简化表述。构建这些决策树的 R 包相应地称为 rpart，它和 tidymodels 一起工作。

决策树中的划分遵循 Hunt 算法，该算法本身是递归的。假设我们在决策树的某个地方，$D_t = (y_t, X_t)$ 是与节点 t 相关联的记录集，$\{y_1, y_2\}$ 是响应变量[3]的可用分类标签。然后：

- 如果 D_t 中的所有记录都属于一个类，比如说 y_1，那么 t 是一个标记为 y_1 的叶节点。
- 否则，将这些记录拆分为至少两个子节点，以使新节点集的纯度超过某个阈值。也就是说，记录被更清楚地分为与响应类对应的组。在实践中，有几种各具优缺点的方法来优化候选子节点的纯度，如上所述，我们并不知道最佳方法。

决策树是通过对完整的训练数据集运行 Hunt 算法构建的。

说一组记录比另一组"纯净"是什么意思？衡量候选子节点集纯度的两种常用方法是基尼系数和信息增益。这两种方法都在 rpart 中实现，默认情况下都使用基尼测量方法。如果 $w_i(t)$ 是节点 t 处属于类 i 的记录部分，则：

$$\text{Gini}(t) = 1 - \sum_{i=1}^{2} (w_i(t))^2 , \qquad \text{Entropy}(t) = -\sum_{i=1}^{2} w_i(t) \cdot \log_2 w_i(t)$$

信息增益就是熵的变化。下面的示例将有助于阐明它在实践中是如何应用的。

```
mod_dtree <- decision_tree(mode = "classification") %>%
  set_engine("rpart") %>%
  fit(income ~ capital_gain, data = train)
split_val <- mod_dtree$fit$splits %>%
  as_tibble() %>%
  pull(index)
```

让我们考虑只使用可变资本利得的最优的收入分割，它衡量每个人在资本利得税中所支付的金额。根据我们的决策树，最优分割发生在那些支付超过 5119 美元的资本收益。

---

1 更准确地说，回归树类似于决策树，但有一个定量的响应变量。缩写 CART 表示"分类和回归树"。

2 具体地说，确定最优决策树的问题是 NP 完全问题，这意味着它不存在多项式时间复杂度的解，除非 p=NP，这将是人类文明史上最能改变生活的科学发现。

3 为简单起见，我们在本章中主要关注二进制的结果，但分类器可以泛化为任意数量的离散响应值。

```
mod_dtree
```

```
parsnip model object

Fit time: 31ms
n= 26049

node), split, n, loss, yval, (yprob)
      * denotes terminal node

 1) root 26049 6210 <=50K (0.7618 0.2382)
 2) capital_gain< 5.12e+03 24805 5030 <=50K (0.7972 0.2028) *
 3) capital_gain>=5.12e+03 1244 68 >50K (0.0547 0.9453) *
```

尽管在缴纳资本利得税 5119 美元以下的人中，近 80%的人的收入不到 5 万美元，但在缴纳资本利得税 5119 美元以上的人中，约 95%的人的收入超过 5 万美元。因此，根据这个标准分割(划分)记录有助于将它们划分成相对纯净的子集。当我们如图 11.1 划分训练记录时，可以看到这种几何上的区别。

```
train_plus <- train %>%
  mutate(hi_cap_gains = capital_gain >= split_val)

ggplot(data = train_plus, aes(x = capital_gain, y = income)) +
  geom_count(
    aes(color = hi_cap_gains),
    position = position_jitter(width = 0, height = 0.1),
    alpha = 0.5
  ) +
  geom_vline(xintercept = split_val, color = "dodgerblue", lty = 2) +
  scale_x_log10(labels = scales::dollar)
```

比较图 11.1 和图 10.1，可以发现非参数决策树模型与参数型的 logistic 回归模型在几何上的差异。在这种情况下，由决策树实现的完全垂直分割在逻辑回归模型中是不可能的。

因此，该决策树使用单个变量(capital_gain)将数据集划分为两部分：支付超过 5119 美元资本利得的人和没有支付的人。前者占所有观察数据的 0.952%，我们预测他们的收入不到 5 万美元，正确率为 79.7%。对于后者，我们通过预测他们的收入超过 5 万美元，得到了 94.5%的正确率。因此，我们的总体准确率跃升到 80.4%，轻松超越了空模型中的 76.2%。请注意，此性能与第 10 章中的单变量逻辑回归模型的性能相当。

算法怎么知道选择 5095.5 美元作为阈值？它尝试了所有的合理值,这个值是降低基尼系数最多的一个。这个处理可以有效地进行，因为阈值总存在于分裂变量的实际值之间，因此只有 $O(n)$ 个可能的分裂要考虑。我们使用大 O 符号来表示算法的复杂性，其中 $O(n)$ 意味着计算的数量会随样本大小而变化。

到目前为止，我们只使用了一个变量，但我们可根据数据集中的所有其他变量为 income 构建一个决策树(我们放弃了 native_country，因为它是一个包含很多级别的分类变量，会使一些学习模型在计算上不可行)。

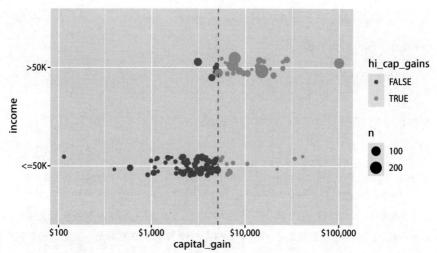

图 11.1   以资本利得变量作为分割依据的人口普查数据集的一个划分。颜色和资本利得税中 5119
美元的垂直线展示了这种分割。如果一个人支付了超过这个数额的钱,那么他几乎肯定
会有超过 5 万美元的收入。另一方面,如果一个人支付的资本利得少于这个数额,那么
他几乎肯定赚不到 5 万美元

```
form <- as.formula(
  "income ~ age + workclass + education + marital_status +
  occupation + relationship + race + sex +
  capital_gain + capital_loss + hours_per_week"
)
```

```
mod_tree <- decision_tree(mode = "classification") %>%
  set_engine("rpart") %>%
  fit(form, data = train)
mod_tree

parsnip model object

Fit time: 385ms
n= 26049
node), split, n, loss, yval, (yprob)
      * denotes terminal node

1) root 26049 6210 <=50K (0.7618 0.2382)
  2) relationship=Not-in-family,Other-relative,Own-child,Unmarried 14310
  940 <=50K (0.9343 0.0657)
    4) capital_gain< 7.07e+03 14055 694 <=50K (0.9506 0.0494) *
    5) capital_gain>=7.07e+03 255 9 >50K (0.0353 0.9647) *
  3) relationship=Husband,Wife 11739 5270 <=50K (0.5514 0.4486)
      6) education=10th,11th,12th,1st-4th,5th-6th,7th-8th,9th,Assoc-acdm,
Assocvoc,HS-grad,Preschool,Some-college 8199 2720 <=50K (0.6686 0.3314)
    12) capital_gain< 5.1e+03 7796 2320 <=50K (0.7023 0.2977) *
    13) capital_gain>=5.1e+03 403 7 >50K (0.0174 0.9826) *
```

```
7) education=Bachelors,Doctorate,Masters,Prof-school
   3540 991 >50K (0.2799 0.7201) *
```

在这棵更复杂的树中，第一个最优的分割现在不是 capital_gain，而是 relationship。可使用
rpart 包中的 plot()函数创建该树的一个基本的可视化。通过 partykit 包可以得到一个信息量更大
的图(如图 11.2 所示)，该包包含用于处理决策树的一系列功能。

```
library(rpart)
library(partykit)
plot(as.party(mod_tree$fit))
```

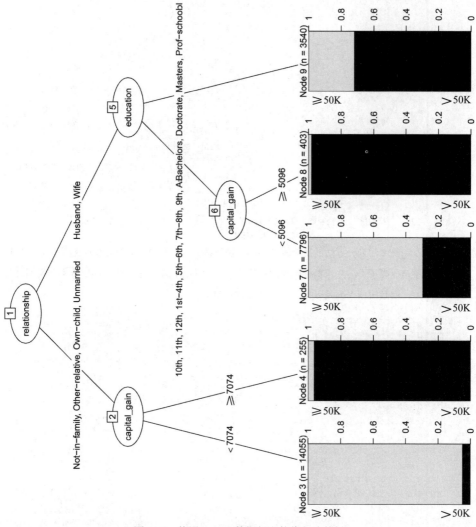

图 11.2　使用 census 数据得出的收入决策树

图 11.2 显示了决策树本身，而图 11.3 显示了决策树如何递归地划分原始数据。这里，第
一个问题是 relationship 状态是丈夫还是妻子。如果不是，则使用资本利得税阈值 7073.5 美元

来确定一个人的收入。支付高于这个阈值的人中有 96.4% 的人收入超过 5 万美元，但是支付低于这个阈值的人中有 94.9% 的人收入不到 5 万美元。对于那些 relationship 状态是丈夫或妻子的人，下一个问题是这个人是否拥有大学学历。如果有，则模型以 72.8% 的精度预测你的收入超过 5 万美元。如果没有，那么我们再次查询已缴纳的资本利得税，但这一次的起征点为 5095.5 美元。97.9% 的人既不是丈夫也不是妻子，也没有大学学历，却缴纳了超过该数额的资本利得税，年收入超过 5 万美元。另一方面，支付低于阈值的人中有 70% 的收入少于 5 万美元。

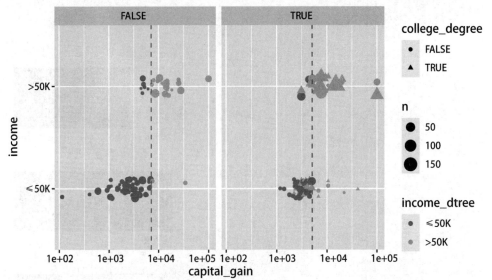

图 11.3　基于完整递归划分方法的决策树分类器的图形描述。在左边，那些关系状态既不是"丈夫"也不是"妻子"的人根据他们支付的资本利得税进行分类。在右边，不仅资本利得税阈值不同，而且根据个人是否具有大学学历进行决策

```
train_plus <- train_plus %>%
  mutate(
    husband_or_wife = relationship %in% c("Husband", "Wife"),
    college_degree = husband_or_wife & education %in%
      c("Bachelors", "Doctorate", "Masters", "Prof-school")
  ) %>%
  bind_cols(
    predict(mod_tree, new_data = train, type = "class")
  ) %>%
  rename(income_dtree = .pred_class)

cg_splits <- tribble(
  ~husband_or_wife, ~vals,
  TRUE, 5095.5,
  FALSE, 7073.5
)
```

```
ggplot(data = train_plus, aes(x = capital_gain, y = income)) +
  geom_count(
```

```
  aes(color = income_dtree, shape = college_degree),
  position = position_jitter(width = 0, height = 0.1),
  alpha = 0.5
) +
facet_wrap(~ husband_or_wife) +
geom_vline(
  data = cg_splits, aes(xintercept = vals),
  color = "dodgerblue", lty = 2
) +
scale_x_log10()
```

既然树的数量是指数级的，那么算法如何知道要选取这棵树呢？复杂度参数用来控制是否应该保留或修剪可能的分裂。也就是说，该算法考虑了许多可能的分裂(即树上的新分支)，但如果它们没有充分提高模型的预测能力，则修剪它们。默认情况下，每次分裂都必须将错误减少 1%。这将有助于避免过拟合(稍后将对此进行更多介绍)。注意，当我们向模型添加更多分裂时，相对误差会减小。

```
printcp(mod_tree$fit)

Classification tree:
`rpart::rpart`(data = train)

Variables actually used in tree construction:
[1] capital_gain education relationship

Root node error: 6206/26049 = 0.238

n= 26049

       CP   nsplit  rel error  xerror     xstd
1  0.1255        0     1.000    1.000  0.01108
2  0.0627        2     0.749    0.749  0.00996
3  0.0382        3     0.686    0.686  0.00962
4  0.0100        4     0.648    0.648  0.00940
```

我们还可以使用在第 10 章中介绍的模型评估指标，即混淆矩阵和准确率。

```
library(yardstick)
pred <- train %>%
  select(income) %>%
  bind_cols(
    predict(mod_tree, new_data = train, type = "class")
  ) %>%
  rename(income_dtree = .pred_class)

confusion <- pred %>%
  conf_mat(truth = income, estimate = income_dtree)
confusion


            Truth
Prediction   <=50K    >50K
```

```
       <=50K    18836    3015
        >50K     1007    3191
accuracy(pred, income, income_dtree)
```

```
# A tibble: 1 x 3
    .metric  .estimator  .estimate
     <chr>      <chr>       <dbl>
1  accuracy    binary      0.846
```

这种情况下，决策树分类器的准确率现在是 84.4%，比空模型有了很大的提高。同样，这与我们在第 10 章中使用同一组变量建立的类似的逻辑回归模型相当。图 11.4 显示了该模型的混淆矩阵。

```
autoplot(confusion) +
  geom_label(
    aes(
      x = (xmax + xmin) / 2,
      y = (ymax + ymin) / 2,
      label = c("TN", "FP", "FN", "TP")
    )
  )
```

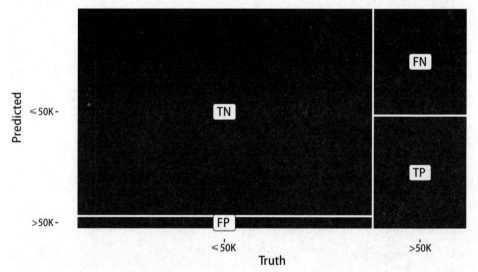

图 11.4   对决策树模型预测准确性的直观总结。最大的矩形代表真阴性案例

参数调整

我们在上面构建的决策树是基于默认参数的。最值得注意的是，我们的树被修剪了，只保留了将整体拟合度提高 1% 的分割。如果我们把这个阈值降到 0.2%，那么我们将得到一个更复杂的树。

```
mod_tree2 <- decision_tree(mode = "classification") %>%
  set_engine("rpart", control = rpart.control(cp = 0.002)) %>%
  fit(form, data = train)
```

你能找到这棵更复杂的树的精确率吗？它是否比我们原来的树更精确？

11.1.2　随机森林

决策树的自然扩展是一个随机森林。一个随机森林是决策树的一个集合，这些决策树按多数规则进行聚合。从某种意义上讲，随机森林就像一组自举(请参见第 9 章)决策树。一个随机森林的组成包括：

- 选择要增长的决策树的数量(由 trees 参数控制)和每个树中要考虑的变量数量(mtry)
- 利用替换方法随机选择数据框的行
- 从数据框中随机选择 mtry 个变量
- 在结果数据集上构建决策树
- 重复这个过程 trees 次

利用森林中所有决策树的多数法则对新观测值进行预测。R 在 randomForest 包中提供了随机森林。它们可能非常有效，但有时计算成本很高。

```
mod_forest <- rand_forest(
  mode = "classification",
  mtry = 3,
  trees = 201
) %>%
  set_engine("randomForest") %>%
  fit(form, data = train)

pred <- pred %>%
  bind_cols(
    predict(mod_forest, new_data = train, type = "class")
  ) %>%
  rename(income_rf = .pred_class)


pred %>%
  conf_mat(income, income_rf)
```

```
            Truth
Prediction  <=50K   >50K
<=50K 19273   1251
     >50K     570   4955
```

```
pred %>%
  accuracy(income, income_rf)
```

```
# A tibble: 1 x 3
  .metric   .estimator .estimate
  <chr>     <chr>          <dbl>
1 accuracy  binary         0.930
```

因为随机森林中的每棵树都使用了不同的变量集，所以可以跟踪哪些变量一直都在产生影响。这一点可以用"重要性"概念来刻画。虽然与回归模型中的 p 值不同，这里没有正式的统计推断，但重要性扮演着类似的角色，因为它有助于生成假设。这里，我们可以看到 capital_gain 和 age 似乎对结果具有较大影响，而 race 和 sex 则没有。

```
randomForest::importance(mod_forest$fit) %>%
  as_tibble(rownames = "variable") %>%
  arrange(desc(MeanDecreaseGini))

# A tibble: 11 x 2
  Variable     MeanDecreaseGini
  <chr>               <dbl>
1  capital_gain        1187.
2  relationship        1074.
3  age                 1060.
4  education            755.
5  hours_per_week       661.
6  occupation           629.
7  marital_status       620.
8  capital_loss         410.
9  workclass            320.
10 race                 132.
11 sex                   86.5
```

结果被放入一个 tibble(简单数据框)中，以便进一步进行整理。类 randomForest 的模型对象还包含用于进行新预测的 predict()方法。

参数调整

Hastie 等人[Hastie et al. (2009)]建议在每个分类树中使用 $\sqrt{p}$ 变量(对于每个回归树使用 $p/3$)，这是 randomForest 中的默认行为。但是，这是一个可以针对特定应用程序进行调整的参数。树的数目是另一个可以调整的参数，我们只需要选取一个相当大的奇数。

11.1.3 最近邻

到目前为止，我们一直专注于使用数据来构建模型，然后可以使用这些模型来预测新数据集上的结果。懒惰的学习者提供了一种略有不同的方法，他们试图在不构建“模型”的情况下预测结果。k-最近邻(k-Nearest Neighbor，k-NN)是一种非常简单但广泛使用的方法。

回顾一下，具有 p 个属性(解释变量)的数据在 p 维空间中以点的形式表示。空间中任意两点之间的欧几里得距离可以用非常普通的方法来计算，即差值平方和的平方根。因此，讨论 p 维空间中两点之间的距离是有意义的，从而，讨论两个观测值(数据框的两行)之间的距离也是有意义的。最近邻分类器通过利用这一特性来假设彼此“接近”的观测值可能具有相似的结果。

假设我们有一组训练数据$(X, y) \in R^{n \times p} \times R^n$。对于某个正整数 k，k-NN 算法通过以下方式对新观测数据 $x*$进行分类：

- 根据某种距离度量(通常是欧几里得)，在训练数据 X 中找到最接近 $x*$的 k 个观测数据。设 $D(x*) \subseteq (X, y)$表示这组观测数据。

- 对于某些聚合函数 f，计算 $D(x*)$ 中 y 的 k 个值的 $f(y)$，并将该值($y*$)设定为 $x*$ 的响应值的预测。这里的逻辑思想是，由于 $x*$ 与 $D(x*)$ 中的 k 个观测值相似，$x*$ 响应值很可能与 $D(x*)$ 中的响应值类似。实际上，只需要取最多的(或多数)y 共享的一个值就足够了。

注意，k-NN 分类器在进行新的分类之前不需要处理训练数据，它可以动态地完成这项工作。class 包中的 knn()函数提供了一个简单的 k-NN 分类器(没有很多选项)。注意，由于距离度量只对定量变量有意义，我们必须首先将数据集限制为那些定量型数据。将 scale 设置为 TRUE 将重新缩放解释变量，使其具有相同的标准差。我们选择 k=5 个邻居，将在下一节进行解释。

```
library(kknn)
# distance metric only works with quantitative variables
train_q <- train %>%
  select(income, where(is.numeric), -fnlwgt)

mod_knn <- nearest_neighbor(neighbors = 5, mode = "classification") %>%
  set_engine("kknn", scale = TRUE) %>%
  fit(income ~ ., data = train_q)

pred <- pred %>%
  bind_cols(
    predict(mod_knn, new_data = train, type = "class")
  ) %>%
  rename(income_knn = .pred_class)

pred %>%
  conf_mat(income, income_knn)
```

```
          Truth
Prediction  <=50K  >50K
    <=50K   18533  2492
     >50K    1310  3714
```

```
pred %>%
  accuracy(income, income_knn)
```

```
# A tibble: 1 x 3
  .metric  .estimator .estimate
  <chr>    <chr>      <dbl>
1 accuracy binary     0.854
```

k-NN 分类器之所以被广泛应用，部分原因在于它们易于理解和编码。它们也不需要时间进行任何的预处理工作。然而，它的预测可能会很慢，因为数据必须在预测时进行处理。

k-NN 的有用性在很大程度上取决于数据的几何结构，即给定的数据点是否聚集在一起？每个变量之间的距离分布是什么？一个具有更大取值范围的变量可能使另一个具有较小取值范围的变量相形见绌。

参数调整

如何选择一个合适的 k 值取决于具体的应用和给定的数据。交叉验证方法可用来优化 k 的选择。在这里，我们计算了几个 k 值的准确率。

```
knn_fit <- function(.data, k) {
  nearest_neighbor(neighbors = k, mode = "classification") %>%
    set_engine("kknn", scale = TRUE) %>%
    fit(income ~ ., data = .data)
}

knn_accuracy <- function(mod, .new_data) {
  mod %>%
    predict(new_data = .new_data) %>%
    mutate(income = .new_data$income) %>%
    accuracy(income, .pred_class) %>%
    pull(.estimate)
}

ks <- c(1:10, 15, 20, 30, 40, 50)

knn_tune <- tibble(
  k = ks,
  mod = map(k, knn_fit, .data = train_q),
  train_accuracy = map_dbl(mod, knn_accuracy, .new_data = train_q)
)
knn_tune

# A tibble: 5 x 3
     k        mod   train_accuracy
  <dbl>     <list>        <dbl>
1     1   <fit[+]>        0.846
2     5   <fit[+]>        0.854
3    10   <fit[+]>        0.848
4    20   <fit[+]>        0.846
5    40   <fit[+]>        0.841
```

在图 11.5 中，我们展示了准确率如何随着 k 的增加而减少。也就是说，如果一个人试图最大化这个数据集的准确率，那么 k 的最佳值是 5。[1]参数 k 值的优化方法是交叉验证的一种形式(见下文)。

```
ggplot(data = knn_tune, aes(x = k, y = train_accuracy)) +
  geom_point() +
  geom_line() +
  ylab("Accuracy rate")
```

---

1 在 11.2 节中，我们讨论了为什么这个特定的优化标准可能不是最明智的选择。

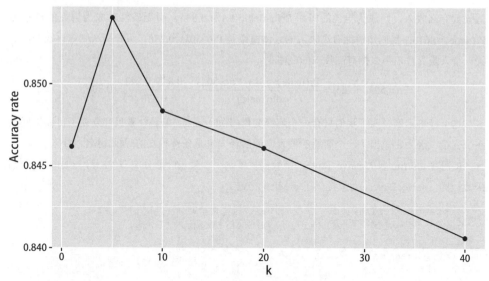

图 11.5　最近邻分类器在人口普查训练数据上不同 k 值的性能

11.1.4　朴素贝叶斯

另一个相对简单的分类器是基于贝叶斯定理的。贝叶斯定理是概率论的一个非常有用的结果，它允许从其他条件概率中计算某个条件概率。它的计算公式如下：

$$\Pr(y \mid x) = \frac{\Pr(xy)}{\Pr(x)} = \frac{\Pr(x \mid y)\Pr(y)}{\Pr(x)}$$

这和朴素贝叶斯分类器什么关系？假设我们有一个二元响应变量 y，我们想要对一个新的观测数据 x^* 进行分类(回顾一下，x 是一个向量)。然后，如果我们能计算出条件概率 $\Pr(y=1 \mid x^*) > \Pr(y=0 \mid x^*)$，我们有证据表明 $y=1$ 比 $y=0$ 更有可能是 x^* 的预测结果。这是朴素贝叶斯分类器的一个关键思想。在实践中，我们如何得出 $\Pr(y=1 \mid x^*)$ 的估计是基于贝叶斯法则并由训练数据 (x, y) 计算出的条件概率估计。

考虑训练数据集中的第一个人。这是一位 39 岁的白人男性，拥有学士学位，在州政府担任文书工作。实际上，这个人赚了不到 5 万美元。

```
train %>%
  as.data.frame() %>%
  head(1)

  age workclass fnlwgt education education_1 marital_status occupation
1 39 State-gov  77516 Bachelors          13  Never-married Adm-clerical
  relationship  race  sex capital_gain capital_loss hours_per_week
1 Not-in-family White Male         2174            0             40
  native_country income
1 United-States  <=50K
```

朴素贝叶斯分类器将根据数据中观察到的概率对此人做出预测。例如，在这个示例中，

假设你有高收入，则成为男性的概率 Pr(male|>50k)为 0.845，而无条件时成为男性的概率为 Pr(male)=0.670。我们知道拥有高收入的总体概率是 Pr(>50k)=0.238。贝叶斯法则告诉我们，如果一个人是男性，那么拥有高收入的概率是：

$$\Pr(> 50k \mid male) = \frac{\Pr(male > 50k) \cdot \Pr(> 50k)}{\Pr(male)} = \frac{0.845 \cdot 0.243}{0.670} = 0.306$$

这个简单示例说明了我们只有一个解释变量(例如，sex)，但是朴素贝叶斯模型可以扩展到多个变量，因为它做出了一个简单的假设，即解释变量是条件独立的(因此得名"朴素")。

R 语言 discrim 包的 naive_Bayes()函数提供了一个朴素贝叶斯分类器。注意，与 lm()和 glm()函数一样，naive_Bayes()对象提供了 predict()方法。

```
library(discrim)
mod_nb <- naive_Bayes(mode = "classification") %>%
  set_engine("klaR") %>%
  fit(form, data = train)

pred <- pred %>%
  bind_cols(
    predict(mod_nb, new_data = train, type = "class")
  ) %>%
  rename(income_nb = .pred_class)

accuracy(pred, income, income_nb)
```

```
# A tibble: 1 x 3
  .metric  .estimator  .estimate
  <chr>        <chr>       <dbl>
1 accuracy    binary      0.824
```

11.1.5　人工神经网络

人工神经网络是另一种分类器。虽然人工神经网络的思想来自于对大脑的生物学理解，但这里的实现完全基于数学理论。

```
mod_nn <- mlp(mode = "classification", hidden_units = 5) %>%
  set_engine("nnet") %>%
  fit(form, data = train)
```

神经网络是一种分段处理的有向图(请参见第 20 章)。首先，每个输入变量都有一个节点。这种情况下，因为每个因子的级别都被视为自己的一个变量，所以有 57 个输入变量，如图 11.5 所示。接下来，有一系列节点被定义为隐含层。在本例中，我们为隐含层定义了五个节点。如图 11.6 的中部所示，每个输入变量都连接到这些隐含的节点上。每个隐含节点都连接到一个输出变量。此外，nnet()还添加了两个控制节点，第一个节点连接到五个隐含点，后者连接到输出节点。因此，边的总数是 $pk + k + k + 1$，其中 k 是隐含节点的数量。这种情况下，共有 $57 \cdot 5 + 5 + 5 + 1 = 296$ 条边。

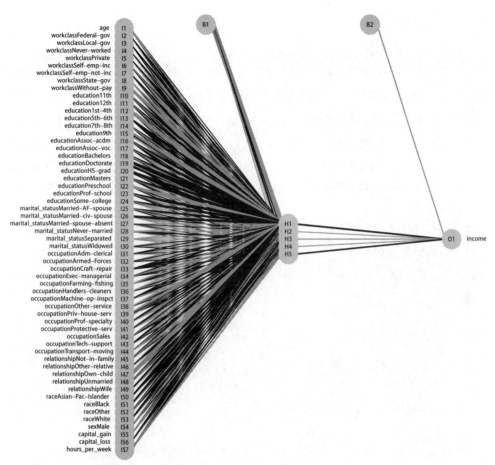

图 11.6　人工神经网络的可视化。输入的 57 个输入变量显示在底部，五个隐含节中间层，
单个输出变量显示在顶层点在中间层，单个输出变量显示在顶层

该算法迭代地搜索每条边的最优权重集。一旦计算出权重，神经网络就可以通过在网络中
运行这些值来预测新的输入。

```
pred <- pred %>%
  bind_cols(
    predict(mod_nn, new_data = train, type = "class")
  ) %>%
  rename(income_nn = .pred_class)

accuracy(pred, income, income_nn)
```

```
# A tibble: 1 x 3
  .metric  .estimator  .estimate
  <chr>    <chr>       <dbl>
1 accuracy binary      0.833
```

11.1.6 集成方法

拥有多个分类器的好处是它们可以很容易地组合成一个分类器。注意，拥有多个预测系统有一个实际概率收益，特别是如果它们是独立的。例如，如果你有三个独立的分类器，错误率分别为 ε_1、ε_2 和 ε_3，那么这三个分类器都错误的概率是 $\prod_{i=1}^{3}\varepsilon_i$。由于对所有的 i 都有 $\varepsilon_i<1$，这个概率比任何单个分类器的错误率都低。此外，至少一个分类器是正确的概率是 $1-\prod_{i=1}^{3}\varepsilon_i$，当你添加更多分类器时，即使你没有减少单个分类器的错误率，这个概率也会更接近于 1！

考虑将我们之前构建的 k-NN、朴素贝叶斯和人工神经网络分类器结合起来。假设我们通过获取这些分类器的多数票来构建一个集成分类器。那么，这个集成分类器的性能是否优于单个分类器呢？

```
pred <- pred %>%
  rowwise() %>%
  mutate(
    rich_votes = sum(c_across(contains("income_")) == ">50K"),
    income_ensemble = factor(ifelse(rich_votes >= 3, ">50K", "<=50K"))
  ) %>%
  ungroup()

pred %>%
  select(-rich_votes) %>%
  pivot_longer(
    cols = -income,
    names_to = "model",
  ) %>%
  group_by(model) %>%
  summarize(accuracy = accuracy_vec(income, prediction)) %>%
  arrange(desc(accuracy))
```

```
# A tibble: 6 x 2
 model accuracy
  <chr>            <dbl>
1 income_rf         0.930
2 income_ensemble   0.878
3 income_knn        0.854
4 income_dtree      0.846
5 income_nn         0.833
6 income_nb         0.824
```

在这种情况下，集成分类器的准确率为 87.8%，它的性能并不优于单个分类器，因为 k-NN 分类器的准确率略高。然而不管怎样，集成方法都是一种简单但有效的减少错误率的方法。

11.2 参数调整

在第 11.1.3 节中，我们展示了在某个点之后，k-NN 模型在训练数据上的准确率如何随着 k

的增加而增加。也就是说，随着来自更多邻居的信息——他们必然离目标观测数据更远——被纳入到任何给定观测数据的预测中，这些预测变得更糟。这一点并不奇怪，因为实际观测值在训练数据集中，并且该观测值与目标观测值的距离必然为 0。对于 $k = 1$，错误率不为零，这可能是因为在这个五维空间中有许多点具有完全相同的坐标。

然而，如图 11.7 所示，在测试集上评估 k-NN 模型时，情况有所不同。在这里，真相不在训练集中，因此在更多观测值中汇集信息会导致更好的预测——至少在一段时间内是这样。同样，这应该不足为奇——我们在第 9 章中看到了均值如何比单个观察值的可变性更小。通常，人们希望在不引入太多偏差的情况下，最大限度地减少模型在未见过的数据(即测试数据)上的误分类率。这种情况下，该点出现在 $k = 5$ 和 $k = 10$ 之间。我们可以在图 11.7 中看到这种情况，因为测试数据集的准确率在 $k = 5$ 之前迅速提高，但对于较大的 k 值则提高非常缓慢。

```
test_q <- test %>%
  select(income, where(is.numeric), -fnlwgt)

knn_tune <- knn_tune %>%
  mutate(test_accuracy = map_dbl(mod, knn_accuracy, .new_data = test_q))

knn_tune %>%
  select(-mod) %>%
  pivot_longer(-k, names_to = "type", values_to = "accuracy") %>%

ggplot(aes(x = k, y = accuracy, color = factor(type))) +
  geom_point() +
  geom_line() +
  ylab("Accuracy") +
  scale_color_discrete("Set")
```

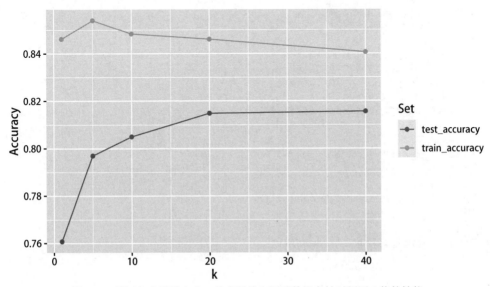

图 11.7　最近邻分类器在人口普查训练和测试数据上针对不同 k 值的性能

11.3 示例：收入模型 redux 的评价

正如我们在第 10.3.5 节中所做的，我们应该在训练集和测试集上评估这些新模型。

首先，我们构建一个空模型，它简单地预测了每个人的收入都低于 50 000 美元的概率是一样的，该预测没有考虑解释变量(关于逻辑回归的介绍，请参见附录 E)。我们把它添加到本章前面构建的模型列表中。

```
mod_null <- logistic_reg(mode = "classification") %>%
  set_engine("glm") %>%
  fit(income ~ 1, data = train)

mod_log_all <- logistic_reg(mode = "classification") %>%
  set_engine("glm") %>%
  fit(form, data = train)

mods <- tibble(
  type = c(
    "null", "log_all", "tree", "forest",
    "knn", "neural_net", "naive_bayes"
  ),
  mod = list(
    mod_null, mod_log_all, mod_tree, mod_forest,
    mod_knn, mod_nn, mod_nb
  )
)
```

虽然我们拟合的每个模型在 R 中都有不同的类(见附录 B)，但每个类都有一个 predict()方法，可生成预测结果。

```
map(mods$mod, class)

[[1]]
[1] "_glm"       "model_fit"

[[2]]
[1] "_glm"       "model_fit"

[[3]]
[1] "_rpart"     "model_fit"

[[4]]
[1] "_randomForest" "model_fit"

[[5]]
[1] "_train.kknn" "model_fit"

[[6]]
[1] "_nnet.formula" "model_fit"
```

```
[[7]]
[1] "_NaiveBayes" "model_fit"
```

因此，我们可迭代处理模型列表，对每个模型对象应用适当的 predict() 方法。

```
mods <- mods %>%
  mutate(
    y_train = list(pull(train, income)),
    y_test = list(pull(test, income)),
    y_hat_train = map(
      mod,
      ~pull(predict(.x, new_data = train, type = "class"), .pred_class)
    ),
    y_hat_test = map(
      mod,
      ~pull(predict(.x, new_data = test, type = "class"), .pred_class)
    )
  )
mods
```

```
# A tibble: 7 x 6
  type         mod        y_train       y_test       y_hat_train    y_hat_test
  <chr>        <list>     <list>        <list>       <list>         <list>
1 null         <fit[+]>   <fct [26,049~  <fct [6,512~  <fct [26,049~   <fct [6,512~
2 log_all      <fit[+]>   <fct [26,049~  <fct [6,512~  <fct [26,049~   <fct [6,512~
3 tree         <fit[+]>   <fct [26,049~  <fct [6,512~  <fct [26,049~   <fct [6,512~
4 forest       <fit[+]>   <fct [26,049~  <fct [6,512~  <fct [26,049~   <fct [6,512~
5 knn          <fit[+]>   <fct [26,049~  <fct [6,512~  <fct [26,049~   <fct [6,512~
6 neural_net   <fit[+]>   <fct [26,049~  <fct [6,512~  <fct [26,049~   <fct [6,512~
7 naive_bayes  <fit[+]>   <fct [26,049~  <fct [6,512~  <fct [26,049~   <fct [6,512~
```

我们还可以添加基于多数规则的集成分类器。首先编写一个函数，当给定一个预测列表时，它将计算占多数的投票。

```
predict_ensemble <- function(x) {
  majority <- ceiling(length(x) / 2)
  x %>%
    data.frame() %>%
    rowwise() %>%
    mutate(
      rich_votes = sum(c_across() == ">50K"),
      .pred_class = factor(ifelse(rich_votes >= majority, ">50K", "<=50K"))
    ) %>%
    pull(.pred_class) %>%
    fct_relevel("<=50K")
}
```

接下来，我们使用 bind_rows() 向模型数据框中添加一行，其中包含集成分类器的相关信息。

```
ensemble <- tibble(
  type = "ensemble",
  mod = NA,
```

```
  y_train = list(predict_ensemble(pull(mods, y_train))),
  y_test = list(predict_ensemble(pull(mods, y_test))),
  y_hat_train = list(predict_ensemble(pull(mods, y_hat_train))),
  y_hat_test = list(predict_ensemble(pull(mods, y_hat_test))),
)

mods <- mods %>%
  bind_rows(ensemble)
```

现在已经有了每个模型的预测，我们只需要将它们与真实值(y)进行比较，并对结果进行统计。可使用 purrr 包中的 map2_dbl()函数来实现这一点。

```
mods <- mods %>%
  mutate(
    accuracy_train = map2_dbl(y_train, y_hat_train, accuracy_vec),
    accuracy_test = map2_dbl(y_test, y_hat_test, accuracy_vec),
    sens_test = map2_dbl(
      y_test,
      y_hat_test,
      sens_vec,
      event_level = "second"
    ),
    spec_test = map2_dbl(y_test,
      y_hat_test,
      spec_vec,
      event_level = "second"
    )
  )

mods %>%
  select(-mod, -matches("^y")) %>%
  arrange(desc(accuracy_test))
```

```
# A tibble: 8 x 5
  type         accuracy_train   accuracy_test   sens_test   spec_test
  <chr>        <dbl>            <dbl>           <dbl>       <dbl>
1 forest       0.930            0.861           0.605       0.946
2 ensemble     0.872            0.849           0.491       0.969
3 log_all      0.853            0.846           0.586       0.933
4 tree         0.846            0.840           0.510       0.951
5 neural_net   0.833            0.831           0.543       0.927
6 naive_bayes  0.824            0.814           0.319       0.980
7 knn          0.854            0.797           0.486       0.901
8 null         0.762            0.749           0           1
```

虽然随机森林模型在训练集上的表现明显好于其他模型，但在测试集上其准确率下降最多。我们注意到即使 k-NN 模型在训练集上的性能略优于决策树，决策树在测试集上的性能更好。集成模型和逻辑回归模型表现良好。然而，在这种情况下，在两个测试集上，所有模型的准确率都是相同的。

在图 11.8 中，我们比较了测试数据集上所有人口普查模型的 ROC 曲线。

```
mods <- mods %>%
  filter(type != "ensemble") %>%
  mutate(
    y_hat_prob_test = map(
      mod,
      ~pull(predict(.x, new_data = test, type = "prob"), `.pred_>50K`)
    ),
    type = fct_reorder(type, sens_test, .desc = TRUE)
  )
```

```
mods %>%
  select(type, y_test, y_hat_prob_test) %>%
  unnest(cols = c(y_test, y_hat_prob_test)) %>%
  group_by(type) %>%
  roc_curve(truth = y_test, y_hat_prob_test, event_level = "second") %>%
  autoplot() +
  geom_point(
    data = mods,
    aes(x = 1 - spec_test, y = sens_test, color = type),
    size = 3
  )
```

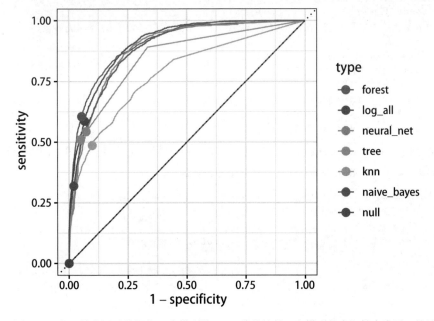

图 11.8　人口普查测试数据集五个模型的 ROC 曲线比较。空模型的真阳性率为零，并且
　　　　沿着对角线分布。贝叶斯模型的真阳性率低于其他模型。随机森林可能具有最好
　　　　的整体表现，因为它的曲线离对角线最远

11.4　扩展示例：这次谁得了糖尿病？

回顾一下第 10.4 节中关于糖尿病的例子。

```
library(NHANES)
people <- NHANES %>%
  select(Age, Gender, Diabetes, BMI, HHIncome, PhysActive) %>%
  drop_na()
glimpse(people)
```

```
Rows: 7,555
Columns: 6
$ Age        <int> 34, 34, 34, 49, 45, 45, 45, 66, 58, 54, 58, 50, 33, ...
$ Gender     <fct> male, male, male, female, female, female, female, ma...
$ Diabetes   <fct> No, No, No, No, No, No, No, No, No, No, No, No, No, ...
$ BMI        <dbl> 32.22, 32.22, 32.22, 30.57, 27.24, 27.24, 27.24, 23....
$ HHIncome   <fct> 25000-34999, 25000-34999, 25000-34999, 35000-44999, ...
$ PhysActive <fct> No, No, No, No, Yes, Yes, Yes, Yes, Yes, Yes, Yes, Y...
```

```
people %>%
  group_by(Diabetes) %>%
  count() %>%
  mutate(pct = n / nrow(people))
```

```
# A tibble: 2 x 3
# Groups:   Diabetes [2]
  Diabetes      n     pct
  <fct>     <int>   <dbl>
1 No         6871   0.909
2 Yes         684   0.0905
```

我们用图 11.9 中除家庭收入外的其他所有变量来说明决策树的使用。从图 11.10 所示的原始数据看，老年人和 BMI 指数较高的人更容易患糖尿病。

```
mod_diabetes <- decision_tree(mode = "classification") %>%
  set_engine(
    "rpart",
    control = rpart.control(cp = 0.005, minbucket = 30)
  ) %>%
  fit(Diabetes ~ Age + BMI + Gender + PhysActive, data = people)
mod_diabetes
```

```
parsnip model object

Fit time: 43ms
n= 7555

node), split, n, loss, yval, (yprob)
      * denotes terminal node
```

```
1) root 7555 684 No (0.909464 0.090536)
  2) Age< 52.5 5092 188 No (0.963079 0.036921) *
  3) Age>=52.5 2463 496 No (0.798620 0.201380)
    6) BMI< 39.985 2301 416 No (0.819209 0.180791) *
    7) BMI>=39.985 162 80 No (0.506173 0.493827)
     14) Age>=67.5 50 18 No (0.640000 0.360000) *
     15) Age< 67.5 112 50 Yes (0.446429 0.553571)
       30) Age< 60.5 71 30 No (0.577465 0.422535) *
       31) Age>=60.5 41 9 Yes (0.219512 0.780488) *
```

```
plot(as.party(mod_diabetes$fit))
```

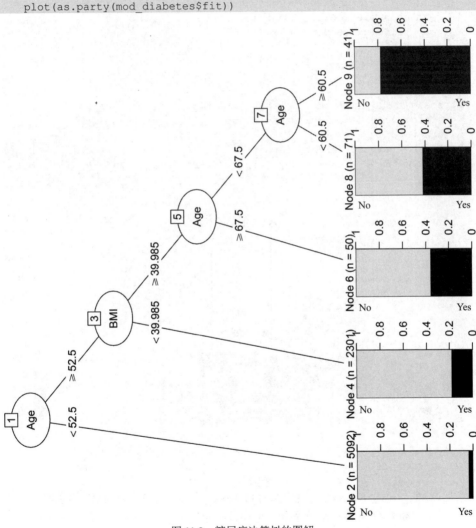

图 11.9　糖尿病决策树的图解

如果你是 52 岁或更年轻，那么你很可能没有糖尿病。然而，如果你是 53 岁或以上，你患糖尿病的风险更高。如果你的 BMI 指数超过 40，说明肥胖，那么风险又会增加。奇怪的是，这可能是过拟合的证据，即如果你在 61 到 67 岁之间，你的风险最高。这个数据的划分在图 11.10

上进行展示。

```
segments <- tribble(
  ~Age, ~xend, ~BMI, ~yend,
  52.5, 100, 39.985, 39.985,
  67.5, 67.5, 39.985, Inf,
  60.5, 60.5, 39.985, Inf
)

ggplot(data = people, aes(x = Age, y = BMI)) +
  geom_count(aes(color = Diabetes), alpha = 0.5) +
  geom_vline(xintercept = 52.5) +
  geom_segment(
    data = segments,
    aes(xend = xend, yend = yend)
  ) +
  scale_fill_gradient(low = "white", high = "red") +
  scale_color_manual(values = c("gold", "black")) +
  annotate(
  "rect", fill = "blue", alpha = 0.1,
  xmin = 60.5, xmax = 67.5, ymin = 39.985, ymax = Inf
)
```

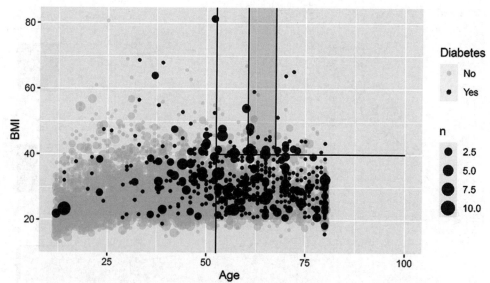

图 11.10　NHANES 数据集中人物年龄与 BMI 指数关系的散点图。黑色的圆点代表糖尿
病患者的集合，而金色的圆点代表没有患糖尿病的人群

图 11.10 是一个很好的用于可视化复杂模型的方法。我们用两个定量的维度(Age 和 BMI)来
绘制图形，同时用颜色来表示二元响应变量(Diabetes)。决策树只是将这个二维空间划分成轴平
行的矩形，该模型对每个矩形内的所有观测数据都给出相同的预测结果。尽管很难描绘，但是
我们不难想象这种递归的划分将如何扩展到更高的维度。

但请注意,图 11.10 清楚地说明了基于递归划分的模型的优缺点。这种类型的模型只能生成轴平行的矩形,而且每个矩形中的所有点都被预测为相同的结果。这就使得这些模型相对容易理解和应用,但不难想象它们可能会表现得很糟糕(例如,如果关系是非线性的呢?)。这里再次强调了在数据空间中进行模型可视化的重要性[Wickham et al., 2015],如图 11.10 所示。

比较所有模型

我们通过将此模型可视化应用扩展到所有模型来关闭循环。我们再一次利用有 10 000 个点的精细网格来绘制(Age, BMI)-平面。

```
library(modelr)
fake_grid <- data_grid(
  people,
  Age = seq_range(Age, 100),
  BMI = seq_range(BMI, 100)
)
```

接下来,我们将评估每个网格点上的六个模型,注意检索的不是分类本身,而是患糖尿病的概率。

```
form <- as.formula("Diabetes ~ Age + BMI")

dmod_null <- logistic_reg(mode = "classification") %>%
  set_engine("glm")

dmod_tree <- decision_tree(mode = "classification") %>%
  set_engine("rpart", control = rpart.control(cp = 0.005, minbucket = 30))

dmod_forest <- rand_forest(
  mode = "classification",
  trees = 201,
  mtry = 2
) %>%
  set_engine("randomForest")

dmod_knn <- nearest_neighbor(mode = "classification", neighbors = 5) %>%
  set_engine("kknn", scale = TRUE)

dmod_nnet <- mlp(mode = "classification", hidden_units = 6) %>%
  set_engine("nnet")

dmod_nb <- naive_Bayes() %>%
  set_engine("klaR")

bmi_mods <- tibble(
  type = c(
    "Logistic Regression", "Decision Tree", "Random Forest",
    "k-Nearest-Neighbor", "Neural Network", "Naive Bayes"
  ),
  spec = list(
```

```
    dmod_null, dmod_tree, dmod_forest, dmod_knn, dmod_nnet, dmod_nb
  ),
  mod = map(spec, fit, form, data = people),
  y_hat = map(mod, predict, new_data = fake_grid, type = "prob")
)

bmi_mods <- bmi_mods %>%
  mutate(
    X = list(fake_grid),
    yX = map2(y_hat, X, bind_cols)
  )
```

```
res <- bmi_mods %>%
  select(type, yX) %>%
  unnest(cols = yX)
res
```

```
# A tibble: 60,000 x 5
   type                .pred_No   .pred_Yes   Age   BMI
   <chr>                   <dbl>       <dbl> <dbl> <dbl>
 1 Logistic Regression     0.998     0.00234    12  13.3
 2 Logistic Regression     0.998     0.00249    12  14.0
 3 Logistic Regression     0.997     0.00265    12  14.7
 4 Logistic Regression     0.997     0.00282    12  15.4
 5 Logistic Regression     0.997     0.00300    12  16.0
 6 Logistic Regression     0.997     0.00319    12  16.7
 7 Logistic Regression     0.997     0.00340    12  17.4
 8 Logistic Regression     0.996     0.00361    12  18.1
 9 Logistic Regression     0.996     0.00384    12  18.8
10 Logistic Regression     0.996     0.00409    12  19.5
# ... with 59,990 more rows
```

图 11.11 解释了数据空间中的每个模型,我们可以看出模型之间的差异是非常惊人的。决策树的僵化特点非常明显,尤其是相对于 k-NN 模型的灵活性。这个 k-NN 模型和随机森林具有相似的灵活性,但前者的区域基于多边形,后者的区域基于矩形。k 越大会产生越平滑的 k-NN 预测;反之 k 越小,预测就越大胆。逻辑回归模型的预测结果是平滑的,而朴素贝叶斯模型的预测结果是非线性的。在这个案例中,神经网络做出了相对一致的预测。

```
ggplot(data = res, aes(x = Age, y = BMI)) +
  geom_tile(aes(fill = .pred_Yes), color = NA) +
  geom_count(
    data = people,
    aes(color = Diabetes), alpha = 0.4
  ) +
  scale_fill_gradient("Prob of\nDiabetes", low = "white", high = "red") +
  scale_color_manual(values = c("gold", "black")) +
  scale_size(range = c(0, 2)) +
  scale_x_continuous(expand = c(0.02,0)) +
  scale_y_continuous(expand = c(0.02,0)) +
  facet_wrap(~type, ncol = 2)
```

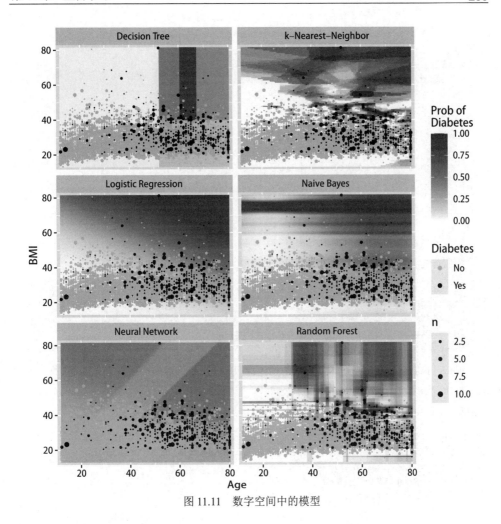

图 11.11 数字空间中的模型

11.5 正则化

正则化是一种在回归模型中添加约束条件以防止过拟合的技术。正则化的两种技术包括岭回归和 LASSO(least absolute shrinkage and selection operator)。岭回归不是拟合一个模型以最小化 $\sum_{i=1}^{n}(y-\hat{y})^2$，其中 $\hat{y}=X'$，它添加了一个约束 $\sum_{j=1}^{p}\beta_j^2 \leq c_1$，LASSO 对常数 c_1 和 c_2 施加了 $\sum_{j=1}^{p}\left|\beta_j\right| \leq c_2$ 约束。

这些方法被认为是统计学或机器学习的一部分，因为它们自动收缩系数(对于岭回归)或选择预测因子(对于 LASSO)。这种收缩可能导致偏差，但会降低可变性。当预测子集合很大时，它们特别有用。

为了帮助说明这一过程，我们考虑一个在第 9 章中介绍的航班延误的例子。这里我们感兴趣的是来自两个纽约机场的航班延误。

```
library(nycflights13)
California <- flights %>%
  filter(
    dest %in% c("LAX", "SFO", "OAK", "SJC"),
        !is.na(arr_delay)
  ) %>%
  mutate(
    day = as.Date(time_hour),
    dow = as.character(lubridate::wday(day, label = TRUE)),
    month = as.factor(month),
    hour = as.factor(hour)
  )
dim(California)
```

```
[1] 29836    20
```

我们首先将数据分成训练集(70%)和测试集(30%)。

```
library(broom)
set.seed(386)
California_split <- initial_split(California, prop = 0.7)
California_train <- training(California_split)
California_test <- testing(California_split)
```

现在，我们可以建立一个模型，其中包含我们想要用来解释到达延迟的变量，包括一天中的几点钟、始发机场、到达机场、承运公司、一年中的第几个月份、一周中的第几天，以及目的地和一周中的第几天和第几个月之间的交互。

```
flight_model <- formula(
  "arr_delay ~ origin + dest + hour + carrier + month + dow")
mod_reg <- linear_reg() %>%
  set_engine("lm") %>%
  fit(flight_model, data = California_train)
tidy(mod_reg) %>%
  head(4)

# A tibble: 4 x 5
  term          estimate   std.error   statistic      p.value
  <chr>            <dbl>       <dbl>       <dbl>         <dbl>
1 (Intercept)     -10.5        5.85       -1.80        0.0719
2 originJFK        3.08        0.789       3.90        0.0000961
3 destOAK         -6.11        3.11       -1.97        0.0493
4 destSFO          1.80        0.625       2.88        0.00396
```

对 originJFK 的回归系数表明，控制其他因素，可以预计从 JFK 起飞比参考机场 EWR(Newark)多延误 3.1 分钟。

```
California_test %>%
  select(arr_delay) %>%
  bind_cols(predict(mod_reg, new_data = California_test)) %>%
  metrics(truth = arr_delay, estimate = .pred)
```

```
# A tibble: 3 x 3
  .metric .estimator .estimate
  <chr>      <chr>        <dbl>
1 rmse     standard     42.0
2 rsq      standard      0.0877
3 mae      standard     26.4
```

接下来，我们利用 LASSO 模型拟合相同的数据。

```
mod_lasso <- linear_reg(penalty = 0.01, mixture = 1) %>%
  set_engine("glmnet") %>%
  fit(flight_model, data = California_train)
tidy(mod_lasso) %>%
  head(4)
```

```
# A tibble: 4 x 3
  term        estimate  penalty
  <chr>          <dbl>    <dbl>
1 (Intercept)   -8.86     0.01
2 originJFK      2.98     0.01
3 destOAK       -5.96     0.01
4 destSFO        1.79     0.01
```

我们看到 LASSO 的系数趋向于向 0 略微衰减(例如，originJFK 从 3.08 移到 2.98)。

```
California_test %>%
  select(arr_delay) %>%
  bind_cols(predict(mod_lasso, new_data = California_test)) %>%
  metrics(truth = arr_delay, estimate = .pred)
```

```
# A tibble: 3 x 3
  .metric .estimator .estimate
  <chr>      <chr>        <dbl>
1 rmse     standard     42.0
2 rsq      standard      0.0877
3 mae      standard     26.4
```

在这个例子中，LASSO 并没有改善我们模型在测试数据上的性能。在预测因子较多且模型可能过拟合的情况下，它往往会做得更好。

11.6　扩展资源

James 等人(2013)对这些主题进行了通俗的介绍(请参见 http://www-bcf.usc.edu/~gareth/ISL)。Hastie 等人[Hastie et al. (2009)]的研究生版本可在以下网址免费下载：http://www-stat.stanford.edu/~tibs/ElemStatLearn。另一个有用的资料来源是 Tan 等人[Tan et al. (2006)]，这更像是计算机科学。Breiman(2001)是一篇描述统计学中两种文化的经典论文：预测和建模。Efron(2020)提供了一个更近的视角。

partykit 包中的 ctree()函数使用条件推理树构建递归分区模型。该功能类似于 rpart()，但使用不同的标准来决定如何分割。partykit 包还包含一个 cforest()函数。caret 包提供了许多有用的函数，用于训练和绘制分类及回归模型。glmnet 和 lars 包包括对正则化方法的支持。RWeka 包提供了一个 Weka 机器学习综合库的 R 接口，该库是用 Java 编写的。

11.7　练习题

问题 1(易)： 使用 mosaicData 中的 HELPrct 数据将树模型拟合为以下预测因子：age、sex、cesd 和 substance。

a. 绘制结果树并解释结果。

b. 你的决策树有多准确？

问题 2(中)： 使用 nycflights13 包，拟合一系列监督学习模型来预测从纽约到旧金山的航班的到达延误时间。与统计基础一章中的多元回归模型相比，结论有何变化？

问题 3(中)： 基于 CollegeScorecard 包中的大学记分卡数据，利用本章描述的技术，将学生债务建模为机构特征的函数。对比至少三种方法的结果。

```
# remotes::install_github("Amherst-Statistics/CollegeScorecard")
library(CollegeScorecard)
```

问题 4(中)： nasaweather 包拥有 1995—2005 年热带风暴的数据。考虑下面这些风暴的风速和压力之间的散列图。

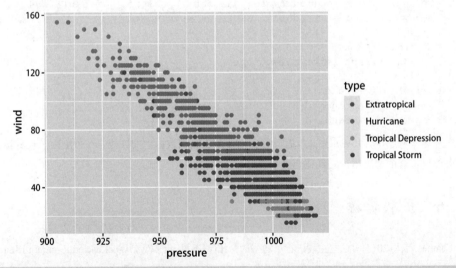

```
library(mdsr)
library(nasaweather)
ggplot(data = storms, aes(x = pressure, y = wind, color = type)) +
  geom_point(alpha = 0.5)
```

在数据中显示了风暴的类型，而且给出了四种类型：温带风暴、飓风、热带低压风暴和热带风暴。风暴类型的定义复杂但不精确。根据风速和气压，对每一次风暴的类型建立一个分类器。

为什么决策树会成为这些数据的一个特别好的分类器？在数据空间中对分类器进行可视化。

问题 5(中): 产前护理已被证明有利于婴儿和母亲的健康。使用 NHANES 包中的 NHANES 数据集，为 PregnantNow 变量建立预测模型。你对谁怀孕能知道多少？

问题 6(难): 高质量的睡眠与许多积极的健康结果相关。NHANES 数据集包含一个二进制变量 SleepTrouble，它表明一个人是否有睡眠问题。

a. 对于下面的每个模型:

- 为 SleepTrouble 构建一个分类器
- 在 NHANES 训练数据上记录其有效性
- 对模型进行适当的可视化
- 解释结果。你对人们的睡眠习惯有什么了解？

你可使用任何你喜欢的变量，除了 SleepHrsNight。

- 空模型
- 逻辑回归
- 决策树
- 随机森林
- 神经网络
- 朴素贝叶斯
- *k*-NN

b. 重复前面的练习，但现在使用定量响应变量 SleepHrsNight。构建并解释以下模型:

- 空模型
- 多元回归
- 回归树
- 随机森林
- Ridge 回归
- LASSO

c. 重复前面的任何一个练习，但这一次首先将 NHANES 数据集均匀地随机分为 75%的训练集和 25%的测试集。比较每个模型在训练和测试数据上的有效性。

d. 重复第(a)部分的第一个练习，但现在排除变量 PregnantNow。你对谁怀孕能知道多少？

11.8 附加练习

可从 https://mdsr-book.github.io/mdsr2e/ch-learningI.html#learningI-online-exercises 获得。

第 12 章

无监督学习

在前面的章节中，我们探讨了用于从一组观测值 X 中学习响应变量 y 的模型。此过程称为监督学习，这是因为响应变量不仅为建模提供了明确的目标(以改善对未来 y 的预测)，也提供了一种指导(有时称为"真实值")。在本章中，我们将探讨一种没有响应变量 y 的技术，即无监督学习技术。这种情况下，我们只获得一组观测值 X，但是我们想了解它们之间的关系。

12.1 聚类

图 12.1 显示了一棵关于哺乳动物的进化树。分支点上的数字表示这些分支被分离出来的估计时间(以百万年为单位)。根据该图的信息，啮齿动物和灵长类动物在大约 9000 万年前就彼此分离了。

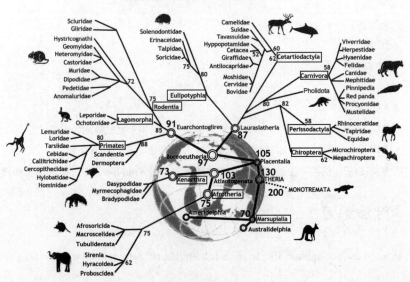

图 12.1 哺乳动物的进化树。经 Creative Commons Attribution 2.0 Generic 许可转载

　　进化生物学家是如何构造这类树的呢？他们研究了不同种类哺乳动物的各种特征。通常认为具有相似特征的两种哺乳动物是紧密相关的，而性状不同的动物之间的关系比较疏远。通过结合物种之间关于接近性的所有信息，生物学家可构造出这类进化树。

　　这种有时被称为树状图的树是一种有非常有吸引力的对关系进行组织的结构。进化生物学家认为，每个分支点上都有一只真实的动物，其后代分成朝不同方向发展的群体。在进化生物学中，有关分支的推论来自将现有生物(以及化石记录中的生物)进行比较。具有相似特征的生物位于邻近的分支中，具有不同特征的生物位于相隔较远的分支中。我们需要在解剖学和形态学方面具有丰富的专业知识才能了解哪些异同很重要。但请注意，这里没有输出变量，只是一种有关紧密或疏远关系的构造。

　　树这种结构可以描述不同事物之间的相似程度，而不管它们之间的关系是如何形成的。如果有一组对象或案例，并可测量任意两个对象之间的相似程度，我们就可以构造一棵树。这种树可能反映也可能不能反映对象之间某些更深层次的关系，但是它通常为关系可视化提供了一种简单方法。

12.1.1　层次聚类

　　当对象的描述由一组数字变量(都不是响应变量)组成时，构造一个描述数据实例之间关系的树需要两个主要步骤：

　　(1) 将每个数据实例表示为笛卡儿空间中的一个点。

　　(2) 根据点或点云的紧密程度做出分支决策。

　　为说明这一点，请设想一下不同类型汽车的识别这一无监督学习过程。美国能源部维护着数千辆汽车的机械特性：每加仑可行驶的英里数、发动机尺寸、气缸数和齿轮数等。有关更多信息[1]，请参阅能源部提供的指南。在这里，从他们的网站下载了 ZIP 文件，这个文件包含了2016 年度车型的燃油经济性等级。

```
src <- "https://www.fueleconomy.gov/feg/epadata/16data.zip"
lcl <- usethis::use_zip(src)
```

　　接下来，我们使用 readxl 这个程序包将此文件读入 R，删除一些结果变量名称，选择一小部分变量，并针对丰田汽车的不同型号进行过滤。处理后的数据集包含丰田生产的 75 种不同型号汽车的信息。

```
library(tidyverse)
library(mdsr)
library(readxl)
filename <- fs::dir_ls("data", regexp = "public\\.xlsx") %>%
  head(1)
cars <- read_excel(filename) %>%
  janitor::clean_names() %>%
  select(
```

1　https://www.fueleconomy.gov/feg/pdfs/guides/FEG2016.pdf.

```
    make = mfr_name,
    model = carline,
    displacement = eng_displ,
    number_cyl,
    number_gears,
    city_mpg = city_fe_guide_conventional_fuel,
    hwy_mpg = hwy_fe_guide_conventional_fuel
  ) %>%
  distinct(model, .keep_all = TRUE) %>%
  filter(make == "Toyota")
glimpse(cars)
```

```
Rows: 75
Columns: 7
$ make          <chr> "Toyota", "Toyota", "Toyota", "Toyota", "Toyota", ...
$ model         <chr> "FR-S", "RC 200t", "RC 300 AWD", "RC 350", "RC 350...
$ displacement  <dbl> 2.0, 2.0, 3.5, 3.5, 3.5, 5.0, 1.5, 1.8, 5.0, 2.0, ...
$ number_cyl    <dbl> 4, 4, 6, 6, 6, 8, 4, 4, 8, 4, 6, 6, 6, 4, 4, 4, ...
$ number_gears  <dbl> 6, 8, 6, 8, 6, 8, 6, 1, 8, 8, 6, 8, 6, 6, 1, 4, 6,...
$ city_mpg      <dbl> 25, 22, 19, 19, 19, 16, 33, 43, 16, 22, 19, 19, 19...
$ hwy_mpg       <dbl> 34, 32, 26, 28, 26, 25, 42, 40, 24, 33, 26, 28, 26...
```

作为一个大型汽车制造厂商，丰田拥有各种型号的汽车：卡车、SUV 和混合动力汽车。那么问题来了，我们是否可以仅利用获得的数据，使用无监督的学习方法以一种智能方式对这些汽车进行分类？

对于单个定量变量，很容易计算任意两辆汽车之间的距离值：取数值之间的差。但不同变量具有不同的比例和单位。例如，挡位值范围仅为 1～8，而市区每加仑英里数取值范围为 13～58。这意味着需要一些调整变量的方法，目的是使每个变量的差异合理地反映出对应汽车之间的差异。有多种方法可做到这一点，但在实际应用中没有普适的"最佳"解决方案，最佳解决方案主要取决于数据和你的专业领域知识。dist()函数采用简单而务实的思想：每个变量同等重要[1]。

dist()的输出表示每辆汽车与其他所有汽车的距离。

```
car_diffs <- cars %>%
  column_to_rownames(var = "model") %>%
  dist()
str(car_diffs)
```

```
'dist' num [1:2775] 4.52 11.29 9.93 11.29 15.14 ...
- attr(*, "Size")= int 75
- attr(*, "Labels")= chr [1:75] "FR-S" "RC 200t" "RC 300 AWD" "RC 350" ...
- attr(*, "Diag")= logi FALSE
- attr(*, "Upper")= logi FALSE
- attr(*, "method")= chr "euclidean"
```

---

1 dist()使用的默认距离是欧几里得距离。回顾一下，我们在第 8 章中对 k-NN 方法的解释中对此进行了讨论。

```
- attr(*, "call")= language dist(x = .)
car_mat <- car_diffs %>%
  as.matrix()
car_mat[1:6, 1:6] %>%
  round(digits = 2)
```

	FR-S	RC 200t	RC 300 AWD	RC 350	RC 350 AWD	RC F
FR-S	0.00	4.52	11.29	9.93	11.29	15.14
RC 200t	4.52	0.00	8.14	6.12	8.14	11.49
RC 300 AWD	11.29	8.14	0.00	3.10	0.00	4.93
RC 350	9.93	6.12	3.10	0.00	3.10	5.39
RC 350 AWD	11.29	8.14	0.00	3.10	0.00	4.93
RC F	15.14	11.49	4.93	5.39	4.93	0.00

这个点对点距离矩阵类似于以前印在路线地图上的表格，该表格给出了从一个城市到另一个城市的距离，如图 12.2 所示，它表示从亚特兰大到波士顿的距离为 1095 英里，而从亚特兰大到芝加哥的距离为 715 英里。请注意，城市之间的距离是对称的：从波士顿到洛杉矶的距离与从洛杉矶到波士顿的距离相同(根据该表，它们之间的距离为 3036 英里)。

	Atlanta	Boston	Chicago	Dallas	Denver	Houston	Las Vegas	Los Angeles
Atlanta		1095	715	805	1437	844	1920	2230
Boston	1095		983	1815	1991	1886	2500	3036
Chicago	715	983		931	1050	1092	1500	2112
Dallas	805	1815	931		801	242	1150	1425
Denver	1437	1991	1050	801		1032	885	1174
Houston	844	1886	1092	242	1032		1525	1556
Las Vegas	1920	2500	1500	1150	885	1525		289
Los Angeles	2230	3036	2112	1425	1174	1556	289	

图 12.2　美国部分城市之间的距离

知道城市之间的距离与知道他们的位置不是一回事。但有了城市之间相互距离的集合就可重构这些城市的相对位置。

当然，城市位于地球表面，而对于不同汽车类型之间的"距离"，情况是不一样的。但即便如此，相互距离的集合也等于提供了可了解这些汽车在 p 维空间中相对位置的有用信息。这些信息可用于在邻近对象之间构造分支，然后连接这些分支，以此类推，直到构建出一棵完整的树为止。这个过程就称为层次聚类。图 12.3 显示了如何通过层次聚类构建一棵树，该树将不同型号的丰田汽车彼此关联。

```
library(ape)
car_diffs %>%
  hclust() %>%
  as.phylo() %>%
  plot(cex = 0.8, label.offset = 1)
```

有很多方法可绘制此类树结构的图形，但这里借鉴了生物学原理，将这些汽车绘制为系统发育树，类似于图 12.1。仔细检查图 12.3 会发现一些有趣的现象。

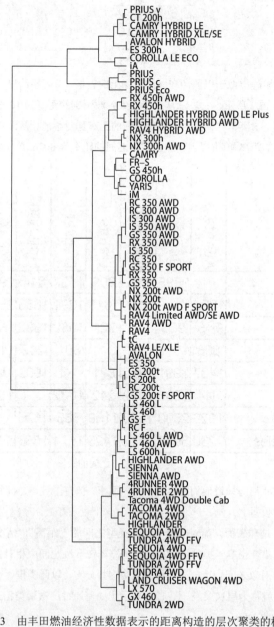

图 12.3   由丰田燃油经济性数据表示的距离构造的层次聚类的树状图

树上的第一个分支显然在混合动力汽车和其他所有汽车之间。这是有道理的,因为混合动力汽车使用完全不同性质的动力来获得更好的燃油经济性。此外,传统汽车中的第一个分支将大型卡车和 SUV(例如,Sienna、Tacoma、Sequoia、Tundra、Land Cruiser)与小型汽车和跨界 SUV(例如,Camry、Corolla、Yaris、RAV4)分开。我们相信,读者群中计算机程序设计者可以从这种聚类中识别出更细微的逻辑知识。可以想象,这种类型的分析可以帮助购车者或营销主管迅速解读出原本可能令人困惑的产品线。

12.1.2　*k*-means

对相似对象进行分组的另一种方法是将每个对象分配给几个不同的组中的一个组,而且不需要构造层次结构。这种方法的输出不是一棵树,而是每个对象所属组的选择。实际中,可以提供比这更多的详细信息;例如,对于一个特定对象,每个组都有一个该对象属于该组的概率值。这一方法类似于分类,只是这里没有响应变量。因此,必须从数据中隐式地推断出组的定义。

例如,考虑世界上的城市(在 WorldCities 数据中),城市可在许多特征方面具有相似性和差异性:人口、年龄结构、公共交通和道路以及人均建筑面积等,而选取哪些特征(或变量)取决于进行分组的目的。

我们的目的是向你展示,通过机器学习进行聚类实际上可以识别数据中的真实模式。这里将选择人们熟知的特征:每个城市的纬度和经度。

现实中,我们已经知道城市的位置,它们都在陆地上。我们也知道地球上陆地的组织:大多数陆地都属于一个称为大洲的组。但是 WorldCities 数据没有任何大洲的概念。也许这个特征你很久以前就把它当成一种常识,但从未学习过小学地理知识的计算机也可以学习它。

为叙述方便起见,请考虑世界上 4000 个最大的城市及其经度和纬度。

```
big_cities <- world_cities %>%
  arrange(desc(population)) %>%
  head(4000) %>%
  select(longitude, latitude)
glimpse(big_cities)
```

```
Rows: 4,000
Columns: 2
$ longitude <dbl> 121.46, 28.95, -58.38, 72.88, -99.13, 116.40, 67.01, ...
$ latitude  <dbl> 31.22, 41.01, -34.61, 19.07, 19.43, 39.91, 24.86, 39....
```

注意,在这些数据中,没有其他辅助信息,甚至没有城市名称。但是,*k*-均值(*k*-means)聚类算法会将这 4000 个点基于其地理位置(每个点位于一个二维平面中)分离为 *k* 个簇。

```
set.seed(15)
library(mclust)
city_clusts <- big_cities %>%
  kmeans(centers = 6) %>%
  fitted("classes") %>%
```

```
    as.character()
big_cities <- big_cities %>%
  mutate(cluster = city_clusts)
big_cities %>%
  ggplot(aes(x = longitude, y = latitude)) +
  geom_point(aes(color = cluster), alpha = 0.5) +
  scale_color_brewer(palette = "Set2")
```

如图 12.4 所示,聚类算法已近似识别出各大洲。北美和南美已被明显地区分开,非洲大部分地区也一样。北非的城市被划分到欧洲,这是有历史原因的,因为欧洲在摩洛哥、突尼斯和埃及等地的影响力非常巨大。同样,尽管欧洲的簇延伸到亚洲,欧洲和亚洲之间的区别本质上还是取决于历史性因素,而不是地理方面的原因。注意,对于算法来说,海洋和沙漠之间的差别很小,它们都代表了没有大城市存在的大片区域。

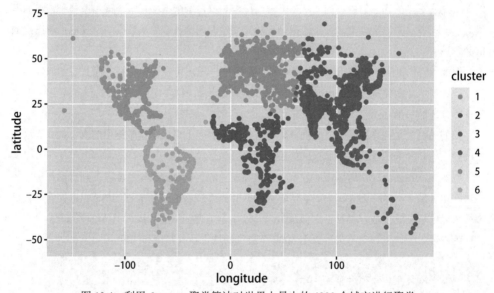

图 12.4　利用 6-means 聚类算法对世界上最大的 4000 个城市进行聚类

12.2　降维

通常,一个变量携带的信息很少与手头任务相关。即使对于信息量大的变量,也可能存在冗余或几乎重复的变量。也就是说,两个或多个变量在本质上提供了相同的信息,即它们在各种情况下具有相似的模式。

这种不相关或多余的变量使从数据中学习变得更加困难。不相关的变量只是使实际模式模糊的噪声。类似地,当两个或多个变量冗余时,它们之间的差异可能表示随机噪声。此外,对于某些机器学习算法,大量变量将带来计算复杂度方面的挑战。通常,在实际应用中需要删除不相关或多余的变量,这样它们(以及它们所携带的噪声)不会给机器学习算法的模式识别能力带来影响。

例如，考虑在议会或国会中投票这个场景。以 2008 年的苏格兰议会为例，立法者经常在预先组织好的集团中共同投票，因此特定选票上的"赞成"和"反对"模式可能表明哪些成员是附属成员(即同一政党的成员)。为检验这个想法，可尝试按成员的投票记录将其进行聚类。

表 12.1 显示了投票记录的一小部分。议会议员的姓名表示数据对象。由文件号(如S1M-4.3)标识的每个选票都是变量：1 表示赞成，-1 表示反对，0 表示弃权。有 n = 134 个成员和 p = 773 张选票，请注意，在此数据集中 p 远远超过 n。在一张表中完全显示 100 000 多个选票是不切实际的，但这里只有 3 个可能的选票，因此将表显示为图像(如图 12.5 所示)的效果很好。

```
Votes %>%
  mutate(Vote = factor(vote, labels = c("Nay", "Abstain", "Aye"))) %>%
  ggplot(aes(x = bill, y = name, fill = Vote)) +
    geom_tile() +
    xlab("Ballot") +
    ylab("Member of Parliament") +
    scale_fill_manual(values = c("darkgray", "white", "goldenrod")) +
    scale_x_discrete(breaks = NULL, labels = NULL) +
    scale_y_discrete(breaks = NULL, labels = NULL)
```

表 12.1　来自苏格兰议会数据的投票记录样本

name	S1M-1	S1M-4.1	S1M-4.3	S1M-4
Canavan, Dennis	1	1	1	-1
Aitken, Bill	1	1	0	-1
Davidson, Mr David	1	1	0	0
Douglas Hamilton, Lord James	1	1	0	0
Fergusson, Alex	1	1	0	0
Fraser, Murdo	0	0	0	0
Gallie, Phil	1	1	0	-1
Goldie, Annabel	1	1	0	0
Harding, Mr Keith	1	1	0	0
Johnston, Nick	0	1	0	-1

图 12.5 是一个 134×773 的网格，其中每个单元都根据一位国会议员对一张选票的投票情况进行颜色编码。尽管你可能会注意到这种苏格兰方格花纹结构，但这里很难看到其他图案。这种格子图案为专家提供了一些有用的信息，即该矩阵可以由低秩矩阵近似。

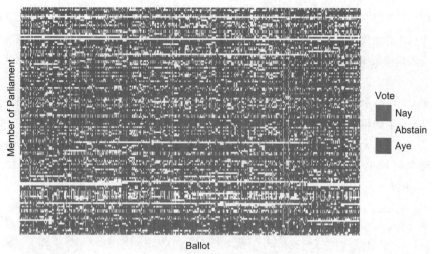

图 12.5　苏格兰议会投票结果的可视化

12.2.1　直觉法

首先，图 12.6 显示了所有议会议员的选票值，每张选票仅有两个选择。为更好地了解每个位置的点数，这里添加了一些随机噪声来抖动这些值。红色的点是实际位置，每个点都是一个国会议员(可扫描封底二维码下载彩图，后同)。同样，对齐的成员被一起分组在以红色标记的九个可能位置之一：(Aye, Nay)、(Aye, Abstain)、(Aye, Aye)，以此类推，直至(Nay, Nay)。在这两次投票中，填充了九个位置中的八个，这是否意味着有八个簇？

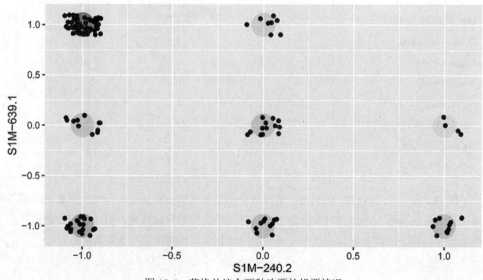

图 12.6　苏格兰议会两种选票的投票情况

```
Votes %>%
  filter(bill %in% c("S1M-240.2", "S1M-639.1")) %>%
```

```
pivot_wider(names_from = bill, values_from = vote) %>%
ggplot(aes(x = `S1M-240.2`, y = `S1M-639.1`)) +
  geom_point(
    alpha = 0.7,
    position = position_jitter(width = 0.1, height = 0.1)
  ) +
  geom_point(alpha = 0.01, size = 10, color = "red" )
```

直觉表明，使用所有选票(而不是仅使用两个选票)会更好。在图 12.7 中，前 387 个选票(一半)已加在一起，其余选票没用上。图 12.7 表明可能存在两个彼此对齐的成员簇。与仅使用两次投票相比，使用所有数据似乎可以提供更多信息。

```
Votes %>%
  mutate(
    set_num = as.numeric(factor(bill)),
    set = ifelse(
      set_num < max(set_num) / 2, "First_Half", "Second_Half"
    )
  ) %>%
  group_by(name, set) %>%
  summarize(Ayes = sum(vote)) %>%
  pivot_wider(names_from = set, values_from = Ayes) %>%
  ggplot(aes(x = First_Half, y = Second_Half)) +
  geom_point(alpha = 0.7, size = 5)
```

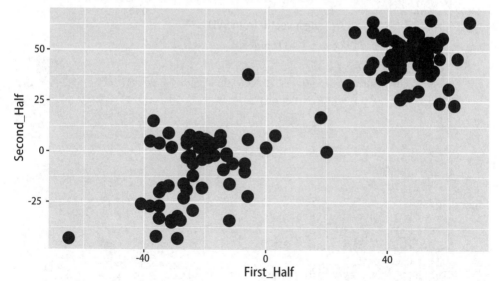

图 12.7　散点图显示了苏格兰议会在任意两个选票集合中的投票结果之间的相关性

12.2.2　奇异值分解

你可能会问，为什么选择将前半部分选票设为 x，其余选票为 y。也许有更好的选择来显示这种内在模式。也许我们可想到一种更有意义的方式来引入这些选票。

实际上，有一种数学方法可使用称为奇异值分解(Singular Value Decomposition，SVD)的简单矩阵来找到投票者矩阵的最佳近似值。可以使用 SVD 实现主成分分析(PCA)的统计降维技术。SVD 的数学原理建立在矩阵代数的知识上，但是任何人都可以实现该计算。在几何学上，SVD(或 PCA)等价于坐标轴的旋转，因此仅使用几个变量就可解释更多差异信息。图 12.8 显示了每个成员在两个主成分上的位置，这些位置表明了最大的差异性。

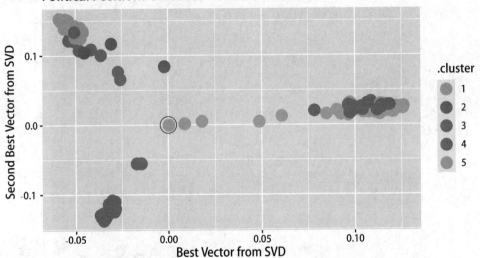

图 12.8　基于 SVD 将苏格兰议会成员进行聚类

```
Votes_wide <- Votes %>%
  pivot_wider(names_from = bill, values_from = vote)
vote_svd <- Votes_wide %>%
  select(-name) %>%
  svd()

num_clusters <- 5 # desired number of clusters
library(broom)
vote_svd_tidy <- vote_svd %>%
  tidy(matrix = "u") %>%
  filter(PC < num_clusters) %>%
  mutate(PC = paste0("pc_", PC)) %>%
  pivot_wider(names_from = PC, values_from = value) %>%
  select(-row)
  clusts <- vote_svd_tidy %>%
    kmeans(centers = num_clusters)

tidy(clusts)

# A tibble: 5 x 7
    pc_1    pc_2    pc_3    pc_4  size  withinss cluster
```

	\<dbl>	\<dbl>	\<dbl>	\<dbl>	\<int>	\<dbl>	\<fct>
1	-0.0529	0.142	0.0840	0.0260	26	0.0118	1
2	0.0851	0.0367	0.0257	-0.182	20	0.160	2
3	-0.0435	0.109	0.0630	-0.0218	10	0.0160	3
4	-0.0306	-0.116	0.183	-0.00962	20	0.0459	4
5	0.106	0.0206	0.0323	0.0456	58	0.112	5

```
voters <- clusts %>%
  augment(vote_svd_tidy)

ggplot(data = voters, aes(x = pc_1, y = pc_2)) +
  geom_point(aes(x = 0, y = 0), color = "red", shape = 1, size = 7) +
  geom_point(size = 5, alpha = 0.6, aes(color = .cluster)) +
  xlab("Best Vector from SVD") +
  ylab("Second Best Vector from SVD") +
  ggtitle("Political Positions of Members of Parliament") +
  scale_color_brewer(palette = "Set2")
```

很显然，图 12.8 显示了三个主要的簇。红色圆圈表示成员平均值。这三个在不同方向上均偏离平均值。有几个成员的位置在平均值和它们最接近的聚类之间。这些簇可能会根据政党隶属关系和投票历史来揭示议会中苏格兰议员的阵营。

对于图形，我们只能用两个变量表示一个位置。但是，聚类可作用于更多变量。更多 SVD 的结合可使三个簇进一步分开。图 12.8 中的颜色显示了使用五个最佳 SVD 的结合求出六个簇的结果。下面的混淆矩阵将每个成员的实际政党参与情况与簇成员情况进行比较。

```
voters <- voters %>%
  mutate(name = Votes_wide$name) %>%
  left_join(Parties, by = c("name" = "name"))
mosaic::tally(party ~ .cluster, data = voters)
```

party	.cluster 1	2	3	4	5
Member for Falkirk West	0	1	0	0	0
Scottish Conservative and Unionist Party	0	0	0	20	0
Scottish Green Party	0	1	0	0	0
Scottish Labour	0	1	0	0	57
Scottish Liberal Democrats	0	16	0	0	1
Scottish National Party	26	0	10	0	0
Scottish Socialist Party	0	1	0	0	0

聚类算法的表现如何？议会中每个成员的政党隶属关系都是已知的，即使它没有被用来寻找所属的簇。第一个簇由苏格兰民族党中的大多数成员组成。第二个簇包括一些个人加上苏格兰自由民主党除了一个之外的其他所有成员。第三个簇挑选了苏格兰民族党剩下的 10 名成员。第 4 个簇包括苏格兰保守党的所有成员，而第 5 个簇则包括苏格兰工党除了一个之外的其他所有成员。对于每个拥有多个成员的政党，它们的绝大多数成员都被放置在该政党所对应的唯一簇中。换句话说，该技术可以正确地识别出四个具有重要代表性的不同政党(即保守党、工党、自由民主党和民族党)的几乎所有成员。

```
ballots <- vote_svd %>%
  tidy(matrix = "v") %>%
  filter(PC < num_clusters) %>%
  mutate(PC = paste0("pc_", PC)) %>%
  pivot_wider(names_from = PC, values_from = value) %>%
  select(-column)
clust_ballots <- kmeans(ballots, centers = num_clusters)
ballots <- clust_ballots %>%
  augment(ballots) %>%
  mutate(bill = names(select(Votes_wide, -name)))
```

```
ggplot(data = ballots, aes(x = pc_1, y = pc_2)) +
  geom_point(aes(x = 0, y = 0), color = "red", shape = 1, size = 7) +
  geom_point(size = 5, alpha = 0.6, aes(color = .cluster)) +
  xlab("Best Vector from SVD") +
  ylab("Second Best Vector from SVD") +
  ggtitle("Influential Ballots") +
  scale_color_brewer(palette = "Set2")
```

从选票数据中可提取更多信息。正如政治立场可进行聚类一样，投票信息也可以用于聚类，它和社会效应、经济效应等因素的作用是一样的。图 12.9 使用前两个主成分显示了投票信息的位置。

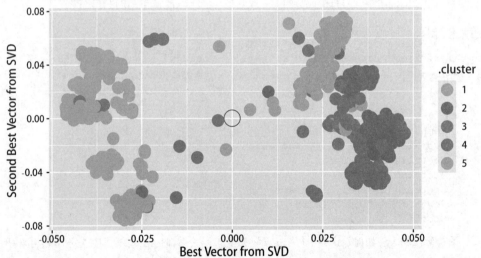

图 12.9　基于选票信息的 SVD 值对苏格兰议会选票进行聚类

此图中有明显的簇。尽管如此，要解释簇还是很困难的。请记住，在每个问题上，都有"赞成"和"反对"票。这种情况造成了围绕中心位置的点的对称性(用红色表示)。从中心出发的每个角度的相对立的点可以解释为社会自由主义相对于社会保守主义，以及经济自由主义相对于经济保守主义。如果要确定属于哪个可能的对立，就需要阅读法案本身，以及对苏格兰政治的深入了解。

最后，这些主成分可用于重新组织议会成员，并可以独立地重新组织选票数据，同时维持每个人的投票信息不变。这仅相当于以字母顺序以外的方式对议会成员进行重新排序，并且选票信息也有类似的转换。如图 12.10 所示，主成分可使数据的结构更加清晰明了，在该图中，两个主要政党(民族党和工党)规模庞大且几乎相等，这两个政党的相互对立的投票集团变得显而易见，而在图 12.10 的下半部分，这些较小规模的政党之间的联盟关系很难分辨。

```
Votes_svd <- Votes %>%
  mutate(Vote = factor(vote, labels = c("Nay", "Abstain", "Aye"))) %>%
  inner_join(ballots, by = "bill") %>%
  inner_join(voters, by = "name")

ggplot(data = Votes_svd,
  aes(x = reorder(bill, pc_1.x), y = reorder(name, pc_1.y), fill = Vote)) +
  geom_tile() +
  xlab("Ballot") +
  ylab("Member of Parliament") +
  scale_fill_manual(values = c("darkgray", "white", "goldenrod")) +
  scale_x_discrete(breaks = NULL, labels = NULL) +
  scale_y_discrete(breaks = NULL, labels = NULL)
```

图 12.10 中最上面一行表示的人物是苏格兰民族党的领导人 Nicola Sturgeon。在 SVD 的最主要的主成分上，她是最极端的选民。根据维基百科显示，民族党具有"欧洲主流的社会民主传统"。

```
Votes_svd %>%
  arrange(pc_1.y) %>%
  head(1)
```

```
  bill              name vote Vote  pc_1.x     pc_2.x pc_3.x  pc_4.x
1 S1M-1 Sturgeon, Nicola    1  Aye -0.00391 -0.00167 0.0498 -0.0734
  .cluster.x pc_1.y pc_2.y pc_3.y pc_4.y .cluster.y              party
1          4 -0.059  0.153 0.0832 0.0396          1 Scottish National Party
```

相反，图 12.10 底部的人是苏格兰工党成员 Paul Martin。从图 12.10 可以很容易地看出，Martin 在大多数投票中都反对 Sturgeon。

```
Votes_svd %>%
  arrange(pc_1.y) %>%
  tail(1)
```

```
            bill         name vote Vote  pc_1.x   pc_2.x pc_3.x  pc_4.x
103582 S1M-4064 Martin, Paul    1  Aye  0.0322 -0.00484 0.0653 -0.0317
       .cluster.x pc_1.y pc_2.y pc_3.y pc_4.y .cluster.y          party
103582          4  0.126 0.0267 0.0425  0.056          5 Scottish Labour
```

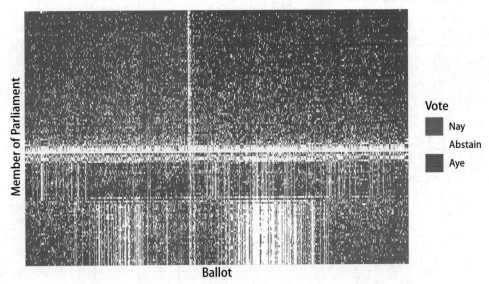

图 12.10   按照 SVD 的主要向量对苏格兰议会选票进行排序的示意图

图 12.10 的美妙之处在于，它为图 12.5 中的混乱现象带来了良好秩序。这可以用一种合理方式对行(议员)和列(选票)进行简单排序来实现。这种情况下，排序由投票矩阵的 SVD 主向量确定。这是机器学习技术如何识别数据中有意义的模式的又一个示例，但是需要人类将领域知识带到问题中，以提取有意义的上下文信息并加以理解。

12.3   扩展资源

机器学习和系统遗传学 CRAN 任务视图为 R 中的这些功能提供了指导。鼓励有兴趣深入了解无监督学习的读者进一步阅读[James et al. (2013)]或[Hastie et al. (2009)]。Kuiper 等人[Kuiper and Sklar (2012)]介绍了主成分分析的一种易于处理的方法。

12.4   练习题

问题 1 (中)：利用不同的 k 值(即不为 6)将 BigCities 数据重新进行 k-means 聚类。记录不同 k 值的实验结果，分析算法对 k 参数变化的敏感性。

问题 2(中)：使用本章第 1 节中介绍的方法对其他制造商的车辆数据进行聚类并解释结果。

问题 3(中)：对当选名人堂的投手进行聚类，使用胜利(W)、三振(SO)和救援成功数(SV)作为数据特征。

问题 4(中)：考虑应用于 BigCities 数据的 k-means 聚类算法。如果投影了位置坐标，你是否希望获得不同的结果？

问题 5(难)：基于 CollegeScorecard 包的大学记分卡数据，使用本章中介绍的技术对教育机构进行聚类，确保包括与学生债务、学生人数、毕业率和学生选择有关的变量。

```
# remotes::install_github("Amherst-Statistics/CollegeScorecard")
```

问题 6(难)： 美国棒球作家协会成员通过投票，将棒球运动员选入名人堂。选民使用一定的量化标准，但也可以有一定的自由选择。以下代码标识了当选名人堂的位置球员，并列出一些基本统计数据，包括职业生涯命中率(H)、本垒打(HR)和盗垒(SB)。使用 kmeans()函数对这些运动员进行聚类分析，描述每个聚类似乎普遍存在的属性。

　　a. 使用 kmeans 函数对这些球员进行聚类分析。描述每个簇的一些通用属性。

```
library(mdsr)
library(Lahman)
hof <- Batting %>%
  group_by(playerID) %>%
  inner_join(HallOfFame, by = c("playerID" = "playerID")) %>%
  filter(inducted == "Y" & votedBy == "BBWAA") %>%
  summarize(tH = sum(H), tHR = sum(HR), tRBI = sum(RBI), tSB = sum(SB)) %>%
  filter(tH > 1000)
```

　　b. 在前面的练习的基础上，计算新的统计信息并再次运行聚类算法。你能生成更纯净的簇吗？证明你的选择是正确的。

　　问题 7(难)： 使用 Gall-Peters 投影方法对 WorldCities 坐标进行投影，然后再次运行 *k*-means 算法，生成的聚类结果是否与本章中的结果明显不同？

```
library(tidyverse)
library(mdsr)
big_cities <- world_cities %>%
  arrange(desc(population)) %>%
  head(4000) %>%
  select(longitude, latitude)
```

12.5　附加练习

可从 https://mdsr-book.github.io/mdsr2e/ch-learningII.html#learningII-online-exercises 获得。

第 13 章

仿　真

13.1　逆向推理

在本书第 1 章中，我们阐述了一个简单事实：数据科学的目的是将数据转化为有用的信息。数据科学的另一个思想是，我们使用数据来提高对系统的理解，即：数据→理解。

本章介绍与逆向思维方式相关的计算技术：推测→数据。换句话说，本章主要介绍"构造数据"。

许多人把"构造数据"与欺骗联系在一起。当然，数据是可以为实现这个目的而编造的。但我们的目的不同，我们感兴趣的是正当合理的数据构造，并且支持以一种合理的方式，使用数据科学将数据转化为易于理解的形式。

怎样才能使构造的数据能合法地使用呢？为了构造数据，你需要建立一个机制，该机制隐性地包含你感兴趣的系统如何工作的思想。你构造的数据告诉你这个系统生成的数据是什么样子的。这样做有两个主要的(合法)目的：

- 条件推理。如果我们的机制反映了真实的系统是如何工作的，那么它生成的数据与实际数据相似。你可以使用这个思想来指导机制的调整，以便产生更具代表性的结果。这个过程可以帮助你以与现实世界相关的方式完善理解。
- 筛选假设。"筛选"意味着从一个集合中去掉不太理想的选择，剩下的就是有用的。传统行业中，通过碾压处理把谷物可食用的部分从不能食用的谷壳中分离出来。对于数据科学来说，这个集合是由假设组成的，这些假设是关于世界如何运行的想法。数据是根据每个假设生成的，并与我们从现实世界收集的数据进行比较。当假设生成的数据与真实世界的数据不相似时，可从集合中移除该假设。剩下的就是一些可用来描述现实世界运行机制的假设。

"构造"数据是不体面的，所以我们将舍弃这个术语，并用它来表示欺诈和欺骗。取而代之的是我们将使用"仿真"这个词，该词来自"相似"的意思。仿真的主要工作是构建一些机制，这些机制与现实世界系统工作原理相似，或者至少与我们对这些系统如何工作的信念和理解相似。

13.2　扩展示例：癌症分组

人类世界有许多不同种类的癌症，我们通常以产生病源的组织命名：肺癌、卵巢癌、前列腺癌等。不同种类的癌症需要用不同的化疗药物治疗。但是，以癌症的病源组织作为依据来指导如何治疗，可能并不是一种最好的方法。我们能找到更好的方法吗？让我们回顾一下第 3.2.4 节中介绍的数据。

像所有细胞一样，癌细胞有一个包含成千上万个基因的基因组。有时，只需要几个基因就可以决定细胞的行为。还有一些情况，基因组成网络，并以多种方式来相互影响基因的表达，这些表示形成了细胞的特征，例如癌细胞的快速繁殖特性。现在可以检测细胞内单个基因的表达。所谓的微阵列通常就用于这个目的。每个微阵列都有数万到数十万的基因活性探针。微阵列分析的结果是基因活性的一个快照。通过比较不同状态下细胞的快照，有可能识别出在这些状态下具有不同表达的基因。这个方法可让我们深入了解特定基因是如何控制细胞活动的各个方面的。

作为生物医学研究团队的一员，一位数据科学家可能需要对许多微阵列分析产生的数据进行编辑，进而根据基因表达来确定不同类型的癌症是否相关。例如，NCI60 数据(由 mdsr 包中的 etl_NCI60()函数提供)包含对 $n=60$ 种不同病源组织类型的癌症细胞系的分析结果。对于每一个细胞系，数据包含了 $p > 40\,000$ 个不同探针的读数。你的工作可能是根据探针表达的模式来寻找不同细胞系之间的关系。结果，你可能发现第 8 章和第 9 章介绍的统计学习和无监督学习技术对于该目的非常有用。

然而，这里有一个问题。即使是癌细胞也会产生日常活动，这些活动是所有细胞存活下来必需的。可能的情况是，NCI60 数据中大部分基因的表达与癌症的特殊性以及不同癌症类型之间的异同无关。虽然数据能解释方法，包括第 8 章中的方法，但它可能会被大量无关的数据淹没。所以，如果可以删除不相关的数据，它们更可能是有效的。很多降维方法(如第 9 章所述)可用于此目的。

当你开始朝着寻找不同癌症类型之间联系的目标前进时，你不知道自己是否能达到该目的。如果你没有达到目的，那么在得出结论说没有关系之前，我们需要排除其他一些可能性。也许你使用的数据简化和数据解释方法不够强大，另一套方法可能更好，或者可能没有足够的数据来检测你正在寻找的模式。

这种情况下，仿真就能发挥它的作用。为说明这一点，考虑一种相当简单的 NCI60 微阵列数据的数据简化技术。如果一个探针的表达在所有不同的癌症中都是相同或非常相似的，那么这个探针就不能告诉我们癌症之间是否有联系了。量化探针在不同细胞系之间变化大小的一种方法是计算探针的微阵列读数的标准差。

在数据整理中，为每个探针计算这个值是一项简单工作。NCI60 数据以一种宽格式出现：宽为 60 列(每个细胞系一列)、长为 41 078 行(每个探针一行)的一个矩阵。这个表达式将找出每个探针在细胞系中的标准差。

```
library(tidyverse)
library(mdsr)
NCI60 <- etl_NCI60()
spreads <- NCI60 %>%
  pivot_longer(
    -Probe, values_to = "expression",
  names_to = "cellLine"
  ) %>%
  group_by(Probe) %>%
  summarize(N = n(), spread = sd(expression)) %>%
  arrange(desc(spread)) %>%
  mutate(order = row_number())
```

NCI60 在 spreads 中(扩散)被重新排列成窄格式，32 344 个探针中的每一个都有 Probe 和 spread 列(有许多探针在微阵列中出现多次，甚至有一个出现多达 14 次)。我们按照标准差的大小按降序排列这个数据集，这样就可通过提取 spreads 中的顶端探针来收集细胞系间差异最大的探针。为了便于绘图，我们添加了变量 order 以标记列表中每个探针的顺序。

在进一步的数据简化和解释中，我们应该加入多少个具有最高标准差的探针？1 个？10 个？1000 个？10 000 个？我们该如何回答这个问题？我们将使用仿真来帮助确定要选择多少个探针。

```
sim_spreads <- NCI60 %>%
  pivot_longer(
    -Probe, values_to = "expression",
    names_to = "cellLine"
  ) %>%
  mutate(Probe = mosaic::shuffle(Probe)) %>%
  group_by(Probe) %>%
  summarize(N = n(), spread = sd(expression)) %>%
  arrange(desc(spread)) %>%
  mutate(order = row_number())
```

使这成为一个仿真的是 mutate()命令，我们称之为 shuffle()。在这一行中，用随机选择的标签替代每个探针标签。其结果是，在统计学上，expression 与任何其他变量(特别是 cellLine)无关。仿真创建了一种数据，这些数据来自于一个探针表达式数据没有意义的系统。换句话说，仿真机制符合探针标签无关的零假设。通过比较真实的 NCI60 数据和仿真数据，可看出哪些探针给出了"零假设是错误的"证据。让我们比较一下 spreads 和 sim_spreads 中的 top-500 个扩散值。

```
spreads %>%
  filter(order <= 500) %>%
  ggplot(aes(x = order, y = spread)) +
  geom_line(color = "blue", size = 2) +
  geom_line(
    data = filter(sim_spreads, order <= 500),
    color = "red",
    size = 2
```

```
) +
geom_text(
  label = "simulated", x = 275, y = 4.4,
  size = 3, color = "red"
) +
geom_text(
  label = "observed", x = 75, y = 5.5,
  size = 3, color = "blue"
)
```

从图 13.1 所示的仿真结果可得出很多结论(可扫描封底二维码下载彩图)。如果我们决定使用 top-500 个探针,将面临一个风险,即会引入许多不比随机噪声(即,可能在零假设下产生)更可变的探针。

但是,如果我们将阈值设置得更低,比如说,只包括那些扩散值大于 5.0 的探针,我们就不太可能加入任何由与零假设一致的机制生成的探针。这个仿真告诉我们,选取前 50 个探针就很好了,因为这也是 NCI60 数据中的探针超出零假设仿真结果的一个范围。这通常被称为错误发现率方法。

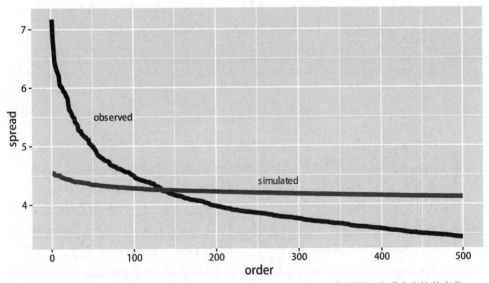

图 13.1 比较 NCI60 数据(蓝色)和零假设仿真(红色)中单个探针在不同细胞系中表达的变化

13.3 随机化函数

可能的仿真与可能的假设一样多,也就是说,有无限的数量。不同假设需要不同的技术来建立仿真。但是有一些技术出现在各种各样的仿真中,这些技术值得我们去了解。

上一个关于基因表达错误发现率的示例使用了一种日常的随机化方法:shuffling(洗牌)。当然,洗牌是在一个序列中破坏其真实顺序的方法,结果只留下那些偶然出现的顺序。在第 9 章中,当我们使用仿真来评估数据中观察到的模式的统计显著性时,我们介绍了与之密切相关的抽样和重抽样方法。

与直觉相反,随机数的使用是许多仿真的重要组成部分。在仿真中,我们要引入变化。例如,癌症示例中的仿真探针并不都有相同的扩散。但在创建这种变化时,我们不想引入任何结构,除非在仿真中明确指定一个结构。使用随机数可确保我们在仿真中发现的任何结构要么是由于我们为仿真构建的机制而产生的,要么是纯粹的偶然。

仿真的主要工作是生成 0 到 1 范围内的随机数,生成每个数字的可能性都是相等的。在 R 语言中,这种使用最广泛的均匀随机数生成器是 runif()。例如,这里要求生成 5 个统一的随机数:

```
runif(5)
```

```
[1] 0.7614 0.1023 0.2699 0.6333 0.0527
```

其他的随机化装置可以用均匀的随机数生成器来构建。为解释这一点,下面是一种从向量中随机选择一个值的装置:

```
select_one <- function(vec) {
  n <- length(vec)
  ind <- which.max(runif(n))
  vec[ind]
}
select_one(letters) # letters are a, b, c, ..., z
```

```
[1] "c"
```
```
select_one(letters)
```

```
[1] "e"
```

当 sample_n() 的 size 参数设置为 1 时,select_one() 函数在功能上等同于 sample_n()。然而,随机数非常重要,你应该尝试使用由专家编写并经过社区审核的生成器。

生成均匀分布的随机数的程序隐含了很多复杂的理论。不过,你通常不希望随机数序列会产生重复数字(第 13.6 节描述了一个例外情况)。这个理论与尽可能减少重复子序列的技术有关。

也许仿真在数据分析中最广泛的应用包括抽样、重抽样和洗牌等操作带来的随机性。这些操作由函数 sample()、resample() 和 shuffle() 提供。这些函数从一个数据框(或向量)中随机均匀地抽样,其中包括或不包括替换以及对数据框的行进行替换。resample() 等效于 replace 参数设置为 TRUE 的 sample() 函数。当 sample() 的参数 size 设为数据框中的行数,并且参数 replace 设置为 FALSE 时,shuffle() 等效于 sample()。使用 prob 参数可以实现非均匀采样。

构建仿真的其他重要功能包括生成具有某些重要特性的随机数。我们已经看到了 runif() 可用于创建均匀的随机数。实际中使用非常广泛的是 rnorm()、rexp() 和 rpois(),它们分别生成符合正态分布(即钟形高斯分布)、指数分布和泊松分布的数字。这些不同的分布对应于现实世界中的机制的理想化描述。例如,在任何时间等概率发生的事件(如地震)之间的时间间隔往往是指数型的。速率随时间保持不变的事件(例如,一分钟内通过道路上某一点的汽车数量)通常使用泊松分布进行建模。还有许多其他形式的分布被认为是某些特定的随机过程的良好模型。类似于 runif() 和 rnorm() 的函数可用于其他常见的概率分布(请参见概率分布 CRAN 任务视图)。

13.4 仿真可变性

13.4.1 部分计划的会合

想象一下 Sally 和 Joan 计划在大学校园中心见面学习的情景[Mosteller, 1987]。她们都是不耐烦的人,在离开之前只会等对方十分钟。

但她们的计划是不完整的。Sally 说:"今晚 7 点到 8 点在校园中心见。"Joan 打算什么时候到达校园中心? 她们真正相遇的可能性有多大?

仿真可帮助回答这些问题。Joan 可能会合理地假设,Sally 什么时候到达那里并不重要,Sally 在晚上 7:00 到 8:00 之间的任何时间到达的可能性都相同。

所以对 Joan 来说,Sally 的到达时间是随机的,并且均匀分布在晚上 7 点到 8 点之间。对 Sally 来说也是如此。这样的仿真很容易编写:在晚上 7:00 后,在 0 到 60 分钟之间生成均匀的随机数。对于每对这样的数字,检查时差是否为 10 分钟或更少。如果是这样,她们就成功地见面了。否则,她们会彼此错过。

这是 R 语言中的一个实现,它运行 100 000 次仿真试验,以确保很好地覆盖了各种可能性。

```
n <- 100000
sim_meet <- tibble(
  sally = runif(n, min = 0, max = 60),
  joan = runif(n, min = 0, max = 60),
  result = ifelse(
    abs(sally - joan) <= 10, "They meet", "They do not"
  )
)
mosaic::tally(~ result, format = "percent", data = sim_meet)


result
They do not They meet
      69.4        30.6
mosaic::binom.test(~result, n, success = "They meet", data = sim_meet)


data: sim_meet$result [with success = They meet]
number of successes = 30601, number of trials = 1e+05, p-value
<2e-16
alternative hypothesis: true probability of success is not equal to 0.5
95 percent confidence interval:
 0.303 0.309
sample estimates:
probability of success
                 0.306
```

她们相遇的概率大约为 30%(真实概率为 $11/36 \approx 0.305556$)。置信区间很窄,以至于 Joan

可能会考虑的任何决定("哦，看来我们不太可能见面。")都是一样的，不管需要考虑置信区间的哪一端。所以这个仿真对 Joan 来说已经足够好了(如果区间不够窄，则需要添加更多试验。第 9 章中描述的置信区间宽度的 $1/\sqrt{n}$ 规则可以指导你的选择)。

```
ggplot(data = sim_meet, aes(x = joan, y = sally, color = result)) +
  geom_point(alpha = 0.3) +
  geom_abline(intercept = 10, slope = 1) +
  geom_abline(intercept = -10, slope = 1) +
  scale_color_brewer(palette = "Set2")
```

通常，将仿真中产生的可能性进行可视化是很有价值的，如图 13.2 所示。到达时间均匀地覆盖了由可能性构成的矩形，但只有那些落在图中心的条纹中的可能性才是成功的。观察这个图形，Joan 注意到一个模式。对于她计划的任何到达时间，成功的概率都是图形中被蓝色覆盖的垂直带区域的一部分。例如，如果 Joan 选择在 7:20 到达，成功的概率是蓝色在垂直带中的比例，该垂直带的边界在横轴上分别是 20 分钟和 30 分钟。Joan 观察到，在 0 到 60 分钟附近，概率会下降，因为对角线带状区域逐渐变细。这个观察指导了一个重要决定：Joan 计划在 7:10 到 7:50 之间某时到达。按照这个策略，成功的概率是多少？(提示：重复该仿真，但将Joan 的 min()和 max()分别设置为 10 和 50)。如果 Joan 有关于 Sally 的其他信息("她不会安排在 7:21 见面，很可能在 7:00、7:15、7:30 或 7:45 见面。")，仿真可很容易地进行修改以加入这个假设，例如，sally =resample(c(0, 15, 30, 45), n)。

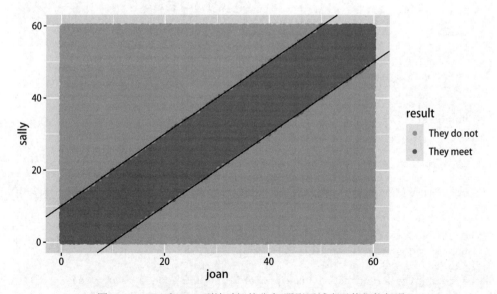

图 13.2　Sally 和 Joan 到达时间的分布(阴影区域表示他们能相遇)

13.4.2　工作报告

每月第一个星期五股市开盘前一小时，美国劳工统计局都发布就业报告。这一广泛预期的非农就业每月变化的估计是一个重要经济指标，往往会影响股市的变化。

如果你阅读金融博客，你会在报告发布前听到很多猜测，也会在报告发布后几分钟内听到很多关于股市变化的解释。你会听到很多人基于当月工作报告对整体经济前景的预期。有时，许多金融家从工作报告的不断变换中读到了很多东西。

你是个怀疑论者。你知道，在就业工作发布后的几个月里，会报告一个更新的数字，它能考虑到原始报告中无法包含的迟到数据。据分析，2014 年 5 月 1 日《纽约时报》的文章《如何不被工作报告误导》将月度报告建模为一个符合高斯分布的随机数，该高斯分布的平均数为 15 万个就业岗位、标准差为 6.5 万个就业岗位。

你正在为你的老板准备一份简报，说服他不要把工作报告本身当作经济指标来认真对待。对于许多老板来说，"高斯分布""标准差"和"置信区间"这些短语会引发一种原始的"我不想听！"的回复，这样你的信息就无法以这种形式传递出去了。

事实证明，与理论概念相比，许多人对仿真有更好的理解。假如你要决定一个策略：使用仿真来生成一年的工作报告。问问老板看到了什么样的模式，在下个月的报告中想要什么样的模式。然后告诉他在你给他看的图表中没有实际的模式。

```
jobs_true <- 150
jobs_se <- 65 # in thousands of jobs
gen_samp <- function(true_mean, true_sd,
                      num_months = 12, delta = 0, id = 1) {
  samp_year <- rep(true_mean, num_months) +
    rnorm(num_months, mean = delta * (1:num_months), sd = true_sd)
  return(
    tibble(
      jobs_number = samp_year,
      month = as.factor(1:num_months),
      id = id
    )
  )
}
```

首先，我们要定义一些需要的常数，还需要一个函数来根据这个已知的事实计算一年中每月样本的价值。由于 delta 的默认值等于 0，true 值不随时间进行改变。当函数参数 true_sd 设置为 0 时，系统不会添加随机噪声。

接下来，我们准备一个数据框，其中包含要仿真的函数参数值。这种情况下，我们希望第一个仿真没有随机噪声，从而参数 true_sd 将被设置为 0，而 id 参数将被设置为 Truth。接下来，将生成三个随机仿真，并将 true_sd 设置为 jobs_se 的假定值。数据框 params 包含有关我们要运行的仿真的完整信息。

```
n_sims <- 3
params <- tibble(
  sd = c(0, rep(jobs_se, n_sims)),
  id = c("Truth", paste("Sample", 1:n_sims))
)
params
```

```
# A tibble: 4 x 2
    sd  id
  <dbl>  <chr>
1    0  Truth
2   65  Sample 1
3   65  Sample 2
4   65  Sample 3
```

最后，我们实际上是使用 purrr 包中的 **pmap_dfr** ()函数执行仿真(请参见第 7 章)。该过程将在 params 数据框上执行迭代操作，并将适当的值应用于每个仿真。

```
df <- params %>%
  pmap_dfr(~gen_samp(true_mean = jobs_true, true_sd = ..1, id = ..2))
```

注意这两个参数是如何以紧凑灵活的形式给出的(..1 和..2)。

```
ggplot(data = df, aes(x = month, y = jobs_number)) +
  geom_hline(yintercept = jobs_true, linetype = 2) +
  geom_col() +
  facet_wrap(~ id) +
  ylab("Number of new jobs (in thousands)")
```

图 13.3 显示了"真实"数字以及仿真产生的三个实现。虽然这三个样本都是从一个"真实"世界中提取的，在这里工作岗位的数量是恒定的，但每个样本都很容易被误解，导致我们得出这样的结论，即新的工作岗位数量在序列的某些点上正在减少。这里的寓意非常明确：在做出推论性结论之前，理解一个系统潜在的可变性是非常重要的。

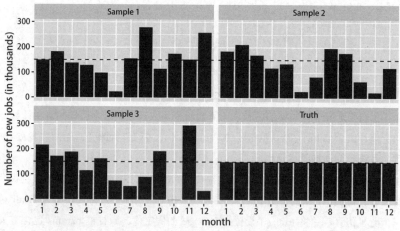

图 13.3 仿真中新工作岗位的真实数量以及仿真的三个实现

13.4.3 餐厅健康卫生等级

我们的下一个仿真来自于纽约市餐馆健康违规的数据集。为了确保顾客的安全，卫生检查员每年至少对每家餐厅进行一次突击检查。另一方面，企业会根据一系列标准进行分级，包括食品处理、个人卫生和害虫控制等。分数在 0 到 13 分之间的企业会得到令人垂涎的 A 等级，

14 到 27 分的企业得到不太理想的 B，28 分或以上的企业得到 C。按 dba(doing business as)和
score 分组后，我们将显示这个范围的一个子集的取值情况，以说明 A 和 B 等级之间的阈值。
我们主要分析 2015 年的数据。

```
minval <- 7
maxval <- 19
violation_scores <- Violations %>%
  filter(lubridate::year(inspection_date) == 2015) %>%
  filter(score >= minval & score <= maxval) %>%
  select(dba, score)
```

```
ggplot(data = violation_scores, aes(x = score)) +
  geom_histogram(binwidth = 0.5) +
  geom_vline(xintercept = 13, linetype = 2) +
  scale_x_continuous(breaks = minval:maxval) +
  annotate(
    "text", x = 10, y = 15000,
    label = "'A' grade: score of 13 or less"
  )
```

图 13.4 显示了餐厅违规得分的分布情况。在 13 分的阈值(获得 A 的最高值)上是否发生了
异常情况？或者，抽样的可变性是不是导致 13 分到 14 分之间的餐馆的数量急剧下降的原因？
让我们做一个简单的仿真，在这个仿真中，13 或 14 分的可能性相等。nflip()函数的作用是：掷
一个硬币来公平地决定分数是 14(正面)还是 13(反面)。

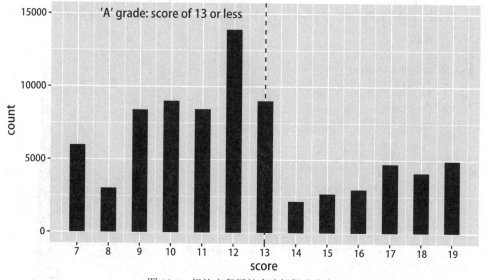

图 13.4　纽约市餐厅健康违规得分分布

```
scores <- mosaic::tally(~score, data = violation_scores)
scores
```

```
score
```

```
     7       8       9      10      11      12      13      14      15      16      17      18
  5985    3026    8401    9007    8443   13907    9021    2155    2679    2973    4720    4119
    19
  4939
```

```
mean(scores[c("13", "14")])
```

```
[1] 5588
```

```
random_flip <- 1:1000 %>%
  map_dbl(~mosaic::nflip(scores["13"] + scores["14"])) %>%
  enframe(name = "sim", value = "heads")
head(random_flip, 3)
```

```
# A tibble: 3 x 2
    sim   heads
  <int>   <dbl>
1     1    5648
2     2    5614
3     3    5642
```

```
ggplot(data = random_flip, aes(x = heads)) +
  geom_histogram(binwidth = 10) +
  geom_vline(xintercept = scores["14"], col = "red") +
  annotate(
    "text", x = 2200, y = 75,
    label = "observed", hjust = "left"
  ) +
  xlab("Number of restaurants with scores of 14 (if equal probability)")
```

图 13.5 表明，如果有相同的机会得到 13 分或 14 分，观察到的得分为 14 的餐厅数量远低于我们的预期。

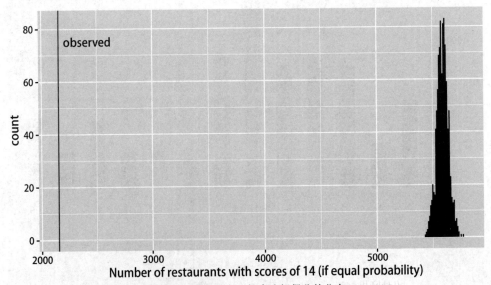

图 13.5   随机程序下健康违规得分的分布

虽然仅仅由于偶然性，获得 13 分的餐馆数量比获得 14 分的餐馆数量多出 100 个左右，但如果这两个分数真的是可能性相等，那么基本上不可能观察到 5000 多个 13 分而不是 14 分(鉴于纽约市被检查的餐馆数量众多，我们不会观察到获得 14 分的比例的抽样变化，这个现象并不奇怪)。似乎检查员倾向于选择暂且相信餐馆的阈值附近的分数；如果餐厅处在 13 分到 14 分的等级之间的边缘，也不要把等级从 A 降到 B。

还有一种情况，仿真可从服从第一原则开始提供更直观的解决方案，而不是使用更正式的统计方法提供调查(鉴于违规分数在 14 到 19 之间的餐馆数量减少，可考虑对"边缘效应"进行更细致的测试)。

13.5　随机网络

如第 2 章所述，网络(或图)是节点的集合，还包括连接这些节点的某些对的边。网络通常用来建模现实世界包含这些成对关系的系统。尽管这些网络通常很容易描述，但图论的数学学科中有许多有趣的问题很难解析的方法解决，而且很难计算[Garey and Johnson,1979]。因此，仿真已成为探索网络科学问题的一种非常有用的技术。我们在第 20 章中说明如何用仿真来验证随机图的一些性质。

13.6　仿真关键原则

开发仿真能力所需的许多关键原则都直接来自计算机科学，包括设计、模块化和再现性等方面。在本节中，我们将对仿真指南进行简要介绍。

13.6.1　设计

考虑与仿真相关的设计问题是非常重要的。作为一个分析人员，你需要控制所有方面，并决定要探索哪些假设和场景。你有能力(也有责任)确定哪些场景是相关的，哪些假设是合适的。

场景的选择取决于基础模型：它们应该反映与当前问题相关的合理情况。通常从一个简单的设置开始，然后根据需要逐渐增加复杂性。

13.6.2　模块化

编写一个函数来实现仿真是非常有帮助的，它可以通过不同的选项和参数对该仿真进行重复调用(见附录 C)。可以花一些时间来规划仿真可能具有的特征，以及如何将这些特征分解为不同的函数(可以在其他仿真中重用)，这种做法将很有意义。

13.6.3　再现性和随机数种子

重要的是，仿真既可再现又具有表达能力。采样可变性在仿真中是固有的：我们的结果对将要执行的计算次数敏感。我们需要找到一个平衡点，以避免不必要的计算，同时确保结果不

受随机波动的影响。合理的仿真次数是多少？让我们重温一下 Sally 和 Joan 的示例，她们只有
在相隔十分钟内到达才能见面。如果我们只进行 num_sim=100 的仿真，估计值有多大变化？我
们将通过执行 5000 次复制来评估这一点，保存 100 次可能的会见的每次仿真的结果。通过设
置 num_sim=400 和 num_sim=1600，然后重复这个过程。请注意，我们可以使用 map_dfr()高效
地执行此操作两次(一次迭代不断变化的仿真次数，一次重复此过程 5000 次)。

```
campus_sim <- function(sims = 1000, wait = 10) {
  sally <- runif(sims, min = 0, max = 60)
  joan <- runif(sims, min = 0, max = 60)
  return(
    tibble(
      num_sims = sims,
      meet = sum(abs(sally - joan) <= wait),
      meet_pct = meet / num_sims,
    )
  )
}

reps <- 5000
sim_results <- 1:reps %>%
  map_dfr(~map_dfr(c(100, 400, 1600), campus_sim))

sim_results %>%
  group_by(num_sims) %>%
  skim(meet_pct)
```

```
-- Variable type: numeric ---------------------------------------------
   var       num_sims n na mean   sd     p0    p25   p50   p75   p100
1 meet_pct      100 5000 0 0.305 0.0460 0.12  0.28  0.3   0.33  0.49
2 meet_pct      400 5000 0 0.306 0.0231 0.23  0.290 0.305 0.322 0.39
3 meet_pct     1600 5000 0 0.306 0.0116 0.263 0.298 0.306 0.314 0.352
```

请注意，每个仿真都生成一个它们遇到的真实概率的无偏估计，但是每个单独的仿真(大
小为 100、400 或 1600)中都存在可变性。每次将仿真次数增加 4 倍，标准差就会减半。可以用
图形显示结果(请参见图 13.6)。

```
sim_results %>%
  ggplot(aes(x = meet_pct, color = factor(num_sims))) +
  geom_density(size = 2) +
  geom_vline(aes(xintercept = 11/36), linetype = 3) +
  scale_x_continuous("Proportion of times that Sally and Joan meet") +
  scale_color_brewer("Number\nof sims", palette = "Set2")
```

这种情况下，num_sim 的合理值是多少？答案取决于我们想要有多准确(也可通过仿真
来看看结果有多大变化)！进行 20 000 次仿真产生的变化较小，可能足以产生"第一次通
过"。我们可以说，这些结果已经收敛到足够接近真实值，因为仿真引起的抽样可变性可以
忽略不计。

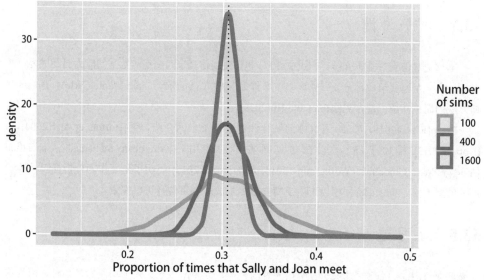

图 13.6　Sally 和 Joan 能相遇的时间的比例估计值的收敛性

```
1:reps %>%
  map_dfr(~campus_sim(20000)) %>%
  group_by(num_sims) %>%
  skim(meet_pct)
```

考虑到由于抽样而导致的变异性的固有性质，为伪随机数生成器设置(并保存)一个种子非常有用(使用 set.seed()函数)。这样可以确保每次运行仿真时结果都相同，因为仿真使用了相同的随机数列表。种子本身是任意的，但每个种子定义了不同的随机数序列。

```
set.seed(1974)
campus_sim()

# A tibble: 1 x 3
  num_sims    meet    meet_pct
     <dbl>   <int>       <dbl>
1     1000     308       0.308
campus_sim()

# A tibble: 1 x 3
  num_sims    meet    meet_pct
     <dbl>   <int>       <dbl>
1     1000     331       0.331
set.seed(1974)
campus_sim()

# A tibble: 1 x 3
  num_ sims    meet    meet_pct
      <dbl>   <int>       <dbl>
1      1000     308       0.308
```

13.7 扩展资源

本章是对仿真的基本介绍。在过去 30 年里，使用仿真来匹配观测数据的能力已经成为贝叶斯统计的一个重要组成部分。一种核心技术称为 MCMC(Markov Chain Monte Carlo)。有关贝叶斯方法的简单介绍，请参见[Albert and Hu(2019)]。

Rizzo[Rizzo(2019)]对 R 语言中的统计计算进行了全面介绍，而[Horton et al. (2004)]和 [Horton(2013)]描述了 R 语言在仿真研究中的使用。[American Statistical Association Undergraduate Guidelines Workgroup (2014)]和[Horton (2015)]阐明了仿真作为分析师工具箱一部分的重要性。simstudy 程序包可用于简化数据生成或利用仿真进行探索。

13.8 练习题

问题 1(中)：经理面试求职者所花的时间呈指数分布，该分布的平均值为半小时，而且这些时间相互独立。从早上 8:00 开始，每隔一刻钟安排一个求职者进行面试，所有的求职者都准时到达(顺便说一句，这是一件很好的事情)。当预约上午 8:15 到达经理办公室时，她在见到经理之前需要等待的可能性有多大？她的面试预计什么时候结束？

问题 2(中)：考虑一个示例，其中测量远程活动的记录设备被放在较远位置。远程设备的失效时间 T 呈指数分布，平均值为 3 年。由于位置如此遥远，设备在使用的头 2 年内不会受到监控。因此，发现其故障的时间为 $X=\max(T, 2)$。这里的问题是如何确定发现截断变量的平均时间(用概率的说法，是观测变量 X 的期望值，$E[X]$)。

解析解相当简单，但需要微积分。我们需要计算：

$$E[X] = \int_0^2 2 * f(u)du + \int_2^\infty u * f(u)du$$

其中 $f(u) = 1/3 \exp(-1/3 * u)$，且 $u > 0$。

微积分在这里是绝对必要的吗？执行一次仿真来估计(或检查)平均发现时间的值。

问题 3(中)：两个人公平地掷一枚硬币，每人 4 次。找出他们投掷相同数量的正面的概率。同时，使用 R 语言中的仿真来估计他们投掷相同数量的正面的概率(估计需要具有 95%的置信区间)。

问题 4(中)：在本章中，我们考虑了一个仿真，其中真实的工作量随着时间的推移保持不变。修改该示例中提供的函数调用，然后真正的情况是每个月都有 15 000 个新工作岗位被创建。将随机数种子设定为 1976。总结一下你从这些结果中可能得出的结论，就像你是一个没有数据科学背景的记者一样。

问题 5(中)：mdsr 包中的 Violations 数据集包含纽约市不同餐厅的健康违规信息。是否有证据表明纽约市的餐厅卫生检查员暂且相信那些处于 B 级(14 至 27 分)或 C 级(28 分以上)交界的餐馆？

问题 6(中)：Sally 和 Joan 计划在大学校园中心见面学习。他们都是不耐烦的人，只等对方 10 分钟就走了。她们一致同意在晚上 7:00 到 8:00 之间的某个时间前往校园中心，而不是选择一个特定的见面时间。让两个到达时间均为正态分布，均值为 30 分钟，标准偏差为 10 分钟。并假设它们彼此独立。她们真正相遇的可能性有多大？使用本章介绍的仿真技术估计答案，至少进行 10 000 次仿真。

问题 7(中)：如果线性回归模型的残差是偏态的(而不是正态分布)，会产生什么影响？从以下给出的"真"模型中重复生成数据：

```
n <- 250
rmse <- 1
x1 <- rep(c(0, 1), each = n / 2) # x1 resembles 0 0 0 ... 1 1 1
x2 <- runif(n, min = 0, max = 5)
beta0 <- -1
beta1 <- 0.5
beta2 <- 1.5
y <- beta0 + beta1 * x1 + beta2 * x2 + rexp(n, rate = 1 / 2)
```

对于每个仿真，拟合线性回归模型并显示 β_1 参数的 1000 个估计值的分布(请注意，每次都需要生成结果向量)。

问题 8(中)：违反线性回归模型的等方差假设会有什么影响？从下面代码给出的"真"模型中反复生成数据。

```
n <- 250
rmse <- 1
x1 <- rep(c(0, 1), each = n / 2) # x1 resembles 0 0 0 ... 1 1 1
x2 <- runif(n, min = 0, max = 5)
beta0 <- -1
beta1 <- 0.5
beta2 <- 1.5
y <- beta0 + beta1 * x1 + beta2 * x2 + rnorm(n, mean = 0, sd = rmse + x2)
```

对于每个仿真，拟合线性回归模型并显示 β_1 参数的 1000 个估计值的分布(请注意，每次都需要生成结果向量)。参数的分布是否遵循正态分布？

问题 9(中)：从逻辑回归模型中生成 $n=5000$ 个观测值，参数截距 $\beta_0=-1$，斜率 $\beta_1=0.5$，预测因子分布为正态分布，平均值为 1，标准差为 1。计算并解释得到的参数估计值和置信区间。

13.9 附加练习

可从 https://mdsr-book.github.io/mdsr2e/simulation.html#simulation-online-exercises 获得。

第Ⅲ部分

数据科学专题

第 14 章

动态定制数据图形

正如在第 1 章中所讨论的，数据科学的实践包括许多不同的要素。在第 I 部分中，我们通过对数据整理、数据可视化和伦理的基本理解，奠定了数据科学的基础。在第 II 部分中，我们着重于建立统计模型并使用这些模型从数据中进行学习。然而，到目前为止，我们主要关注的是传统的二维数据(如行和列)以及数据图形。在这一部分，我们将讨论在许多现代数据中出现的异构性：空间、文本、网络和关系型数据。我们从打印页面跳出，进而探索交互式数据图形。最后，我们通过讨论"大数据"和你在使用大数据时可能看到的工具来探讨"数据数量"。

在第 2 章，我们提出了一个系统的数据图形合成框架。在第 3 章，ggplot2 包使用类似的图形语法提供了一种创建数据图形的机制。在本章，我们将探讨几种制作更复杂的尤其是动态的数据图形的方法。

14.1 使用 D3.js 和 htmlwidgets 丰富 Web 内容

随着 Web 浏览器在 21 世纪中期变得越来越复杂，在浏览器中实现交互式数据可视化的愿望也越来越强烈。到目前为止，我们讨论的所有数据可视化技术都基于静态图像。不过，目前出现的新工具使创建交互式数据图形变得非常容易。

JavaScript 是一种编程语言，它允许 Web 开发人员创建客户端 Web 应用程序。这意味着计算在客户端的浏览器中进行，而不在主机的 Web 服务器上进行。JavaScript 应用程序比动态服务 Web 页面在响应客户交互方面更具优势，这些 Web 页面依赖于 PHP 或 Ruby 等服务器端脚本语言。

Web 上客户端动态数据图形的最新技术是一个名为 D3.js 或 D3 的 JavaScript 库，它表示"数据驱动文档"。D3 的主要开发人员之一 Mike Bostock 以前在纽约时报和斯坦福大学工作。

最近，Ramnath Vaidyanathan 和 RStudio 的开发人员创建了 htmlwidgets 软件包，它在 R 语言和 D3 之间架起一座桥梁。具体而言，htmlwidgets 框架允许 R 开发人员使用 D3 创建以 HTML 呈现数据图形的软件包。因此，R 程序员现在不必学习 JavaScript 就可以使用 D3 了。此外，由于 R 标记文档也呈现为 HTML，因此 R 用户可以轻松地创建嵌入到带注释的 Web 文档中的交互式数据图形。这是一个非常活跃的、不断发展的领域。下面将展示几个非常典型的、有用的 htmlwidgets 包。

14.1.1　Leaflet

也许最受关注的 htmlwidgets 就是 Leaflet。这个软件包使动态地理空间地图能够使用 Leaflet 的 JavaScript 库和 OpenStreetMaps API 进行绘制。使用这个软件包需要具备空间数据方面的知识，因此我们推迟到第 17 章对它的使用进行说明。

14.1.2　Plot.ly

Plot.ly 公司主要关注在线的动态数据可视化，尤其是在 R、Python 和其他数据软件工具之间转换代码以生成数据图形的能力。本项目基于 plotly.js 的 JavaScript 库，它在开源许可下可用。通过 plotly 包可以在 R 语言中使用 Plot.ly 的功能。

plotly 包一个非常吸引人的地方是它可以使用 ggplotly()函数将任何一个 ggplot2 对象转换为 plotly 对象。这就使得现有数据图形能够快速交互。诸如刷涂(标记选定位置的点)和悬停注释(当鼠标悬停在一些点上时，它们会显示附加信息)等功能都能自动进行。例如，在图 14.1 中，我们展示了披头士(Beatles)乐队四个成员在美国出生时的名字的频率随时间变化的静态曲线图(使用 babynames 软件包中的数据)。

```
library(tidyverse)
library(mdsr)
library(babynames)
Beatles <- babynames %>%
  filter(name %in% c("John", "Paul", "George", "Ringo") & sex == "M") %>%
  mutate(name = factor(name, levels = c("John", "George", "Paul", "Ringo")))
beatles_plot <- ggplot(data = Beatles, aes(x = year, y = n)) +
  geom_line(aes(color = name), size = 2)
beatles_plot
```

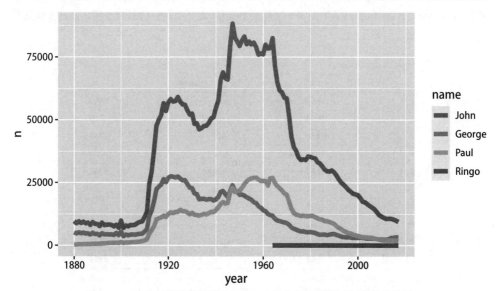

图 14.1　ggplot2 描述了披头士(Beatles)名字的频率随时间变化的情况

在该对象上运行 ggplotly()函数后，我们在 RStudio 或一个 Web 浏览器中显示曲线图。精确的值可通过鼠标悬停在这些线条上来显示。此外，该图还支持刷涂、平移和缩放。在图 14.2 中，我们展示了动态图像中的一幅静态画面。

```
library(plotly)
ggplotly(beatles_plot)
```

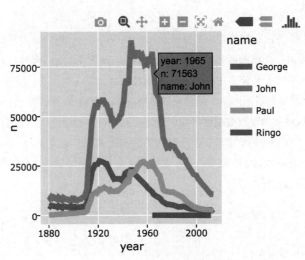

图 14.2　披头士名字的频率随时间变化的交互图

14.1.3　DataTables

DataTables(DT)包提供了一种可使数据表交互的快速方法。简单地说，它使表能够自动搜索、排序和分页。图 14.3 显示了由 DT 呈现的 Beatles 表开头几行的屏幕截图。注意搜索框和可单击的排序箭头。

	year ⬍	sex	⬍	name	⬍	n ⬍
1	1880	M		John		9655
2	1880	M		George		5126
3	1880	M		Paul		301
4	1881	M		John		8769
5	1881	M		George		4664
6	1881	M		Paul		291
7	1882	M		John		9557
8	1882	M		George		5193
9	1882	M		Paul		397
10	1883	M		John		8894

Show 10 ⬍ entries   Search:

Showing 1 to 10 of 442 entries   Previous   1   2   3   4   5

图 14.3　应用于披头士名字的 DataTables 包的输出

```
datatable(Beatles, options = list(pageLength = 10))
```

14.1.4　dygraphs

dygraphs 包生成交互式时间序列图，能在基于一定的时间间隔进行刷涂，还可放大缩小。例如，只要添加一点额外的代码，就可以动态显示披头士成员名字的流行程度。这里，动态范围选择器允许你轻松地选择要关注的特定时间段。在图 14.4 的实时版本中，我们可对 John 和 Paul 这两个名字的流行程度在 20 世纪 60 年代上半期的上升阶段进行放大。

```
library(dygraphs)
Beatles %>%
  filter(sex == "M") %>%
  select(year, name, prop) %>%
  pivot_wider(names_from = name, values_from = prop) %>%
  dygraph(main = "Popularity of Beatles names over time") %>%
  dyRangeSelector(dateWindow = c("1940", "1980"))
```

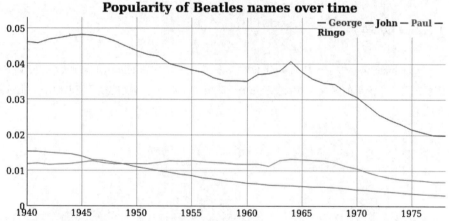

图 14.4　dygraphs 的一个屏幕截图显示披头士的名字随着时间变化的流行情况。在这幅图中，时间是从 1940 年到 1980 年，但在实时版本中，可以扩展或缩小这个时间跨度

14.1.5　streamgraphs

streamgraph 是一种特殊类型的时间序列图，它使用面积作为数量的视觉线索。streamgraph 允许你同时比较多个时间序列的值。streamgraphs 的 htmlwidgets 提供对 streamgraph.js 中 D3 库的访问。图 14.5 以 streamgraph 的形式显示了披头士成员名字的时间序列。

```
# remotes::install_github("hrbrmstr/streamgraph")
library(streamgraph)
Beatles %>%
streamgraph(key = "name", value = "n", date = "year") %>%
sg_fill_brewer("Accent")
```

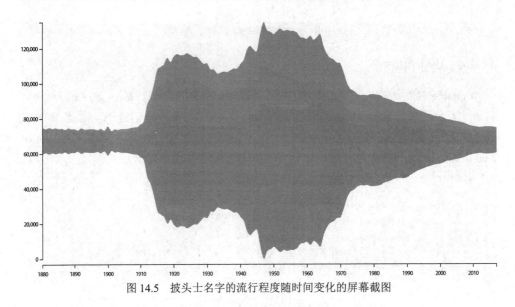

图 14.5　披头士名字的流行程度随时间变化的屏幕截图

14.2　动画

gganimate 包提供了一种从 ggplot2 数据图形创建动画(即 gif)的简单方法。在图 14.6 中,我们展示了一个简单的转换,图中表示每个乐队成员名字流行程度的线条随着时间的推移而增长和收缩。

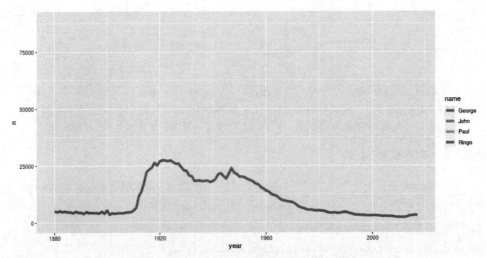

图 14.6　gganimate 制作的披头士名字变化图

```
library(gganimate)
library(transformr)
beatles_animation <- beatles_plot +
  transition_states(
```

```
    name,
    transition_length = 2,
    state_length = 1
  ) +
  enter_grow() +
  exit_shrink()

animate(beatles_animation, height = 400, width = 800)
```

14.3　flexdashboard

　　flexdashboard 包提供了一种直接的方法，可以将数据可视化的创建和发布变得像仪表盘一样。仪表盘是数据科学家为管理人员和其他人提供决策数据的常用方式。通常包括面向特定需求的图形和文本的混合显示。

　　图 14.7 提供一个 R Markdown 文件的示例，该文件从 palmerpenguins 包创建一个静态的信息仪表盘。flexdashboard 将页面分为行和列。在本例中，我们创建两个宽度几乎相等的列。第二列(如图 14.8 右侧所示)进一步细分为两行，每行由第三级标题标记。

```
---
title: "Flexdashboard example (Palmer Penguins)"
output:
  flexdashboard::flex_dashboard:
    orientation: columns
    vertical_layout: fill
---

```{r setup, include=FALSE}
library(flexdashboard)
library(palmerpenguins)
library(tidyverse)
```


Column {data-width=400}

Chart A

```{r}
ggplot(
  penguins,
  aes(x = bill_length_mm, y = bill_depth_mm, color = species)
) +
  geom_point()
```


Column {data-width=300}
```

图 14.7　flexdashboard 输入文件示例

```
-------------------------------------------------------------------

### Chart B

```{r}
DT::datatable(penguins)

```
Chart C

```{r}
roundval <- 2
cleanmean <- function(x, roundval = 2, na.rm = TRUE) {
  return(round(mean(x, na.rm = na.rm), digits = roundval))
}
summarystat <- penguins %>%
  group_by(species) %>%
  summarize(
    `Average bill length (mm)` = cleanmean(bill_length_mm),
    `Average bill depth (mm)` = cleanmean(bill_depth_mm)
  )
knitr::kable(summarystat)
```

图 14.7   flexdashboard 输入文件示例(续)

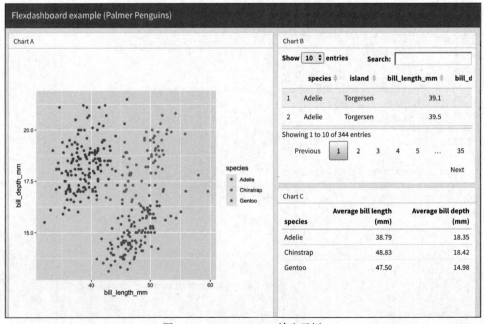

图 14.8   flexdashboard 输出示例

此仪表盘的右上面板使用 DT 提供一个用户可以交互的数据表。但是，仪表盘本身不是交
互式的，用户只能通过这个 HTML widget 更改显示。更改右上面板中的显示对其他面板没有影
```

响。为了创建一个完全交互式的 Web 应用程序，需要一个更强大的工具；我们将在下一节中介绍这个工具。

14.4　基于 Shiny 的交互式 Web 应用程序

Shiny 是 R 语言的一个框架，可用于创建交互式 Web 应用程序。它的用处非常大，因为它提供了一个高级结构，允许你轻松地开发原型和部署应用程序。虽然对 Shiny 的全面讨论不在本书的范围之内，但我们将演示如何创建一个动态的 Web 应用程序，允许用户探索与披头士同名的婴儿的数据集。

一种编写 Shiny 应用程序的方法是创建一个控制用户界面的 ui.R 文件和一个显示结果的 server.R 文件。这些文件使用 reactive 对象 input 和 output 彼此通信。Reactive 表达式是使用 widget 的输入得到返回值的特殊结构。它们允许应用程序在用户单击按钮、拖动鼠标或提供其他输入时自动更新。

14.4.1　示例：披头士名字的交互展示

在这个示例中，我们希望让用户选择开始和结束的年份，并提供一组复选框来选择他们最喜欢的披头士成员名字。

如图 14.9 所示，ui.R 文件设置了一个标题，为开始和结束年份创建了输入(提供默认值)，为每个披头士成员的名字创建一组复选框，然后绘制结果。

```
# ui.R
beatles_names <- c("John", "Paul", "George", "Ringo")

shinyUI(
  bootstrapPage(
    h3("Frequency of Beatles names over time"),
    numericInput(
      "startyear", "Enter starting year",
      value = 1960, min = 1880, max = 2014, step = 1
    ),
    numericInput(
      "endyear", "Enter ending year",
      value = 1970, min = 1881, max = 2014, step = 1
    ),
    checkboxGroupInput(
      'names', 'Names to display:',
      sort(unique(beatles_names)),
      selected = c("George", "Paul")
    ),
    plotOutput("plot")
  )
)
```

图 14.9　一个简单的 Shiny 应用程序的用户界面代码

图 14.10 中的 server.R 文件加载所需的包，执行一些数据整理工作，使用 input 对象提取 reactive 对象，然后生成所需的绘图。renderPlot()函数的作用是：返回一个名为 plot 的 reactive 对象，该对象在 ui.R 中被引用。在这个函数中，对 filter()的调用会使用年份和披头士成员名字的值，以便标识要绘制的内容。

```
# server.R
library(tidyverse)
library(babynames)
Beatles <- babynames %>%
  filter(name %in% c("John", "Paul", "George", "Ringo") & sex == "M")

shinyServer(
  function(input, output) {
    output$plot <- renderPlot({
      ds <- Beatles %>%
        filter(
          year >= input$startyear, year <= input$endyear,
          name %in% input$names
        )
      ggplot(data = ds, aes(x = year, y = prop, color = name)) +
        geom_line(size = 2)
    })
  }
)
```

图 14.10   一个简单的 Shiny 应用程序的服务器处理代码

Shiny 应用程序可在 RStudio 中本地运行，也可部署在 Shiny 应用程序服务器上(例如 http://shinyapps.io)。请访问网站 https://mdsr-book.github.io 获得代码文件。图 14.11 显示了本地运行时只分析 Paul 和 George 两个名字的结果。

```
library(shiny)
runApp('.')
```

14.4.2 反应式编程的更多知识

Shiny 是一个需要掌握的非常强大和复杂的系统。反复和逐渐深入地接触反应式编程和小部件(widget)将在灵活性和具有吸引力的显示方面获得巨大回报。在本例中，我们演示了一些显示某些可能性的附加特性：更通用的反应对象、动态用户界面和进度指示器。

这里我们展示了纽约市餐馆的健康违规信息。用户可以选择指定纽约市的一个行政区 (地区)和一个菜系。因为不是每个菜系都在每个区都有，所以我们需要动态地筛选列表。我们通过调用 uiOutput()来实现这一点。它引用在 server()函数中创建的反应对象。生成的输出显示在 DT 包的 dataTableOutput() widget 中。图 14.12 所示的代码还包括对 shinybusy 包中 add_busy_spinner()函数的调用。渲染各种反应对象需要时间，这里会出现微调器，它提醒用户将有一点延迟。

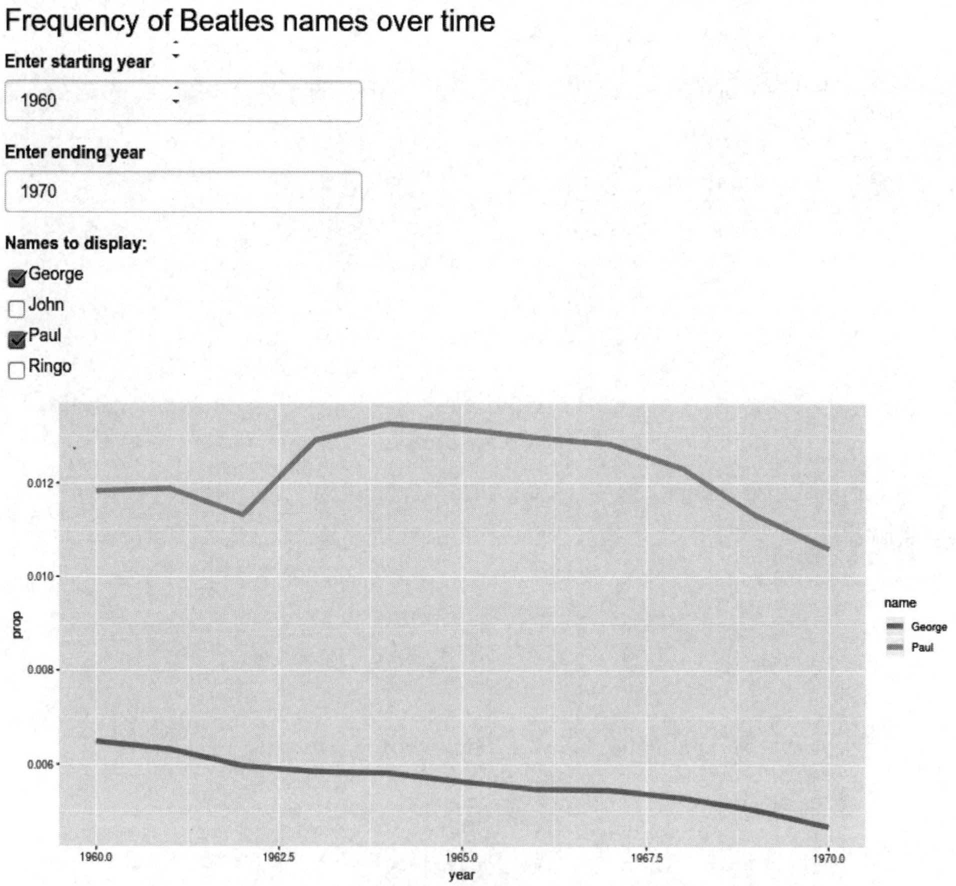

Frequency of Beatles names over time

Enter starting year

| 1960 |

Enter ending year

| 1970 |

Names to display:

☑ George
☐ John
☑ Paul
☐ Ringo

图 14.11　Shiny 应用程序显示使用披头士成员名字的婴儿比例

```
library(tidyverse)
library(shiny)
library(shinybusy)
library(mdsr)

mergedViolations <- Violations %>%
  left_join(Cuisines)

ui <- fluidPage(
  titlePanel("Restaurant Explorer"),
fluidRow(
  # some things take time: this lets users know
  add_busy_spinner(spin = "fading-circle"),
  column(
    4,
    selectInput(inputId = "boro",
```

图 14.12　更复杂的 Shiny 应用程序的用户界面处理代码

```
      label = "Borough:",
      choices = c(
        "ALL",
        unique(as.character(mergedViolations$boro))
      )
    )
  ),
  # display dynamic list of cuisines
  column(4, uiOutput("cuisinecontrols"))
),
  # Create a new row for the table.
  fluidRow(
    DT::dataTableOutput("table")
  )
)
```

图 14.12　更复杂的 Shiny 应用程序的用户界面处理代码(续)

图 14.13 所示的代码构成了这个 shiny 应用程序的其余部分。我们创建一个反应对象，它根据选择的地区和菜系进行动态过滤。对 req()函数的调用将等待响应输入可用(在启动时，这些输入将需要时间来填充默认值)。这两个函数通过调用 shinyApp()函数链接在一起。

```
server <- function(input, output) {
  datasetboro <- reactive({ # Filter data based on selections
    data <- mergedViolations %>%
      select(
        dba, cuisine_code, cuisine_description, street,
        boro, zipcode, score, violation_code, grade_date
      ) %>%
      distinct()
    req(input$boro) # wait until there's a selection
    if (input$boro != "ALL") {
      data <- data %>%
        filter(boro == input$boro)
    }
    data
  })

  datasetcuisine <- reactive({ # dynamic list of cuisines
    req(input$cuisine) # wait until list is available
    data <- datasetboro() %>%
      unique()
    if (input$cuisine != "ALL") {
      data <- data %>%
        filter(cuisine_description == input$cuisine)
    }
    data
  })
```

图 14.13　更复杂的 Shiny 应用程序的服务器处理代码

```
output$table <- DT::renderDataTable(DT::datatable(datasetcuisine()))

output$cuisinecontrols <- renderUI({
  availablelevels <-
    unique(sort(as.character(datasetboro()$cuisine_description)))
    selectInput(
    inputId = "cuisine",
    label = "Cuisine:",
    choices = c("ALL", availablelevels)
  )
  })
}

shinyApp(ui = ui, server = server)
```

图 14.13　更复杂的 Shiny 应用程序的服务器处理代码(续)

图 14.14 显示了运行时 Shiny 应用程序。

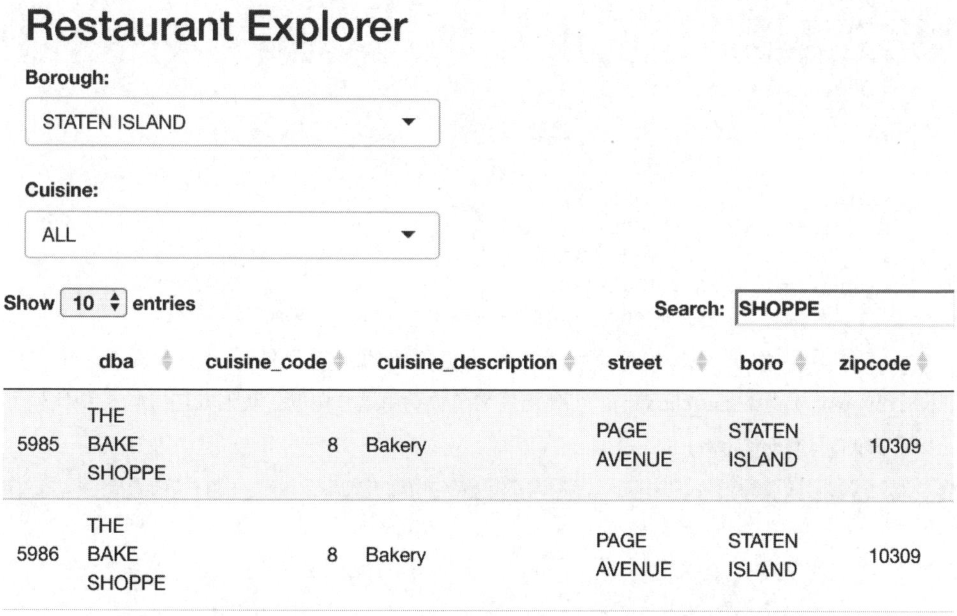

Restaurant Explorer

Borough:

STATEN ISLAND

Cuisine:

ALL

Show 10 entries　　　　　　　　　　　　　Search: SHOPPE

	dba	cuisine_code	cuisine_description	street	boro	zipcode
5985	THE BAKE SHOPPE	8	Bakery	PAGE AVENUE	STATEN ISLAND	10309
5986	THE BAKE SHOPPE	8	Bakery	PAGE AVENUE	STATEN ISLAND	10309

图 14.14　展示纽约市餐馆的 Shiny 应用程序截图

14.5　ggplot2 图形的定制

在 R 语言和 ggplot2 中有无限可能的定制绘图情况。一个重要概念是主题(theme)的思想。在下一节中，我们将通过定义 mdsr 包中使用的主题来说明如何定制 ggplot2 主题。

ggplot2 提供了许多不同的方法来更改绘图的外观。一个详尽的定制系统称为一个主题。在 ggplot2 中，一个主题是一个包含 93 个不同属性的列表，这些属性定义了如何绘制轴标签、标题、网格线等。默认主题是 theme_grey()。

```
length(theme_grey())
```

[1] 93

例如，theme_grey() 最显著的特点是它独特的灰色背景和白色网格线。其中的
panel.background 和 panel.grid 属性控制该主题的这些方面。

```
theme_grey() %>%
 pluck("panel.background")
```

```
List of 5
 $ fill          : chr "grey92"
 $ colour        : logi NA
 $ size          : NULL
 $ linetype      : NULL
 $ inherit.blank : logi TRUE
 - attr(*, "class")= chr [1:2] "element_rect" "element"
```
```
theme_grey() %>%
 pluck("panel.grid")
```

```
List of 6
 $ colour        : chr "white"
 $ size          : NULL
 $ linetype      : NULL
 $ lineend       : NULL
 $ arrow         : logi FALSE
 $ inherit.blank : logi TRUE
 - attr(*, "class")= chr [1:2] "element_line" "element"
```

ggplot2 中内置了许多有用的主题，包括更传统的白色背景的 theme_bw()，还包括
theme_minimal()和 theme_classic()。可使用同名函数调用这些主题。我们在图 14.15 中比较了
theme_grey()和 theme_bw()。

```
beatles_plot
beatles_plot + theme_bw()
```

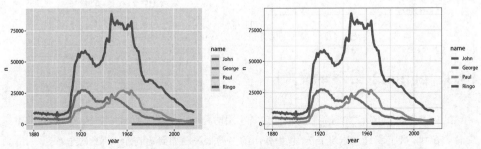

图 14.15　ggplot2 两个主题的比较。左侧是默认的灰色主题，右侧是黑白主题

可以使用 theme()函数动态地修改一个主题。图 14.16 演示了如何更改背景色和主网格线

颜色。

```
beatles_plot +
  theme(
    panel.background = element_rect(fill = "cornsilk"),
    panel.grid.major = element_line(color = "dodgerblue")
  )
```

如何知道这些颜色的名称呢？可使用 colors()函数显示 R 语言的内置颜色。网上有更直观的颜色地图。

```
head(colors())
```

```
[1] "white"         "aliceblue"      "antiquewhite"   "antiquewhite1"
[5] "antiquewhite2" "antiquewhite3"
```

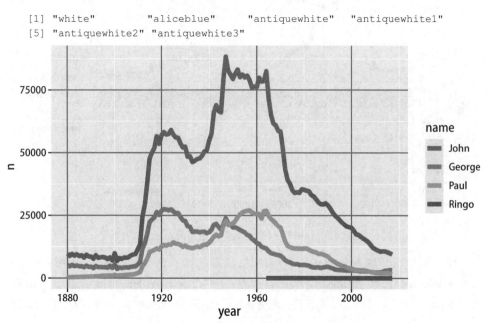

图 14.16　用自定义的 ggplot2 主题绘制的披头士成员名字

要创建新的主题，需要编写一个函数，该函数将返回完整的 ggplot2 主题。可通过完全定义 93 个属性项来编写此函数。但在本例中，我们将演示如何使用%+replace%运算符来修改现有主题。我们从 theme_grey()开始，即更改背景颜色、主网格线和次网格线的颜色以及默认字体。

```
theme_mdsr <- function(base_size = 12, base_family = "Helvetica") {
  theme_grey(base_size = base_size, base_family = base_family) %+replace%
    theme(
      axis.text = element_text(size = rel(0.8)),
      axis.ticks = element_line(color = "black"),
      legend.key = element_rect(color = "grey80"),
      panel.background = element_rect(fill = "whitesmoke", color = NA),
      panel.border = element_rect(fill = NA, color = "grey50"),
      panel.grid.major = element_line(color = "grey80", size = 0.2),
```

```
    panel.grid.minor = element_line(color = "grey92", size = 0.5),
    strip.background = element_rect(fill = "grey80", color = "grey50",
    size = 0.2)
  )
}
```

定义了新的主题后，就可以用与其他内置主题相同的方式来使用它，即通过调用 theme_mdsr()函数来使用它。图 14.17 显示了如何将分面的披头士成员名字时间序列图风格化。

```
beatles_plot + facet_wrap(~name) + theme_mdsr()
```

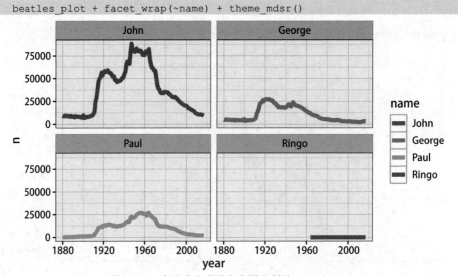

图 14.17　为披头士成员名字图定制的 mdsr 主题

许多人已经开始为 ggplot2 创建自己的主题。尤其是 ggthemes 包提供了有用的 (theme_solarized())、滑稽的(theme_tufte())、异想天开的(theme_fivethirtyeight())，甚至还有嘲笑性的(theme_excel())主题。另一个滑稽主题是 theme_xkcd()，它试图模仿流行的网络漫画独特的手绘风格。此功能由 xkcd 包提供。

```
library(xkcd)
```

要设置 xkcd，需要下载伪手写字体，导入它，然后执行 loadfonts()。请注意，字体的设置目标还取决于系统：在 Mac OS X 上，应该设置为~/Library/fonts；对于 Ubuntu，是~/.fonts。

```
download.file(
  "http://simonsoftware.se/other/xkcd.ttf",
  # ~/Library/Fonts/ for Mac OS X
  dest = "~/.fonts/xkcd.ttf", mode = "wb"
)
```

```
font_import(pattern = "[X/x]kcd", prompt = FALSE)
loadfonts()
```

在图 14.18 中，我们展示了 xkcd 风格的披头士名字的流行程度。

```
beatles_plot + theme_xkcd()
```

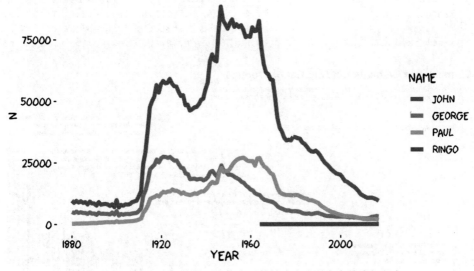

图 14.18　用 xkcd 网络漫画风格表示的披头士成员名字的流行程度

14.6　扩展示例：吃热狗

2011 年，前纽约时报数据图表实习生 Nathan Yau 指出："Adobe Illustrator 是行业标准。在《纽约时报》上刊登的每一张图形都是用 Illustrator [Yau, 2011]创作或编辑的"。为了强调他的观点，Yau 展示了图 14.19 所示的数据图形，它是用 R 语言创建的，但在 Illustrator 中进行了修改。

10 年后，纽约时报负责数据图制作的部门已经开始使用 D3.js 生成大部分内容，D3.js 是一个交互式 JavaScript 库，第 14.1 节讨论了这个库。然而，下面是使用 ggplot2 图形在 R 中重新创建图 14.19 的最佳尝试。将绘图保存为 PDF 格式后，可在 Illustrator 或 Inkscape 中打开，以便进一步定制。

专业提示 33： 进行这样的"抄袭大师"练习[Nolan and Perrett, 2016]是一种强化技能的有效方法。

```
library(tidyverse)
library(mdsr)
hd <- read_csv(
  "http://datasets.flowingdata.com/hot-dog-contest-winners.csv"
) %>%
janitor::clean_names()
  glimpse(hd)
```

```
Rows: 31
Columns: 5
$ year       <dbl> 1980, 1981, 1982, 1983, 1984, 1985, 1986, 1987, 1988...
```

```
$ winner       <chr> "Paul Siederman & Joe Baldini", "Thomas DeBerry", "S...
$ dogs_eaten   <dbl> 9.1, 11.0, 11.0, 19.5, 9.5, 11.8, 15.5, 12.0, 14.0, ...
$ country      <chr> "United States", "United States", "United States", "...
$ new_record   <dbl> 0, 0, 0, 0, 0, 0, 0, 0, 0, 0, 0, 1, 0, 0, 0, 0, 1, 1...
```

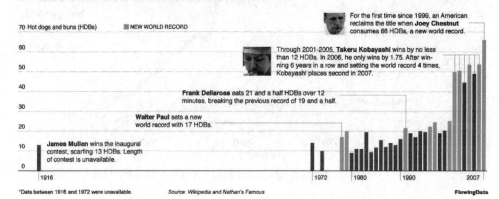

图 14.19　在 R 中创建的 Nathan Yau 的吃热狗的数据图，但使用 Adobe Illustrator 进行了修改
(经 flowingdata.com 网站许可转载)

hd 数据表没有提供 1980 年以前的任何数据，所以我们需要从图 14.19 中估计它们，并手动将这些行添加到数据框中。

```
new_data <- tibble(
  year = c(1979, 1978, 1974, 1972, 1916),
  winner = c(NA, "Walter Paul", NA, NA, "James Mullen"),
  dogs_eaten = c(19.5, 17, 10, 14, 13),
  country = rep(NA, 5), new_record = c(1,1,0,0,0)
)
hd <- hd %>%
  bind_rows(new_data)
glimpse(hd)
```

```
Rows: 36
Columns: 5
$ year         <dbl> 1980, 1981, 1982, 1983, 1984, 1985, 1986, 1987, 1988...
$ winner       <chr> "Paul Siederman & Joe Baldini", "Thomas DeBerry", "S...
$ dogs_eaten   <dbl> 9.1, 11.0, 11.0, 19.5, 9.5, 11.8, 15.5, 12.0, 14.0, ...
$ country      <chr> "United States", "United States", "United States", "...
$ new_record   <dbl> 0, 0, 0, 0, 0, 0, 0, 0, 0, 0, 0, 1, 0, 0, 0, 0, 1, 1...
```

请注意，我们只想在水平轴上绘制一些年份，在垂直轴上每 10 个值绘制一个。

```
xlabs <- c(1916, 1972, 1980, 1990, 2007)
ylabs <- seq(from = 0, to = 70, by = 10)
```

最后，这个绘图只显示 2008 年之前的数据，尽管文件中包含的信息比这还多。下面定义一个用于绘图的子集。

```
hd_plot <- hd %>%
  filter(year < 2008)
```

最基本的绘图如图 14.20 所示。

```
p <- ggplot(data = hd_plot, aes(x = year, y = dogs_eaten)) +
  geom_col()
p
```

这里并没有提供图 14.19 的上下文，也没有展示它的魅力。尽管大部分重要的数据都已存在，但我们仍有大量工作要做，以使这些数据图形如图 14.19 所示。热狗图形的重建结果如图 14.21 所示。

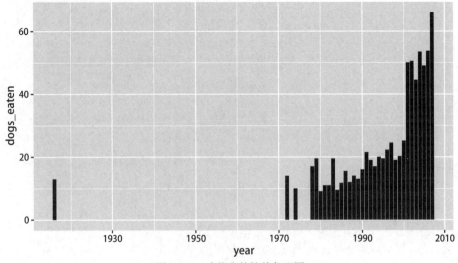

图 14.20　吃热狗的简单条形图

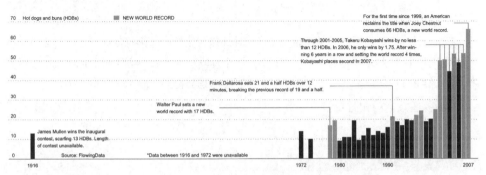

图 14.21　在 R 语言中重新创建热狗图形

我们实际上并不是要画 y 轴，而是要在图上标出 y 值的标签。我们将把这些值的位置存放在一个数据框中。

```
ticks_y <- tibble(x = 1912, y = ylabs)
```

这里有许多文本注释，我们将这些注释收集到一个单独的数据框中。这里使用 tribble()函数逐行创建数据框。输入的格式类似于 CSV。

```
text <- tribble(
  ~x, ~y, ~label, ~adj,
  # Frank Dellarosa
  1953, 37, paste(
    "Frank Dellarosa eats 21 and a half HDBs over 12",
  " \nminutes, breaking the previous record of 19 and a half."), 0,
  # Joey Chestnut
  1985, 69, paste(
    "For the first time since 1999, an American",
    "\nreclaims the title when Joey Chestnut",
    "\nconsumes 66 HDBs, a new world record."), 0,
  # Kobayashi
  1972, 55, paste(
    "Through 2001-2005, Takeru Kobayashi wins by no less",
    "\nthan 12 HDBs. In 2006, he only wins by 1.75. After win-",
    "\nning 6 years in a row and setting the world record 4 times,",
    "\nKobayashi places second in 2007."), 0,
  # Walter Paul
  1942, 26, paste(
    "Walter Paul sets a new",
    "\nworld record with 17 HDBs."), 0,
  # James Mullen
  1917, 10.5, paste(
    "James Mullen wins the inaugural",
    "\ncontest, scarfing 13 HDBs. Length",
    "\nof contest unavailable."), 0,
  1935, 72, "NEW WORLD RECORD", 0,
  1914, 72, "Hot dogs and buns (HDBs)", 0,
  1940, 2, "*Data between 1916 and 1972 were unavailable", 0,
  1922, 2, "Source: FlowingData", 0,
)
```

必须在另一个数据框中手动指定将文本标签连接到绘图中条形符号的灰色段。这里使用 tribble()来构造一个数据框，其中的每一行对应一个片段。接下来，我们使用 unnest()函数展开数据框，使得每一行对应于一个点。这将允许我们将其传递给 geom_segment()函数。

```
segments <- tribble(
  ~x, ~y,
  c(1978, 1991, 1991, NA), c(37, 37, 21, NA),
  c(2004, 2007, 2007, NA), c(69, 69, 66, NA),
  c(1998, 2006, 2006, NA), c(58, 58, 53.75, NA),
  c(2005, 2005, NA), c(58, 49, NA),
  c(2004, 2004, NA), c(58, 53.5, NA),
  c(2003, 2003, NA), c(58, 44.5, NA),
```

```
  c(2002, 2002, NA), c(58, 50.5, NA),
  c(2001, 2001, NA), c(58, 50, NA),
  c(1955, 1978, 1978), c(26, 26, 17)
) %>%
  unnest(cols = c(x, y))
```

最后，我们绘制这个图，并在上面定义的每个元素上进行分层。

```
p +
  geom_col(aes(fill = factor(new_record))) +
  geom_hline(yintercept = 0, color = "darkgray") +
  scale_fill_manual(name = NULL,
    values = c("0" = "#006f3c", "1" = "#81c450")
  ) +
  scale_x_continuous(
    name = NULL, breaks = xlabs, minor_breaks = NULL,
    limits = c(1912, 2008), expand = c(0, 1)
  ) +
  scale_y_continuous(
    name = NULL, breaks = ylabs, labels = NULL,
    minor_breaks = NULL, expand = c(0.01, 1)
  ) +
  geom_text(
    data = ticks_y, aes(x = x, y = y + 2, label = y),
    size = 3
  ) +
  labs(
    title = "Winners from Nathan's Hot Dog Eating Contest",
    subtitle = paste(
      "Since 1916, the annual eating competition has grown substantially",
      "attracting competitors from around\nthe world.",
      "This year's competition will be televised on July 4, 2008",
      "at 12pm EDT live on ESPN.\n\n\n"
    )
  ) +
  geom_text(
    data = text, aes(x = x, y = y, label = label),
    hjust = "left", size = 3
  ) +
  geom_path(
    data = segments, aes(x = x, y = y), col = "darkgray"
  ) +
  # Key
  geom_rect(
    xmin = 1933, ymin = 70.75, xmax = 1934.3, ymax = 73.25,
    fill = "#81c450", color = "white"
  ) +
  guides(fill = FALSE) +
  theme(
    panel.background = element_rect(fill = "white"),
    panel.grid.major.y =
      element_line(color = "gray", linetype = "dotted"),
```

```
    plot.title = element_text(face = "bold", size = 16),
    plot.subtitle = element_text(size = 10),
    axis.ticks.length = unit(0, "cm")
  )
```

14.7 扩展资源

htmlwidgets 网站包括一个展示 JavaScript 在 R 中的应用的页面。有关 flexdashboard 包的详细信息和使用示例，请访问 https://rmarkdown.rstudio.com/flexdashboard。

Shiny 库(http://shinn.rstudio.com/gallery)包括许多交互式的可视化方法(以及相关代码)，其中许多都包含 JavaScript 库。在 Shiny 中有近 200 个 widget 和 idiom 的示例，具体请访问 https://github.com/rstudio/shiny-examples。RStudio 的 Shiny 备忘单是一个有用的参考。Wickham[Wickham(2020b)]提供了一个全面的指南，涉及 Shiny 许多方面的发展。

extrafont 包可以使用计算机上安装的全套字体，而不仅是 R 语言包含的较小字体集(它们通常依赖于具体的设备和操作系统，但 sans、serif 和 mono 三种字体始终是可用的)。有关如何使用 extrafont 包的更详细的教程，请访问 http://tinyurl.com/fonts-rcharts。

14.8 练习题

问题 1(易)：修改 Shiny 应用程序，该应用程序会随着时间的推移显示披头士名字的频率，它有一个 checkboxInput() widget，使用了 ggthemes 包中的 theme_tufte()主题。

问题 2(中)：创建一个 Shiny 应用程序，演示至少五个 widget 的使用。

问题 3(中)：macleish 包中包含 2015 年每 10 分钟从马萨诸塞州沃利的两个气象站收集的气象数据。

使用 ggplot2 包，创建一个数据图形，显示 whately_2015 数据框中每 10 分钟的平均温度(temperature)作为时间(when)的函数。创建注释以包含有关四个季节的背景信息：春分、秋分、夏至和冬至的日期。

问题 4(中)：修改餐馆违规 Shiny 应用程序，使其显示给定类型菜系中的不同餐厅的餐厅数量表(由 dba 变量指定)。提示：不要重复计算。数据集应该包括所有行政区的 842 家不同的比萨餐厅和布鲁克林(Brooklyn)的 281 家加勒比餐厅。

问题 5(中)：创建自己的 ggplot2 主题。描述你所做的选择，并用前面介绍的原则来证明你为什么做出这些选择。

问题 6(中)：下面的代码生成带有边缘直方图的散点图。

```
p <- ggplot(HELPrct, aes(x = age, y = cesd)) +
  geom_point() +
  theme_classic() +
  stat_smooth(method = "loess", formula = y ~ x, size = 2)
ggExtra::ggMarginal(p, type = "histogram", binwidth = 3)
```

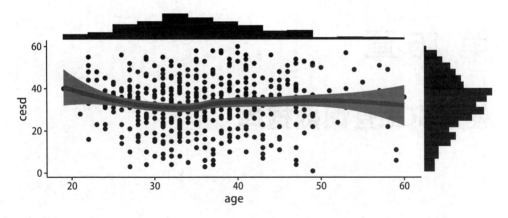

请找到一个使用了该展示方式的例子，并解释你的图形显示。

问题 **7(中)**：使用 palmerpenguins 包中的数据，创建一个 Shiny 的应用程序，显示 penguins 数据框中的测量值。允许用户选择物种或性别，并运行在散点图上的各种属性之间进行选择。提示：类似应用程序的示例可以在 Shiny gallery 上找到。

问题 **8(中)**：创建一个 Shiny 应用程序，显示 macleish 天气数据的交互式时间序列图。包括一个复选框，以在 whately-2015 和 orchard-2015 天气数据之间进行交替。添加要显示的日期选择器。你注意到有什么不规则的地方吗？

问题 **9(难)**：使用 MacLeish 场地站的天气数据重复前面的问题，但包括维基百科页面上列出的主要风暴的背景：2014—2015 北美冬季和 2015—2016 北美冬季。

问题 **10(难)**：使用 Lahman 包中的数据，创建一个 Shiny 应用程序，它显示的职业排行榜与 http://www.baseball-reference.com/leaders/HR _season.shtml 中的一个类似。允许用户选择自己选择的统计数据，并可在职业、活跃、进步和年度联赛排行榜之间进行选择。提示：类似应用程序的示例可在 Shiny gallery 上找到。

14.9　附加练习

可从 https://mdsr-book.github.io/mdsr2e/dataviz-III.html#dataviz-III-online-exercises 获得。

第15章

使用SQL查询数据库

到目前为止，我们在本书中遇到的大多数数据(如第 4 章中的 Lahman 棒球数据)数量都很少，这意味着它可以很容易地放入个人电脑的内存中。在本章中，我们将探讨处理更大的数据集的方法，我们称之为媒介(medium)数据。这些数据可以放在个人电脑的硬盘上，但不一定要放在内存中。值得庆幸的是，从数据库中检索媒介数据的经典解决方案从 20 世纪 70 年代就出现了，即 SQL(Structured Query Language，结构化查询语言)。实现 SQL 的数据库管理系统为存储和查询关系型数据提供了一个通用的体系结构。虽然有许多关于 SQL 会消亡的预言，但它仍然为媒介数据提供了一个有效的解决方案。SQL 的广泛应用使它成为数据科学家"必须知道"的工具。对于那些有更大期望的人，我们将在第 21 章中介绍一些扩展，使我们更接近真正的"大数据"环境。

15.1 从 dplyr 到 SQL

回顾一下我们在第 9 章中遇到的 airlines 数据。使用第 4 章和第 5 章中介绍的 dplyr 动词，考虑如何检索 1996 年 9 月至少有 100 个航班抵达肯尼迪机场(JFK)的准点率靠前的航空公司。如果数据存储在名为 flights 和 carriers 的数据框中，那么我们可以编写一个 dplyr 管道，如下所示：

```
q <- flights %>%
 filter(
   year == 2016 & month == 9,
   dest == "JFK"
 ) %>%
 inner_join(carriers, by = c("carrier" = "carrier")) %>%
 group_by(name) %>%
 summarize(
   N = n(),
   pct_ontime = sum(arr_delay <= 15) / n()
 ) %>%
 filter(N >= 100) %>%
 arrange(desc(pct_ontime))
head(q, 4)
```

```
# Source:   lazy query [?? x 3]
# Database: mysql 5.6.40-log
#   [mdsr_public@mdsr.cdc7tgkkqd0n.us-east-1.rds.amazonaws.com:/airlines]
# Ordered by: desc(pct_ontime)
  name                     N  pct_ontime
  <chr>                <dbl>      <dbl>
1 Delta Air Lines Inc.  2396      0.869
2 Virgin America         347      0.833
3 JetBlue Airways       3463      0.817
4 American Airlines Inc. 1397      0.782
```

然而，这个 flights 数据框可能变得非常大。如果追溯到 1987 年，共有超过 1.69 亿个单独的航班，每个航班都由不同的行组成。这些数据以 CSV 格式占用了近 20GB 的空间，因此要存储在个人计算机内存中是有很大问题的。相反，我们将这些数据写入磁盘，并使用查询语言仅访问感兴趣的行。在本例中，我们将 dplyr 配置为访问 MySQL 服务器上的 flights 数据。mdsr 包中的 dbConnect_scidb() 函数提供了到位于远程 MySQL 服务器上的 airlines 数据库的连接，并将其存储为对象 db。dplyr 中的 tbl() 函数将该 airlines 数据库中的 flights(carriers) 表映射到 R 语言中的一个对象，在本例中也称为 flights(carriers)。carriers 表也执行同样的操作。

```
library(tidyverse)
library(mdsr)
db <- dbConnect_scidb("airlines")
flights <- tbl(db, "flights")
carriers <- tbl(db, "carriers")
```

注意，虽然可将 flights 和 carriers 对象用作数据框，但实际上它们不是 data.frame。相反，它们有 tbl_MySQLConnection 这个类，更一般地说是 tbl_sql。tbl 是 dplyr 创建的一种特殊对象，作用类似于 data.frame。

```
class(flights)
```

```
[1] "tbl_MySQLConnection" "tbl_dbi"          "tbl_sql"
[4] "tbl_lazy"            "tbl"
```

还请注意，在上面的管道输出中，我们明确提到了 MySQL 数据库。我们提前设置了这个数据库(请参见第 13 章中的说明)，但是 dplyr 允许在 R 会话中把 tbl 当作 data.frame 进行交互。这是一个强大而方便的幻觉！

实际上，dplyr 将管道转换成 SQL。我们可以用 show_query() 函数传递管道，进而可以查看转换。我们可以使用先前创建的查询通过 show_query() 函数传递管道来查看转换。

```
show_query(q)
```

```
<SQL>
SELECT *
FROM (SELECT `name`, COUNT(*) AS `N`, SUM(`arr_delay` <= 15.0) /
  COUNT(*) AS `pct_ontime`
FROM (SELECT `year`, `month`, `day`, `dep_time`, `sched_dep_time`, `dep_delay`,
```

```
`arr_time`, `sched_arr_time`, `arr_delay`, `LHS`.`carrier` AS `carrier`,
`tailnum`, `flight`, `origin`, `dest`, `air_time`, `distance`, `cancelled`,
`diverted`, `hour`, `minute`, `time_hour`, `name`
FROM (SELECT *
FROM `flights`
WHERE ((`year` = 2016.0 AND `month` = 9.0) AND (`dest` = 'JFK'))) `LHS`
INNER JOIN `carriers` AS `RHS`
ON (`LHS`.`carrier` = `RHS`.`carrier`)
) `q01`
GROUP BY `name`) `q02`
WHERE (`N` >= 100.0)
ORDER BY `pct_ontime` DESC
```

理解这个输出并不重要,这里的转换器正在创建具有费解名称的临时表,但是它应该让你相信,即使我们用 R 语言编写了管道,它也被翻译成 SQL。当你使用 tbl_sql 类的对象时,dplyr 将自动执行此操作。如果我们要编写一个与管道等效的 SQL 查询,我们可用更可读的格式编写它:

```
SELECT
c.name,
SUM(1) AS N,
SUM(arr_delay <= 15) / SUM(1) AS pct_ontime
FROM flights AS f
JOIN carriers AS c ON f.carrier = c.carrier
WHERE year = 2016 AND month = 9
AND dest = 'JFK'
GROUP BY name
HAVING N >= 100
ORDER BY pct_ontime DESC
LIMIT 0,4;
```

dplyr 是如何进行转换的?[1]当我们学习 SQL 时,这些相似的功能将变得更清晰(例如,dplyr 动词的 filter()对应于 SQL 的 where 子句)。但是我们在 summary()命令中输入什么公式呢?注意,R 语言的命令 n()在 SQL 中被转换为 COUNT(*)。这也不神奇:translate_sql()函数提供了 R 语言的命令和 SQL 命令之间的转换。例如,它可以翻译基本的数学表达式。

```
library(dbplyr)
translate_sql(mean(arr_delay, na.rm = TRUE))
```

```
<SQL> AVG(`arr_delay`) OVER ()
```

然而,它无法神奇地将任意的 R 函数转换为 SQL,它只能识别一小部分常见的操作。很容易产生误解。例如,如果我们复制一个非常常见的 R 函数 paste0()(它连接字符串),称为 my_paste(),则该函数不会被转换。

```
my_paste <- paste0
```

---

1 我们编写的 SQL 查询与 dplyr 从管道生成的转换的 SQL 查询之间的差异在于 dplyr 语法逻辑的结果,我们不必担心。

```
translate_sql(my_paste("this", "is", "a", "string"))

<SQL> my_paste('this', 'is', 'a', 'string')
```

这其实是一件好事，因为它允许你传递任意 SQL 代码。但你必须知道你在做什么。由于
没有名为 my_paste() 的 SQL 函数，因此即使它是一个完全有效的 R 语言表达式，也会抛出一个
错误。

```
carriers %>%
  mutate(name_code = my_paste(name, "(", carrier, ")"))

Error in .local(conn, statement, ...): could not run statement:
execute command denied to user 'mdsr_public'@'%' for 'airlines.my_paste'
class(carriers)
```

```
[1] "tbl_MySQLConnection" "tbl_dbi"              "tbl_sql"
[4] "tbl_lazy"             "tbl"
```

因为 carriers 是一个 tbl_sql 而不是一个 data.frame，MySQL 服务器实际上在这里进行计算。
dplyr 管道被简单地转换成 SQL 并提交给服务器。为实现这一点，我们需要将 my_paste() 替换
为与 MySQL 等效的命令 CONCAT。

```
carriers %>%
  mutate(name_code = CONCAT(name, "(", carrier, ")"))

# Source: lazy query [?? x 3]
# Database: mysql 5.6.40-log
# [mdsr_public@mdsr.cdc7tgkkqd0n.us-east-1.rds.amazonaws.com:/airlines]
carrier name name_code
  <chr> <chr> <                       chr>
 1 02Q    Titan Airways            Titan Airways(02Q)
 2 04Q    Tradewind Aviation       Tradewind Aviation(04Q)
 3 05Q    Comlux Aviation, AG      Comlux Aviation, AG(05Q)
 4 06Q    Master Top Linhas Aereas Ltd.  Master Top Linhas Aereas Ltd.(06Q)
 5 07Q    Flair Airlines Ltd.      Flair Airlines Ltd.(07Q)
 6 09Q    Swift Air, LLC           Swift Air, LLC(09Q)
 7 0BQ    DCA                      DCA(0BQ)
 8 0CQ    ACM AIR CHARTER GmbH     ACM AIR CHARTER GmbH(0CQ)
 9 0GQ    Inter Island Airways, d/b/a I~  Inter Island Airways, d/b/a Inter~
10 0HQ    Polar Airlines de Mexico d/b/~  Polar Airlines de Mexico d/b/a No~
# ... with more rows
```

这里的语法看起来有点奇怪，因为 CONCAT 不是一个有效的 R 语言表达式，但它可以
运行。

另一种方法是先使用 collect() 函数将 carriers 数据拉入 R 中，然后像以前一样使用
my_paste()[1]。collect() 函数的作用是：断开与 MySQL 服务器的连接并返回一个 data.frame(也就
是 tbl_df)。

1　当然，当 carriers 表不太大时，这将很好地工作，但如果太大，可能会出现问题。

```
carriers %>%
  collect() %>%
  mutate(name_code = my_paste(name, "(", carrier, ")"))
# A tibble: 1,610 x 3
```

```
   carrier name                              name_code
   <chr>   <chr>                             <chr>
 1 02Q     Titan Airways                     Titan Airways(02Q)
 2 04Q     Tradewind Aviation                Tradewind Aviation(04Q)
 3 05Q     Comlux Aviation, AG               Comlux Aviation, AG(05Q)
 4 06Q     Master Top Linhas Aereas Ltd.     Master Top Linhas Aereas Ltd.(06Q)
 5 07Q     Flair Airlines Ltd.               Flair Airlines Ltd.(07Q)
 6 09Q     Swift Air, LLC                    Swift Air, LLC(09Q)
 7 0BQ     DCA                               DCA(0BQ)
 8 0CQ     ACM AIR CHARTER GmbH              ACM AIR CHARTER GmbH(0CQ)
 9 0GQ     Inter Island Airways, d/b/a I~    Inter Island Airways, d/b/a Inter~
10 0HQ     Polar Airlines de Mexico d/b/~   Polar Airlines de Mexico d/b/a No~
# ... with 1,600 more rows
```

这个示例说明了基于 src_sql 后端使用 dplyr 时，必须小心使用 SQL 可以理解的表达式。这也从另一个角度说明，了解 SQL 本身是很重要的，并非一定要依赖 dplyr 前端(尽管它非常棒)。

对于数据库查询，选择使用 dplyr 还是 SQL 很大程度上是看哪种方式更便利。如果要在 R 语言中处理查询的结果，请使用 dplyr。另一方面，如果你正在将数据拉入 Web 应用程序中，那么除了自己编写 SQL 查询之外，你可能别无选择。dplyr 是一个只能在 R 中工作的 SQL 客户端，但是在世界各地，无数环境中都有 SQL 服务器。此外，如第 21 章中所见，即使是取代 SQL 的大数据工具，也需要事先了解 SQL。因此，在本章中，我们将学习如何编写 SQL 查询语句。

15.2　平面文件数据库

可能的情况是，到目前为止，你遇到的所有数据都有一些专有格式(例如，R、Minitab、SPSS、Stata)或是采用单个 CSV(逗号分隔值)文件的形式。这个文件只包含数据的行和列，通常有一个标题行为每个列提供名称。这种文件称为平面文件(flat file)，因为它只包含一个平面型(如二维)文件。Excel 或 Google Sheets 等电子表格应用程序允许用户打开、编辑平面文件，还提供了用于生成其他列、格式化单元格等的一系列功能。在 R 语言中，readr 包中的 read_csv 命令将一个平面文件(flat file)数据库转换为一个 data.frame。

这些平面文件数据库既非常常见又非常有用，那么我们为什么还需要其他数据库呢？有一些限制来自计算机硬件，个人计算机有两个主要的方式来存储数据。

- 内存(RAM)：计算机一次能处理的数据量。现代计算机通常有几 GB 的内存。计算机可以非常快速地访问内存中的数据(每秒几十 GB)。

- 硬盘：计算机可永久存储的数据量。现代计算机通常有数百 GB 甚至数千 GB 的存储空间。然而，访问磁盘上的数据要比访问内存中的数据慢几个数量级(每秒数百 MB)。因此，在存储空间(磁盘空间更大)和速度(内存访问速度更快)之间需要进行权衡。重要的是要认识到这些都是物理限制，如果计算机上只有 4GB 的 RAM，就不能将超过 4GB 的数据读入内存。[1]

通常，R 工作区中的所有对象都存储在内存中。请注意，前面创建的 carriers 对象占用的内存非常少(因为数据仍然存在于 SQL 服务器上)，而 collect(carriers)将数据拉入 R 就占用了更多内存。

专业提示 34：你可使用 object.size()函数和 print()方法找出 R 中的对象占用了多少内存。

```
carriers %>%
  object.size() %>%
  print(units = "Kb")
```

```
3.6 Kb
carriers %>%
  collect() %>%
  object.size() %>%
  print(units = "Kb")
```

```
234.8 Kb
```

对于典型的 R 用户，这意味着不可能使用大于几个 GB 的存储为 data.frame 的数据集。下面的代码将说明具有 100 列和 100 万行的随机数数据集在此计算机上所占内存的比例超过四分之三。

```
n <- 100 * 1e6
x <- matrix(runif(n), ncol = 100)
dim(x)
```

```
[1] 1000000        100
print(object.size(x), units = "Mb")
```

```
762.9 Mb
```

因此，当 data.frame 达到 1000 万行时，对于大多数个人计算机而言，这一点将成为一个问题，可能使你的计算机速度非常缓慢且反应迟钝，然而它永远无法达到 1 亿行。但是 Google 每天处理超过 35 亿个搜索查询！我们知道它们存放在某个地方，它们都去哪里了？

为有效地处理较大数据，我们需要一个系统，该系统将所有数据存储在磁盘上，但允许我们能轻松地访问内存中的部分数据。关系数据库(将数据存储在一组可链接的表中)为解决此问题提供了有效的解决方案。尽管可以使用更复杂的方法来应对大数据挑战，但数据库是中等规模数据的古老解决方案。

---

1 实际上，由于操作系统占用了相当多内存，所以这个限制要比 4GB 低得多。使用硬盘以虚拟内存的方式分配额外内存可以是另一种解决方法，但由于硬盘驱动器或固态设备的固有限制，它无法回避吞吐量问题。

15.3   SQL

SQL(结构化查询语言)是一种用于关系数据库管理系统的编程语言。它最初是在 20 世纪 70 年代开发的,是一种成熟、功能强大且广泛使用的存储和检索解决方案,适用于各种大小的数据。Google、Facebook、Twitter、Reddit、LinkedIn、Instagram 和其他无数公司都在使用 SQL 访问大型数据的存储。

关系数据库管理系统(RDBMS)对于自然分解为通过键链接在一起的多个表的数据非常高效。表是包含记录(行)和字段(列)数据的二维数组,与 R 语言中的 data.frame 非常相似,但是有一些重要的区别使 SQL 在某些情况下更加有效。

SQL 的理论基础是关系代数和元组关系演算。这些思想是由数学家和计算机科学家提出的,虽然它们不是我们所需要的知识,但有助于巩固 SQL 在数据存储和检索系统中的地位。

SQL 自 1986 年以来一直是 ANSI 的一个标准,但是它的开发人员只是松散地遵循该标准。遗憾的是,这意味着 SQL 有许多不同的方言,在它们之间进行翻译并不总是那么简单。但是,SQL 语言的基本用法对所有人都是通用的,通过学习一种方言,你就能轻松地理解其他任何方言[Kline et al., 2008]。

SQL 的主要实现如下。

- **Oracle 数据库**:Oracle 是声称收入排名第一的公司。
- **Microsoft SQL Server**:另一个由公司开发的广泛使用的 SQL 产品。
- **SQLite**:一个轻量级的开源 SQL 版本,最近成为应用最广泛的 SQL 实现,部分原因是它嵌入全球最流行的移动操作系统 Android 中。对于相对简单的应用程序(如存储与特定移动应用程序相关的数据)来说,SQLite 是一个非常好的选择,但它既没有持久性、多用户、多用途应用程序的特性,也没有支持这些特性的可伸缩性。
- **MySQL**:最流行的客户端-服务器 RDBMS。它以前是开源的,但现在归 Oracle 公司所有,因此在开源社区造成了一些紧张情绪。MySQL 最初的开发人员之一 Monty Widenius 现在将 MariaDB 维护为一个社区分支。MySQL 被 Facebook、Google、LinkedIn 和 Twitter 使用。
- **PostgreSQL**:具有功能丰富、符合标准、开源等特点,并且越来越流行。PostgreSQL 比 MySQL 更接近 ANSI 标准,支持更多的函数和数据类型,并提供强大的过程语言来扩展其基本功能。Reddit 和 Instagram 等都在使用它。
- **MonetDB 和 MonetDBLite**:基于列的开源实现,而不是传统的基于行的系统。基于列的 RDBMS 更适合大数据。MonetDBLite 是一个 R 包,提供与 SQLite 类似的本地体验。
- **Vertica**:由 Postgres 发起人 Michael Stonebraker 创建的基于列的商业实现,现在由 Hewlett-Packard 拥有。

我们将专注于 MySQL,但在 PostgreSQL 或 SQLite 中,大多数方面都是类似的(安装说明见附录 F)。

15.4　SQL 数据操作语言

MySQL 基于客户端-服务器模型。这意味着有一个数据库服务器存储数据并执行查询。它可以位于用户的本地计算机或远程服务器上。我们将连接到一个由 Amazon Web Services 托管的服务器。要从该服务器检索数据，可以通过任意数量的客户端程序和它进行连接。当然，你可以使用命令行形式的 MySQL 程序，或官方 GUI 应用程序：MySQL 开发工作台(Workbench)。虽然我们鼓励读者探索这两个选项，但最常用的是 MySQL 开发工作台，你在本章中看到的输出直接来自于 MySQL 命令行客户端。

专业提示 35：尽管 dplyr 可以让用户使用 R 语法执行大多数查询，甚至不必担心数据存储在哪里，但是由于 SQL 的广泛应用，学习 SQL 本身还是很有价值的。

专业提示 36：如果你是第一次学习 SQL，请使用命令行客户端和/或一种 GUI 应用程序。前者提供最直接的反馈，后者将提供大量有用的信息。

关于设置 MySQL 数据库的信息可以在附录 F 中找到：我们假设这是在本地或远程机器上完成的。在下面的内容中，你将在文本块中看到 SQL 命令及其结果。它们是从命令行客户端返回的结果。如果要在你的计算机上运行这些程序，请参见 F.4 节以了解如何连接到 MySQL 服务器。

如第 1 章所述，airlines 包简化了 SQL 数据库的构建，该数据库包含 1.69 亿个航班数据。这些数据直接来自于美国运输统计局。接下来，我们将访问已经使用 airlines 包设置的远程 SQL 数据库。注意，这是一个关系数据库，由许多表组成。

```sql
SHOW TABLES;
```

Tables_in_airlines
airports
carriers
flights
planes

请注意，每个 SQL 语句都必须以分号结尾。要查看 airports 表中有哪些列，我们需要一个 DESCRIBE 语句。

```sql
DESCRIBE airports;
```

Field	Type	Null	Key	Default	Extra
faa	varchar(3)	NO	PRI		
name	varchar(255)	YES		NA	
lat	decimal(10,7)	YES		NA	

(续表)

Field	Type	Null	Key	Default	Extra
lon	decimal(10,7)	YES		NA	
alt	int(11)	YES		NA	
tz	smallint(4)	YES		NA	
dst	char(1)	YES		NA	
city	varchar(255)	YES		NA	
country	varchar(255)	YES		NA	

该命令行告诉我们表中字段(或变量)的名称，以及它们的数据类型，还有可能出现的键的类型(我们将在第 16 章中了解有关键的更多知识)。

接下来，我们要构建一个查询(query)。SQL 中的查询以 SELECT 关键字开始，由多个子句组成，并且必须按以下顺序进行编写：

- **SELECT**   允许你列出要检索的列或在列上操作的函数。这是与 dplyr 中的 select()动词类似的操作，该动词可能与 mutate()结合。
- **FROM**   指定数据所在的表。
- **JOIN**   允许你使用键将两个或多个表结合在一起。这类似于 dplyr 中的 inner_join()和 left_join()命令。
- **WHERE**   允许你根据某些条件筛选记录。它的作用类似于 dplyr 中 filter()动词。
- **GROUP BY**   允许你根据某些共享值聚合记录，这一点和 dplyr 中 group_by()动词的操作类似。
- **HAVING**   就像一个 WHERE 子句，它对结果集(而不是记录本身)执行操作。这类似于在聚合行之后在 dplyr 中应用第二个 filter()命令。
- **ORDER BY**   指定了对结果集的行进行排序的条件，这类似于 dplyr 中的 arrange()动词。
- **LIMIT**   限制输出中的行数。这与 R 的命令 head()和 slice()类似，但功能更广泛一些。

只需要 SELECT 和 FROM 子句。因此，可编写的最简单查询是：

```
SELECT * FROM flights;
```

千万不要执行此查询！因为它将导致 1.69 亿条记录全部被丢弃！这不仅会使你的计算机崩溃，而且会占用其他所有人的服务器！

一个安全的查询是：

```
SELECT * FROM flights LIMIT 0,10;
```

我们可以指定显示变量的一个子集。表 15.1 显示了该结果，仅限于指定的字段和前 10 条记录。

```
SELECT year, month, day, dep_time, sched_dep_time, dep_delay, origin
```

```
FROM flights
LIMIT 0, 10;
```

表 15.1 指定变量的子集

year	month	day	dep_time	sched_dep_time	dep_delay	origin
2010	10	1	1	2100	181	EWR
2010	10	1	1	1920	281	FLL
2010	10	1	3	2355	8	JFK
2010	10	1	5	2200	125	IAD
2010	10	1	7	2245	82	LAX
2010	10	1	7	10	-3	LAX
2010	10	1	7	2150	137	ATL
2010	10	1	8	15	-7	SMF
2010	10	1	8	10	-2	LAS
2010	10	1	10	2225	105	SJC

精明的读者可能会发现用于单表分析的五种习惯用法以及第 4 章中讨论的连接操作和 SQL 语法之间的相似之处。这不是巧合！相反，dplyr 代表了一种将近似自然语言的 SQL 语法引入 R 中的共同努力。在本书中，我们首先介绍了 R 语法，因为我们的大部分内容都是基于第 4 章中介绍的基本数据整理技术。但从历史上看，SQL 比 dplyr 早了几十年。在表 15.2 中，我们展示了 SQL 和 dplyr 命令的功能等价性。

表 15.2 SQL 和 R 中的等效命令，其中 a 和 b 是 SQL 中的表或者 R 中的 data.frame

概念	SQL	R
按行和列筛选	`SELECT col1, col2 FROM a` `WHERE col3 = 'x'`	`a %>% filter(col3 == 'x')` `%>% select(col1, col2)`
按行聚合	`SELECT id, SUM(col1) FROM` `a GROUP BY id`	`a %>% group_by(id) %>%` `summarize(SUM(col1))`
结合两个表	`SELECT * FROM a JOIN b ON` `a.id = b.id`	`a %>% inner_join(b, by =` `c('id' = 'id'))`

15.4.1 SELECT...FROM

如上所述，每个 SQL SELECT 查询都必须包含 SELECT 和 FROM。分析人员可以指定要检索的列。airports 表包含七列。如果我们只想检索每个机场的 FAA 代码和 name，可以编写如下查询：

```
SELECT faa, name FROM airports;
```

faa	name
04G	Lansdowne Airport
06A	Moton Field Municipal Airport
06C	Schaumburg Regional

除了数据库中存在的列之外，还可以检索作为其他列的函数的列。例如，如果想将每个机场的地理坐标作为(x, y)对返回，可合并这些字段。

```
SELECT
  name,
  CONCAT('(', lat, ', ', lon, ')')
FROM airports
LIMIT 0, 6;
```

name	CONCAT('(', lat, ', ', lon, ')')
Lansdowne Airport	(41.1304722, -80.6195833)
Moton Field Municipal Airport	(32.4605722, -85.6800278)
Schaumburg Regional	(41.9893408, -88.1012428)
Randall Airport	(41.4319120, -74.3915611)
Jekyll Island Airport	(31.0744722, -81.4277778)
Elizabethton Municipal Airport	(36.3712222, -82.1734167)

请注意，派生列的列标题是很笨拙的，因为它由用来构造该列的整个公式组成，所以很难阅读和使用。一个简单解决方法是给这个派生列指定一个别名(alias)，我们可使用关键字AS来实现。

```
SELECT
  name,
  CONCAT('(', lat, ', ', lon, ')') AS coords
FROM airports
LIMIT 0, 6
```

name	coords
Lansdowne Airport	(41.1304722, -80.6195833)
Moton Field Municipal Airport	(32.4605722, -85.6800278)
Schaumburg Regional	(41.9893408, -88.1012428)
Randall Airport	(41.4319120, -74.3915611)
Jekyll Island Airport	(31.0744722, -81.4277778)
Elizabethton Municipal Airport	(36.3712222, -82.1734167)

还可使用 AS 在结果集中以不同的名称引用表中的列。

```
SELECT
  name AS airport_name,
  CONCAT('(', lat, ', ', lon, ')') AS coords
FROM airports
LIMIT 0, 6;
```

name	coords
Lansdowne Airport	(41.1304722, -80.6195833)
Moton Field Municipal Airport	(32.4605722, -85.6800278)
Schaumburg Regional	(41.9893408, -88.1012428)
Randall Airport	(41.4319120, -74.3915611)
Jekyll Island Airport	(31.0744722, -81.4277778)
Elizabethton Municipal Airport	(36.3712222, -82.1734167)

这就突出了一个重要区别：在 SQL 中，把对原始表的行执行操作的子句与对结果集的行执行操作的子句进行区分是非常重要的。这里，name、lat 和 lon 是原始表中的列，它们被写入 SQL 服务器的磁盘中。另一方面，airport_name 和 coords 只存在于从服务器传递到客户端的结果集中，而没有被写入磁盘中。

前面的示例显示了与 dplyr 的命令 select()、mutate()和 rename()等价的 SQL 语句。

15.4.2　WHERE

WHERE 子句类似于 dplyr 中的 filter 命令，它允许你将检索到的行集限制为匹配特定条件的行。因此，虽然每年的 flights 表中有几百万行，每一行对应于一个航班，但是在 2013 年 6 月 26 日离开布拉德利国际机场的航班只有几十个。

```
SELECT
    year, month, day, origin, dest,
    flight, carrier
FROM flights
WHERE year = 2013 AND month = 6 AND day = 26
AND origin = 'BDL'
LIMIT 0, 6;
```

year	month	day	origin	dest	flight	carrier
2013	6	26	BDL	EWR	4714	EV
2013	6	26	BDL	MIA	2015	AA
2013	6	26	BDL	DTW	1644	DL
2013	6	26	BDL	BWI	2584	WN
2013	6	26	BDL	ATL	1065	DL
2013	6	26	BDL	DCA	1077	US

搜索一个日期范围内的航班会很方便。遗憾的是，这个表中没有日期字段，而有分别包含 year、month 和 day 的 3 列。不过，我们可以使用 STR_TO_DATE()函数[1]告诉 SQL 将这些列解

---

1 PostgreSQL 中的类似函数称为 TO_ DATE()。为此，我们首先需要将这些列收集为字符串，然后告诉 SQL 如何将该字符串解析为日期。

释为日期。与 R 代码不同，SQL 代码中的函数名通常是大写的。

专业提示 37：日期和时间数据很难整理。要了解有关日期符号的更多信息，请参阅 MySQL 的 STR_TO_DATE() 的相关文档。

```
SELECT
  STR_TO_DATE(CONCAT(year, '-', month, '-', day), '%Y-%m-%d') AS theDate,
  origin,
  flight, carrier
FROM flights
WHERE year = 2013 AND month = 6 AND day = 26
  AND origin = 'BDL'
LIMIT 0, 6;
```

theDate	origin	flight	carrier
2013-06-26	BDL	4714	EV
2013-06-26	BDL	2015	AA
2013-06-26	BDL	1644	DL
2013-06-26	BDL	2584	WN
2013-06-26	BDL	1065	DL
2013-06-26	BDL	1077	US

注意，这里对结果集中未出现的列使用了 WHERE 子句。之所以可以这样做，是因为 WHERE 只作用于原始表的行。相反，如果我们试图在 theDate 上使用 WHERE 子句，它将不起作用；正如错误所示，theDate 不是 flights 表中列的名称。

```
SELECT
  STR_TO_DATE(CONCAT(year, '-', month, '-', day), '%Y-%m-%d') AS theDate,
  origin, flight, carrier
FROM flights
WHERE theDate = '2013-06-26'
  AND origin = 'BDL'
LIMIT 0, 6;
```

解决方法是将日期的定义复制并粘贴到 WHERE 子句中，因为 WHERE 可对原始表(结果没显示)中列的函数执行操作。

```
SELECT
  STR_TO_DATE(CONCAT(year, '-', month, '-', day), '%Y-%m-%d') AS theDate,
  origin, flight, carrier
FROM flights
WHERE STR_TO_DATE(CONCAT(year, '-', month, '-', day), '%Y-%m-%d') =
  '2013-06-26'
  AND origin = 'BDL'
LIMIT 0, 6;
```

这个查询可以运行，但这里我们遇到另一个问题，它暴露了 SQL 如何执行查询的隐含信息。上一个查询可以使用在 year、month 和 day 这些列上定义的索引。但是，后一个查询无法使用这些索引，因为它会利用这些列的组合函数进行筛选，这就使得后一个查询非常慢。我们将在第 16.1 节中对索引进行更深入的讨论。

最后，我们可以使用 BETWEEN 语法筛选一个日期范围。DISTINCT 关键字将结果集限制为日期的每个唯一值对应一行。

```sql
SELECT
  DISTINCT STR_TO_DATE(CONCAT(year, '-', month, '-', day), '%Y-%m-%d')
    AS theDate
FROM flights
WHERE year = 2013 AND month = 6 AND day BETWEEN 26 and 30
  AND origin = 'BDL'
LIMIT 0, 6;
```

theDate
2013-06-26
2013-06-27
2013-06-28
2013-06-29
2013-06-30

类似地，可使用 IN 语法来搜索指定列表中的项。请注意，6 月 27 日、28 日和 29 日的航班在使用 BETWEEN 的查询中(而不是在使用 IN 的查询中)被检索出来。

```sql
SELECT
  DISTINCT STR_TO_DATE(CONCAT(year, '-', month, '-', day), '%Y-%m-%d')
    AS theDate
FROM flights
WHERE year = 2013 AND month = 6 AND day IN (26, 30)
  AND origin = 'BDL'
LIMIT 0, 6;
```

theDate
2013-06-26
2013-06-30

除了 AND 子句之外，SQL 还支持 OR 子句，但在使用 OR 时，用户必须非常小心括号的使用。请注意以下两个查询返回的行数的差异(557 874 vs. 2542)。COUNT 函数只计算行数。WHERE 子句中的条件不是从左到右进行判断的，而是首先判断 AND 条件。这意味着在下面的第一个查询中，将返回所有月份 26 日的所有航班，而不会考虑年份或月份这两个条件。

```sql
/* returns 557,874 records */
SELECT
  COUNT(*) AS N
```

```
FROM flights
WHERE year = 2013 AND month = 6 OR day = 26
  AND origin = 'BDL';
```

```
/* returns 2,542 records */
SELECT
  COUNT(*) AS N
FROM flights
WHERE year = 2013 AND (month = 6 OR day = 26)
  AND origin = 'BDL';15.4.3  GROUP BY
```

15.4.3 GROUP BY

GROUP BY 子句允许用户根据某些条件对多行进行聚合。使用 GROUP BY，需要注意定义如何将多行数据缩减为单个值，这里需要使用聚合函数(如 COUNT()、SUM()、MAX()和 AVG())。

我们知道 2013 年 6 月 26 日有 65 架航班离开布拉德利机场,但每个航空公司有多少航班? 为得到这些信息，我们需要根据承运人的身份汇总各个航班。

```
SELECT
  carrier,
  COUNT(*) AS numFlights,
  SUM(1) AS numFlightsAlso
FROM flights
WHERE year = 2013 AND month = 6 AND day = 26
  AND origin = 'BDL'
GROUP BY carrier;
```

carrier	numFlights	numFlightsAlso
9E	5	5
AA	4	4
B6	5	5
DL	11	11
EV	5	5
MQ	5	5
UA	1	1
US	7	7
WN	19	19
YV	3	3

对于每一家航空公司，哪一个航班早上最早起飞?

```
SELECT
  carrier,
  COUNT(*) AS numFlights,
  MIN(dep_time)
FROM flights
WHERE year = 2013 AND month = 6 AND day = 26
  AND origin = 'BDL'
GROUP BY carrier;
```

carrier	numFlights	MIN(dep_time)
9E	5	0
AA	4	559
B6	5	719
DL	11	559
EV	5	555
MQ	5	0
UA	1	0
US	7	618
WN	19	601
YV	3	0

这有点棘手，因为 dep_time 变量被存储为整数，但它最好用时间数据类型来表示。如果它是一个三位数的整数，那么第一个数字表示小时；但是如果它是一个四位数的整数，那么前两个数字就表示小时。无论哪种情况，最后两位数字都表示分钟，都没有记录秒时间。结合 if(condition, value if true, value if false)与 MAKETIME()函数的语句可帮助我们做到这一点。

```
SELECT
  carrier,
  COUNT(*) AS numFlights,
  MAKETIME(
    IF(LENGTH(MIN(dep_time)) = 3,
      LEFT(MIN(dep_time), 1),
      LEFT(MIN(dep_time), 2)
    ),
    RIGHT(MIN(dep_time), 2),
    0
    ) AS firstDepartureTime
FROM flights
WHERE year = 2013 AND month = 6 AND day = 26
  AND origin = 'BDL'
GROUP BY carrier
LIMIT 0, 6;
```

carrier	numFlights	firstDepartureTime
9E	5	00:00:00
AA	4	05:59:00
B6	5	07:19:00
DL	11	05:59:00
EV	5	05:55:00
MQ	5	00:00:00

也可对多个列进行分组，但需要谨慎指定对未分组的每一列应用聚合函数。这种情况下，每次访问 dep_time 时，我们都应用 MIN()函数，因为 carrier 和 dest 的每个唯一的组合可能对应于许多不同的 dep_time 值。应用 MIN()函数将明确地返回最小的一个值。

```
SELECT
  carrier, dest,
  COUNT(*) AS numFlights,
```

```
MAKETIME(
  IF(LENGTH(MIN(dep_time)) = 3,
    LEFT(MIN(dep_time), 1),
    LEFT(MIN(dep_time), 2)
  ),
  RIGHT(MIN(dep_time), 2),
  0
  ) AS firstDepartureTime
FROM flights
WHERE year = 2013 AND month = 6 AND day = 26
  AND origin = 'BDL'
GROUP BY carrier, dest
LIMIT 0, 6;
```

carrier	dest	numFlights	firstDepartureTime
9E	CVG	2	00:00:00
9E	DTW	1	18:20:00
9E	MSP	1	11:25:00
9E	RDU	1	09:38:00
AA	DFW	3	07:04:00
AA	MIA	1	05:59:00

15.4.4　ORDER BY

使用聚合函数可回答一些非常基本的探索性问题。将其与 ORDER BY 子句结合使用可使最想要的结果出现在顶部。例如，2013 年从布拉德利(Bradley)出发的最常见目的地是什么？

```
SELECT
  dest, SUM(1) AS numFlights
FROM flights
WHERE year = 2013
  AND origin = 'BDL'
GROUP BY dest
ORDER BY numFlights DESC
LIMIT 0, 6;
```

dest	numFlights
ORD	2657
BWI	2613
ATL	2277
CLT	1842
MCO	1789
DTW	1523

专业提示 38：由于 ORDER BY 子句在检索到所有数据之前是无法执行的，因此它对结果集执行操作，而不是对原始数据的行执行操作。因此，可在 ORDER BY 子句中引用派生列。

哪一个目的地的平均到达延误时间最短？

```
SELECT
  dest, SUM(1) AS numFlights,
  AVG(arr_delay) AS avg_arr_delay
FROM flights
WHERE year = 2013
  AND origin = 'BDL'
GROUP BY dest
ORDER BY avg_arr_delay ASC
LIMIT 0, 6;
```

dest	numFlights	avg_arr_delay
CLE	57	−13.07
LAX	127	−10.31
CVG	708	−7.37
MSP	981	−3.66
MIA	404	−3.27
DCA	204	−2.90

克利夫兰霍普金斯国际机场(CLE)的平均到达延误时间最小。

15.4.5　HAVING

尽管飞往克利夫兰(Cleveland)的航班平均到达延误最低，比计划提前了 13 分钟，但 2013
年全年，从布拉德利(Bradley)飞往克利夫兰的航班只有 57 班。只考虑那些每天至少有两个航
班的目的地可能更有意义。我们可使用 HAVING 子句筛选结果集。

```
SELECT
  dest, SUM(1) AS numFlights,
  AVG(arr_delay) AS avg_arr_delay
FROM flights
WHERE year = 2013
  AND origin = 'BDL'
GROUP BY dest
HAVING numFlights > 365 * 2
ORDER BY avg_arr_delay ASC
LIMIT 0, 6;
```

dest	numFlights	avg_arr_delay
MSP	981	−3.664
DTW	1523	−2.148
CLT	1842	−0.120
FLL	1011	0.277
DFW	1062	0.750
ATL	2277	4.470

　　我们现在可以看到，在布拉德利的常见目的地中，明尼阿波利斯的圣保罗(Minneapolis–St. Paul)机场的平均到达延误时间最低，平均提前了近4分钟[1]。

　　必须要知道HAVING子句是对结果集进行操作的。虽然WHERE和HAVING在思想和语法上相似(实际上，在dplyr中，它们都被filter()函数掩盖)，它们实际是不同的，因为WHERE操作表中的原始数据，而HAVING对结果集执行操作。将HAVING条件移到WHERE子句将无法工作。

```
SELECT
  dest, SUM(1) AS numFlights,
  AVG(arr_delay) AS avg_arr_delay
FROM flights
WHERE year = 2013
  AND origin = 'BDL'
  AND numFlights > 365 * 2
GROUP BY dest
ORDER BY avg_arr_delay ASC
LIMIT 0, 6;
```

```
ERROR 1054 (42S22) at line 1: Unknown column 'numFlights' in 'where clause'
```

　　另一方面，将WHERE条件移到HAVING子句仍然能起作用，但可能导致效率的重大损失。下面的查询将返回符合我们先前期望的结果。

```
SELECT
  origin, dest, SUM(1) AS numFlights,
  AVG(arr_delay) AS avg_arr_delay
FROM flights
WHERE year = 2013
GROUP BY origin, dest
HAVING numFlights > 365 * 2
  AND origin = 'BDL'
ORDER BY avg_arr_delay ASC
LIMIT 0, 6;
```

　　但是将origin='BDL'条件移到HAVING子句意味着必须考虑以所有机场为目的地的情况。因此，在WHERE子句中有了这个条件，服务器就可以快速识别出那些离开布拉德利的航班，执行聚合，然后把那些有足够数量航班的条目过滤为这个较小的结果集。相反，在HAVING子句中有了这个条件，服务器将被迫考虑2013年以来的所有300万个航班，对所有机场对执行聚合，然后把那些来自布拉德利机场的有足够数量航班的条目过滤为这个更大的结果集。结果集的过滤速度并不重要，但对300万行数据进行聚合操作比对几千行数据进行聚合操作要慢很多。

专业提示39：为了最大限度地提高查询效率，要尽可能将条件放在WHERE子句中，而不是HAVING子句中。

---

1 注意，MySQL和SQLite支持在HAVING子句中使用派生列别名，但PostgreSQL不支持。

15.4.6　LIMIT

LIMIT 子句只允许你将输出截断到指定的行数。这将获得类似于 R 命令 head()或 slice()的效果。

```
SELECT
  dest, SUM(1) AS numFlights,
  AVG(arr_delay) AS avg_arr_delay
FROM flights
WHERE year = 2013
  AND origin = 'BDL'
GROUP BY dest
HAVING numFlights > 365*2
ORDER BY avg_arr_delay ASC
LIMIT 0, 6;
```

dest	numFlights	avg_arr_delay
MSP	981	−3.664
DTW	1523	−2.148
CLT	1842	−0.120
FLL	1011	0.277
DFW	1062	0.750
ATL	2277	4.470

但请注意，也可以检索不位于列头部的行。LIMIT 子句中的第一个数字表示要跳过的行数，后者表示要检索的行数。因此，此查询将返回上一个列表中的第 4～7 个机场。

```
SELECT
dest, SUM(1) AS numFlights,
AVG(arr_delay) AS avg_arr_delay
FROM flights
WHERE year = 2013
AND origin = 'BDL'
GROUP BY dest
HAVING numFlights > 365*2
ORDER BY avg_arr_delay ASC
LIMIT 3,4;
```

dest	numFlights	avg_arr_delay
FLL	1011	0.277
DFW	1062	0.750
ATL	2277	4.470
BWI	2613	5.032

15.4.7　JOIN

在第 5 章中，我们介绍了 dplyr 连接运算符：inner_join()、left_join()和 semi_join()。正如你现在可能预期的那样，这些操作是 SQL 的基础，而且，RDBMS 范式的巨大成功取决于能否高效地将表连接在一起。回顾一下，SQL 是一个关系数据库管理系统，表之间的关系允许你编写查询以有效地将来自多个源的信息联系在一起。在 SQL 中执行这些操作的语法需要关键字 JOIN。

通常，要连接两个表，需要指定四个方面的信息：

- 要连接的第一个表的名称
- (可选)要使用的连接的类型
- 要连接的第二个表的名称
- 希望第一个表中的记录与第二个表中的记录相匹配的条件

两个表如何连接有许多可能的组合方式，许多情况下，一个查询可能涉及多个甚至几十个表。实际上，连接语法因 SQL 的实现而异。在 MySQL 中，外连接(OUTER JOIN)不可用，但以下连接类型可用。

- JOIN：包括同时存在于表中和匹配项中的所有行。
- LEFT JOIN：包括存在于第一个表中的所有行。第一个表中的行在第二个表中没有匹配的填充 NULL。
- RIGHT JOIN：包括存在于第二个表中的所有行。这是 LEFT JOIN 的反向操作。
- CROSS JOIN：两个表的笛卡儿积。因此，它会返回所有可能的与连接条件匹配的行组合。

回顾一下，在 flights 表中，我们记录了每个航班的始发地和目的地。

```
SELECT
  origin, dest,
  flight, carrier
FROM flights
WHERE year = 2013 AND month = 6 AND day = 26
  AND origin = 'BDL'
LIMIT 0, 6;
```

origin	dest	flight	carrier
BDL	EWR	4714	EV
BDL	MIA	2015	AA
BDL	DTW	1644	DL
BDL	BWI	2584	WN
BDL	ATL	1065	DL
BDL	DCA	1077	US

但是，flights 表只包含两个机场的三个字符的 FAA 机场代码，而不是机场的全名。这些隐

晦的缩略语不容易被人类理解。ORD 是哪个机场？把机场的名字写在表格里不是更方便吗？
这样做虽然更方便，但从存储和检索的角度看，它的效率会大大降低，从数据库完整性的角度
看，也存在很大的问题。因此，解决方案是在 airports 表中存储有关机场的一些信息，以及这
些我们现在称为键的密码，并且只在关于航班而不是机场的 flights 表中存储这些键。但是，我
们可以在查询中使用这些键将两个表连接在一起。通过这种方式，我们既可以拥有蛋糕又可以
享用它：为提高效率，数据存储在单独的表中，但是如果我们需要的话，仍然可在结果集中使
用全名。请再次注意，原始表和结果集的行之间的区别是非常重要的。

要编写查询语句，只需要指定要连接到 flights 上的表(如 airports)，以及要将 flights 中的行与
airports 中的行进行匹配的条件。这种情况下，我们希望列在 flights.dest 的机场代码与 airports.faa
中的机场代码匹配。我们还必须指定要在结果集中看到 airports 表的 name 列(请参见表 15.3)。

```
SELECT
  origin, dest,
  airports.name AS dest_name,
  flight, carrier
FROM flights
JOIN airports ON flights.dest = airports.faa
WHERE year = 2013 AND month = 6 AND day = 26
  AND origin =
LIMIT 0, 6;
```

表 15.3　使用 JOIN 检索机场名称

origin	dest	dest_name	flight	carrier
BDL	EWR	Newark Liberty Intl	4714	EV
BDL	MIA	Miami Intl	2015	AA
BDL	DTW	Detroit Metro Wayne Co	1644	DL
BDL	BWI	Baltimore Washington Intl	2584	WN
BDL	ATL	Hartsfield Jackson Atlanta Intl	1065	DL
BDL	DCA	Ronald Reagan Washington Natl	1077	US

对种方式更接近人类的阅读习惯。对该查询可读性的一个快速改进是使用表别名。这将节
省一些输入时间，但以后需要相当多的输入。表别名通常只是 FROM 和 JOIN 子句中每个表的
规范表示后面的一个字母。注意，可在查询中的其他任何地方引用这些别名(请参见表 15.4)。

表 15.4　对表别名使用 JOIN

origin	dest	dest_name	flight	carrier
BDL	EWR	Newark Liberty Intl	4714	EV
BDL	MIA	Miami Intl	2015	AA
BDL	DTW	Detroit Metro Wayne Co	1644	DL
BDL	BWI	Baltimore Washington Intl	2584	WN
BDL	ATL	Hartsfield Jackson Atlanta Intl	1065	DL
BDL	DCA	Ronald Reagan Washington Natl	1077	US

```
SELECT
  origin, dest,
  a.name AS dest_name,
  flight, carrier
FROM flights AS o
JOIN airports AS a ON o.dest = a.faa
WHERE year = 2013 AND month = 6 AND day = 26
  AND origin = 'BDL'
LIMIT 0, 6;
```

同样，航空公司的航班上也有一些密码。每个公司的全名存储在 carriers 表中，因为这是
存储航空公司的相关信息的地方。可将这个表与结果集连接，以检索每个航空公司的名称(请
参见表 15.5)。

```
SELECT
  dest, a.name AS dest_name,
  o.carrier, c.name AS carrier_name
FROM flights AS o
JOIN airports AS a ON o.dest = a.faa
JOIN carriers AS c ON o.carrier = c.carrier
WHERE year = 2013 AND month = 6 AND day = 26
  AND origin = 'BDL'
LIMIT 0, 6;
```

表 15.5　对多个表使用 JOIN

dest	dest_name	carrier	carrier_name
EWR	Newark Liberty Intl	EV	ExpressJet Airlines Inc.
MIA	Miami Intl	AA	American Airlines Inc.
DTW	Detroit Metro Wayne Co	DL	Delta Air Lines Inc.
BWI	Baltimore Washington Intl	WN	Southwest Airlines Co.
ATL	Hartsfield Jackson Atlanta Intl	DL	Delta Air Lines Inc.
DCA	Ronald Reagan Washington Natl	US	US Airways Inc.

最后，要检索始发机场的名称，我们可多次连接到同一个表中。这里就需要表别名。

```
SELECT
  flight,
  a2.name AS orig_name,
  a1.name AS dest_name,
  c.name AS carrier_name
FROM flights AS o
JOIN airports AS a1 ON o.dest = a1.faa
JOIN airports AS a2 ON o.origin = a2.faa
JOIN carriers AS c ON o.carrier = c.carrier
WHERE year = 2013 AND month = 6 AND day = 26
  AND origin = 'BDL'
LIMIT 0, 6;
```

表 15.6 显示了结果。现在很清楚，ExpressJet 4714 航班于 2013 年 6 月 26 日从布拉德利

(Bradley)国际机场到达纽瓦克(Newark Liberty)国际机场。然而，为了把这些信息放在一起，我们不得不连接四个表。将这些数据存储在一个与结果集类似的表中不是更容易吗？由于种种原因，答案是否定的。

表 15.6　对同一张表多次使用 JOIN

dest	dest_name	dest_name	carrier_name
4714	NBradley Intl	Newark Liberty Intl	ExpressJet Airlines Inc.
2015	Bradley Intl	Miami Intl	American Airlines Inc.
1644	Bradley Intl	Detroit Metro Wayne Co	Delta Air Lines Inc.
2584	Bradley Intl	Baltimore Washington Intl	Southwest Airlines Co.
1065	Bradley Intl	Hartsfield Jackson Atlanta Intl	Delta Air Lines Inc.
1077	Bradley Intl	Ronald Reagan Washington Natl	US Airways Inc.

首先，必须考虑实际存储。airport.name 字段可容纳 255 个字符。

```
DESCRIBE airports;
```

Field	Type	Null	Key	Default	Extra
faa	varchar(3)	NO	PRI		
name	varchar(255)	YES		NA	
lat	decimal(10,7)	YES		NA	
lon	decimal(10,7)	YES		NA	
alt	int(11)	YES		NA	
tz	smallint(4)	YES		NA	
dst	char(1)	YES		NA	
city	varchar(255)	YES		NA	
country	varchar(255)	YES		NA	

与在 airport.faa 中存储的四个字符的缩写相比，这种方式占用了更多磁盘空间。对于小型数据集，此开销可能无关紧要，但是 flights 表包含 1.69 亿行，因此用 255 个字符的字段替换掉 4 字符的原始字段将导致磁盘存储空间的明显不同(此外，我们必须执行两次此操作，因为这同样适用于 dest)。如果在 flights 表中包含每个航空公司的全名，我们也会付出类似的代价。在其他条件相同的情况下，占用磁盘空间较少的表的搜索速度更快。

其次，在 flights 表中存储每个机场的全名在逻辑上效率低下。机场的名称不会随着航班而改变。存储机场的全名与存储月份的全名(而不是每个月对应的整数)没有任何意义。

第三，如果机场的名字真的变了怎么办？例如，1998 年，代号为 DCA 的机场从 Washington National 机场更名为 Ronald Reagan Washington National 机场。它仍然是同一个机场且在同一个位置，仍然有代码 DCA，只是全名改变了。对于单独的表，我们只需要更新一个字段：airports 表中 DCA 行的 name 列。如果我们把全名存储在 flights 表中，我们将不得不进行数百万次的替换，并可能导致 Washington National 和 Reagan National 同时出现在表格中。

在设计数据库时，如何知道是否需要为某个信息片段创建单独的表？简单的回答是，如果你要设计一个持久的、可伸缩的数据库以提高速度和效率，那么每个实体都应该有自己的表。在实践中，如果我们只是简单地做一些快速分析，那么通常不值得花时间和精力来做这些设置。但是对于永久性系统，比如一个网站的数据库后端，适当的管理是必要的。范式形式的概念，特别是第三范式(3NF)，为如何正确设计数据库提供了指导。对这一点的深入讨论超出了本书的范围，但其基本思想是"保持一致"。

专业提示 40：如果你要设计一个长时间使用或被很多人使用的数据库，请多花一些时间来设计它。

---

1. LEFT JOIN

回顾一下，JOIN(也称为内部、自然或常规 JOIN)中包括了两个表中所有可能匹配的行对。因此，如果第一个表有 n 行，第二个表有 m 行，则可能返回多达 nm 行。但是，在 airports 表中，每一行都有一个唯一的机场代码，因此 flights 表中的每一行都将目的地字段与 airports 表中的最多一行匹配。但是，如果 airports 表没有此类条目，会发生什么情况？也就是说，如果 flights 表中有目的地机场，而 airports 表中没有相应的条目怎么办？如果你使用的是 JOIN，则不返回 flights 表中的例外行。另一方面，如果你使用的是 LEFT JOIN，则将返回第一个表中的每一行，并将第二个表中的相应条目保留为空白。在此示例中，有多个机场的名称没有找到。

```sql
SELECT
  year, month, day, origin, dest,
  a.name AS dest_name,
  flight, carrier
FROM flights AS o
LEFT JOIN airports AS a ON o.dest = a.faa
WHERE year = 2013 AND month = 6 AND day = 26
  AND a.name is null
LIMIT 0, 6;
```

year	month	day	origin	dest	dest_name	flight	carrier
2013	6	26	BOS	SJU	NA	261	B6
2013	6	26	JFK	SJU	NA	1203	B6
2013	6	26	JFK	PSE	NA	745	B6
2013	6	26	JFK	SJU	NA	1503	B6
2013	6	26	JFK	BQN	NA	839	B6
2013	6	26	JFK	BQN	NA	939	B6

结果表明，所有机场都在 Puerto Rico：SJU 在 San Juan，BQN 在 Aguadilla，PSE 在 Ponce。

LEFT JOIN 的结果集始终是带有常规 JOIN 的查询的结果集的超集。RIGHT JOIN 则与 LEFT JOIN 相反，也就是说，表仅以相反的顺序指定。某些情况下，这种方法很有用，尤其是当你要连接两个以上的表时。

15.4.8　UNION

可以使用 UNION 子句组合两个单独的查询。

```
(SELECT
  year, month, day, origin, dest,
  flight, carrier
FROM flights
WHERE year = 2013 AND month = 6 AND day = 26
  AND origin = 'BDL' AND dest = 'MSP')
UNION
(SELECT
  year, month, day, origin, dest,
  flight, carrier
FROM flights
WHERE year = 2013 AND month = 6 AND day = 26
AND origin = 'JFK' AND dest = 'ORD')
LIMIT 0,10;
```

year	month	day	origin	dest	flight	carrier
2013	6	26	BDL	MSP	797	DL
2013	6	26	BDL	MSP	3338	9E
2013	6	26	BDL	MSP	1226	DL
2013	6	26	JFK	ORD	905	B6
2013	6	26	JFK	ORD	1105	B6
2013	6	26	JFK	ORD	3523	9E
2013	6	26	JFK	ORD	1711	AA
2013	6	26	JFK	ORD	105	B6
2013	6	26	JFK	ORD	3521	9E
2013	6	26	JFK	ORD	3525	9E

这类似于 dplyr 操作 bind_rows()。

15.4.9　子查询

也可以像使用表一样使用结果集。也就是说，你可以编写一个查询来生成结果集，然后在更大的查询中使用该结果集，就好像它是一个表，甚至只是一个包含值的列表。初始查询称为子查询。

例如，布拉德利被列为"国际"机场，但除了飞往蒙特利尔和多伦多的航班以及偶尔飞往墨西哥和欧洲的航班外，它更像是一个地方机场。它有往返阿拉斯加和夏威夷的航班吗？通过使用时区 tz 列过滤机场表，我们可以检索以下 48 个州以外的机场列表(表 15.7 列出了前面的六个)。

表 15.7　后 48 个州以外的第一组六个机场

faa	name	tz	city
369	Atmautluak Airport	−9	Atmautluak
6K8	Tok Junction Airport	−9	Tok
ABL	Ambler Airport	−9	Ambler
ADK	Adak Airport	−9	Adak Island
ADQ	Kodiak	−9	Kodiak
AET	Allakaket Airport	−9	Allakaket

```sql
SELECT faa, name, tz, city
FROM airports AS a
WHERE tz < -8
LIMIT 0, 6;
```

现在，让我们使用该查询生成的机场代码作为列表来过滤 2013 年从布拉德利出发的航班。注意以下查询的括号中的子查询。

```sql
SELECT
  dest, a.name AS dest_name,
  SUM(1) AS N, COUNT(distinct carrier) AS numCarriers
FROM flights AS o
LEFT JOIN airports AS a ON o.dest = a.faa
WHERE year = 2013
  AND origin = 'BDL'
  AND dest IN
    (SELECT faa
      FROM airports
      WHERE tz < -8)
GROUP BY dest;
```

没有返回结果。事实证明，布拉德利没有飞往阿拉斯加或夏威夷的航班。但是，确实有航班往返位于太平洋时区的机场。

```sql
SELECT
  dest, a.name AS dest_name,
  SUM(1) AS N, COUNT(distinct carrier) AS numCarriers
FROM flights AS o
LEFT JOIN airports AS a ON o.origin = a.faa
WHERE year = 2013
  AND dest = 'BDL'
  AND origin IN
    (SELECT faa
      FROM airports
      WHERE tz < -7)
GROUP BY origin;
```

dest	dest_name	N	numCarriers
BDL	Mc Carran Intl	262	1
BDL	Los Angeles Intl	127	1

我们还可以使用类似的子查询来创建一个临时表(结果没有显示)。

```
SELECT
  dest, a.name AS dest_name,
  SUM(1) AS N, COUNT(distinct carrier) AS numCarriers
FROM flights AS o
JOIN (SELECT *
        FROM airports
        WHERE tz < -7) AS a
  ON o.origin = a.faa
WHERE year = 2013 AND dest = 'BDL'
GROUP BY origin;
```

当然，使用 JOIN 和 WHERE 可以得到相同的结果(结果没有显示)。

```
SELECT
  dest, a.name AS dest_name,
  SUM(1) AS N, COUNT(distinct carrier) AS numCarriers
FROM flights AS o
LEFT JOIN airports AS a ON o.origin = a.faa
WHERE year = 2013
  AND dest = 'BDL'
  AND tz < -7
GROUP BY origin;
```

重要的是要注意，尽管子查询通常很方便，但它们不能使用索引。因此大多数情况下，最好使用连接(而不是子查询)来编写查询语句。

15.5　扩展示例：FiveThirtyEight 航班

在 FiveThirtyEight.com 上，Nate Silver 用与我们数据库中一样的运输统计局的数据撰写了一篇关于航班延误的文章[1]。我们可将本文用作查询航空公司数据库的练习。

这篇文章提出了一些声明。首先，文章指出：

2014 年，美国政府跟踪了 600 万次国内航班，这些航班到达目的地需要额外的 8000 万分钟。

2014 年大多数航班(54%)能比计划提前到达(前面引用的 8000 万分钟是一个净数字。它包括大约 1.15 亿分钟的延误减去提前到达而节省的 3500 万分钟)。

尽管此处有很多声明，但我们可通过一个查询来验证它们。这里，我们计算航班总数、按时和提前到达的航班百分比以及延误的总分钟数。

1　https://fivethirtyeight.com/features/fastest-airlines-fastest-airports/。

```sql
SELECT
  SUM(1) AS numFlights,
  SUM(IF(arr_delay < 15, 1, 0)) / SUM(1) AS ontimePct,
  SUM(IF(arr_delay < 0, 1, 0)) / SUM(1) AS earlyPct,
  SUM(arr_delay) / 1e6 AS netMinLate,
  SUM(IF(arr_delay > 0, arr_delay, 0)) / 1e6 AS minLate,
  SUM(IF(arr_delay < 0, arr_delay, 0)) / 1e6 AS minEarly
FROM flights AS o
WHERE year = 2014
LIMIT 0, 6;
```

numFlights	ontimePct	earlyPct	netMinLate	minLate	minEarly
5819811	0.787	0.542	41.6	77.6	-36

我们看到了正确的航班数量(约 600 万次)，提前到达的航班的百分比(约 54%)也是正确的。提前的总分钟数(约 3600 万分钟)也差不多。但是，延迟的总分钟数相去甚远(约 7800 万分钟 vs 1.15 亿分钟)，结果延误的净分钟数也是如此(约 4200 万分钟 vs. 8000 万分钟)。这种情况下，你必须阅读有关的细则。在此分析中使用的方法包含有关被取消航班到达的预估延误时间。问题在于，取消的航班的 arr_delay 值为 0，但是根据旅客的实际经验，这种航班的实际延误时间要长得多。FiveThirtyEight 的数据科学家提出了对旅客由于航班取消而发生的实际延误的估计。

一个简单答案是，取消的航班平均会延误 4～5 小时。但计算结果会根据每次飞行的具体情况而有所不同。

遗憾的是，重现 FiveThirtyEight 所做的估计可能是不现实的，而且肯定超出了我们在此可以完成的工作的范围。但是，由于我们只关心总分钟数，因此可修改这个计算，为每个取消的航班增加 270 分钟的延误时间。

```sql
SELECT
  SUM(1) AS numFlights,
  SUM(IF(arr_delay < 15, 1, 0)) / SUM(1) AS ontimePct,
  SUM(IF(arr_delay < 0, 1, 0)) / SUM(1) AS earlyPct,
  SUM(IF(cancelled = 1, 270, arr_delay)) / 1e6 AS netMinLate,
  SUM(
    IF(cancelled = 1, 270, IF(arr_delay > 0, arr_delay, 0))
  ) / 1e6 AS minLate,
  SUM(IF(arr_delay < 0, arr_delay, 0)) / 1e6 AS minEarly
FROM flights AS o
WHERE year = 2014
LIMIT 0, 6;
```

numFlights	ontimePct	earlyPct	netMinLate	minLate	minEarly
5819811	0.787	0.542	75.9	112	−36

这再次使我们处于文章估算值的附近。人们必须阅读细则，以正确审查这些估计。问题不在于 Silver 所报告的估计值不准确，相反，它们似乎是合理的，并且肯定比根本不对被取消的航班进行任何校正要好。但是，只阅读本文，你尚不能快速地确定这些估计值(约占报告的延迟总分钟数的 25%)实际上是估计的值，而不是真实的数据。

在本文的后面，Silver 给出了一个图，该图对准时、延误 15～119 分钟或延误超过 2 小时的航班的百分比进行了分类。我们可以用下面的查询获取这个图的数据。在这里，为了绘制这些结果，我们需要将它们载入 R 中。为此，我们将使用 knitr 包提供的功能(有关如何从 R 内部连接到 MySQL 服务器的更多信息，请参见第 F.4.3 节)。此查询的结果将保存到名为 res 的 R 数据框中。

```sql
SELECT o.carrier, c.name,
  SUM(1) AS numFlights,
  SUM(IF(arr_delay > 15 AND arr_delay <= 119, 1, 0)) AS shortDelay,
  SUM(
    IF(arr_delay >= 120 OR cancelled = 1 OR diverted = 1, 1, 0)
  ) AS longDelay
FROM
  flights AS o
LEFT JOIN
  carriers c ON o.carrier = c.carrier
WHERE year = 2014
GROUP BY carrier
ORDER BY shortDelay DESC
```

复现这个图形需要一些工作。我们首先从航空公司的名称中去掉没有任何信息的标签。

```r
res <- res %>%
  as_tibble() %>%
  mutate(
    name = str_remove_all(name, "Air(lines|ways| Lines)"),
    name = str_remove_all(name, "(Inc\\.|Co\\.|Corporation)"),
    name = str_remove_all(name, "\\(.*\\)"),
    name = str_remove_all(name, " *$")
  )
res %>%
  pull(name)
```

```
 [1] "Southwest"      "ExpressJet"   "SkyWest"     "Delta"
 [5] "American"       "United"       "Envoy Air"   "US"
 [9] "JetBlue"        "Frontier"     "Alaska"      "AirTran"
[13] "Virgin America" "Hawaiian"
```

其次，现在很明显，FiveThirtyEight 已经考虑了我们的数据中没有包含的航空公司的合并情况以及地区性航空公司，指出：“我们将所有剩余的空中交通航班归为西南航班。”特使航空公司主要为美国航空公司提供服务。然而，其他地区性航空公司之间存在一个令人疑惑的联盟网络。ExpressJet 和 SkyWest 通过不同航班号为多家国家航空公司(主要是美国联合航空公司、美国航空公司和达美航空公司)提供服务，这种情况使问题变得非常复杂。FiveThirtyEight 提供了一个脚注，详细说明了他们是如何分配这些地区性航空公司的航班的，但这里选择忽略这一点，并将 ExpressJet 和 SkyWest 作为独立的运营公司。因此，图 15.1 中显示的数据与 FiveThirtyEight 图中的数据不完全匹配。

```
carriers_2014 <- res %>%
  mutate(
    groupName = case_when(
    name %in% c("Envoy Air", "American Eagle") ~ "American",
    name == "AirTran" ~ "Southwest",
    )
  ) %>%
  group_by(groupName) %>%
  summarize(
    numFlights = sum(numFlights),
    wShortDelay = sum(shortDelay),
    wLongDelay = sum(longDelay)
  ) %>%
  mutate(
    wShortDelayPct = wShortDelay / numFlights,
    wLongDelayPct = wLongDelay / numFlights,
    delayed = wShortDelayPct + wLongDelayPct,
    ontime = 1 - delayed
  )
carriers_2014
```

```
# A tibble: 12 x 8
   groupName numFlights wShortDelay wLongDelay wShortDelayPct wLongDelayPct
   <chr>          <dbl>       <dbl>      <dbl>          <dbl>         <dbl>
 1 Alaska        160257       18366       2613          0.115        0.0163
 2 American      930398      191071      53641          0.205        0.0577
 3 Delta         800375      105194      19818          0.131        0.0248
 4 ExpressJ~     686021      136207      59663          0.199        0.0870
 5 Frontier       85474       18410       2959          0.215        0.0346
 6 Hawaiian       74732        5098        514         0.0682       0.00688
 7 JetBlue       249693       46618      12789          0.187        0.0512
 8 SkyWest       613030      107192      33114          0.175        0.0540
 9 Southwest    1254128      275155      44907          0.219        0.0358
10 United        493528       93721      20923          0.190        0.0424
11 US            414665       64505      12328          0.156        0.0297
12 Virgin A~      57510        8356       1976          0.145        0.0344
# ... with 2 more variables: delayed <dbl>, ontime <dbl>
```

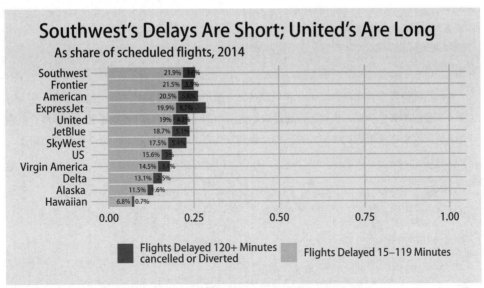

图 15.1 重新创建 FiveThirtyEight 关于航班延误的图

使用 pivot_longer()函数规整数据框后(请参阅第 6 章),可将图形绘制为堆叠的条形图。

```r
carriers_tidy <- carriers_2014 %>%
  select(groupName, wShortDelayPct, wLongDelayPct, delayed) %>%
  pivot_longer(
    -c(groupName, delayed),
    names_to = "delay_type",
    values_to = "pct"
  )
delay_chart <- ggplot(
  data = carriers_tidy,
  aes(x = reorder(groupName, pct, max), y = pct)
) +
  geom_col(aes(fill = delay_type)) +
  scale_fill_manual(
    name = NULL,
    values = c("red", "gold"),
    labels = c(
      "Flights Delayed 120+ Minutes\ncancelled or Diverted",
      "Flights Delayed 15-119 Minutes"
    )
  ) +
  scale_y_continuous(limits = c(0, 1)) +
  coord_flip() +
  labs(
    title = "Southwest's Delays Are Short; United's Are Long",
    subtitle = "As share of scheduled flights, 2014"
  ) +
  ylab(NULL) +
  xlab(NULL) +
```

```
ggthemes::theme_fivethirtyeight() +
theme(
  plot.title = element_text(hjust = 1),
  plot.subtitle = element_text(hjust = -0.2)
)
```

为在正确位置获得正确的文本标签以模仿显示效果，将需要额外的数据整理工作。图 15.1 中展示了我们的努力尝试。事实上，通过对比这两个图，我们可以清楚地看到，美国联合航空和美国航空的乘客所遭遇的许多长时间的延误都发生在 ExpressJet 和 SkyWest 运营的航班上。

```
delay_chart +
  geom_text(
    data = filter(carriers_tidy, delay_type == "wShortDelayPct"),
    aes(label = paste0(round(pct * 100, 1), "% ")),
    hjust = "right",
    size = 2
  ) +
  geom_text(
    data = filter(carriers_tidy, delay_type == "wLongDelayPct"),
    aes(y = delayed - pct, label = paste0(round(pct * 100, 1), "% ")),
    hjust = "left",
    nudge_y = 0.01,
    size = 2
  )
```

其余的分析是基于 FiveThirtyEight 对目标时间(target time)的定义，这与数据库中的计划到达时间不同。计算它会让我们误入歧途。在本文的另一个图表中，FiveThirtyEight 报告了 30 个最大机场中的速度最慢和最快的机场。

使用到达延误时间而不是 FiveThirtyEight 定义的目标时间，我们可通过将两个查询的结果连接在一起来生成一个类似的表。

```
SELECT
  dest,
  SUM(1) AS numFlights,
  AVG(arr_delay) AS avgArrivalDelay
FROM
  flights AS o
WHERE year = 2014
GROUP BY dest
ORDER BY numFlights DESC
LIMIT 0, 30
```

```
SELECT
  origin,
  SUM(1) AS numFlights,
  AVG(arr_delay) AS avgDepartDelay
FROM
  flights AS o
WHERE year = 2014
GROUP BY origin
```

```
ORDER BY numFlights DESC
LIMIT 0, 30
```

```
dests %>%
  left_join(origins, by = c("dest" = "origin")) %>%
  select(dest, avgDepartDelay, avgArrivalDelay) %>%
  arrange(desc(avgDepartDelay)) %>%
  as_tibble()
```

```
# A tibble: 30 x 3
   Dest avgDepartDelay  avgArrivalDelay
   <chr>        <dbl>          <dbl>
 1 ORD          14.3           13.1
 2 MDW          12.8            7.40
 3 DEN          11.3            7.60
 4 IAD          11.3            7.45
 5 HOU          11.3            8.07
 6 DFW          10.7            9.00
 7 BWI          10.2            6.04
 8 BNA           9.47           8.94
 9 EWR           8.70           9.61
10 IAH           8.41           6.75
# ... with 20 more rows
```

最后，FiveThirtyEight 生成一个简单的表格，根据航空公司的增加时间与典型的创建时间以及目标时间进行排序。

相反，控制了路线后，我们可以做的是计算出一个类似的表，该表显示按运营商统计的平均到达延误时间。首先，我们计算每个路线的平均到达延误时间。

```
SELECT
  origin, dest,
  SUM(1) AS numFlights,
  AVG(arr_delay) AS avgDelay
FROM
  flights AS o
WHERE year = 2014
GROUP BY origin, dest
```

```
head(routes)
```

```
  origin  dest numFlights  avgDelay
1    ABE   ATL        829      5.43
2    ABE   DTW        665      3.23
3    ABE   ORD        144     19.51
4    ABI   DFW       2832     10.70
5    ABQ   ATL        893      1.92
6    ABQ   BWI        559      6.60
```

接下来，我们执行相同的计算，但是这次，我们将 carrier 添加到 GROUP BY 子句中。

```
SELECT
  origin, dest,
  o.carrier, c.name,
  SUM(1) AS numFlights,
  AVG(arr_delay) AS avgDelay
FROM
  flights AS o
LEFT JOIN
  carriers c ON o.carrier = c.carrier
WHERE year = 2014
GROUP BY origin, dest, o.carrier
```

接下来，我们合并这两个数据集，将每个运营商的路线与所有运营商的路线平均值进行匹配。

```
routes_aug <- routes_carriers %>%
  left_join(routes, by = c("origin" = "origin", "dest" = "dest")) %>%
  as_tibble()
head(routes_aug)
```

```
# A tibble: 6 x 8
  origin dest  carrier name  numFlights.x avgDelay.x numFlights.y avgDelay.y
  <chr>  <chr> <chr>   <chr>        <dbl>      <dbl>        <dbl>      <dbl>
1 ABE    ATL   DL      Delt~          186       1.67          829       5.43
2 ABE    ATL   EV      Expr~          643       6.52          829       5.43
3 ABE    DTW   EV      Expr~          665       3.23          665       3.23
4 ABE    ORD   EV      Expr~          144      19.5           144      19.5
5 ABI    DFW   EV      Expr~          219       7            2832      10.7
6 ABI    DFW   MQ      Envo~         2613      11.0          2832      10.7
```

注意，routes_aug 包含每条航线上每个运营商的平均到达延误时间(avgDelay.x)以及所有运营商每条航线的平均到达延误时间(avgDelay.y)。然后，我们可以计算这些时间之间的差异，并对每个运营商的加权平均值进行汇总。

```
routes_aug %>%
  group_by(carrier) %>%
  # use str_remove_all() to remove parentheses
  summarize(
    carrier_name = str_remove_all(first(name), "\\(.*\\)"),
    numRoutes = n(),
    numFlights = sum(numFlights.x),
    wAvgDelay = sum(
      numFlights.x * (avgDelay.x - avgDelay.y),
      na.rm = TRUE
    ) / sum(numFlights.x)
  ) %>%
  arrange(wAvgDelay)
```

```
# A tibble: 14 x 5
  carrier   carrier_name                    numRoutes numFlights  wAvgDelay
  <chr>     <chr>                               <int>      <dbl>      <dbl>
```

1	VX	Virgin America	72	57510	-2.69
2	FL	AirTran Airways Corporation	170	79495	-1.55
3	AS	Alaska Airlines Inc.	242	160257	-1.44
4	US	US Airways Inc.	378	414665	-1.31
5	DL	Delta Air Lines Inc.	900	800375	-1.01
6	UA	United Air Lines Inc.	621	493528	-0.982
7	MQ	Envoy Air	442	392701	-0.455
8	AA	American Airlines Inc.	390	537697	-0.0340
9	HA	Hawaiian Airlines Inc.	56	74732	0.272
10	OO	SkyWest Airlines Inc.	1250	613030	0.358
11	B6	JetBlue Airways	316	249693	0.767
12	EV	ExpressJet Airlines Inc.	1534	686021	0.845
13	WN	Southwest Airlines Co.	1284	1174633	1.13
14	F9	Frontier Airlines Inc.	326	85474	2.29

15.6　SQL 与 R

本章包含数据库查询语言 SQL 的介绍。然而，在这个过程中，我们强调了在 R 中执行某些操作的方式与在 SQL 中执行它们的方式之间的异同。dplyr 的快速发展将 R 和 SQL 共享的一些最常见的数据管理操作融合在一起，用户不必担心某些操作在哪里执行，但对于一个应用数据科学家来说，了解每种工具的相对优势和劣势依然是很重要的。

因此，虽然数据的切片和切分过程通常可在 R 或 SQL 中执行，但是我们知道对于一些任务来说，其中必然有一个方法比另一个方法更合适(例如，更快、更简单或逻辑结构更合理)。R 是为数据分析而开发的统计计算环境。如果数据足够小，可以读入内存，那么可使用 R 提供的大量数据分析函数。但是，如果数据非常大，全部放在内存中会出现问题，那么 SQL 为数据存储和检索提供了一个健壮、可并行和可扩展的解决方案。SQL 查询语言或 dplyr 接口使用户能在较小的数据块上高效地执行基本的数据管理操作。但是，创建一个设计良好的 SQL 数据库需要前期的投入。此外，SQL 的分析能力非常有限，只提供了一些简单的统计函数(例如，AVG()、SD()等，尽管用户可以自定义扩展功能)。因此，虽然 SQL 通常是一个很健壮的数据管理解决方案，但在数据分析方面，它并不能很好地替代 R。

15.7　扩展资源

MySQL、PostgreSQL 和 SQLite 的文档都是完整的关于其语法信息的权威来源。另外，文献[Kline et al. (2008)]也是很有用的参考。

15.8　练习题

问题 1(易)：Smith College Wideband Auditory Immittance 数据库的 Measurements 表中有多少行可用？

```
library(tidyverse)
library(mdsr)
library(RMySQL)
con <- dbConnect(
  MySQL(), host = "scidb.smith.edu",
  user = "waiuser", password = "smith_waiDB",
  dbname = "wai"
)
Measurements <- tbl(con, "Measurements")
```

问题 2(易)：确定 airlines 数据库的 flights 表中有哪些年份的数据可用。

```
library(tidyverse)
library(mdsr)
library(RMySQL)
con <- dbConnect_scidb("airlines")
```

问题 3(易)：使用 dbConnect_scidb 函数连接到 airlines 数据库以回答以下问题。2010 年 5 月 14 日，有多少国内航班飞往 Dallas-Fort Worth(DFW)？

问题 4(易)：Wideband Acoustic Immittance(WAI)是生物医学研究的一个领域，致力于把 WAI 测量发展作为无创性的听觉诊断工具。WAI 测量以许多相关的格式进行记录，包括吸光度、导纳、阻抗、功率反射率和压力反射率。有关这个面向公众的 WAI 数据库的更多信息，请访问 http://www.science.smith.edu/wai-database/home/about。

```
library(RMySQL)
db <- dbConnect(
  MySQL(),
  user = "waiuser",
  password = "smith_waiDB",
  host = "scidb.smith.edu",
  dbname = "wai"
)
```

a. 所有研究总共有多少女性受试者？

b. 找出每个研究参与者的平均吸光度，按从高到低的顺序排列。

c. 编写一个查询，对计算出的吸光度小于 0 的所有测量值进行计数。

问题 5(中)：使用 dbConnect_scidb 函数连接到 airlines 数据库以回答以下问题。从 Chicago O'Hare(ORD)出发的所有目的地中，哪一个是 2010 年最常见的？

问题 6(中)：使用 dbConnect_scidb 函数连接到 airlines 数据库以回答以下问题。2010 年哪个机场的平均到达延误时间最长？

问题 7(中)：使用 dbConnect_scidb 函数连接到 airlines 数据库以回答以下问题。2012 年有多少国内航班进出布拉德利机场(简称 BDL)？

问题 8(中)：使用 dbConnect_scidb 函数连接到 airlines 数据库以回答以下问题。列出 1990 年 9 月 26 日 LAX 和 JFK 之间所有航班的航空公司和航班号。

问题 9(中)：以下问题需要使用 Lahman 包和参考基本棒球术语(https://en.wikipedia.org/wiki/

Baseball_statistics 对所有缩写词进行了解释)。

　　a. 列出职业生涯中至少有 300 个本垒打(HR)和 300 个偷垒打(SB)的所有击球手的姓名，并
　　　 按职业击球平均数(H/AB)进行排名。

　　b. 列出职业生涯中至少有 300 场胜利(W)和 3000 次三振(SO)的投手名单，并按职业生涯获
　　　 胜百分比(W/(W+L))对他们进行排名。

　　c. 在一个职业生涯中达到 500 个全垒打(HR)或 3000 个安打(H)被认为是击球手所渴望的最
　　　 大成就之一。这些里程碑式的成就被认为是进入棒球名人堂的保证，然而有几个达到
　　　 这两个里程碑式成就的球员还没有进入名人堂。请确认他们的身份。

　　问题 10(中)： 使用 dbConnect_scidb 函数连接到 airlines 数据库以回答以下问题。找出 1994
年 JFK 和 SFO 之间的所有航班。有多少航班被取消了？取消的航班占航班总数的百分比是多少？

　　问题 11(难)： 下面的开放式问题可能需要不止一个查询和一个深度的响应。仅根据 2012
年的数据，假设到机场的交通不是问题，你愿意从 JFK、LaGuardia(LGA)或 Newark(EWR)起飞
吗？为什么？使用 dbConnect_scidb 函数连接到 airlines 数据库。

15.9　附加练习

　　可从 https://mdsr-book.github.io/mdsr2e/sql-I.html#sqlI-online-exercises 获得。

第 16 章

数据库管理

在第 15 章中，我们学习了如何编写 SELECT 查询来从现有的 SQL 服务器中检索数据。当然，这些查询取决于所配置的服务器以及服务器存储的数据。在本章中，我们将介绍创建新数据库并为其填充数据所需的工具。此外，我们提出的概念可以帮助你构建高效的数据库，从而提高查询性能。虽然这里的处理方法不足以使你成为一个经验丰富的数据库管理员，但它应该足以让你创建自己的 SQL 数据库。

与第 15 章一样，本章中的代码演示了 MySQL 服务器和客户机命令行之间的交互。在涉及 R 语言的地方，我们会明确说明。我们假设你能登录到 MySQL 服务器(有关如何安装、配置和登录到服务器的说明，请参阅附录 F)。

16.1 构建高效的 SQL 数据库

尽管将 SQL 表视为类似于 R 语言中的 data.frame 通常是有帮助的,但是它们还是有一些重要区别的。在 R 中，data.frame 是具有相同长度的向量的列表。这些向量中的每一个都有特定的数据类型(如整数、字符串等)，但是这些数据类型可以在各列之间变化。SQL 中的表也是如此，但是我们可以对 SQL 表施加额外的约束，这些约束不仅可以改善数据的逻辑完整性，而且可以提高数据搜索的性能。

16.1.1 创建新的数据库

登录到 MySQL 后，可通过在 mysql>提示符下运行 SHOW DATABASES 命令来查看可用的数据库：

```
SHOW DATABASES;
```

Database
information_schema
airlines
fec
imdb
lahman
nyctaxi

在这种情况下，生成的输出表明 airlines 数据库已经存在。但是，如果没有，我们可以使用 CREATE DATABASE 命令创建它。

```
CREATE DATABASE airlines;
```

因为我们将继续使用 airlines 数据库，所以可以使用 USE 命令使连接显式化，从而节省一些输入。

```
USE airlines;
```

现在将范围限制为 airlines 数据库，在询问有哪些表时就没有任何含糊不清的问题了。

```
SHOW TABLES;
```

Tables_in_airlines
airports
carriers
flights
planes

16.1.2　创建表

回顾一下在第 15 章中，我们使用 DESCRIBE 语句来显示每个表的定义。它列出每个字段、数据类型、是否定义了键或索引以及是否允许空值。例如，airports 表有以下定义。

```
DESCRIBE airports;
```

Field	Type	Null	Key	Default	Extra
faa	varchar(3)	NO	PRI		
name	varchar(255)	YES		NA	
lat	decimal(10,7)	YES		NA	
lon	decimal(10,7)	YES		NA	
alt	int(11)	YES		NA	
tz	smallint(4)	YES		NA	
dst	char(1)	YES		NA	
city	varchar(255)	YES		NA	
country	varchar(255)	YES		NA	

从输出中，我们可以看到 faa、name、city 和 country 字段被定义为 varchar(或 variable character) 字段。这些字段包含字符串，但允许的长度不同。我们知道 faa 代码被限制为 3 个字符，因此将其编入表的定义中。dst 字段只包含 1 个字符，它表示每个机场是否遵守夏令时。lat 和 lon 字段包含地理坐标，它们可以是 3 位数字(即，最大值为 180)，并且最多有 7 位小数。tz 字段最多可以是 4 位数整数，而 alt 字段允许有 11 位数。这种情况下，除了主键 faa 外，所有字段

都允许为空值，并且空值是默认值。R 正在将 SQL 中的空字符(null)转换为 R 中的空字符(NA)。

这些定义不是凭空而来的，也不是自动生成的。在本例中，我们在下面的 CREATE TABLE 语句中手工编写它们：

```
SHOW CREATE TABLE airports;
```

```
CREATE TABLE `airports` (
  `faa` varchar(3) NOT NULL DEFAULT '',
  `name` varchar(255) DEFAULT NULL,
  `lat` decimal(10,7) DEFAULT NULL,
  `lon` decimal(10,7) DEFAULT NULL,
  `alt` int(11) DEFAULT NULL,
  `tz` smallint(4) DEFAULT NULL,
  `dst` char(1) DEFAULT NULL,
  `city` varchar(255) DEFAULT NULL,
  `country` varchar(255) DEFAULT NULL,
  PRIMARY KEY (`faa`)
```

如你所见，CREATE TABLE 命令首先定义表的名称，然后在逗号分隔的列表中列出字段的定义。如果你想像 16.3 节中所做的那样从头开始构建一个数据库，那么你必须为每个表编写这些定义[1]。可以使用 ALTER TABLE 命令修改已经创建的表。例如，下面的代码将把 tz 字段更改为两位数，并将默认值改为零。

```
ALTER TABLE airports CHANGE tz tz smallint(2) DEFAULT 0;
```

16.1.3　键

两个相关但不同的概念是键(key)和索引(index)。前者提供了一些性能优势，但主要用于对数据库中可能的条目施加约束，而后者则纯粹是为了提高检索速度。

不同的关系数据库管理系统(RDBMS)可以实现各种不同类型的键，但最常见的有三种类型。在每种情况下，假设我们有一个包含 n 行和 p 列的表。

- **主键**：表中唯一标识每一行的一列或一组列。按照惯例，此列通常称为 id。一个表最多可以有一个主键，通常认为在每个表上定义一个主键是一个很好的做法(尽管此规则也有例外)。如果索引跨越 $k(<p)$ 列，那么即使主键本身必须需要 n 行来定义，它也只需要 nk 个数据片段，而不需要整个表所占用的 np。因此，主键总比表本身小，从而搜索速度更快。主键的第二个非常重要的问题是不能重复定义。如果试图在表中插入一行，而该行会导致主键的重复项，则会出现错误。
- **唯一键**：唯一标识每一行的一列或一组列，但某些属性中包含 null 的行除外。与主键不同，一个表可能有多个唯一键。唯一键主要用于查找表中。例如，Ted Turocy 在多个数据提供者中为职业棒球运动员维护一个球员 ID 的登记册。表中的每一行都表示不同的球员，主键是随机生成的哈希，每个球员只赋予一个值。然而，在 MLBAM、

---

1 有一些方法可以自动生成表模式，但许多情况下，建议进行一些手动调整。

Baseball-Reference、Baseball Prospectus、Fangraphs 等设计的系统中，每一行也包含同一个球员的 ID。这种做法对于与多个数据提供商合作的研究人员是非常有用的，因为他们可以轻松地将一个系统中的球员统计数据与另一个系统中的球员信息关联起来。然而，这种能力基于每个系统中每个球员的 ID 的唯一性。此外，许多球员可能不会在每个系统都有一个 ID，因为数据提供者只跟踪少部分联盟棒球赛，如日本和韩国的职业联赛等。因此，为了保持这些数据的完整性，必须强制使用一个允许出现 null 的唯一键。

- **外键**：引用另一个表中的主键的一列或一组列。例如，carriers 表中的主键是 carrier。flights 表中的 carrier 列由承运人 ID 组成，它是一个引用 carriers.carrier 的外键。外键不提供任何的性能增强，但对于维护引用完整性非常重要，特别是在包含许多插入和删除的事务性数据库中。

你可以使用 SHOW KEYS 命令来识别表中的键。注意 carriers 表只定义了一个键：定义在 carrier 上的主键。

```
SHOW KEYS FROM carriers;
```

Table	Non_unique	Key_name	Seq_in_index	Column_name	Cardinality
carriers	0	PRIMARY	1	carrier	1610

16.1.4　索引

虽然键有助于维护数据的完整性，但索引没有施加任何约束，它们只是使检索更快。索引是一个查找表，它帮助 SQL 跟踪哪些记录包含某些值。合理地使用索引可以大大加快检索速度。高效的索引实现技术是计算机科学中一个非常活跃的研究领域，而快速索引是 SQL 表有别于 R 数据框的主要优势之一。

索引必须由数据库预先建立，然后写入磁盘。因此，索引会占用磁盘上的空间(这是它们没有在 R 中实现的原因之一)。对于一些具有多个索引的表，索引的大小甚至可以超过原始数据的大小。因此，在建立索引时，需要考虑一个权衡：你只需要足够的索引，但是不要太多。

假设要查找 flights 表中包含 origin 的值 BDL 的所有行。这些行在数据表上杂乱无章。怎么找到它们？一个简单的方法是从第一行开始，检查 origin 字段，如果它包含 BDL，则抓取它，否则移到第二行。为了确保能返回匹配的所有行，这个算法必须检查这个表中 n=4800 万行中的每一行[1]！所以它的速度是 $O(n)$。但是，如果我们在 origin 列上构建了一个索引，这个索引只包含 2266 行(请参见表 16.1)。索引中的每一行正好对应于 origin 的一个值，并包含表中该值对应的特定行的精确查找。因此，当我们查询 origin 的值等于 BDL 的行时，数据库将使用索引快速地传递这些行。实际上，索引列的检索速度是 $O(\ln n)$，这是一个非常大的优势。

---

[1] 这里引用的 db 实例仅包含 2010—2017 年的航班数据。

表 16.1   flights 表中的索引

Table	Non_unique	Key_name	Seq_in_index	Column_name	Cardinality
flights	1	Year	1	year	7
flights	1	Date	1	year	7
flights	1	Date	2	month	89
flights	1	Date	3	day	2712
flights	1	Origin	1	origin	2266
flights	1	Dest	1	dest	2266
flights	1	Carrier	1	carrier	133
flights	1	tailNum	1	tailnum	37861

当连接两个大表时，通常索引可以明显加快速度。为了解原因，考虑下面的示例。假设我们要合并两个表的一些列，这些列的值如下所示。为了正确地合并这些记录，必须做大量的工作以在第二个列表中找到与第一个列表中的每个值匹配的对应值。

```
[1]   5   18   2   3   4   2   1

[1]   5   6   3   18   4   7   1   2
```

另一方面，考虑对同一组值执行相同的任务，但要提前对这些值进行排序。现在，合并任务能够非常快速地完成，因为我们可以快速找到匹配的记录。实际上，通过保持记录的排序，我们在进行合并时减轻了排序任务的开销，从而提高了合并性能。但这要求我们首先对记录进行排序，然后保持这种排序。这可能减慢其他操作(例如插入新记录)的速度，这些操作现在必须更加小心。

```
[1]   1   2   2   3   4   5   18

[1]   1   2   3   4   5   6   7   18
SHOW INDEXES FROM flights;
```

在 MySQL 中，SHOW INDEXES 命令相当于 SHOW KEYS。注意，flights 表有几个键被定义了，但是没有主键(请参见表 16.1)。Date 键包括了 3 列：year、month 和 day。

16.1.5   查询计划

为特定数据和可能在上面运行的查询建立正确的索引是一件非常重要的事情。遗憾的是，对于要建立哪些索引这个问题，我们并不能轻易地获得答案。对于 flights 表，在我们看来，许多查询都涉及搜索某个特定的始发地、某个目的地、某个特定年份(或年份范围)或与某个特定航空公司相关的航班，因此我们在这些列的每一列上都建立了索引。我们还需要建立 Date 索引，因为人们可能希望搜索某个日期的航班。然而，人们不太可能搜索所有年份的某个月的航班，因此我们不需要单独为 month 建立一个索引。Date 索引包含 month 列，但只有在查询中包含 year 时才会使用此索引。

可使用 EXPLAIN 语法来查看 MySQL 是如何执行查询的。这样做将有助于你了解查询的繁重程度，而不必实际运行它，从而节省了等待查询执行的时间。这个输出反映了 MySQL 服务器返回的查询计划。

如果要使用 distance 列查询长途航班，由于该列没有索引，服务器将必须检查 4800 万行中的每一行。这是最慢的搜索，通常称为表扫描。在 rows 列中看到的 4800 万行是 MySQL 为处理查询而必须查询的行数的估计值。一般来说，行越多，意味着查询速度越慢。

```
EXPLAIN SELECT * FROM flights WHERE distance > 3000;
```

table	type	possible_keys	key	key_len	ref	rows
flights	ALL	NA	NA	NA	NA	47932811

另一方面，如果我们使用 year 列搜索最近的航班，该列上有一个索引，那么我们只需要考虑这些行中的一小部分(大约 630 万行)。

```
EXPLAIN SELECT * FROM flights WHERE year = 2013;
```

table	type	possible_keys	key	key_len	ref	rows
flights	ALL	year,Date	NA	NA	NA	6369482

注意，在第二个例子中，服务器可能使用了索引 year 或索引 Date(其中包含列 year)。因为这个索引，只有 2013 年的 630 万次航班被检查了。类似地，如果按年和月进行搜索，可以使用索引 Date。

```
EXPLAIN SELECT * FROM flights WHERE year = 2013 AND month = 6;
```

table	type	possible_keys	key	key_len	ref	rows
flights	ref	year,Date	Date	6	const,const	714535

但如果想在所有年份里搜索几个月，就无法做到！查询计划再次导致表扫描。

```
EXPLAIN SELECT * FROM flights WHERE month = 6;
```

table	type	possible_keys	key	key_len	ref	rows
flights	ALL	NA	NA	NA	NA	47932811

这是因为尽管 month 是 Date 索引的一部分，但它是索引中的第二列，因此当我们不过滤 year 时，它对我们没有帮助。因此，如果用户经常在没有给定 year 的情况下按 month 进行搜索，那么很可能值得建立一个 month 索引。如果我们真的运行这些查询，计算时间会有很大的不同。

对大型表执行 JOIN 操作时，使用索引尤其重要。在本例中，两个查询都使用索引。但是，由于 tailnum 上索引的基数小于 year 上索引的基数，因此与 tailnum 的每个唯一值相关联的 flights 行数小于 year 的不同值的个数。因此，第一个查询运行得更快。

```
EXPLAIN
SELECT * FROM planes p
LEFT JOIN flights o ON p.tailnum = o.TailNum
WHERE manufacturer = 'BOEING';
```

table	type	possible_keys	key	key_len	ref	rows
p	ALL	NA	NA	NA	NA	3322
o	ref	tailNum	tailNum	9	airlines.p.tailnum	1266

```
EXPLAIN
SELECT * FROM planes p
LEFT JOIN flights o ON p.Year =
WHERE manufacturer = 'BOEING';
```

table	type	possible_keys	key	key_len	ref	rows
p	ALL	NA	NA	NA	NA	3322
o	ref	Year,Date	Year	3	airlines.p.year	6450117

16.1.6 分区

另一种加速大型表(如 flights)查询的方法是分区。在这里，可根据 year 创建分区。对于 flights，这将指示服务器将 flights 表在物理空间中写为一系列较小的表，每个表都特定于 year 的一个值。同时，服务器将创建一个逻辑超表，以便对用户来说，flights 的外观将保持不变。这就像是 year 列上的抢占式索引。

如果对 flights 表的大多数查询是针对特定年份或特定年份范围的，那么分区可显著提高性能，因为绝大多数行永远不会被查询。例如，如果对 flights 数据库的大多数查询是查找过去三年的数据，那么分区将把大多数查询的搜索空间减少到近三年的大约 2000 万次航班，而不是过去 20 年的 1.69 亿行。但在这里，如果对 flights 表的大多数查询都是关于航空公司的跨年数据，那么这种类型的分区将毫无帮助。数据库设计者的工作是根据用户的查询模式定制数据库结构。作为数据科学家，这可能意味着你必须根据正在运行的查询调整数据库结构。

16.2 更改 SQL 数据

在第 15 章中，我们介绍了如何使用 SELECT 命令查询 SQL 数据库。到目前为止，在本章中，我们已经讨论了如何设置 SQL 数据库，以及如何优化它以提高速度。这些操作实际上都不会更改现有数据库中的数据。在本节中，我们将简要介绍 UPDATE 和 INSERT 命令，它们允许你完成这些操作。

16.2.1 更改数据

UPDATE 命令允许你重置表中与特定条件匹配的所有行的值。例如，在第 15 章中，我们讨论了机场可能随着时间的推移而改变名称的可能性。华盛顿特区代码为 DCA 的机场现在被命名为 Ronald Reagan Washington National。

```
SELECT faa, name FROM airports WHERE faa = 'DCA';
```

Faa	name
DCA	Ronald Reagan Washington Natl

然而，Ronald Reagan 前缀是在 1998 年加入的。如果由于某些原因，想回到原来的名称，则可以使用 UPDATE 命令来更改 airports 表中的信息。

```
UPDATE airports
  SET name = 'Washington National'
  WHERE faa = 'DCA';
```

当必须对大量的行进行批量更改时，UPDATE 操作非常有用。但是，必须要非常小心，因为不精确的 UPDATE 查询可能会删除大量数据，并且这些操作还不能"撤销"!

专业提示 41：执行 UPDATE 操作时要格外小心。

16.2.2 增加数据

使用 INSERT 命令可将新数据添加到现有的表中。实际上有三种情况可能发生，这取决于当遇到主键冲突时你想做什么。当你尝试插入的新行之一的主键值与表中现有行的主键值相同时，就会发生这种冲突。

- INSERT：尝试插入新行。如果存在主键冲突，将会退出并返回一个错误。
- INSERT IGNORE：尝试插入新行。如果存在主键冲突，将会跳过发生冲突的行并保持这些现有的行不变。继续插入不冲突的数据。
- REPLACE：尝试插入新行。如果存在主键冲突，将用新的行覆盖现有行。继续插入不冲突的数据。

回顾一下，在第 15 章中，我们发现 Puerto Rico 的机场不在 airports 表中。如果想手动添加这些机场，可以使用 INSERT。

```
INSERT INTO airports (faa, name)
  VALUES ('SJU', 'Luis Munoz Marin International Airport');
```

因为 faa 是这个表的主键，所以我们可以插入这一行，而不需要为所有其他字段提供值。在本例中，与 SJU 对应的新行将具有如上所述的 faa 和 name 字段，以及所有其他字段的默认值。如果再次运行这个操作，会得到一个错误，因为 SJU 上发生了主键冲突。可通过选择 INSERT INGORE 或 REPLACE 而不是 INSERT 来避免该错误。

16.2.3　从文件导入数据

实际上，我们很少以这种手动方式添加新数据。相反，新数据通常是使用 LOAD DATA 命令来添加的。它允许批量插入包含新数据的文件(通常是 CSV 文件)。这种情况非常常见，例如，数据每天以 CSV 文件形式提供给你，并且你希望数据库一直保持最新状态。上面描述的主键冲突概念也适用于 LOAD DATA 语法，理解这些概念对于正确地维护数据库非常重要。第 16.3 节将说明 LOAD DATA 的使用方法。

16.3　扩展示例：创建数据库

Extract-Transform-Load(ETL)范式在数据专业人员中很常见。其思想是，许多数据源需要从一些外部源中抽取，它们会转换成不同的格式，最后加载到数据库系统中。通常，这是一个迭代过程，需要每天甚至每小时进行一次。这种情况下，开发能自动执行这些步骤的基础框架可显著提高效率。

在这个例子中，我们将展示如何使用命令行和 SQL(而不是 R)为 babynames 数据建立一个 MySQL 数据库。如前所述，虽然 dplyr 包使 R 能提供查询和填充 SQL 数据库的可行接口，但功能还不完整，有时需要使用 SQL 进行"深入了解"。与此示例相对应的文件可在网站 http://mdsr-book.github.io/上找到。

16.3.1　抽取

这种情况下，我们的数据已经存在于一个 R 包中，但大多数情况下，数据将存在于网站上或以其他格式提供。我们的目标是可以从任何地方获取数据并下载。对于 babynames 数据，这没什么可做的，因为我们已将数据保存在 R 包中。只需要简单地加载它。

```
library(babynames)
```

16.3.2　转换

由于 SQL 表符合行列范式，因此在转换阶段，我们的目标是为每个表创建 CSV 文件(请参见第 5 章)。在此示例中，将为 babynames 和 births 表创建表。你可以尝试自己添加 applicants 和 lifetables 表。我们只需要使用 write.csv()命令将这些数据写入 CSV 文件即可。由于 babynames 表非常长(近 180 万行)，因此我们仅使用最近的数据。

```
babynames %>%
  filter(year > 1975) %>%
  write_csv("babynames.csv")
births %>%
  write_csv("births.csv")
list.files(".", pattern = ".csv")
```

```
[1] "babynames.csv" "births.csv"
```

这就提出了一个重要问题：我们应该如何称呼这些对象？babynames 包包括一个称为 babynames 的数据框，每个 sex、year、name 对应一行。数据库和表具有相同的名称可能造成混乱。为便于分辨，我们将数据库命名为 babynamedb，将表命名为 babynames。

专业提示 42：在创建数据库、表和字段之前花一些时间考虑一下它们的命名，有助于避免以后的混乱。

16.3.3　载入 MySQL 数据库

接下来，我们需要编写一个脚本，在 MySQL 数据库中为这两个表定义表结构(关于如何在 SQLite 中创建数据库的说明，可以参考 F.4.4 节)。此脚本将包括如下四个部分：

(1) 一条 USE 语句，确保处于正确的模式/数据库中。

(2) 一系列 DROP TABLE 语句，用于删除与我们要创建的表同名的旧表。

(3) 一系列指定表结构的 CREATE TABLE 语句。

(4) 一系列 LOAD DATA 语句，将数据从 CSV 读入相应的表中。

第(1)部分非常简单：

```
USE babynamedb;
```

这样做就是假设我们有一个名为 babynamedb 的本地数据库，稍后将创建它。这种情况下，第(2)部分很简单，因为我们只有两个表。这样我们可以根据实际需要多次运行此脚本。

```
DROP TABLE IF EXISTS babynames;
DROP TABLE IF EXISTS births;
```

专业提示 43：要非常小心 DROP TABLE 语句，它会破坏数据。

第(3)步是最棘手的一部分，在这一步需要精确定义列。在将 R 数据类型与 MySQL 数据类型进行匹配时，str()、summary()和 glimpse()特别有用。有关哪些数据类型可以被支持的详细信息，请参阅 MySQL 文档。

```
glimpse(babynames)

Rows: 1,924,665
Columns: 5
$ year  <dbl> 1880, 1880, 1880, 1880, 1880, 1880, 1880, 1880, 1880, 1880...
$ sex   <chr> "F", "F", "F", "F", "F", "F", "F", "F", "F", "F", "F", "F"...
$ name  <chr> "Mary", "Anna", "Emma", "Elizabeth", "Minnie", "Margaret",...
$ n     <int> 7065, 2604, 2003, 1939, 1746, 1578, 1472, 1414, 1320, 1288...
$ prop  <dbl> 0.07238, 0.02668, 0.02052, 0.01987, 0.01789, 0.01617, 0.01...
```

在本例中，我们知道 year 变量将只包含四位数的整数，因此可以指定此列在 SQL 中占用多少空间。同样，sex 变量只由一个字符表示，因此我们也可以限制该列的宽度。在本例中，这些空间节省可能并不重要，但对于大型数据表而言，它们可带来明显的变化。

```
CREATE TABLE `babynames` (
  `year` smallint(4) NOT NULL DEFAULT 0,
  `sex` char(1) NOT NULL DEFAULT 'F',
  `name` varchar(255) NOT NULL DEFAULT '',
  `n` mediumint(7) NOT NULL DEFAULT 0,
  `prop` decimal(21,20) NOT NULL DEFAULT 0,
  PRIMARY KEY (`year`, `sex`, `name`)
) ENGINE=MyISAM DEFAULT CHARSET=latin1;
```

在这个表中，每一行都包含一年中某个性别的一个名字的信息。因此，每一行包含这三个变量的唯一组合，从而我们可对这三个字段定义一个主键。请注意反引号(表示表和变量)和正引号(用于默认值)的使用。

```
glimpse(births)

Rows: 109
Columns: 2
$ year    <int> 1909, 1910, 1911, 1912, 1913, 1914, 1915, 1916, 1917, 19...
$ births  <int> 2718000, 2777000, 2809000, 2840000, 2869000, 2966000, 29...
CREATE TABLE `births` (
  `year` smallint(4) NOT NULL DEFAULT 0,
  `births` mediumint(8) NOT NULL DEFAULT 0,
  PRIMARY KEY (`year`)
) ENGINE=MyISAM DEFAULT CHARSET=latin1;
```

最后，我们必须告诉 MySQL 在哪里可以找到 CSV 文件，以及将找到的数据放到哪里。这是使用 LOAD DATA 命令完成的。你可能还需要添加一个 LINES TERMINATED BY \r\n 子句，但为了清晰起见，我们省略了该行。请注意，在不同的操作系统中，行使用不同的字符表示终止，因此 Windows、macOS 和 Linux 用户可能需要调整这些命令来满足需要。虽然 SHOW WARNINGS 命令不是必需的，但它们有助于调试。

```
LOAD DATA LOCAL INFILE './babynames.csv' INTO TABLE `babynames`
  FIELDS TERMINATED BY ',' OPTIONALLY ENCLOSED BY '"' IGNORE 1 LINES;
SHOW WARNINGS;
LOAD DATA LOCAL INFILE './births.csv' INTO TABLE `births`
  FIELDS TERMINATED BY ',' OPTIONALLY ENCLOSED BY '"' IGNORE 1 LINES;
SHOW WARNINGS;
```

把这些放在一起，我们有以下脚本：

```
USE babynamedb;

DROP TABLE IF EXISTS babynames;
DROP TABLE IF EXISTS births;
CREATE TABLE `babynames` (
  `year` smallint(4) NOT NULL DEFAULT 0,
  `sex` char(1) NOT NULL DEFAULT 'F',
  `name` varchar(255) NOT NULL DEFAULT '',
  `n` mediumint(7) NOT NULL DEFAULT 0,
  `prop` decimal(21,20) NOT NULL DEFAULT 0,
  PRIMARY KEY (`year`, `sex`, `name`)
```

```
) ENGINE=MyISAM DEFAULT CHARSET=latin1;

CREATE TABLE `births` (
  `year` smallint(4) NOT NULL DEFAULT 0,
  `births` mediumint(8) NOT NULL DEFAULT 0,
  PRIMARY KEY (`year`)
) ENGINE=MyISAM DEFAULT CHARSET=latin1;

LOAD DATA LOCAL INFILE './babynames.csv' INTO TABLE `babynames`
  FIELDS TERMINATED BY ',' OPTIONALLY ENCLOSED BY '\"' IGNORE 1 LINES;
LOAD DATA LOCAL INFILE './births.csv' INTO TABLE `births`
  FIELDS TERMINATED BY ',' OPTIONALLY ENCLOSED BY '\"' IGNORE 1 LINES;

SELECT year
  , COUNT(DISTINCT name) AS numNames
  , SUM(n) AS numBirths
  FROM babynames
  GROUP BY year
  ORDER BY numBirths DESC
  LIMIT 0,10;
```

请注意，我们添加了一个SELECT查询，主要用来验证表是否已填充。要将其加载到MySQL中，首先必须确保存在 babynamedb 数据库，如果不存在，则必须创建它。

首先检查 babynamedb 是否存在。我们可以使用 shell 命令以命令行方式执行此操作：

```
mysql -e "SHOW DATABASES;"
```

如果它不存在，那么我们必须创建它：

```
mysql -e "CREATE DATABASE babynamedb;"
```

最后运行脚本。--show warnings 和-v 标志为可选项，它们有助于调试。

```
mysql --local-infile --show-warnings -v babynamedb
  < babynamedb.mysql
```

在实践中，如果你的 SQL 脚本不完美，第一次尝试时这通常会导致出现错误或警告。但是，通过迭代过程，你最终将优化脚本，使其能按预期工作。如果遇到一个 1148 错误，请确保使用的是--local infile 标志。

```
ERROR 1148 (42000): The used command is not allowed with this MySQL version
```

如果出现一个 29 错误，请确保文件存在于指定的位置，并且 mysql 用户具有读取和执行该文件的权限。

```
ERROR 29 (HY000): File './babynames.csv' not found (Errcode: 13)
```

一旦创建了 MySQL 数据库，就可使用以下命令通过 R 的 dplyr 访问它：

```
db <- dbConnect(RMySQL::MySQL(), dbname = "babynamedb")
babynames <- tbl(db, "babynames")
babynames %>%
  filter(name == "Benjamin")
```

16.4　可扩展性

除了 SQLite 外，RBDMS 可从一台计算机上很好地扩展到几十 GB 的数据库。对于一个专用服务器，即使是 TB 大小的数据也可以在一台机器上运行。此外，许多公司采用称为集群的分布式解决方案。集群仅是多台机器(即节点)连在一起运行同一个 RDBMS。一台机器被指定为主节点，并且这台机器控制其他所有节点。实际数据分布在各个节点上，主节点管理查询，并将查询分配到适当的集群节点。

对集群和其他分布式体系结构(包括复制)的深入讨论超出了本书的范围。第 21 章中将讨论 SQL 的替代品，它可为大型数据提供更高端的解决方案。

16.5　扩展资源

SQL in a Nutshell 是一本非常有用的全面介绍 SQL 的参考书籍。

16.6　练习题

问题 1(易)：Alice 正在 flights 表中搜索已取消的航班，她的查询运行缓慢。她决定在 cancelled 字段上建立一个索引，希望能加快速度。讨论一下她的计划的相对优点。这里有什么需要权衡的？她的查询会更快吗？

问题 2(中)：Lahman 数据库的 Master 表包含棒球运动员的传记信息。主键是 playerID 变量。还有 retroID 和 bbrefID 变量，它们对应于其他棒球数据库中球员的标识符。讨论将主键、唯一键或外键放在 retroID 上的后果。

问题 3(中)：Bob 希望分析 20 世纪 90 年代联合航空公司航班的准点表现情况。相对于未分区表，讨论基于 year 对 flights 表进行分区的方案将如何影响 Bob 查询的性能。

问题 4(难)：使用 macleish 软件包下载 MacLeish 野外站的天气数据。从头开始编写自己的表模式，并将这些数据导入你选择的数据库服务器中。

问题 5(难)：为 fueleconomy 包中的两个表编写一个完整的表模式，并将它们导入你选择的数据库服务器中。

问题 6(难)：为 mtcars 数据集编写一个完整的表模式，并将其导入你选择的数据库服务器中。

问题 7(难)：为 nasaweather 包中的五个表编写一个完整的表模式，并将它们导入你选择的数据库服务器中。

问题 8(难)：为 usdanutrients 包中的十个表编写一个完整的表模式，并将它们导入你选择的数据库服务器中。

```
# remotes::install_github("hadley/usdanutrients")
```

```
library(usdanutrients)
# data(package="usdanutrients")
```

16.7　附加练习

可从 https://mdsr-book.github.io/mdsr2e/sql-II.html#sqlII-online-exercises 获得。

第 17 章

使用地理空间数据

当数据包含地理坐标时，可以将其视为一种空间数据的类型。就像我们在第 19 章中探讨的"文本数据"一样，空间数据与我们常用的数字数据有着本质的不同。虽然空间坐标通常被编码为数字，但这些数字具有特殊含义，如果我们不能认识它们的空间性质，那么对它们的理解就会受到很大影响。

空间统计领域包括建立和解释基于空间坐标的模型。例如，考虑一个使用航空公司数据的机场交通模型。这些数据包含了每个机场的地理坐标，因此它们是空间感知的。但是简单地将经纬度坐标作为协变量包含在多元回归模型中，并不能有效利用这些坐标编码的特殊意义。在这样一个模型中，我们可能会得出一个毫无意义的结论：高纬度的机场与更大的飞机流量相关，这仅仅是因为模型的有限性和我们对这些空间数据的粗心使用而得到的。

遗憾的是，对空间统计的全面介绍超出了本书的讨论范围。虽然在本章中我们不会构建空间模型，但将学习如何在 R 中管理和可视化空间数据。将学习如何使用 shapefile，shapefile 实际上是一种用于编码空间信息的开放规范数据结构。将学习投影(从三维空间到二维空间)、着色等知识，以及如何创建信息丰富但不会误导的空间感知可视化。我们的目标主要是为读者提供从空间数据中获取有意义信息的技术能力和知识。

17.1 动机：地理空间数据有什么了不起的？

最著名的早期地理空间数据分析是由医生 John Snow 在 1854 年完成的。在伦敦的一个街区，霍乱的暴发造成三天内有 127 人死亡，进而导致当地大量的居民流亡。当时人们认为霍乱是一种通过空气传播的疾病，是由于吸入了恶臭的空气而引起的。John Snow 对这一理论持批评态度，并着手探索真正的传播机制。

考虑如何使用数据来解决这个问题。在医院里，他们可能有一份所有死于霍乱的病人的名单。这些数据可能如表 17.1 所示。

表 17.1　1854 年霍乱暴发的假设数据

Date	Last_Name	First_Name	Address	Age	Cause_death
Aug 31, 1854	Jones	Thomas	26 Broad St.	37	cholera
Aug 31, 1854	Jones	Mary	26 Broad St.	11	cholera
Oct 1, 1854	Warwick	Martin	14 Broad St.	23	cholera

　　John Snow 的天才之处在于他把分析集中在 Address 列中。从字面意义上讲，Address 变量是存储文本的字符向量。这些文本对霍乱没有明显的医学意义。但是我们人类知道这些文本字符串编码了地理位置，它们就是地理空间数据。John Snow 对这次疫情的研究主要是基于地理位置信息绘制这些数据。

　　mdsr 包中包含了 CholeraDeaths 数据。当你绘制出死于霍乱的每个人的地址时，你会得到类似于图 17.1 所示的信息。

```
library(tidyverse)
library(mdsr)
library(sf)
plot(CholeraDeaths["Count"])
```

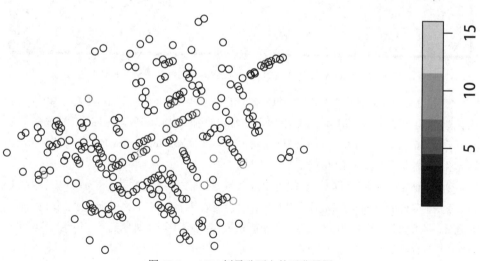

图 17.1　　1854 例霍乱死亡的无背景图

　　虽然你可能在这些数据中看到某些模式，但它没有提供任何背景信息。John Snow 实际绘制的地图如图 17.2 所示。伦敦街道的基本地图提供了有用的背景信息，使得图 17.1 中的信息变得更容易理解。

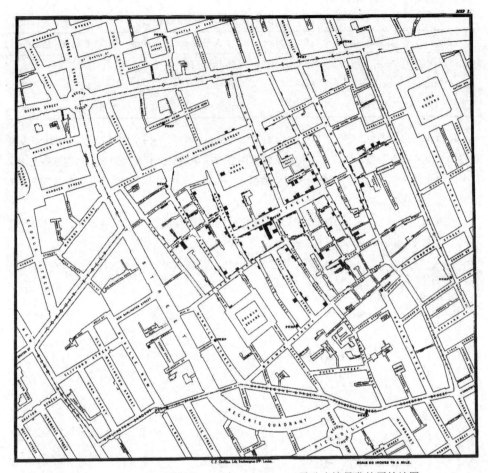

图 17.2 John Snow 绘制的 1854 年 Broad Street 霍乱疫情暴发的原始地图

然而，John Snow 的研究是由另一组数据驱动的，即路边水泵的位置。在复制图中可能很难看清，实际除了表示霍乱死亡的线条外，还有标记的圆圈表示水泵。对地图的粗略观察显示，几乎所有的霍乱病例都聚集在 Broad St 中心的一个水泵周围。John Snow 能够说服当地官员，这台水泵可能是导致霍乱流行的原因。

尽管上面讲的故事是事实，但它可能比空间数据分析人员所想的更具传奇色彩。大多数因果关系是很可疑的：John Snow 本人认为疫情会慢慢地自行消失，直到后来他才创作出他著名的地图。尽管如此，他的地图对医生们的重新认识具有重要影响，即霍乱是一种通过水源进行传播的疾病而不是通过空气进行传播的。

我们认为 John Snow 使用空间分析的理念是数据科学取得成功的一幕。首先，关键的结论是通过结合三个数据源而得出的：霍乱死亡人数、水泵的位置和伦敦街道地图。第二，虽然我们现在有能力直接从可能导致相同结论的数据中创建空间模型，但是构建这样的模型比简单地在特定的上下文中绘制数据要困难得多。此外，对于大多数人来说，数据图本身——给出恰当的上下文——可能比统计模型更具说服力。人类有很强的直觉能力来观察数据中的空间模式，但计算机没有这种感觉。第三，只有当基于数据的证据与解释物理现象的合理模型相结合时，问题才能够得到有效解决。也就是说，John Snow 是一名医生，他对疾病传播的了解足以让他的同事相信霍乱不是通过空气传播的[1]。

17.2　空间数据结构

空间数据通常存储在特殊的数据结构中(即不只是 data.frame)。最常用的空间数据格式是 shapefile。另一种常见格式是 KML。还有许多其他格式，虽然掌握这些格式中的任何一种格式的细节在这个处理过程中是不现实的，但是为了处理空间数据，必须具备一些重要的基本概念。

shapefile 是环境系统研究所(Esri)开发的 ArcView 程序的本机文件格式，并且已经成为一种开放的规范。可以从许多不同的政府网站和其他发布空间数据的地方下载它们。空间数据不是由行和列组成的，而是由点、线和多边形等几何对象组成的。shapefile 包含用于绘制国家、县和城镇等边界的基于矢量的指令。因此，shapefile 比简单的数据框更丰富、更复杂。在 R 中使用 shapefile 可能面临巨大挑战，但是有一个非常重要的好处是 shapefile 允许你为数据提供地理环境信息。这样做的结果是非常惊人的。

首先，术语 shapefile 有点用词不当，因为要读取空间数据，必须有几个文件。这些文件的扩展名为.shp、.shx 和.dbf，通常存储在一个公共目录中。

有许多专门处理空间数据的 R 包，但我们将关注最新的：sf。这个包为 R 中的空间对象提供了一组 tidyverse 友好的类定义和函数。并且提供 sf 类(在封装下，sf 包装了以前由 rgdal 和 rgeos 包[2]提供的功能) 。

为了理解这些工作的原理，我们将重新创建 John Snow 的霍乱地图。首先，下载并解压缩此文件：http://rtwilson.com/downloads/SnowGIS_SHP.zip。加载 sf 包后，我们将研究包含 shapefile 的目录。

```
library(sf)
# The correct path on your computer may be different
dsn <- fs::path(root, "snow", "SnowGIS_SHP")
list.files(dsn)
```

```
[1] "Cholera_Deaths.dbf"          "Cholera_Deaths.prj"
[3] "Cholera_Deaths.sbn"          "Cholera_Deaths.sbx"
[5] "Cholera_Deaths.shp"          "Cholera_Deaths.shx"
[7] "OSMap_Grayscale.tfw"         "OSMap_Grayscale.tif"
[9] "OSMap_Grayscale.tif.aux.xml" "OSMap_Grayscale.tif.ovr"
```

---

1 遗憾的是，关于病菌和细菌的理论还需要将近十年的时间。

2 请注意，rgdal 可能需要一些外部依赖项。在 Ubuntu 上，它需要 libgdal-dev 和 libproj-dev 包。在 Mac OS X 上，它需要 GDAL。此外，加载 rgdal 也会加载 sp。

```
[11]  "OSMap.tfw"              "OSMap.tif"
[13]  "Pumps.dbf"              "Pumps.prj"
[15]  "Pumps.sbx"              "Pumps.shp"
[17]  "Pumps.shx"              "README.txt"
[19]  "SnowMap.tfw"            "SnowMap.tif"
[21]  "SnowMap.tif.aux.xml"    "SnowMap.tif.ovr"
```

请注意，有 6 个文件名为 Cholera_Deaths，另有 5 个文件名为 Pumps。它们对应于称为 layers 的两组不同的 shapefile，如 st_layers()函数所示。

```
st_layers(dsn)
```

```
Driver: ESRI Shapefile
Available layers:
        layer_name    geometry_type    features    fields
1  Cholera_Deaths         Point           250          2
2           Pumps         Point             8          1
```

我们先从 Cholera_Deaths 层开始。请注意，这些 shapefile 是 ESRI 格式的，包含 250 行数据。稍后我们将回到神秘的 CRS 投影信息的讨论，但现在只需要注意，这些文件中编码了特定的地理投影。

我们将首先使用 st_read()函数将 Cholera_Deaths 层加载到 R 中。请注意，除了作为 sf 对象之外，Cholera_Deaths 还是一个 data.frame。它包含 250 个简单的特征，这些都是数据框的行，每一行都对应于不同的空间对象。这种情况下，250 行的几何图形类型都是 POINT。我们将回到第 17.3.2 节中对神秘的投影 CRS 的讨论，但现在只需要注意，这些文件中编码了一个特定的地理图形投影。

```
CholeraDeaths <- st_read(dsn, layer = "Cholera_Deaths")
```

```
Reading layer `Cholera_Deaths' using driver `ESRI Shapefile'
Simple feature collection with 250 features and 2 fields
geometry type:      POINT
dimension:          XY
bbox: xmin: 529000   ymin: 181000 xmax: 530000 ymax: 181000
projected CRS: OSGB 1936 / British National Grid
class(CholeraDeaths)
```

```
[1] "sf"              "data.frame"
CholeraDeaths
```

```
Simple feature collection with 250 features and 2 fields
geometry type:      POINT
dimension:          XY
bbox: xmin: 529000   ymin: 181000 xmax: 530000 ymax: 181000
projected CRS: OSGB 1936 / British National Grid
First 10 features:
   Id  Count                geometry
1   0      3  POINT (529309 181031)
2   0      2  POINT (529312 181025)
```

```
 3   0      1    POINT (529314 181020)
 4   0      1    POINT (529317 181014)
 5   0      4    POINT (529321 181008)
 6   0      2    POINT (529337 181006)
 7   0      2    POINT (529290 181024)
 8   0      2    POINT (529301 181021)
 9   0      3    POINT (529285 181020)
10   0      2    POINT (529288 181032)
```

每个点都有相关的数据。每个 sf 对象也是一个 data.frame，它存储对应于每个观测数据的值。在本例中，对于每个点，我们都有一个相关的 Id 号和该位置死亡人数的 Count 值。为了绘制这些数据，我们可以简单地使用 plot()通用函数，如图 17.1 所示。但是，在下一节中，我们将展示如何将 sf 对象集成到 ggplot2 工作流中。

17.3　制作地图

除了提供地理空间处理功能外，sf 还提供与 ggplot2 无缝配合的空间绘图扩展。geom_sf() 函数扩展了我们在第 3 章中探讨的 ggplot2 中嵌入的图形语法，并为绘制空间对象提供本地支持。因此，我们离拥有一些强大的地图功能只有几步之遥。

17.3.1　静态地图

geom_sf() 函数允许你在任何 ggplot2 对象中绘制地理空间对象。由于 x 和 y 坐标是由 sf 对象的几何结构隐含的，因此你不必将 x 画面元素(参见第 3 章)明确绑定到纵向坐标，以及将 y 画面元素绑定到横向坐标。你的地图如下所示：

```
ggplot(CholeraDeaths) +
  geom_sf()
```

图 17.3 是对 plot()的改进。我们仍然对所看到的内容没有任何领悟。我们真正想要的是将这些点叠加在伦敦街道地图上，而这正是 ggspatial 允许我们做的。

annotation_map_tile()函数添加了一层从 Open Street Map 中提取的地图图块。我们可以控制缩放(zoom)级别以及类型(type)。在这里，我们还将每个位置的死亡人数映射为点的大小。

```
library(ggspatial)
ggplot(CholeraDeaths) +
  annotation_map_tile(type = "osm", zoomin = 0) +
  geom_sf(aes(size = Count), alpha = 0.7)
```

我们注意到 John Snow 现在是 Broadwick 街(以前是 Broad 街)和 Lexington 街拐角处的一家酒吧的名字。

但请仔细查看图 17.4 和图 17.2。你不能在正确的位置看到这些点。集群的中心不在 Broadwick 街，有些点在街道的中间(没有住宅的地方)。这是为什么？CholeraDeaths 对象中的坐标具有陌生的值，我们可以通过访问该对象的边界框看到。

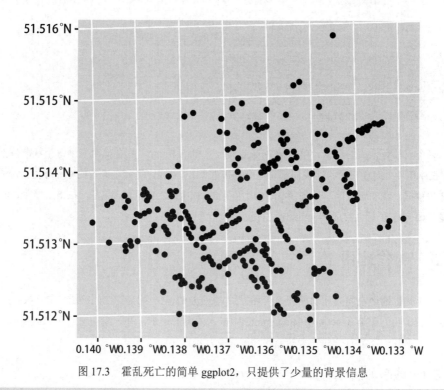

图 17.3　霍乱死亡的简单 ggplot2，只提供了少量的背景信息

```
st_bbox(CholeraDeaths)
```

```
    xmin     ymin     xmax     ymax
  529160   180858   529656   181306
```

CholeraDeaths 和 ggspatial 包检索到的地图分块都具有地理空间坐标，但这些坐标的单位不同。虽然 anotation_map_tile()确实执行了一些动态坐标转换,但我们的两个地理空间数据源之间仍然存在差异。为了理解如何让这两个空间数据源正常工作，我们必须理解投影。

17.3.2　投影

地球恰好是一个扁球体，是一个三维的扁平球体。不过，我们想创建的是适合于页面或电脑屏幕的地球二维表示。将三维地理坐标系中的位置转换为二维表示的过程称为投影。

一旦人们发现世界并不是平坦的，那么如何投影世界的问题就随之而来了。由于人们制作航海地图已有数百年历史，因此，如果对地图投影的研究产生了一个简单、准确且被普遍接受的投影系统，那就太好了。遗憾的是，事实并非如此。在二维空间中，不可能完全忠实地保存三维空间中存在的所有属性。因此，没有一个最佳的投影系统，每个投影系统都有其自身的优缺点。更复杂的是，地球并不是一个完美的球体，这意味着，即使是这些投影背后的数学也不是微不足道的。

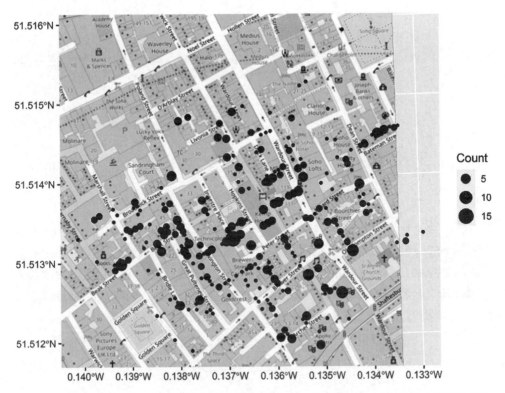

图 17.4　John Snow 1854 年霍乱暴发原始地图的错误复现。代表霍乱死亡人数的圆点相距数百米

投影系统可能保留的两个属性(虽然不是同时保留)是形状/角度和面积。也就是说，可以采用这样的方式构造投影系统，即该投影系统在二维上忠实地表示陆地地块的相对大小。

```
library(mapproj)
library(maps)
map("world", projection = "mercator", wrap = TRUE)
map("world", projection = "cylequalarea", param = 45, wrap = TRUE)
```

非洲比格陵兰大 14 倍。但是，由于格陵兰岛距离北极更近，因此在 Mercator 投影中，它的面积被严重扭曲了，使其看起来比非洲还大。

这个特定的示例(尽管具有一定的说明性)之所以闻名，是因为这些投影陷入了社会政治争议之中。从 20 世纪 60 年代开始，一位名叫 Arno Peters 的德国电影制片人声称，通常使用的 Mercator 错误地将注意力集中在北部和南部国家，以使非洲和南美的这些国家更加接近赤道。Peters 提出了一个观点，即 Mercator 投影有许多缺点，但遗憾的是，他对 Gall-Peters 投影的优点(特别是其独创性)的主张大多是错误的。Gall-Peters 不知道制图师长期以来都想放弃 Mercator，或忽略了这一点。

图 17.5 显示了 Lambert 正形圆锥投影。

图 17.5   Lambert 正形圆锥

但是，你应该意识到"默认"的投影可能会产生误导。作为数据科学家，你对如何投影数据的选择会直接影响观察者能够从你的数据地图中得到什么。仅仅忽略投影的含义在伦理道德上是站不住脚的！尽管我们无法在此处提供完整的地图投影列表，但两种常见的通用地图投影是 Lambert 正形圆锥投影和 Albers 等面积圆锥投影(请参见图 17.6)。在前者中，投影保留了角度，而在后者中，既没有保留比例，也没有保留形状，但将两者的总变形最小化。

图 17.6   Albers 等面积投影

```
map(
  "state", projection = "lambert",
  parameters = c(lat0 = 20, lat1 = 50), wrap = TRUE
)
map(
  "state", projection = "albers",
  parameters = c(lat0 = 20, lat1 = 50), wrap = TRUE
)
```

专业提示 44：制作地图时，请注意考虑如何投影数据。

我们需要一个坐标参考系统(CRS)来跟踪地理位置。R 中的每个空间感知对象都可以拥有一个投影。存储地理空间对象投影信息的三种常用格式是 EPSG、PROJ.4 和 WKT。前者只是一个整数，而 PROJ.4 是一个加密的文本字符串。后者可以使用 st_crs()命令检索(或设置)。

```
st_crs(CholeraDeaths)
```

```
Coordinate Reference System:
  User input: OSGB 1936 / British National Grid
  wkt:
PROJCRS["OSGB 1936 / British National Grid",
    BASEGEOGCRS["OSGB 1936",
        DATUM["OSGB 1936",
            ELLIPSOID["Airy 1830",6377563.396,299.3249646,
                LENGTHUNIT["metre",1]]],
        PRIMEM["Greenwich",0,
            ANGLEUNIT["degree",0.0174532925199433]],
        ID["EPSG",4277]],
    CONVERSION["British National Grid",
        METHOD["Transverse Mercator",
            ID["EPSG",9807]],
        PARAMETER["Latitude of natural origin",49,
            ANGLEUNIT["degree",0.0174532925199433],
            ID["EPSG",8801]],
        PARAMETER["Longitude of natural origin",-2,
            ANGLEUNIT["degree",0.0174532925199433],
            ID["EPSG",8802]],
        PARAMETER["Scale factor at natural origin",0.9996012717,
            SCALEUNIT["unity",1],
            ID["EPSG",8805]],
        PARAMETER["False easting",400000,
            LENGTHUNIT["metre",1],
            ID["EPSG",8806]],
        PARAMETER["False northing",-100000,
            LENGTHUNIT["metre",1],
            ID["EPSG",8807]]],
    CS[Cartesian,2],
        AXIS["(E)",east,
            ORDER[1],
            LENGTHUNIT["metre",1]],
        AXIS["(N)",north,
            ORDER[2],
            LENGTHUNIT["metre",1]],
    USAGE[
        SCOPE["unknown"],
        AREA["UK - Britain and UKCS 49°46'N to 61°01'N, 7°33'W to 3°33'E"],
        BBOX[49.75,-9.2,61.14,2.88]],
    ID["EPSG",27700]]
```

现在应该清楚的是，地图投影科学很复杂，我们可能还不清楚如何解密这种投影表示，这是一种称为 Well-Known Text 的格式。METHOD["Transverse_Mercator"]表示这些数据是使用 Transverse Mercator 投影进行编码的。它使用了 Airy 椭圆形，单位是米。等效的 EPSG 系统是 27700。地球的基准或模型是 OSGB 1936，也被称为英国国家网格。字符串中的其余项是用于指定该投影的属性的参数。我们之前在 CholeraDeaths 数据集中看到的不熟悉的坐标是相对于此 CRS 的。

CRS 有很多，但最常见的有几个。一组 EPSG(欧洲石油调查集团)代码提供了完整描述的简写形式。最常用的是：

- EPSG:4326 —— 也称为 WGS84，是 GPS 系统和 Google Earth 的标准。
- EPSG:3857 —— Mercator 投影在 Google 地图、开放街道地图等地图图块[1]中的使用。
- EPSG:27700 —— 也称为 OSGB 1936，或英国国家网格(英国军械调查)。它在英国很常用。

st_crs()函数的作用是：将简写的 EPSG 代码转换为全文 PROJ.4 字符串和 WKT。

```
st_crs(4326)$epsg
```

```
[1] 4326
st_crs(3857)$Wkt
```

```
[1] "PROJCS[\"WGS 84 / Pseudo-Mercator\",GEOGCS[\"WGS 84\",DATUM[\"WGS_1984\",
    SPHEROID[\"WGS 84\",6378137,298.257223563,AUTHORITY[\"EPSG\",\"7030\"]],
    AUTHORITY[\"EPSG\",\"6326\"]],PRIMEM[\"Greenwich\",0,
    AUTHORITY[\"EPSG\",\"8901\"]],UNIT[\"degree\",0.0174532925199433,
    AUTHORITY[\"EPSG\",\"9122\"]],AUTHORITY[\"EPSG\",\"4326\"]],
    PROJECTION[\"Mercator_1SP\"],PARAMETER[\"central_meridian\",0],
    PARAMETER[\"scale_factor\",1],PARAMETER[\"false_easting\",0],
    PARAMETER[\"false_northing\",0],UNIT[\"metre\",1,
    AUTHORITY[\"EPSG\",\"9001\"]],AXIS[\"Easting\",EAST],
    AXIS[\"Northing\",NORTH],EXTENSION[\"PROJ4\",\"+proj=merc +a=6378137
    +b=6378137 +lat_ts=0 +lon_0=0 +x_0=0 +y_0=0 +k=1 +units=m
    +nadgrids=@null +wktext +no_defs\"],AUTHORITY[\"EPSG\",\"3857\"]]"
st_crs(27700)$proj4string
```

```
[1]    "+proj=tmerc  +lat_0=49 +lon_0=-2 +k=0.9996012717 +x_0=400000 +y_0=-
100000 +ellps=airy +units=m +no_defs"
```

CholeraDeaths 点没有出现在之前的地图上，因为我们没有将它们投影到与地图图块相同的坐标系中。由于无法投影地图图块，因此最好投影 CholeraDeaths 数据中的点。如上所述，谷歌地图图块(以及 Open Street Map 图块)被投影到 espg:3857 系统。但是，它们的返回值是令人困惑的 epsg:4326 系统的坐标值。因此，我们使用 sp_transform()函数将 CholeraDeaths 数据投影到 epsg:4326。

```
cholera_4326 <- CholeraDeaths %>%
  st_transform(4326)
```

请注意，新坐标中的边界框使用的是熟悉的纬度和经度单位。

```
st_bbox(cholera_4326)
```

```
  xmin    ymin    xmax    ymax
```

---

1 Google 地图和其他在线地图由一系列称为图块的正方形静态图像组成。这些图块将在滚动时预取并加载，从而创建更大图像的外观。

```
-0.140 51.512 -0.133 51.516
```

遗憾的是，下面的代码仍然会生成一个圆点位于错误位置的地图。

```
ggplot(cholera_4326) +
  annotation_map_tile(type = "osm", zoomin = 0) +
  geom_sf(aes(size = Count), alpha = 0.7)
```

仔细阅读 spTransform-methods() 的帮助文件(底层机制)可以为我们寻找错误提供一些线索。

```
help("spTransform-methods", package = "rgdal")
```

如果没有提供适当的+ datum 和+ towgs84 标签，则可能导致坐标偏离数百米。遗憾的是，没有简单的方法可以提供此信息：即使很难发现，用户也必须知道所使用数据的正确元数据。

好像是我们的问题！PROJ.4 字符串中缺少+ datum 和+ towgs84 参数。

```
st_crs(CholeraDeaths)$proj4string
```

```
[1]    "+proj=tmerc +lat_0=49 +lon_0=-2 +k=0.9996012717 +x_0=400000 +y_0=-
100000 +ellps=airy +units=m +no_defs"
```

CholeraDeaths 对象具有与 epsg:27700 相同的所有定义，但不缺少+ datum 和+towgs84 标记。此外，原始数据源的文档建议使用 epsg:27700。因此，我们首先断言 CholeraDeaths 数据在 epsg:27700 中。然后，投影到 epsg:4326 可以按预期工作。

```
cholera_latlong <- CholeraDeaths %>%
  st_set_crs(27700) %>%
  st_transform(4326)
snow <- ggplot(cholera_latlong) +
  annotation_map_tile(type = "osm", zoomin = 0) +
  geom_sf(aes(size = Count))
```

剩下的工作就是添加泵的位置。

```
pumps <- st_read(dsn, layer = "Pumps")
```

```
Reading layer `Pumps' using driver `ESRI Shapefile'
Simple feature collection with 8 features and 1 field
geometry type:       POINT
dimension:           XY
bbox: xmin: 529000   ymin: 181000 xmax: 530000 ymax: 181000
projected CRS: OSGB 1936 / British National Grid
pumps_latlong <- pumps %>%
  st_set_crs(27700) %>%
  st_transform(4326)
snow +
  geom_sf(data = pumps_latlong, size = 3, color = "red")
```

在图 17.7 中，我们终于看到在适当的上下文中明智地使用空间数据可以提供更加清晰的表达。不需要对这些数据进行统计模型拟合，就可以看出，几乎所有霍乱死亡病例都发生在距离 Broadwick 街水泵最近的人群中，后来人们发现这些水泵正从附近的粪坑吸取粪便中滋生的细菌。

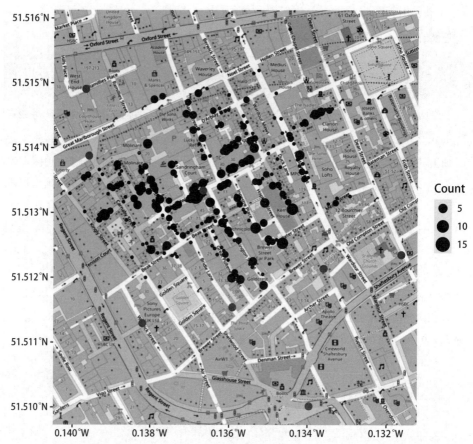

图 17.7　1854 年霍乱暴发时 John Snow 的原始地图的复现。每个黑点的大小与该地点死于霍乱的人数成正比。红点表示公共水泵的位置。Broadwick 街水泵周围死亡人数的密集性表明，霍乱可能是通过水泵中的水进行传播的

17.3.3　基于 leaflet 的动态地图

Leaflet 是一个强大的开源 JavaScript 库，主要用于在 HTML 中构建交互式地图。相应的 R 包 leaflet 使用第 14 章介绍的 htmlwidgets 平台为 R 带来了这个功能。

虽然命令不同，但它的体系结构与 ggplot2 非常相似。然而，与将基于数据的图层放在静态地图的顶部不同，leaflet 允许你将基于数据的图层放在交互式地图的顶部。

因为 leaflet 以 HTML 格式呈现，所以在本书中你不会看到任何图(因为它们是以屏幕截图的形式展现)。但是，我们鼓励你自己运行此代码并以交互方式进行探索。

使用 leaflet()命令创建一个 leaflet 地图小部件(widget)。我们随后将向这个小部件添加层。我们添加的第一个层是一个包含所有静态地图信息的瓦片(tile)图层，默认情况下这些信息来自 OpenStreetMap。这里添加的第二层是一个标记，它指定一个点位置。注意 addMarkers()函数如何接收数据参数，它和 ggplot2 中的一个 geom*()层类似。

```
white_house <- tibble(
  address = "The White House, Washington, DC"
) %>%
  tidygeocoder::geocode(address, method = "osm")

library(leaflet)
white_house_map <- leaflet() %>%
  addTiles() %>%
  addMarkers(data = white_house)
white_house_map
```

当 RStudio 中呈现，以及在带有 HTML 输出的 R Markdown 文档或者在使用 Shiny 的 Web 浏览器中呈现时，将能动态滚动和缩放。在图 17.8 中，我们对这一版进行了显示。

还可添加一个弹出窗口来提供有关特定位置的更多信息，如图 17.9 所示。

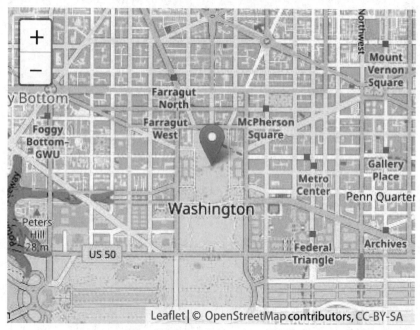

图 17.8　来自白宫的一个 leaflet 图

```
white_house <- white_house %>%
  mutate(
    title = "The White House",
    street_address = "1600 Pennsylvania Ave"
  )
white_house_map %>%
  addPopups(
    data = white_house,
    popup = ~paste0("<b>", title, "</b></br>", street_address)
  )
```

虽然 leaflet 和 ggplot2 在语法上不对等，但它们在概念上是相似的。由于地图瓦片提供地理背景信息，因此，与 ggplot2 创建的静态地图相比，由 leaflet 创建的动态、可缩放、可滚动地图的信息量更大。

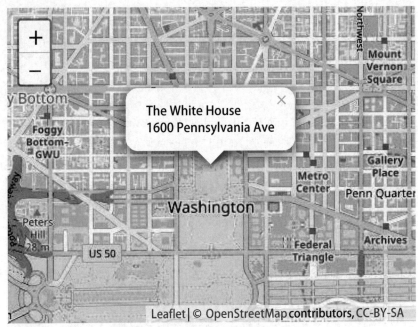

图 17.9　带有弹出窗口的白宫 leaflet 图

17.4　扩展示例：国会选区

在 2012 年总统大选中，共和党挑战者罗姆尼在北卡罗来纳州险胜总统奥巴马，他赢得了 50.4% 的民众选票支持，由此获得全部 15 张选举人票。奥巴马在 2008 年赢得了北卡罗来纳州，成为自 1976 年以来第一位赢得北卡罗来纳州大选的民主党人。作为一个摇摆州，北卡罗来纳州的投票模式非常有趣，而且正如我们将看到的，它还具有很强的争议性。

民众选票大约 50/50 的分布表明，该州民主党和共和党的票数大致相同。2020 年秋季，北卡罗来纳州的 13 名国会代表中有 10 名是共和党人。怎么会这样？在这种情况下，空间数据可以帮助我们理解这个问题。

17.4.1　选举结果

我们的第一步是从联邦选举委员会下载 2012 年国会选举结果。这些数据可以通过 fec12 包获得。

```
library(fec12)
```

请注意，我们的选举略多于 435 次，因为这些数据包括美国所有领土，如波多黎各和维尔京群岛。

```
results_house %>%
  group_by(state, district_id) %>%
  summarize(N = n()) %>%
  nrow()
```

[1] 445

根据美国宪法，国会选区是根据 2010 年美国人口普查的人口数进行分配的。然而在实际中，我们看到情况并非如此。这些是在大选中得票最多的十位候选人。

```
results_house %>%
  left_join(candidates, by = "cand_id") %>%
  select(state, district_id, cand_name, party, general_votes) %>%
  arrange(desc(general_votes))
```

```
# A tibble: 2,343 x 5
   state district_id cand_name                  party general_votes
   <chr> <chr>       <chr>                      <chr>         <dbl>
 1 PR    00          PIERLUISI, PEDRO R         NPP          905066
 2 PR    00          ALOMAR, RAFAEL COX         PPD          881181
 3 PA    02          FATTAH, CHAKA MR.          D            318176
 4 WA    07          MCDERMOTT, JAMES           D            298368
 5 MI    14          PETERS, GARY               D            270450
 6 MO    01          CLAY, WILLIAM LACY JR      D            267927
 7 WI    02          POCAN, MARK                D            265422
 8 OR    03          BLUMENAUER, EARL           D            264979
 9 MA    08          LYNCH, STEPHEN F           D            263999
10 MN    05          ELLISON, KEITH MAURICE     DFL          262102
# ... with 2,333 more rows
```

请注意，波多黎各代表获得的选票几乎是国会其他任何代表的三倍。我们对北卡罗来纳州的结果很感兴趣。因此，我们创建了一个特定于该州的数据框，根据国会选区对选票进行了汇总。由于有 13 个区，nc_results 数据框正好有 13 行。

```
district_elections <- results_house %>%
  mutate(district = parse_number(district_id)) %>%
  group_by(state, district) %>%
  summarize(
    N = n(),
    total_votes = sum(general_votes, na.rm = TRUE),
    d_votes = sum(ifelse(party == "D", general_votes, 0), na.rm = TRUE),
    r_votes = sum(ifelse(party == "R", general_votes, 0), na.rm = TRUE)
  ) %>%
  mutate(
    other_votes = total_votes - d_votes - r_votes,
    r_prop = r_votes / total_votes,
    winner = ifelse(r_votes > d_votes, "Republican", "Democrat")
  )
nc_results <- district_elections %>%
  filter(state == "NC")
nc_results %>%
```

```
    select(-state)
```

```
Adding missing grouping variables: `state`
# A tibble: 13 x 9
# Groups: state [1]
    state district       N total_votes d_votes  r_votes other_votes r_prop
    <chr>    <dbl> <int>       <dbl>   <dbl>    <dbl>       <dbl>  <dbl>
 1 NC           1     4      338066  254644    77288        6134  0.229
 2 NC           2     8      311397  128973   174066        8358  0.559
 3 NC           3     3      309885  114314   195571           0  0.631
 4 NC           4     4      348485  259534    88951           0  0.255
 5 NC           5     3      349197  148252   200945           0  0.575
 6 NC           6     4      364583  142467   222116           0  0.609
 7 NC           7     4      336736  168695   168041           0  0.499
 8 NC           8     8      301824  137139   160695        3990  0.532
 9 NC           9    13      375690  171503   194537        9650  0.518
10 NC          10     6      334849  144023   190826           0  0.570
11 NC          11    11      331426  141107   190319           0  0.574
12 NC          12     3      310908  247591    63317           0  0.204
13 NC          13     5      370610  160115   210495           0  0.568
# ... with 1 more variable: winner <chr>
```

注意，北卡罗来纳州国会选区的投票数量分布非常狭窄，所有选区的选票都在30 1824万到375
690万张之间。

```
nc_results %>%
  skim(total_votes) %>%
  select(-na)
-- Variable type: numeric -----------------------------------------------
    var          state     n    mean      sd     p0    p25     p50     p75    p100
    <chr>        <chr> <int>   <dbl>   <dbl>  <dbl>  <dbl>   <dbl>   <dbl>   <dbl>
1 total_votes NC       13 337204. 24175. 301824 311397 336736 349197 375690
```

然而，正如势均力敌的总统选举所表明的那样，北卡罗来纳人的选票在民主党和共和党国
会候选人中大致平均分配。事实上，州民主党获得了50.6%的微弱多数选票。然而，共和党赢
得了13场竞选中的9场。[1]

```
nc_results %>%
  summarize(
    N = n(),
    state_votes = sum(total_votes),
    state_d = sum(d_votes),
    state_r = sum(r_votes)
  ) %>%
  mutate(
    d_prop = state_d / state_votes,
    r_prop = state_r / state_votes
```

---

1 第七选区是全美最势均力敌的一个选区，民主党现任者 Mike McIntyre 仅以 655 票获胜。Mike
McIntyre 退休后，共和党挑战者 David Rouzer 在 2014 年轻松赢得席位。

```
  )
```

```
# A tibble: 1 x 7
  state      N  state_votes  state_d  state_r  d_prop  r_prop
  <chr>  <int>        <dbl>    <dbl>    <dbl>   <dbl>   <dbl>
1 NC       13      4383656  2218357  2137167   0.506   0.488
```

一个线索是仔细观察共和党在每个选区的选票比例分布。

```
nc_results %>%
  select(district, r_prop, winner) %>%
  arrange(desc(r_prop))
```

```
# A tibble: 13 x 4
# Groups: state [1]
   state district  r_prop winner
   <chr>    <dbl>   <dbl> <chr>
 1 NC           3   0.631 Republican
 2 NC           6   0.609 Republican
 3 NC           5   0.575 Republican
 4 NC          11   0.574 Republican
 5 NC          10   0.570 Republican
 6 NC          13   0.568 Republican
 7 NC           2   0.559 Republican
 8 NC           8   0.532 Republican
 9 NC           9   0.518 Republican
10 NC           7   0.499 Democrat
11 NC           4   0.255 Democrat
12 NC           1   0.229 Democrat
13 NC          12   0.204 Democrat
```

在共和党获胜的九个选区中，他们的得票率从微弱多数(51.8%)到明显多数(63.1%)不等。除了基本上平分秋色的第七选区外，在民主党赢得的三个选区都是溃败，民主党候选人的得票率为75%～80%。因此，尽管民主党在全州赢得了更多选票，但他们的大多数选票都集中在三个压倒性的民主党选区内，使得共和党人在剩下的九个选区中以温和多数获胜。

民主党选民倾向于居住在城市，所以他们可能只是聚集在三个城市，而共和党选民则分布在全州更多的农村地区。这是有真实依据的，让我们看看这些地区。

17.4.2　国会选区

为此，首先下载第 113 届国会的国会选区 shapefile。

```
src <- "http://cdmaps.polisci.ucla.edu/shp/districts113.zip"
dsn_districts <- usethis::use_zip(src, destdir = fs::path("data_large"))
```

接下来，将这些 shapefile 作为 sf 对象读入 R。

```
library(sf)
st_layers(dsn_districts)
```

```
Driver: ESRI Shapefile
```

```
Available layers:
    layer_name geometry_type features fields
1 districts113 Polygon 436 15
districts <- st_read(dsn_districts, layer = "districts113") %>%
    mutate(DISTRICT = parse_number(as.character(DISTRICT)))
Reading layer `districts113' using driver `ESRI Shapefile'
Simple feature collection with 436 features and 15 fields
    (with 1 geometry empty)
geometry type:    MULTIPOLYGON
dimension:        XY
bbox: xmin: -179  ymin: 18.9 xmax: 180 ymax: 71.4
geographic CRS: NAD83
```

```
glimpse(districts)
```

```
Rows: 436
Columns: 16
$ STATENAME     <chr> "Louisiana", "Maine", "Maine", "Maryland", "Maryland...
$ ID            <chr> "022113114006", "023113114001", "023113114002", "024...
$ DISTRICT      <dbl> 6, 1, 2, 1, 2, 3, 4, 5, 6, 7, 8, 1, 2, 3, 4, 5, 6, 7...
$ STARTCONG     <chr> "113", "113", "113", "113", "113", "113", "113", "11...
$ ENDCONG       <chr> "114", "114", "114", "114", "114", "114", "114", "11...
$ DISTRICTSI    <chr> NA, NA, NA, NA, NA, NA, NA, NA, NA, NA, NA, NA, NA, ...
$ COUNTY        <chr> NA, NA, NA, NA, NA, NA, NA, NA, NA, NA, NA, NA, NA, ...
$ PAGE          <chr> NA, NA, NA, NA, NA, NA, NA, NA, NA, NA, NA, NA, NA, ...
$ LAW           <chr> NA, NA, NA, NA, NA, NA, NA, NA, NA, NA, NA, NA, NA, ...
$ NOTE          <chr> NA, NA, NA, NA, NA, NA, NA, NA, NA, NA, NA, NA, NA, ...
$ BESTDEC       <chr> NA, NA, NA, NA, NA, NA, NA, NA, NA, NA, NA, NA, NA, ...
$ FINALNOTE     <chr> "{\"From US Census website\"}", "{\"From US Census w...
$ RNOTE         <chr> NA, NA, NA, NA, NA, NA, NA, NA, NA, NA, NA, NA, NA, ...
$ LASTCHANGE    <chr> "2016-05-29 16:44:10.857626", "2016-05-29 16:44:10.8...
$ FROMCOUNTY    <chr> "F", "F", "F", "F", "F", "F", "F", "F", "F", "F", "F...
$ geometry      <MULTIPOLYGON [°]> MULTIPOLYGON ((( (-91.8 30.9,..., MULTIPO...
```

我们正在研究北卡罗来纳州，因此我们将使用 filter() 函数创建一个只有这些形状的较小对象。请注意，由于每个 sf 对象也是 data.frame，因此可在地理空间对象上使用所有常用的 dplyr 工具。

```
nc_shp <- districts %>%
  filter(STATENAME == "North Carolina")
nc_shp %>%
  st_geometry() %>%
  plot(col = gray.colors(nrow(nc_shp)))
```

很难看到这里到底发生了什么，似乎有一些传统形状的地区，以及一些非常奇怪和狭窄的地区。遗憾的是，图 17.10 中的地图没有背景信息，所以地图信息量不大。我们需要 nc_results 数据来提供背景信息。

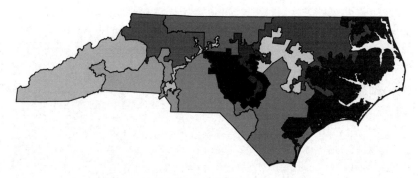

图 17.10 北卡罗来纳州国会选区的基本地图

17.4.3 整合所有数据

如何将这两者合并在一起？最简单的方法是使用 dplyr 包中的 inner_join()函数(请参见第 5
章)。由于 nc_shp 和 nc_result 都是 data.frame，因此这会将选举结果数据附加到地理空间数据。
在这里，我们使用地区作为键，将 nc_shp 多边形与 nc_results 选举数据框合并。请注意，这里
有 13 个多边形和 13 行。

```
nc_merged <- nc_shp %>%
  st_transform(4326) %>%
  inner_join(nc_results, by = c("DISTRICT" = "district"))
glimpse(nc_merged)
```

```
Rows: 13
Columns: 24
$ STATENAME    <chr> "North Carolina", "North Carolina", "North Carolina...
$ ID           <chr> "037113114002", "037113114003", "037113114004", "03...
$ DISTRICT     <dbl> 2, 3, 4, 1, 5, 6, 7, 8, 9, 10, 11, 12, 13
$ STARTCONG    <chr> "113", "113", "113", "113", "113", "113", "113", "1...
$ ENDCONG      <chr> "114", "114", "114", "114", "114", "114", "114", "1...
$ DISTRICTSI   <chr> NA, NA, NA, NA, NA, NA, NA, NA, NA, NA, NA, NA, NA
$ COUNTY       <chr> NA, NA, NA, NA, NA, NA, NA, NA, NA, NA, NA, NA, NA
$ PAGE         <chr> NA, NA, NA, NA, NA, NA, NA, NA, NA, NA, NA, NA, NA
$ LAW          <chr> NA, NA, NA, NA, NA, NA, NA, NA, NA, NA, NA, NA, NA
$ NOTE         <chr> NA, NA, NA, NA, NA, NA, NA, NA, NA, NA, NA, NA, NA
$ BESTDEC      <chr> NA, NA, NA, NA, NA, NA, NA, NA, NA, NA, NA, NA, NA
$ FINALNOTE    <chr> "{\"From US Census website\"}", "{\"From US Census ...
$ RNOTE        <chr> NA, NA, NA, NA, NA, NA, NA, NA, NA, NA, NA, NA, NA
$ LASTCHANGE   <chr> "2016-05-29 16:44:10.857626", "2016-05-29 16:44:10....
$ FROMCOUNTY   <chr> "F", "F", "F", "F", "F", "F", "F", "F", "F", "F", "...
$ state        <chr> "NC", "NC", "NC", "NC", "NC", "NC", "NC", "NC", "NC...
$ N            <int> 8, 3, 4, 4, 3, 4, 4, 8, 13, 6, 11, 3, 5
$ total_votes  <dbl> 311397, 309885, 348485, 338066, 349197, 364583, 336...
$ d_votes      <dbl> 128973, 114314, 259534, 254644, 148252, 142467, 168...
$ r_votes      <dbl> 174066, 195571, 88951, 77288, 200945, 222116, 16804...
$ other_votes  <dbl> 8358, 0, 0, 6134, 0, 0, 0, 3990, 9650, 0, 0, 0, 0
$ r_prop       <dbl> 0.559, 0.631, 0.255, 0.229, 0.575, 0.609, 0.499, 0....
```

```
$ winner        <chr> "Republican", "Republican", "Democrat", "Democrat",...
$ geometry      <MULTIPOLYGON [°]> MULTIPOLYGON (((-80.1 35.8,..., MULTIP...
```

17.4.4   使用 ggplot2

我们现在准备绘制北卡罗来纳州国会选区的地图。开始，我们在选区中使用一个简单的红-蓝配色方案。

```
nc <- ggplot(data = nc_merged, aes(fill = winner)) +
  annotation_map_tile(zoom = 6, type = "osm") +
  geom_sf(alpha = 0.5) +
  scale_fill_manual("Winner", values = c("blue", "red")) +
  geom_sf_label(aes(label = DISTRICT), fill = "white") +
  theme_void()
nc
```

图 17.11 显示，民主党选区往往形状不规则。第 12 区和第 4 区都是狭长的、不规则的形状，它们都是非常民主的。这个图告诉我们谁赢了，但没有传达我们观察到的关于胜利边缘的一些细微信息。在下一个图中，我们使用连续的色阶来表示每个选区的投票百分比。RdBu 发散调色板来自 RColorBrewer(请参阅第 2 章)。

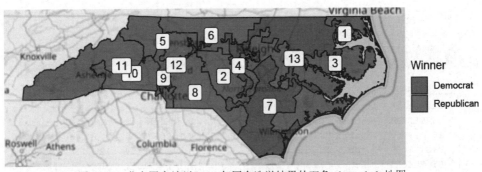

图 17.11   北卡罗来纳州 2012 年国会选举结果的双色 choropleth 地图

```
nc +
  aes(fill = r_prop) +
  scale_fill_distiller(
    "Proportion\nRepublican",
    palette = "RdBu",
    limits = c(0.2, 0.8)
  )
```

scale_fill_distiller()的 limits 参数很重要。这迫使红色成为与80%共和党选票相关的颜色，而蓝色则与80%的民主党选票相关。没有此参数，红色将与最大值(约63%)关联，而蓝色与最小值(约20%)关联。这将导致中性色白色不是刚好在50%上。选择色标时，能有效反映数据是至关重要的。

专业提示45：制作地图时，请认真选择颜色和比例。

在图 17.12 中，我们可以看到三个民主党选区的"蓝色"要比九个共和党县的"红色"更深。这反映了我们之前观察到的聚类。北卡罗来纳州已成为不公正改划选区的例子之一，这是某个党的立法者利用其重新分配的权力来谋取政治利益的一个现象。从图中可以明显看出这一点，其中民主党的选票集中在三个精心绘制的国会选区。尽管共和党议员仅获得 48.8% 的选票，却拥有国会 69%(9/13) 的投票权。

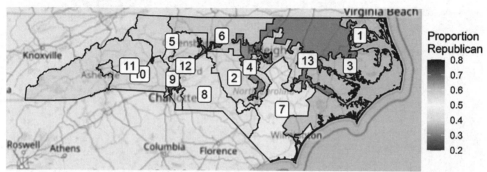

图 17.12　北卡罗来纳州 2012 年国会选举结果的彩色 choropleth 地图。民主党选区的深蓝色明显可见，而共和党选区则明显可见为浅红色

自本书第 1 版出版以来，北卡罗来纳州选区划分案件一直被提交到美国最高法院。在一项具有里程碑意义的 2018 年裁决中，大法官在 Rucho vs.Common Cause 案中以 5:4 裁定，尽管像北卡罗来纳州那样的党派不平等选区可能对民主造成问题，但司法系统不会对其进行复审。

17.4.5　使用 leaflet

民主党选区被编在一起以容纳该州的多个大城市，这是真的吗？　用 leaflet 制作的类似地图允许我们放大和缩小，从而更容易观察这些地区。

首先，我们将在从红色到蓝色的值区间 [0, 1] 上定义一个调色板。

```
library(leaflet)
pal <- colorNumeric(palette = "RdBu", domain = c(0, 1))
```

为在 leaflet 中制作图，我们必须添加图块(或瓦片)，然后添加由 sf 对象 nc_merged 定义的多边形。由于我们希望红色与共和党选票的百分比关联，因此将 1- r_prop 映射为颜色。注意，还会添加带有实际百分比的弹出式窗口，因此，如果你单击地图，它将显示选区号码和共和选票的百分比。生成的 leaflet 图的静态图像如图 17.13 所示。

```
leaflet_nc <- leaflet(nc_merged) %>%
  addTiles() %>%
  addPolygons(
    weight = 1, fillOpacity = 0.7,
    color = ~pal(1 - r_prop),
    popup = ~paste("District", DISTRICT, "</br>", round(r_prop, 4))
  ) %>%
  setView(lng = -80, lat = 35, zoom = 7)
```

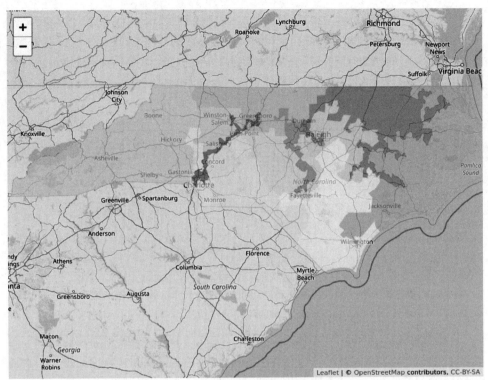

图 17.13　北卡罗来纳州国会选区 leaflet 图

17.5　有效的地图：如何避免撒谎

图 17.12 所示的地图是分级统计(choropleth)地图的一个例子。这是一种非常常见的地图类型，其中着色和/或阴影表示用于根据变量的值来区分地图的不同区域。这些地图很受欢迎，而且很有说服力，但在制作和解释分级统计地图和其他数据地图时，你应该意识到我们会面临一些挑战。常见的三种地图类型包括：

- **分级统计图**　基于变量的取值对区域进行着色或表示阴影的深度。
- **比例符号**　将符号与每个位置关联，通过缩放其大小来反映变量的取值。
- **点密度**　为每个数据绘制一个点，并展示它们的累积信息。

我们注意到，在比例符号地图中，放置在地图上的符号通常是二维的。因此，面积应该与绘制的数量成正比。注意，通常符号的大小是由其半径定义的。如果半径与绘制的数量成正比，则面积将不以同等比例放大。

***

专业提示 46：注意是根据比例符号的面积来缩放比例符号的大小。

***

正如第 2 章所指出的，尺度的选择也很重要，但它往往做得很差。数量之间的关系可通过不同的尺度来改变。在第 2 章中，我们展示了如何使用对数尺度来提高散点图的可读性。在图

17.12 中，我们解释了设置适当的比例尺度的重要性，一个好的设置可使 0.5 正好位于中间。试着在不进行这项处理的情况下制作图 17.12，看看结果是否还是容易理解。

如何着色对于制作有效的地图也至关重要。在第 2 章中，我们提到了可通过 RColorBrewer来提供调色板。在绘制地图时，分类变量应使用定性调色板显示，而定量变量应使用序列调色板或发散调色板显示。在图 17.12 中，我们使用了不同的调色板，因为共和党和民主党在尺度轴的两端，中性颜色白色代表 0.5。

决定如何处理缺失的值很重要。将其保留为默认颜色(例如白色)可能将其与观察到的值混淆。

最后，规范化这个概念是根本。在地图上绘制原始数据值很容易歪曲事实。在数据地图的情况下尤其如此，因为面积是一个隐含变量。因此，在分级统计地图上，我们几乎总是希望显示某种密度或比率，而不是原始值(即数量)。

17.6　投影多边形

有必要简要说明绘制未被投影数据的危害。考虑一下整个国家的国会选区地图。为勾勒出这一点，我们采取了与之前相同的步骤，但省略了限制在北卡罗来纳州的步骤。这里还需要一个额外步骤来创建州名和它们的缩写之间的映射。幸运的是，这些数据都内置在 R 中。

```
districts_full <- districts %>%
  left_join(
    tibble(state.abb, state.name),
    by = c("STATENAME" = "state.name")
  ) %>%
  left_join(
    district_elections,
    by = c("state.abb" = "state", "DISTRICT" = "district")
  )
```

可通过为通用地图数据添加白色多边形，然后为每个国会选区添加彩色多边形来制作地图。一些剪辑会使这些信息更容易看到。

```
box <- st_bbox(districts_full)
world <- map_data("world") %>%
  st_as_sf(coords = c("long", "lat")) %>%
  group_by(group) %>%
  summarize(region = first(region), do_union = FALSE) %>%
  st_cast("POLYGON") %>%
  st_set_crs(4269)
```

我们在图 17.14 中显示了这个底图的 Mercator 投影。注意，阿拉斯加与其他州相比有多大！阿拉斯加很大，但不是那么大！这是由于投影而造成的对现实的扭曲。

```
map_4269 <- ggplot(data = districts_full) +
  geom_sf(data = world, size = 0.1) +
  geom_sf(aes(fill = r_prop), size = 0.1) +
```

```
    scale_fill_distiller(palette = "RdBu", limits = c(0, 1)) +
    theme_void() +
    labs(fill = "Proportion\nRepublican") +
    xlim(-180, -50) + ylim(box[c("ymin", "ymax")])
  map_4269
```

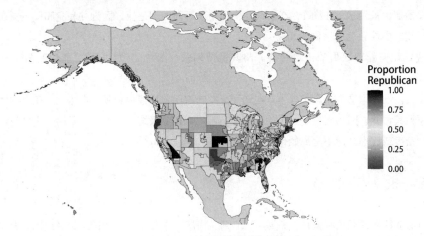

图 17.14　2012 年美国国会选举结果(Mercator 投影)

可使用 Albers 等面积投影来制作更具代表性的图片，如图 17.15 所示。请注意阿拉斯加仍然是面积最大的州(和地区)，但它的面积与得克萨斯州相差较大。

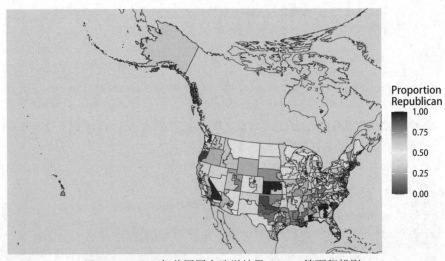

图 17.15　2012 年美国国会选举结果(Albers 等面积投影)

```
districts_aea <- districts_full %>%
  st_transform(5070)
box <- st_bbox(districts_aea)
map_4269 %+% districts_aea +
  xlim(box[c("xmin", "xmax")]) + ylim(box[c("ymin", "ymax")])
```

17.7 有效利用其他技术

除了 R，还有许多其他技术允许你处理空间数据。ArcGIS 是一个专用的地理信息系统软件，它被许多人认为是业界最先进的。QGIS 是它的开源竞争对手。两者都有图形用户界面。

Keyhole 标记语言(Keyhole Markup Language，KML)是一种用于存储地理数据的 XML 文件格式。KML 文件可以被 Google Earth 和其他 GIS 应用程序读取。R 中的 sf 对象可以使用 st_write 函数写入 KML。这些文件可以被 ArcGIS、Google 地图或 Google Earth 读取。这里，将演示如何为先前定义的北卡罗来纳州国会选区数据框创建 KML 文件。图 17.16 显示了 Google Earth 输出结果的屏幕截图。

图 17.16 输出到 KML 后，在 Google Earth 中呈现的北卡罗来纳州国会选区的屏幕截图。请与图 17.12 进行比较

```
nc_merged %>%
  st_transform(4326) %>%
  st_write("/tmp/nc_congress113.kml", driver = "kml")
```

17.8　扩展资源

空间方法的一些优秀资源包括[eBivand et al. (2013)]和[Cressie (1993)]。

R 中 CRS 系统的一个有价值的袖珍指南包含投影、椭球体和基准点(参考点)等信息。[Pebesma(2021)]除了介绍空间建模外，还讨论了如何在 R 中处理空间数据的机制。tigris 包提供了从美国人口普查局获取 shapefile 和人口统计数据的途径[Walker, 2020b]。

sf 包已取代本书第 1 版中使用的空间软件包 sp、rgdal 和 rgeos。r-spatial 小组负责维护从 sp 迁移到 sf 的指南。

John Snow 的动人故事和他对霍乱病因的探索可以在[Vinten-Johansen et al. (2003)]中找到。

一段时间以来，政治科学家们一直对 gerrymandering 的定量测量很感兴趣[Niemi et al., 1990; Engstrom and Wildgen, 1977；Hodge et al., 2010；Mackenzie, 2009]。

17.9　练习题

问题 1(易)： 使用 tidygeocoder 包中的 geocode 函数查找马萨诸塞州 Amherst 市的 Emily Dickinson 博物馆的经纬度。

问题 2(中)： pdxTrees 包中包含俄勒冈州 Portland 公园 20 000 多棵树的数据集。

a. 使用 pdxTrees_parks 数据，为 Portland 地区树木多样性和树木类型的爱好者创建一份信息丰富的 leaflet 地图。

b. 并非所有的树都是平等的。创建一张互动地图，突出树木对可持续性的总体贡献和对 Portland 社区的价值，使用诸如 carbon_storage_value 和 total_annual_benefits 的变量。

c. 创建一个交互式地图，帮助城市官员识别应该注意的任何有问题的树木。

问题 3(难)： 加州大学洛杉矶分校的研究人员保存了国会选区的历史档案(请参见 http://cdmaps.polisci.ucla.edu)。利用这些数据来讨论美国的不公正改划选区问题的历史。这个问题今天来看是好还是坏？

问题 4(难)： 使用 tidycensus 包对你所在州的人口普查数据进行空间分析。能说明你所在州的人口结构在空间上是如何变化的吗？

问题 5(难)： 使用 tigris 包为你所在的州制作国会选举选区地图。你有没有发现划分选区的证据？为什么？

17.10　附加练习

可从 https://mdsr-book.github.io/mdsr2e/geospatial-I.html#geospatialI-online-exercises 获得。

第 18 章

地理空间计算

在第 17 章中，我们学习了如何处理地理空间数据。我们学习了 shapefile、地图投影以及如何使用 ggplot2 和 leaflet 绘制空间数据。在本章中，将学习如何在地理空间数据上进行计算，这种计算将使我们能够回答有关空间特征的长度或大小的问题。还将学习如何使用几何操作和空间联接来创建新的地理空间对象。这些能力将拓宽我们可以执行的分析任务的范围，并相应地扩大可以回答的问题范围。

18.1 地理空间操作

18.1.1 地理编码、路线和距离

将人类可读地址转换为地理坐标的过程称为地理编码(geocoding)。虽然有许多线上的 API 可实现这一点，但 geocode()函数在 tidygeocoder 中提供的功能使用了 Open Street Map，并且不需要注册就可使用 API。在这里，我们构建了一个关于三位作者的活动地点的数据框，对学校地址进行地理编码，将生成的数据框转换为 sf 对象，并将投影设置为 epsg:4326(请参见第 17 章)。

```
library(tidyverse)
library(mdsr)
library(sf)
library(tidygeocoder)
colleges <- tribble(
  ~school, ~address,
  "Smith", "44 College Lane, Northampton, MA 01063",
  "Macalester", "1600 Grand Ave, St Paul, MN 55105",
  "Amherst", "Amherst College, Amherst, MA 01002"
) %>%
  geocode(address, method = "osm") %>%
  st_as_sf(coords = c("long", "lat")) %>%
  st_set_crs(4326)
colleges
```

```
Simple feature collection with 3 features and 2 fields
```

```
geometry type:   POINT
dimension:       XY
bbox:            xmin: -93.2 ymin: 42.3 xmax: -72.5 ymax: 44.9
geographic CRS: WGS 84
# A tibble: 3 x 3
   school        address                                    geometry
*  <chr>         <chr>                                      <POINT [°]>
1  Smith         44 College Lane, Northampton, MA 01063     (-72.6 42.3)
2  Macalester    1600 Grand Ave, St Paul, MN 55105          (-93.2 44.9)
3  Amherst       Amherst College, Amherst, MA 01002         (-72.5 42.4)
```

测地距离可以使用 sf 中的 st_distance()函数计算。这里，我们计算五所大学[1]中两所大学之间的距离。

```
colleges %>%
  filter(school != "Macalester") %>%
  st_distance()
```

```
Units: [m]
      [,1]   [,2]
[1,]     0  11982
[2,] 11982      0
```

测地距离更接近"直线距离"，但我们可能更感兴趣的是两个地点之间的道路上的行驶距离。为计算这个距离，我们需要访问一个包含道路的数据库服务。这里使用 openroute 服务，它需要一个 API 密钥[2]。通过 ors_directions()函数可以访问 openrouteservice 包的这项服务。注意，变量 mdsr_ors_api_key 的值不可见。你需要自己的 API 才能使用此服务。

```
library(openrouteservice)
ors_api_key(mdsr_ors_api_key)
```

```
smith_amherst <- colleges %>%
  filter(school != "Macalester") %>%
  st_coordinates() %>%
  as_tibble()

route_driving <- smith_amherst %>%
  ors_directions(profile = "driving-car", output = "sf")
```

注意上面计算的测地距离和下面计算的行驶距离之间的差异。当然，行驶距离必须大于测地距离。

```
route_driving %>%
  st_length()
```

```
13545 [m]
```

---

1 五所大学是 Amhers、Hampshire、Mount Holyoke、Smith Colleges 以及 University of Massachusetts-Amherst。
2 Google Maps 需要一个 API 密钥，该密钥用信用卡备份。

如有必要，可使用 units 包中的 set_units()函数将距离单位由米转换为英里。

```
route_driving %>%
  st_length() %>%
  units::set_units("miles")
```

8.42 [miles]

考虑一下连接 Northampton 和 Amherst 的便利的 Norwottuck 铁路线，我们可能更喜欢骑自行车。那么骑自行车的路线会更短一点吗？

```
route_cycling <- smith_amherst %>%
  ors_directions(profile = "cycling-regular", output = "sf")

route_cycling %>%
  st_length()
```

14066 [m]

事实表明，这条铁路的路线会稍长一些(但风景要优美得多)。

如图 18.1 所示，由于 Calvin Coolidge 大桥是驾驶汽车从 Northampton 到 Amherst 的唯一有效途径，因此 Smith 和 Amherst 之间只有一条最短路线。我们还展示了最短的自行车路线，该路线沿着 Norwottuck 铁路线。

```
library(leaflet)
leaflet() %>%
  addTiles() %>%
  addPolylines(data = route_driving, weight = 10) %>%
  addPolylines(data = route_cycling, color = "green", weight = 10)
```

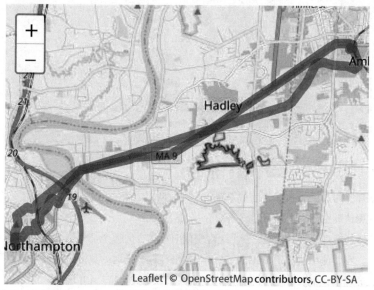

图 18.1　从 Smith 学院到 Amherst 学院的最快捷路线，交通工具分别为汽车(蓝色)和自行车(绿色)

然而，一个网络中的最短路径并不是唯一的(请参见第 20 章)。Ben 每天从 Brooklyn 的公寓到 Citi Field 都有三种不同的选择：

(1) 你可以乘坐 Brooklyn-Queens 高速公路(I-278 E)到 Grand Central Parkway E，然后经过 LaGuardia 机场。

(2) 你可以沿 Long Island 高速公路(I-495 E)继续行驶，然后从 Grand Central Parkway W 上以相反方向到达 Citi Field。

(3) 你可以完全避开高速公路，沿着 Roosevelt Avenue 一路穿过 Queens。

最后一条路线最短，但由于交通原因，通常需要更长时间。第一条路线是到 Citi Field 员工停车场最方便的途径。这两条路线绘制在图 18.2 所示的地图上。

```
commute <- tribble(
  ~place, ~address,
  "home", "736 Leonard St, Brooklyn, NY",
  "lga", "LaGuardia Airport, Queens, NY",
  "work", "Citi Field, 41 Seaver Way, Queens, NY 11368",
) %>%
  geocode(address, method = "osm") %>%
  st_as_sf(coords = c("long", "lat")) %>%
  st_set_crs(4326)

route_direct <- commute %>%
  filter(place %in% c("home", "work")) %>%
  st_coordinates() %>%
  as_tibble() %>%
  ors_directions(output = "sf", preference = "recommended")

route_gcp <- commute %>%
  st_coordinates() %>%
  as_tibble() %>%
  ors_directions(output = "sf")

leaflet() %>%
  addTiles() %>%
  addMarkers(data = commute, popup = ~place) %>%
  addPolylines(data = route_direct, color = "green", weight = 10) %>%
  addPolylines(data = route_gcp, weight = 10)
```

18.1.2 几何运算

处理地理空间数据的大部分运算都需要不同数据层之间的交互。sf 包提供了许多功能，使我们能够使用地理空间数据进行计算。

一个基本的地理空间问题是：一个地理空间对象集合的哪个部分位于另一个集合中？为了说明这一点，我们使用从位于 Whately MA 的 MacLeish 场地站获得的地理空间数据。这些数据由 macleish 程序包提供。图 18.3 说明，有几条河流穿过 MacLeish 场地。

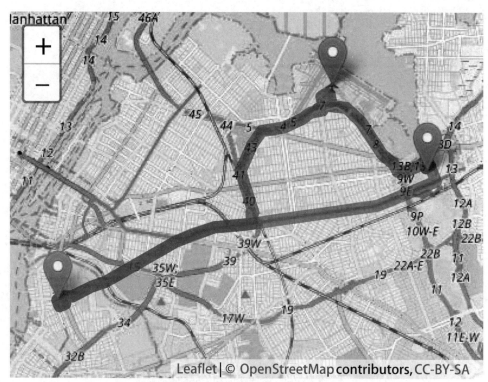

图 18.2　　Ben 在 Brooklyn 的旧公寓到 Citi Field 的备选通勤路线。请注意，从 Brooklyn 到
　　　　　Roosevelt Avenue 的 I-278E 入口匝道的大部分路线都有重叠

```
library(sf)
library(macleish)

boundary <- macleish_layers %>%
  pluck("boundary")
streams <- macleish_layers %>%
  pluck("streams")

boundary_plot <- ggplot(boundary) +
  geom_sf() +
  scale_x_continuous(breaks = c(-72.677, -72.683))

boundary_plot +
  geom_sf(data = streams, color = "blue", size = 1.5)
```

来自 MacLeish 的数据恰好包含一个名为 Shape_Area 的变量，该变量包含预计算的场地的
大小。

```
boundary %>%
  pull(Shape_Area)
```

```
[1] 1033988
```

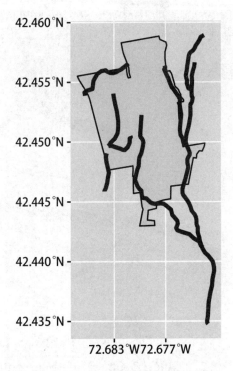

图 18.3   穿过 MacLeish 场地边界的河流

这样计算准确吗？利用 st_area 函数可以方便地计算空间物体的面积和长度等基本几何属性。

```
st_area(boundary)
```

```
1034035 [m^2]
```

计算出的面积与记录值非常接近。我们也可以用平方米除以已知的换算系数，把面积换算成英亩。

```
st_area(boundary) / 4046.8564224
```

```
256 [m^2]
```

类似地，我们可以计算每段河流的长度和场地的质心的位置。

```
streams %>%
  mutate(length = st_length(geometry))
```

```
Simple feature collection with 13 features and 2 fields
geometry type:  LINESTRING
dimension:      XY
bbox:           xmin: -72.7 ymin: 42.4 xmax: -72.7 ymax: 42.5
geographic CRS: WGS 84
First 10 features:
  Id                    geometry          length
 1  1  LINESTRING (-72.7 42.5, -72...    593.2 [m]
```

```
  2  1  LINESTRING (-72.7 42.5, -72...     411.9 [m]
  3  1  LINESTRING (-72.7 42.5, -72...     137.8 [m]
  4  1  LINESTRING (-72.7 42.5, -72...      40.2 [m]
  5  1  LINESTRING (-72.7 42.5, -72...      51.0 [m]
  6  1  LINESTRING (-72.7 42.5, -72...     592.5 [m]
  7  1  LINESTRING (-72.7 42.5, -72...    2151.1 [m]
  8  3  LINESTRING (-72.7 42.5, -72...    1651.7 [m]
  9  3  LINESTRING (-72.7 42.5, -72...     316.6 [m]
 10  3  LINESTRING (-72.7 42.5, -72...     388.1 [m]
```

```
boundary %>%
  st_centroid()
```

```
Simple feature collection with 1 feature and 3 fields
geometry     type: POINT
dimension: XY
bbox:        xmin: -72.7 ymin: 42.5 xmax: -72.7 ymax: 42.5
geographic CRS: WGS 84
  OBJECTID   Shape_Leng     Shape_Area     geometry
1    1          5894     1033988 POINT  (-72.7 42.5)
```

正如所承诺的，还可以结合两个地理空间层。函数 st_intersects() 和 st_intersection() 获取两个地理空间对象，并分别返回一个逻辑值，该值用来表示它们是否相交，或者返回一个表示该相交的 sf 对象。

```
st_intersects(boundary, streams)
```

```
Sparse geometry binary predicate list of length 1, where the predicate was `intersects'
  1: 3, 4, 5, 6, 7, 8, 9, 10, 11, 12, ...
```

```
st_intersection(boundary, streams)
```

```
Simple feature collection with 11 features and 4 fields
geometry type: GEOMETRY
dimension:     XY
bbox:          xmin: -72.7 ymin: 42.4 xmax: -72.7 ymax: 42.5
geographic CRS: WGS 84
First 10 features:
  OBJECTID Shape_Leng Shape_Area  Id                      geometry
1    1        5894     1033988     1   LINESTRING (-72.7 42.5, -72...
1.1  1        5894     1033988     1   LINESTRING (-72.7 42.5, -72...
1.2  1        5894     1033988     1   LINESTRING (-72.7 42.5, -72...
1.3  1        5894     1033988     1   MULTILINESTRING ((-72.7 42....
1.4  1        5894     1033988     1   LINESTRING (-72.7 42.4, -72...
1.5  1        5894     1033988     3   LINESTRING (-72.7 42.5, -72...
1.6  1        5894     1033988     3   LINESTRING (-72.7 42.5, -72...
1.7  1        5894     1033988     3   LINESTRING (-72.7 42.5, -72...
1.8  1        5894     1033988     3   LINESTRING (-72.7 42.5, -72...
1.9  1        5894     1033988     3   LINESTRING (-72.7 42.4, -72...
```

由于返回一个逻辑值，st_intersects() 被称为谓词函数；它可以回答一个问题："这两层相交吗？"另一方面，st_intersection() 执行一个集合操作；它可以回答一个问题："表示这两层交集的集合是什么？"类似的函数计算我们熟知的集合操作，如并集、差集和对称差集，而整体的附加谓词函数能检测包含(st_contains()、st_within()等)、交叉、重叠等。

在图 18.4(a)中，我们使用 st_intersection()函数仅显示包含在 MacLeish 场地中的河流的部分。在图 18.4(b)中，我们展示了位于 MacLeish 场地之外的相应的河流集合部分。

```
boundary_plot +
  geom_sf(
    data = st_intersection(boundary, streams),
    color = "blue",
    size = 1.5
  )

boundary_plot +
  geom_sf(
    data = st_difference(streams, boundary),
    color = "blue",
    size = 1.5
  )
```

不同的空间几何以不同的方式相交。在上面，我们看到河流(LINESTRING)和边界(POLYGON)的相交产生了 LINESTRING 几何体。下面，我们计算了河流与 MacLeish 中路径的交点。路径也是 LINESTRING 几何体，两个 LINESTRING 几何体的交点生成一组 POINT 几何体。

```
trails <- macleish_layers %>%
  pluck("trails")

st_intersection(trails, streams)
```

```
Simple feature collection with 10 features and 3 fields
geometry type:  GEOMETRY
dimension:      XY
bbox:           xmin: -72.7 ymin: 42.4 xmax: -72.7 ymax: 42.5
geographic CRS: WGS 84
                  name   color  Id                       geometry
8          entry trail       -   3       POINT (-72.7 42.4)
9         Eastern Loop    Blue   3       POINT (-72.7 42.5)
13   Snowmobile Trail    <NA>   3   MULTIPOINT ((-72.7 42.5), (...
15           Driveway    <NA>   3       POINT (-72.7 42.4)
6         Western Loop     Red   3       POINT (-72.7 42.4)
1      Porcupine Trail   White   3       POINT (-72.7 42.5)
6.1       Western Loop     Red   3       POINT (-72.7 42.5)
4     Vernal Pool Loop  Yellow   3       POINT (-72.7 42.4)
3     Poplar Hill Road    Road   3       POINT (-72.7 42.5)
14   Snowmobile Trail    <NA>   3       POINT (-72.7 42.5)
```

注意，其中一个特性是 MULTIPOINT。有时，一条路径可能会在多个位置与河流相交(从而形成 MULTIPOINT 几何图形)。这种情况就发生在这里，雪地摩托车的路径在两个不同的地方与河流的其中一段相交。为解决这个问题，我们首先使用 st_cast()函数将所有内容转换为 MULTIPOINT，然后将所有内容转换为 POINT(不能直接处理为 POINT，因为我们是从混合

POINT 和 MULTIPOINT 开始)。

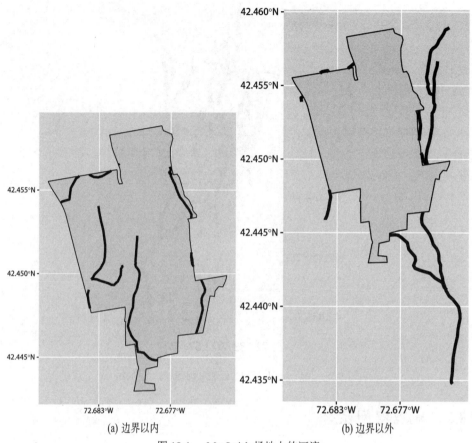

(a) 边界以内　　　　　　　　　　(b) 边界以外

图 18.4　　MacLeish 场地上的河流

```
bridges <- st_intersection(trails, streams) %>%
  st_cast("MULTIPOINT") %>%
  st_cast("POINT")

nrow(bridges)
```

[1] 11

　　注意，我们现在有 11 个特征，而不是 10 个。在这种情况下，路径和河流的交叉点有一个
很自然的解释：这些点一定是某种类型的桥梁！不然这条路径怎么能继续穿过河流呢？图 18.5
显示了路径、河流和这些“桥梁”(有些点很难看到，因为它们部分重叠)。

```
boundary_plot +
  geom_sf(data = trails, color = "brown", size = 1.5) +
  geom_sf(data = streams, color = "blue", size = 1.5) +
  geom_sf(data = bridges, pch = 21, fill = "yellow", size = 3)
```

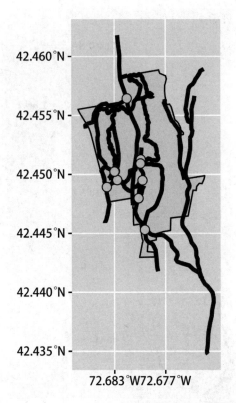

图 18.5　　MacLeish 场地上路径和河流相交的桥梁

18.2　地理空间聚合

在第 18.1.2 节中，我们看到了如何将 MULTIPOINT 几何体拆分为 POINT 几何体。从某种意义上讲，这是地理空间的分解。在这里我们将学习更自然的行为：空间聚合。

正如我们之前看到的，不同几何体的交集可生成不同的几何体结果。同时，不同的几何体也会以不同的方式聚集在一起。例如，POINT 几何体可聚合为 MULTIPOINT 几何体。

sf 包使用第 4 章中学习的 group_by()和 summarize()函数实现空间聚合。唯一的区别是我们可能需要指定如何聚合空间层。默认的聚合方法是 st_union()，它在大多数情况都有用。

注意，路径这一层被分为几个部分：Western Loop 由三个不同的特征组成。

```
trails
```

```
Simple feature collection with 15 features and 2 fields
geometry type:   LINESTRING
dimension:       XY
bbox:            xmin: -72.7 ymin: 42.4 xmax: -72.7 ymax: 42.5
geographic CRS: WGS 84
First 10 features:
```

```
                     name      color                      geometry
1        Porcupine Trail      White    LINESTRING (-72.7 42.5, -72...
2          Western Loop        Red     LINESTRING (-72.7 42.5, -72...
3       Poplar Hill Road       Road    LINESTRING (-72.7 42.5, -72...
4       Vernal Pool Loop     Yellow    LINESTRING (-72.7 42.4, -72...
5          Eastern Loop       Blue     LINESTRING (-72.7 42.5, -72...
6          Western Loop        Red     LINESTRING (-72.7 42.5, -72...
7          Western Loop        Red     LINESTRING (-72.7 42.4, -72...
8           entry trail         -      LINESTRING (-72.7 42.4, -72...
9          Eastern Loop       Blue     LINESTRING (-72.7 42.5, -72...
10             Easy Out        Red     LINESTRING (-72.7 42.5, -72...
```

哪条路径最长？我们知道可以用 st_length() 计算每个特征的长度，但是必须把每个片段的长度加起来。相反，我们可以把片段聚合起来并对完整的路径进行长度计算。

```
trails_full <- trails %>%
  group_by(name) %>%
  summarize(num_segments = n()) %>%
  mutate(trail_length = st_length(geometry)) %>%
  arrange(desc(trail_length))
```

```
although coordinates are longitude/latitude, st_union assumes that they are planar
although coordinates are longitude/latitude, st_union assumes that they are planar
although coordinates are longitude/latitude, st_union assumes that they are planar
although coordinates are longitude/latitude, st_union assumes that they are planar
although coordinates are longitude/latitude, st_union assumes that they are planar
although coordinates are longitude/latitude, st_union assumes that they are planar
although coordinates are longitude/latitude, st_union assumes that they are planar
although coordinates are longitude/latitude, st_union assumes that they are planar
although coordinates are longitude/latitude, st_union assumes that they are planar
trails_full
```

```
Simple feature collection with 9 features and 3 fields
geometry type: GEOMETRY
dimension:     XY
bbox:          xmin: -72.7 ymin: 42.4 xmax: -72.7 ymax: 42.5
geographic CRS: WGS 84
# A tibble: 9 x 4
  name      num_segments                      geometry  trail_length
  <fct>          <int>              <GEOMETRY [°]>            [m]
1 Snowmobi~          2  MULTILINESTRING ((-72.7 42.5, -72.7 4~        2575
2 Eastern ~          2  MULTILINESTRING ((-72.7 42.5, -72.7 4~        1940
3 Western ~          3  MULTILINESTRING ((-72.7 42.5, -72.7 4~        1351
4 Poplar H~          2  MULTILINESTRING ((-72.7 42.5, -72.7 4~        1040
5 Porcupin~          1  LINESTRING (-72.7 42.5, -72.7 42.5, -~         700
6 Vernal P~          1  LINESTRING (-72.7 42.4, -72.7 42.4, -~         361
7 entry tr~          1  LINESTRING (-72.7 42.4, -72.7 42.4, -~         208
8 Driveway           1  LINESTRING (-72.7 42.4, -72.7 42.4, -~         173
9 Easy Out           2  MULTILINESTRING ((-72.7 42.5, -72.7 4~         136
```

18.3　地理空间联接

在第 17.4.3 节中，我们展示了如何使用 inner_join()函数将地理空间数据与其他数据合并。该合并之所以能够进行，是因为地理空间数据存储在一个 sf 对象中，而 sf 对象也是一个数据框。这种情况下，由于第二个数据框不是空间的，因此执行联接操作的键必然是非空间属性。

地理空间联接是一种完全不同的操作类型，其中的两个数据框都是地理空间的，联接键是地理空间属性。此操作由 st_join()函数实现，该函数的行为类似于 inner_join()函数，但由于其任务的不同性质，会带来一些额外的复杂性。

为说明这一点，我们分析一下 MacLeish 中的两个营地分别处于哪种类型的森林中(请参见图 18.6)。

```
forests <- macleish_layers %>%
  pluck("forests")

camp_sites <- macleish_layers %>%
  pluck("camp_sites")

boundary_plot +
  geom_sf(data = forests, fill = "green", alpha = 0.1) +
  geom_sf(data = camp_sites, size = 4) +
  geom_sf_label(
    data = camp_sites, aes(label = name),
    nudge_y = 0.001
  )
```

值得注意的是，这个问题本身就是空间问题。森林层和营地层之间没有任何变量可以让你不通过地理空间位置而直接连接它们。

与 inner_join()一样，st_join()函数将两个数据框作为其前两个参数。这里没有 st_left_join()函数，但是 st_join()接收一个 left 参数，默认设置为 TRUE。最后，join 参数接收一个谓词函数，该函数确定"空间特征是否匹配"的准则。默认值是 st_intersects()，但在此使用 st_within()，因为我们希望营地的 POINT 几何体位于森林的 POLYGON 几何体中。

```
st_join(camp_sites, forests, left = FALSE, join = st_within) %>%
  select(name, type)
```

```
Simple feature collection with 2 features and 2 fields
geometry type:  POINT
dimension:      XY
bbox:           xmin: -72.7 ymin: 42.5 xmax: -72.7 ymax: 42.5
geographic CRS: WGS 84
# A tibble: 2 x 3
  name              type                         geometry
  <chr>             <fct>                     <POINT [°]>
1 Group Campsite    Old Field White Pine Forest  (-72.7 42.5)
2 Remote Campsite   Sugar Maple Forest           (-72.7 42.5)
```

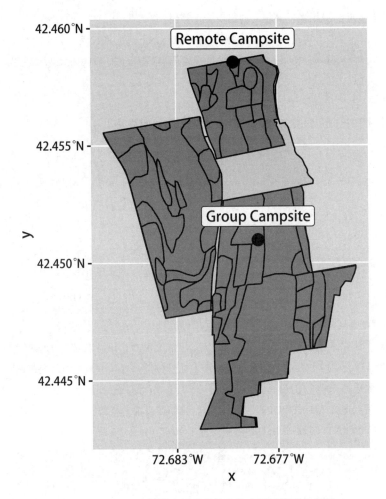

图 18.6　MacLeish 场地有两个营地和许多不同类型的森林

可以看到，Group Campsite 是在一个名叫 Eastern White Pine 的森林中，而 Remote Campsite 是在一个名叫 Sugar Maple 的森林中。

18.4　拓展示例：MacLeish 中的路径海拔

许多徒步旅行地图提供了路径的海拔图(或海拔剖面图)，描绘了路径沿线海拔的变化。这些地图可以帮助徒步旅行者了解路径上坡段和下坡段之间的相互作用，以及它们在徒步旅行中出现的位置。

实际中，存在各种各样的路径轨迹系统，它们用数字来评分徒步的难度。Shenandoah National Park 使用了一个简单的路径评级系统：

$$rating = \sqrt{gain \cdot 2 \cdot distance}$$

低于 50 分的等级相当于最容易的徒步旅行等级。

在本例中，我们将构造一个海拔剖面，并计算 MacLeish 最长路径的难度等级。macleish 程序包包含了相距 30 英尺的海拔等高线。这些线是相对稀疏的，但它们足以满足我们的目的。

```
elevations <- macleish_layers %>%
  pluck("elevation")
```

首先，利用前面介绍的空间聚合操作来分离出最长的路径。

```
longest_trail <- trails_full %>%
  head(1)
longest_trail
```

```
Simple feature collection with 1 feature and 3 fields
geometry type:   MULTILINESTRING
dimension:       XY
bbox:            xmin: -72.7 ymin: 42.4 xmax: -72.7 ymax: 42.5
geographic CRS: WGS 84
# A tibble: 1 x 4
  Name num_segments                             geometry trail_length
  <fct>       <int>                <MULTILINESTRING [°]>          [m]
1 Snowmobi~       2 ((-72.7 42.5, -72.7 42.5, -72.7 42.5,~         2575
```

接下来，计算路径和海拔等高线之间的地理空间交叉点，这两者都是 LINESTRING 几何图形。这个操作会生成 POINT，但正如我们在上面看到的，有几个地方的路径跨越同一等高线不止一次。如果你想爬上一座山，然后从另一边走下来，这应该是能实现的(请参见图 18.7)。这些多个交叉点形成 MULTIPOINT 几何图形。我们像以前一样解答这些问题：将所有内容都投射到 MULTIPOINT，然后将所有内容投射回 POINT。

```
trail_elevations <- longest_trail %>%
  st_intersection(elevations) %>%
  st_cast("MULTIPOINT") %>%
  st_cast("POINT")
```

图 18.7 显示，摩托雪橇路线从海拔 750 英尺的场地最南端附近开始，沿着海拔 780 英尺的山脊蜿蜒前行，然后在海拔 870 英尺的地方爬上顶峰，最后从靠近场地北部边界的山的背面下山。

```
boundary_plot +
  geom_sf(data = elevations, color = "dark gray") +
  geom_sf(data = longest_trail, color = "brown", size = 1.5) +
  geom_sf(data = trail_elevations, fill = "yellow", pch = 21, size = 3) +
  geom_sf_label(
    data = trail_elevations,
    aes(label = CONTOUR_FT),
    hjust = "right",
    size = 2.5,
    nudge_x = -0.0005
  )
```

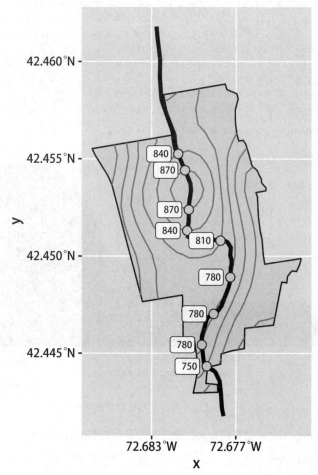

图 18.7　　MacLeish 的摩托雪橇路线，描绘了等高线

最后，需要对特征进行排序，以便计算出从路径起点到终点的距离。幸运的是，在这种情况下，路径直接从南向北，因此我们可以使用纬度坐标作为排序变量。

这种情况下，我们使用 st_distance() 来计算海拔等高线之间的测地距离。此函数返回 $n \times n$ 矩阵，它包含所有两点之间的距离，但由于我们只需要离最南端点(即第一个元素)的距离，因此我们只选择结果矩阵的第一列。

为了计算实际距离(即沿着路径)，我们需要将路径分成几段。我们把这个计算当作练习题。

```
trail_elevations <- trail_elevations %>%
  mutate(lat = st_coordinates(geometry)[, 2]) %>%
  arrange(lat) %>%
  mutate(distance_from_start = as.numeric(st_distance(geometry)[, 1]))
```

图 18.8 所示为摩托雪橇路线的海拔剖面图。

```
ggplot(trail_elevations, aes(x = distance_from_start)) +
```

```
geom_ribbon(aes(ymax = CONTOUR_FT, ymin = 750)) +
scale_y_continuous("Elevation (feet above sea level)") +
scale_x_continuous("Geodesic distance from trail head (meters)") +
labs(
  title = "Trail elevation map: Snowmobile trail",
  subtitle = "Whately, MA",
  cap tion = "Source: macleish package for R"
)
```

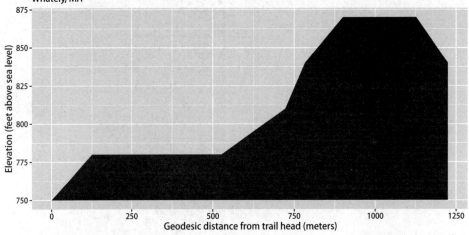

图 18.8　MacLeish 摩托雪橇路线的海拔剖面图

根据 Shenandoah 系统，这条路线的评分低于 2 分，它是最简单的路线之一。

```
trail_elevations %>%
  summarize(
    gain = max(CONTOUR_FT) - min(CONTOUR_FT),
    trail_length = max(units::set_units(trail_length, "miles")),
    rating = sqrt(gain * 2 * as.numeric(trail_length))
  )
```

```
although coordinates are longitude/latitude, st_union assumes that they are planar

Simple feature collection with 1 feature and 3 fields
geometry type:  MULTIPOINT
dimension:      XY
bbox:           xmin: -72.7 ymin: 42.4 xmax: -72.7 ymax: 42.5
geographic CRS: WGS 84
# A tibble: 1 x 4
  gain  trail_length rating                                            geometry
  <dbl>     [miles]  <dbl>                                     <MULTIPOINT [°]>
1  120          1.6  19.6 ((-72.7 42.5), (-72.7 42.5), (-72.7 42.5), (-72~
```

18.5　扩展资源

Lovelace(2019)和 Engel (2019)等文献都有助于进一步学习这些知识，可帮助你更好地利用 sf。

18.6　练习题

问题 1(中)：mdsr 包中的违规数据框包含纽约市餐馆健康检查委员会登记的违规信息。这些数据包含地址和邮政编码等形式的空间信息。

a. 使用 tidygeocoder 中的 geocode 函数获取这些餐馆的空间坐标。

b. 基于上一个练习中获得的空间坐标，使用 ggspatial 创建一个信息丰富的静态地图，以说明纽约市餐馆违规的性质和程度。

c. 基于前面练习中获得的空间坐标，使用 leaflet 创建一个信息丰富的交互式地图，以说明纽约市餐馆违规的性质和程度。

问题 2(中)：

a. 使用 macleish 包中的空间数据和 ggspatial 制作 MacLeish 野外研究站场地的信息静态地图。

b. 使用 macleish 包中的空间数据和 leaflet 制作 MacLeish 野外研究站场地的信息交互地图。

问题 3(难)：图形文件形式的 GIS 数据在 Web 网络中非常常见。尤其政府机构是一个非常好的数据来源。下面的代码从 MassGIS 下载 Massachusetts 的自行车道数据。使用 bike_trails 回答以下问题：

```
if (!file.exists("./biketrails_arc.zip")) {
  part1 <- "http://download.massgis.digital.mass.gov/"
  part2 <- "shapefiles/state/biketrails_arc.zip"
  url <- paste(part1, part2, sep = "")
  local_file <- basename(url)
  download.file(url, destfile = local_file)
  unzip(local_file, exdir = "./biketrails/")
}
library(sf)
dsn <- path.expand("./biketrails/biketrails_arc")
st_layers(dsn)

Driver: ESRI Shapefile
Available layers:
      layer_name geometry_type features fields
1 biketrails_arc    Line String      272     13
bike_trails <- read_sf(dsn)
```

a. 有多少不同的自行车道段？

b. 最长的单个自行车道段是哪一个？

c. 有多少段与 Norwottuck 铁路线相关？

d. 在所有命名的路线(可能有多个特征)中，哪一个路线的总长度最长？

e. 自行车道呈 Lambert 共形圆锥投影状。请注意，坐标单位与经纬度 lat/long 区别很大。为将这些数据放到 leaflet 地图上，需要重新投影它们。将自行车道转换为 EPSG:4326，并创建一个 leaflet 地图。

f. 根据自行车道的长度对其进行颜色编码，并在绘图中添加信息丰富的图例。

问题 4(难)： 本书中生成的 MacLeish 摩托雪橇路线图相当简陋。请生成一个你自己的地图，完善信息并加以美化。

18.7　附加练习

可以从 https://mdsr-book.github.io/mdsr2e/geospatial-II.html#geospatialII-online-exercises 获取。

第 19 章

文本数据

到目前为止，我们主要关注数字类型的数据，但是在文本数据上还存在一个完整的研究领域。自然语言处理和计算语言学等领域直接处理文本文档数据，它们以算法方式提取有意义的信息。毫无疑问，计算机确实擅长存储文本，但不太擅长理解文本，而人类擅长理解文本，但不太擅长存储文本，这个问题是一个巨大的挑战。

处理文本数据需要一套额外的数据整理技巧。在本章中，我们将介绍如何获取文本，如何创建语料库(文本文档集合)，以及如何使用正则表达式进行自动搜索，否则将耗费很大的人力。

19.1 使用 Macbeth 的正则表达式

如前所述，处理文本数据需要新的工具。在本节中，我们将介绍正则表达式这种强大的语法。

19.1.1 解析苏格兰戏剧文本

Gutenberg 项目包含莎士比亚所有戏剧的全文。在这个示例中，我们将使用文本挖掘技术来研究 *The Tragedy of Macbeth*。文本可以直接从 Gutenberg 项目下载。另外，Macbeth_raw 对象也被包含在 mdsr 包中。

```
library(tidyverse)
library(mdsr)
macbeth_url <- "http://www.gutenberg.org/cache/epub/1129/pg1129.txt"
Macbeth_raw <- RCurl::getURL(macbeth_url)
```

```
data(Macbeth_raw)
```

请注意，Macbeth_raw 是一个包含整个剧本的文本字符串(即长度为 1 的字符向量)。为了处理这个问题，我们需要使用 str_split()函数将这个字符串拆分为一个字符串向量。为此，我们只需要指定行尾字符，在本例中为：\r\n。

```
# str_split returns a list: we only want the first element
macbeth <- Macbeth_raw %>%
str_split("\r\n") %>%
  pluck(1)
```

```
length(macbeth)
```

```
[1] 3194
```

现在让我们来看看这个文本。请注意，每行台词都以两个空格开头，后面跟着以大写字母表示的说话人的姓名。

```
macbeth[300:310]
```

```
 [1] "meeting a bleeding Sergeant."
 [2] ""
 [3] " DUNCAN. What bloody man is that? He can report,"
 [4] "    As seemeth by his plight, of the revolt"
 [5] "    The newest state."
 [6] " MALCOLM. This is the sergeant"
 [7] "    Who like a good and hardy soldier fought"
 [8] "    'Gainst my captivity. Hail, brave friend!"
 [9] "    Say to the King the knowledge of the broil"
[10] "    As thou didst leave it."
[11] " SERGEANT. Doubtful it stood,"
```

文本挖掘的力量来自于嵌入在文本中的量化思想。例如，Macbeth 这个角色在剧中台词有多少？考虑一下这个问题。如果你拿着剧本的实体拷贝，你会怎么计算这个数字？你能把本书全部翻一遍，把每一句话都写在一张单独的纸上吗？你的算法可伸缩性强吗？如果你必须为剧中的所有角色都这样做，而不仅仅是 Macbeth 呢？如果你必须为莎士比亚的 37 部戏剧都这么做呢？如果所有的剧本都是用英语写的怎么办？

当然，计算机无法读懂剧本，也无法理解这一点，但我们可以通过巧妙地计算文本中的模式，找到 Macbeth 所有的台词实例。

```
macbeth_lines <- macbeth %>%
  str_subset(" MACBETH")
length(macbeth_lines)
```

```
[1] 147
```

```
head(macbeth_lines)
```

```
[1] "   MACBETH, Thane of Glamis and Cawdor, a general in the King's"
[2] "   MACBETH. So foul and fair a day I have not seen."
[3] "   MACBETH. Speak, if you can. What are you?"
[4] "   MACBETH. Stay, you imperfect speakers, tell me more."
[5] "   MACBETH. Into the air, and what seem'd corporal melted"
[6] "   MACBETH. Your children shall be kings."
```

str_subset()函数在 haystack 范式中使用针头，其中第一个参数是要在其中查找模式的字符向量(即 haystack)，第二个参数是要查找的正则表达式或模式(即针头)。否则 grep()将返回在其中找到针头的 haystack 的索引。通过更换针头，我们可以发现不同的结果：

```
macbeth %>%
  str_subset(" MACDUFF") %>%
```

```
length()
```

[1] 60

我们在下一节的示例中使用的 str_detect()函数使用相同的语法，但返回的逻辑向量与 haystack 一样长。因此，虽然 str_subset()返回的向量的长度等于匹配的数量，但 str_detect()返回的向量的长度始终与 haystack 向量的长度相同[1]。

```
macbeth %>%
  str_subset(" MACBETH") %>%
  length()
```

[1] 147

```
macbeth %>%
  str_detect(" MACBETH") %>%
  length()
```

[1] 3194

要提取实际被匹配的每个匹配行的片段，请使用 stringr 包中的 str_extract()函数。

```
pattern <- " MACBETH"
macbeth %>%
  str_subset(pattern) %>%
  str_extract(pattern) %>%
  head()
```

[1] " MACBETH" " MACBETH" " MACBETH" " MACBETH" " MACBETH" " MACBETH"

在上面，我们使用了一个文本字符串(例如 MACBETH)作为我们的针头，在我们的 haystack 中去寻找精确的匹配。这是我们可以搜索的最简单的模式类型，但是 str_extract()搜索的针头可以是任何正则表达式。

正则表达式语法非常强大，因此可能变得非常复杂。不过，正则表达式也是一种语法，因此学习一些基本概念将使你能够构建更高效的搜索。

- 元字符：. 是一个能匹配任何字符的元字符。请注意，如果要搜索元字符(例如一个句点)的文字值，则必须用反斜杠对其进行转义。要在 R 中使用模式，需要两个反斜杠。请注意以下结果的差异。

```
macbeth %>%
  str_subset("MAC.") %>%
  head()
```

[1] "MACHINE READABLE COPIES MAY BE DISTRIBUTED SO LONG AS SUCH COPIES"
[2] "MACHINE READABLE COPIES OF THIS ETEXT, SO LONG AS SUCH COPIES"
[3] "WITH PERMISSION. ELECTRONIC AND MACHINE READABLE COPIES MAY BE"

---

1 str_subset()、str_which()和 str_detect()复制了 R 基础函数 grep()和 grepl()的功能，但使用了更为一致和可管道化的语法。

```
[4] "THE TRAGEDY OF MACBETH"
[5] "   MACBETH, Thane of Glamis and Cawdor, a general in the King's"
[6] "   LADY MACBETH, his wife"
```

```
macbeth %>%
  str_subset("MACBETH\\.") %>%
  head()
```

```
[1] "   MACBETH. So foul and fair a day I have not seen."
[2] "   MACBETH. Speak, if you can. What are you?"
[3] "   MACBETH. Stay, you imperfect speakers, tell me more."
[4] "   MACBETH. Into the air, and what seem'd corporal melted"
[5] "   MACBETH. Your children shall be kings." ~
[6] "   MACBETH. And Thane of Cawdor too. Went it not so?"
```

- 字符集：使用括号定义要匹配的字符集。此模式将匹配包含 MAC 并且后面跟着除 A 以外的其他任何大写字母的行。例如，它将匹配 MACBETH 而不是 MACALESTER。

```
macbeth %>%
  str_subset("MAC[B-Z]") %>%
  head()
```

```
[1] "MACHINE READABLE COPIES MAY BE DISTRIBUTED SO LONG AS SUCH COPIES"
[2] "MACHINE READABLE COPIES OF THIS ETEXT, SO LONG AS SUCH COPIES"
[3] "WITH PERMISSION. ELECTRONIC AND MACHINE READABLE COPIES MAY BE"
[4] "THE TRAGEDY OF MACBETH"
[5] "   MACBETH, Thane of Glamis and Cawdor, a general in the King's"
[6] "   LADY MACBETH, his wife"
```

- 替代：要搜索一些特定的替代方案，请使用 | 并用括号括起来。此模式将匹配包含 MACB 或 MACD 的任何行。

```
macbeth %>%
  str_subset("MAC(B|D)") %>%
  head()
```

```
[1] "THE TRAGEDY OF MACBETH"
[2] "   MACBETH, Thane of Glamis and Cawdor, a general in the King's"
[3] "   LADY MACBETH, his wife"
[4] "   MACDUFF, Thane of Fife, a nobleman of Scotland"
[5] "   LADY MACDUFF, his wife"
[6] "   MACBETH. So foul and fair a day I have not seen."
```

- 锚点：使用 ^ 可以将模式锚定到一段文本的开头，使用 $ 可将其锚定到文本的结尾。

```
macbeth %>%
  str_subset("^ MAC[B-Z]") %>%
  head()
```

```
[1] "   MACBETH, Thane of Glamis and Cawdor, a general in the King's"
[2] "   MACDUFF, Thane of Fife, a nobleman of Scotland"
[3] "   MACBETH. So foul and fair a day I have not seen."
[4] "   MACBETH. Speak, if you can. What are you?"
```

```
[5]  "   MACBETH. Stay, you imperfect speakers, tell me more."
[6]  "   MACBETH. Into the air, and what seem'd corporal melted"
```

- 重复：还可以指定我们希望某些模式发生的次数。?表示零或 1 次，*表示零或多次，+表示一次或多次。该量化值将应用于模式中的前一个元素，在这种情况下为空格。

```
macbeth %>%
  str_subset("^ ?MAC[B-Z]") %>%
  head()
```

```
[1] "MACHINE READABLE COPIES MAY BE DISTRIBUTED SO LONG AS SUCH COPIES"
[2] "MACHINE READABLE COPIES OF THIS ETEXT, SO LONG AS SUCH COPIES"
```
```
macbeth %>%
  str_subset("^ *MAC[B-Z]") %>%
  head()
```
```
[1] "MACHINE READABLE COPIES MAY BE DISTRIBUTED SO LONG AS SUCH COPIES"
[2] "MACHINE READABLE COPIES OF THIS ETEXT, SO LONG AS SUCH COPIES"
[3] "   MACBETH, Thane of Glamis and Cawdor, a general in the King's"
[4] "   MACDUFF, Thane of Fife, a nobleman of Scotland"
[5] "   MACBETH. So foul and fair a day I have not seen."
[6] "   MACBETH. Speak, if you can. What are you?"
```
```
macbeth %>%
str_subset("^ +MAC[B-Z]") %>%
head()
```

```
[1]  "   MACBETH, Thane of Glamis and Cawdor, a general in the King's"
[2]  "   MACDUFF, Thane of Fife, a nobleman of Scotland"
[3]  "   MACBETH. So foul and fair a day I have not seen."
[4]  "   MACBETH. Speak, if you can. What are you?"
[5]  "   MACBETH. Stay, you imperfect speakers, tell me more."
[6]  "   MACBETH. Into the air, and what seem'd corporal melted"
```

将这些基本规则结合起来，可以使强大而复杂的搜索自动化，使它成为每个数据科学家工具箱中越来越重要的工具。

专业提示 47：正则表达式是一种功能强大且常用的工具。它们可以用许多编程语言实现。深入理解正则表达式将在文本操作方面得到巨大收获。

19.1.2　Macbeth 中的生与死

我们能用这些技巧来分析 Macbeth 中的口语模式吗？关于这出戏，我们有没有什么东西可以简单地通过记下谁在什么时候说话来了解？Macbeth 中的四个主要角色只是名义上的人物，即他的妻子 Macbeth 夫人，他的朋友 Banquo，以及苏格兰国王 Duncan。

通过把每个角色的台词时间作为剧本中行号的函数，可以了解这个剧本的一些信息。我们可以使用 str_detect()检索此信息。

```
macbeth_chars <- tribble(
  ~name, ~regexp,
```

```
"Macbeth", " MACBETH\\.",
"Lady Macbeth", " LADY MACBETH\\.",
"Banquo", " BANQUO\\.",
"Duncan", " DUNCAN\\.",
) %>%
  mutate(speaks = map(regexp, str_detect, string = macbeth))
```

然而，为了便于绘图，我们需要将这些逻辑向量转换为数字向量，并规整数据。由于在剧本的开头和结尾都有不需要的文本，我们也将把分析限制在剧本的实际内容上(从第 218 行到第 3172 行)。

```
speaker_freq <- macbeth_chars %>%
  unnest(cols = speaks) %>%
  mutate(
    line = rep(1:length(macbeth), 4),
    speaks = as.numeric(speaks)
  ) %>%
  filter(line > 218 & line < 3172)
glimpse(speaker_freq)
```

```
Rows: 11,812
Columns: 4
$ name   <chr> "Macbeth", "Macbeth", "Macbeth", "Macbeth", "Macbeth", "...
$ regexp <chr> " MACBETH\\.", " MACBETH\\.", " MACBETH\\.", " MACBE...
$ speaks <dbl> 0, 0, 0, 0, 0, 0, 0, 0, 0, 0, 0, 0, 0, 0, 0, 0, 0, 0, 0,...
$ line   <int> 219, 220, 221, 222, 223, 224, 225, 226, 227, 228, 229, 2...
```

在创建图形之前，我们将收集一些有用的背景信息，即每一幕何时开始。

```
acts <- tibble(
  line = str_which(macbeth, "^ACT [I|V]+"),
  line_text = str_subset(macbeth, "^ACT [I|V]+"),
  labels = str_extract(line_text, "^ACT [I|V]+")
)
```

最后，图 19.1 说明了苏格兰国王 Duncan 是如何在第二幕的早期被杀的(一直没有对白)，接下来的第三幕是 Banquo。不久之后的第四幕，Macbeth 夫人因自己在邓肯谋杀案中所扮演的角色而感到内疚，从而自杀。这出戏和第五幕以 Macbeth 被杀的一场战斗结束。

```
ggplot(data = speaker_freq, aes(x = line, y = speaks)) +
  geom_smooth(
    aes(color = name), method = "loess",
    se = FALSE, span = 0.4
  ) +
  geom_vline(
    data = acts,
    aes(xintercept = line),
    color = "darkgray", lty = 3
  ) +
  geom_text(
    data = acts,
```

```
  aes(y = 0.085, label = labels),
  hjust = "left", color = "darkgray"
) +
ylim(c(0, NA)) +
xlab("Line Number") +
ylab("Proportion of Speeches") +
scale_color_brewer(palette = "Set2")
```

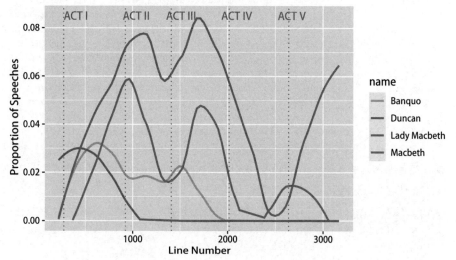

图 19.1　Macbeth 四个主要角色的对白部分。Duncan 在剧中很早就被杀了，从此再也没有对白

19.2　扩展示例：分析 arXiv.org 的文本数据

arXiv(发音为"archive")是一个快速增长的电子存储库，该存储库包含许多学科的论文的预印本版本。aRxiv 包为 arxiv.org 上可用的文件和元数据提供了应用程序编程接口(API)。我们将研究从存储库中搜索出的与查询词"数据科学"相匹配的截至 2020 年 8 月的 1089 篇论文，以更好地理解这些规则。以下代码用于生成此文件。

```
library(aRxiv)
DataSciencePapers <- arxiv_search(
  query = '"Data Science"',
  limit = 20000,
  batchsize = 100
)
```

我们还将数据框 DataSciencePapers 包含在 mdsr 包中，因此要使用从 archive 下载的这些选择的论文，你只需要加载它。

```
data(DataSciencePapers)
```

请注意，此数据集中有两列(submitted 和 updated)清楚地存储了日期，但它们存储为字符向量。

```
glimpse(DataSciencePapers)
```

```
Rows: 1,089
Columns: 15
$ id               <chr> "astro-ph/0701361v1", "0901.2805v1", "0901.311...
$ submitted        <chr> "2007-01-12 03:28:11", "2009-01-19 10:38:33", ...
$ updated          <chr> "2007-01-12 03:28:11", "2009-01-19 10:38:33", ...
$ title            <chr> "How to Make the Dream Come True: The Astronom...
$ abstract         <chr> " Astronomy is one of the most data-intensive...
$ authors          <chr> "Ray P Norris", "Heinz Andernach", "O. V. Verk...
$ affiliations     <chr> "", "", "Special Astrophysical Observatory, Ni...
$ link_abstract    <chr> "http://arxiv.org/abs/astro-ph/0701361v1", "ht...
$ link_pdf         <chr> "http://arxiv.org/pdf/astro-ph/0701361v1", "ht...
$ link_doi         <chr> "", "http://dx.doi.org/10.2481/dsj.8.41", "htt...
$ comment          <chr> "Submitted to Data Science Journal Presented a...
$ journal_ref      <chr> "", "", "", "", "EPJ Data Science, 1:9, 2012",...
$ doi              <chr> "", "10.2481/dsj.8.41", "10.2481/dsj.8.34", ""...
$ primary_category <chr> "astro-ph", "astro-ph.IM", "astro-ph.IM", "ast...
$ categories       <chr> "astro-ph", "astro-ph.IM|astro-ph.CO", "astro-...
```

为了确保 R 将这些变量理解为日期，我们将再次使用 lubridate 包(请参见第 6 章)。在这个转换后，R 能够知道这两列是时间的度量。

```
library(lubridate)
DataSciencePapers <- DataSciencePapers %>%
  mutate(
    submitted = lubridate::ymd_hms(submitted),
    updated = lubridate::ymd_hms(updated)
  )
glimpse(DataSciencePapers)
```

```
Rows: 1,089
Columns: 15
$ id               <chr> "astro-ph/0701361v1", "0901.2805v1", "0901.311...
$ submitted        <dttm> 2007-01-12 03:28:11, 2009-01-19 10:38:33, 200...
$ updated          <dttm> 2007-01-12 03:28:11, 2009-01-19 10:38:33, 200...
$ title            <chr> "How to Make the Dream Come True: The Astronom...
$ abstract         <chr> " Astronomy is one of the most data-intensive...
$ authors          <chr> "Ray P Norris", "Heinz Andernach", "O. V. Verk...
$ affiliations     <chr> "", "", "Special Astrophysical Observatory, Ni...
$ link_abstract    <chr> "http://arxiv.org/abs/astro-ph/0701361v1", "ht...
$ link_pdf         <chr> "http://arxiv.org/pdf/astro-ph/0701361v1", "ht...
$ link_doi         <chr> "", "http://dx.doi.org/10.2481/dsj.8.41", "htt...
$ comment          <chr> "Submitted to Data Science Journal Presented a...
$ journal_ref      <chr> "", "", "", "", "EPJ Data Science, 1:9, 2012",...
$ doi              <chr> "", "10.2481/dsj.8.41", "10.2481/dsj.8.34", ""...
$ primary_category <chr> "astro-ph", "astro-ph.IM", "astro-ph.IM", "ast...
$ categories       <chr> "astro-ph", "astro-ph.IM|astro-ph.CO", "astro-...
```

我们将首先检查提交年份的分布。人们对数据科学的兴趣是如何增长的？

```
mosaic::tally(~ year(submitted), data = DataSciencePapers)
```

```
year(submitted)
2007 2009 2011 2012 2013 2014 2015 2016 2017 2018 2019 2020
   1    3    3    7   15   25   52   94  151  187  313  238
```

可以看到，第一篇论文是在 2007 年提交的，但自那时以来，提交的论文数增长迅速。

下面仔细看看其中一篇论文，在本例中，这篇论文主要关注因果推理。

```
DataSciencePapers %>%
  filter(id == "1809.02408v2") %>%
  glimpse()
```

```
Rows: 1
Columns: 15
$ id                <chr> "1809.02408v2"
$ submitted         <dttm> 2018-09-07 11:26:51
$ updated           <dttm> 2019-03-05 04:38:35
$ title             <chr> "A Primer on Causality in Data Science"
$ abstract          <chr> " Many questions in Data Science are fundamen...
$ authors           <chr> "Hachem Saddiki|Laura B. Balzer"
$ affiliations      <chr> ""
$ link_abstract     <chr> "http://arxiv.org/abs/1809.02408v2"
$ link_pdf          <chr> "http://arxiv.org/pdf/1809.02408v2"
$ link_doi          <chr> ""
$ comment           <chr> "26 pages (with references); 4 figures"
$ journal_ref       <chr> ""
$ doi               <chr> ""
$ primary_category  <chr> "stat.AP"
$ categories        <chr> "stat.AP|stat.ME|stat.ML"
```

我们看到，这是一本关于数据科学因果关系的入门书，于 2018 年提交，2019 年更新，主要分类为 stat.AP。

我们的数据集中哪些领域产生最多的论文？快速浏览一下 primary_category 变量，就会发现一个以天文学字母顺序开始的字段和子字段的神秘列表。

```
DataSciencePapers %>%
  group_by(primary_category) %>%
  count() %>%
  head()
```

```
# A tibble: 6 x 2
# Groups: primary_category [6]
  primary_category      n
  <chr>             <int>
1 astro-ph              1
2 astro-ph.CO           3
3 astro-ph.EP           1
4 astro-ph.GA           7
5 astro-ph.IM          20
6 astro-ph.SR           6
```

只关注主要字段(句点之前的部分)可能更有帮助。可使用正则表达式只提取主字段，该字

段可能包含破折号(-)，否则都是小写字符。一旦提取了这些信息，就可以对这些主字段进行 tally()
操作。

```
DataSciencePapers <- DataSciencePapers %>%
  mutate(
    field = str_extract(primary_category, "^[a-z,-]+"),
  )
mosaic::tally(x = ~field, margins = TRUE, data = DataSciencePapers) %>%
  sort()
```

field							
gr-qc	hep-ph	nucl-th	hep-th	econ	quant-ph	cond-mat	q-fin
1	1	1	3	5	7	12	15
q-bio	eess	astro-ph	physics	math	stat	cs	Total
16	29	38	62	103	150	646	1089

这些论文中有近一半(646/1089≈59%)来自计算机科学，而大约四分之一来自数学和统计学。

19.2.1　语料库

文本挖掘通常不只是对一个文本文档进行处理，而是对包含多个文本文档的集合(称为语
料库)进行处理。我们可以使用 arXiv.org 论文来了解更多关于数据科学的论文吗？

tidytext 包提供了一种一致且有效的方法来分析文本数据。unnest_tokens()函数的作用是：
为文本分析准备数据。它使用标记器(tokenizer)分割文本行。默认情况下，函数将字符映射为
小写。

这里使用这个函数来计算每篇论文的词频(其他选项包括 N-grams、行或句子)。

```
library(tidytext)
DataSciencePapers %>%
  unnest_tokens(word, abstract) %>%
  count(id, word, sort = TRUE)
```

```
# A tibble: 120,330 x 3
   id          word      n
   <chr>       <chr>  <int>
 1 2003.11213v1 the      31
 2 1508.02387v1 the      30
 3 1711.10558v1 the      30
 4 1805.09320v2 the      30
 5 2004.04813v2 the      27
 6 2007.08242v1 the      27
 7 1711.09726v3 the      26
 8 1805.11012v1 the      26
 9 1909.10578v1 the      26
10 1404.5971v2  the      25
# ... with 120,320 more rows
```

我们看到，在许多摘要中，the 是最常见的词。这不是一个特别有用的发现。排除 a、the
和 you 等停用词是一种非常常见的做法。tidytext 包中的 get_stopwords()函数使用 stopwords 包

来完成此任务。让我们再试一次。

```
arxiv_words <- DataSciencePapers %>%
  unnest_tokens(word, abstract) %>%
  anti_join(get_stopwords(), by = "word")

arxiv_words %>%
  count(id, word, sort = TRUE)
```

```
# A tibble: 93,559 x 3
     id           word       n
     <chr>        <chr>    <int>
 1   2007.03606v1 data       20
 2   1708.04664v1 data       19
 3   1606.06769v1 traffic    17
 4   1705.03451v2 data       17
 5   1601.06035v1 models     16
 6   1807.09127v2 job        16
 7   2003.10534v1 data       16
 8   1611.09874v1 ii         15
 9   1808.04849v1 data       15
10   1906.03418v1 data       15
# ... with 93,549 more rows
```

我们现在看到，毫不奇怪，单词 data 是许多摘要中最常见的非停用单词。

在删除停用词并将所有字符映射为小写后，可以方便地保存摘要变量(abstract_clean)。

```
arxiv_abstracts <- arxiv_words %>%
  group_by(id) %>%
  summarize(abstract_clean = paste(word, collapse = " "))

arxiv_papers <- DataSciencePapers %>%
  left_join(arxiv_abstracts, by = "id")
```

现在可以看到之前所选论文摘要第一部分的前后部分。

```
single_paper <- arxiv_papers %>%
  filter(id == "1809.02408v2")
single_paper %>%
  pull(abstract) %>%
  strwrap() %>%
  head()
```

```
[1] "Many questions in Data Science are fundamentally causal in that our"
[2] "objective is to learn the effect of some exposure, randomized or"
[3] "not, on an outcome interest. Even studies that are seemingly"
[4] "non-causal, such as those with the goal of prediction or prevalence"
[5] "estimation, have causal elements, including differential censoring"
[6] "or measurement. As a result, we, as Data Scientists, need to"
```

```
single_paper %>%
  pull(abstract_clean) %>%
  strwrap() %>%
```

```
head(4)
```

```
[1] "many questions data science fundamentally causal objective learn"
[2] "effect exposure randomized outcome interest even studies seemingly"
[3] "non causal goal prediction prevalence estimation causal elements"
[4] "including differential censoring measurement result data scientists"
```

19.2.2 词云

在这个阶段，我们把一个连贯的英语段落简化成一个独立的、非琐碎的英语单词的集合。我们已经改变了人们很容易从数据中读取的一些信息。遗憾的是，并不清楚我们如何从这些数据中学习知识。

一种基本方法是构造词云(word cloud)——关于词的一种多元直方图。wordcloud 包可以生成这些单词的频率的图形化描述。

```
library(wordcloud)
set.seed(1966)
arxiv_papers %>%
  pull(abstract_clean) %>%
  wordcloud(
    max.words = 40,
    scale = c(8, 1),
    colors = topo.colors(n = 30),
    random.color = TRUE
  )
```

尽管像图 19.2 所示的词云在传达意思方面有点模糊，但它们对于快速可视化大型语料库中单词的流行程度还是很有用的。

图 19.2   arXiv 数据科学论文摘要中出现的词云

19.2.3　情感分析

我们可以开始自动完成一个过程，从文本中识别出一些含义吗？情绪分析(sentiment analysis)的使用是一个简单但直接的开始。词典(lexicon)是一个词语列表，其中包含已标记的相关情感(如积极性、消极性)。许多这样的词汇都是用这样的标签创建的。下面是一个词典的情感分数样本。

```
afinn <- get_sentiments("afinn")
afinn %>%
  slice_sample(n = 15) %>%
  arrange(desc(value))
```

```
# A tibble: 15 x 2
   word            value
   <chr>           <dbl>
 1 impress             3
 2 joyfully            3
 3 advantage           2
 4 faith               1
 5 grant               1
 6 laugh               1
 7 apologise          -1
 8 lurk               -1
 9 ghost              -1
10 deriding           -2
11 detention          -2
12 dirtiest           -2
13 embarrassment      -2
14 mocks              -2
15 mournful           -2
```

对于 AFINN[Nielsen, 2011]词典，每个单词都与一个整数值关联，取值范围从-5 到 5。可将这一词典与数据结合起来计算情感分数。

```
arxiv_words %>%
inner_join(afinn, by = "word") %>%
select(word, id, value)
```

```
# A tibble: 7,393 x 3
   word         id                    value
   <chr>        <chr>                 <dbl>
 1 ambitious    astro-ph/0701361v1        2
 2 powerful     astro-ph/0701361v1        2
 3 impotent     astro-ph/0701361v1       -2
 4 like         astro-ph/0701361v1        2
 5 agree        astro-ph/0701361v1        1
 6 better       0901.2805v1               2
 7 better       0901.2805v1               2
 8 better       0901.2805v1               2
 9 improve      0901.2805v1               2
```

```
10 support        0901.3118v2             2
# ... with 7,383 more rows
arxiv_sentiments <- arxiv_words %>%
  left_join(afinn, by = "word") %>%
  group_by(id) %>%
  summarize(
    num_words = n(),
    sentiment = sum(value, na.rm = TRUE),
    .groups = "drop"
  ) %>%
  mutate(sentiment_per_word = sentiment / num_words) %>%
  arrange(desc(sentiment))
```

在这里，我们使用 left_join() 来确保，如果摘要的词语中没有与词典中的词匹配的词，那么我们仍然有一些要求和的词(在本例中是一些 NA，它们的和为 0)。现在我们可将这个新变量添加到论文数据集中。

```
arxiv_papers <- arxiv_papers %>%
  left_join(arxiv_sentiments, by = "id")
arxiv_papers %>%
  skim(sentiment, sentiment_per_word)
```

```
-- Variable type: numeric -----------------------------------------------
  var                     n  na   mean      d      p0    p25     p50      p75
1 sentiment            1089   0   4.02   7.00    -26      0       4        8
2 sentiment_per_word   1089   0 0.0360 0.0633 -0.227      0  0.0347   0.0714
    p100
1 39
2 0.333
```

这些论文的平均情感得分为 4 分，但取值范围从−26 到 39。当然，文字越多的摘要可能会获得更高的情感分数。我们可通过除以字数来控制摘要长度。每个词语情感得分最高的论文得分为 0.333。让我们仔细看一下最积极的摘要。

```
most_positive <- arxiv_papers %>%
  filter(sentiment_per_word == max(sentiment_per_word)) %>%
  pull(abstract)
strwrap(most_positive)
```

```
[1] "Data science is creating very exciting trends as well as"
[2] "significant controversy. A critical matter for the healthy"
[3] "development of data science in its early stages is to deeply"
[4] "understand the nature of data and data science, and to discuss the"
[5] "various pitfalls. These important issues motivate the discussions"
[6] "in this article."
```

在这篇乐观的摘要中看到了许多积极的词语(如 exciting、significant、important)。

还可探索是否存在时间趋势或不同学科之间的差异(见图 19.3)。

```
ggplot(
  arxiv_papers,
```

```
    aes(
      x = submitted, y = sentiment_per_word,
      color = field == "cs"
    )
) +
    geom_smooth(se = TRUE) +
    scale_color_brewer("Computer Science?", palette = "Set2") +
    labs(x = "Date submitted", y = "Sentiment score per word")
```

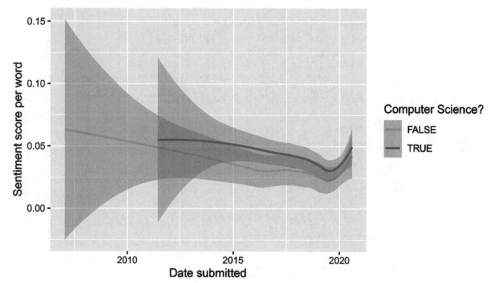

图 19.3　按字段划分的一段时间内平均情感得分总和

有一些温和的证据表明，随着时间的推移，会出现一个下降趋势。计算机科学论文的情感稍高，但差别不大。

19.2.4　bigrams 和 N-grams

还可开始探索语料库中更复杂的模式。N-gram 是一个连续的 n 个"单词"序列。因此，1-gram 是一个单词(如 text)，而 2-gram(bigram)是一对单词(如 text mining)。可使用相同的技术来识别最常见的词对。

```
arxiv_bigrams <- arxiv_papers %>%
  unnest_tokens(
    arxiv_bigram,
    abstract_clean,
    token = "ngrams",
    n = 2
  ) %>%
  select(arxiv_bigram, id)
arxiv_bigrams
```

```
# A tibble: 121,454 x 2
   arxiv_bigram              id
   <chr>                     <chr>
 1 astronomy one             astro-ph/0701361v1
 2 one data                  astro-ph/0701361v1
 3 data intensive            astro-ph/0701361v1
 4 intensive sciences        astro-ph/0701361v1
 5 sciences data             astro-ph/0701361v1
 6 data technology           astro-ph/0701361v1
 7 technology accelerating   astro-ph/0701361v1
 8 accelerating quality      astro-ph/0701361v1
 9 quality effectiveness     astro-ph/0701361v1
10 effectiveness research    astro-ph/0701361v1
# ... with 121,444 more rows
arxiv_bigrams %>%
 count(arxiv_bigram, sort = TRUE)
```

```
# A tibble: 96,822 x 2
   arxiv_bigram          n
   <chr>             <int>
 1 data science        953
 2 machine learning    403
 3 big data            139
 4 state art           121
 5 data analysis       111
 6 deep learning       108
 7 neural networks     100
 8 real world           97
 9 large scale          83
10 data driven          80
# ... with 96,812 more rows
```

毫不奇怪，data science 是最常见的二元结构。

19.2.5　文档词项矩阵

文本挖掘中的另一个重要技术是计算词频-逆文档频率(tf-idf)或文档词项矩阵。文档 d 中词项 t 的词频表示为 tf(t, d)，它简单地等于词项 t 在文档 d 中出现的次数除以文档词语个数。另一方面，逆文档频率衡量一个词项在一组文档 D 中的流行程度。计算公式如下，

$$\mathrm{idf}(t, D) = \log \frac{|D|}{|\{d \in D : t \in d\}|}$$

最后，tf_idf(t, d, D) = tf$(t, d) \cdot$ idf(t, D)。当需要在整个文档中显示特定单词的相关性时，搜索引擎通常使用这个 tf_idf。

注意，每个文档中都会出现类似 the 的常用词。因此，它们的逆文档频率得分将为零，而且 tf_idf 值也将为零，不论词项的频率是多少。这是一个比较理想的结果，因为像这样的单词在全文搜索中并不重要。相反，文档中一个特定词项 tf_idf 分数很高表明：相对于

该词项在所有文档汇总的出现次数，它在本文档的出现次数更多。这个文档可能与所使用的搜索词更相关。

下面列出了语料库中最常用的单词。毫不奇怪，data 和 science 排在榜首。

```
arxiv_words %>%
  count(word) %>%
  arrange(desc(n)) %>%
  head()
```

```
# A tibble: 6 x 2
  word          n
  <chr>      <int>
1 data        3222
2 science     1122
3 learning     804
4 can          731
5 model        540
6 analysis     488
```

但是，词项频率度量是根据每个单词、每个文档计算的。它回答了哪些摘要最常使用某个词的问题。

```
tidy_DTM <- arxiv_words %>%
  count(id, word) %>%
  bind_tf_idf(word, id, n)
tidy_DTM %>%
  arrange(desc(tf)) %>%
  head()
```

```
# A tibble: 6 x 6
  id            word           n     tf    idf   tf_idf
  <chr>         <chr>      <int>  <dbl>  <dbl>    <dbl>
1 2007.03606v1  data          20  0.169  0.128   0.0217
2 1707.07029v1  concept        1  0.167  3.30    0.551
3 1707.07029v1  data           1  0.167  0.128   0.0214
4 1707.07029v1  implications   1  0.167  3.77    0.629
5 1707.07029v1  reflections    1  0.167  6.30    1.05
6 1707.07029v1  science        1  0.167  0.408   0.0680
```

我们看到，在所有论文的所有词项中，2007.03606v1(0.169)论文的词项频率最高的是 data。该论文摘要中近 17% 的非停用词是 data。然而，正如我们在上文中所看到的，由于 data 是整个语料库中最常见的词，因此它具有最小的逆文档频率(0.128)。因此，2007.03606v1 论文中 data 的 tf_idf 分数为 $0.169 \times 0.128 \approx 0.022$。这并不是一个特别大的值，因此搜索 data 时，并不会使这篇论文排在列表的首位。

```
tidy_DTM %>%
  arrange(desc(idf), desc(n)) %>%
  head()
```

```
# A tibble: 6 x 6
   id            word          n      tf     idf  tf_idf
   <chr>         <chr>     <int>   <dbl>   <dbl>   <dbl>
1  1507.00333v3  mf           14   0.107    6.99   0.747
2  1611.09874v1  fe           13  0.0549    6.99   0.384
3  1611.09874v1  mg           11  0.0464    6.99   0.325
4  2003.00646v1  wildfire     10  0.0518    6.99   0.362
5  1506.08903v7  ph            9  0.0703    6.99   0.492
6  1710.06905v1  homeless      9  0.0559    6.99   0.391
```

另一方面，wildfire 的 idf 分数很高，因为它只包含在一个摘要中(尽管出现了 10 次)。

```
arxiv_papers %>%
  pull(abstract) %>%
  str_subset("wildfire") %>%
  strwrap() %>%
  head()
```

```
[1] "Artificial intelligence has been applied in wildfire science and"
[2] "management since the 1990s, with early applications including"
[3] "neural networks and expert systems. Since then the field has"
[4] "rapidly progressed congruently with the wide adoption of machine"
[5] "learning (ML) in the environmental sciences. Here, we present a"
[6] "scoping review of ML in wildfire science and management. Our"
```

相比之下，implications 出现在 25 篇摘要中。

```
tidy_DTM %>%
  filter(word == "implications")
```

```
# A tibble: 25 x 6
    id            word               n       tf     idf  tf_idf
    <chr>         <chr>          <int>    <dbl>   <dbl>   <dbl>
 1  1310.4461v2   implications       1  0.00840    3.77  0.0317
 2  1410.6646v1   implications       1  0.00719    3.77  0.0272
 3  1511.07643v1  implications       1  0.00621    3.77  0.0234
 4  1601.04890v2  implications       1  0.00680    3.77  0.0257
 5  1608.05127v1  implications       1  0.00595    3.77  0.0225
 6  1706.03102v1  implications       1  0.00862    3.77  0.0325
 7  1707.07029v1  implications       1  0.167       3.77  0.629
 8  1711.04712v1  implications       1  0.00901    3.77  0.0340
 9  1803.05991v1  implications       1  0.00595    3.77  0.0225
10  1804.10846v6  implications       1  0.00909    3.77  0.0343
# ... with 15 more rows
```

tf_idf 字段可用于帮助识别文章的关键字。对于我们之前选择的论文，causal、exposure 或 question 将是不错的选择。

```
tidy_DTM %>%
  filter(id == "1809.02408v2") %>%
  arrange(desc(tf_idf)) %>%
  head()
# A tibble: 6 x 6
```

```
   id            word            n        tf       idf    tf_idf
   <chr>         <chr>       <int>     <dbl>     <dbl>     <dbl>
1  1809.02408v2  causal         10    0.0775      4.10     0.318
2  1809.02408v2  exposure        2    0.0155      5.38     0.0835
3  1809.02408v2  question        3    0.0233      3.23     0.0752
4  1809.02408v2  roadmap         2    0.0155      4.80     0.0744
5  1809.02408v2  parametric      2    0.0155      4.16     0.0645
6  1809.02408v2  effect          2    0.0155      3.95     0.0612
```

对 covid 的搜索生成了几篇与该流行病直接相关的论文。

```
tidy_DTM %>%
  filter(word == "covid") %>%
  arrange(desc(tf_idf)) %>%
  head() %>%
  left_join(select(arxiv_papers, id, abstract), by = "id")
```

```
# A tibble: 6 x 7
  id        word      n      tf    idf    tf_   idf abstract
  <chr>     <chr> <int>   <dbl>  <dbl>  <dbl>      <chr>
1 2006.00~  covid    10  0.0637   4.80  0.305      " Context: The dire consequence~
2 2004.09~  covid     5  0.0391   4.80  0.187      " The Covid-19 outbreak, beyond~
3 2003.08~  covid     3  0.0246   4.80  0.118      " The relative case fatality ra~
4 2006.01~  covid     3  0.0222   4.80  0.107      " This document analyzes the ro~
5 2003.12~  covid     3  0.0217   4.80  0.104      " The COVID-19 pandemic demands~
6 2006.05~  covid     3  0.0170   4.80  0.0817     " This paper aims at providing ~
```

在一篇摘要中仅包含六个非停用词的论文中，总体 tf_idf 最高的(document, term)对是 reflections(一个很少使用的词，idf 分数较高)。请注意，implications 和 society 在同一篇论文中也获得了较高的 tf_idf 分数。

```
tidy_DTM %>%
  arrange(desc(tf_idf)) %>%
  head() %>%
  left_join(select(arxiv_papers, id, abstract), by = "id")
```

```
# A tibble: 6 x 7
  id        word        n      tf       idf    tf_idf abstract
  <chr>     <chr>   <int>   <dbl>   <dbl>     <dbl>      <chr>
1 1707.07~  reflec~     1   0.167    6.30     1.05       " Reflections on the Concept ~
2 2007.12~  fintech     8   0.123    6.99     0.861      " Smart FinTech has emerged a~
3 1507.00~  mf         14   0.107    6.99     0.747      " Low-rank matrix factorizati~
4 1707.07~  implic~     1   0.167    3.77     0.629      " Reflections on the Concept ~
5 1707.07~  society     1   0.167    3.70     0.616      " Reflections on the Concept ~
6 1906.04~  utv         8   0.0860   6.99     0.602      " In this work, a novel rank-~
```

cast_dtm()函数可用于创建文档词项矩阵。

```
tm_DTM <- arxiv_words %>%
  count(id, word) %>%
  cast_dtm(id, word, n, weighting = tm::weightTfIdf)
tm_DTM
```

```
<<DocumentTermMatrix (documents: 1089, terms: 12317)>>
Non-/sparse entries: 93559/13319654
Sparsity          : 99%
Maximal term length: 37
Weighting         : tf-idf (normalized)
```

默认情况下，该矩阵中的每个条目记录词项的频率(即每个单词在每个文档中出现的次数)。但是，在本例中，我们指定用于记录规范化 tf_idf 值的条目，如上所述。注意，DTM 矩阵非常稀疏，这种情况下，矩阵中 98%的条目都是 0。这是有一定原因的，因为大多数单词不会出现在大多数文档中(本例中是摘要)。

现在可使用其他包(如 tm)中的工具来探索关联。现在可使用 findFreqTerms()函数结合 DTM 对象来查找 tf_idf 分数最高的词语。分析一下，这些结果与图 19.2 中的词云有何不同。从词频看，词语 data 是目前为止最常见的，但这使得它的 idf 分数较低，从而降低了 tf_idf 分数。

```
tm::findFreqTerms(tm_DTM, lowfreq = 7)
 [1] "analysis"    "information"  "research"  "learning"    "time"
 [6] "network"     "problem"      "can"       "algorithm"   "algorithms"
[11] "based"       "methods"      "model"     "models"      "machine"
```

因为 tm_DTM 包含所有词语的 tf_idf 分数，我们可提取这些值并计算出所有摘要中每个单词的分数。

```
tm_DTM %>%
  as.matrix() %>%
  as_tibble() %>%
  map_dbl(sum) %>%
  sort(decreasing = TRUE) %>%
  head()
```

```
 learning     model    models    machine   analysis  algorithms
    10.10      9.30      8.81       8.04       7.84        7.72
```

此外，可以使用 findAssocs()函数来确定哪些词项倾向于出现在与词语 causal 相同的文档中。在本例中，我们探讨了与词项 causal 相关度至少为 0.35 的单词。

```
tm::findAssocs(tm_DTM, terms = "causal", corlimit = 0.35)
```

```
$causal
 estimand      laan   petersen    stating      tmle   exposure       der
     0.57      0.57       0.57       0.57      0.57       0.39      0.38
censoring      gave
     0.35      0.35
```

19.3　获取文本

在第 6 章中，我们说明了如何使用 rvest 包将 Web 上以 HTML 格式显示的表格数据转换为适当的 R 数据表。在这里，我们将展示另一个示例，用于说明这个过程如何将文本数据导入 R。

示例：爬取披头士乐队的歌曲

在第 14 章中，我们探讨了披头士乐队四个成员的名字的流行程度。在 1962 年至 1970 年的全盛时期，披头士乐队共录制了数百首歌曲。在这个示例中，将探讨一下他们的部分歌曲的曲名和作曲者。首先下载维基百科页面上列出的披头士乐队歌曲的内容。

```
library(rvest)
url <- "http://en.wikipedia.org/wiki/List_of_songs_recorded_by_the_Beatles"
tables <- url %>%
  read_html() %>%
  html_nodes("table")
Beatles_songs <- tables %>%
  purrr::pluck(3) %>%
  html_table(fill = TRUE) %>%
  janitor::clean_names() %>%
  select(song, lead_vocal_s_d)
glimpse(Beatles_songs)
```

```
Rows: 213
Columns: 2
$ song           <chr> "\"Across the Universe\"[e]", "\"Act Naturally\""...
$ lead_vocal_s_d <chr> "John Lennon", "Ringo Starr", "Lennon", "Paul Mc...
```

我们需要清理一下这些数据。请注意，song 变量包含引号。lead_vocal_s_d 变量可能需要重命名。

```
Beatles_songs <- Beatles_songs %>%
  mutate(song = str_remove_all(song, pattern = '\\"')) %>%
  rename(vocals = lead_vocal_s_d)
```

披头士乐队的大部分歌曲都是由 John Lennon 和 Paul McCartney 合作创作的。虽然他们富有成效，但偶尔会引起争议的工作关系也产生了一些影响，我们可能需要确定每个人写了多少首歌。

```
Beatles_songs %>%
  group_by(vocals) %>%
  count() %>%
  arrange(desc(n))
```

```
# A tibble: 18 x 2
# Groups: vocals [18]
   vocals                       n
   <chr>                    <int>
 1 Lennon                      66
 2 McCartney                   60
 3 Harrison                    28
 4 LennonMcCartney             15
 5 Lennon(with McCartney)      12
 6 Starr                       10
 7 McCartney(with Lennon)       9
```

```
 8    Lennon(with McCartneyand Harrison)          3
 9    Instrumental                                1
10    John Lennon                                 1
11    Lennon(with Yoko Ono)                       1
12    LennonHarrison                              1
13    LennonMcCartneyHarrison                     1
14    McCartney(with Lennon,Harrison,and Starr)   1
15    McCartneyLennonHarrison 1
16    Paul McCartney                              1
17    Ringo Starr                                 1
18    Sound Collage                               1
```

Lennon 和 McCartney 都是单独演唱、或一起演唱。其他乐队成员(特别是 Ringo Starr 和 George Harrison)也会演唱，还有许多罕见的组合。

正则表达式可以帮助我们解析这些数据。我们已经看到了各人自写的歌的数量，不难计算出每个人以某种形式贡献的歌的数量。

```
Beatles_songs %>%
  pull(vocals) %>%
  str_subset("McCartney") %>%
  length()
```

```
[1] 103
```

```
Beatles_songs %>%
  pull(vocals) %>%
  str_subset("Lennon") %>%
  length()
```

```
[1] 111
```

John 唱的歌曲比 Paul 多。

这些歌曲中有多少是 Lennon-McCartney 合作的产物？鉴于词曲作者归属的不一致性，提取这些数据需要一些特殊的方法。我们可以为 McCartney 或 Lennon(或两者)搜索 vocals 变量，并计算这些实例数。

```
Beatles_songs %>%
  pull(vocals) %>%
  str_subset("(McCartney|Lennon)") %>%
  length()
```

```
[1] 172
```

此时，我们需要另一个正则表达式来计算他们合作了多少首歌曲。下面将找到由 McCartney 或 Lennon 组成的模式，后跟一个可能为空的字符串，再跟 McCartney 或 Lennon 的另一个实例。

```
pj_regexp <- "(McCartney|Lennon).*(McCartney|Lennon)"
Beatles_songs %>%
  pull(vocals) %>%
  str_subset(pj_regexp) %>%
```

```
length()
```

`[1] 42`

还要注意，可在 filter()命令中使用 str_detect()来检索 Lennon 和 McCartney 合作的歌曲列表。

```
Beatles_songs %>%
  filter(str_detect(vocals, pj_regexp)) %>%
  select(song, vocals) %>%
  head()
```

```
                song                                    vocals
1  All Together Now                        McCartney(with Lennon)
2    Any Time at All                        Lennon(with McCartney)
3    Baby's in Black                           LennonMcCartney
4            Because                     LennonMcCartneyHarrison
5           Birthday                        McCartney(with Lennon)
6 Carry That Weight    McCartney(with Lennon,Harrison,and Starr)
```

披头士乐队对各行各业的音乐家产生了如此深远的影响，因此研究他们的歌名也许是值得的。他们在唱什么？

```
Beatles_songs %>%
  unnest_tokens(word, song) %>%
  anti_join(get_stopwords(), by = "word") %>%
  count(word, sort = TRUE) %>%
  arrange(desc(n)) %>%
  head()
```

```
  word    n
1 love    9
2 want    7
3 got     6
4 hey     6
5 long    6
6 baby    4
```

恰如其分，love 是披头士乐队歌曲曲名中最常见的词。

19.4 扩展资源

Silge 和 Robinson 的 *Tidy Text Mining in R* 提供了大量的文本挖掘和情感分析例子[Silge and Robinson, 2017, 2016]。Emil Hvitfeldt 和 Julia Silge 宣布了一种用于文本分析的有监督机器学习方法。

文本分析有着丰富的历史，可被用来推断 Federalist 论文[Mosteller and Wallace，1963]和披头士歌曲[Glickman et al., 2019]的作者。

谷歌已经从大量的书籍中收集了 *n*-grams，并提供了这些数据的接口。

Wikipedia 概述了使用正则表达式在字符串中进行复杂模式匹配的语法。

有很多资源可以在线查找文本数据。Gutenberg 项目就是一个大型的免费在线图书馆。
Gutenberg 项目收集了 5 万多本版权过期的书籍的全文。这对于经典的古老书籍来说，这个数量非常大。在其他地方，你找不到 Stephen King 的任何作品(但有这里有 Stephen King-Hall 的作品)。利用 gutenbergr 包，你可在 R 中直接访问 Gutenberg 项目。

tidytext 和 textdata 包支持用于情感分析的其他词典，包括 bing、nrc 和 loughran。

19.5　练习题

问题 1(易)： 使用 mdsr 包中的 Macbeth_raw 数据回答以下问题：

a. 莎士比亚戏剧中的对白台词是以两个空格开头的一行，然后是一串大写字母和空格(角色名称)，后跟句号。使用 grep 查找 *Macbeth* 中所有的对白台词。有多少？

b. 查找 *Macbeth* 中所有连字符的单词。

问题 2(易)：

a. 使用 mdsr 包中的 Machbeth_raw 找出 *Macbeth* 里以 more 或 less 结尾的所有形容词。

b. 在 *Macbeth* 中找到包含舞台方向 Exit 或 Exeunt in Macbeth 的所有行。

问题 3(易)： 给出下面的单词向量，在不运行 R 代码的情况下确定以下正则表达式的输出。

```
x <- c(
  "popular", "popularity", "popularize", "popularise",
  "Popular", "Population", "repopulate", "reproduce",
  "happy family", "happier\tfamily", " happy family", "P6dn"
)
x
```

```
[1] "popular"        "popularity"        "popularize"       "popularise"
[5] "Popular"        "Population"        "repopulate"       "reproduce"
[9] "happy family"  "happier\tfamily"   " happy family"    "P6dn"
```

```
str_subset(x, pattern = "pop")                    #1
str_detect(x, pattern = "^pop")                   #2
str_detect(x, pattern = "populari[sz]e")          #3
str_detect(x, pattern = "pop.*e")                 #4
str_detect(x, pattern = "p[a-z]*e")               #5
str_detect(x, pattern = "^[Pp][a-z]+.*n")         #6
str_subset(x, pattern = "^[^Pp]")                 #7
str_detect(x, pattern = "^[A-Za-p]")              #8
str_detect(x, pattern = "[ ]")                    #9
str_subset(x, pattern = "[\t]")                   #10
str_detect(x, pattern = "[ \t]")                  #11
str_subset(x, pattern = "^[ ]")                   #12
```

问题 4(易)： 使用 babynames 包中的 babynames 数据表查找 10 个最流行的：

a. 以元音结尾的男孩名字。

b. 以 joe、jo、Joe 或 Jo 结尾的姓名(例如 Billyjoe)。

问题 5(易)：维基百科将标签定义为"一种用于社交网络(如 Twitter 和其他微博服务)的元数据标签，允许用户应用动态、用户生成的标记，使其他人能够轻松找到具有特定主题或内容的信息。"一个哈希标记必须以哈希字符开头，后跟其他字符，并以空格或信息结尾终止。在#前面加空格总是安全的，并且可以包含不带变音(例如重音)、数字和下画线的字母。提供一个正则表达式，以匹配字符串是否包含有效的哈希标记。

```
strings <- c(
  "This string has no hashtags",
  "#hashtag city!",
  "This string has a #hashtag",
  "This string has #two #hashtags"
)
```

问题 6(易)：邮政编码(ZIP)是美国邮政局用来发送邮件的编码。编码 Zip+4 包括邮政编码的五位数字，后跟连字符和四位数字，表示更具体的位置。提供与由 Zip+4 代码组成的字符串相匹配的正则表达式。

问题 7(中)：为 DickinsonPoems 包中的 Emily Dickinson 诗集创建 DTM(文档词项矩阵)。查找 tf.idf 得分最高的词项。选择这些词项中的一个，并查找它的强相关词项。

```
# remotes::install_github("Amherst-Statistics/DickinsonPoems")
```

问题 8(中)：一个文本分析项目正在使用扫描数据创建语料库。许多行在原文中已有连字符。

```
text_lines <- tibble(
    lines = c("This is the first line.",
              "This line is hyphen- ",
              "ated. It's very diff-",
              "icult to use at present.")
)
```

编写一个函数，该函数可用于删除连字符，并连接在第一次出现的行上被拆分的单词部分。

问题 9(中)：在 DickinsonPoems 包的前 10 首诗中找到 Emily Dickinson 诗集所有诗篇标题(不包括罗马数字)。提示：标题都是大写。

问题 10(中)：用 AFINN 词典将 Emily Dickinson 的诗 *The Lonely House* 分为正面和负面两类情感。这与你自己对这首诗的解释相符吗？请使用 DickinsonPoems 包。

```
library(DickinsonPoems)
poem <- get_poem("gutenberg1.txt014")
```

问题 11(中)：生成正则表达式以返回一个向量中的第二个单词。

```
x <- c("one two three", "four five six", "SEVEN EIGHT")
```

应用于向量 x 时，结果应为：

```
[1] "two"   "five"   "EIGHT"
```

问题 12(难)：pdxTrees 包中的 pdxTrees_parks 数据集包含俄勒冈州 Portland 地区数千棵树的信息。使用物种因子变量，研究事实中任何有趣的趋势。

19.6   附加练习

可从 https://mdsr-book.github.io/mdsr2e/text.html#text-online-exercises 获得。

第 20 章

网络科学

网络科学是一门新兴的交叉学科，它主要研究大型复杂网络的性质。网络科学家对网络的理论属性(例如，度的分布的数学模型)和真实网络中基于数据的发现(如 Facebook 上好友数量的分布)都很感兴趣。

20.1　网络科学引言

20.1.1　定义

网络科学起源于图论的数学学科。在正式介绍之前，我们需要给出一些基本的定义。

- 一个图 $G=(V, E)$就是顶点(或节点)的一个集合 V，以及这些节点之间的边(或链接)的集合 E。把图看作一个网络可能更方便。例如，在 Facebook 的网络模型中，每个用户都是一个顶点，每个朋友关系都是连接两个用户的边。因此，我们可以把 Facebook 看作一个社交网络，但其底层的数学结构就是一个图。自 1736 年 Leonhard Euler 提出哥尼斯堡七桥问题之后，离散数学家一直在研究图[Euler, 1953]。

- 图中的边可以是有向的或无向的。这两种边的区别就在于节点之间的关系是相互的还是单向的。例如，Facebook 社交网络中的边是无向的，因为友谊是一种相互之间的关系。相反，Twitter 中的边是有向的，因为你可能会关注一个不一定会关注你的人。

- 可以对边(有时也可以是顶点)进行加权。权重的值表示某种定量的度量。例如，航空公司可将其航线网络想象成一个图，其中每个机场都是一个节点，并且根据一个机场到另一个机场的距离(以英里为单位)对边进行加权(如果边未加权，这相当于将所有边的权重设置为 1)。

- 一条路径是连接两个顶点的非自相交的边的序列。更正式地说，路径是游走的一种特殊情况，游走允许自相交(即，顶点可能在游走中出现多次)。在一个图的两个顶点之间可能有许多路径，或者没有路径；如果有路径，那么至少有一条最短的路径(或测地线)。最短路径的概念依赖于图中的距离度量(通常包括：边的数量、或边权重的总和)。如果所有顶点对之间都有一条路径，则该图是连通的。

- 图的直径是任意两对顶点之间最长测地线(即最长的最短[sic]路径)的长度。图中顶点 v 的偏心率是从该顶点开始的最长测地线的长度。因此,在某种意义上讲,具有低偏心率的顶点在图中更重要。

- 一般来说,图没有坐标。因此,没有正确的方法来绘制图。相比科学性来说,图的可视化更多是一门艺术,但有还是有几种非常流行的图的布局算法。

- 中心性概念。由于图没有坐标,所以没有明显的中心性度量方法。也就是说,确定哪些节点对网络最为"中心"是很有意义的,但是对于中心性有许多不同的概念。这里,我们主要讨论三种度量方法。

  - 度中心性:图中一个顶点的度数是连接它的边数。因此,一个节点的度是中心性的一个简单度量,在这个度量中,连接度越高的节点排名越高。奥巴马在 Twitter 上的粉丝数量几乎达到 1000 万,而绝大部分用户的粉丝数都少于 1000。因此,在 Twitter 网络中代表前总统奥巴马的顶点的度数达到百万级,因此根据度中心性的度量,他在网络中处于一个非常核心的位置。

  - 中介中心性:如果一个顶点 v 在一个图中更为中心,那么你可能认为会有更多的顶点之间的最短路径会通过 v。这就是中介中心性的概念。具体地说,设 $\sigma(s, t)$ 是图中顶点 s 和 t 之间的测地线数。设 $\sigma_v(s, t)$ 是 s 和 t 之间通过 v 的最短路径的个数。那么 v 的中介中心性是所有可能顶点对 (s, t) 上分数 $\sigma_v(s, t)/ \sigma(s, t)$ 的和。这个式子 $(C_B(v))$ 通常通过除以图中不包括 v 的顶点对的数目来规范化。

  $$C_B(v) = \frac{2}{(n-1)(n-2)} \sum_{s,t \in V(v)} \frac{\sigma_v(s,t)}{\sigma(s,t)},$$

  其中 n 是图中的顶点数。请注意,前总统奥巴马巨大的度中心不一定会转化为巨大的中介中心性。

  - 特征向量中心性:这是 Google PageRank 算法的本质,我们将在第 20.3 节中讨论。请注意,还有一些边中心性的概念,我们不再给出进一步的讨论。

- 在社交网络中,人们通常认为,如果 Alice 和 Bob 是朋友,Alice 和 Carol 是朋友,那么 Bob 和 Carol 比其他人更可能是朋友。这是三元闭包的概念,它是现实世界网络中聚类的测量的基础。

20.1.2 网络科学简史

如上所述,图论的研究始于 17 世纪,但网络科学领域的开端是传奇人物 Paul Erdős 和 Alfréd Rényi 于 1959 年发表的一篇论文[Erdős and Rényi, 1959]。Erdős 和 Rényi 提出了一个随机图的模型,其中顶点数 n 是固定的,但是一条边连接任意两个顶点的概率是 p,这类图是什么样的?它们有什么特性?很明显,如果 p 非常接近于 0,那么图将几乎是空的,反之,如果 p 非常接近于 1,那么该图将几乎是一个完全图。Erdős 和 Rényi 意外地证明了对于图的许多性质 c(如连通性、存在某个大小的环路等),存在一个阈值函数 $p_c(n)$,在该函数的周围,图的结构容易发生剧烈变化。也就是说,对于略小于 $p_c(n)$ 的 p 值,随机图是连通的概率接近于零;而对于略大

于 $p_c(n)$ 的 p 值，随机图是连通的概率接近于 1(见图 20.1)。

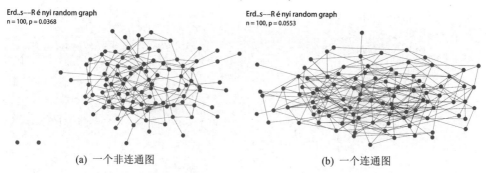

图 20.1　100 个顶点上具有不同 p 值的两个 Erdős–Rényi 随机图。左侧的图为非连通图，右侧的图是连通图。p 值的变化并不大

　　这一奇怪的行为被称为物理相变，因为它在分子水平上激起了固体如何变成液体，以及液体如何变成气体。当温度略高于华氏 32 度时，水是液体，但在略低于华氏 32 度时，它变成了固体。

```
library(tidyverse)
library(mdsr)
library(tidygraph)
library(ggraph)
set.seed(21)
n <- 100
p_star <- log(n)/n

plot_er <- function(n, p) {
  g <- play_erdos_renyi(n, p, directed = FALSE)
  ggraph(g) +
    geom_edge_fan(width = 0.1) +
    geom_node_point(size = 3, color = "dodgerblue") +
    labs(
      title = "Erdős--Rényi random graph",
      subtitle = paste0("n = ", n, ", p = ", round(p, 4))
    ) +
    theme_void()
}
plot_er(n, p = 0.8 * p_star)
plot_er(n, p = 1.2 * p_star)
```

　　虽然相变的许多性质已经在数学上得到了证明，但它们通常可以通过仿真来进行解释(请参见第 13 章)。在本章中，我们使用 tidygraph 包来构建和操作图形[1]，使用 ggraph 包将图形绘制为 ggplot2 对象。tidygraph 包提供 play_erdos_renyi()函数，用于对 Erdős–Rényi 随机图进行仿真。在图 20.2 中，我们展示了连通性的相变是如何出现在阈值 $p(n) = \log n/n$ 附近的。当 n=1000

---

1 tidygraph 封装了 igraph 程序包的大部分功能。

时，$p(n)$ =0.007。注意，在接近函数的阈值时，变成连通的概率增加得非常快。

```
n <- 1000
p_star <- log(n)/n
p <- rep(seq(from = 0, to = 2 * p_star, by = 0.001), each = 100)

sims <- tibble(n, p) %>%
  mutate(
    g = map2(n, p, play_erdos_renyi, directed = FALSE),
    is_connected = map_int(g, ~with_graph(., graph_is_connected()))
  )

ggplot(data = sims, aes(x = p, y = is_connected)) +
  geom_vline(xintercept = p_star, color = "darkgray") +
  geom_text(
    x = p_star, y = 0.9, label = "Threshold value", hjust = "right"
  ) +
  labs(
    x = "Probability of edge existing",
    y = "Probability that random graph is connected"
  ) +
  geom_count() +
  geom_smooth()
```

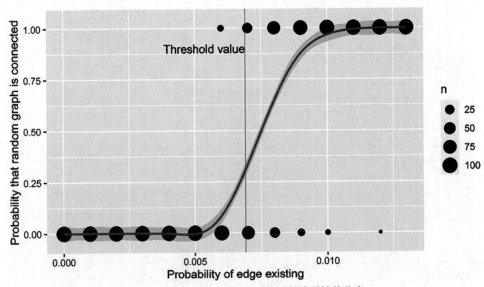

图 20.2   1000 个顶点的 ER 随机图的连通性的仿真

这一惊人发现证明了随机图具有一些非常有趣的性质。然而，目前还不太清楚 Erdős–Rényi 随机图模型能否产生与我们在现实中观察到的性质相似的图。也就是说，虽然 Erdős–Rényi 随机图模型本身很有用，但它对现实的建模是否很有效？

答案是"不"，或者至少"不是很有效"。特别是，Watts 和 Strogatz[Watts and Strogatz (1998)]

发现了现实世界网络中存在的两个性质，而这两个性质在 Erdős–Rényi 随机图中并不存在：三元闭包和大型 hub。如在上面所见，三元闭包的思想是，有共同朋友的两个人很可能成为朋友。现实世界(不一定是社交网络)往往具有这种性质，但 Erdős–Rényi 随机图没有这种性质。类似地，现实世界中的网络往往有大型 hub，即某些节点有许多边。更具体地说，虽然 Erdős–Rényi 随机图中顶点度数的分布显示为遵循 Poisson 分布，但在现实网络中，这个分布趋于平坦。Watts–Strogatz 模型提供了第二个随机图模型，该模型生成的图与我们在现实中观察到的图更相似。

```
g <- play_smallworld(n_dim = 2, dim_size = 10, order = 5, p_rewire = 0.05)
```

特别是，许多现实世界的网络，不仅包括社交网络，还包括万维网、引文网和其他许多网络，其节点度分布遵循幂律。这些网络被称为无标度网络，并被 Albert-László 和 Barabási 在两篇被广泛引用的论文[Barabási and Albert, 1999, Albert and Barabási(2002)]和通俗易懂的书[Barabási and Frangos, 2014]中加以推广。Barabási 和 Albert 提出了基于连接偏好概念的第三种随机图模型。在这里，新节点与旧节点的连接是基于旧节点现有的度分布。模型产生了在许多实际网络中观察到的遵循幂律的度分布。

在这里，我们可以用仿真来说明这些性质。这个 tidygraph 中的 play_barabasi_albert()函数将允许我们仿真 Barabási–Albert 随机图。图 20.3 比较了 Erdős–Rényi 随机图和 Barabási–Albert 随机图之间的度分布。

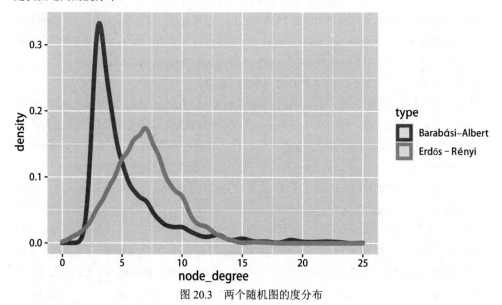

图 20.3　两个随机图的度分布

```
g1 <- play_erdos_renyi(n, p = log(n)/n, directed = FALSE)
g2 <- play_barabasi_albert(n, power = 1, growth = 3, directed = FALSE)
summary(g1)
```

```
IGRAPH 920eddc U--- 1000 3419 -- Erdos renyi (gnp) graph
```

```
+ attr: name (g/c), type (g/c), loops (g/l), p (g/n)
summary(g2)

IGRAPH 852ca74 U--- 1000 2994 -- Barabasi graph
+ attr: name (g/c), power (g/n), m (g/n), zero.appeal (g/n),
| algorithm (g/c)
d <- tibble(
  type = c("Erdos-Renyi", "Barabasi-Albert"),
  graph = list(g1, g2)
) %>%
  mutate(node_degree = map(graph, ~with_graph(., centrality_degree()))) %>%
  unnest(node_degree)

ggplot(data = d, aes(x = node_degree, color = type)) +
  geom_density(size = 2) +
  scale_x_continuous(limits = c(0, 25))
```

网络科学是一个非常活跃的研究领域，有许多有趣的未解决的问题需要数据科学家去研究。

20.2　扩展示例：Kristen Stewart 的六度空间理论

在这个扩展的示例中，我们将探索网络科学在好莱坞电影中的一个有趣的应用。六度分离理论的概念由一位匈牙利网络理论家在 1929 年提出，后来通过一部话剧(以及由 Will Smith 主演的电影)得到普及。Stanley Milgram 著名的"邮寄小世界"实验让大众相信这个理论，即所有人都是通过较少的"社交跳跃(social hops)"联系起来的[Travers and Milgram,1969]。也就是说，我们都是一个直径较小(小到 6)的社交网络的一部分。

这些想法的两个流行的变种是 Erdős 数的概念和 Kevin Bacon 游戏。每种情况下的问题都是一样的：你离 Paul Erdős (或者 Kevin Bacon)还有多少跳跃数？前者在学术界(尤其是数学界)中很受欢迎，因为它们的边是由论文合著关系定义的。Ben 的 Erdős 数是 3，因为 Ben 与 Amotz Bar–Noy 合著了一篇论文，Amotz Bar‐Noy 与 Noga Alon 合著了一篇论文，Noga Alon 与 Erdős 合著了一篇论文。根据 MathSciNet 的说法，Nick 的 Erdős 数是 4(通过 Ben[Baumer et al., 2014]；还通过 Nan Laird、Fred Mosteller 和 Persi Diaconis)，在撰写本书时，Danny 的 Erdős 数为 5(通过 Nick)。本书出版后，Danny 的 Erdős 数将变为 4。这些数据反映了这样一个事实：Ben 的研究"更接近"Erdős 的研究，因为他写过网络科学[Bogdanov et al., 2013; Baumer et al., 2015; Basu et al., 2015; Baumer et al., 2011]和图论[Baumer et al., 2016]。同样，好莱坞的每个演员最多可通过六部电影的跳跃与 Kevin Bacon 联系起来。我们将使用 IMDb(Internet Movie Database [IMDB.com, 2013])来探讨这个思想。

20.2.1　收集好莱坞数据

我们将利用 IMDb 中的演员来建立好莱坞网络。在这个网络中，每个男演员或女演员都是一个节点，如果两个演员曾经一起出演过一部电影，他们之间就有一条边。我们的目标是确定 Kevin Bacon 的中心性。

首先，我们要确定边，因为我们可以根据存在的边查找节点信息。需要注意的是，这些网络的增长速度非常快(边的数量是 $O(n^2)$，其中 n 是顶点的数量)。因此，在本例中，我们将保守地纳入 2012 年以来受欢迎(至少有 150 000 个评分)的故事片(即 kind_id 等于 1)，并且我们只考虑每部电影中最受好评的 20 个角色。

要检索边的列表，我们需要考虑所有可能的 cast 赋值对。为了得到这个列表，我们首先使用 MySQL 中的 CROSS JOIN 操作(请参见第 15 章)来形成所有的总对，它没有直接的 dplyr 等价处理。因此，在这种情况下，我们必须手工编写 SQL 代码。请注意，我们将此列表向下过滤到唯一对，这可以通过仅包括第一个表中的 person_id 严格小于第二个表中的 person_id 的对来实现。以下查询的结果将作为对象 E 进入 R。

```
library(mdsr)
db <- dbConnect_scidb("imdb")
```

```sql
SELECT a.person_id AS src, b.person_id AS dest,
    a.movie_id,
    a.nr_order * b.nr_order AS weight,
    t.title, idx.info AS ratings
  FROM imdb.cast_info AS a
  CROSS JOIN imdb.cast_info AS b USING (movie_id)
  LEFT JOIN imdb.title AS t ON a.movie_id = t.id
  LEFT JOIN imdb.movie_info_idx AS idx ON idx.movie_id = a.movie_id
  WHERE t.production_year = 2012 AND t.kind_id = 1
    AND info_type_id = 100 AND idx.info > 150000
    AND a.nr_order <= 20 AND b.nr_order <= 20
    AND a.role_id IN (1,2) AND b.role_id IN (1,2)
    AND a.person_id < b.person_id
  GROUP BY src, dest, movie_id
```

```
E <- E %>%
  mutate(ratings = parse_number(ratings))
glimpse(E)
```

```
Rows: 10,223
Columns: 6
$ src      <int> 6388, 6388, 6388, 6388, 6388, 6388, 6388, 6388, 6388, ...
$ dest     <int> 405570, 445466, 688358, 722062, 830618, 838704, 960997...
$ movie_id <int> 4590482, 4590482, 4590482, 4590482, 4590482, 4590482, ...
$ weight   <dbl> 52, 13, 143, 234, 260, 208, 156, 247, 104, 130, 26, 18...
$ title    <chr> "Zero Dark Thirty", "Zero Dark Thirty", "Zero Dark Thi...
$ ratings  <dbl> 231992, 231992, 231992, 231992, 231992, 231992, 231992...
```

我们还计算了一个权重变量，可用来对结果图中的边进行加权。在本例中，权重是基于每个演员的评分顺序计算的。排名为 1 意味着演员的收入最高。这些权重将是非常有用的，因为评分高通常意味着演员在影片中的出现时间更多。

```
E %>%
  summarize(
    num_rows = n(),
    num_titles = n_distinct(title)
  )
```

```
  num_rows num_titles
1    10223         55
```

我们的查询结果得到了 55 部电影以及电影之间的 10 223 个连接。我们可以看到《蝙蝠侠：黑暗骑士》在 IMDb 中收视率最高。

```
movies <- E %>%
  group_by(movie_id) %>%
  summarize(title = max(title), N = n(), numRatings = max(ratings)) %>%
  arrange(desc(numRatings))
movies
```

```
# A tibble: 55 x 4
   movie_id title                                    N   numRatings
   <int>    <chr>                                 <int>      <dbl>
1  4339115  The Dark Knight Rises                  190    1258255
2  3519403  Django Unchained                       190    1075891
3  4316706  The Avengers                           190    1067306
4  4368646  The Hunger Games                       190     750674
5  4366574  The Hobbit: An Unexpected Journey       190     681957
6  4224391  Silver Linings Playbook                190     577500
7  4231376  Skyfall                                190     557652
8  4116220  Prometheus                             190     504980
9  4300124  Ted                                    190     504893
10 3298411  Argo                                   190     493001
# ... with 45 more rows
```

接下来，我们应该收集一些关于图中顶点的信息。我们本可以在原始查询中使用另一个 JOIN 操作来完成这项工作，但现在这样做会效率更高(为什么？请参见 CROSS-JOIN 习题)。在这个示例中，我们只需要每个演员的姓名和 IMDb 标识符。

```
actor_ids <- unique(c(E$src, E$dest))
V <- db %>%
  tbl("name") %>%
  filter(id %in% actor_ids) %>%
  select(actor_id = id, actor_name = name) %>%
  collect() %>%
  arrange(actor_id) %>%
  mutate(id = row_number())
glimpse(V)
```

```
Rows: 1,010
Columns: 3
$ actor_id   <int> 6388, 6897, 8462, 16644, 17039, 18760, 28535, 33799,...
$ actor_name <chr> "Abkarian, Simon", "Aboutboul, Alon", "Abtahi, Omid"...
$ id         <int> 1, 2, 3, 4, 5, 6, 7, 8, 9, 10, 11, 12, 13, 14, 15, 1...
```

20.2.2 构建好莱坞网络

为了构建一个图，我们先要定义边，指定边是不是有向边，添加关于顶点的一些信息。

```
edges <- E %>%
  left_join(select(V, from = id, actor_id), by = c("src" = "actor_id")) %>%
  left_join(select(V, to = id, actor_id), by = c("dest" = "actor_id"))

g <- tbl_graph(nodes = V, directed = FALSE, edges = edges)
summary(g)
```

```
IGRAPH e2eb097 U-W- 1010 10223 --
+ attr: actor_id (v/n), actor_name (v/c), id (v/n), src (e/n), dest
| (e/n), movie_id (e/n), weight (e/n), title (e/c), ratings (e/n)
```

从上面的summary()命令中，可以看到我们有 1010 个演员和 10 223 条边。注意，我们已经将元数据与每条边相关联，即关于电影的信息也突出了边，突出了前述的基于每个演员的评分顺序的权重度量方法(排在前面的明星出现在影片中的时间更长，因此与更多的演员有更多有意义的互动)。

如果网络完好无损，我们可以把它可视化。你可能希望设置许多图形参数，因为默认选择并不总是正确的。在本例中，我们有 1010 个顶点，因此将把它们变小，并省略标签。图 20.4 显示了该结果。

```
ggraph(g, 'drl') +
  geom_edge_fan(width = 0.1) +
  geom_node_point(color = "dodgerblue") +
  theme_void()
```

很容易看到基于电影的集群，但是你也可以看到一些演员在多部电影中出现，以及他们如何成为网络更为"中心"的节点。如果一个演员在多部电影中出现过，那么他与其他演员的联系就会更紧密。这是由度的中心性决定的。

```
g <- g %>%
  mutate(degree = centrality_degree())
g %>%
  as_tibble() %>%
  arrange(desc(degree)) %>%
  head()
```

```
# A tibble: 6 x 4
  actor_id actor_name                id degree
     <int> <chr>                  <int>  <dbl>
1   502126 Cranston, Bryan          113     57
2   891094 Gordon-Levitt, Joseph    228     57
3   975636 Hardy, Tom               257     57
4  1012171 Hemsworth, Chris         272     57
5  1713855 Neeson, Liam             466     57
6  1114312 Ivanek, Zeljko           304     56
```

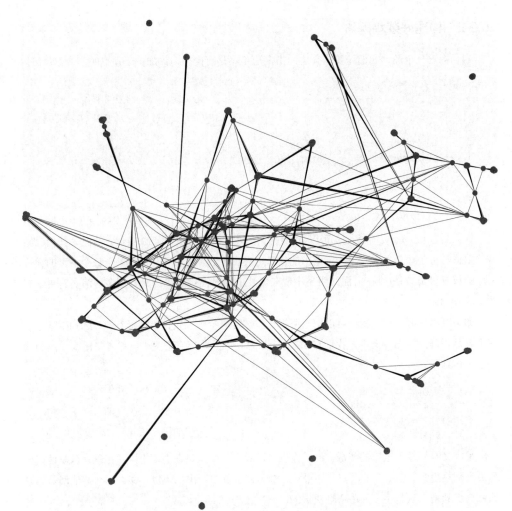

图 20.4　2012 年流行电影的好莱坞网络可视化

在这份名单上，有不少大牌演员在 2012 年出演了多部电影。为什么 Bryan Cranston 有这么多连接？下面的函数将检索特定演员的电影列表。

```
show_movies <- function(g, id) {
  g %>%
    activate(edges) %>%
    as_tibble() %>%
    filter(src == id | dest == id) %>%
    group_by(movie_id) %>%
    summarize(title = first(title), num_connections = n())
}
  show_movies(g, 502126)
```

```
# A tibble: 3 x 3
  movie_id  title           num_connections
```

	<int>	<chr>	<int>
1	3298411	Argo	19
2	3780482	John Carter	19
3	4472483	Total Recall	19

Cranston 在这三部电影中都出现过。但是请注意，度的分布并不是非常平滑的(参见图 20.5)。也就是说，每个演员拥有的连接数似乎仅限于一些离散的可能值。你知道为什么会这样吗？

```
ggplot(data = enframe(igraph::degree(g)), aes(x = value)) +
  geom_density(size = 2)
```

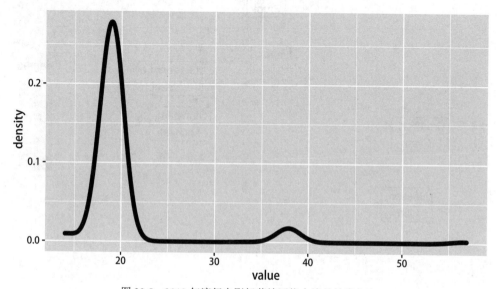

图 20.5　2012 年流行电影好莱坞网络中演员的度分布

我们使用 ggraph 包，它提供 geom_node_*()和 geom_edge_*()函数，可直接使用 ggplot2 绘制图形(其他绘图包包括 ggnetwork、geomnet 和 GGally)。

```
hollywood <- ggraph(g, layout = 'drl') +
  geom_edge_fan(aes(alpha = weight), color = "lightgray") +
  geom_node_point(aes(color = degree), alpha = 0.6) +
  scale_edge_alpha_continuous(range = c(0, 1)) +
  scale_color_viridis_c() +
  theme_void()
```

我们不想为所有人显示顶点标签，因为那样会导致混乱。但是，如果能看到中心性非常强的演员，这是一件值得庆幸的事。图 20.6 显示了完整的图。边的透明度是基于我们前面计算的权重值进行设置的。

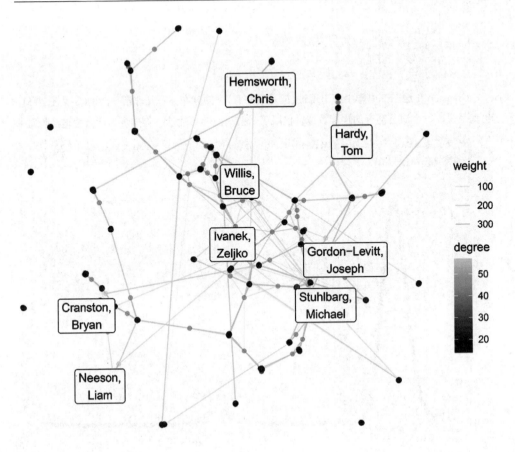

图 20.6   2012 年流行电影的好莱坞网络。颜色被映射到度中心

　　ggnetwork()函数将 igraph 对象转换为一个数据框，geom_nodes()和 geom_edges()函数可从中将变量映射到美学画面元素。在本例中，由于边太多，我们使用 scale_size_continuous()函数使边缩小。

```
hollywood +
  geom_node_label(
    aes(
      filter = degree > 40,
      label = str_replace_all(actor_name, ", ", ",\n")
    ),
    repel = TRUE
)
```

20.2.3   建立 Kristen Stewart 预言

　　度中心性不考虑边上的权重。如果我们想要强调经过男女主角之间的路径，我们可以考虑中介中心性。

```
g <- g %>%
  mutate(btw = centrality_betweenness(weights = weight, normalized = TRUE))
g %>%
  as_tibble() %>%
  arrange(desc(btw)) %>%
  head(10)
```

```
# A tibble: 10 x 5
   actor_id   actor_name                id   degree   btw
      <int>   <chr>                    <int>  <dbl>  <dbl>
 1  3945132   Stewart, Kristen          964     38  0.236
 2   891094   Gordon-Levitt, Joseph     228     57  0.217
 3  3346548   Kendrick, Anna            857     38  0.195
 4   135422   Bale, Christian            27     19  0.179
 5    76481   Ansari, Aziz               15     19  0.176
 6   558059   Day-Lewis, Daniel         135     19  0.176
 7  1318021   LaBeouf, Shia             363     19  0.156
 8  2987679   Dean, Ester               787     38  0.152
 9  2589137   Willis, Bruce             694     56  0.141
10   975636   Hardy, Tom                257     57  0.134
```

```
show_movies(g, 3945132)
```

```
# A tibble: 2 x 3
  movie_id   title                                     num_connections
     <int>   <chr>                                                <int>
1  4237818   Snow White and the Huntsman                             19
2  4436842   The Twilight Saga: Breaking Dawn - Part 2               19
```

请注意，Kristen Stewart 具有最高的中介中间性，而 Joseph Gordon-Levitt 和 Tom Hardy(及其他人)具有最高的度中心性。此外，Christian Bale 虽然仅出现在一部电影中，但他的中介中心性处于第三的位置。这是因为他在《黑暗骑士崛起》中担当主角，该电影关联了最多的边。因此，绝大部分经过《黑暗骑士崛起》的最短路径都穿过了 Christian Bale。

如果 Kristen Stewart(imdbId 3945132)在该网络中处于非常中心的位置，则可以考虑使用 Stewart 数代替 Bacon 数。Charlize Theron 的 Stewart 数显然为 1，因为他们一起出现在《白雪公主与猎人》中：

```
ks <- V %>%
  filter(actor_name == "Stewart, Kristen")
ct <- V %>%
  filter(actor_name == "Theron, Charlize")

g %>%
  convert(to_shortest_path, from = ks$id, to = ct$id)
```

```
# A tbl_graph: 2 nodes and 1 edges
#
# An unrooted tree
#
# Node Data: 2 x 6 (active)
```

```
    actor_id   actor_name              id  degree   btw.tidygraph_node_index
      <int>    <chr>                <int>   <dbl>   <dbl>                <int>
1   3945132    Stewart, Kristen       964      38  0.236                  964
2   3990819    Theron, Charlize       974      38  0.0940                 974
#
# Edge Data: 1 x 9
   from    to       src     dest  movie_id  weight  title   ratings  .tidygraph_edge~
  <int> <int>     <int>    <int>     <int>   <dbl>  <chr>     <dbl>             <int>
1     1     2   3945132  3.99e6   4237818       3  Snow ~   243824             10198
```

另一方面，她和 Joseph Gordon–Levitt 的距离是 5。原因是 Joseph Gordon–Levitt 和 Tom Hardy
共同出演《黑暗骑士崛起》，Tom Hardy 与 Guy Pearce 共同出演《无法无天》，Guy Pearce 与
Charlize Theron 共同出演《普罗米修斯》，Charlize Theron 与 Kristen Stewart 共同出演《白雪公
主与猎人》，这些信息在图 20.7 进行了展示。

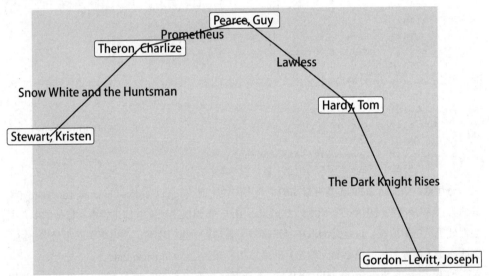

图 20.7   显示从 Joseph Gordon-Levitt 到 Kristen Stewart 的好莱坞网络最短路径的子图

```
set.seed(47)
jgl <- V %>%
  filter(actor_name == "Gordon-Levitt, Joseph")

h <- g %>%
  convert(to_shortest_path, from = jgl$id, to = ks$id, weights = NA)
h %>%
  ggraph('gem') +
  geom_node_point() +
  geom_node_label(aes(label = actor_name)) +
  geom_edge_fan2(aes(label = title)) +
  coord_cartesian(clip = "off") +
  theme(plot.margin = margin(6, 36, 6, 36))
```

但是，请注意，这些人的最短路径不是唯一的。事实上，Kristen Stewart 和 Joseph

Gordon–Levitt 之间有 9 条最短路径，每条的长度都是 5。

```
igraph::all_shortest_paths(g, from = ks$id, to = jgl$id, weights = NA) %>%
  pluck("res") %>%
  length()
```

```
[1] 9
```

如图 20.6 所示，好莱坞网络不是连通的，因此其直径无限长。但是，可以计算最大连通子图的直径。这个数字(在本例中为 10)表示将网络中最远的两个演员分开的跳数。

```
igraph::diameter(g, weights = NA)
```

```
[1] 10
```

```
g %>%
  mutate(eccentricity = node_eccentricity()) %>%
  filter(actor_name == "Stewart, Kristen")
# A tbl_graph: 1 nodes and 0 edges
#
# An unrooted tree
#
# Node Data: 1 x 6 (active)
  actor_id actor_name         id degree    btw  eccentricity
     <int> <chr>           <int>  <dbl>  <dbl>         <dbl>
1  3945132 Stewart, Kristen  964     38  0.236             6
#
# Edge Data: 0 x 8
# ... with 8 variables: from <int>, to <int>, src <int>, dest <int>,
# movie_id <int>, weight <dbl>, title <chr>, ratings <dbl>
```

另一方面，我们注意到 Kristen Stewart 的偏心率是 6。这意味着在网络的连通部分，没有一个演员与 Kristen Stewart 的距离超过 6 跳。这就是六度分离！

20.3 PageRank

对于许多读者来说，要记住谷歌之前的网络搜索引擎是什么样子可能很难(或者不可能)。搜索引擎(如 Altavista、网络爬虫、Excite 和 Yahoo!)一直在竞争，但没有一个返回结果与我们今天得到的结果一样有用。通常情况下，要找到想要的东西，你需要在页面中筛选那些加载速度较慢的链接。

考虑一下搜索问题。用户输入由一个或多个词语或词项组成的搜索查询。然后，搜索引擎生成一个有序的网页列表，该列表根据网页与该搜索查询的相关性进行排序。你将如何指导计算机确定网页与查询的相关性？

这个问题不是小事。谷歌搜索引擎之前的大多数工作方式是对每个网页上的词语进行分类，然后根据搜索查询确定哪些页面与该查询最相关。

这种方法的一个问题是，网页设计者要让网页上的文字准确地反映查询内容。当然，广告商也可以很容易地操纵搜索引擎，他们在页面上加载与背景内容相似的热门搜索词(让用户看不见)，而这些词可能与页面的实际内容无关。因此，即使这些页面与用户无关，天真的搜索引擎可能会为这些页面提供更靠前的排名。

谷歌以一种完全不同的方式思考这个问题，它利用了万维网的网络结构，从而占领了搜索领域。Web 是一个有向图，里面的每个网页(URL)都是一个节点，边表示从一个网页到另一个网页的链接。1998 年，斯坦福大学计算机科学研究生 Sergey Brin 和 Larry Page 开发了一种称为 PageRank 的中心性度量方法，它构成了谷歌搜索算法的基础[Page et al., 1999]。该算法的搜索结果比竞争对手的要好得多，以至于谷歌很快占领了整个搜索市场，并且现在是世界上最大的公司之一。它的核心思想是：人们可以使用网络上的有向链接作为一种"投票"方式，这种方式通常很难被不正当利用。也就是说，广告商只能控制他们网页上的链接，而不能控制其他网站指向他们网页的链接。

特征向量中心性

计算 PageRank 是线性代数中一道相当简单的练习题。它是马尔可夫过程的一个实例。假设网络上有 n 个网页。设 $v_0=1/n$ 是一个向量，它给出了随机选择的网络浏览者选择任意一个给定页面的初始概率。在没有任何关于这个用户信息的情况下，他们浏览任何一个页面的概率都是相等的。

但对于这 n 个网页中的每一个页面，我们还知道它链接到哪些网页。这些链接就是网络图中指向其他节点的有向边。我们假设一个随机浏览者以相等的概率选择每个链接进行跳转，因此，如果第 i 个网页上有 m_i 个指向其他页面的链接，那么随机浏览者从第 i 页跳转到第 j 页的概率为 $p_{ij}=1/m_i$。注意，如果第 i 页没有链接到第 j 页，那么 $p_{ij}=0$。这样我们就可以形成一个 $n \times n$ 的转移矩阵 P，矩阵中的每个元素描述了从第 i 页跳转到第 j 页的概率。

积值 $Pv_0=v1$ 是一个向量，v_{1i} 就表示：以均匀分布的概率随机选择一个网页作为初始网页，然后随机选择的一个链接进行单击(等概率)，最后出现在第 i 个网页的概率。积值 $Pv_1=P^2v_0$ 给出了两次单击后的概率，等等。从数学角度看，如果我们继续迭代这个过程，将得到一个平稳分布 $v*$，它反映了处于任何给定页面上的一个长期概率。该向量中的每个元素代表相应网页的受欢迎程度—— $v*$ 是每个网页的 PageRank[1]。由于 $v*$ 是转移矩阵的特征向量($Pv*=v*$)，所以这种中心性度量称为特征向量中心性。事实上，它很早就被提出来了，但 Page 和 Brin 第一次将这一思想应用到万维网以进行搜索。

PageRank 的成功使得它被应用于各种环境中——几乎所有在网络环境下进行排名的问题都可以使用它。除了下面的大学团队运动示例，PageRank 的应用还包括：学术引文(eigenfactor.org)、博士课程、蛋白质网络以及词汇语义学。

另一个可能有助于理解 PageRank 的示例是可移动质量块(movable mass)。也就是说，假设网络中有一定的质量。初始向量 v_0 表示质量在顶点上的均匀分布模型。也就是说，每个顶点拥

---

1 正如我们将在下面看到的，这并不完全正确，但这是基本想法。

有总质量的 1/*n*。转移矩阵 **P** 根据每条边上的权值建立质量流经网络的模型。一段时间后，质量将"定居"在顶点上，但分布不均匀。累积最大质量的节点具有最大的 PageRank。

20.4　扩展示例：1996 年男子大学篮球赛

每年 3 月(由于新冠病毒，2020 年除外)，许多体育迷和大学生的注意力都会被 NCAA 篮球锦标赛所吸引，这场比赛将由 68 支最好的球队在赢家通吃(winner-take-all)的单打淘汰赛中对阵(锦标赛是一种特殊类型的有向图)。然而，锦标赛中的每支球队都是根据他们在常规赛中的表现来设定种子的。这些种子很重要，因为获得更高的种子分数意味着更容易赢得锦标赛。此外，一个锦标赛席位本身就意味着一所学校的篮球项目有数百万美元的收入。最后，预测比赛结果本身也就成了一项运动。

Kaggle 每年春天都会通过举办一次机器学习(请参见第 11 章和第 12 章)竞赛来征集这些预测。我们将利用他们的数据建立一个 PageRank 指标，来衡量 1995—1996 年常规赛(马萨诸塞大学历史上最好的赛季)的球队实力。为此，我们构建一个有向图，其中每个球队都是一个节点，并且每场比赛都创建一个从输家团队到赢家团队的有向边，该边可以基于获胜程度进行加权。在这样一个网络中，PageRank 是衡量每个球队实力的一个指标。

首先，我们需要下载每个比赛的结果，以及一个将球队 ID 转换为学校名称的查找表。请注意，Kaggle 需要登录，因此如果你不使用 Web 浏览器进行身份验证，下面的代码可能不适用于你。

```
prefix <- "https://www.kaggle.com/c/march-machine-learning-mania-2015"
url_teams <- paste(prefix, "download/teams.csv", sep = "/")
url_games <- paste(
  prefix,
  "download/regular_season_compact_results.csv", sep = "/"
)
download.file(url_teams, destfile = "data/teams.csv")
download.file(url_games, destfile = "data/games.csv")
```

接下来，我们将加载此数据并执行 filter()以仅选择 1996 年的赛季。

```
library(mdsr)
teams <- readr::read_csv("data/teams.csv")
games <- readr::read_csv("data/games.csv") %>%
  filter(season == 1996)
dim(games)
```

```
[1] 4122 8
```

由于篮球赛程是非常不平衡的(每支球队对其他球队的比赛次数并不相同)，所以胜率似乎是决定一支球队比另一支球队好多少的一个重要因素。我们将用获胜队的得分与失败队的得分之比作为边的权重。

```
E <- games %>%
  mutate(score_ratio = wscore/lscore) %>%
  select(lteam, wteam, score_ratio)
V <- teams %>%
  filter(team_id %in% unique(c(E$lteam, E$wteam)))

g <- igraph::graph_from_data_frame(E, directed = TRUE, vertices = V) %>%
  as_tbl_graph() %>%
  mutate(team_id = parse_number(name))
summary(g)
```

```
IGRAPH 40ff386 DN-- 305 4122 --
+ attr: name (v/c), team_name (v/c), team_id (v/n), score_ratio
| (e/n)
```

我们这个赛季的图包含 305 支球队，他们共打了 4122 场比赛。igraph 包中包含一个 centrality_pagerank()函数，我们可以用它来计算 PageRank。在下面的结果中，我们可以看到，按照此评价方法，乔治华盛顿大学队排名最高，其次是马萨诸塞大学队和乔治城大学队。事实上，排名第 7 的肯塔基大学队击败排名第 16 的锡拉丘兹大学队赢得了锦标赛。根据 PageRank，半决赛中的所有四个参赛方(肯塔基大学队、锡拉丘兹大学队、马萨诸塞大学队和密西西比大学队)都进入了前 16 名，四分之一决赛中的所有 8 个参赛方(也包括维克森林大学队、堪萨斯大学队、乔治城大学队和辛辛那提大学队)都进入了前 20 名。所以，通过计算常规赛结果的 PageRank 来评估球队实力，将有助于高质量地预测季后赛结果。

```
g <- g %>%
  mutate(pagerank = centrality_pagerank())
g %>%
  as_tibble() %>%
  arrange(desc(pagerank)) %>%
  head(20)
```

```
# A tibble: 20 x 4
    name   team_name       team_id    pagerank
    <chr>  <chr>             <dbl>      <dbl>
 1  1203   G Washington      1203      0.0219
 2  1269   Massachusetts     1269      0.0205
 3  1207   Georgetown        1207      0.0164
 4  1234   Iowa              1234      0.0143
 5  1163   Connecticut       1163      0.0141
 6  1437   Villanova         1437      0.0131
 7  1246   Kentucky          1246      0.0127
 8  1345   Purdue            1345      0.0115
 9  1280   Mississippi St    1280      0.0114
10  1210   Georgia Tech      1210      0.0106
11  1112   Arizona           1112      0.0103
12  1448   Wake Forest       1448      0.0101
13  1242   Kansas            1242      0.00992
14  1336   Penn St           1336      0.00975
15  1185   E Michigan        1185      0.00971
```

16	1393	Syracuse	1393	0.00956
17	1266	Marquette	1266	0.00944
18	1314	North Carolina	1314	0.00942
19	1153	Cincinnati	1153	0.00940
20	1396	Temple	1396	0.00860

请注意，这些排名与简单地评估每支球队的战绩和获胜百分比是非常不同的，因为它隐含地考虑了谁击败了谁，以及击败的程度是多大。仅从胜负记录看，麻省大学队是最好的球队，战绩为 31 胜 1 负，而肯塔基大学队则以 28 胜 2 负排名第四。

```
wins <- E %>%
  group_by(wteam) %>%
  summarize(W = n())
losses <- E %>%
  group_by(lteam) %>%
  summarize(L = n())
g <- g %>%
  left_join(wins, by = c("team_id" = "wteam")) %>%
  left_join(losses, by = c("team_id" = "lteam")) %>%
  mutate(win_pct = W / (W + L))
g %>%
  as_tibble() %>%
  arrange(desc(win_pct)) %>%
  head(20)
```

```
# A tibble: 20 x 7
```

	name	team_name	team_id	pagerank	W	L	win_pct
	<chr>	<chr>	<dbl>	<dbl>	<int>	<int>	<dbl>
1	1269	Massachusetts	1269	0.0205	31	1	0.969
2	1403	Texas Tech	1403	0.00548	28	1	0.966
3	1163	Connecticut	1163	0.0141	30	2	0.938
4	1246	Kentucky	1246	0.0127	28	2	0.933
5	1180	Drexel	1180	0.00253	25	3	0.893
6	1453	WI Green Bay	1453	0.00438	24	3	0.889
7	1158	Col Charleston	1158	0.00190	22	3	0.88
8	1307	New Mexico	1307	0.00531	26	4	0.867
9	1153	Cincinnati	1153	0.00940	25	4	0.862
10	1242	Kansas	1242	0.00992	25	4	0.862
11	1172	Davidson	1172	0.00237	22	4	0.846
12	1345	Purdue	1345	0.0115	25	5	0.833
13	1448	Wake Forest	1448	0.0101	23	5	0.821
14	1185	E Michigan	1185	0.00971	22	5	0.815
15	1439	Virginia Tech	1439	0.00633	22	5	0.815
16	1437	Villanova	1437	0.0131	25	6	0.806
17	1112	Arizona	1112	0.0103	24	6	0.8
18	1428	Utah	1428	0.00613	23	6	0.793
19	1265	Marist	1265	0.00260	22	6	0.786
20	1114	Ark Little Rock	1114	0.00429	21	6	0.778

```
g %>%
  as_tibble() %>%
  summarize(pr_wpct_cor = cor(pagerank, win_pct, use = "complete.obs"))
```

```
# A tibble: 1 x 1
  pr_wpct_cor
        <dbl>
1       0.639
```

虽然 PageRank 和获胜百分比有一定的相关性，但得克萨斯理工大学队的 28 胜 1 负记录甚至没有让他们成为前 20 名球队。乔治城大学队在四分之一决赛中击败了得克萨斯理工大学队。

这个特殊的图有一些有趣的性质。首先，麻省大学队在本赛季的第一场比赛中击败了肯塔基大学队。

```
E %>%
  filter(wteam == 1269 & lteam == 1246)
```

```
# A tibble: 1 x 3
  lteam   wteam   score_ratio
  <dbl>   <dbl>         <dbl>
1  1246    1269          1.12
```

这有助于解释为什么麻省大学队的排名高于肯塔基大学队，因为他们之间的唯一一条边指向麻省大学队。遗憾的是，肯塔基大学队在半决赛中击败了麻省大学队，但这场比赛并没有出现在这个常规赛季数据集中。

第二，乔治华盛顿大学以 21-7 结束了常规赛季，然而他们的 PageRank 排名却是全国最高的。怎么会这样？在这种情况下，乔治华盛顿大学队是唯一一支在常规赛季中击败麻省大学队的球队。尽管这两支球队在赛季的一系列赛中分道扬镳，但这使得流向麻省大学队的大部分 PageRank 值流向了乔治华盛顿大学队。

```
E %>%
  filter(lteam %in% c(1203, 1269) & wteam %in% c(1203, 1269))
```

```
# A tibble: 2 x 3
  Lteam   wteam   score_ratio
  <dbl>   <dbl>         <dbl>
1  1269    1203          1.13
2  1203    1269          1.14
```

国家网络庞大而复杂，因此我们将重点讨论大西洋 10 会议(A-10)，以说明 PageRank 在实际中是如何计算的。1996 年，A-10 由 12 支球队组成。

```
A_10 <- c("Massachusetts", "Temple", "G Washington", "Rhode Island",
          "St Bonaventure", "St Joseph's PA", "Virginia Tech", "Xavier",
          "Dayton", "Duquesne", "La Salle", "Fordham")
```

我们可以形成一个国家网络的生成子图，该子图只包括 A-10 中的顶点和这些顶点之间的边。然后，我们计算这个网络上的 PageRank。

```
a10 <- g %>%
filter(team_name %in% A_10) %>%
  mutate(pagerank = centrality_pagerank())
```

```
summary(a10)
```

```
IGRAPH e11892b DN-- 12 107 --
+ attr: name (v/c), team_name (v/c), team_id (v/n), pagerank (v/n),
| W (v/n), L (v/n), win_pct (v/n), score_ratio (e/n)
```

在图 20.8 中对这个网络进行了可视化，其中顶点的大小与每个球队的 PageRank 成正比，边的透明度与比赛中得分的比率相关。从图中可以看到，乔治华盛顿大学队和麻省大学队是最大的节点，除了一条边以外，与麻省大学队相连的所有边都指向它。

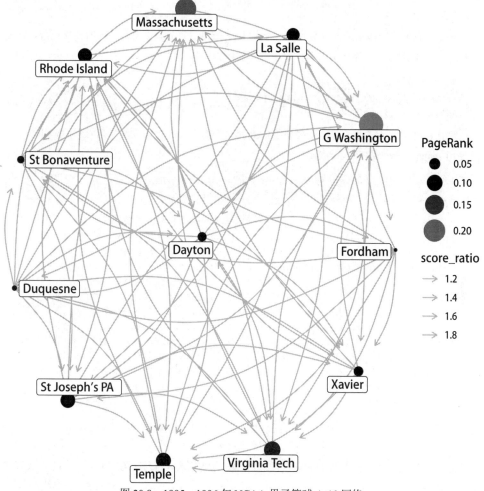

图 20.8　1995—1996 年 NCAA 男子篮球 A-10 网络

```
library(ggraph)
ggraph(a10, layout = 'kk') +
  geom_edge_arc(
    aes(alpha = score_ratio), color = "lightgray",
    arrow = arrow(length = unit(0.2, "cm")),
```

```
    end_cap = circle(1, 'cm'),
    strength = 0.2
) +
geom_node_point(aes(size = pagerank, color = pagerank), alpha = 0.6) +
geom_node_label(aes(label = team_name), repel = TRUE) +
scale_alpha_continuous(range = c(0.4, 1)) +
scale_size_continuous(range = c(1, 10)) +
guides(
  color = guide_legend("PageRank"),
  size = guide_legend("PageRank")
) +
theme_void()
```

现在，我们用矩阵乘法来计算这个网络的 PageRank。首先，需要得到图的转移矩阵，它和邻接矩阵是一样的，矩阵元素由得分比率进行加权。

```
P <- a10 %>%
  igraph::as_adjacency_matrix(sparse = FALSE, attr = "score_ratio") %>%
  t()
```

然而，**P** 中的元素必须是一个概率值，因此它们需要标准化，以使每列元素的总和为 1。可使用 scale() 函数来实现这一点。

```
P <- scale(P, center = FALSE, scale = colSums(P))
round(P, 2)
```

```
      1173 1182 1200 1203 1247 1269 1348 1382 1386 1396 1439 1462
1173  0.00 0.09 0.00 0.00 0.09    0 0.14 0.11 0.00 0.00 0.00 0.16
1182  0.10 0.00 0.10 0.00 0.10    0 0.00 0.00 0.00 0.00 0.00 0.00
1200  0.11 0.00 0.00 0.00 0.09    0 0.00 0.00 0.00 0.00 0.00 0.00
1203  0.11 0.10 0.10 0.00 0.10    1 0.14 0.11 0.17 0.37 0.27 0.15
1247  0.00 0.09 0.00 0.25 0.00    0 0.00 0.12 0.00 0.00 0.00 0.00
1269  0.12 0.09 0.13 0.26 0.11    0 0.14 0.12 0.16 0.34 0.25 0.15
1348  0.00 0.11 0.11 0.00 0.12    0 0.00 0.12 0.16 0.29 0.21 0.18
1382  0.11 0.09 0.13 0.00 0.00    0 0.14 0.00 0.00 0.00 0.00 0.00
1386  0.11 0.10 0.10 0.24 0.09    0 0.14 0.11 0.00 0.00 0.00 0.00
1396  0.12 0.15 0.12 0.00 0.12    0 0.16 0.10 0.16 0.00 0.27 0.19
1439  0.12 0.09 0.12 0.25 0.09    0 0.14 0.11 0.17 0.00 0.00 0.17
1462  0.10 0.09 0.09 0.00 0.09    0 0.00 0.12 0.18 0.00 0.00 0.00
attr(,"scaled:scale")
 1173    1182   1200  1203   1247 1269 1348   1382  1386  1396 1439 1462
10.95  11.64  11.91  4.39  11.64 1.13 7.66  10.56  6.54  3.65 5.11 6.95
```

这种构造的一个缺点是我们的图在顶点对之间有多条边，因为在同一个会议中的球队通常会互相比赛两次。遗憾的是，igraph 函数 as_adjacency_matrix() 不能很好地处理这个问题：

如果图有多条边，则任意一条选择的边(对于多条边)的边属性都可以被引入。

因此，即使麻省大学队两次击败天普大学队，这些边中只有一条(显然是任意选择的)会出现在邻接矩阵中。还要注意，在上面显示的转移矩阵中，标有 1269 的列包含一个 1 和十一个 0。

这表明麻省大学队(1269)转移到乔治华盛顿大学队(1203)的概率是 1，因为麻省大学队唯一的失败是对乔治华盛顿大学队。这是不准确的，因为模型没有以足够复杂的方式来处理多条边。从矩阵中可以明显地看出，乔治华盛顿大学队几乎有等可能的概率转移到拉萨尔大学队、麻省大学队、约瑟夫大学队和弗吉尼亚理工大学队，这是他们在 A-10 中的四次失利。

接下来，我们将用均匀分布的概率定义初始向量，每个球队的初始值为 1/12。

```
num_vertices <- nrow(as_tibble(a10))
v0 <- rep(1, num_vertices) / num_vertices
v0
```

```
 [1] 0.0833 0.0833 0.0833 0.0833 0.0833 0.0833 0.0833 0.0833 0.0833 0.0833
[11] 0.0833 0.0833
```

为了计算 PageRank，我们迭代地将初始向量 v_0 乘以转移矩阵 P。我们基于一次循环进行 20 次乘法运算：

```
v <- v0
for (i in 1:20) {
  v <- P %*% v
}
as.vector(v)
```

```
 [1] 0.02552 0.01049 0.00935 0.28427 0.07319 0.17688 0.08206 0.01612 0.09253
[10] 0.08199 0.11828 0.02930
```

因此，我们发现第四个顶点乔治华盛顿大学队有最高的 PageRank。将这些值与 igraph 中内置的 page_rank()函数返回值进行比较：

```
igraph::page_rank(a10)$vector
```

```
  1173    1182    1200    1203    1247    1269    1348    1382    1386    1396
0.0346  0.0204  0.0193  0.2467  0.0679  0.1854  0.0769  0.0259  0.0870  0.0894
  1439    1462
0.1077  0.0390
```

为什么它们不同？PageRank 有一个限制，就是网络中可能存在下沉点(sink)或蜘蛛陷阱(spider trap)。它们可能是单个节点，甚至是节点的集合，这些节点都没有输出边(麻省大学队几乎是但不完全是这个网络中的蜘蛛陷阱)。这种情况下，如果随机的网络冲浪者发现自己陷入蜘蛛陷阱，就没有出路了，所有概率都会落在这些顶点上。因此，在实践中，PageRank 是通过添加随机重启进行修改的。这意味着，每隔一段时间，随机的网络冲浪者只是选择重新开始。在 page_rank()中控制此项的参数称为 damping，其默认值为 0.85。如果我们将 damping 参数设置为 1，对应于上面的矩阵乘法，会更接近一点。

```
igraph::page_rank(a10, damping = 1)$vector
```

```
   1173     1182     1200     1203     1247     1269     1348     1382     1386
0.02290  0.00778  0.00729  0.28605  0.07297  0.20357  0.07243  0.01166  0.09073
   1396     1439     1462
```

```
 0.08384 0.11395 0.02683
```

或者，我们可以再次执行随机游走，但允许随机重新启动：

```
w <- v0
d <- 0.85
for (i in 1:20) {
  w <- d * P %*% w + (1 - d) * v0
}
as.vector(w)
```

```
 [1] 0.0382 0.0231 0.0213 0.2453 0.0689 0.1601 0.0866 0.0302 0.0880 0.0872
[11] 0.1106 0.0407
igraph::page_rank(a10, damping = 0.85)$vector
```

```
  1173   1182   1200   1203   1247   1269   1348   1382   1386   1396
0.0346 0.0204 0.0193 0.2467 0.0679 0.1854 0.0769 0.0259 0.0870 0.0894
  1439   1462
0.1077 0.0390
```

同样，由于是前面提到的邻接矩阵 P 中的值的近似，结果并不完全相同，但是它们非常接近。

20.5　扩展资源

有关更复杂的图可视化软件，请参见 Gephi。除了 igraph 之外，ggnetwork、sna 和 network R 软件包在处理图对象方面也很流行。

Albert-László Barabási 的 *Linked* 是一本热门的网络科学导论书籍[14]。想要更全面的本科教材，请参见[Easley and Kleinberg (2010)]。

20.6　练习题

问题1(中)：以下问题将美国机场网络视为一个图形。

a. 你需要什么信息来计算美国机场网络的 PageRank？编写一个 SQL 查询以检索 2012 年的此信息。提示：使用 dbConnect_scidb 函数连接到 airlines 数据库。

b. 使用从 SQL 中提取的数据，将网络构建为加权的 tidygraph 对象，其中的边权重与每对机场之间的飞行频率成正比。

c. 计算网络中每个机场的 PageRank。十大"最中心"的机场是什么？奥克兰国际机场(OAK)的排名是什么？

d. 使用每个机场的地理坐标(可从 airports 表中获取)更新你构建的网络的顶点属性。

e. 使用 ggraph 绘制机场网络，使每条边的宽度或透明度与其权重成正比。

f. 在美国地图上叠加上一个练习中的机场网络。

g. 使用 Lambert 共形圆锥投影方法(请参见第 14 章)投影上一练习中的地图和机场网络。

h. 裁剪你在上一个练习中创建的地图，以放大本地机场。

问题 2(难)：让我们重新考虑一下 Internet 电影数据库(IMDb)示例。

a. 在电影示例的 CROSS JOIN 查询中，我们如何修改 SQL 查询以在原始查询中包括演员姓名？从计算和数据存储的角度看，为什么这样做效率较低？

b. 通过往回追溯，扩大好莱坞网络。如果追溯到 2000 年，哪位演员有最高的度中心性？哪位演员有中介中心性？哪位演员有特征向量中心性？

问题 3(难)：使用 dbConnect_scidb 函数连接到 airlines 数据库，使用 2013 年的数据回答以下问题。有一段时间，Edward Snowden 被困在莫斯科机场。假设你不是被困在一个机场，而是被困在所有机场。如果你被迫在美国随意飞行，你最可能在哪里结束？

20.7　附加练习

可从 https://mdsr-book.github.io/mdsr2e/ch-networks.html#networks-online-exercises 获得。

第 21 章

结束语：走向"大数据"

"数据科学"和"大数据"这两个术语经常互换使用，但这是不正确的。从技术角度看，"大数据"是数据科学的一部分，主要处理普通计算机无法处理的大规模数据。本书提供了全面且有条理的数据科学介绍，但没有向读者特别介绍大数据。然而，本书中提出的概念视为大数据的"先驱"[Horton et al., 2015; Horton and Hardin, 2015]。在本章中，我们将探讨大数据的一些概念，并向读者介绍可扩展到真正大数据的一些技术。

21.1 大数据的一些概念

大数据是一个异常热门的话题，但它的定义并不那么明确。维基百科指出：

大数据是一个对数据集进行分析、系统地从中提取信息的方法进行研究的领域，这个数据集太大，以至于传统数据处理应用软件无法处理。

关系数据库管理系统以及桌面统计和可视化软件包通常很难处理大数据。相反，这项工作需要"在数十台、数百台甚至数千台服务器上运行的大规模并行软件"。所谓的"大数据"取决于用户及其工具的处理能力，而不断发展的处理能力使大数据的定义不断变化。"对于一些组织来说，第一次面对数百 GB 的数据可能需要重新考虑数据管理选项。对于其他人来说，当面临数十或数百 TB 的数据时，数据的大小才成为重要的考虑因素。

大数据通常有一个 3V 的定义：数据量大(Volume)、数据增长速度快(Velocity)以及种类和来源多样化(Variety)[Laney, 2001]。在这个定义中，使大数据与众不同的主要特点是它的大小、在收集过程中它的增长速度以及它可能来源于不同的格式。在大数据中，表可能太大，以至于无法放在普通计算机上；或者表上的数据变化和查询速度可能非常快，很难处理；或者数据可能分布在许多不同的系统中。Randall Pruim 给出了一个更简明的定义："大数据就是你的工作流程中断的时候。"

大数据的相对和绝对定义都是有意义的。绝对的定义可能更容易理解；我们只需要指定一个数据大小，并同意任何大于指定大小的数据都是"大"的，否则就不是了。这个定义的问题是它是一个变化的指标。它可能意味着今天以 PB(1000TB)为标准，但几年后可能以 EB(1000PB)为标准。不管准确的定义是什么，越来越清楚的是，虽然有许多组织(如谷歌、Facebook 和亚马逊)都在处理真正的大数据，但大多数个人，甚至像你和我们这样的数据科学家，都不是。

对我们来说，相对的定义可能更有意义。当你用来解决问题的工作流由于数据量的扩大而变得不可行时，就会出现大数据问题。这种情况下，考虑数据的数量级是很有用的。棒球数据的演变说明了"大数据问题"是如何随着数据量和种类的增加而出现的。

- **个人比赛数据**：Henry Chadwick 在 20 世纪初开始收集 boxscores(每个比赛的表格摘要)。这些数据(几十行甚至几百行)可以存储在手写的纸上，也可以存储在单个电子表格中。每一行可能代表一个比赛。因此，处理这种大小数据的一个非常好的工作流程方法就是将它们存储在纸上。更复杂的工作流程是将它们存储在电子表格应用程序中。

- **赛季数据**：到 20 世纪 70 年代，几十年的棒球历史以赛季的形式记录下来。在这里，数据是在球员-球队-赛季这种层次上聚合的。这类数据的一个示例是我们在第 4 章中研究的 Lahman 数据库，它的 Batting 表中有将近 100 000 行。请注意，在这个赛季格式中，我们知道每个球员为每支球队打出多少本垒打，但不了解关于他们何时击中的信息(例如，在哪个月或哪一局)。Excel 限制了单个电子表格可以包含的行数。原先的 2^{14}=16 384 行的限制在 2003 年提高到 2^{16}=65 536 行，现在的限制是 $2^{20} \approx 100$ 万行。直到 2003 年，仅仅用 Excel 打开 Batting 表开始变成不可行。这是一个大数据问题，因为你的 Excel 工作流由于数据的大小而中断。另一方面，在 R 中打开 Batting 表所需的内存要少得多，因为 R 并不显示所有数据。

- **比赛现场数据**：到了 20 世纪 90 年代，Retrosheet 开始收集更细粒度的比赛现场数据。每行包含赛场一个具体行为的信息。这意味着我们能确切地知道每个球员在什么时候打出每一个本垒打，即什么日期、哪一局、哪个投手的下场、哪个跑垒员在垒上甚至还有其他哪些球员在场上。截至撰写本书时，已有近 100 个赛季，拥有 1000 多万行。这给 R 带来了一个大数据的问题——在一台普通的个人电脑上，你很难将这些数据加载到 R 中。然而，SQL 为这种规模的数据提供了一个可扩展的解决方案，即便你使用的是笔记本电脑。不过，如果这些数据存储在具有大容量内存的 SQL 集群中，性能将显著提升。

- **摄像机跟踪数据**：Statcast 数据集包含所有外野手、跑垒手以及棒球的每 1/15 秒的(x, y, z)坐标数据。因此，每一行都是一个时刻。这些数据不仅表明了每一个比赛现场行为的结果，而且表明了随着比赛的进行，每个球员和棒球在场上的位置。虽然我们仍然不知道这些数据到底有多大，但估计每场比赛有数 GB 数据，转换为每赛季数 TB 数据。因此，需要某种分布式服务器系统来存储这些数据。这些数据对于任何个人来说都是相对意义上的"大"，但离绝对意义上的"大"还有几个数量级的距离。

绝对大数据是什么样子的？对于个人用户来说，你可以考虑一下雅虎 2015 年发布的 1100 亿个事件的 13.5TB 数据集，该数据集用于机器学习研究。数据的鼻祖可能是欧洲的大型强子对撞机，它每年产生 25PB 的数据[CERN, 2008]。然而，超级对撞机生成的所有数据中只有 0.001%被保存，因为收集这些数据意味着每天要捕获近 500EB 数据，这显然是大数据。

21.2 更大数据的工具

到目前为止，你已经掌握了 R 和 SQL 的实用知识。这些都是经过实战测试的宝贵工具，它们可用于处理中小型数据。两者都有庞大的用户基础，充足的部署，并且还在持续不断地改进。其中有一些改进旨在使 R 和 SQL 能够处理真正的大数据。虽然我们没有足够的篇幅来详细介绍这些扩展，但在本节中，我们将简要介绍一些大数据处理的最重要概念，并强调一下你可能在工作实践中看到的一些工具。

21.2.1 大数据的数据和内存结构

作为 dplyr 的一个替代品，data.table 是一个流行的 R 包，它可用于对非常大的数据表(数千 GB 的内存空间)执行快速的 SQL 风格的操作。现在还不清楚 data.table 比 dplyr 更快或更有效，并且它使用不同的但不一定更好的语法。目前，dplyr 具有的一个可能的优势就是它能更好地访问关系数据库后端。此外，dplyr 可以使用 data.table 作为后端。我们之所以选择在本书中强调 dplyr，主要是因为它在语法上非常适合这里使用的其他许多 R 包(即 tidyverse)。

对于一些问题来说，解释变量 p 的数量可能很大(不一定与观测值 n 的数量相关)，这些问题在机器学习中更常见。在这种情况下，计算最小二乘回归模型的算法可能会占用大量内存。biglm 包提供一个内存高效的 biglm()函数来代替 lm()，从而改进这一问题。特别地，biglm 可以拟合数据框大于内存的广义线性模型。它通过将计算分成更易于管理的块来实现这一点，在处理每个块时迭代地更新结果。通过这种方式，你可以编写现有代码的替代品，该替代品可扩展到处理比计算机内存更大的数据集。

```
library(tidyverse)
library(mdsr)
library(biglm)
library(bench)
n <- 20000
p <- 500
d <- rnorm(n * (p + 1)) %>%
  matrix(ncol = (p + 1)) %>%
  as_tibble(.name_repair = "unique")
expl_vars <- names(d) %>%
  tail(-1) %>%
  paste(collapse = " + ")
my_formula <- as.formula(paste("...1 ~ ", expl_vars))

system_time(lm(my_formula, data = d))
```

```
process    real
  4.18s    4.24s
system_time(biglm(my_formula, data = d))
```

```
process    real
  2.53s    2.56s
```

在这里，我们可以看到计算过程完成得更快(并且可以自动更新以包含更多的观测值，不像 lm())。biglm 包在观测值很多但预测值较少的环境中也很有用。还有一个相关的包是 bigmemory，它扩展了 R 的功能，可以将内存映射到磁盘，从而使你可以处理更大的矩阵。

21.2.2 编译

R、SQL 和 Python 是解释性编程语言。这意味着你用这些语言编写的代码在执行时会被动态地翻译成机器语言。这个过程就如同你在新闻上听到有人说俄语，然后你听到一个停顿的英语翻译，其间有一两秒钟的延迟。大多数时候，翻译速度非常快，你甚至没有注意到。

想象一下，翻译人员不是即时翻译现场发言人的俄语，而是听写下来进行深思熟虑的翻译，然后用英语重新录制这段话。因为你的英语很流利，所以你能更快地处理用英语表达的内容。同时，翻译可能更好，因为有更多的时间和精力投入其中，你可能会发现在即时翻译中丢失的细节。此外，一旦录制了英语片段，就可以随时观看，而不必再次承担翻译费用。

这个替代的范式就是利用编译技术，它对代码进行一次性翻译。R 代码不是被编译的(它是解释性的)，但 C++代码是。编译产生的结果是一个可以由 CPU 直接执行的二进制程序。例如，你不能在 R 中编写桌面应用程序，而 C++编写的可执行文件将比用 R 或 Python 编写的脚本快得多(为了进一步解释，用汇编语言编写的二进制文件比用 C++编写的二进制文件要快，而用机器语言编写的二进制文件比汇编语言编写的二进制文件要快)。

如果 C++比 R 快得多，那么为什么要在 R 中编写代码？在这里，这也是一种权衡。用 C++编写的代码可能会更快，但是当考虑到编程时间时可能就不一样，在 R 中编写程序，你通常可以更快地完成任务。这是因为 R 提供了大量的库，这些库旨在减少程序员编写的代码量。R 也是交互式的，因此你可以保持会话的活动状态，并在运行旧代码时继续编写新代码。这与 C++ 开发具有本质的不同，在每次更改 C 的单个代码行时，都必须重新编译。因此，R 语言的便利是以牺牲速度为代价的。

然而，这是一种权衡。Rcpp 允许你将某些 R 代码移到 C++。基本思想是 Rcpp 提供了对应于 R 数据结构的 C++数据结构(例如，用 C++编写的 data.frame 数据结构)。因此，可将编写的 R 函数编译成更快的 C++代码，这个工作只需要花费 R 程序员少量时间。dplyr 包广泛使用此功能来提高性能。

21.2.3 并行和分布式计算

1. 难以处理的并行计算

如何提高程序处理较大数据的能力？最简单的方法是给你的电脑增加更多内存(如 RAM)。这样可使程序能够一次读取更多数据，从而通过附加编程实现更强大的功能。但如果瓶颈不是内存，而是处理器呢？处理器一次只能做一件事。因此，如果你有一个需要 t 个时间单位的计算，并且你必须对许多不同的数据集进行计算，那么它将需要更多的时间来完成这项工作。

　　例如，假设我们生成 20 个数据集，每个数据集包含 100 万个(x, y)随机对，并希望为每个随机对拟合一个回归模型。

```
n <- 1e6
k <- 20
d <- tibble(y = rnorm(n*k), x = rnorm(n*k), set = rep(1:k, each = n))

fit_lm <- function(data, set_id) {
  data %>%
    filter(set == set_id) %>%
    lm(y ~ x, data = .)
  }
```

　　不管第一个数据集要花多长时间，20 个数据集要花 20 倍的时间。这是意料之中的，因为这个计算过程先为第一个数据集拟合回归模型，然后为第二组拟合回归模型，以此类推。

```
system_time(map(1:1, fit_lm, data = d))

process   real
  449ms   455ms
system_time(map(1:k, fit_lm, data = d))

process   real
  4.88s   4.92s
```

　　然而，在这种特殊情况下，20 个集合中每一个集合的数据与其他任何一个集合中的数据都无关。这是一个难以处理的并行问题的示例。这些数据是并行计算的典型代表。如果我们有 20 个处理器，可同时在每个 CPU 上拟合一个回归模型，这种并行处理能够在与拟合一组数据大致相同的时间内得到相同结果。这种方式能大幅提高处理速度。

　　遗憾的是，我们没有 20 个 CPU。然而，现代计算机大多数都有多核处理器(在本例中，Nick 的电脑有四核)。

```
library(parallel)
my_cores <- detectCores()
my_cores
```

[1] 8

　　parallel 包为 R 提供了并行计算的功能。furrr 包扩展了 future 包，允许我们用熟悉的 purrr 语法来表达难以处理的并行计算[Vaughan and Dancho，2020]。具体来说，它提供了一个函数 future_map()，其工作原理与 map()类似(请参见第 7 章)，只是它将计算扩展到多个核上。理论上的加速是一个 my_cores 函数，但在实践中，由于各种原因(最主要的是，合并并行结果增加了相关的开销)，这可能导致加速变小。

　　plan()函数建立了一个并行计算环境。在本例中，我们使用的是多进程模式，该模式将在异步的、单独的 R 会话中对计算进行分割。plan()的 workers 参数控制用于并行计算的核数。接下来，我们使用 future_map()函数而不是 map 拟合 20 个回归模型。完成后，在本章剩余部分将计算模式设置回 sequential。

```
library(furrr)
plan(multiprocess, workers = my_cores)

system_time(
  future_map(1:k, fit_lm, data = d)
)

process     real
  9.98s    11.56s
plan(sequential)
```

这种情况下，与合并结果相关的开销大于并行计算带来的节省。但情况并非总是如此。

2. GPU 计算和 CUDA

另一个提高计算速度的有效途径是使用图形处理单元(GPU)。这些设备具有高度并行的结构，可以显著提高性能。CUDA 是由 NVIDIA(最大的 GPU 制造商之一)创建的并行计算平台和应用程序编程接口。OpenCL 包为 GPU 计算提供了开源、通用 OpenCL 编程语言的绑定。OpenCL 程序包把 R 绑定到 OpenCL 编程语言，是一种用于 GPU 计算的开源、通用的编程语言。

3. MapReduce

MapReduce 是一种用于并行计算的编程范式。要使用 MapReduce 框架解决一个任务，必须编写两个函数。

(1) Map(key_0, value_0)：Map()函数读入原始数据(存储在键值对中)，并将其拆分为更小的子任务。它返回一个键值对(key1, value1)列表，其中的键和值不一定与原始类型相同。

(2) Reduce(key_1, list(value_1))：MapReduce 实现了一种方法，用于将 Map()函数返回的键值对按其键(即 key_1)进行聚合。因此，你只需要编写 Reduce()函数，该函数将一个特定的 key_1 以及与 key_1 对应的所有 value_1 的列表作为输入。然后 Reduce()函数对该列表执行一系列操作，并返回一个值列表。

因为 Map()步骤可以高度并行化，所有 MapReduce 是非常高效的。此外，MapReduce 还具有较好的容错性，因为如果任何一个 Map()作业失败，控制器可以简单地启动另一个作业。Reduce()步骤通常提供类似于 SQL 中 GROUP BY 操作的功能。

示例

一个经典的 MapReduce 示例是将大量文本文档(即第 19 章介绍的语料库)中每个词语的频率制成表格。在下面的内容中，我们展示了华盛顿大学的 Bill Howe [Howe,2014]用 Python 语言编写的一个程序实现。请注意，在开始时，这段代码调用外部 MapReduce 库来实现 MapReduce。用户只需要编写这段代码中显示的两个函数，而不需要编写 MapReduce 库本身。

```
import MapReduce
import sys

mr = MapReduce.MapReduce()
```

```python
def mapper(record):
    key = record[0]
    value = record[1]
    words = value.split()
    for w in words:
        mr.emit_intermediate(w, 1)

def reducer(key, list_of_values):
    total = 0
    for v in list_of_values:
        total += v
    mr.emit((key, total))

if __name__ == '__main__':
    inputdata = open(sys.argv[1])
    mr.execute(inputdata, mapper, reducer)
```

　　我们将使用这个 MapReduce 程序为 GitHub 上提出的关于 ggplot2 包的问题编辑词语数目。它们作为单个 JSON 数组存储在 JSON 文件(请参见第 6 章)中。因为我们想说明 MapReduce 如何在多个文件上并行化,所以我们将为每个问题把这个数组转换成一个 JSON 对象。这种方法模拟了典型的用例。jsonlite 包提供了在 JSON 对象和原生 R 数据结构之间进行转换的功能。

```r
library(jsonlite)
url <- "https://api.github.com/repos/tidyverse/ggplot2/issues"
gg_issues <- url %>%
  fromJSON() %>%
  select(url, body) %>%
  group_split(url) %>%
  map_chr(~toJSON(as.character(.x))) %>%
  write(file = "code/map-reduce/issues.json")
```

　　例如,下面显示了第一个问题。请注意,它由括号内被逗号分隔的两个字符串组成。我们可将其视为具有以下格式: [key, value]。

```r
readLines("code/map-reduce/issues.json") %>%
  head(1) %>%
  str_wrap(width = 70) %>%
  cat()
```

```
["https://api.github.com/repos/tidyverse/ggplot2/issues/4019","When
setting the limits of `scale_fill_steps()`, the fill brackets in
the legend becomes unevenly spaced. It's not clear why or how this
happens.\r\n\r\n``` r\r\nlibrary(tidyverse)\r\n\r\ndf <- tibble(\r\n
crossing(\r\n tibble(sample = paste(\"sample\", 1:4)),\r\n tibble(pos
= 1:4)\r\n ),\r\n val = runif(16)\r\n)\r\n\r\nggplot(df, aes(x =
pos, y = sample)) +\r\n geom_line() +\r\n geom_point(aes(fill =
val), pch = 21, size = 7) +\r\n scale_fill_steps(low = \"white\",
high = \"black\")\r\n```\r\n\r\n![](https://i.imgur.com/6zoByUA.png)
\r\n\r\n``` r\r\n\r\nggplot(df, aes(x = pos, y = sample)) +\r\n
geom_line() +\r\n geom_point(aes(fill = val), pch = 21, size = 7) +
```

```
\r\n scale_fill_steps(low = \"white\", high = \"black\", limits
= c(0, 1))\r\n```\r\n\r\n![](https://i.imgur.com/M0LWbjX.png)
\r\n\r\n<sup>Created on 2020-05-22 by the [reprex package](https://
reprex.tidyverse.org) (v0.3.0)<\/sup>"]
```

在上面编写的 Python 代码中(存储在 wordcount.py 文件中)，mapper()函数接收一个 record
参数(即 issues.json 文件的一行)，并检查其前两个元素，即键作为第一个参数(在本例中，是
GitHub 问题的 URL)，值作为第二个参数(描述问题的文本)。在基于空格分隔 value 后，mapper()
函数为每个词语生成一个(key, value)对。因此，上面显示的第一个问题将生成多个键值对：
(When, 1), (setting, 1), (the, 1)等。

MapReduce 库提供了一种机制，用于基于 key 高效地收集所有结果对，在本例中，key 对
应于一个词语。reducer()函数的作用是：简单地将与每个键相关的所有值相加。在本例中，这
些值都是 1，因此一个结果对包含一个字和它出现的次数，如(the, 158)。

借助于 reticulate 这个包，我们可在 R 中运行这个 Python 脚本，并将结果放入 R 中进行进
一步分析。我们看到，在这个语料库中最常见的词是简短的冠词和介词。

```
library(mdsr)
cmd <- "python code/map-reduce/wordcount.py code/map-reduce/issues.json"
res <- system(cmd, intern = TRUE)
freq_df <- res %>%
  purrr::map(jsonlite::fromJSON) %>%
  purrr::map(set_names, c("word", "count")) %>%
  bind_rows() %>%
  mutate(count = parse_number(count))
glimpse(freq_df)
```

```
Rows: 1,605
Columns: 2
$ word    <chr> "geom_point(aes(fill", "aliased", "desirable", "ggplot(ct...
$ count   <dbl> 2, 1, 1, 1, 1, 1, 3, 1, 1, 1, 1, 1, 1, 1, 3, 1, 2, 2, 1, ...
```
```
freq_df %>%
  filter(str_detect(pattern = "[a-z]", word)) %>%
  arrange(desc(count)) %>%
  head(10)
```

```
# A tibble: 10 x 2
    word  count
    <chr> <dbl>
 1  the     147
 2  to       87
 3  a        63
 4  of       45
 5  is       43
 6  in       33
 7  and      32
 8  that     31
 9  it       28
10  be       28
```

MapReduce 已经非常流行，并且在某些问题上比 SQL 更有优势。当 MapReduce 第一次流行起来时，Google 用它来重做网页排名系统(请参见第 16 章)，人们对即将到来的并行和分布式计算的"范式转变"感到非常兴奋。尽管如此，SQL 的拥护者们仍然在质疑它已经被 MapReduce 所取代的观点[Stonebraker et al., 2010]。

4. Hadoop

如前所述，MapReduce 需要一个软件实现。其中一个非常著名的实现是 Hadoop MapReduce，它是 Apache Hadoop 的核心组件之一。Hadoop 是一个非常大的软件生态系统，可用于存储和处理大型数据，它主要包括一个分布式文件系统、Pig、Hive、Spark 和其他流行的开源软件工具。虽然我们无法详细介绍这些项目，但将解释如何与 Spark 进行交互，它与 RStudio 的集成特别紧密。

5. Spark

Apache Spark 一个突出的特性是，尤其是针对我们的问题，尽管它需要一个分布式文件系统，但它可以在一台机器上实现一个伪分布式文件系统。这使得你可以在本地计算机上使用 Spark，即使你没有访问集群的权限。由于这些原因，你实际上看不到并行性带来的性能提升，但是你可以尝试一下并调试代码。此外，sparklyr 包使得从 R 内部安装本地 Spark 集群，以及连接到本地或远程集群更容易。

一旦安装了 sparkyr 包，我们就可以使用它来安装本地 Spark 集群。

```
library(sparklyr)
spark_install(version = "3.0") # only once!
```

接下来，我们从 R 中连接到本地一个 Spark 实例。当然，如果我们连接到远程 Spark 集群，我们可以修改 master 参数来反映这一点。Spark 需要 Java，因此你可能必须在使用 Spark 之前安装 Java 开发工具包[1]。

```
# sudo apt-get install openjdk-8-jdk
sc <- spark_connect(master = "local", version = "3.0")
class(sc)
```

```
[1] "spark_connection"     "spark_shell_connection"
[3] "DBIConnection"
```

注意，sc 包含 DBIConnection 类，这意味着它可以做其他 dplyr 连接可以做的很多事情。例如，src_tbls()函数的工作原理与我们在第 12 章中看到的 MySQL 连接对象的工作原理相同。

```
src_tbls(sc)
```

```
character(0)
```

在本例中，这个 Spark 集群中没有表，但是我们可以使用 copy_to()命令添加它们。在这里，

---

[1] 请查看 sparklyr 以了解有关哪些版本的 Spark 支持哪些版本的 JDK 的最新信息。

我们将从 babynames 包加载 babynames 表。

```
babynames_tbl <- sc %>%
  copy_to(babynames::babynames, "babynames")
src_tbls(sc)
```

```
[1] "babynames"
class(babynames_tbl)
```

```
[1] "tbl_spark" "tbl_sql"      "tbl_lazy" "tbl"
```

babynames_tbl 对象是一个 tbl_spark，也是一个 tbl_sql。同样，这类似于我们在第 15 章中看到的，其中 tbl_MySQLConnection 也是一个 tbl_sql。

```
babynames_tbl %>%
  filter(name == "Benjamin") %>%
  group_by(year) %>%
  summarize(N = n(), total_births = sum(n)) %>%
  arrange(desc(total_births)) %>%
  head()
```

```
# Source: spark<?> [?? x 3]
# Ordered by: desc(total_births)
   year     N  total_births
  <dbl> <dbl>         <dbl>
1  1989     2         15785
2  1988     2         15279
3  1987     2         14953
4  2000     2         14864
5  1990     2         14660
6  2016     2         14641
```

正如我们将在下面的 Google BigQuery 中看到的，尽管 Spark 是一种旨在取代 SQL 的并行化技术，但是为了使用 Spark，了解 SQL 仍然很有用。此外，与 BigQuery 一样，sparklyr 允许你使用熟悉的 dplyr 接口处理 Spark 集群。

你可能会怀疑，因为 babynames_tbl 是一个 tbl_sql，所以它实现了 DBI 中常见的 SQL 方法。因此，我们还可以针对 Spark 集群编写 SQL 查询。

```
library(DBI)
dbGetQuery(sc, "SELECT year, sum(1) as N, sum(n) as total_births
               FROM babynames WHERE name == 'Benjamin'
               GROUP BY year
               ORDER BY total_births desc
               LIMIT 6")
```

```
   year  N  total_births
1  1989  2         15785
2  1988  2         15279
3  1987  2         14953
4  2000  2         14864
```

```
5  1990   2          14660
6  2016   2          14641
```

最后，因为 Spark 不仅包括一个数据库基础架构，而且包括一个机器学习库，所以 sparklyr 允许你在 Spark 中安装我们在第 11 章和第 12 章中介绍的许多模型。这意味着你可使用 Spark 的大数据功能，而不必将所有数据都放入 R 的内存中。

作为一个激励性示例，我们拟合了一个多元回归模型，将 MacLeish 野外观测站的降雨量作为温度、压力和相对湿度的函数。

```
library(macleish)
weather_tbl <- copy_to(sc, whately_2015)
weather_tbl %>%
  ml_linear_regression(rainfall ~ temperature + pressure + rel_humidity) %>%
  summary()
```

```
Deviance Residuals:
    Min        1Q     Median         3Q        Max
-0.041290 -0.021761 -0.011632 -0.000576 15.968356

Coefficients:
(Intercept) temperature      pressure  rel_humidity
   0.717754    0.000409     -0.000755      0.000438

R-Squared: 0.004824
Root Mean Squared Error: 0.1982
```

RStudio 的最新版本包括对 Spark 集群管理的集成支持。

专业提示 48：使用基于云的计算服务，比如 Amazon Web Services 或 Digital Ocean，作为构建自己服务器的低成本替代方案(其中许多公司提供免费许可供学生和教师使用)。

21.2.4　SQL 的替代方案

关系数据库管理系统可以跨多台计算机进行分布，这些计算机也就是所谓的集群。事实上，人们普遍承认，Google 发展如此之快的原因之一是它使用了开源(零成本)的 MySQL RDBMS 运行在许多相同的低成本服务器上形成集群。也就是说，他们没有在大型机器上投入大量资金，而是在许多小型的廉价机器上构建了一个大型 MySQL 集群。MySQL 和 PostgreSQL 都提供了将单个安装扩展到集群的功能。

1. BigQuery

BigQuery 是 Google 提供的一种 Web 服务。在内部，BigQuery 服务由 Dremel 支持，Dremel 的开源版本是 Apache Drill。R 的 bigrquery 包提供了从 R 中访问 BigQuery 的权限。

要使用 BigQuery 服务，你需要在 Google 注册一个账户，除非你超过每天 10 000 个请求的免费限制，否则你不会被收费(BigQuery 沙盒提供受某些限制的免费访问)。

如果你想使用你自己的数据，你必须把数据上传到谷歌云存储，但 Google 也提供了几个数据集，你可以免费使用(例如，新冠病毒、人口普查、房地产交易)。在这里，我们将说明如何查询 shakespeare 数据集以找到最常见的词语，该数据集是莎士比亚戏剧中出现的所有词语的列表。请注意，BigQuery 能理解可识别的 SQL 方言，BigQuery 的特殊之处在于它建立在 Google 庞大的计算架构之上。

```
library(bigrquery)
project_id <- "my-google-id"

sql <- "
SELECT word
, count(distinct corpus) AS numPlays
, sum(word_count) AS N
FROM [publicdata:samples.shakespeare]
GROUP BY word
ORDER BY N desc
LIMIT 10
"
bq_project_query(sql, project = project_id)
```

```
4.9 megabytes processed
   word  numPlays      N
1  the        42  25568
2  I          42  21028
3  and        42  19649
4  to         42  17361
5  of         42  16438
6  a          42  13409
7  you        42  12527
8  my         42  11291
9  in         42  10589
10 is         42   8735
```

2. NoSQL

NoSQL 不是指一种特定的技术，而是一种数据库体系结构，该结构不是基于 SQL 的核心概念(以及 R 中的 data.frame)，即表是由行和列的矩形数组组成。NoSQL 数据库不是围绕表进行构建，而是围绕列、键值对、文档或图构建的。尽管如此，NoSQL 数据库可能(也可能不)包含用于检索数据的类似 SQL 的查询语言。

一个非常成功的 NoSQL 数据库是 MongoDB，它基于文档结构。特别是，MongoDB 主要用于存储 JSON 对象(请参见第 6 章)，而且这些对象不一定是表格格式。

21.3　R 的替代方案

Python 是一种广泛使用的通用高级编程语言。你会发现 R 和 Python 都有很多拥护者，然而关于哪个"更好"的争论仍在进行中，他们还没有达成共识。可能的事实是：计算机科学家倾向于支持 Python，而统计学家倾向于支持 R。我们更喜欢后者，但不会声称它比 Python "更好"。一个优秀的数据科学家应该能熟练使用这两种语言。

Python 是一个模块化环境(类似 R)，它包括许多用于处理数据的库。最像 R 的是 Pandas，但其他流行的辅助库包括用于科学计算的 SciPy、用于大型数组的 NumPy、用于图形的 matplotlib 和用于机器学习的 scikit-learn。

在数据科学家中流行的其他编程语言包括 Scala 和 Julia。Scala 支持 Hadley Wickham [Wickham (2019a)]和其他 R 用户所强调的函数式编程范式。Julia 的用户群较小，但它仍然有许多忠实的拥护者。

21.4　结束语

计算能力和互联网的进步改变了统计学，这种改变方式只有最有远见的人才能想象得到。在 20 世纪，从数据中提取信息的科学专注于发展推理技术，这种技术需要复杂的数学来从小数据中提取最有价值的信息。在 21 世纪，从数据中提取信息的科学一直致力于开发强大的计算工具，以处理越来越大、越来越复杂的数据。虽然 20 世纪的基本分析语言，即数学仍然非常重要，但本世纪的分析语言无疑是程序设计语言。编写代码的能力是成为数据科学家的必要条件，但不是充分条件。

在本书，我们专注于 R 语言编程，这是一种由统计学家设计的用于数据计算的老生常谈的解释语言。我们相信，作为一种拥有广泛拥护者的开源语言，R 具有很强的持久力。然而，我们必须清醒地认识到，所有的技术工具最终都会过时。然而，通过吸收本书中的经验教训，你将把自己转变成一个有能力、有职业道德、综合能力突出的数据科学家，拥有以编程方式处理各种数据的基本能力。你可以构建和解释各种模型，查询本地和远程数据库，制作信息丰富的交互式地图，并以各种形式对数据进行整理和可视化。只要你还想从数据中提取有用信息，具备这些能力将使它们能够应用到你感兴趣的任何领域。

21.5　扩展资源

用于大数据分析的工具比本书中的其他主题发展得更快。*The American Statistician* 的一期特刊谈到了对学生进行统计和数据科学培训的问题[Horton and Hardin, 2015]。这期杂志包括了关于 Google-Scale 统计学教学的文章[Chamandy et al., 2015]和关于更普遍的数据科学教学的文章[Baumer, 2015b; Hardin et al., 2015]。2016 年末，美国统计协会董事会批准了 Park City Math Institute(PCMI)本科教员组编写的数据科学本科课程指南[De Veaux et al., 2017]。这些指南建议将统计思维融入利用大数据技术解决问题的教学中。

可通过有关主题的 CRAN 任务视图，对用于并行计算和高性能计算的 R 包进行全面分析。McCallum 和 Weston 撰写的 *Parallel R* 一书是另一本重要的参考资料[McCallum and Weston, 2011]。

关于 Google BigQuery 的更多信息可在 Google 网站上找到。Apache 网站上提供了关于 SparkR 的教程。

第Ⅳ部分

附　　录

附录 A

本书使用的包

A.1 mdsr 包

mdsr 包中包含本书中使用的其他包中没有的所有小数据集。要从 CRAN 安装它，请使用 install.packages()。要获取最新版本，请使用 remotes 包中的 install_github()函数。有关 R 包的维护的更全面信息，请参见第 B.4.1 节。

```
# this command only needs to be run once
install.packages("mdsr")
# if you want the development version
remotes::install_github("mdsr-book/mdsr")
```

可以使用 data()函数检索提供的数据集列表。

```
library(mdsr)
data(package = "mdsr")
```

mdsr 包中包括一些简化许多任务的函数。特别是，dbConnect_scidb()函数提供了连接到 Amazon Web 服务托管的公共 SQL 服务器的简写。第 15 章以及我们的课程和项目中广泛使用了这个函数。

要优化实践，mdsr 不再加载任何其他包。在本书的每一章中，对 library(tidyverse)的调用都先于对 library(mdsr)的调用。这两个步骤将设置一个 R 会话来复制书中的代码。

A.2 其他包

正如我们在第 1 章和第 21 章中所讨论的，本书并没有明确介绍"大数据"——它介绍了用大数据的眼光掌握处理中小数据的数据科学技术。为此，我们需要使用中型数据集。在本书中，我们介绍了类似的几个数据集，即 airlines、fec12 和 fec16。

airlines 包最初是从 nycflights13 包中派生出来的，它使 R 用户能从美国运输统计局下载整整 30 年的航班数据，而且不必编写任何 SQL 代码就可将其无缝地导入 SQL。macleish 包还使用 etl 框架从 MacLeish 野外场地站每小时更新一次天气数据。

本书中使用的软件包完整列表见表 A.1 和表 A.2。

表 A.1 本书中使用的 CRAN 程序包列表

包	引用名称	标题
alr3	Weisberg(2018)	Data to Accompany Applied Linear Regression 3rd Edition
ape	Paradis et al. (2020)	Analyses of Phylogenetics and Evolution
aRxiv	Ram and Broman (2019)	Interface to the arXiv API
assertthat	Wickham(2019b)	Easy Pre and Post Assertions
available	Ganz et al. (2019)	Check if the Title of a Package is Available, Appropriate and Interesting
babynames	Wickham (2019d)	US Baby Names 1880-2017
bench	Hester (2020)	High Precision Timing of R Expressions
biglm	Lumley (2020)	Bounded Memory Linear and Generalized Linear Models
bigrquery	Wickham and Bryan (2020a)	An Interface to Google's 'BigQuery' 'API'
bookdown	Xie (2020a)	Authoring Books and Technical Documents with R Markdown
broom	Robinson et al. (2020)	Convert Statistical Objects into Tidy Tibbles
caret	Kuhn (2020a)	Classification and Regression Training
DBI	R Special Interest Group on Databases (R-SIG-DB) et al. (2019)	R Database Interface
dbplyr	Wickham and Ruiz (2020)	A 'dplyr' Back End for Databases
discrim	Kuhn (2020c)	Model Wrappers for Discriminant Analysis
dplyr	Wickham et al. (2020b)	A Grammar of Data Manipulation
DT	Xie et al. (2021)	A Wrapper of the JavaScript Library 'DataTables'
dygraphs	Vanderkam et al. (2018)	Interface to 'Dygraphs' Interactive Time Series Charting Library
etl	Baumer (2020)	Extract-Transform-Load Framework for Medium Data
extrafont	Chang (2020)	Tools for Using Fonts
fec16	Tapal et al. (2020b)	Data Package for the 2016 United States Federal Elections
flexdashboard	Iannone et al. (2020)	R Markdown Format for Flexible Dashboards
forcats	Wickham (2020a)	Tools for Working with Categorical Variables (Factors)
fs	Hester and Wickham (2020)	Cross-Platform File System Operations Based on 'libuv'

(续表)

包	引用名称	标题
furrr	Vaughan and Dancho (2020)	Apply Mapping Functions in Parallel using Futures
future	Bengtsson (2020)	Unified Parallel and Distributed Processing in R for Everyone
GGally	Schloerke et al. (2021)	Extension to 'ggplot2'
gganimate	Pedersen and Robinson (2020)	A Grammar of Animated Graphics
ggmosaic	Jeppson et al. (2020)	Mosaic Plots in the 'ggplot2' Framework
ggplot2	Wickham et al. (2020a)	Create Elegant Data Visualisations Using the Grammar of Graphics
ggraph	Pedersen (2020a)	An Implementation of Grammar of Graphics for Graphs and Networks
ggrepel	Slowikowski (2020)	Automatically Position Non-Overlapping Text Labels with 'ggplot2'
ggspatial	Dunnington (2021)	Spatial Data Framework for ggplot2
ggthemes	Arnold (2019b)	Extra Themes, Scales and Geoms for 'ggplot2'
glmnet	Friedman et al. (2020)	Lasso and Elastic-Net Regularized Generalized Linear Models
googlesheets4	Bryan (2020)	Access Google Sheets using the Sheets API V4
gutenbergr	Robinson (2020)	Download and Process Public Domain Works from Project Gutenberg
haven	Wickham and Miller (2020)	Import and Export 'SPSS', 'Stata' and 'SAS' Files
here	Müller (2020)	A Simpler Way to Find Your Files
Hmisc	Harrell (2020)	Harrell Miscellaneous
htmlwidgets	Vaidyanathan et al. (2020)	HTML Widgets for R
igraph	Csárdi et al. (2020)	Network Analysis and Visualization
janitor	Firke (2021)	Simple Tools for Examining and Cleaning Dirty Data
jsonlite	Ooms (2020a)	A Simple and Robust JSON Parser and Generator for R
kableExtra	Zhu (2020)	Construct Complex Table with 'kable' and Pipe Syntax
kknn	Schliep and Hechenbichler (2016)	Weighted k-Nearest Neighbors
knitr	Xie (2020b)	A General-Purpose Package for Dynamic Report Generation in R
Lahman	Friendly et al. (2020)	Sean 'Lahman' Baseball Database

(续表)

包	引用名称	标题
lars	Hastie and Efron (2013)	Least Angle Regression, Lasso and Forward Stagewise
lattice	Sarkar (2020)	Trellis Graphics for R
lazyeval	Wickham (2019e)	Lazy (Non-Standard) Evaluation
leaflet	Cheng et al. (2021)	Create Interactive Web Maps with the JavaScript 'Leaflet' Library
lubridate	Spinu et al. (2020)	Make Dealing with Dates a Little Easier
macleish	Baumer et al. (2020)	Retrieve Data from MacLeish Field Station
magick	Ooms (2020b)	Advanced Graphics and Image-Processing in R
mapproj	McIlroy et al. (2020)	Map Projections
maps	Brownrigg (2018)	Draw Geographical Maps
mclust	Fraley et al. (2020)	Gaussian Mixture Modelling for Model-Based Clustering, Classification, and Density Estimation
mdsr	Baumer et al. (2021)	Complement to 'Modern Data Science with R'
modelr	Wickham (2020c)	Modelling Functions that Work with the Pipe
mosaic	Pruim et al. (2020b)	Project MOSAIC Statistics and Mathematics Teaching Utilities
mosaicData	Pruim et al. (2020a)	Project MOSAIC Data Sets
network	Butts (2020a)	Classes for Relational Data
NeuralNetTools	Beck (2018)	Visualization and Analysis Tools for Neural Networks
NHANES	Pruim (2015)	Data from the US National Health and Nutrition Examination Study
nycflights13	Wickham (2019f)	Flights that Departed NYC in 2013
packrat	Ushey et al. (2018)	A Dependency Management System for Projects and their R Package Dependencies
palmerpenguins	Horst et al. (2020)	Palmer Archipelago (Antarctica) Penguin Data
parsnip	Kuhn and Vaughan (2020a)	A Common API to Modeling and Analysis Functions
partykit	Hothorn and Zeileis (2020)	A Toolkit for Recursive Partytioning
patchwork	Pedersen (2020b)	The Composer of Plots
plotly	Sievert et al. (2020)	Create Interactive Web Graphics via 'plotly.js'
purrr	Henry and Wickham (2020a)	Functional Programming Tools
randomForest	Breiman et al. (2018)	Breiman and Cutler's Random Forests for Classification and Regression

（续表）

包	引用名称	标题
RColorBrewer	Neuwirth (2014)	ColorBrewer Palettes
Rcpp	Eddelbuettel et al. (2020)	Seamless R and C++ Integration
RCurl	Temple Lang (2020)	General Network (HTTP/FTP/...) Client Interface for R
readr	Wickham and Hester (2020)	Read Rectangular Text Data
readxl	Wickham and Bryan (2019)	Read Excel Files
remotes	Hester et al. (2020)	R Package Installation from Remote Repositories, Including 'GitHub'
renv	Ushey (2021)	Project Environments
reticulate	Ushey et al. (2020)	Interface to 'Python'
rgdal	Bivand et al. (2021)	Bindings for the 'Geospatial' Data Abstraction Library
rlang	Henry and Wickham (2020b)	Functions for Base Types and Core R and 'Tidyverse' Features
rmarkdown	Allaire et al. (2020b)	Dynamic Documents for R
RMySQL	Ooms et al. (2020)	Database Interface and 'MySQL' Driver for R
rpart	Therneau and Atkinson (2019)	Recursive Partitioning and Regression Trees
rsconnect	Allaire (2019)	Deployment Interface for R Markdown Documents and Shiny Applications
RSQLite	Müller et al. (2020)	'SQLite' Interface for R
rvest	Wickham (2020d)	Easily Harvest (Scrape) Web Pages
RWeka	Hornik (2020)	R/Weka Interface
scales	Wickham and Seidel (2020)	Scale Functions for Visualization
sessioninfo	Csárdi et al. (2018)	R Session Information
sf	Pebesma (2021)	Simple Features for R
shiny	Chang et al. (2020)	Web Application Framework for R
shinybusy	Meyer and Perrier (2020)	Busy Indicator for 'Shiny' Applications
sna	Butts (2020b)	Tools for Social Network Analysis
sp	Pebesma and Bivand (2020)	Classes and Methods for Spatial Data
sparklyr	Luraschi et al. (2020)	R Interface to Apache Spark

(续表)

包	引用名称	标题
stopwords	Benoit et al. (2020)	Multilingual Stopword Lists
stringr	Wickham (2019g)	Simple, Consistent Wrappers for Common String Operations
styler	Müller and Walthert (2020)	Non-Invasive Pretty Printing of R Code
testthat	Wickham (2020e)	Unit Testing for R
textdata	Hvitfeldt (2020)	Download and Load Various Text Datasets
tidycensus	Walker and Herman (2020)	Load US Census Boundary and Attribute Data as 'tidyverse' and 'sf'-Ready Data Frames
tidygeocoder	Cambon (2020)	Geocoding Made Easy
tidygraph	Pedersen (2020c)	A Tidy API for Graph Manipulation
tidymodels	Kuhn and Wickham (2020)	Easily Install and Load the 'Tidymodels' Packages
tidyr	Tidy Messy Data	Tidy Messy Data
tidytext	Robinson and Silge (2021)	Text Mining using 'dplyr', 'ggplot2', and Other Tidy Tools
tidyverse	Wickham (2019h)	Easily Install and Load the 'Tidyverse'
tigris	Walker (2020a)	Load Census TIGER/Line Shapefiles
tm	Feinerer and Hornik (2020)	Text Mining Package
transformr	Pedersen (2020d)	Polygon and Path ransformations
twitteR	Gentry (2015)	R Based Twitter Client
units	Pebesma et al. (2020)	Measurement Units for R Vectors
usethis	Wickham and Bryan (2020b)	Automate Package and Project Setup
viridis	Garnier (2018a)	Default Color Maps from 'matplotlib'
viridisLite	Garnier (2018b)	Default Color Maps from 'matplotlib' (Lite Version)
webshot	Chang (2019)	Take Screenshots of Web Pages
wordcloud	Fellows (2018)	Word Clouds
wru	Khanna and Imai(2020)	Who are You? Bayesian Prediction of Racial Category Using Surname and Geolocation
xaringanthemer	Aden-Buie (2020)	Custom 'xaringan' CSS Themes
xfun	Xie (2021)	Miscellaneous Functions by 'Yihui Xie'
xkcd	Torres-Manzanera (2018)	Plotting ggplot2 Graphics in an XKCD Style
yardstick	Kuhn and Vaughan (2020b)	Tidy Characterizations of Model Performance

表 A.2　　本书中使用的 GitHub 包列表

包	GitHub	引用名称	标题
etude	dtkaplan	Kaplan (2020)	Utilities for Handling Textbook
fec12	baumer-lab	Tapal et al.	Exercises with Knitr
openrouteservice	GIScience	(2020a)	Data Package for 2012 Federal
streamgraph	hrbrmstr	Oleś (2020)	Elections
		Rudis (2019)	Openrouteservice API Client
			Build Streamgraph Visualizations

A.4　扩展资源

有关 mdsr 包的更多信息，请访问 http://www.github.com/mdsr-book/mdsr。

附录 B

R和RStudio简介

本附录简要介绍 R 和 RStudio。R 语言是一个免费的、开源的、用于统计计算和图形的软件环境[Ihaka and Gentleman, 1996; R Core Team, 2020]。RStudio 是一个面向 R 的开源集成开发环境(IDE)，它为 R 添加了许多特性和开发工具[RStudio, 2020]。本附录包括一个简短的历史、安装信息、示例会话、基本结构和操作的背景、有关帮助和文档的信息以及其他重要主题。

R 统计计算基金会拥有并管理 R 软件和文档的版权。R 是在自由软件基金会的 GNU 通用公共许可证的条款下以源代码形式提供的。

RStudio 集成了 R 帮助和文档，提供了工作区浏览器和数据查看器，并支持语法高亮显示、代码补全和智能缩进，从而方便了 R 的使用。它将可重复性分析与 knitr 和 R Markdown 相结合(请参见附录 D)，支持幻灯片演示的创建，并包括一个调试环境。它有助于使用 Shiny 创建动态 Web 应用程序(请参见第 14.4 节)。它还提供对多项目的支持，以及 GitHub 等源代码控制系统的接口。它已经成为许多 R 用户的默认界面，是我们推荐的分析环境。

RStudio 可作为 Windows、Mac OS X 和 Linux 的客户机(独立)使用。它还有一个服务器版本。除了开源产品之外，还有许多商业产品和支持(详细信息请参见 http://www.rstudio.com/ide)。

R 的第一个版本是由新西兰奥克兰大学的 Ross Ihaka 和 Robert Gentlent 编写的，而目前的开发是由一个由国际志愿者组成的 R 核心开发团队维护的。

R 类似于 S 语言，是一种灵活的、可扩展的统计环境，最初是在 20 世纪 80 年代由 AT&T 贝尔实验室(现为阿尔卡特-朗讯)开发的。

B.1 安装

鼓励新用户从 Comprehensive R Archive Network(CRAN，http://www.r-project.org)下载并安装 R，从 http://www.rstudio.com/download 安装 RStudio。强烈建议阅读 *Introduction to R* 文档附录中的示例会话，该文档也可从 CRAN 获得。

R 项目的主页位于 http://r-project.org，是获取软件信息的最佳来源。它包括指向 CRAN 的链接，CRAN 的主要特点包括：它是预编译的二进制文件，包含 R 的源代码、附加包、文档(包括手册、常见问题解答和 R 时事通讯)以及一般背景信息。具有这些文件的相同副本的镜像

CRAN 站点遍布世界各地。R 和程序包的更新定期发布在 CRAN 上。

RStudio

Mac OS X、Windows 或 Linux 的 RStudio 可从 https://rstudio.com/products/rstudio 下载。RStudio 要求在本地计算机上安装 R。服务器版本(可从 Web 浏览器访问)也可下载。RStudio 网站上提供了高级功能的文档。

B.2 学习 R

R 提供了大量的在线文档,尽管有时候理解起来很困难。每个命令都有一个关联的帮助文件,该文件描述详细的用法、列出参数、提供操作的详细信息、提供引用、列出其他相关函数并包含一些示例。帮助系统是通过?符号或 help()命令来激活的。

```
?function
help(function)
```

其中 function 是感兴趣的函数的名称(或者,可以使用 RStudio 中的 Help 选项卡访问帮助系统)。

有些命令(例如 if)被保留了,所以?if 不会生成相应的文档内容。输入 ?"if"会运行相应的操作。其他保留的词语包括 else、repeat、while、function、for、in、next、break、TRUE、FALSE、NULL、Inf、NaN 和 NA。

RSiteSearch()函数将在许多地方搜索关键字或短语(包括 http://search.r-project.org 网站上的搜索引擎)。这个 RSeek.org 网站还可以帮助寻找更多信息和示例。使用 example()函数可以获得许多函数的示例。

```
example(mean)
```

其他有用的资源包括 help.start(),它提供一组在线手册,以及 help.search(),它可用于根据描述查找条目。apropos()命令返回当前搜索列表中与给定模式匹配的任何函数(这有助于根据功能而不是名称来搜索函数)。

CRAN 提供的其他帮助资源包括 R-help 邮件列表。R 的 StackOverflow 网站提供了一系列问题和常见问题的答案,这些常见问题被标记为与 R 相关。建议新用户阅读 R 的 FAQ(常见问题)列表。RStudio 提供了用于学习 R 及其扩展资源的精选指南。

B.3 基本结构和对象

这里简要介绍一下 R 数据结构。

B.3.1　对象和向量

R 中几乎所有的东西都是一个对象,这可能一开始会让新用户感到很困惑。一个对象就是存储在 R 的内存中的东西。常用的对象包括向量、矩阵、数组、因子、数据框(类似于其他系统中的数据集)、列表和函数。基本的变量结构是向量。向量(和其他对象)是使用 "<-" 或 "=" 赋值运算符(将运算符右侧的求值表达式赋给左侧的对象名称)创建的。

```
x <- c(5, 7, 9, 13, -4, 8) # preferred
x = c(5, 7, 9, 13, -4, 8) # equivalent
```

上面的代码使用 c() 函数来连接标量,从而创建一个长度为 6 的向量。"=" 运算符在其他上下文中用于指定函数的参数。还有其他一些赋值运算符,以及 assign() 函数(详细信息请参阅 help("<-"))。exists() 函数表示工作区中是否存在对象,而 rm() 命令用于将其删除。在 RStudio 中,Environment 选项卡显示当前工作区中存在的所有对象的名称(和值)。

由于向量运算在 R 中非常重要,因此能够访问(或索引)这些向量中的元素非常重要。有许多不同的索引向量的方法。在这里,我们使用上面创建的 x 来介绍其中的几种方法。命令 x[2] 返回向量 x 的第二个元素(标量 7),x[c(2,4)] 返回向量(7,13)。表达式 x[c(TRUE,TRUE,TRUE, TRUE,TRUE,FALSE)]、x[1:5] 和 x[-6] 都返回一个由向量 x 中的前五个元素组成的向量(最后一个表示除第六个元素外的所有元素)。这些向量索引方法的知识和熟练运用对于有效使用 R 非常重要,因为它们可以帮助提高计算效率。

```
x[2]
```

```
[1] 7
x[c(2, 4)]
```

```
[1] 7 13
x[c(TRUE, TRUE, TRUE, TRUE, TRUE, FALSE)]
```

```
[1] 5 7 9 13 -4
x[1:5]
```

```
[1] 5 7 9 13 -4
x[-6]
```

```
[1] 5 7 9 13 -4
```

如有必要,可以循环使用向量;例如,当需要将向量的每个元素与标量进行比较时。

```
x > 8
```

```
[1] FALSE FALSE TRUE TRUE FALSE FALSE
```

上面的表达式演示了比较运算符的用法。只有 x 的第三和第四个元素大于 8。函数返回逻辑值 TRUE 或 FALSE。

可以使用 sum() 函数生成满足条件的元素计数。其他比较运算符包括 "==" (等于)、">="

(大于或等于)、"<="(小于或等于)和"！="(不相等)。如果存在非整数值，则需要注意使用"=="进行比较。

```
sum(x > 8)
```

```
[1] 2
```

B.3.2　操作符

　　R 中定义了许多操作符来执行各种任务。其中许多都在示例会话(赋值、算术)和以前的示例(比较)中进行了演示。算术运算包括+、-、*、/、^(指数运算)、%%(模数运算)和%/%(整数除法运算)。有关操作符的更多信息，请使用帮助系统(例如：?"+")。有关其他运算符和优先规则的基本信息可以使用 help(Syntax)找到。

　　R 支持布尔运算(OR、AND、NOT 和 XOR)，它们使用|、||、&、！运算符和 xor()函数实现。|是对向量的每个元素进行操作的"或"运算符，||是另一个"或"运算符，它在结果首次出现真时就立即停止计算。

B.3.3　列表

　　R中的列表是非常通用的对象，可以包含任意类型的其他对象。可以使用数字索引(使用[[运算符)引用或命名列表中的成员。

```
newlist <- list(first = "hello", second = 42, Bob = TRUE)
is.list(newlist)
```

```
[1] TRUE
```
```
newlist
```

```
$first
[1] "hello"

$second
[1] 42

$Bob
[1] TRUE
```
```
newlist[[2]]
```

```
[1] 42
```
```
newlist$Bob
```

```
[1] TRUE
```

　　unlist()函数的作用是将列表中的元素展平(生成一个向量)。请注意，未列出的对象被强制为通用类型(在本例中为字符)。

```
unlisted <- unlist(newlist)
unlisted
```

```
    first    second    Bob
  "hello"      "42"  "TRUE"
```

B.3.4　矩阵

矩阵就像二维向量。因此，它们是矩形对象，其中所有元素的类型都相同。我们可以创建一个 2×3 矩阵，显示它，并测试它的类型。

```
A <- matrix(x, 2, 3)
A
```

```
      [,1] [,2] [,3]
[1,]     5    9   -4
[2,]     7   13    8
is.matrix(A) # is A a matrix?
```

```
[1] TRUE
is.vector(A)
```

```
[1] FALSE
is.matrix(x)
```

```
[1] FALSE
```

请注意，R 中支持注释(#字符后给出的任何输入都被忽略)。

矩阵的索引是以与向量相似的方式进行的，尽管它包含第二个维度(用逗号表示)。

```
A[2, 3]
```

```
[1] 8
A[, 1]
```

```
[1] 5 7
A[1, ]
```

```
[1] 5 9 -4
```

B.3.5　数据框和 tibble

数据集通常存储在一个 data.frame 中，这是一种比矩阵更通用的特殊类型的列表。这个矩形对象类似于其他系统中的数据表，可以被认为是一个二维数组，其中的每列向量都具有相同的长度，但可能具有不同的类型(与矩阵相反，矩阵由相同类型的向量组成；与列表也不一样，列表的元素不必具有相同的长度)。readr 包中的函数 read_csv()返回 data.frame 对象。

一个简单的 data.frame 可以使用 data.frame()命令创建。可以使用$操作符访问变量，如下所示。此外，可以按列执行操作(例如，计算样本统计)。我们可以使用 is.data.frame()检查一个对象是不是一个 data.frame。

```
y <- rep(11, length(x))
y
```

```
[1] 11 11 11 11 11 11
ds <- data.frame(x, y)
ds
```

```
   x  y
1  5  11
2  7  11
3  9  11
4  13 11
5  -4 11
6  8  11
ds$x[3]
```

```
[1] 9
is.data.frame(ds)
```

```
[1] TRUE
```

tibble 是一种简单的数据框形式(一种现代解释)，它被描述为"懒惰和粗暴"
(https://tibble.tidyverse.org)。它们支持多种数据技术(如 SQL 数据库)，使假设更加明确，并具有
增强的打印方法(因此输出不会滚动太多)。默认情况下，tidyverse 中的许多包都能创建 tibble。

```
tbl <- as_tibble(ds)
is.data.frame(tbl)
```

```
[1] TRUE
is_tibble(ds)
```

```
[1] FALSE
is_tibble(tbl)
```

```
[1] TRUE
```

请注意，data.frame()的用法与 cbind()的用法不同，cbind()生成一个矩阵对象(除非将数据框
作为输入)。

```
newmat <- cbind(x, y)
newmat
```

```
      x  y
[1,]  5  11
[2,]  7  11
[3,]  9  11
[4,] 13  11
[5,] -4  11
[6,]  8  11
is.data.frame(newmat)
```

```
[1] FALSE
is.matrix(newmat)
```

```
[1] TRUE
```

可以使用 as.data.frame()从矩阵创建数据框，使用 as.matrix()从数据框创建矩阵。

尽管我们强烈反对使用它，但可以使用 attach()命令将数据框附加到工作区中。Tidyverse R Style 指南(https://style.tidyverse.org)提供了类似的建议。名称冲突是使用 attach()的一个常见问题，它会报告在搜索路径两个或多个位置上存在重名的对象)。

search()函数列出附加的包和对象。为了避免名称空间混乱，一旦不再需要数据框或数据包，就应该使用 detach()命令。

许多 R 函数包含一个数据参数，用于将一个数据框指定为本地环境。对于其他情况，可以使用 with()和 within()命令来简化对数据框中对象的引用，而不必附加该数据框。

B.3.6　属性和类

许多对象都有一组对应的属性(例如变量、维度或类的名称)，可以显示和更改这些属性。例如，我们可以找到前面定义的矩阵的维度。

```
attributes(A)
```

```
$dim
[1] 2 3
```

R 中的其他对象类型包括列表(不一定是矩形结构的有序对象)、回归模型(类 lm 的对象)和公式(例如：y ~ x1 + x2)。R 支持面向对象编程。因此，R 中的对象有一个对应的类属性，它将改变该对象上某些操作的默认行为。许多函数(称为泛型)在应用于特定类的对象时具有特殊功能。例如，当 summary()应用于 lm 对象时，summary.lm()函数被调用。相反，summary.aov()在 aov 对象作为参数给定时会被调用。我们把泛型函数的这种特定于类的实现称为方法。

class()函数返回对象所属的类，而 methods()函数显示泛型函数支持的所有类。

```
head(methods(summary))
```

```
[1] "summary,ANY-method"            "summary,DBIObject-method"
[3] "summary,MySQLConnection-method" "summary,MySQLDriver-method"
[5] "summary,MySQLResult-method"    "summary.aov"
```

R 中的对象可以属于多个类，而且这些类不需要是嵌套关系。如上所述，泛型函数根据每个对象的类属性进行调度。因此，在下面的示例中，我们创建属于多个类的 tbl 对象。在 tbl 上调用 print()函数时，R 会查找一个名为 print.tbl_df()的方法。如果找不到这样的方法，R 将查找一个名为 print.tbl()的方法。如果找不到这样的方法，R 将查找一个名为 print.data.frame()的方法。这个过程一直持续到找到合适的方法为止。如果一直没有，那么 print.default()将被调用。

```
tbl <- as_tibble(ds)
class(tbl)
```

```
[1] "tbl_df" "tbl" "data.frame"
```
```
print(tbl)
```

```
# A tibble: 6 x 2
      x      y
   <dbl>  <dbl>
1      5     11
2      7     11
3      9     11
4     13     11
5     -4     11
6      8     11
```
```
print.data.frame(tbl)
```

```
   x   y
1  5  11
2  7  11
3  9  11
4 13  11
5 -4  11
6  8  11
```
```
print.default(tbl)
```

```
$x
[1] 5 7 9 13 -4 8

$y
[1] 11 11 11 11 11 11

attr(,"class")
[1] "tbl_df"      "tbl"       "data.frame"
```

有许多函数可以帮助你了解 R 中的对象。attributes()命令显示与对象关联的属性。typeof()函数提供对象底层数据结构的一些信息(如逻辑值、整数、双精度数、复数、字符和列表)。str()函数显示一个对象的结构,而 mode()函数显示其存储模式。对于数据框,glimpse()函数的作用是提供每个变量的汇总。

关于特定类型对象的一些简短要点需要在这里进行解释:

- 向量是由相同类型的数据项组成的一维数组。向量可以包含六种基本数据类型:逻辑值、字符、整数、双精度数、复数和原始数据。向量有一个 length()但没有 dim()。向量可以有但不必有 names()。

- 因子(factor)是一种用于分类数据的特殊类型的向量。因子具有 level()。我们使用 relevel()更改因子的引用级别。因子在内部存储为整数,它们与因子级别的 id 相对应。

专业提示 49：因子可能有问题，不鼓励使用它们，因为它们会使数据整理的某些方面变得复杂。许多 R 开发人员鼓励使用 stringsAsFactors = FALSE 选项。

- 一个矩阵是包含相同数据类型元素的二维数组。矩阵的 length()等于 nrow()乘以 ncol()，或者等于 dim()的乘积。
- 一个 data.frame 是相同长度的向量列表。这就像一个矩阵，只是列可以是不同的数据类型。数据框总是有 names()并且经常有 row.names()。

专业提示 50：不要将因子与字符向量混淆。

请注意，数据集通常包含 data.frame 类，但是它们属于列表类型。这是因为，如上所述，R 将数据框存储为特殊类型的列表，即具有相同长度但可能具有不同类型的多个向量的列表。

```
class(mtcars)

[1] "data.frame"
typeof(mtcars)

[1] "list"
```

专业提示 51：如果你在使用数据框和矩阵时感到困惑，请记住 data.frame 是一个列表(可容纳多种类型的对象)，而矩阵更像一个向量(因为它只能支持一种类型的对象)。

B.3.7　选项

R 中的 options()函数可用于更改各种默认行为。例如，digits 参数控制在输出中显示的位数。

当调用 options()时，将返回当前选项，以允许还原它们。命令 help(options)列出了所有可设置的选项。

B.3.8　函数

R 中的基本操作是通过调用函数来执行的(无论是内置的还是用户定义的，关于后者的指导请参见附录 C)。可以给出多个参数，用逗号分隔。函数使用提供的参数执行操作，并返回显示的(默认情况下)或可以通过赋值到对象进行保存的值(如向量或列表等对象)。

专业提示 52：给函数命名参数是个好主意。这种做法最大限度地减少了将未命名参数指定给选项的错误，并使代码更具可读性。

例如，quantile()函数接收一个数值向量，并返回该向量中的最小值、第 25 个百分位的值、中值、第 75 个百分位的值和最大值。但是，如果给定了可选的分位数向量，将计算这些分位数的值。

```
vals <- rnorm(1000) # generate 1000 standard normal random variables
quantile(vals)
```

```
       0%       25%       50%       75%      100%
-3.44520 -0.73199 0.00575 0.74008 3.47853
quantile(vals, c(.025, .975))
```

```
 2.5% 97.5%
-1.98  1.92
# Return values can be saved for later use.
res <- quantile(vals, c(.025, .975))
res[1]
```

```
 2.5%
-1.98
```

参数(选项)可用于许多函数。如果未指定命名参数，文档将指定默认操作。如果未命名，参数将按函数调用中指定的顺序提供给函数。

对于 quantile()函数，type 参数允许用户指定计算分位数的九种算法之一。

```
res <- quantile(vals, probs = c(.025, .975), type = 3)
res
```

```
 2.5% 97.5%
-2.00  1.92
```

有些函数允许使用可变数量的参数。例如 paste()函数。在文档中描述的调用顺序如下所示。

```
paste(..., sep = " ", collapse = NULL)
```

要覆盖在 paste()的输出元素之间添加空格的默认行为，用户可以为 sep 指定不同的值。

B.4   附加组件：包

B.4.1   包的介绍

R 中的附加功能是通过包来添加的，包由函数、数据集、示例、插图和可从 CRAN 下载的帮助文件组成。install.packages()函数可用于下载和安装程序包。或者，RStudio 提供了一个易于使用的 Packages 选项卡来安装和加载包。

在本书中，我们假设 tidyverse 和 mdsr 包已加载。在许多情况下，在运行本书中的示例之前，需要安装附加程序包(请参见附录 A)。

CRAN 之外的包可以使用 remotes 包中的 install_github()函数安装。

```
install.packages("mdsr")    # CRAN version
remotes::install_github("mdsr-book/mdsr")     # development version
```

library()函数加载已安装的程序包。

例如，要安装和加载 Frank Harrell 的 Hmisc()包，需要两个命令：

```
install.packages("Hmisc")
library(Hmisc)
```

如果一个包没有安装，则运行 library()命令将产生错误。这里我们尝试加载 xaringanthemer 包(尚未安装):

```
> library(xaringanthemer)
Error in library(xaringanthemer) : there is no package called 'xaringanthemer'
```

为了纠正这个问题，我们从 CRAN 中安装了这个包。

```
> install.packages("xaringanthemer")
trying URL 'https://cloud.r-project.org/src/contrib/xaringanthemer_0.3.0.tar.gz'
Content type 'application/x-gzip' length 1362643 bytes (1.3 MB)
==================================================
downloaded 1.3 Mb
library(xaringanthemer)
```

require()函数将测试程序包是否可用。如果安装了程序包，将加载该程序包;如果未安装，则生成警告消息(与 library()相反,后者将返回错误)。

给定数据集中所有变量的名称(或者更一般地说是对象中的子对象)由 names()命令提供。R 会话中定义的所有对象的名称都可以使用 objects()和 ls()命令生成，这两个命令返回字符串向量。RStudio 包含一个 Environment 选项卡，其中列出了当前环境中的所有对象。

print()和 summary()函数分别返回对象或该对象的摘要。在命令行运行 print(object)相当于只输入对象的名称，即 object。

B.4.2　包和名称冲突

不同的包作者可以为 base R(或其他包中)中的函数选择相同的名称。这将导致另一个函数或对象被屏蔽。当函数的预期版本不是所调用的版本时，这有时会导致混淆。find()函数可用于确定在环境(工作区)中的何处可以找到给定对象。

```
find("mean")
```

```
[1] "package:base"
```

有时需要从工作区中删除一个包。例如，包可能定义一个与现有函数同名的函数。可以使用语法 detach(package:PKGNAME)分离包，其中 PKGNAME 是包的名称。可以使用 location::objectname 语法访问出现在环境中多个位置的同名对象。例如，要从 base 包访问 mean()函数，用户需要定义 base::mean()而不是 mean()。有时最好以这种方式引用函数或对象，而不是加载包。

可以用一个示例来解释这一点，base 和 Hmisc 包中有一些函数称为 units()，find 命令可以显示两者(按访问顺序)。

```
library(Hmisc)
find("units")
[1] "package:Hmisc""package:base"
```

当加载 Hmisc 包时，base 包中的 units()函数被屏蔽，并且默认情况下不会被使用。若要指定 base 包中函数的应使用的版本,请在函数前面加上包名,后跟两个冒号:base::units()。conflicts()

函数的作用是：报告搜索路径的两个或多个位置上存在的同名对象。

运行命令 library(help="PKGNAME")将显示有关已安装程序包的信息。或者，可以使用 RStudio 中的 Packages 选项卡列出、安装和更新程序包。

sessioninfo 包中的 session_info()函数提供了有关 R 的改进报告版本信息以及加载包的详细信息。

```
sessioninfo::session_info()

- Session info ------------------------------------------------------------
 setting  value
 version  R version 4.0.2 (2020-06-22)
 os       macOS Catalina 10.15.7
 system   x86_64, darwin17.0
 ui       X11
 language (EN)
 collate  en_US.UTF-8
 ctype    en_US.UTF-8
 tz       America/New_York
 date     2021-01-09

- Packages ----------------------------------------------------------------
 package      * version date       lib source
 assertthat     0.2.1   2019-03-21 [1] CRAN (R 4.0.0)
 backports      1.2.1   2020-12-09 [1] CRAN (R 4.0.2)
 base64enc      0.1-3   2015-07-28 [1] CRAN (R 4.0.0)
 bookdown       0.21    2020-10-13 [1] CRAN (R 4.0.2)
 broom          0.7.3   2020-12-16 [1] CRAN (R 4.0.2)
 cellranger     1.1.0   2016-07-27 [1] CRAN (R 4.0.0)
 checkmate      2.0.0   2020-02-06 [1] CRAN (R 4.0.0)
 cli            2.2.0   2020-11-20 [1] CRAN (R 4.0.2)
 cluster        2.1.0   2019-06-19 [1] CRAN (R 4.0.2)
 colorspace     2.0-0   2020-11-11 [1] CRAN (R 4.0.2)
 crayon         1.3.4   2017-09-16 [1] CRAN (R 4.0.0)
 data.table     1.13.6  2020-12-30 [1] CRAN (R 4.0.2)
 DBI          * 1.1.0   2019-12-15 [1] CRAN (R 4.0.0)
 dbplyr         2.0.0   2020-11-03 [1] CRAN (R 4.0.2)
 digest         0.6.27  2020-10-24 [1] CRAN (R 4.0.2)
 dplyr        * 1.0.2   2020-08-18 [1] CRAN (R 4.0.2)
 ellipsis       0.3.1   2020-05-15 [1] CRAN (R 4.0.0)
 evaluate       0.14    2019-05-28 [1] CRAN (R 4.0.0)
 fansi          0.4.1   2020-01-08 [1] CRAN (R 4.0.0)
 forcats      * 0.5.0   2020-03-01 [1] CRAN (R 4.0.0)
 foreign        0.8-81  2020-12-22 [1] CRAN (R 4.0.2)
 Formula      * 1.2-4   2020-10-16 [1] CRAN (R 4.0.2)
 fs             1.5.0   2020-07-31 [1] CRAN (R 4.0.2)
 generics       0.1.0   2020-10-31 [1] CRAN (R 4.0.2)
 ggplot2      * 3.3.3   2020-12-30 [1] CRAN (R 4.0.2)
 glue           1.4.2   2020-08-27 [1] CRAN (R 4.0.2)
 gridExtra      2.3     2017-09-09 [1] CRAN (R 4.0.0)
```

```
gtable              0.3.0     2019-03-25   [1]   CRAN (R 4.0.0)
haven               2.3.1     2020-06-01   [1]   CRAN (R 4.0.0)
Hmisc               4.4-2     2020-11-29   [1]   CRAN (R 4.0.2)
hms                 0.5.3     2020-01-08   [1]   CRAN (R 4.0.0)
htmlTable           2.1.0     2020-09-16   [1]   CRAN (R 4.0.2)
htmltools           0.5.0     2020-06-16   [1]   CRAN (R 4.0.0)
htmlwidgets         1.5.3     2020-12-10   [1]   CRAN (R 4.0.2)
httr                1.4.2     2020-07-20   [1]   CRAN (R 4.0.2)
jpeg                0.1-8.1   2019-10-24   [1]   CRAN (R 4.0.0)
jsonlite            1.7.2     2020-12-09   [1]   CRAN (R 4.0.2)
knitr               1.30      2020-09-22   [1]   CRAN (R 4.0.2)
lattice          *  0.20-41   2020-04-02   [1]   CRAN (R 4.0.2)
latticeExtra        0.6-29    2019-12-19   [1]   CRAN (R 4.0.0)
lifecycle           0.2.0     2020-03-06   [1]   CRAN (R 4.0.0)
lubridate           1.7.9.2   2020-11-13   [1]   CRAN (R 4.0.2)
magrittr            2.0.1     2020-11-17   [1]   CRAN (R 4.0.2)
Matrix              1.3-2     2021-01-06   [1]   CRAN (R 4.0.2)
mdsr             *  0.2.4     2021-01-06   [1]   CRAN (R 4.0.2)
modelr              0.1.8     2020-05-19   [1]   CRAN (R 4.0.0)
mosaicData       *  0.20.1    2020-09-13   [1]   CRAN (R 4.0.2)
munsell             0.5.0     2018-06-12   [1]   CRAN (R 4.0.0)
nnet                7.3-14    2020-04-26   [1]   CRAN (R 4.0.2)
pillar              1.4.7     2020-11-20   [1]   CRAN (R 4.0.2)
pkgconfig           2.0.3     2019-09-22   [1]   CRAN (R 4.0.0)
png                 0.1-7     2013-12-03   [1]   CRAN (R 4.0.0)
purrr            *  0.3.4     2020-04-17   [1]   CRAN (R 4.0.0)
R6                  2.5.0     2020-10-28   [1]   CRAN (R 4.0.2)
RColorBrewer        1.1-2     2014-12-07   [1]   CRAN (R 4.0.0)
Rcpp                1.0.5     2020-07-06   [1]   CRAN (R 4.0.2)
readr            *  1.4.0     2020-10-05   [1]   CRAN (R 4.0.2)
readxl              1.3.1     2019-03-13   [1]   CRAN (R 4.0.0)
repr                1.1.0     2020-01-28   [1]   CRAN (R 4.0.0)
reprex              0.3.0     2019-05-16   [1]   CRAN (R 4.0.0)
rlang               0.4.10    2020-12-30   [1]   CRAN (R 4.0.2)
rmarkdown           2.6       2020-12-14   [1]   CRAN (R 4.0.2)
RMySQL              0.10.21   2020-12-15   [1]   CRAN (R 4.0.2)
rpart               4.1-15    2019-04-12   [1]   CRAN (R 4.0.2)
rstudioapi          0.13      2020-11-12   [1]   CRAN (R 4.0.2)
rvest               0.3.6     2020-07-25   [1]   CRAN (R 4.0.2)
scales              1.1.1     2020-05-11   [1]   CRAN (R 4.0.0)
sessioninfo         1.1.1     2018-11-05   [1]   CRAN (R 4.0.0)
showtext            0.9-1     2020-11-14   [1]   CRAN (R 4.0.2)
showtextdb          3.0       2020-06-04   [1]   CRAN (R 4.0.2)
skimr               2.1.2     2020-07-06   [1]   CRAN (R 4.0.0)
stringi             1.5.3     2020-09-09   [1]   CRAN (R 4.0.2)
stringr          *  1.4.0     2019-02-10   [1]   CRAN (R 4.0.0)
survival         *  3.2-7     2020-09-28   [1]   CRAN (R 4.0.2)
sysfonts            0.8.2     2020-11-16   [1]   CRAN (R 4.0.2)
tibble           *  3.0.4     2020-10-12   [1]   CRAN (R 4.0.2)
tidyr            *  1.1.2     2020-08-27   [1]   CRAN (R 4.0.2)
tidyselect          1.1.0     2020-05-11   [1]   CRAN (R 4.0.0)
```

```
tidyverse        *  1.3.0    2019-11-21   [1]  CRAN (R 4.0.0)
utf8               1.1.4    2018-05-24   [1]  CRAN (R 4.0.0)
vctrs              0.3.6    2020-12-17   [1]  CRAN (R 4.0.2)
withr              2.3.0    2020-09-22   [1]  CRAN (R 4.0.2)
xaringanthemer   *  0.3.0    2020-05-04   [1]  CRAN (R 4.0.2)
xfun               0.20     2021-01-06   [1]  CRAN (R 4.0.2)
xml2               1.3.2    2020-04-23   [1]  CRAN (R 4.0.0)
yaml               2.2.1    2020-02-01   [1]  CRAN (R 4.0.0)

[1] /Library/Frameworks/R.framework/Versions/4.0/Resources/library
```

这个 update.packages() 函数应定期运行，以确保包是最新的。

截至 2016 年 12 月，CRAN 提供了近 16 800 个包。这代表了许多开发人员在时间和代码方面的巨大投资[Fox, 2009]。虽然每一个都达到了最低的准入标准，但重要的是要记住，R 中的包是由个人或小团体创建的，而不是由 R 核心团体支持的。因此，它们不一定拥有与核心 R 系统相同水平的测试和质量保证。

B.4.3 CRAN 任务视图

CRAN 上的"任务视图"是查找包的非常有用的资源。这些是特定应用领域(如多元统计、心理测量或生存分析)内相关软件包的精选列表。表 B.1 显示了截至 2021 年 1 月的可用任务视图。

表 B.1 CRAN 任务视图的完整列表

任务	视图
Bayesian	Bayesian Inference
ChemPhys	Chemometrics and Computational Physics
ClinicalTrials	Clinical Trial Design, Monitoring, and Analysis
Cluster	Cluster Analysis and Finite Mixture Models
Databases	Databases with R
DifferentialEquations	Differential Equations
Distributions	Probability Distributions
Econometrics	Econometrics
Environmetrics	Analysis of Ecological and Environmental Data
ExperimentalDesign	Design of Experiments (DoE) and Analysis of Experimental Data
ExtremeValue	Extreme Value Analysis
Finance	Empirical Finance
FunctionalData	Functional Data Analysis
Genetics	Statistical Genetics
gR	gRaphical Models in R
Graphics	Graphic Displays and Dynamic Graphics and Graphic Devices and Visualization
HighPerformanceComputing	High-Performance and Parallel Computing with R

(续表)

任务	视图
Hydrology	Hydrological Data and Modeling
MachineLearning	Machine Learning and Statistical Learning
MedicalImaging	Medical Image Analysis
MetaAnalysis	Meta-Analysis
MissingData	Missing Data
ModelDeployment	Model Deployment with R
Multivariate	Multivariate Statistics
NaturalLanguageProcessing	Natural Language Processing
NumericalMathematics	Numerical Mathematics
OfficialStatistics	Official Statistics and Survey Methodology
Optimization	Optimization and Mathematical Programming
Pharmacokinetics	Analysis of Pharmacokinetic Data
Phylogenetics	Phylogenetics, Especially Comparative Methods
Psychometrics	Psychometric Models and Methods
ReproducibleResearch	Reproducible Research
Robust	Robust Statistical Methods
SocialSciences	Statistics for the Social Sciences
Spatial	Analysis of Spatial Data
SpatioTemporal	Handling and Analyzing Spatio-Temporal Data
Survival	Survival Analysis
TeachingStatistics	Teaching Statistics
TimeSeries	Time Series Analysis
Tracking	Processing and Analysis of Tracking Data
WebTechnologies	Web Technologies and Services

B.5　扩展资源

Hadley Wickham 撰写的 *Advanced R*[Wickham, 2019a]是了解 R 工作原理的一个非常优秀的资源。在 Comprehensive R Archive Network(CRAN)中也可以找到大量资源和文档。

tidyverse 中包含的 forcats 包旨在促进基于因子的数据整理的发展。

有关 tibbles 的更多信息，请访问 https://tibble.tidyverse.org。

JupyterLab 和 JupyterHub 是支持通过认证笔记本进行分析的替代环境，它适用于多种语言，包括 Julia、Python 和 R。

B.6　练习题

问题 1(易)：以下代码块抛出错误。

```
mtcars %>%
  select(mpg, cyl)
```

```
Error in select(., mpg, cyl): could not find function "select"
```

这里的问题是什么?

问题 2(易)：在 R 中使用这些名称时，哪一种应该用引号括起来?

1. 函数名
2. 文件名
3. 命名参数中参数的名称
4. 对象名称

问题 3(易)：一个用户在 RStudio 控制台中输入了以下命令:

```
obj1 <- 2:10
obj2 <- c(2, 5)
obj3 <- c(TRUE, FALSE)
obj4 <- 42
```

以下命令返回什么值?

```
obj1 * 10
obj1[2:4]
obj1[-3]
obj1 + obj2
obj1 * obj3
obj1 + obj4
obj2 + obj3
sum(obj2)
sum(obj3)
```

问题 4(易)：一个用户在 RStudio 控制台中输入了以下命令:

```
mylist <- list(x1 = "sally", x2 = 42, x3 = FALSE, x4 = 1:5)
```

以下的每个命令会返回什么值?

```
is.list(mylist)
names(mylist)
length(mylist)
mylist[[2]]
mylist[["x1"]]
mylist$x2
length(mylist[["x4"]])
class(mylist)
typeof(mylist)
class(mylist[[4]])
```

```
typeof(mylist[[3]])
```

问题 5(易)：这条语句有什么错误？

```
help(NHANES, package <- "NHANES")
```

问题 6(易)：请参阅 mosaicData 程序包中有关 CPS85 的文档，以确定 CPS 的含义。

问题 7(易)：以下代码块引发错误。为什么？

```
library(tidyverse)
mtcars %>%
  filter(cylinders == 4)
```

```
Error in filter(., cylinders == 4): object 'cylinders' not found
```

这里的问题是什么？

问题 8(易)：date 函数返回当前时间和日期的指示。date 的参数是什么？date 的结果是什么样的对象？Sys.time 的结果是什么类型的对象？

问题 9(易)：一个用户在 RStudio 控制台中输入了以下命令。

```
a <- c(10, 15)
b <- c(TRUE, FALSE)
c <- c("happy", "sad")
```

以下的每个命令返回什么？请描述该对象的类及其值。

```
data.frame(a, b, c)
cbind(a, b)
rbind(a, b)
cbind(a, b, c)
list(a, b, c)[[2]]
```

问题 10(易)：对于以下每个赋值语句，请描述它的错误(或注意为什么它不会产生一个错误)。

```
result1 <- sqrt 10
result2 <-- "Hello to you!"
3result <- "Hello to you"
result4 <- "Hello to you
result5 <- date()
```

问题 11(易)：下面的代码块抛出一个错误。

```
library(tidyverse)
mtcars %>%
filter(cyl = 4)
```

```
Error in filter(., cyl = 4): unused argument (cyl = 4)
```

该错误提示你需要在 filter() 的内部使用==。为什么？

问题 12(中)：下面的代码将使用 HELP(健康评估以及与初级保健的联系)试验进行一些数据分析。

```
library(mosaic)
ds <-
```

```
   read.csv("http://nhorton.people.amherst.edu/r2/datasets/helpmiss.csv")
summarise(group_by(
  select(filter(mutate(ds,
    sex = ifelse(female == 1, "F", "M")
  ), !is.na(pcs)), age, pcs, sex),
  sex
), meanage = mean(age), meanpcs = mean(pcs), n = n())
```

用文字描述正在进行的计算。使用"管道"表示法,将此代码翻译成更可读的版本。

问题 13(中): 以下概念对你应该有一定的意义:包、函数、命令、参数、赋值、对象、对象名、数据框、命名参数、带引号的字符串。

构造一个至少使用其中四个概念的 R 命令示例。指出 R 命令示例的每个部分对应于哪个概念。

B.7 附加练习

可从 https://mdsr-book.github.io/mdsr2e/appR.html#datavizI-online-exercises 获得。

附录 C

算法思维

C.1 引言

算法思维可以定义为一组与算法构建和理解等相关的能力[Futschek, 2006]:

1. 分析给定问题的能力
2. 精确定义问题的能力
3. 找到能够解决问题的基本操作的能力
4. 使用基本操作对给定问题构造正确算法的能力
5. 能对问题可能出现的特殊或正常情况进行思考的能力
6. 提高算法效率的能力

这些重要的能力是"计算思维"和数据科学的一个必要但不充分的组成部分。

至关重要的是,数据科学家必须具备在灵活而强大的计算环境中使用函数来分解问题和编写解决方案的技能。在本书中,我们将重点介绍在这项任务中如何使用 R(尽管 Python 等环境也有许多拥护者和优点)。在本附录中,我们假设 R 的基本环境达到附录 B 要求的水平。

C.2 简单的示例

我们先从一个示例开始介绍,这个示例创建了一个简单函数来完成一个统计任务(计算一个估计的置信区间)。在 R 中,使用关键字 function,通过如下所示的语法定义一个新函数。该操作将在工作区中创建一个名为 new_function()的新函数,该函数接收两个参数(argument1 和 argument2)。函数体由一系列命令(或表达式)组成,通常用换行符进行分隔并用大括号括起来。

```
library(tidyverse)
library(mdsr)
new_function <- function(argument1, argument2) {
  R expression
  another R expression
}
```

　　这里，我们创建一个函数来计算平均值的置信区间(CI)的估计，使用了公式 $\overline{X} \pm t^* s / \sqrt{n}$ ，其中 t*是该特定置信水平的相应 t 值。例如，对于具有 50 个自由度的 95%区间(相当于 n=51 个观测值)，可使用 mosaic 包中的 cdist()函数计算 t*的相应值。这里就需要计算 95%的分布位于的 t 分布的分位数，如图 C.1 的图形所示。

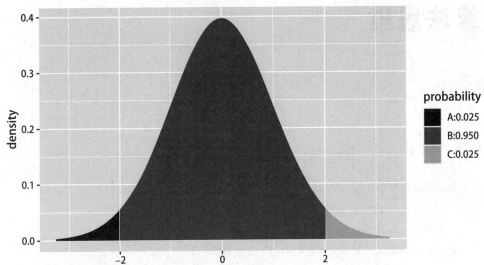

图 C.1　平均值的 95%置信区间的临界值的位置示意图。临界值 2.01 对应于具有 50 个自由度
　　　　 的 t 分布中的位置，其中 2.5%的分布位于其上方

```
library(mosaic)
mosaic::cdist(dist = "t", p = 0.95, df = 50)
```

```
[1] -2.01 2.01
mosaic::xqt(p = c(0.025, 0.975), df = 50)
```

```
[1] -2.01 2.01
```

　　我们看到这个值略大于 2。注意，由于构造的结果，置信区间将以平均值为中心，我们希望对应于 95%的分布的临界值应位于中间位置。

　　我们将编写一个函数来计算从零开始的均值的基于 t 的置信区间。我们将调用函数 ci_calc()；该函数使用一个数值向量 x 作为第一个参数，并使用了可选的第二个参数 alpha(默认值为 0.95)。

```
# calculate a t confidence interval for a mean
ci_calc <- function(x, alpha = 0.95) {
  samp_size <- length(x)
  t_star <- qt(1 - ((1 - alpha)/2), df = samp_size - 1)
  my_mean <- mean(x)
  my_sd <- sd(x)
  se <- my_sd/sqrt(samp_size)
  me <- t_star * se
  return(
```

```
   list(
     ci_vals = c(my_mean - me, my_mean + me),
     alpha = alpha
   )
 )
}
```

这里使用 qt()函数计算 t 分布的相应分位数，并计算相应的置信区间作为列表返回。在本例中，我们显式地返回一个值列表。如果未提供返回语句，则默认情况下返回上一次表达式求值的结果。tidyverse 样式指南(请参见第 6.3 节)鼓励这种默认设置，但我们更喜欢返回结果可见。

函数已存储在对象 ci_calc()中。一旦创建，它可以像任何其他函数一样使用。例如，下面的表达式将打印对象 x1(一个包含 100 随机正态变量的数据集，该集合的平均值为 0、标准偏差为 1)的 CI 和置信水平。

```
x1 <- rnorm(100, mean = 0, sd = 1)
ci_calc(x1)

$ci_vals
[1] -0.0867 0.2933

$alpha
[1] 0.95
```

R 中参数的顺序很重要，因为如果调用函数时参数没有命名，则假定它们与定义函数时参数的顺序相对应。想要查看这个顺序，请查看相关文档，或者使用 args()函数，或者查看函数本身的代码。

```
?ci_calc # won't work because we haven't written any documentation
args(ci_calc)
ci_calc
```

专业提示 53：可以考虑为你开发的常用函数创建一个 R 包，以便记录、测试和重用它们。

因为我们只提供了一个未命名的参数(x1)，所以 R 将 x1 表示的值传递给 ci_calc()的参数 x。因为我们没有为 alpha 参数指定值，所以使用了默认值 0.95。

用户定义函数的嵌套方式与已有函数的嵌套方式相同。下面的表达式将返回 CI，并报告 100 个正态随机变量的置信区间为 0.9。

```
ci_calc(rnorm(100), 0.9)
```

要更改置信度，只需要通过将 alpha 选项指定为命名参数来更改它。

```
ci_calc(x1, alpha = 0.90)

$ci_vals
[1] -0.0557 0.2623
```

```
$alpha
[1] 0.9
```

输出相当于运行包含两个未命名参数的 ci_calc(x1, 0.90)命令，其中的参数按顺序进行匹配。虽然不是很直观，但它相当于以下调用。

```
ci_calc(alpha = 0.90, x = x1)
```

```
$ci_vals
[1] -0.0557 0.2623
```

```
$alpha
[1] 0.9
```

关键的信息是：如果所有参数都已命名，那么参数顺序并不重要。

使用第 4 章介绍的管道操作符可避免嵌套。

```
rnorm(100, mean = 0, sd = 1) %>%
  ci_calc(alpha = 0.9)
```

```
$ci_vals
[1] -0.0175 0.2741
```

```
$alpha
[1] 0.9
```

专业提示 54：利用 testthat 包可以编写测试例程来检查函数是否达到预期效果，从而帮助改进函数。

C.3 扩展示例：大数定理

大数定理的思想是：随着样本量的增加，样本的算术平均数收敛到随机变量的期望值。这意味着，有了足够大的无偏样本，我们可以对得到真正的平均值非常有信心。正如第 7.2 节所述，这是统计学中一个非常重要的结论。收敛(或对于某些分布缺乏收敛)可以很容易地进行可视化。

我们定义了一个函数来计算给定向量的运行平均值，它允许从许多分布中生成变量。

```
runave <- function(n, gendist, ...) {
  x <- gendist(n, ...)
  avex <- numeric(n)
  for (k in 1:n) {
    avex[k] <- mean(x[1:k])
  }
  return(tibble(x, avex, n = 1:length(avex)))
}
```

runave()函数至少接收两个参数：样本大小 n 和 gendist 表示的用于从一个分布生成样本的函数(请参见 B.4 节)。

专业提示 55：请注意，还有更有效的方法可以使用向量操作符编写此函数(可参阅 cummean() 函数)。

使用...(点)语法可以指定函数的其他选项。此语法允许向可能被下游调用的函数提供其他选项。例如，点用于为下一代码块中的 t 分布生成的样本指定自由度。

Cauchy 分布是对称的，并且有重尾现象。回顾一下，由于 Cauchy 随机变量的期望值未定义[Romano and Siegel, 1986]，样本平均值不会收敛到中心。Cauchy 随机变量的方差也是无限的(不存在)。当计算比率时，就会出现这种分布。相反，具有自由度为 1 以上的 t 分布(具有较轻的重尾分布)会收敛到中心。为了进行比较，图 C.2 对这两种分布进行了展示。

```
mosaic::plotDist(
  "t",
  params = list(df = 4),
  xlim = c(-5, 5),
  lty = 2,
  lwd = 3
)
mosaic::plotDist("cauchy", xlim = c(-10, 10), lwd = 3, add = TRUE)
```

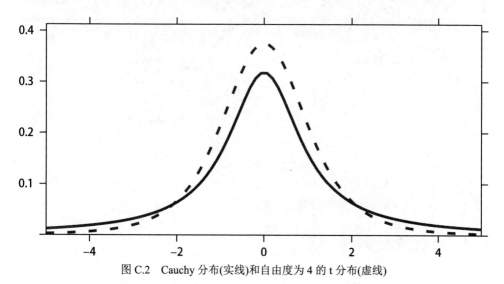

图 C.2　Cauchy 分布(实线)和自由度为 4 的 t 分布(虚线)

为了确保可以复现这个仿真的结果，我们首先设置一个固定的种子。接下来，使用新的 runave()函数生成一些数据。

```
nvals <- 1000
set.seed(1984)
sims <- bind_rows(
  runave(nvals, rt, 4),
```

```
    runave(nvals, rcauchy)
) %>%
  mutate(dist = rep(c("t4", "cauchy"), each = nvals))
```

在本例中，使用...机制将值 4 提供给 rt()函数，它用于指定 rt()的 df 参数。结果如图 C.3 所示。虽然 t 分布的运行平均值收敛到真实均值零，但 Cauchy 分布的运行平均值却没有。

```
ggplot(
  data = sims,
  aes(x = n, y = avex, color = dist)) +
  geom_hline(yintercept = 0, color = "black", linetype = 2) +
  geom_line() +
  geom_point() +
  labs(color = "Distribution", y = "running mean", x = "sample size") +
  xlim(c(0, 600)
)
```

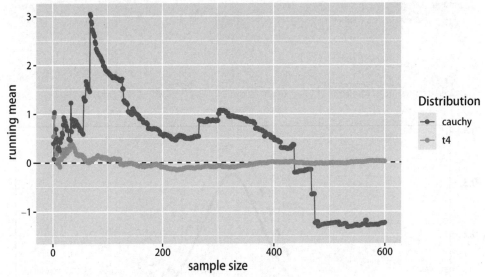

图 C.3　自由度为 4 的 t 分布和 Cauchy 随机变量(等价与自由度为 1 的 t 分布)的运行平均值。请注意，虽然前者收敛，但后者不收敛

C.4　非标准化评估

计算表达式时，R 在环境中搜索对象。最常见的环境是全局环境，其内容显示在 RStudio 的 environment 选项卡中或通过 ls()命令显示。当你尝试访问在全局环境中找不到的对象时，就会出现错误。

我们将使用 NHANES 包中 NHANES 数据框的一个子集来说明其中的一些微妙之处。该数据框包含多种数据类型。

```
library(NHANES)
nhanes_small <- NHANES %>%
  select(ID, SurveyYr, Gender, Age, AgeMonths, Race1, Poverty)
glimpse(nhanes_small)
```

```
Rows: 10,000
Columns: 7
$ ID          <int> 51624, 51624, 51624, 51625, 51630, 51638, 51646, 5164...
$ SurveyYr    <fct> 2009_10, 2009_10, 2009_10, 2009_10, 2009_10, 2009_10,...
$ Gender      <fct> male, male, male, male, female, male, male, female, f...
$ Age         <int> 34, 34, 34, 4, 49, 9, 8, 45, 45, 45, 66, 58, 54, 10, ...
$ AgeMonths   <int> 409, 409, 409, 49, 596, 115, 101, 541, 541, 541, 795,...
$ Race1       <fct> White, White, White, Other, White, White, White, Whit...
$ Poverty     <dbl> 1.36, 1.36, 1.36, 1.07, 1.91, 1.84, 2.33, 5.00, 5.00,...
```

考虑以下尝试访问 ID 变量的三种方式之间的相互区别。在第一种情况下，我们只是创建一个长度为 1 的字符向量，其中包含一个字符串 ID。第二个命令使 R 在全局环境中搜索一个不存在的名为 ID 的对象。在第三个命令中，我们正确地访问了 nhanes_small 数据框中的 ID 变量，它在全局环境中是可以访问的。这些是解释 R 如何使用作用域(scoping)识别对象的不同示例。

```
"ID" # string variable
```

```
[1] "ID"
ID # generates an error
```

```
Error in eval(expr, envir, enclos): object 'ID' not found
nhanes_small %>%
  pull(ID) %>% # access within a data frame
  summary()
```

```
   Min. 1st Qu.  Median    Mean 3rd Qu.    Max.
  51624   56904   62160   61945   67039   71915
```

这有什么关系？请注意，nhanes_small 中的几个变量是因子，我们可能需要将它们转换为字符类型。通常，我们会使用在第 4 章中介绍的 mutate()命令来实现这一点。

```
nhanes_small %>%
  mutate(SurveyYr = as.character(SurveyYr)) %>%
  select(ID, SurveyYr) %>%
  glimpse()
```

```
Rows: 10,000
Columns: 2
$ ID          <int> 51624, 51624, 51624, 51625, 51630, 51638, 51646, 51647...
$ SurveyYr    <chr> "2009_10", "2009_10", "2009_10", "2009_10", "2009_10",...
```

但是请注意，在这个构造中，我们必须知道要转换的变量的名称(即 SurveyYr)并显式地列出它。如果我们的目标是自动化数据整理(请参见第 7 章)，那么这种做法不太理想。

如果我们尝试将列的名称(即 SurveyYr)设置为一个变量(即 varname)并使用该变量更改名

称，它将无法按预期工作。在本例中，我们没有更改 SurveyYr 的数据类型，而是创建了一个名为 varname 的新变量，它是值为 SurveyYr 的一个字符向量。

```
varname <- "SurveyYr"
nhanes_small %>%
  mutate(varname = as.character(varname)) %>%
  select(ID, SurveyYr, varname) %>%
  glimpse()
```

```
Rows: 10,000
Columns: 3
$ ID        <int> 51624, 51624, 51624, 51625, 51630, 51638, 51646, 51647...
$ SurveyYr  <fct> 2009_10, 2009_10, 2009_10, 2009_10, 2009_10, 2009_10, ...
$ varname   <chr> "SurveyYr", "SurveyYr", "SurveyYr", "SurveyYr", "Surve...
```

这种行为是 R 语言具有一种称为非标准化求值(NSE)的特征的结果。rlang 包提供了一种处理 tidyverse 中表达式的原则性方法，并在 dplyr 包中广泛使用。dplyr 函数使用一种称为规整求值(tidy evaluation)的非标准求值形式。这就是为什么 R 能够定位 SurveyYr，即使在全局环境中没有名为 SurveyYr 的对象也可以定位。在本例中，mutate()知道在 nhanes_small 数据框中查找 SurveyYr。

这种情况下，我们可以使用 across()、where()副词和 mutate()来解决问题。也就是说，可将 is.factor()与 across()结合使用，以查找作为因子的所有变量，并使用 as.character()将它们转换为字符。

```
nhanes_small %>%
  mutate(across(where(is.factor), as.character))
```

```
# A tibble: 10,000 x 7
      ID SurveyYr Gender   Age AgeMonths Race1 Poverty
   <int> <chr>    <chr>  <int>     <int> <chr>   <dbl>
 1 51624 2009_10  male      34       409 White    1.36
 2 51624 2009_10  male      34       409 White    1.36
 3 51624 2009_10  male      34       409 White    1.36
 4 51625 2009_10  male       4        49 Other    1.07
 5 51630 2009_10  female    49       596 White    1.91
 6 51638 2009_10  male       9       115 White    1.84
 7 51646 2009_10  male       8       101 White    2.33
 8 51647 2009_10  female    45       541 White    5
 9 51647 2009_10  female    45       541 White    5
10 51647 2009_10  female    45       541 White    5
# ... with 9,990 more rows
```

当你遇到一个涉及 tidyverse 函数编程的问题时，你不确定如何解决，考虑一下这些方法。

(1) 使用 across()和/或 where()：上文和第 7.2 节概述了该方法。如果这样就足够了，那么它通常是最简单的解决方案。

(2) 传递点(dot)：有时，通过将点传递给另一个 tidyverse 函数，可以避免硬编码变量名。例如，你可以允许函数获取直接传递给 select()或 filter()的任意参数列表。

(3) 使用规整的评估：对这一点的全面讨论超出了本书的范围，但我们在第 C.6 节中提供了指向更多材料的参考。

(4) 使用 base R 语法：如果你对使用这种方言感到满意，代码可能相对简单，但对于 tidyverse 学习者来说有两个障碍：①像 "[[" 的使用可能会破坏管道；②变量名周围的引号可能会很麻烦。下面展示一个简单的例子。

一个 base R 的实现

在 base R 中，可以执行以下操作：

```
var_to_char_base <- function(data, varname) {
  data[[varname]] <- as.character(data[[varname]])
  data
}
var_to_char_base(nhanes_small, "SurveyYr")
```

```
# A tibble: 10,000 x 7
      ID SurveyYr Gender   Age AgeMonths Race1 Poverty
   <int> <chr>    <fct>  <int>     <int> <fct>   <dbl>
 1 51624 2009_10  male      34       409 White    1.36
 2 51624 2009_10  male      34       409 White    1.36
 3 51624 2009_10  male      34       409 White    1.36
 4 51625 2009_10  male       4        49 Other    1.07
 5 51630 2009_10  female    49       596 White    1.91
 6 51638 2009_10  male       9       115 White    1.84
 7 51646 2009_10  male       8       101 White    2.33
 8 51647 2009_10  female    45       541 White    5
 9 51647 2009_10  female    45       541 White    5
10 51647 2009_10  female    45       541 White    5
# ... with 9,990 more rows
```

注意，变量名在放入函数时带有引号。

C.5　调试和防御性编码

R 和 RStudio 包括对函数和代码的调试的大量支持。在函数体中调用 browser()函数会停止当前的执行并设置 R 解释器。在浏览器提示下，分析员可以输入任意命令，例如，输入 c 以继续执行、输入 f 以完成当前函数的执行、输入 n 以计算下一条语句(不进入函数调用)、输入 s 以计算下一条语句(进入函数调用)、输入 Q 以退出浏览器或输入 help 以打印此列表，在浏览器中输入的其他命令被解释为要计算的 R 表达式(函数 ls()列出可用对象)。可以使用 debug()或 debugonce()函数(并使用 undebug()函数关闭)设置对浏览器的调用。RStudio 包含一个调试模式，在调用 debug()时会显示该模式。

通常建议采用防御性编码(defensive coding)技术：它们将倾向于尽早发现问题并将错误最小化。try()函数可用于计算表达式，同时允许从错误进行恢复。stop()函数可用于停止对当前表达式的求值并执行错误操作(通常显示一个错误消息)。assertthat 包中提供了更灵活的测试方法。

下面重温一下用来计算置信区间的 ci_calc()函数。我们怎样才能让它更强大？我们首先确认调用参数是否合理。

```
library(assertthat)
# calculate a t confidence interval for a mean
ci_calc <- function(x, alpha = 0.95) {
  if (length(x) < 2) {
    stop("Need to provide a vector of length at least 2.\n")
  }
  if (alpha < 0 | alpha > 1) {
    stop("alpha must be between 0 and 1.\n")
  }
  assert_that(is.numeric(x))
  samp_size <- length(x)
  t_star <- qt(1 - ((1 - alpha)/2), df = samp_size - 1)
  my_mean <- mean(x)
  my_sd <- sd(x)
  se <- my_sd / sqrt(samp_size)
  me <- t_star * se
  return(list(ci_vals = c(my_mean - me, my_mean + me),
              alpha = alpha))
}
ci_calc(1) # will generate error
```

```
Error in ci_calc(1): Need to provide a vector of length at least 2.
ci_calc(1:3, alpha = -1) # will generate error
```

```
Error in ci_calc(1:3, alpha = -1): alpha must be between 0 and 1.
ci_calc(c("hello", "goodbye")) # will generate error
```

```
Error: x is not a numeric or integer vector
```

C.6 扩展资源

有关函数的更多示例，请参见第 13 章。美国统计协会(American Statistical Association)的 *Guidelines for Undergraduate Programs in Statistics*[American Statistical Association Undergraduate Guidelines Workgroup (2014)]强调了算法思维的重要性(另见[Nolan and Temple Lang (2010)])。Rizzo[Rizzo (2019)]和 Wickham[Wickham (2019a)]的文献提供了统计计算的有用评论。许多在线资源可用于描述如何创建 R 包以及如何在 GitHub 上部署它们(参见示例 http://kbroman.org/pkg_primer)。[Wickham(2015)]是一本关于编写 R 程序包的全面且可访问的指南。testthat 包有助于构建更广泛的函数测试单元。dplyr 包的文档包括一个片段，详细说明了如何使用 lazyeval 包执行非标准化求值。[Henry(2020)]解释了 tidy 评估的最新发展。

[Wickham(2019a)]更全面地讨论了传递点。

C.7 练习题

问题 1(易)：考虑以下函数定义，以及后续对该函数的调用。

```
library(tidyverse)

summarize_species <- function(pattern = "Human") {
  x <- starwars %>%
    filter(species == pattern) %>%
    summarize(
      num_people = n(),
      avg_height = mean(height, na.rm = TRUE)
    )
}

summarize_species("Wookiee")
x
```

```
Error in eval(expr, envir, enclos): object 'x' not found
```

是什么导致了这个错误？

问题 2(中)：编写一个名为 count_name() 的函数，当给定一个名称作为参数时，该函数返回 babynames 包的 babynames 数据框中与该名称匹配的按年份计算的出生人口总数。对应每一年，函数都应该返回一行匹配的数据(如果没有匹配的数据，则生成一条错误消息)。使用参数 Ezekiel 和 Ezze 分别运行函数一次。

问题 3(中)：

a. 编写一个名为 count_na() 的函数，当给定一个向量作为参数时，该函数将计算该向量中 NA 的数量。

统计 mosaicData 包的 HELPfull 数据框的 SEXRISK 变量中缺少的值的数量。

b. 将 count_na() 应用于 Lahman 包中 Teams 数据框的列。有多少列包含缺失的数据？

问题 4(中)：编写一个名为 map_negative() 的函数，将数据框和变量名作为参数，并返回该数据框，其中变量的负值替换为零。将此函数应用于 mtcars 数据集中的 cyl 变量。

问题 5(中)：编写一个名为 grab_name() 的函数，该函数在给定名称和年份作为参数时，返回 babynames 包的 babynames 数据框中与该年份的名称匹配的行(如果名称和年份的组合与任何行都不匹配，则返回错误)。用参数 Ezekiel 和 1883 运行函数一次，用参数 Ezekiel 和 1983 再运行函数一次。

问题 6(中)：编写一个名为 prop_cancel() 的函数，该函数以月份和目的地机场作为参数，并返回每天到达该目的地的航班延误率。将此函数应用于 2 月和亚特兰大机场(ATL)的 nycflights13 包，并使用无效的月份再次运行。

问题 7(中)：编写一个名为 cum_min() 的函数，当给定一个向量作为参数时，该函数返回向量的累计最小值。将你的函数的结果与向量 c(4, 7, 9, -2, 12) 的内置 cummin() 函数进行比较。

问题 **8(难)**：Benford 定律涉及数字数据中前导数字的频率分布。写一个函数，它接收一个数字向量并返回第一个数字的经验分布。将此函数应用于 benford.analysis 包里的 corporate.payment 数据集中的数据。

C.8 附加练习

可从 https://mdsr-book.github.io/mdsr2e/ch-algorithmic.html#algorithmic-online-exercises 获得。

附录 D

可再现性分析和工作流程

　　如果你已经确定了关于这个世界的一个真相，那么这个真相应该在其他观察者进一步研究之后继续存在。在物理科学中，复制一项研究有两个挑战：复制实验本身，以及再现随后的数据分析(用于得出结论)。更简单地说，可复制性意味着不同的人用不同的数据得到相同的结果。可再现性是指一个人(或不同的人)用相同的数据得到相同的结果。

　　很容易想象为什么复制一个物理实验可能很困难，由于我们不是物理科学家，所以不会在这里解决这些问题。另一方面，第二个挑战，即再现数据分析无疑是我们的领域。这似乎是一个更简单的障碍，这不只是几个步骤的问题吗？经过调查，由于种种原因，事实上许多科学家甚至在这一低门槛上也绊倒了。

　　为进一步解释可复制性和可再现性之间的区别，回顾一下科学家是实验室笔记本的理想保管者。这些笔记本旨在包含再次进行研究(即复制)需要的所有信息：试剂和其他供应品、设备、实验材料等。现代软件工具使科学家能将这种思想带到数据分析中：重复这个分析(即再现)所需的一切都应记录在笔记本中的一个地方。

　　好消息是，现代软件工具允许只需要按下一个按钮就可以重复进行分析。这就证明了所记录的分析实际上与所执行的分析完全相同。此外，这种能力对生成分析的人来说是一个福音，使他们能够起草和重新起草分析，直到得到完全正确的结果。更有利的是，当分析写得正确时，就可以直接将分析应用于新数据。尽管电子表格软件很受欢迎，但并不适合这种情况。电子表格软件引用特定的数据行和数据列，因此需要更新分析命令本身以符合新数据。

　　"复制危机(replication crisis)"是现代科学面临的一个非常现实的问题。十多年前，John Ioannidis 认为 "大多数发表的研究发现都是假的" [Ioannidis, 2005]。最近，*Nature* 杂志发表了一系列社论，认为当前发表的研究缺乏可复制性[Editorial, 2013]。现在看来，即使在经过同行评议、正式发表的科学论文中，许多实验结果和统计证据支持的发现，在复制的审查下也站不住脚。也就是说，当其他研究人员试图做同样的研究时，他们可能无法确保得出同样的结论。

　　一些导致不可再现性的问题很难理解，更不用说去解决这些问题了。很多人把它归因到多样性和第 9 章中介绍的 "分叉路径花园"。虽然我们在第 9 章中讨论了与零假设检验相关的问题，但本附录的重点是可再现的数据分析的现代工作流程，因为在后续的时间点重新生成一组结果的能力是可再现结果的必要条件，但不是充分条件。

美国国家科学院关于本科生数据科学的报告将工作流程和再现性作为数据敏锐性(data acumen)的重要组成部分[National Academies of Science, Engineering, and Medicine, 2018]。报告描述了关键组件，包括工作流和工作流系统、可再现性分析、文档和代码标准、版本控制系统以及协作。

可再现的工作流由三个部分组成：完全可脚本化的统计编程环境(如 R 或 Python)、可再现的分析(最开始是文学编程)和版本控制(通常使用 GitHub 实现)。

D.1 脚本化的统计计算

为了使数据分析具有可再现性，必须以线性方式记录分析中采取的所有步骤。默认情况下，可编写脚本的应用程序(如 Python、R、SAS 和 Stata)会这样做。即使使用这些程序的图形用户界面，也会将自动生成的代码添加到历史记录中。因此，数据分析的完整命令序列都可以被记录、审查和传输。与此形成对比的是电子表格应用程序的行为，如 Microsoft Excel 和 Google Sheets，这些应用程序并不总是能够完全追溯自己的步骤。

D.2 基于 R Markdown 的可再现性分析

文学编程(literate programming)的概念是几十年前由 Knuth 提出的[Knuth, 1992]。他的建议是：

"与其想象我们的主要任务是指导计算机做什么，不如集中精力向人类解释我们希望计算机做什么。"

这一定义的核心思想是，代码的相关文档不仅对程序员是可以理解的，而且对其他人也是可以理解的，并且这些文档与代码本身同时出现。在数据分析中，这一点表现为需要在一个文档中包含三种内容：代码、该代码的结果和书面分析。当前，越来越多的人已经发现 rmarkdown[Allaire et al., 2014]和 knitr 包[Xie, 2014]是一个非常适合支持可再现分析工作流的环境[Baumer et al., 2014]。

rmarkdown 和 knitr 包使用源文件和输出文件范式。这种方法在编程中很常见，但它与 Microsoft Word 或 Google Drive 这种"所见即所得"的编辑器存在本质区别。代码被输入源文档中，然后被呈现为任何人都可读的输出格式。文学编程的原则规定：源文件也应该是任何人都可读的。

对于大多数应用程序，我们倾向于使用简单的文档标记语言 R Markdown[Allaire et al., 2020a]。R Markdown 源文件可以通过 knitr 和 pandoc 呈现为 PDF、HTML 和 Microsoft Word 格式。生成的文档将包含 R 代码、该代码的结果以及分析员的书面分析。

Markdown 与 RStudio 进行了有效集成，并可通过一个单击机制呈现 LATEX 和 Markdown 源文件。更多细节见[Xie (2014)]、[Gandrud (2014)]以及 CRAN 可再现性研究任务视图[Kuhn,

2020b]，另请参见 http://yihui.name/knitr。

　　作为这些系统如何工作的一个示例，我们演示了使用 SwimRecords 数据框中的数据以 Markdown 格式编写的文档。在 RStudio 中，通过从文件菜单上的新文件选项中选择 R Markdown，可以生成 R Markdown 的一个新模板文件。该操作将生成如图 D.1 所示的对话框。默认输出格式是 HTML，但也有其他选项(PDF 或 Microsoft Word)。

专业提示 56：mosaic 程序包中包含的 R Markdown 模板有助于为图形和字体大小设置更合适的默认值。打开新的 R Markdown 文件时，可以使用 From Template 选项访问这些信息。

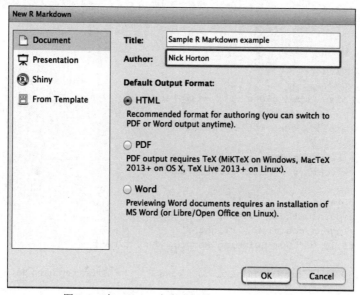

图 D.1　在 RStudio 中生成新的 R Markdown 文件

下面显示默认 R Markdown 输入文件的修改版本。

```
---
title: "Sample R Markdown example"
author: "Sample User"
date: "November 8, 2020"
output:
  html_document: default
    fig_height: 2.8
  fig_width: 5
---

```{r setup, include=FALSE}
knitr::opts_chunk$set(echo = TRUE)
library(tidyverse)
library(mdsr)
library(mosaic)
```
```

```
```

R Markdown
This is an R Markdown document. Markdown is a simple formatting syntax for
authoring HTML, PDF, and MS Word documents. For more details on using R
Markdown see http://rmarkdown.rstudio.com.

When you click the **Knit** button a document will be generated that
includes both content as well as the output of any embedded R code chunks
within the document. You can embed an R code chunk like this:

```{r display}
glimpse(SwimRecords)
```

Including Plots

You can also embed plots, for example:

```{r scatplot, echo=FALSE, message = FALSE}
ggplot(
  data = SwimRecords,
  aes(x = year, y = time, color = sex)
) +
  geom_point() +
  geom_smooth(method = loess, se = FALSE) +
  theme(legend.position = "right") +
  labs(title = "100m Swimming Records over time")
```
There are n=`r nrow(SwimRecords)` rows in the Swim records dataset.

Note that the `echo = FALSE` option was added to the code chunk to
prevent printing of the R code that generated the plot.

该文件有一个标题(Sample R Markdown example)，输出格式默认设置为HTML。简单标记(如粗体)是通过在单词 Help 前后使用**字符添加的。代码块使用``` {r}命令开始，并用```命令(三个反引号)结束。

通过单击 RStudio 中的 Knit HTML 按钮，或者使用下面代码块中的命令，可以生成和显示格式化输出，在运行 R 时也可以使用这些命令，而不使用 RStudio。

```
library(rmarkdown)
render("filename.Rmd")    # creates filename.html
browseURL("filename.html")
```

render()函数从特殊格式的 R Markdown 输入文件(filename.Rmd)中提取 R 命令，然后对其求值，并将输出的结果(包括文本和图形)集成到输出文件(filename.html)中。在图 D.2 中显示了对上面显示的.Rmd 文件执行这些步骤的结果的屏幕截图。render()使用 output 的值：根据选项的值来确定要生成的格式。如果.Rmd 文件指定 output:word_document，则将创建一个 Microsoft

Word 文档。

Sample R Markdown example

Sample User

November 8, 2020

R Markdown

This is an R Markdown document. Markdown is a simple formatting syntax for authoring HTML, PDF, and MS Word documents. For more details on using R Markdown see http://rmarkdown.rstudio.com.

When you click the **Knit** button a document will be generated that includes both content as well as the output of any embedded R code chunks within the document. You can embed an R code chunk like this:

```
glimpse(SwimRecords)
```

```
## Rows: 62
## Columns: 3
## $ year <int> 1905, 1908, 1910, 1912, 1918, 1920, 1922, 1924, 1934, 1935, 19...
## $ time <dbl> 65.80, 65.60, 62.80, 61.60, 61.40, 60.40, 58.60, 57.40, 56.80,...
## $ sex  <fct> M, M, M, M, M, M, M, M, M, M, M, M, M, M, M, M, M, M, M, M,...
```

Including Plots

You can also embed plots, for example:

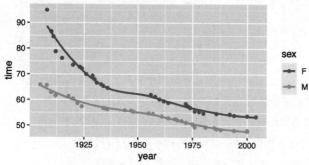

There are n=62 rows in the Swim records dataset.

Note that the `echo = FALSE` option was added to the code chunk to prevent printing of the R code that generated the plot.

图 D.2　R Markdown 示例的格式化输出

或者，可通过从 R Markdown 菜单中选择 new，然后单击 PDF 或 Word 选项，在 RStudio 中生成 PDF 或 Microsoft Word 文档。RStudio 还支持使用 R Markdown 语法的变体创建 R presentations。通过在 RStudio 中打开新的 R presentations 文档，可以找到说明和示例。

D.3　项目和版本控制

RStudio 的一个非常有用的特征是项目(project)。一个项目提供一个单独的工作区。选择项目还可将 RStudio 环境重新定向到指定目录，在此过程中，可以重新定向 Files 选项卡、工作目录等。一旦要开始处理多个项目，那么能够在项目之间来回切换将是非常有帮助的。

鉴于数据科学已被称为"团队项目"，以协作方式来跟踪文件的更改和问题的讨论是可再现分析的重要前提。项目可以绑定到版本控制系统，例如 Subversion 或 GitHub。这些系统可帮助你和合作者跟踪文件的更改，以便及时返回以查看对先前代码段的更改、比较不同版本以及根据需要检索较旧版本。

专业提示 57：*尽管源代码版本控制系统对于与他人的协作非常重要，但由于它们记录更改信息并维护版本历史记录，因此对单个项目也很有用。这种情况下，协作就是你和未来的自我之间的协作！*

GitHub 是 Git 的一个基于云的实现，与 RStudio 紧密集成。它的工作效率很高，不会用旧文件或压缩档案的重复副本把工作空间变得混乱。RStudio 用户可以在 GitHub 上托管的项目上进行协作，而不必使用命令行。这已被证明是确保一致、可复制工作流的有效方法，即使对于初学者也是如此。本书就是通过 GitHub 上的私有存储库协作编写的，就像 mdsr 包是在公共存储库中维护的一样。

最后，随机数种子是可复制工作流程的重要组成部分。建议设定一个种子，让其他人(或你自己)能够重现具有随机成分的特定分析。

D.4　扩展资源

TIER 项目是 Haverford College 的一个组织，该组织已开发了一个可再现研究的方案[Ball and Medeiros, 2012]。他们的工作的基础是 Stata 的社会科学，此后扩展到包括 R。

R Markdown 目前还在积极开发中。最新功能的有关信息请参见 http://rmarkdown. rstudio.com 上的 R Markdown 创作指南。RStudio 备忘单可以作为有用的参考。

[Broman and Woo(2018)]描述了在电子表格中组织数据的最佳实践。

GitHub 可能很难学习，但现在已成为许多数据科学研究环境中的默认设置。Jenny Bryan 在 Happy Git and GitHub for the use R (http://happygitwithr.com)上的资源对开始使用 GitHub 的新数据科学家特别有用。

可再现分析的另一个挑战主要是不断变化的 R 版本和其他 R 包。packrat 和 renv 程序包有助于确保项目能维护 R 的特定版本和一组程序包。reproducible 程序包提供了一套提高再现性的工具。

D.5　练习题

问题 1(易)：在生成错误的 R Markdown 文档中插入块。设置选项，使文件即使出现错误也能渲染。注意，如果你可以在渲染期间执行特定的 R 语句，并为研究人员检查留下更多证据，则某些错误更容易诊断。

问题 2(易)：为什么在加载 mosaic 包时，mosaic 包的普通 RMarkdown 模板包含代码块选项 message=FALSE？

问题 3(易)：考虑一个包含以下代码块的 R Markdown 文件。呈现此文件时将输出什么？

```{r}
x <- 1:5
```

```{r}
x <- x + 1
```

```{r}
x
```

问题 4(易)：考虑一个包含以下代码块的 R Markdown 文件。呈现此文件时将输出什么？

```{r echo = FALSE}
x <- 1:5
```

```{r echo = FALSE}
x <- x + 1
```

```{r include = FALSE}
x
```

问题 5(易)：考虑一个包含以下代码块的 R Markdown 文件。呈现此文件时将输出什么？

```{r echo = FALSE}
x <- 1:5
```

```{r echo = FALSE}
x <- x + 1
```

```{r echo = FALSE}
x
```

问题 6(易)：考虑一个包含以下代码块的 R Markdown 文件。呈现此文件时将输出什么？

```{r echo = FALSE}
x <- 1:5
```

```{r echo = FALSE, eval = FALSE}
x <- x + 1
```

```
```
```

```{r echo = FALSE}
x
```

问题 7(易)： 用文字描述以下 R Markdown 文件的摘录在呈现时将显示什么。

$\hat{y} = \hat{\beta}_0 + \hat{\beta}_1 \cdot x + \epsilon$

问题 8(易)： 创建一个 RMarkdown 文件，该文件使用对 R 的内联调用来显示先前在该文件中创建的对象的值。

问题 9(易)： 在下面的代码块中将 warning=TRUE 改为 warning=FALSE，请描述其含义。

```
sqrt(-1)

Warning in sqrt(-1): NaNs produced

[1] NaN
```

问题 10(易)： 描述 fig.width 和 fig.height 块选项如何用于控制图片的大小。生成具有不同选项的一个图的两个版本。

问题 11(中)： knitr 包允许分析师在输出到 pdf 文件时显示格式良好的表格和结果。以下面的代码块为例，使用自己的数据创建类似的显示。

```
library(mdsr)
library(mosaicData)
mod <- broom::tidy(lm(cesd ~ mcs + sex, data = HELPrct))
knitr::kable(
  mod,
  digits = c(0, 2, 2, 2, 4),
  caption = "Regression model from HELP clinical trial.",
  longtable = TRUE
)
```

输出如表 D.1 所示。

表 D.1　HELP 临床试验的回归模型

term	estimate	std.error	statistic	p.value
(Intercept)	55.79	1.31	42.62	0.0000
mcs	-0.65	0.03	-19.48	0.0000
sexmale	-2.95	1.01	-2.91	0.0038

问题 12(中)： 解释以下代码块将显示什么，以及为什么这可能对数据科学项目的技术报告有用。

```
```{r chunk1, eval = TRUE, include = FALSE}
x <- 15
cat("assigning value to x.\n")
```

```
```
```

```
```{r chunk2, eval = TRUE, include = FALSE}
x <- x + 3
cat("updating value of x.\n")
```
```

```
```{r chunk3, eval = FALSE, include = TRUE}
cat("x =", x, "\n")
```
```

```
```{r chunk1, eval = FALSE, include = TRUE}
```
```{r chunk2, eval = FALSE, include = TRUE}
```
```

## D.6　附加练习

可从 https://mdsr-book.github.io/mdsr2e/ch-reproducible.html#reproducible-online-exercises 获得。
```

附录 E

回归建模

回归分析是一个强大而灵活的框架，它允许分析者将结果(响应变量)建模为一个或多个解释变量(或预测因子)的函数。回归构成了第 9 章和第 11 章中描述的许多重要统计模型的基础。本附录简要回顾线性和逻辑回归模型，从单一预测因子开始，然后扩展到多个预测因子。

E.1 简单线性回归

线性回归可以帮助我们理解定量(数字)结果(或反应)的值与定量解释(或预测)变量的值之间的关系。此技术通常以两种方式进行应用：生成预测值或对数据集中的关联进行推断。

在某些学科中，结果称为因变量(dependent variable)，预测因子称为自变量(independent variable)。我们避免这样的用法，因为单词 dependent 和 independent 在统计学中有很多含义。

结果 y 作为预测因子 x 的函数的简单线性回归模型具有如下形式：

$$y_i = \beta_0 + \beta_1 x_i + \varepsilon_i, \text{ 其中 } i = 1, \ldots, n$$

其中 n 表示数据集中的观测值(行)数量。对于该模型，β_0 是总体参数，它表示截距(即 $x=0$ 时的预测值)，β_1 是真实(总体)斜率系数(即 x 增加一个单位时，y 的预测值的增加)。ε_i 是误差(它们是假设平均值为 0 的随机噪声)。

我们几乎不知道总体参数 β_0 和 β_1 的真实值，但可使用样本中的数据来估计它们。lm() 函数找到了"最佳"系数 $\hat{\beta}_0$ 和 $\hat{\beta}_1$，而 $\hat{y}_i = \hat{\beta}_0 + \hat{\beta}_1 x_i$ 给出了拟合值(或期望值)。剩余部分由残差($\hat{\varepsilon}_i = y_i - \hat{y}_i$)计算。这个模型几乎永远都不可能完美拟合；如果真是那样的话，就不需要模型了。

最佳拟合回归线通常由最小二乘准则确定，该准则使残差平方和最小化(ϵ_i^2)。最小二乘回归线(由 $\hat{\beta}_0$ 和 $\hat{\beta}_1$ 的值定义)是唯一的。

E.1.1 动机示例：车道的建模使用

PVPC(Pioneer Valley Planning Commission)收集了马萨诸塞州佛罗伦萨 Chestnut 街北部 90 天的数据。数据采集器设置了一个激光传感器，当用户经过数据采集站时，该传感器会记录下来。这些数据可从 mosaicData 数据包的 RailTrail 数据集获得。

```
library(tidyverse)
library(mdsr)
library(mosaic)
glimpse(RailTrail)
```

```
Rows: 90
Columns: 11
$ hightemp    <int> 83, 73, 74, 95, 44, 69, 66, 66, 80, 79, 78, 65, 41, ...
$ lowtemp     <int> 50, 49, 52, 61, 52, 54, 39, 38, 55, 45, 55, 48, 49, ...
$ avgtemp     <dbl> 66.5, 61.0, 63.0, 78.0, 48.0, 61.5, 52.5, 52.0, 67.5...
$ spring      <int> 0, 0, 1, 0, 1, 1, 1, 1, 0, 0, 0, 1, 1, 0, 0, 1, 0, 1...
$ summer      <int> 1, 1, 0, 1, 0, 0, 0, 0, 1, 1, 1, 0, 0, 0, 0, 0, 1, 0...
$ fall        <int> 0, 0, 0, 0, 0, 0, 0, 0, 0, 0, 0, 0, 0, 1, 1, 0, 0, 0...
$ cloudcover  <dbl> 7.6, 6.3, 7.5, 2.6, 10.0, 6.6, 2.4, 0.0, 3.8, 4.1, 8...
$ precip      <dbl> 0.00, 0.29, 0.32, 0.00, 0.14, 0.02, 0.00, 0.00, 0.00...
$ volume      <int> 501, 419, 397, 385, 200, 375, 417, 629, 533, 547, 43...
$ weekday     <lgl> TRUE, TRUE, TRUE, FALSE, TRUE, TRUE, TRUE, FALSE, FA...
$ dayType     <chr> "weekday", "weekday", "weekday", "weekend", "weekday...
```

PVPC 希望了解每日骑行量(即在任何给定日期使用自行车道的骑行者和步行者的数量)与解释变量(包括温度、降雨量、云量和一周中的某一天)之间的关系。

在简单线性回归模型中，只有一个定量解释变量。今天的高温(以华氏度为单位)可能与骑行人数有关，这似乎是合理的，因此将首先探讨这一点。图 E.1 显示了骑行人数(volume)和高温(hightemp)之间的散点图，简单线性回归线有重叠。通过向 lm()函数提供公式，来计算拟合系数。

我们将使用 broom 包中的函数以规整的方式显示模型结果。

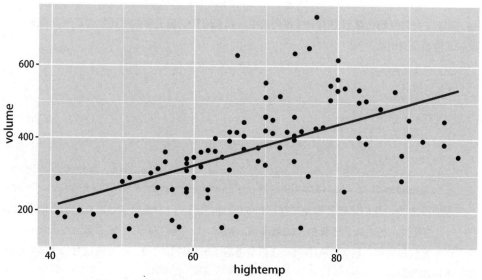

图 E.1 以日温度(华氏度)最高值作为函数的路口数量散点图

```
mod <- lm(volume ~ hightemp, data = RailTrail)
library(broom)
tidy(mod)

# A tibble: 2 x 5
  term          estimate  std.error   statistic        p.value
  <chr>            <dbl>      <dbl>       <dbl>           <dbl>
1 (Intercept)     -17.1       59.4      -0.288           0.774
2 hightemp         5.70      0.848        6.72   0.00000000171
ggplot(RailTrail, aes(x = hightemp, y = volume)) +
  geom_point() +
  geom_smooth(method = "lm", se = FALSE)
```

第一个系数是 $\hat{\beta}_0$，即估计的 y 截距。它的解释是，如果高温为 0 华氏度，那么估计的骑行人数大约为-17 人。这是非常不合理的，因为不可能有一个负数的骑车人数，这代表了一个实质性外推，即有一个远低于目前的数据集的温度(回忆第 2 章讨论的挑战性问题)。结果发现，当天气太冷时，监测设备就不起作用了，所以这些天的数值是不可用的。

专业提示 58：这种情况下，简单地将观察日的平均用户数乘以一年中的天数是不合适的，因为在寒冷的天气，可能会由于仪器问题把部分跟踪用户排除在外。这种缺失的数据会导致选择偏差。

第二个系数(斜率)通常更有意义。该系数($\hat{\beta}_1$)被解释为温度每升高 1 度，车道用户的预测值的增加数。当一天的气温提高 1 度时，我们预计将增加大约 5.7 名骑行用户使用车道。

E.1.2 模型可视化

图 E.1 允许我们在数据空间中可视化模型。我们的模型与空模型相比如何？也就是说，如何知道模型是有用的？

```
library(broom)
mod_avg <- RailTrail %>%
  lm(volume ~ 1, data = .) %>%
  augment(RailTrail)
mod_temp <- RailTrail %>%
  lm(volume ~ hightemp, data = .) %>%
  augment(RailTrail)
mod_data <- bind_rows(mod_avg, mod_temp) %>%
  mutate(model = rep(c("null", "slr"), each = nrow(RailTrail)))
```

在图 E.2 中，我们比较了最小二乘回归线(右)和空模型，空模型只返回每个输入的平均值(左)。也就是说，在左边，一天的平均温度被忽略了。这个模型只是预测了每天的平均骑行流量，而不管气温如何。然而，在右侧，该模型考虑了平均骑行流量，并相应地对每个输入值进行了不同的预测。

```
ggplot(data = mod_data, aes(x = hightemp, y = volume)) +
  geom_smooth(
    data = filter(mod_data, model == "null"),
```

```
      method = "lm", se = FALSE, formula = y ~ 1,
      color = "dodgerblue", size = 0.5
   ) +
   geom_smooth(
     data = filter(mod_data, model == "slr"),
     method = "lm", se = FALSE, formula = y ~ x,
     color = "dodgerblue", size = 0.5
   ) +
   geom_segment(
     aes(xend = hightemp, yend = .fitted),
     arrow = arrow(length = unit(0.1, "cm")),
     size = 0.5, color = "darkgray"
   ) +
   geom_point(color = "dodgerblue") +
   facet_wrap(~model)
```

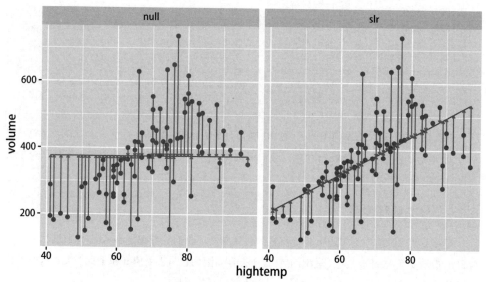

图 E.2　左边是基于整体平均高温的模型，右边是简单的线性回归模型

显然，回归模型比空模型(强制斜率为零)具有更好的性能，因为它更灵活。但是有多好呢？

E.1.3　拟合强度的测量

相关系数 r 用于量化两个变量之间线性关系的强度。我们可以量化响应变量(y)的变化比例，它由模型以类似方式解释。这个量称为决定系数，用 R^2 表示，是回归模型拟合优度的常用度量。像任何比例一样，R^2 总是介于 0 和 1 之间。对于简单线性回归(一个解释变量)，$R^2 = r^2$。R^2 的定义如下：

$$R^2 = 1 - \frac{SSE}{SST} = \frac{SSM}{SST}$$

$$= 1 - \frac{\sum_{i=1}^{n}(y_i - \hat{y}_i)^2}{\sum_{i=1}^{n}(y_i - \overline{y})^2}$$

$$= 1 - \frac{SSE}{(n-1)Var(y)},$$

这里 $\hat{y}$ 是预测值，$Var(y)$ 是方差的观测值，SSE 是残差的平方和，SSM 是模型的平方和，SST 是平方和。让我们计算一下车道示例的这些值。

```
n <- nrow(RailTrail)
SST <- var(pull(RailTrail, volume)) * (n - 1)
SSE <- var(residuals(mod)) * (n - 1)
1 - SSE / SST
```

```
[1] 0.339
glance(mod)
```

```
# A tibble: 1 x 12
 r.squared adj.r.squared sigma statistic p.value  df logLik   AIC   BIC
     <dbl>         <dbl> <dbl>     <dbl>   <dbl> <dbl>  <dbl> <dbl> <dbl>
1    0.339         0.332  104.      45.2 1.71e-9    1  -545. 1096. 1103.
# ... with 3 more variables: deviance <dbl>, df.residual <int>, nobs <int>
```

在图 E.2 中，左边的空模型的 R^2 为 0，因为对于所有的 i 都有 $\hat{y}_i = \overline{y}$，所以 $SSE = SST$。另一方面，右边的回归模型的 R^2 为 0.339。我们可以说，基于日平均温度的回归模型解释了约 34% 的日骑行流量的变化。

E.1.4　分类解释变量

假设不使用温度作为车道上骑行流量的解释变量，我们只考虑是不是工作日(例如周末或假日)。指示变量 weekday 是二进制的(或二分法的)，因为它只接受值 0 和 1(此类变量有时被称为指示变量或虚拟变量)。这种新的线性回归模型具有如下形式：

$$\widehat{volume} = \hat{\beta}_0 + \hat{\beta}_1 \cdot weekday$$

其中拟合系数如下所示。

```
coef(lm(volume ~ weekday, data = RailTrail))
```

```
(Intercept)    weekdayTRUE
      430.7          -80.3
```

注意，可以通过两组的平均值计算出这些系数(因为回归模型只有两个可能的预测值)。工作日的平均骑行流量是 350.4 人，而非工作日的平均骑行流量为 430.7 人。

```
RailTrail %>%
  group_by(weekday) %>%
  summarize(mean_volume = mean(volume))
```

```
# A tibble: 2 x 2
  weekday mean_volume
  <lgl>         <dbl>
1 FALSE          431.
2 TRUE           350.
```

在上面列出的系数中，weekdayTRUE 变量对应着 weekday 变量的值为 TRUE 的行(即 weekdays)。因为这个值是负数，我们的解释是，与周末或假日相比，一个工作日预计减少 80 名骑行者。

为了提高输出的可读性，我们可以创建一个具有更多助记符值的新变量。

```
RailTrail <- RailTrail %>%
  mutate(day = ifelse(weekday == 1, "weekday", "weekend/holiday"))
```

专业提示 59：需要小心重新编码 weekday 变量，因为它是一个因子。除非确实需要，否则避免使用因子。

```
coef(lm(volume ~ day, data = RailTrail))
```

```
   (Intercept) dayweekend/holiday
         350.4               80.3
```

模型系数已经改变(尽管它们仍然提供相同的解释)。默认情况下，lm()函数将选取按字母顺序排列的分类预测值的最小值作为参考组，并为其他级别(在本例中为 dayweekend/holiday)创建指示值。因此，截距现在是预计的一个工作日的车道通行数。在这两种表述中，对模型的解释都是一样的：在工作日，预计骑手比周末或假日少 80 人。

E.2 多元回归

多元回归是简单线性回归的自然延伸，它包含了多个解释(或预测)变量。它的一般形式为：

$$y = \beta_0 + \beta_1 x_1 + \beta_2 x_2 + \cdots + \beta_p x_p + \epsilon, \ \epsilon \sim N(0, \sigma_\epsilon)$$

估计系数(即这些 $\hat{\beta}_i$)现在被解释为基于其他变量的"条件"，每个 β_i 反映了 x_i 增加一个单位的情况下预测变量 y 的改变值，这个改变以其他的 x_i 作为给定的条件。这种类型的模型可以帮助解出三个或更多变量之间的更复杂关系。多元回归模型的 R^2 值与以前的解释相同：模型揭示的变化比例。

专业提示 60：解释条件回归参数可能很有挑战性。分析师需要确保其他因素不变的比较不涉及超出观察数据的外推。

E.2.1 平行斜率：带有分类变量的多元回归

首先考虑一种情况，其中 x_2 是一个只能为 0 或 1 的指示符变量(例如，weekday)。那么，

$$\hat{y} = \hat{\beta}_0 + \hat{\beta}_1 x_1 + \hat{\beta}_2 x_2$$

如果 x_1 是定量的，而 x_2 是指示变量，则有：

对于周末(weekends)，$\quad \hat{y}|_{x1,x2=0} = \hat{\beta}_0 + \hat{\beta}_1 x_1$

对于工作日(weekdays)，$\quad \hat{y}|_{x1,x2=1} = \hat{\beta}_0 + \hat{\beta}_1 x_1 + \hat{\beta}_2 \cdot 1$

$$= \left(\hat{\beta}_0 + \hat{\beta}_2\right) + \hat{\beta}_1 x_1.$$

这个模型被称为平行斜率模型(见图 E.3)，因为模型的预测值表现为两条斜率为 $\hat{\beta}_i$ 的平行线的几何形状：周末的值为一条 y-截距为 $\hat{\beta}_0$ 的线，另一条为工作日的 y-截距为 $\hat{\beta}_0 + \hat{\beta}_2$ 的线。

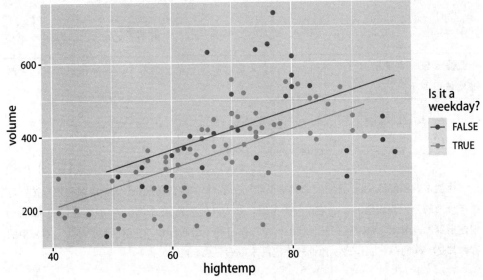

图 E.3 车道数据平行斜率模型的可视化

```
mod_parallel <- lm(volume ~ hightemp + weekday, data = RailTrail)
tidy(mod_parallel)
```

```
# A tibble: 3 x 5
  term        estimate   std.error   statistic        p.value
  <chr>          <dbl>       <dbl>        <dbl>          <dbl>
1 (Intercept)     42.8        64.3        0.665          0.508
2 hightemp        5.35       0.846         6.32   0.0000000109
3 weekdayTRUE    -51.6        23.7        -2.18         0.0321
glance(mod_parallel)
```

```
# A tibble: 1 x 12
  r.squared adj.r.squared sigma statistic p.value    df logLik   AIC   BIC
      <dbl>         <dbl> <dbl>     <dbl>   <dbl> <dbl>  <dbl> <dbl> <dbl>
1     0.374         0.359  102.      25.9 1.46e-9     2  -542. 1093. 1103.
# ... with 3 more variables: deviance <dbl>, df.residual <int>, nobs <int>
mod_parallel %>%
  augment() %>%
  ggplot(aes(x = hightemp, y = volume, color = weekday)) +
```

```
geom_point() +
geom_line(aes(y = .fitted)) +
labs(color = "Is it a\nweekday?")
```

E.2.2　平行面：包含第二个定量变量的多元回归

如果 x_2 是一个定量变量，那么我们有：

$$\hat{y} = \hat{\beta}_0 + \hat{\beta}_1 x_1 + \hat{\beta}_2 x_2$$

注意，模型不再是一条线，而是存在于三个维度中的平面。

现在假设想改进骑行模型，我们不仅要考虑平均温度，还要考虑降水量(降雨或降雪量，以英寸为单位)。可通过简单地将此变量添加到回归模型中，在 R 中进行实现。

```
mod_plane <- lm(volume ~ hightemp + precip, data = RailTrail)
  tidy(mod_plane)
```

```
# A tibble: 3 x 5
    term          estimate   std.error   statistic   p.value
    <chr>            <dbl>       <dbl>       <dbl>      <dbl>
1 (Intercept)      -31.5        55.2       -0.571     5.70e- 1
2 hightemp           6.12        0.794      7.70      1.97e-11
3 precip          -153.         39.3       -3.90      1.90e- 4
```

请注意，hightemp 系数(6.1 个骑行者/摄氏度)与简单线性回归模型中的系数(5.7 个骑行者/摄氏度)相比有一些变化。这是由于降水量的调节作用而产生的。我们给出的解释是：控制了降水量后，温度每升高 1 度，我们期望在车道上再增加 6.1 个骑行者。

专业提示 61：请注意，由于雨水天气的天数里的降水量中值仅为 0.15 英寸，因此，在额外的降水量上预测的变化可能会产生误导。报告一个额外的 0.15 英寸的预测差异或用表示降水量的二元变量值代替模型中的连续值可能会更好。

可以想象，降水量的影响很强，人们在雨中骑自行车或走路的可能性非常小。因此，即使在控制温度后，1 英寸的降雨量也意味着约 153 位骑行人数的下降。

如果将所有这三个解释变量都添加到模型中，将得到一个平行平面。

```
mod_p_planes <- lm(volume ~ hightemp + precip + weekday, data = RailTrail)
tidy(mod_p_planes)
```

```
# A tibble: 4 x 5
    term          estimate   std.error   statistic   p.value
    <chr>            <dbl>       <dbl>       <dbl>      <dbl>
1 (Intercept)       19.3        60.3        0.320     7.50e- 1
2 hightemp           5.80        0.799      7.26      1.59e-10
3 precip          -146.         38.9       -3.74      3.27e- 4
4 weekdayTRUE      -43.1        22.2       -1.94      5.52e- 2
```

E.2.3　非平行斜率：具有交互作用的多元回归

让我们回到包含工作日和高温作为预测变量的模型。如果平行斜率模型不太适合了，怎么办？在模型中添加一个附加项可使其更加灵活，它允许在两种不同类型的日期中存在不同的斜率。

$$\hat{y} = \hat{\beta}_0 + \hat{\beta}_1 x_1 + \hat{\beta}_2 x_2 + \hat{\beta}_3 x_1 x_2$$

该模型还可以分别描述周末/假日和工作日。

对于周末，$\hat{y}|_{x1,x2=0} = \hat{\beta}_0 + \hat{\beta}_1 x_1$

对于工作日，$\hat{y}|_{x1,x2=1} = \hat{\beta}_0 + \hat{\beta}_1 x_1 + \hat{\beta}_2 \cdot 1 + \hat{\beta}_3 \cdot x_1$
$$= \left(\hat{\beta}_0 + \hat{\beta}_2\right) + \left(\hat{\beta}_1 + \hat{\beta}_3\right) x_1$$

这种方法称为交互模型(请参见图E.4)。模型的预测值表现为两条具有不同斜率的非平行线的几何形状。

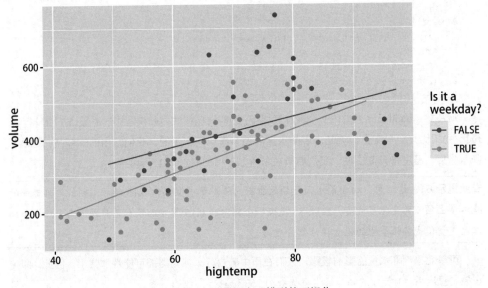

图 E.4　车道数据交互模型的可视化

```
mod_interact <- lm(volume ~ hightemp + weekday + hightemp * weekday,
  data = RailTrail)
tidy(mod_interact)
```

```
# A tibble: 4 x 5
  term                  estimate   std.error   statistic   p.value
  <chr>                    <dbl>       <dbl>       <dbl>     <dbl>
1 (Intercept)             135.        108.         1.25    0.215
2 hightemp                  4.07        1.47        2.78    0.00676
3 weekdayTRUE            -186.        129.         -1.44    0.153
4 hightemp:weekdayTRUE      1.91        1.80        1.06    0.292
```
```
glance(mod_interact)
```
```
# A tibble: 1 x 12
```

```
    r.squared adj.r.squared sigma statistic p.value   df logLik   AIC   BIC
       <dbl>        <dbl> <dbl>    <dbl>    <dbl> <dbl>  <dbl> <dbl> <dbl>
  1    0.382        0.360  102.     17.7  4.96e-9     3  -542. 1094. 1106.
  # ... with 3 more variables: deviance <dbl>, df.residual <int>, nobs <int>
mod_interact %>%
  augment() %>%
  ggplot(aes(x = hightemp, y = volume, color = weekday)) +
  geom_point() +
  geom_line(aes(y = .fitted)) +
  labs(color = "Is it a\nweekday?")
```

我们看到，对应于每摄氏度，工作日的斜率比周末和节假日多两个骑行者。这可能表明，与平日相比，周末和节假日的车道使用者对温度的关注程度更低。

E.2.4　建模非线性关系

具有单个参数的线性模型可以有效地应用于许多情况，但不适用于其他复杂情况。考虑使用来自 NHANES 程序包的一部分女性受试者的数据，将身高(厘米)作为年龄(年)的一个函数进行建模。另一种方法是使用平滑器而不是线性模型。与直线不同，对关系的函数形式进行建模时，平滑器可进行弯曲以更好地拟合这些点(请参见图 E.5)。

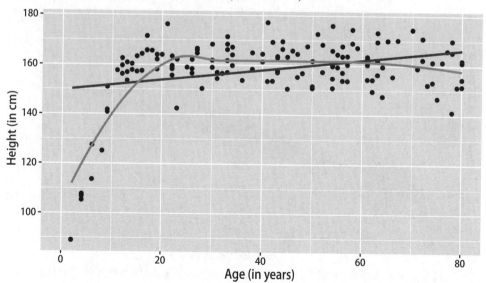

图 E.5　高度作为年龄的函数的散点图，表现为叠加线性模型(蓝色)和逐渐平滑(绿色)

```
library(NHANES)
NHANES %>%
  sample(300) %>%
  filter(Gender == "female") %>%
ggplot(aes(x = Age, y = Height)) +
  geom_point() +
  geom_smooth(method = lm, se = FALSE) +
  geom_smooth(method = loess, se = FALSE, color = "green") +
```

```
   xlab("Age (in years)") +
   ylab("Height (in cm)")
```

线性模型(用蓝色表示)的拟合性能很差：直线不能表示从青春期到成年这段时间身高的急剧增加，也不能表示年龄较大的受试者身高逐渐下降。平滑器(绿色)在描述函数形式方面做得更好。

改进的拟合度确实要付出代价。比较图 E.6 中线性模型和平滑模型的结果。在这里，高温与车道使用量之间关系的函数形式更接近线性(对于较高温度会有一些偏差)。

```
ggplot(data = RailTrail, aes(x = hightemp, y = volume)) +
  geom_point() +
  geom_smooth(method = lm) +
  geom_smooth(method = loess, color = "green") +
  ylab("Number of trail crossings") +
  xlab("High temperature (F)")
```

平滑器的置信带宽度(每个点有 95%置信区间)往往比线性模型的置信宽度更宽。这是提高建模灵活性需要付出的代价。另一个代价是关于解释性：解释平滑结果比解释斜率系数(直线)要复杂得多。

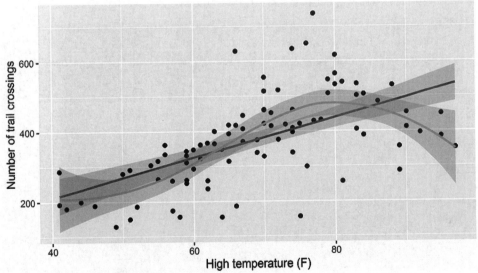

图 E.6　体积作为高温的函数的散点图，表现为轨道数据的叠加线性模型和平滑模型

E.3　回归推断

到目前为止，我们已经拟合了几个模型并解释了它们的估计系数。然而，除了图 E.6 中的置信带外，我们只对估计系数(即这些 $\hat{\beta}$)进行了说明，没有对真实系数(即 β)进行说明，当然，这些系数的值仍然未知。

然而，可利用我们对 t 分布的理解来推断回归系数的真值。特别是，可以检验关于 β_1 的假设(常假设它等于零)，并找到它的置信区间(合理值的范围)。

```
tidy(mod_p_planes)

# A tibble: 4 x 5
  term        estimate  std.error  statistic  p.value
  <chr>          <dbl>      <dbl>      <dbl>     <dbl>
1 (Intercept)     19.3       60.3      0.320  7.50e- 1
2 hightemp        5.80      0.799       7.26  1.59e-10
3 precip         -146.       38.9      -3.74  3.27e- 4
4 weekdayTRUE    -43.1       22.2      -1.94  5.52e- 2
glance(mod_p_planes)

# A tibble: 1 x 12
  r.squared adj.r.squared sigma statistic p.value    df logLik   AIC   BIC
      <dbl>         <dbl> <dbl>     <dbl>   <dbl> <dbl>  <dbl> <dbl> <dbl>
1     0.461         0.443  95.2     24.61.44e-11     3  -536. 1081. 1094.
# ... with 3 more variables: deviance <dbl>, df.residual <int>, nobs <int>
```

在上面的输出中，与 hightemp 系数相关的 p 值显示为 1.59e-10(或接近零)。也就是说，如果真系数(β_1)的值为零，那么在固定了降水量和一周中的某天后，由于平均温度大于或等于我们在数据中实际观察到的温度，因此观察到骑行人数关联的信息的概率基本上为零。这表明基于这些数据，β_1 实际上为零的假设是可疑的。也许骑行人数和平均气温之间真的有联系？

专业提示 62：非常小的 p 值应该四舍五入到最接近的值 0.0001。我们建议将该 p 值报告为 $p<0.0001$。

考虑这个过程的另一种方法是围绕斜率系数 $\hat{\beta}_1$ 的估计形成一个置信区间。这里，我们可以认为，真系数 β_1 的值在每摄氏度 4.21 到 7.39 之间有 95%的置信度。这个区间不包含零值，从而证实了之前的假设检验。

```
confint(mod_p_planes)

               2.5 %    97.5 %
(Intercept) -100.63   139.268
hightemp       4.21     7.388
precip      -222.93   -68.291
weekdayTRUE  -87.27     0.976
```

E.4 回归的基本假设

上面的推论假设斜率服从 t 分布。这是因为 σ 假设误差服从正态分布(对于某些常数 σ_ε，平均值为 0，标准差为 σ_ε)。只有在以下假设成立的情况下，模型的推论才有效。

- **线性**：预测变量和结果之间关系的函数形式表现为拟合参数的线性组合，这些参数需要正确地定义(该假设可通过双变量图形表现形式进行验证)。
- **独立性**：这些错误不相关吗？或者是否遵循一种模式(可能是在时间序列上或在一组对

象中)?

- **残差的正态性**: 残差是否遵循近似正态分布? 可以用单变量显示来验证这个假设。
- **残差的等方差**: 在解释变量中,残差的方差是恒定的吗(同方差误差)? 或者残差的方差是否取决于一个或多个解释变量的值(异方差误差)? 这个假设可用残差诊断法来验证。

这些条件有时被称为 LINE 假设。除独立性假设外,所有假设都可以使用诊断图进行评估。

如何评估 mod_p_planes 模型? 图 E.7 显示了残差与拟合(预测)值的散点图。正如在图 E.6 中所观察到的,在较热的气温下,穿过的人数并没有在较温暖的气温下增加那么多。我们可能需要考虑一个更复杂的模型,具有更复杂的温度模型。

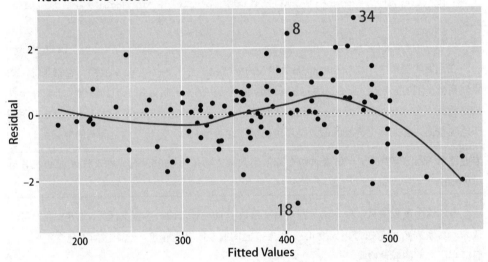

图 E.7　使用残差与拟合(预测)值的散点图评估线性假设

```
mplot(mod_p_planes, which = 1, system = "ggplot2")
```

图 E.8 显示了回归模型残差的 quantile–quantile 图。该曲线图偏离直线;这表明残差有比正态分布更重的尾部。

```
mplot(mod_p_planes, which = 2, system = "ggplot2")
```

图 E.9 显示了模型残差的 scale–location 图;结果表明存在异方差,即残差的方差随着预测值的增加而增加。

```
mplot(mod_p_planes, which = 3, system = "ggplot2")
```

在执行模型诊断时,能识别异常值并了解它们在确定回归系数方面的作用是非常重要的。

- 我们称不符合数据的一般模式的观察值为异常点(outlier)。图 E.7、图 E.8 和图 E.9 将三个点(8、18 和 34)标记为值得进一步探索的点,它们具有很大的负或正残差值。
- 对应解释变量极值的观察值是一个高杠杆(leverage)点。

- 对回归线斜率施加不成比例影响的高杠杆点是一个具有影响(influential)的点。

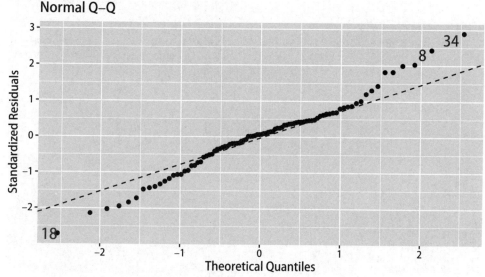

图 E.8　使用 quantile–quantile 图评估正态性假设

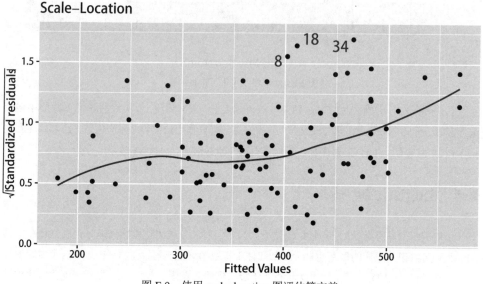

图 E.9　使用 scale–location 图评估等方差

图 E.10 显示了 Cook 距离的值，该距离是回归模型中衡量点的影响的常用方法。

```
mplot(mod_p_planes, which = 4, system = "ggplot2")
```

我们使用 broom 包中的 augment()函数来计算这个统计量的值，并确定 Cook 距离的极值。

```
library(broom)
augment(mod_p_planes) %>%
  mutate(row_num = row_number()) %>%
```

```
select(-.std.resid, -.sigma) %>%
filter(.cooksd > 0.4)
```

```
# A tibble: 1 x 9
  volume  hightemp   precip  weekday  .fitted  .resid  .hat  .cooksd  row_num
   <int>     <int>    <dbl>    <lgl>    <dbl>   <dbl> <dbl>    <dbl>    <int>
1    388        84     1.49     TRUE     246.    142. 0.332    0.412       65
```

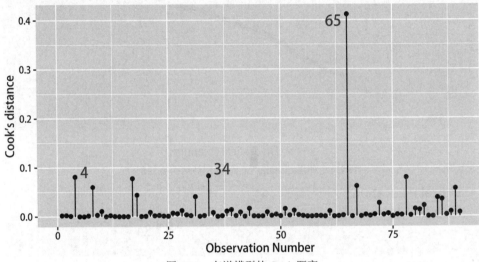

图 E.10   车道模型的 Cook 距离

观察数据 65 具有最大的 Cook 距离。该值相当于一天有将近 1.5 英寸的降雨(数据集中记录数最多的一天)和 84 度的高温。该数据点具有很高的杠杆作用,会对结果产生很大影响。观测数据 4 和 34 也具有较高的 Cook 距离,可能值得进一步探索。

E.5   Logistic 回归

以前的示例具有定量的(或连续的)结果。当我们对二分结果建模感兴趣时会发生什么? 例如,我们可将患糖尿病的概率建模为年龄和体重指数(BMI)的函数(在第 11 章对这个问题进行了深入探讨)。图 E.11 显示了糖尿病状态随年龄变化的散点图,而图 E.12 显示了糖尿病随体重指数(BMI)变化的散点图。注意,每个测试者都可能有或没有糖尿病,因此所有的点在 y 轴上显示为 0 或 1。

```
NHANES <- NHANES %>%
  mutate(has_diabetes = as.numeric(Diabetes == "Yes"))

log_plot <- ggplot(data = NHANES, aes(x = Age, y = has_diabetes)) +
  geom_jitter(alpha = 0.1, height = 0.05) +
  geom_smooth(method = "glm", method.args = list(family = "binomial")) +
```

```
      ylab("Diabetes status") +
      xlab("Age (in years)")
  log_plot
  log_plot + aes(x = BMI) + xlab("BMI (body mass index)")
```

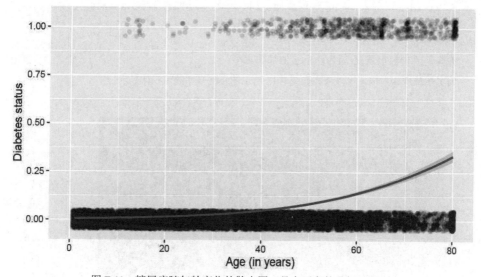

图 E.11　糖尿病随年龄变化的散点图，具有更高的叠加平滑度

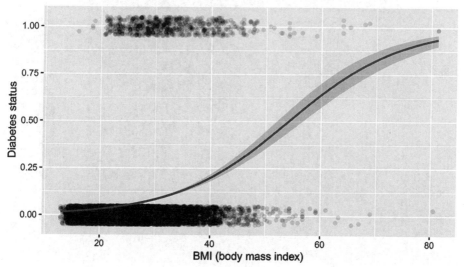

图 E.12　糖尿病随 BMI 变化的散点图，具有更高的叠加平滑度

我们发现，受试者患糖尿病的概率随着年龄和体重指数的增加而增加。

哪个变量更重要：Age 还是 BMI？我们可以使用 Logistic(或逻辑)回归模型来建模，该模型把患糖尿病的概率建模为两个预测因子的函数。

```
logreg <- glm(has_diabetes ~ BMI + Age, family = "binomial", data = NHANES)
```

```
tidy(logreg)
```

```
# A tibble: 3 x 5
    term         estimate    std.error    statistic    p.value
    <chr>          <dbl>        <dbl>        <dbl>       <dbl>
1   (Intercept)   -8.08        0.244        -33.1      1.30e-239
2   BMI            0.0943      0.00552       17.1      1.74e- 65
3   Age            0.0573      0.00249       23.0      2.28e-117
```

答案是两者都很重要(因为两个 p 值都非常小)。

为了解释这些发现，可以考虑如图 E.13 所示的预测概率的可视化显示。

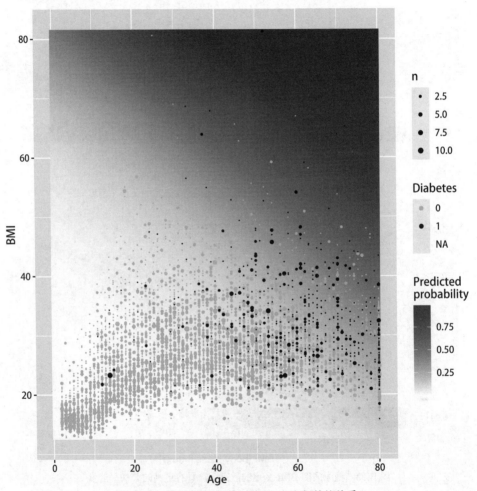

图 E.13   糖尿病的预测概率与 BMI 和年龄的关系

```
library(modelr)
fake_grid <- data_grid(
  NHANES,
  Age = seq_range(Age, 100),
  BMI = seq_range(BMI, 100)
```

```
)
y_hats <- fake_grid %>%
  mutate(y_hat = predict(logreg, newdata = ., type = "response"))
head(y_hats, 1)
```

```
# A tibble: 1 x 3
    Age   BMI     y_hat
  <dbl> <dbl>     <dbl>
1     0  12.9   0.00104
```

模型的预测概率如下所示:

$$\pi_i = \mathrm{logit}(P(y_i = 1)) = \frac{e^{\beta_0 + \beta_1 Age_i + \beta_2 BMI_i}}{1 + e^{\beta_0 + \beta_1 Age_i + \beta_2 BMI_i}} \qquad i = 1, ..., n$$

假设一个 0 岁的人的 BMI 为 12.9(对应于 y_hats 数据框中的第一个条目)。他们患糖尿病的预测概率将作为回归系数的函数进行计算。

```
linear_component <- c(1, 12.9, 0) %*% coef(logreg)
exp(linear_component) / (1 + exp(linear_component))
```

```
          [,1]
[1,] 0.00104
```

预测的概率非常小:约为 1%的十分之一。

但是 BMI 为 25 的 60 岁老人呢?

```
linear_component <- c(1, 25, 60) %*% coef(logreg)
exp(linear_component) / (1 + exp(linear_component))
```

```
          [,1]
[1,] 0.0923
```

预测的概率现在是 9.2%。

```
ggplot(data = NHANES, aes(x = Age, y = BMI)) +
  geom_tile(data = y_hats, aes(fill = y_hat), color = NA) +
  geom_count(aes(color = factor(has_diabetes)), alpha = 0.8) +
  scale_fill_gradient(low = "white", high = "red") +
  scale_color_manual("Diabetes", values = c("gold", "black")) +
  scale_size(range = c(0, 2)) +
  labs(fill = "Predicted\nprobability")
```

图 E.13 显示了每个网格点的预测概率。我们发现很少有年轻人患有糖尿病,即使他们的 BMI 有点偏高也是如此。当我们观察年龄较大的受试者,同时保持 BMI 不变时,糖尿病的预测概率增加。

E.6   扩展资源

回归在许多书中都有描述。大多数统计学入门教材中都有介绍，包括 *Open Intro Statistics*[Diez et al., 2019]。对于可行的、更深入的学习，我们建议参考[Cannon et al. (2019)]。[James et al. (2013)]和[Hastie et al. (2009)]的现代文本也从建模和机器学习的角度讨论了回归。[Hoaglin (2016)]详细说明了条件回归参数应该如何解释。[Cook (1982)]回顾了回归诊断。可以在[Ruppert et al. (2003)]中找到关于平滑处理的易于理解的介绍。

E.7   练习题

问题 1(易)：1966 年，Cyril Burt 发表了一篇题为"智力差异的基因决定：一项对分开抚养的单卵双胞胎的研究"的论文，论文的数据包括 27 对同卵双胞胎的 IQ 得分，其中一方由养父母抚养，另一方由亲生父母抚养。

以下是使用 Biological IQ 预测 Foster IQ 的回归输出：

```
library(mdsr)
library(faraway)
mod <- lm(Foster ~ Biological, data = twins)
coef(mod)

(Intercept)  Biological
      9.208       0.901
rsquared(mod)
```

```
[1] 0.778
```

以下哪项是错误的？请证明你的答案。

1. Alice 和 Beth 是由他们的亲生父母抚养大的。如果 Beth 的 IQ 比 Alice 高出 10 分，那么我们可以预计 Beth 的寄养双胞胎 Bernice 的 IQ 比 Alice 的寄养双胞胎 Ashley 的 IQ 高出 9 分。

2. 大约 78%的寄养双胞胎的 IQ 可以通过这个模型准确地预测。

3. 这个线性模型是：$\widehat{\text{Foster}} = 9.2 + 0.9 \times \text{Biological}$。

4. IQ 高于平均水平的寄养双胞胎预计也会有对应的 IQ 高于平均水平的亲生双胞胎。

问题 2(中)：atus 程序包包含来自 ATUS 的数据。使用 atusresp 数据集将 hourly_wage 建模为数据集中其他预测变量的函数。

问题 3(中)：妊娠(Gestation)数据集包含出生体重、日期和妊娠期，这些数据是作为儿童健康和发育研究的一部分进行收集的。有关婴儿父母的信息——年龄、教育程度、身高、体重，以及母亲是否吸烟也会被记录下来。

a. 将出生体重(wt)作为母亲年龄(age)的函数，进而拟合一个线性回归模型。

b. 求斜率系数的 95%置信区间和 p 值。

c. 关于母亲的年龄和婴儿的出生体重之间的关系,你能得出什么样的结论?

问题 4(中): 儿童健康与发展研究包括了一系列主题。其中一项研究特别考虑了旧金山东海湾地区凯撒基金会健康计划中所有女性的怀孕情况。其目标是使用变量来模拟婴儿的体重(bwt,单位为盎司),包括以天为单位的妊娠期长度(gestation)、以年为单位的母亲年龄(age)、以英寸为单位的母亲身高(height)、孩子是不是第一胎(parity)、以磅为单位的母亲妊娠期体重(weight)以及母亲是否吸烟(smoke)。下面显示了基于数据集中所有变量预测婴儿平均出生体重的回归模型的结果。

```
library(mdsr)
library(mosaicData)
babies <- Gestation %>%
  rename(bwt = wt, height = ht, weight = wt.1) %>%
  mutate(parity = parity == 0, smoke = smoke > 0) %>%
  select(id, bwt, gestation, age, height, weight, parity, smoke)
mod <- lm(bwt ~ gestation + age + height + weight + parity + smoke,
  data = babies
)
coef(mod)
```

```
(Intercept)   gestation      age     height     weight   parityTRUE
   -85.7875      0.4601   0.0429     1.0623     0.0653      -2.9530
  smokeTRUE
         NA
```

回答以下有关此线性回归模型的问题。

a. parity 系数不同于仅使用该变量拟合一个线性模型来预测权重。为什么会有这种区别?

b. 计算数据集中第一个观测值的残差。

c. 此数据集包含缺失的值。当我们拟合模型时,这些行会发生什么变化?

问题 5(中): HELP 研究中的调查人员对使用临床试验的基准数据来建模无家可归(过去六个月在街上或庇护所度过的一个或多个晚上,而不是在家中)的预测变量非常感兴趣。拟合并解释一个简约的模型,这将有助于研究人员确定无家可归的预测变量。

E.8 附加练习

可从 https://mdsr-book.github.io/mdsr2e/ch-regression.html#regression-online-exercises 获得。

附录 F

安装数据库服务器

配置本地或远程数据库服务器虽然不简单，但也不是很难。在本附录中，我们将介绍如何在你控制的计算机上配置本地数据库服务器。虽然本附录中所做的一切都可以在任何现代操作系统上完成，但许多数据科学工具都是为类似 UNIX 的操作系统而设计的，在 Windows 上进行安装可能是一个挑战。这也不例外，然而，熟悉命令行会是一个很大的优势，这里介绍的材料将使用 shell 命令。在 Mac OS X 和其他类似 UNIX 的操作系统(例如 Ubuntu)上，可以使用终端应用程序访问命令行。在 Windows 上，这些 shell 命令中的某些命令可能在 DOS 提示符下工作，但其他命令不会[1]。遗憾的是，提供特定于 Windows 的安装说明超出了本书的范围。

最常见的是三种开源的 SQL 数据库系统，包括 SQLite、MySQL 和 PostgreSQL。虽然 MySQL 和 PostgreSQL 是功能齐全的关系型数据库系统，它们采用严格的客户端-服务器(CS)模型，但 SQLite 是一个轻量级程序，它只在本地运行，不需要初始的配置。然而，虽然 SQLite 无疑是最容易安装的系统，但它的功能要少得多，缺乏缓存机制，而且在运行负荷较大的情况下性能会受到影响。有关 SQLite 的合理使用，请参阅官方文档来帮助你根据需要选择正确的 SQL 实现。

MySQL 和 PostgreSQL 都采用客户端-服务器(CS)体系结构。也就是说，某台计算机上运行着一个服务器程序，你可以从同一台计算机的任意数量的客户端程序或通过 Internet 连接到该服务器。尽管如此，即使你在本地计算机上运行 MySQL 或 PostgreSQL，也总是有两个部分：客户端和服务器。本附录提供了在你控制的计算机上安装服务器的说明，对于大多数分析人员来说，该计算机就是你的本地计算机。

F.1 SQLite

对于 SQLite 而言，虽然没有要配置的内容，但必须进行安装。RSQLite 包嵌入了数据库引擎，并提供了一个简单的接口。在 Linux 系统上，可能已经安装了 SQLite，但是源代码以及为 Mac OS X 和 Windows 预构建的二进制文件可以在 SQLite.org 上找到。

---

1 请注意，Cygwin 为 Windows 提供了一个类似于 UNIX 的 shell。

F.2　MySQL

我们将重点介绍 MySQL 的使用(下一节将简要介绍 PostgreSQL)。安装 PostgreSQL 服务器所需的步骤将遵循类似的逻辑,但语法有一些较大的不同。

F.2.1　安装

如果你运行的是 Mac OS X 或基于 Linux 的操作系统,那么你的机器上可能已经安装并运行了 MySQL 服务器。你可以通过在操作系统的 shell(即 Mac OS X 中的命令行,使用 Terminal 应用程序)中运行以下命令来检查是否已安装了该数据库系统。

```
ps aux | grep "mysql"
```

```
bbaumer@bbaumer-Precision-Tower-7810:~$ ps aux | grep "mysql"
mysql    1269  0.9 2092204 306204 ?    Ssl    May20  5:22 /usr/sbin/mysqld
```

如果你看到与此输出的第一行类似的内容(即包含 mysqld),那么 MySQL 已经在运行了(如果你没有看到这样的东西,那就不是了。最后三行都与我们刚才运行的 ps 命令有关)。

如果尚未安装 MySQL,那么你可以从 dev.mysql.com 下载适用于你的操作系统的 MySQL Community Server 的相关版本来安装 MySQL。如果遇到问题,请参阅安装指南。

对于 Mac OS X,提供了更具体的说明。在安装之后,你需要安装首选项窗格(Preference Pane),打开它,选中该框,然后启动服务器。

将 mysql 二进制目录添加到 PATH 环境变量中也很有必要,这样就可以从 shell 轻松地启动 msyql。为此,请在 shell 中执行以下命令:

```
export PATH=$PATH:/usr/local/mysql/bin
echo $PATH
```

你可能需要修改 mysql bin 目录的路径以适应你的本地设置。如果你不知道目录在哪里,你可以尝试使用操作系统提供的 which 程序来查找它。

```
which mysql
```

```
/usr/local/mysql/bin
```

F.2.2　访问

大多数情况下,安装过程将导致你的计算机启动一个服务器进程,就如我们在 ps 命令的输出中所看到的那样。一旦服务器正在运行,就需要对其进行适当的配置以供使用。安装后的完整说明对此过程提供了非常详细的解释。然而,在我们的示例中,大多数情况下都会坚持默认配置,所以只有一些东西需要检查。

最重要的是要获得对服务器的访问权。MySQL 维护了一组用户账户,就像你的操作系统一样。安装之后,通常只有一个账户被创建:root。为了创建其他账户,我们需要以 root 身份登录 MySQL。请阅读关于为你的安装程序保护初始 MySQL 账户的文档。根据这些文档：

某些账户具有用户名 root。这些超级用户账户拥有所有权限，可以执行任何操作。如果这些根账户的密码为空，则任何人不需要密码就可以以根用户身份连接到 MySQL 服务器，并被授予所有权限。

如果这是你第一次访问 MySQL，那么在 shell 中输入以下命令可能会奏效：

```
mysql -u root
```

如果你看到一个拒绝访问(Access denied)错误，说明 MySQL 的 root 用户有一个密码，但你没有提供它。你可能在安装过程中创建了密码。如果你创建了密码，请尝试：

```
mysql -u root -p
```

然后输入密码(很可能为空格)。如果你不知道 root 密码，请尝试一些可能是密码的操作。如果你想不出来，请联系你的系统管理员或重新安装 MySQL。

特别是在 Windows 上，你可能会遇到一个错误，上面写着 command not found，这意味着从 shell 访问不到程序 mysql。这时你有两个选择：①可以指定 MySQL 应用程序的完整路径；或者②可以添加 path 变量以包含 MySQL 应用程序所在的目录。而第二个选择是更受欢迎的，正如上文所示。

在 Linux 或 Mac OS X 上，它可能位于/usr/bin/或/usr/local/mysql/bin 或类似的位置；在 Windows 上，它可能位于\Applications\mysql Server 5.6\bin 或类似的位置。找到应用程序的路径和密码后，就可以登录了。如果看到 mysql 提示符而不是通常的提示符，你就能知道它什么时候工作了。

```
bbaumer@bbaumer-Precision-Tower-7810:~$ mysql -u root -p
Enter password:
Welcome to the MySQL monitor. Commands end with ; or \g.
Your MySQL connection id is 47
Server version: 5.7.31-0ubuntu0.18.04.1 (Ubuntu)

Copyright (c) 2000, 2020, Oracle and/or its affiliates. All rights reserved.

Oracle is a registered trademark of Oracle Corporation and/or its
affiliates. Other names may be trademarks of their respective
owners.

Type 'help;' or '\h' for help. Type '\c' to clear the current input
statement.

mysql>
```

登录到 MySQL 后，请尝试在 MySQL>提示符下运行以下命令(不要忘记后面的分号)[1]：

---

1 注意，从 5.7 版开始 mysql.user 表中包含字段 authentication_string 而不是 password。

```
SELECT User, Host, Password FROM mysql.user;
```

这个命令将列出 MySQL 服务器上的用户、他们的密码以及允许连接的主机。接下来，如果你想要更改根密码，请将其设置为其他值(在本例中为 mypass)。

```
UPDATE mysql.user SET Password = PASSWORD('mypass') WHERE User = 'root';
FLUSH PRIVILEGES;
```

现在最重要的事情就是为自己创建一个新账户。你应该为用户选择一个不同于 root 用户的密码，通过运行以下代码实现：

```
CREATE USER 'r-user'@'localhost' IDENTIFIED BY 'mypass';
```

重要的是要理解 MySQL 的用户概念，它实际上是一个{user, host}对。也就是说，用户 'bbaumer'@'localhost'可以具有与用户'bbaumer'@'%'不同的密码和权限集。前者只允许从运行服务器的计算机连接到服务器(对于大多数人来说，它就是你的计算机)。后者可以从任何地方连接服务器("%"是一个通配符)。显然，前者更安全。只有当你想从其他地方连接到 MySQL 数据库时，才使用后者。

你还想让自己成为超级用户。

```
GRANT ALL PRIVILEGES ON *.* TO 'r-user'@'localhost' WITH GRANT OPTION;
```

现在，刷新特权以重载表格：

```
FLUSH PRIVILEGES;
```

最后，输入 quit 实现退出。现在，你可以通过在 shell 中输入以下内容以自己的身份登录 MySQL：

```
mysql -u r-user -p
```

使用选项文件

连接 MySQL 服务器(无论是本地还是远程)的一种相对安全和方便的方法是使用一个选项文件。这是一个位于~/.my.cnf 的简单文本文件，它包括各种连接参数。整个文件可能如下所示：

```
[client]
user=r-user
password="mypass"
```

只要从客户端程序进行连接，MySQL 就会自动读取这些选项。因此，不用输入：

```
mysql -u yourusername -p
```

你应该只使用 mysql 自动登录。此外，可让 dplyr 使用 default.file 参数读取 MySQL 选项文件(请参见 F.4.3 节)。

F.2.3　从命令行运行脚本

MySQL 将通过命令行客户端运行文件中包含的 SQL 脚本。如果文件 myscript.sql 是包含 MySQL 命令的文本文件，则可以从 shell 中使用以下命令运行它：

```
mysql -u yourusername -p dbname < myscript.sql
```

该脚本中每个命令的结果将显示在终端中。请参阅第 16.3 节，以了解此过程的一个实例。

F.3　PostgreSQL

安装 PostgreSQL 服务器在逻辑上类似于上面为 MySQL 演示的过程。PostgreSQL 安装过程中的默认用户是 postgres，默认密码是 postgres 或空格。无论哪种方式，你都可以使用 shell 中的 sudo 命令登录到 PostgreSQL 命令行客户端，该客户端称为 psql。

```
sudo -u postgres psql
```

这意味着："启动 psql 程序就像我是用户 postgres 一样。"如果成功，那么你可以从 PostgreSQL 内部为自己创建一个新账户。这里的过程同样类似于 F.2.2 节中为 MySQL 演示的过程。

可以在 postgres 提示符下输入以下内容来列出所有 PostgreSQL 用户：

```
\du
```

可以更改 postgres 用户的密码：

```
ALTER USER postgres PASSWORD 'some_pass';
```

为自己创建一个新账户：

```
CREATE USER yourusername SUPERUSER CREATEDB PASSWORD 'some_pass';
```

创建一个名为 airlines 的新数据库：

```
CREATE DATABASE airlines;
```

通过输入以下内容退出 psql 客户端：

```
\q
```

现在你的用户账户已创建，可以使用 shell 命令注销并重新登录：

```
psql -U yourusername -W
```

如果这不起作用，可能是因为客户端身份验证设置为 ident 而不是 md5。有关如何在安装时更正这一问题的说明，请参阅客户端身份验证相关的文档，或者继续使用上述 sudo 方法。

F.4　连接到 SQL

连接到 SQL 服务器和从 SQL 服务器检索数据有许多不同的选项。不论在哪种情况下，你都需要指定至少四条信息。

- **host:** SQL 服务器的名称。如果你在本地运行此服务器，则该名称为 localhost。
- **dbname**：要连接到的服务器上的数据库的名称(如 airlines)。

- **user**：你在 SQL 服务器上使用的用户名。
- **password**：你在 SQL 服务器上使用的密码。

F.4.1   命令行客户端

在命令行中，语法为：

```
mysql -u username -p -h localhost dbname
```

输入密码后，这将使你进入一个交互式 MySQL 会话中，你可以直接从服务器跳出查询，并在终端中查看结果。这对于调试非常有用，因为你可以直接看到错误消息，并且可以使用完整的 MySQL 指令集。另一方面，这是一条相当麻烦的数据库开发路线，因为你仅限于命令行的文本编辑功能。

通过上述 psql 程序可提供对 PostgreSQL 的命令行访问。

F.4.2   GUI

MySQL 工作台是一个图形用户界面(GUI)，该用户界面对配置和开发非常有用。此软件在 Windows、Linux 和 Mac OS X 上都可用。PostgreSQL 的类似工具是 pgAdmin，它同样是跨平台的。sqlitebrowser 是 SQLite 数据库的另一个跨平台 GUI。

这些程序提供了对底层数据库系统的全面访问，以及许多有用且易于学习的下拉菜单。我们建议在这些程序中开发查询语句和数据库，特别是在学习 SQL 时。

F.4.3   R 和 RStudio

以前的方法的缺点是，你实际上没有捕获查询返回的数据，因此无法对它们执行任何操作。使用 GUI，你当然可以将任何查询的结果保存到 CSV。但是一个更有效的解决方案是将数据直接拉入 R 中，这个功能由 RMySQL、RPostgreSQL 和 RSQLite 包提供。DBI 包为上面列出的三个 SQL 后端提供了一个公共接口，dplyr 包为 DBI 提供了一个更流畅的接口。这些依赖关系的示意图如图 F.1 所示。我们建议尽可能使用 dplyr 或 DBI 接口，因为它们与具体实现无关。

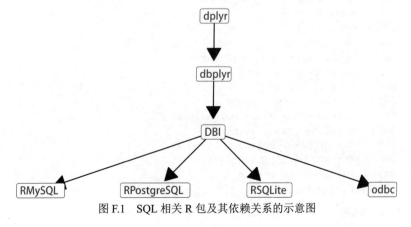

图 F.1   SQL 相关 R 包及其依赖关系的示意图

对于大多数目的(例如，SELECT 查询)，使用 dplyr 接口可能具有非常显著的性能优势。但是，这个构造的功能仅限于 SELECT 查询语句。因此，其他 SQL 指令(例如 EXPLAIN、INSERT、UPDATE 等)将无法在 dplyr 构造中工作。必须使用 DBI 访问此功能。

下面，将演示如何使用 dplyr 和 DBI 连接到一个 MySQL 后端。然而，连接到 PostgreSQL 和 SQLite 的指令是完全相似的。首先，需要加载相关的包。

```
library(RMySQL)
```

1. 使用 dplyr 和 tbl()

要使用 dplyr 建立到 MySQL 数据库的连接，必须指定上面列出的四个参数，并使用 dbConnect()函数保存生成的对象。

```
library(dplyr)
db <- dbConnect(
  RMySQL::MySQL(),
  dbname = "airlines", host = "localhost",
  user = "r-user", password = "mypass"
)
```

如果你已设置了一个 MySQL 选项文件(请参见 F.2.2 节)，那么也可以使用 default.file 参数进行连接。这使得你可以直接连接而不必输入密码，或将其以明文形式保存在 R 脚本中。

```
db <- dbConnect(
  RMySQL::MySQL(),
  dbname = "airlines", host = "localhost",
  default.file = "~/.my.cnf"
)
```

接下来，可以使用 tbl()函数和 sql()命令检索数据。

```
res <- tbl(db, sql("SELECT faa, name FROM airports"))
res
# Source: SQL [?? x 2]
# Database: mysql 5.6.40-log
#   [mdsr_public@mdsr.cdc7tgkkqd0n.us-east-1.rds.amazonaws.com:/airlines]
     faa    name
     <chr>  <chr>
 1   04G    Lansdowne Airport
 2   06A    Moton Field Municipal Airport
 3   06C    Schaumburg Regional
 4   06N    Randall Airport
 5   09J    Jekyll Island Airport
 6   0A9    Elizabethton Municipal Airport
 7   0G6    Williams County Airport
 8   0G7    Finger Lakes Regional Airport
 9   0P2    Shoestring Aviation Airfield
10   0S9    Jefferson County Intl
# ... with more rows
```

请注意，生成的对象具有类 tbl_sql。

```
class(res)
```

```
[1] "tbl_MySQLConnection"  "tbl_dbi"       "tbl_sql"
[4] "tbl_lazy"             "tbl"
```

还要注意，派生表被描述为包含未知(??)的行数。这是因为 dplyr 在评估方面很聪明(也很懒惰)。它实际上并没有将所有数据都拉到 R 中。要强制这样做，请使用 collect()。

```
collect(res)
```

```
# A tibble: 1,458 x 2
   faa   name
   <chr> <chr>
 1 04G   Lansdowne Airport
 2 06A   Moton Field Municipal Airport
 3 06C   Schaumburg Regional
 4 06N   Randall Airport
 5 09J   Jekyll Island Airport
 6 0A9   Elizabethton Municipal Airport
 7 0G6   Williams County Airport
 8 0G7   Finger Lakes Regional Airport
 9 0P2   Shoestring Aviation Airfield
10 0S9   Jefferson County Intl
# ... with 1,448 more rows
```

2. 编写 SQL 查询

在第 F.4.3 节中，我们使用 tbl()函数与存储在 SQL 数据库中的表进行交互。这使我们能够直接使用 dplyr 函数，而不必编写任何 SQL 查询。

在本节中，我们使用 DBI 包中的 dbGetQuery()函数向服务器发送 SQL 命令并检索结果。

```
dbGetQuery(db, "SELECT faa, name FROM airports LIMIT 0,5")
```

```
   faa                          name
1  04G             Lansdowne Airport
2  06A Moton Field Municipal Airport
3  06C           Schaumburg Regional
4  06N               Randall Airport
5  09J         Jekyll Island Airport
```

与 dplyr 中的 tbl()函数不同，dbGetQuery()可以执行任意 SQL 命令，而不仅仅是 SELECT 语句。因此，我们还可以运行 EXPLAIN、DESCRIBE 和 SHOW 命令。

```
id select_type table type possible_keys key key_len ref rows Extra
```

```
1 1 SIMPLE airports ALL <NA> <NA> <NA> <NA> 1458 <NA>
dbGetQuery(db, "DESCRIBE airports")
```

```
   Field         Type Null Key Default Extra
1    faa   varchar(3)   NO PRI             PRI
2   name varchar(255)  YES                <NA>
```

3	lat	decimal(10,7)	YES	\<NA\>
4	lon	decimal(10,7)	YES	\<NA\>
5	alt	int(11)	YES	\<NA\>
6	tz	smallint(4)	YES	\<NA\>
7	dst	char(1)	YES	\<NA\>
8	city	varchar(255)	YES	\<NA\>
9	country	varchar(255)	YES	\<NA\>

```
dbGetQuery(db, "SHOW DATABASES")
```

```
            Database
1 information_schema
2           airlines
3                fec
4               imdb
5             lahman
6            nyctaxi
```

F.4.4 加载到 SQLite 数据库

一个类似于我们在第 13.3 节中展示的过程可用来创建 SQLite 数据库，在这种情况下甚至不需要预先指定表模式。可使用 shell 命令从命令行启动 sqlite3：

```
sqlite3
```

使用.open 命令在当前目录中创建一个名为 babynames 的新数据库：

```
.open babynamesdata.sqlite3
```

接下来，将.mode 设置为 csv，并导入两个表，然后退出。

```
.mode csv
.import babynames.csv babynames
.import births.csv births
.exit
```

这将导致一个名为 babynamesdata.sqlite3 的 SQLite 数据库文件存在于包含两个表的当前目录中。我们可以连接到这个数据库并使用 dplyr 进行查询。

```
db <- dbConnect(RSQLite::SQLite(), "babynamesdata.sqlite3")
babynames <- tbl(db, "babynames")
babynames %>%
  filter(name == "Benjamin")
```

```
# Source: lazy query [?? x 5]
# Database: sqlite 3.30.1
#   [/home/bbaumer/Dropbox/git/mdsr2e/babynamesdata.sqlite3]
  year  sex   name      n     prop
  <chr> <chr> <chr>     <chr> <chr>
1 1976  F     Benjamin  53    3.37186805943904e-05
2 1976  M     Benjamin  10680 0.0065391571834601
3 1977  F     Benjamin  63    3.83028784917178e-05
4 1977  M     Benjamin  12112 0.00708409319279004
```

```
 5   1978    F      Benjamin    73       4.44137806835342e-05
 6   1978    M      Benjamin    11411    0.00667764880752091
 7   1979    F      Benjamin    79       4.58511127310548e-05
 8   1979    M      Benjamin    12516    0.00698620342042644
 9   1980    F      Benjamin    80       4.49415983928884e-05
10   1980    M      Benjamin    13630    0.00734980487697031
# … with more rows
```

或者，RSQLite 包包含一个 vignette，它描述了如何从 R 中创建数据库。